¡GRACIAS!

ANDRÉS MANUEL LÓPEZ OBRADOR

¡GRACIAS!

 Planeta

© 2024, Andrés Manuel López Obrador

Fotógrafo de portada: Luis Antonio Rojas
El contenido de este libro no refleja la opinión y/o preferencia política de ningún colaborador.

Diseño de portada: Planeta Arte & Diseño / José Luis Maldonado López
Formación: Moisés Arroyo
Material gráfico de interiores: Cortesía del autor
Cuidado editorial de material gráfico: Moisés Arroyo

Derechos reservados

© 2026, Editorial Planeta Mexicana, S.A. de C.V.
Bajo el sello editorial PLANETA M.R.
Avenida Presidente Masaryk núm. 111,
Piso 2, Polanco V Sección, Miguel Hidalgo
C.P. 11560, Ciudad de México
www.planetadelibros.com.mx

Primera edición en formato epub: febrero de 2024
ISBN: 978-607-39-1145-0

Primera edición impresa en México: febrero de 2024
Décima cuarta reimpresión en México: febrero de 2026
ISBN: 978-607-39-1132-0

El contenido de este libro es responsabilidad del autor y no refleja la opinión de la editorial.

No se permite la reproducción total o parcial de este libro ni su incorporación a un sistema informático, ni su transmisión en cualquier forma o por cualquier medio, sea este electrónico, mecánico, por fotocopia, por grabación u otros métodos, sin el permiso previo y por escrito de los titulares del *copyright*.

Queda expresamente prohibida la utilización o reproducción de este libro o de cualquiera de sus partes con el propósito de entrenar o alimentar sistemas o tecnologías de Inteligencia Artificial (IA).

La infracción de los derechos mencionados puede ser constitutiva de delito contra la propiedad intelectual (Arts. 229 y siguientes de la Ley Federal del Derecho de Autor y Arts. 424 y siguientes del Código Penal Federal).

Si necesita fotocopiar o escanear algún fragmento de esta obra diríjase al CeMPro (Centro Mexicano de Protección y Fomento de los Derechos de Autor, http://www.cempro.org.mx).

Impreso en los talleres de Impregráfica Digital, S.A. de C.V.
Avenida 11 463, interior Bodega 2, Colonia San Nicolas Tolentino
C.P. 09850, Iztapalapa, Ciudad de México
Impreso en México - *Printed in Mexico*

ÍNDICE

Introducción	9
1. De Tepetitán a la Ciudad de México	13
2. Dirigente del PRD	50
3. Jefe de Gobierno de la Ciudad de México	70
4. La guerra sucia y el desafuero	89
5. La primera elección presidencial y el fraude de 2006	125
6. El plantón de reforma y el Gobierno Legítimo	155
7. La primera defensa del petróleo	183
8. Durante el narcoestado me dieron por muerto	207
9. El país desde abajo: apuntes de mi gira por México	213
10. Oaxaca, un viaje al corazón del México profundo	234
11. La constitución de Morena	250
12. La campaña de 2012	259
13. Otra vez el fraude	265
14. ¿Qué sigue?	293
15. Fundamentos para una república amorosa	304
16. La crisis de México	322
17. El 1.º de julio de 2018	344
18. El gobierno de la transformación	369
19. El Humanismo Mexicano	447
20. Mi diario de los últimos meses de 2023 y el adiós	505
Notas	549

INTRODUCCIÓN

Cuando estaba definiendo el método para articular este libro, inicialmente pensé que como ya he escrito mucho sobre las diversas etapas del movimiento que nos llevó a ganar la Presidencia de la República en 2018, solo debía darle continuidad a mi último texto *A la mitad del camino*, que describe lo alcanzado en los primeros tres años de gobierno y que únicamente faltaba narrar el final de mi mandato.

Además, ya me voy, y aunque la vida sigue su curso, porque como se lee en los memoriales de Culhuacán: «Mientras exista el mundo no acabará la gloria y fama de Meshico Tenochtitlan», serán otros los que entrarán al relevo generacional para seguir construyendo una patria libre, digna y cada vez más humana.

No obstante, pensé que, aun cuando en la academia se cita y se remite al lector a fuentes propias o de otros autores, en este que es mi último libro sobre política, necesitaba reiterar acerca del pasado para comprender mejor el presente y el porvenir: no hay texto sin contexto y tampoco los procesos políticos y sociales surgen de repente, de la nada, son frutos de un largo camino, de resistencias, fatigas, en los cuales participan muchos, que son, como ha sucedido en nuestro movimiento, los protagonistas principales de esta histórica transformación. Yo soy uno de ellos, de los autores de esta obra, pero no el único, a mí me tocó encabezar esta lucha, pero fui apoyado por hombres y mujeres que forjaron una voluntad colectiva dispuesta a cambiar de verdad la vida pública de México. De todas formas, ofrezco disculpas por lo extenso de este libro, aunque pueden leerlo poco a poco o elegir el capítulo que más les interese o les llame la atención.

En fin, con este texto dirigido a los jóvenes, me retiro por anticipado; al término de mi mandato me iré de la actividad política con la satisfacción de haber cumplido y con el criterio de que no debemos tener demasiado apego ni al dinero ni al poder.

Le agradezco a Pedro Miguel sus comentarios y la revisión de este extenso libro. Así como a mi imprescindible apoyo de siempre, Laura, «Laurita». Y a todas y todos de corazón. Gracias.

A los jóvenes

Capítulo 1

DE TEPETITÁN A LA CIUDAD DE MÉXICO

Soy originario del pueblo de Tepetitán, municipio de Macuspana, Tabasco, el estado más tropical de México. Mi infancia transcurrió sin trabas y en estrecho contacto con la naturaleza. Crecí con plena libertad para jugar y disfrutar del campo y del río porque mi pueblo es como una isla: hay agua por todas partes; ubicado a la orilla del río Tepetitán, lo rodean dos arroyos y una laguna. En tiempos de lluvia se inundaba por completo, corría el agua por las calles y para los niños era una oportunidad más de diversión. Ya de grande supe que las crecientes perjudicaban, pero también traen fertilidad a la tierra y mucha pesca. El Tepetitán nace en las hermosas cascadas de Agua Azul, en Chiapas, llamado allá Tulijá, va descendiendo hacia la planicie hasta unirse con el Grijalva y el Usumacinta y desemboca en el mar por la barra de Frontera, Tabasco.

Mi pueblo existe desde la época prehispánica. Por allí pasó Hernán Cortés, llevando prisionero a Cuauhtémoc y a otras importantes autoridades indígenas y, un poco más adelante, como a 30 leguas de distancia hacia Guatemala, en Canitzán, Tenosique, Tabasco, a la orilla del gran río Usumacinta, el conquistador mandó asesinar al último de los tlatoanis mexicas, crimen por el cual fue juzgado hasta en las mismas Cortes españolas, aunque no lo fue por las muchas masacres de pueblos originarios como la de Cholula, la del Templo Mayor o la de Yecapixtla, de la cual él mismo escribió que el río que corre cerca de aquel pueblo «por más de una hora fue teñido de sangre». Basta de simular: la invasión española fue motivada por el oro y la obra civilizatoria fue la gran excusa de aquella barbarie.

Así pues, soy de un pueblo a la orilla de un río, en medio de un paisaje exuberante, en un territorio que, como diría el maestro Pellicer, es más agua que tierra, de «la parte del mundo en que el piso se sigue construyendo. Los que allí nacimos tenemos una idea propia de lo que es el alma y de lo que es el cuerpo».[1]

Cuando era niño, se llegaba a la cabecera municipal de Macuspana a caballo, en cayuco —una canoa hecha de un gran árbol hueco— o en lancha. La carretera era una brecha y siempre estaba en mal estado. En aquella época, los únicos caminos de mi pueblo eran los de a caballo, los ríos y los arroyos. El ferrocarril del sureste se inauguró en 1950 y la carretera del Golfo llegó a Villahermosa en 1958. Claro está que en aquellos tiempos vivir cerca del mar era vivir cerca del mundo.

A Tepetitán llegaban las canoas campechanas llenas de mercancías y delicias, como la galleta de agua.

La familia contribuyó mucho a que yo creciera feliz en aquel ambiente tanto natural como social. Mi padre y mi madre se dedicaban al comercio, me querían mucho y en esta atmósfera de amor familiar, los vínculos entre hermanos fueron auténticamente fraternos y solidarios. Por otra parte, en mi pueblo las diferencias sociales no eran muy marcadas, porque tampoco los niveles económicos eran extremadamente desiguales. Hijos de padres campesinos, pescadores, agricultores, ganaderos, panaderos, alijadores, jornaleros, lancheros, maestros o comerciantes convivíamos y jugábamos en espontánea armonía.

Desde el gobierno revolucionario de Madero, mis abuelos maternos llegaron a radicar a Tabasco. En España los nombres antiguos tenían que ver con el oficio de la gente, y por eso los apellidos Zapatero, Carpintero, Pescador, Obrador. Mi bisabuela materna, originaria de Entrambasaguas, en Cantabria, se llamaba Felipa Revuelta. Mis abuelos paternos eran veracruzanos —de la cuenca del Papaloapan, jarochos a mucho orgullo— y corría por sus venas sangre blanca, india y negra. No creo en la existencia de las razas humanas, pero sostengo que hay culturas diversas. Mi abuelo, Lorenzo López Montalvo quedó viudo porque mi abuela Candelaria murió cuando nació mi padre; mi abuelo Lencho se buscó otra esposa y como era campesino y no tenía tierra para sembrar, formó parte de los miles de familias de todo el país a los cuales el Gobierno les entregó, en los años sesenta y setenta del siglo pasado, tierras nacionales para poblar las selvas tropicales de Campeche y Quintana Roo. Está sepultado en el panteón del Ejido Constitución del municipio de Calakmul, Campeche. Un hombre, bueno, un santo.

Mi papá llegó a Tepetitán en 1952 como trabajador petrolero. Mi madre, Manuelita, se dedicaba a atender la tienda de mi abuelo. Manuelita siempre fue comerciante. De joven se embarcaba en un cayuco y viajaba vendiendo mercancías en todas las rancherías, ubicadas a la orilla de ríos, arroyos y lagunas. Cuando regresaba a Tepetitán traía el cayuco lleno de maíz, frijol, arroz y cerdos. Antes predominaba el trueque o intercambio de productos.

Nací el 13 de noviembre de 1953. Estoy orgulloso porque dos siglos antes, en 1753, nació Miguel Hidalgo, y en 1853, José Martí. Por eso me gusta cuando Ana Belén canta «Yo también nací en el 53», en especial el verso que dice: «Qué te puedo decir que tú no hayas vivido. Qué te puedo contar que tú no hayas soñado».

Estudié la primaria en la escuela que lleva el nombre de un gran escritor tabasqueño: Marcos E. Becerra. Recuerdo con cariño a mis maestras y maestros; a la maestra Guadalupe Antonio de la Cruz, y al maestro Joaquín González Paz, quien además de profesor era beisbolista.

Crecí en una familia católica, pero no hay que olvidar las peculiaridades que la religión tuvo en Tabasco desde la época colonial. Allí nunca hubo una fuerte tradición religiosa porque la evangelización no solo tropezó con la resistencia cultural indígena sino también con obstáculos como pantanos y selvas, calor y mosquitos. Además, debido a la ausencia en la región de metales preciosos, en torno de los cuales giraba la economía durante el periodo colonial, en Tabasco no arraigó la cultura novohispana con los rasgos de acendrado catolicismo que tuvo en el centro del país; algo parecido sucedió en todo el siglo XIX: las prácticas religiosas estuvieron siempre relacionadas más con la convivencia social que con la devoción, y aún durante el porfiriato la masonería tuvo gran influencia. Los dos gobernadores más importantes de ese periodo, Simón Sarlat Nova y Abraham Bandala, fueron liberales y la sociedad era eminentemente laica.

Después, entre 1919 y 1935, un hombre fuerte dominó Tabasco: Tomás Garrido Canabal, quien impulsó la educación racionalista y el progreso; combatió el alcoholismo y aplicó una política anticlerical sin parangón en el resto del país. En la era garridista se decretó que los sacerdotes solo podían ejercer si estaban casados, entre otros muchos requisitos. Por si fuera poco, en ese entonces, los integrantes de la Liga Central de Resistencia del Partido Socialista Radical —cuyos integrantes serían conocidos después como los «Camisas Rojas»—, organizaban asambleas culturales en todas las plazas públicas, donde se leían discursos o poemas contra la religión y se quemaban imágenes religiosas. Es más, los templos fueron derribados o convertidos en escuelas; se prohibió tanto el uso de cruces sobre las tumbas como los escritos que hicieran alguna referencia a Dios; las fiestas religiosas fueron sustituidas por ferias regionales; se cambió la «nomenclatura fanática» de todos los pueblos de Tabasco por nombres de héroes, maestros, libertadores locales, artistas y sabios. Tampoco se veía bien poner a los hijos nombres de santos; de ahí que sea Tabasco el estado con más nombres de filósofos, artistas y dirigentes famosos del mundo.

Solo las peculiaridades de Tabasco en los siglos precedentes explican la escasa resistencia de la población a esa modalidad de la política «modernizadora» garridista. Únicamente se opusieron los indígenas, los chontales, quienes tuvieron que enfrentar la represión violenta, no solo porque esta iba dirigida a las manifestaciones de su religiosidad, sino porque lesionaba los demás aspectos de su tradición cultural.

Además, en el trópico las cosas suelen ser distintas. Esto no lo entendió del todo el gran escritor inglés Graham Greene, quien visitó Tabasco en 1938 y en un pasaje de su novela *Caminos sin ley*, registró así su diálogo con un dentista estadounidense de apellido Winter que vivía en Frontera, Tabasco:

Lo único malo de Garrido era que... había atacado a la Iglesia. Con eso nunca se gana nada —dijo—. Si no hubiera atacado a la Iglesia todavía estaría aquí.

—Pero parece que consiguió lo que quería —dije—; no hay curas, no hay iglesias...

—Oh —contestó ilógicamente—, aquí nadie se interesa por la religión. Hace demasiado calor.[2]

La respuesta del doctor Winter no distaba mucho de la realidad. En el trópico no se puede estar ensimismado, meditando, encerrado entre cuatro paredes. El clima influye en la forma de ser y en el temperamento de la gente. El tabasqueño usa poca ropa, es abierto y expresivo. No habla quedito, sino que grita; agréguese que en el trópico los ríos se desbordan, el cielo es proclive a la tempestad, los verdes se amotinan y el calor de la primavera o la ardiente canícula enciende las pasiones y brota con facilidad la ruda franqueza. Hasta podría decir que los tabasqueños somos liberales por naturaleza. Quizá por eso, además de otros factores, en mi tierra nunca ha echado raíces el conservadurismo. Basta un dato: Tabasco es el estado con menos presencia del Partido Acción Nacional (PAN), en toda la historia de ese partido, al grado que en la última elección perdió el registro por no alcanzar, como lo establece la ley, 3% de los votos emitidos.

Mi infancia en Tepetitán sigue presente en lo que soy ahora: la familia y el entorno donde crecí fueron los cimientos de lo que vino después: la adolescencia y la juventud fueron determinantes para el rumbo que tomaría mi vocación política.

Siempre me ha favorecido la suerte. En Tepetitán no había secundaria y lo más probable era que no continuara estudiando. Mi mamá y mi papá, como he dicho, eran comerciantes y más que mandarme a estudiar, probablemente estaban pensando en que les ayudara a trabajar en el mostrador de la tienda. Sin embargo, un hombre bueno, Dorilian Domínguez; hijo del viejo Lan, un ganadero respetado y querido en mi pueblo, habló con mi madre para convencerla de que me inscribiera en la secundaria, y él me llevó a Macuspana, a caballo, porque el camino era una brecha intransitable cuando llovía, nadie tenía carro o camioneta y todavía no funcionaba la cooperativa de un camión, aunque se constituyó después. En ese tiempo, en 1966, lo más usual era el caballo o el traslado por agua en lancha o cayuco. Si no hubiera sido por Lancillo, solo habría terminado la primaria; aunque posiblemente con el paso del tiempo habría emigrado a otra parte.

Es conocido, lo llevo en la sangre, que desde niño tengo la pasión por el beisbol, con el complemento de que jugaba bien; era *centerfield*, bateaba, corría y tenía buen brazo; en otras palabras, si me hubiese dedicado a eso, daba el ancho para jugar como profesional en ligas de alto nivel; pero mi destino fue otro. Me inscribí en la secundaria en Macuspana, vivía de abonado en la casa de doña Carmen Domínguez, esposa de don José Hernández. A ese domicilio de familia buena y trabajadora llegaba a comer el padre Julián Álvarez, encargado de la parroquia que estaba en la contraesquina. Hice buena amistad con él, lo ayudaba como monaguillo y me enseñó a jugar futbol. Aunque nunca dejé mi deporte favorito: me escapaba en el recreo de la secundaria para practicar con los profesionales de la Liga Petrolera; allí conocí a Cuco Toledo, tremendo pelotero cubano que había brillado durante su juventud en su país y en México, y aunque ya veterano todavía bateaba y tenía un brazo como el del gran Roberto Clemente: con hombre en tercera y con un *elevado* al jardín central, ningún representante se atrevía a mandar un pisa y corre.

Termino contando una pequeña anécdota de hace como diez años: al ser precandidato a la Presidencia, estaba caminando temprano por la mañana en el parque La Choca, de Villahermosa, llevaba una gorra, lentes oscuros y una sudadera hasta el cuello, con la idea de pasar inadvertido; sin embargo, a la segunda o tercera vuelta me identificó el contador Miguel Baldivia, con quien jugaba en tiempos de la prepa. Con la alegría característica de mis paisanos me saludó y me dijo: «Pinche Andrés Manuel, yo estaba seguro de que llegarías a las grandes ligas, pero nunca imaginé que ibas a ser presidente de México».

Ya en secundaria, en Villahermosa, tuve la fortuna de recibir clases de civismo de un maestro nada convencional: Rodolfo Lara Laguna. Para dar su clase se apoyaba en el libro *El buen ciudadano*, pero con frecuencia se salía del texto y nos platicaba sobre otros temas relacionados con los problemas sociales y políticos de esos tiempos. Una vez nos contó que había participado en una manifestación en contra de la visita de John F. Kennedy a México en 1962, en tiempos de la invasión a Cuba, y que iban coreando: «¡Jacqueline, sí; Kennedy, no!». Pequeños detalles como este se me quedaron grabados. De él recibí una buena influencia y me abrió la inquietud hacia lo social, porque había sido dirigente estudiantil; hoy sigue siendo un hombre íntegro, juarista y de izquierda.

Por aquella época leí *Un niño en la Revolución Mexicana*, del gran escritor tabasqueño y uno de los mejores prosistas en lengua castellana, Andrés Iduarte. Me gustó tanto ese texto que me aprendí de memoria un fragmento que resume la profunda trascendencia de ese gran movimiento social:

Nosotros teníamos un criado [...] Se llamaba Polo. Era un muchacho indio, con la mirada helada de la raza, pero con una sonrisa afectuosa en los labios [...] Yo no sé qué me dijo de don Porfirio y de mi tío: fue, desde luego, algo relacionado con la política o con la riqueza. Yo se lo conté a mi primo. Solo recuerdo que una noche mi papá, nervioso, habló a solas con Polo. Yo debo haber entendido que era algo referente a mi pecado, porque me escondí detrás de un armario. Mi padre se dio cuenta, me hizo salir y me dio una cachetada:

—Por hablador, por chismoso —me dijo.

Para mí, que nunca había recibido de él ningún golpe, fue tremendo el castigo. Polo estaba ya en el fuego creciente de la rebeldía. En 1917, en plena Revolución, lo vi un día por La Cruz Verde y fui a hablarle. Andaba roto, astroso, flaco; pero con su fusil. Lo acompañé hasta su cuartel, que estaba en la iglesia de Esquipulas. Polo me dijo que iría a vernos a la casa; pero no fue nunca: nos contaron que lo mataron poco después.[3]

De la preparatoria recuerdo mucho la lectura de *Breve historia de la Revolución mexicana*, de don Jesús Silva Herzog, dos tomos publicados por el Fondo de Cultura Económica. Con esos libros empecé a descubrir el país y a pensar en la participación política. Un buen dirigente no puede formarse si no conoce la historia, que es la maestra de la vida: la historia es forjadora fundamental.

En mi caso, la familia, mi pueblo, la libertad, el trópico, el maestro de civismo, el libro de don Jesús Silva Herzog y quizá también un fracaso económico en el negocio de mis padres fueron circunstancias que, de una u otra manera, me marcaron el rumbo. Mis padres eran comerciantes y el negocio quebró. Fue al terminar la preparatoria cuando decidí venir a la Ciudad de México a estudiar la universidad. Tomé la iniciativa en circunstancias muy difíciles porque no tenía dinero, pero me liberé, me eché a andar y llegué a vivir, en 1973, a la Casa del Estudiante Tabasqueño, en la calle Violeta de la colonia Guerrero.

Presenté el examen para ingresar a la Facultad de Ciencias Políticas en la Universidad Nacional Autónoma de México (UNAM), esperanzado por el apoyo del Gobierno federal que nos daba alojamiento y comida en la Casa del Estudiante. Éramos ochenta jóvenes, la mayoría de escasos recursos; estudiábamos en diferentes carreras de la UNAM y del Instituto Politécnico Nacional (IPN). Esa casa fue muy importante para mi formación.

En ese entonces no se rechazaba a tantos jóvenes en las universidades públicas, como sucedió después. Presentábamos examen de admisión diez y entrábamos nueve; en el periodo neoliberal o neoporfirista ingresaba uno de cada diez, con el pretexto de que no se aprobaba el examen, cuando la verdad es que no había cupo por falta de presupuesto para las universidades y por el abandono de la educación pública. En ese contexto, el examen de admisión dejó de ser un mecanismo para verificar la buena formación previa y se convirtió en un sistema enfocado en excluir a la gran mayoría de los aspirantes.

Después de la Casa del Estudiante, viví con otros compañeros en Copilco el Alto en un cuarto de vecindad. Nunca olvidaré a la finada Gloria, quien tenía en el patio de su casa unas mesas y vendía comida; cuando no iba porque le debía mucho, me mandaba a decir con mis compañeros de cuarto: «Díganle al flaco que venga a tragar». Terminé la escuela de milagro porque no recibía apoyo de mi familia que estaba atravesando por una situación económica muy difícil. La quiebra en el comercio es algo muy lastimoso.

Una vez llegó mi madre a espiarme a la universidad porque no creía que estuviera estudiando. Estaba en clase y, de repente, volteo a la ventana y ahí estaba mi madre, viéndome, con sus bellos ojos negros. Salí de inmediato con mucha pena para evitar la burla de mis compañeros; caminé con ella hacia el patio y la abracé con toda mi alma.

En la Facultad de Ciencias Políticas aprendí lo básico para luchar por mis ideales humanistas. Durante el primer semestre de la carrera me tocó enfrentar lo terrible que fue el golpe militar en Chile. El maestro de la materia Ciencia Política nos propuso un análisis del proceso chileno. Se trataba de Raúl Olmedo, un buen maestro, marxista. En esa clase revisamos el texto *El Estado y la Revolución*, de Lenin, y con ese marco teórico vislumbramos la terrible posibilidad de un golpe de Estado, el cual se consumó el 11 de septiembre de 1973; esto me impactó mucho. El presidente chileno Salvador Allende es el personaje extranjero que más admiro, quien más sentimientos me genera. Fue un humanista, un hombre bueno, víctima de canallas. Por eso, cuando se cumplieron cincuenta años de su muerte, el 11 de septiembre, estuve en Santiago de Chile, lleno de sentimiento, entre los invitados del actual presidente, mi amigo, Gabriel Boric.

En mis tiempos universitarios hubo en México varios movimientos por la justicia y la libertad como la llamada Tendencia Democrática de los trabajadores electricistas contra el *charrismo* sindical encabezada por Rafael Galván. Participé como estudiante acudiendo a las marchas de protesta. Ha pasado el tiempo y hace poco, cuando inauguramos la primera fase de la planta fotovoltaica de Puerto Peñasco, Sonora —que será la más grande de América— les propuse a los dirigentes del sindicato de electricistas y al director general de la Comisión Federal de Electricidad (CFE) que la central llevara el nombre de aquel dirigente ejemplar que fue Rafael Galván.

Pero en América Latina hubo otros golpes de Estado, además del chileno, y la UNAM y otras universidades acogieron a muchos exiliados. Tuve profesores de Chile, Bolivia, Haití, Uruguay y Argentina, además de muy buenos maestros mexicanos. Fue una época muy interesante para las ciencias sociales, pero también muy dolorosa para América Latina por las dictaduras y el sufrimiento que estas provocaron a la gente; a la par, fue un tiempo de mucha reflexión y análisis, algo que no sucede en la actualidad: las ciencias sociales están muy apagadas.

Nunca me planteé como opción la vía armada, aunque la admiraba porque me parecía impulsada por el idealismo. ¿Cómo no respetar, por ejemplo, a guerrilleros mexicanos como Lucio Cabañas y Genaro Vázquez? ¿Cómo no admirar el idealismo y la congruencia del Che? Siento un profundo respeto por aquellos que optan por esa vía. Sin embargo, no la comparto porque es una alternativa que produce mucho dolor y sufrimiento, y sirve de pretexto a quienes tienen el dinero, el poder y la fuerza para reprimir y someter al pueblo. Creo que no se debe renunciar a la vía pacífica (y conste que, en los años sesenta y setenta, la guerrilla fue muy atractiva). No quiero utilizar la expresión «estaba de moda» porque puede parecer peyorativa; el hecho es que era una opción bien vista. En México, la multiplicación de organizaciones armadas fue una de las consecuencias de la brutal represión del movimiento estudiantil de 1968.

A propósito del presidente Allende, en un discurso pronunciado durante su visita a México, en Guadalajara, dijo: «Ser joven y no ser revolucionario es una contradicción hasta biológica». Pero ser revolucionario no necesariamente implica tomar las armas. Él mismo se abstuvo de transitar por ese camino aun cuando muchos opinaban que solo así podía mantenerse en la Presidencia y evitar que lo asesinaran. Él era un pacifista. Por eso, el asalto al Palacio de la Moneda y la muerte de Allende fue un crimen horrendo. El que opta por la lucha armada sabe que se trata de vencer o morir. Pero el que no quiere la violencia para su pueblo ni para nadie y ve con profundo respeto, con profundo amor, incluso al adversario, no merece ser tratado de esa manera. La traición de Augusto Pinochet fue abominable: es una mancha indeleble en la historia del mundo. Siempre expresé mi repudio total al fascismo que azotó a Chile y a América Latina en aquellos años. Con mucha indignación y dolor, me enteré a través de la radio del golpe de Estado en Chile, y ese mismo día, en un pizarrón grande que estaba en el patio principal de la Casa del Estudiante, junto con Hebert Sánchez, un compañero de Economía del Politécnico, escribí un manifiesto de protesta. Nunca lo voy a olvidar.

En mi época de estudiante también ocurrió el golpe al periódico *Excélsior*, el 8 de julio de 1976. El presidente Luis Echeverría decidió silenciar a ese diario independiente que dirigía con dignidad Julio Scherer García. Tampoco voy a olvidar que Miguel Ángel Granados Chapa, Froylán López Narváez y Heberto Castillo fueron al auditorio de Ciencias en la UNAM a exponer lo que había pasado y, a partir de entonces, cada vez que había una marcha, al pasar por Bucareli y Reforma, donde está *Excélsior*, se coreaba la consigna «¡Prensa vendida!».

• • •

En ese tiempo, de 1973 a 1976, estreché amistad con el maestro Carlos Pellicer. Era un hombre grande en toda la extensión de la palabra. Se trataba de un escritor consagrado al que Gabriela Mistral había distinguido llamándolo el «Poeta de América».

Entre sus muchas aportaciones al arte y la cultura, fundó, en la época del gobernador Francisco J. Santamaría, el Museo Arqueológico de Tabasco. Sobre la creación de este museo hay una anécdota graciosa pero importante: el 28 de abril de 1952, el maestro Pellicer le escribe al gobernador Santamaría, y en un tono de sutil reproche le dijo que, como no había dinero para terminar los cuatro salones faltantes y concluir el museo a fines de junio, había decidido regresar a la Ciudad de México «en el entendido de que, tan pronto como ustedes se recuperen económicamente, yo volveré con la alegría que he demostrado a ponerme al frente de la organización de nuestro hermoso museo».

Más tarde, el 20 de agosto de 1952, el gobernador, también maestro en letras e igualmente simpático, le contestó:

> Querido Vate. Tengo el gusto de calmar tus inquietudes espirituales por medio de una receta por $5 049.11 (cinco mil cuarenta i nueve pesos once centavos) que en una pastilla, vulgo cheque, medicina u específico original del Dr. Santamaría, te envío para ser despachada por la farmacia del Banco Nacional de Méjico. Espero tu recuperación i pronto retorno i abrázote afectuosamente para que cesen tus lágrimas i adviertas que no nos rajamos.[4]

Poco después, Pellicer consiguió trasladar las esculturas monumentales olmecas de La Venta, Huimanguillo, Tabasco, para inaugurar el 4 de marzo de 1958, en un terreno de ocho hectáreas, a la orilla de la Laguna de las Ilusiones de Villahermosa, uno de los más espléndidos y originales museos del mundo; casi al mismo tiempo, creaba el museo de Palenque, trabajo por el cual el arqueólogo Alberto Ruz le envió con una adjunta el pago de «sus simbólicos honorarios» de 1 473 pesos.

Asimismo, participó en la fundación de otros museos como el de Tepoztlán, Morelos, el de su amiga Frida Kahlo, inaugurado en julio de 1958, así como el museo regional de la Universidad de Sonora, en 1957. En esa ocasión, hallándose en Hermosillo, escribió el poema sobre la huelga de Cananea, ese que dice:

> Cananea, Cananea
> de tus tiros partieron
> los primeros alientos de una aurora
> que no ha dado la luz que necesito
> para decir, de pueblo en pueblo,
> que ya no hay tuberculosis producida por hambre
> ni banquete de bodas de ciento diez mil pesos...[5]

Aun cuando el maestro Pellicer defendió el arte en libertad, no por consigna, siempre vinculó su labor intelectual y su obra creativa con la actividad política. En su juventud, en la época del Maximato callista, fue activista en la campaña presidencial de José Vasconcelos; participó en las brigadas internacionales que fueron a España a defender la república de la sublevación franquista; se desempeñó por muchos años como presidente del Comité en Defensa y Solidaridad con el Pueblo de Nicaragua durante la dictadura de Somoza y se manifestó y repartió volantes tras la llegada a la Ciudad de México del presidente John F. Kennedy en protesta por la invasión de bahía de Cochinos en Cuba.

En fin, cuando conocí al maestro Pellicer yo estudiaba la preparatoria en Villahermosa y él era un hombre talentoso y de probadas convicciones humanistas y libertarias. Lo vi por primera vez en el antiguo Museo de Tabasco, ubicado en la Plaza de Armas; vivía debajo de una escalera, allí tenía su catre y una caja como buró; lo recuerdo con su camisa de manta, huaraches, sombrero y lentes negros. El trato más cercano y constante lo tuvimos cuando me trasladé a la Ciudad de México para estudiar Ciencias Políticas en la UNAM. Contaré algunas de las muchas anécdotas que guardo de esos tiempos.

En una Navidad fui a visitarlo a la calle de Sierra Nevada, en las Lomas de Chapultepec, y luego de hablar de asuntos políticos, de piezas arqueológicas que llenaban su casa —falsas o auténticas pero bellísimas— y del nacimiento que año con año montaba para disfrute de muchos, me entregó, al despedirme de él, un rollito de billetes que fueron mi felicidad, porque en esos tiempos —como decíamos— traíamos «hambre vieja». Aunque no era mucho, el dinero alcanzó para invitar a Isidoro Pedrero Totosaus, Ever Sánchez Alejandro, Carlos Cerino Marín, David Izquierdo Mayo y otros amigos, a comer gallina con rabadilla en los famosos Caldos Zenón, ubicados cerca de la calle Violeta, en la colonia Guerrero, donde vivíamos ochenta jóvenes becados con hospedaje y periódica alimentación en la Casa del Estudiante Tabasqueño.

Tampoco podría olvidar la vez que lo acompañé a una entrevista con el ingeniero Leandro Rovirosa Wade, quien en ese entonces era secretario de Recursos Hidráulicos y posteriormente fue gobernador de Tabasco. La audiencia tenía como propósito conseguir que se hicieran bordos y muros para proteger de inundaciones al nuevo museo que se estaba construyendo a la orilla del río Grijalva; en esa ocasión, por mi imprudencia juvenil y radicalismo, cuestioné duramente al ingeniero Rovirosa por lo del Plan Chontalpa. Sin embargo, el ingeniero Rovirosa, como gran ser humano que era, me tuvo paciencia, fue comprensivo y tolerante, como habría de serlo después cuando fui director del Centro Coordinador Indigenista Chontal, durante su gobierno. A la salida de la oficina del ingeniero Rovirosa, en un tono serio y simulando enojo, el maestro Pellicer me expresó: «A usted, don Andrés —porque así me decía—, no lo vuelvo a traer a estos acuerdos».

Por esos tiempos hicimos un viaje inolvidable desde Villahermosa a las cascadas de Agua Azul, Chiapas, en compañía del periodista Julio César Javier Ruiz, conocido como el Pochitoque (en Tabasco es común que a todos nos pongan apodo) y de Carlos Sebastián Hernández, director del Museo de Tabasco. En todo el camino fue risa y risa, carcajadas del maestro Pellicer, por las ocurrencias y la picardía tabasqueña de Julio César, quien manejaba su auto y llevaba la batuta de la conversación, aunque Carlos Sebastián le hacía segunda en el mismo tono. Pienso que nadie rompía mejor la solemnidad —real o fingida— que siempre caracterizó al maestro, y nadie lo ponía de tan buen humor como Julio César, con su ingenio y sus cuentos colorados. De regreso de Agua Azul pasamos a cenar a Palenque, Chiapas, en el restaurante de mis padres.

Cuando lo nombraron candidato a senador por Tabasco tuvimos alguna diferencia, pues, según yo, como lo sostuvo entonces el ingeniero Heberto Castillo, el maestro Pellicer «había dado su brazo a torcer». Recuerdo que el día del destape o nominación, en el *Ovaciones* de la tarde, el gran novelista Juan Rulfo —no sé todavía si con autenticidad o ironía— declaró que con el maestro Pellicer como senador le iría muy bien a México, o algo por el estilo; cuando vi al maestro le pregunté, con ánimo de provocarlo, si sabía de lo dicho por Rulfo, y haciéndose el desatendido con su vocerrón y seriedad fingida, me reviró: «¿Y quién es ese?».

Finalmente, estuve con él en 1976 en la campaña por los pueblos de Tabasco; su sincero deseo era servir a los más pobres; repetía y repetía: «Voy a ser senador de los chontales». Desde antes de tomar posesión del cargo planteó que iba a vender su colección de paisajes de José María Velasco, valuada en siete millones de pesos de aquellos tiempos, y que con ese dinero haría una fundación o fideicomiso para ayudar a los pueblos indígenas de Tabasco. Sin embargo, poco después entraron a su casa, maniataron a Chavelita, su fiel acompañante y ama de llaves, y se robaron las pinturas; a partir de entonces se entristeció mucho y cayó en cama.

Lo visité unos días antes de su muerte. Estaba postrado, pero platicamos; tenía la esperanza de recuperarse; me pidió vernos dos días después con el propósito de buscar una alternativa para lo del fideicomiso para los chontales; le dije que no se preocupara, que primero era su salud, y él me insistió porque realmente tenía la preocupación por la gente pobre. Durante la mañana del 16 de febrero de 1977, día en que volveríamos a encontrarnos, me enteré de que había muerto.

Unos meses antes de su partida, en una entrevista, había confesado:

> Yo fui político de calle durante toda mi vida. Soy socialista y creo en la igualdad de los humanos. Me entristece la pobreza de la mayoría y la riqueza de unos cuantos. Pienso que poco a poco el mundo entero y, por supuesto, México, alcanzarán la justicia.

Creo que mi maestro se sentiría orgulloso de saber que, en su tierra, en su agua y en todo el país, seguimos trabajando con la misma convicción de siempre: no hacerle mal a nadie y atender de manera preferente a los pobres y a los olvidados de México.

•••

Más tarde, el ingeniero Rovirosa se convirtió en gobernador de Tabasco. Al iniciar su gobierno, en 1977, me recomendó como director del Centro Coordinador Indigenista Chontal y lo más importante fue que nos apoyó y, sobre todo, nos dio absoluta libertad.

Fui el segundo director del Centro Coordinador Indigenista Chontal, creado en 1973 contra la voluntad del gobernador de entonces, Mario Trujillo García, quien sostenía que en Tabasco no había indios. Esto me lo contó el antropólogo Salomón Nahmad Sitton, que aún vive aferrado a sus convicciones ejemplares de siempre. En ese tiempo trabajaba en el Instituto Nacional Indigenista (INI) y le tocó entrevistarse con el gobernador para la creación de ese centro. Los indígenas no solo vivían arrinconados en la zona pantanosa, donde han estado por siglos, marginados y empobrecidos, sino que se les negaba hasta su propia existencia, cuando fueron ellos los primeros que fundaron ciudades y conformaron una cultura en aquellas tierras húmedas que un día se llamarían Tabasco. Para la oligarquía, el indígena era, y en muchos casos sigue siendo, sinónimo de atraso. «Los inditos, los *chajules* —decían—, están en Chiapas, no en Tabasco». Es decir, la ignorancia y racismo combinados.

Por fortuna se creó el centro chontal por decisión del INI. Aquí quiero hacer un reconocimiento a quienes durante mucho tiempo trabajaron a favor de los indígenas: antropólogos, médicos, agrónomos, sociólogos, maestros bilingües, técnicos y personal de base, muchos de ellos todavía en actividad. Es cierto que durante la aplicación de la política indigenista se cometieron errores. Por ejemplo, en algún tiempo se propuso la integración; incluso, se hablaba de «incorporarlos a la civilización». No obstante, se avanzó en crear conciencia para reconocer y respetar sus culturas, las tradiciones, las costumbres, las lenguas y la organización social comunitaria. Antes del periodo neoliberal había al menos una política indigenista, pero los neoliberales acabaron con ella.

Trabajar de 1977 a 1982 en la zona indígena chontal de Tabasco fue para mí una experiencia extraordinaria. En las comunidades me formé como luchador social. Allí echamos a andar programas integrados y logramos mejorar las condiciones económicas y sociales de los pueblos. Allí comprobé que con una política de apoyo a la gente pobre siempre se logran buenos resultados: los indígenas tuvieron dónde sembrar porque adquirimos buenas tierras que les fueron entregadas; pusimos en marcha un programa para rehabilitar zonas pantanosas mediante la tecnología tradicional chinampera, como en Xochimilco, lo que llamamos «camellones chontales»; se creó un programa de Crédito a la Palabra (CAP) para la ganadería y la agricultura; me tocó fundar las primeras escuelas secundarias en la zona, así como centros de salud y hospitales; construimos viviendas y caminos; se instalaron plantas de agua potable y organizamos cooperativas de consumo y de transporte; creamos una radiodifusora cultural bilingüe, XENAC: La Voz de los Chontales, que era la más escuchada. Después la silenciaron, y por mucho tiempo permanecieron abandonadas las instalaciones. Posteriormente se abrió de nuevo la radio y ahora opera en todo el país el Instituto Nacional de Pueblos Indígenas (INPI), que coordina los planes de justicia en beneficio de las diversas culturas originarias.

El trabajo en la zona maya chontal me permitió comprobar en la práctica que el cumplimiento de las responsabilidades sociales del Estado se traduce en una mejoría de las condiciones de vida de la gente. Un ejemplo: cuando llegué a la zona chontal había muchísimo alcoholismo. Los indígenas de las comunidades acudían a embriagarse a las cantinas de Nacajuca, la cabecera municipal, en las que se vendía aguardiente de caña. Era común que pidieran «cuatro dedos de aguardiente» que bebían de un solo golpe. Caminaban 200 o 300 metros, caían inconscientes y pasaban horas tirados a las orillas de los caminos. Eran escenas muy tristes y preocupantes. Cuando empezamos a trabajar, disminuyó ese alcoholismo. Fue una buena lección; aprendí que la actividad, el trabajo, la esperanza, la dignidad y el orgullo cultural provocan un cambio en realidades de postración o sometimiento.

Fue definitorio trabajar seis años en las comunidades indígenas. Fue un proceso de enseñanza-aprendizaje. Di algo, muy poco más que nada mi corazón; ellas me dieron y me enseñaron muchísimo. Solo por mencionar algo: allí aprendí que las decisiones en las comunidades se toman de forma colectiva, algo parecido al proceso que ahora llaman consenso. Las asambleas comunitarias comenzaban con una exposición que hacíamos sobre el asunto a tratar. Cuando terminábamos de explicar, ellos deliberaban; solo se oía un murmullo en lengua chontal. Inmediatamente después se hacía un profundo silencio hasta que alguien levantaba la mano para dar a conocer la decisión de todos. Para entonces ya se había logrado el consenso, había un acuerdo y eso era lo que, en voz de alguien, ellos consideraban que podía aceptarse o no. Ahí comprendí que había que esperar y tener paciencia porque las decisiones no se toman como es usual fuera del mundo indígena. También aprendí mucho sobre la solidaridad verdadera y la ayuda mutua. Por ejemplo, la siembra o la construcción de una casa implica la participación de todos; como ellos dicen: «se dan la mano» cuando alguien necesita ayuda. Sin duda, la mayor enseñanza que recibí fue conocer el lado humano de las comunidades. Me tocó ver cómo un indígena de Oxiacaque se cortó el pie de un hachazo y, como en ese pueblo aún no había un centro de salud ni existía un camino, tuvieron que llevarlo en hamaca hasta Nacajuca. Me impresionó ver cómo empezó a llegar la gente humilde a verlo y a darle 20 centavos, un peso, lo que tenían, porque sabían que iba a necesitarlo para la curación.

Vivir de cerca esa fraternidad, esa solidaridad, me hizo más humano. No solo cuenta la teoría, lo que se aprende en los libros, sino también lo que puede enseñar la gente del pueblo. Mi trabajo en las comunidades indígenas, viviendo entre los pobres, conociendo de cerca esa realidad, explica en buena medida lo que soy. En ese tiempo me visitaron y conocí a dos verdaderos especialistas en antropología y ciencias sociales, Rodolfo Stavenhagen y Guillermo Bonfil Batalla. También en ese entonces emitió una opinión sobre mi persona la escritora polaca Irena Majchrzak, quien visitó varias zonas indígenas del país y en su libro *Cartas a Salomón,* dejó este testimonio de su viaje a Nacajuca:

> La persona del director del INI se hizo un poco mítica en la región. Todos saben que se le puede encontrar en su oficina solo entre las siete y ocho de la mañana. Después sale para supervisar las actividades en el campo. Tuve la oportunidad de observar el ritual de su trabajo. Estaba sentado en su despacho en medio de una multitud y así atendía a las personas. Cada quien le iba entregando un papelito en el que estaba expuesto su problema. Había muchos problemas con las tierras limítrofes de los ejidatarios y sus vecinos. Los asuntos que se plantean en todas partes; que los animales entraron en el campo sembrado, que el vecino sembró donde no le correspondía, etcétera. También había problemas con la construcción de las viviendas, y otros que no pude captar bien porque los diálogos entre el director y la persona interesada eran muy breves y muy eficaces. El director se enteraba de cada asunto y resolvía el problema casi inmediatamente. Nada de burocracia. Nada de pedir requisitos, nada de «mañana». El director, como sabes, tiene 26 años y parece que para él no hay tiempo que perder. Eso no quiere decir que se le sintiera impaciente. Nada de eso. Todo era resuelto con la mayor atención y el mayor respeto posibles. Pero la idea de que no tenía tiempo para perder estaba en el aire, en el mismo ritmo con que arreglaba los asuntos y el mismo ritual que parecía ser bien conocido para todos. La eficacia, en una palabra.[6]

Aunque no todos pensaban igual. De aquel entonces son los reportes del terrible director de la Policía Federal de Seguridad, Miguel Nazar Haro, quien me calificaba de comunista. Como en el reporte fechado en 1979 (véase p. 27).

Cuando llegué a la Presidencia y se nombró director general del Archivo General de la Nación al historiador Carlos Ruiz Abreu, le solicité que me diera el

```
                                                    100 25.1
                                            14-VI-79


                    ESTADO DE TABASCO

        Villahermosa.- De las 9.00 a las 9.45 horas de hoy,
en el Local del Partido Socialista de los Trabajadores, ubica-
do en Periferico S/N, Colonia Curahueso de esta ciudad, se --
reunieron ERWIN HECTOR OCAÑA RIVERA, GEORGINA CASTAÑEDA VELAS
CO, ISIDRO NARVAEZ NARVAEZ, PABLO RAMIREZ SALAZAR, LUCIO CAMI
LO COBOS y MARIA DOLORES REYES MAYA, para comentar que de Mé-
xico, D.F., les piden gente para el 17 del actual, para que -
asistan a la I Conferencia Nacional de Pueblos Indígenas que_
celebra este Partido.

        Se hace notar que dicho Partido en esta ciudad no -
tiene militantes, por lo que recurrieron al Lic. MANUEL LOPEZ
OBRADOR, representante del Instituto Nacional Indigenista, --
con sede en Nacajuca y solicitarle 20 campesinos para que ---
sean enviados a la ciudad de México.

        El Lic. LOPEZ OBRADOR y el Lic. NABOR CORNELIO ALVA
REZ, son dirigentes en esta entidad del PCM.

                        Muy Respetuosamente
                    EL DIRECTOR FEDERAL DE SEGURIDAD


                        MIGUEL NAZAR HARO


MNH/gpg.
```

gusto de poseer mi expediente y ya lo tengo. Por cierto, ahora todos los archivos son públicos, no hay espionaje y no se reprime a opositores ni a nadie.

El mural del pintor Montuy que todavía está en las instalaciones del INI es de esa época. Estaba arrumbado en una bodega del Gobierno del estado y se colocó con una leyenda que no aplica en la actualidad del todo, porque los animales, como está demostrado, se hallan dotados de emociones, como los humanos. Una vez hecha esta advertencia, transcribo lo que dice el texto: «Quien tenga como aspiración ser un animal puede naturalmente dar la espalda a los dolores de la humanidad y trabajar en su propio provecho».

∴

En 1982, al final de mi trabajo en el INI, se resolvió la candidatura al Gobierno de Tabasco. Dejaba el cargo el ingeniero Leandro Rovirosa, y el candidato del Partido Revolucionario Institucional (PRI) a sucederlo era Enrique González Pedrero. Desde antes de su postulación, los que habíamos trabajado en el INI teníamos interés en que él fuera el candidato y gobernador de Tabasco. González Pedrero, que en paz descanse, era un hombre inteligente. Fue director de la Facultad de Ciencias Políticas de la UNAM y era uno de los que más sabía en México de historia de las ideas políticas. Lo admiré y respeté mucho como maestro. Había otros precandidatos, pero él reunía las cualidades para dar continuidad al trabajo que ya habíamos iniciado en la zona indígena. Reflexionábamos que si con Leandro Rovirosa —que era ingeniero civil— se había avanzado, con González Pedrero iba a ser aún mejor. Por ello nos unimos a su campaña. No pertenecíamos al PRI, sino que lo hicimos por esa circunstancia especial. Optar por él era lo que convenía a los ideales que nos movían. Se trataba de apoyar la candidatura de un hombre consecuente y de un político progresista; además, en esos tiempos no teníamos realmente otra opción. En Tabasco no había una tradición opositora. El PRI era predominante y la política se hacía básicamente en ese partido. Desde luego, en su interior convivían posturas distintas; había gente muy reaccionaria y, al mismo tiempo, gente progresista.

La idea era participar con González Pedrero para seguir transformando y defendiendo causas populares y a fin de avanzar en la democratización de Tabasco y de México. En su campaña me desempeñé como director del Centro de Estudios Políticos, Económicos y Sociales del PRI estatal y me concentré en organizar reuniones de análisis sobre la problemática del estado y plantear propuestas para su desarrollo.

Cuando se constituyó el nuevo gobierno, González Pedrero me invitó a ser presidente del PRI en Tabasco. Yo no tenía antecedentes partidistas, no era militante, pero el ofrecimiento era por demás atractivo: se trataba de hacer un partido auténtico, separarlo del Gobierno, algo imposible como pronto lo pudimos comprobar. Simplemente no se podía porque el PRI era un apéndice del Gobierno, una especie de Secretaría de Acción Electoral del Poder Ejecutivo. El partido desempeñaba un papel básico en épocas de elecciones porque se constituía en una maquinaria electoral que justificaba la llegada al Gobierno; pero, una vez constituido el Gobierno, en periodos interelectorales, el PRI entraba en una fase de inmovilismo y pasividad.

Lo cierto es que acepté el cargo y me tomé en serio la tarea de renovar a ese partido. Muchos de los jóvenes que estaban en el INI y que tampoco tenían antecedentes partidistas se incorporaron al PRI con la sola idea de intentar algo nuevo. El proceso fue muy interesante. En aquel tiempo el PRI tenía comités seccionales en colonias y pueblos, pero en cuanto a su dependencia del Gobierno, los dirigentes eran nombrados por funcionarios estatales y por los presidentes municipales. Por eso nos propusimos cambiar esas prácticas y decidimos que los dirigentes tenían que ser nombrados en asambleas democráticas.

En consecuencia, constituimos nuevos comités seccionales y cuando las bases comenzaron a elegir a sus dirigentes, se empezó a formar un partido auténtico, con fuerza, que servía como órgano de intermediación entre el pueblo y el Gobierno. Esta acción se acompañó con la formación de los dirigentes, tomando como referencia la *Declaración de Principios* y el *Programa de Acción* del PRI que, en teoría, postulaban la defensa de los derechos del pueblo y el nacionalismo revolucionario. Desde luego, una cosa eran los contenidos de los documentos básicos y otra la realidad política. Esta era una de las características de la simulación que prevalecía, pero el hecho de seleccionar a los dirigentes con base en esos documentos significaba todo un avance.

La formación de dirigentes seccionales y sus tareas a favor de la organización de la gente, la gestión, el seguimiento del ejercicio del presupuesto de los Gobiernos municipales generaron conflictos y apareció la lucha de intereses. Los alcaldes se sintieron vigilados porque el PRI se había convertido en un contrapeso del Gobierno, en una organización que defendía a la gente y que vigilaba el buen uso de los recursos públicos.

En poco tiempo comenzaron las intrigas hasta que nos aislaron por completo. El ensayo duró siete meses: había entrado a la presidencia del PRI en febrero de 1983 y para septiembre se había desatado la crisis. El gobernador me convocó a una reunión con los presidentes municipales. Su propósito —dijo— era escuchar los puntos de vista de ellos y el mío. En estas circunstancias, un lunes por la mañana, González Pedrero me llamó a su despacho para informarme que había tomado la decisión de que yo dejara la presidencia del PRI. Me propuso el puesto de oficial mayor del Gobierno del estado. Mi respuesta fue el silencio. No contesté, no hablé, me quedé callado. Sin embargo, él llamó al secretario de Gobierno, José Eduardo Beltrán, para que de inmediato me diera posesión del nuevo cargo. Momentos después se verificó una junta con los directores de esa dependencia en la que se anunció mi nombramiento. Cuando me tocó hablar, pregunté: «¿Quién sabe más de esto?». Nadie quería contestarme, de modo que insistí: «¿Quién de ustedes sabe más de administración para que se haga cargo de la oficina mientras vuelvo?». Alguien mencionó al contador Guillermo Priego de Wit, el director administrativo. De modo que a él le dije: «Mire, siéntese aquí, atienda todo, voy a regresar, ya regreso». Claro, nunca regresé. Pasé a buscar a mi esposa Rocío a su trabajo en la Secretaría de Agricultura y Recursos Hidráulicos y en el camino a la casa hablamos de lo sucedido. Ella estaba al tanto del proceso, tenía una idea y ya veíamos venir el desenlace. Por eso, cuando le consulté mi propósito de renunciar, estuvo de acuerdo aun cuando esto implicara dejar Tabasco; ella nunca había vivido en el Distrito Federal. Estas decisiones siempre están relacionadas con la familia. El político toma decisiones, pero de una u otra manera resulta crucial el apoyo de lo más cercano, de lo más íntimo. Por fortuna, yo siempre conté con el apoyo de mis padres, desde luego con el de Rocío y en los últimos tiempos, con el de mis hijos y el de Beatriz.

En la tarde de aquel día escribí la renuncia dirigida a Enrique González Pedrero que, en forma escueta, palabras más, palabras menos, decía:

Ciudadano gobernador:

Desde siempre he dedicado mi trabajo a servir a las mayorías. Hoy usted me brinda la oportunidad de ocupar el honroso cargo de oficial mayor de Gobierno que, siento, me aleja de ese propósito fundamental. En consecuencia, le estoy presentando mi renuncia con carácter de irrevocable.

A la mañana del día siguiente la entregué y la hice pública. Esta es una de las decisiones más importantes que he tomado en la vida. Haberme quedado como oficial mayor habría significado tomar un camino opuesto al que seguí. Tuve que escoger entre mis convicciones y la situación personal, la comodidad, la seguridad del trabajo, la posibilidad del ascenso y el desarrollo de una carrera política convencional. Fue una ruptura, pero actué de manera consecuente y, con el tiempo, sé que la decisión fue acertada. Dicho sea de paso: mucha gente que no me conoce piensa que, como estuve en el PRI, soy igual que los demás. Pero no, tengo mi propia historia; no soy un político tradicional y aunque fui dirigente del PRI, busqué la democracia y fui consecuente. Por eso no tengo nada de qué avergonzarme.

•••

En septiembre de 1983, con Rocío y mi hijo José Ramón, de 2 años, llegué a vivir a la Ciudad de México. Rentamos un departamento en Copilco y empezamos una nueva etapa de la vida con muchas limitaciones económicas porque al principio no tenía ánimo para trabajar en cuestiones políticas ni puestos públicos. La experiencia en ese sentido no era muy buena que digamos. Habíamos intentado democratizar al PRI con un gobernador progresista y no se había podido. Desde entonces, llegué a la conclusión de que el PRI no tenía remedio. La competencia entre distintos partidos impulsaría la democracia; era la única posibilidad para avanzar. Tenían que existir verdaderos partidos de oposición para democratizar la vida pública de México.

En la capital aproveché para cursar las dos materias de la Facultad que tenía pendientes, acreditar la traducción de idiomas que se exige para la titulación y hacer la tesis con el tema «La formación del Estado nacional en México». También me dediqué a escribir. Terminé en ese tiempo *Los primeros pasos. Tabasco, 1810 a 1867*, un libro sobre la historia de Tabasco y empecé otro con el título *Del esplendor a la sombra: la República restaurada. Tabasco, 1867 a 1876*, que concluí tiempo después. Nuestra situación económica se fue haciendo muy difícil, y entonces Ignacio Ovalle Fernández, quien me conocía porque había sido director del INI, me recomendó con Clara Jusidman, quien acababa de tomar posesión como directora del Instituto Nacional del Consumidor (INCO). Ella me ofreció ser director de organización social y promoción de ese instituto. Allí trabajé de 1984 a julio de 1988. Me ocupaba de organizar a consumidores para la compra en común de productos básicos con el propósito de que obtuvieran ahorros. Además era el encargado del departamento que hacía investigaciones y daba a conocer los precios de mercancías y otros bienes. En ese entonces, el INCO tenía una central telefónica cuyo número se hizo muy famoso: el 568-87-22. Todavía mucha gente lo recuerda. En aquellos años cualquiera podía llamar para informarse sobre precios y calidad de productos. Si alguien quería comprar, por ejemplo, un electrodoméstico, en ese teléfono recibía información acerca de lo que valía ese producto en las diferentes tiendas, así como las marcas, la garantía y la calidad. Ahora también se puede llamar al mismo número solo que marcando antes el 55. Ricardo Sheffield, procurador Federal del Consumidor, hasta hace poco, daba a conocer todos los lunes en la conferencia mañanera el «Quién es quién en los Precios» de alimentos y combustibles.

En ese trabajo me tocó vivir el terremoto de 1985. El INCO fue de las pocas instituciones que participó informando a través del teléfono y ayudando a la gente en esos momentos aciagos. Además de muchos muertos, había gente herida o desaparecida. Nosotros brindamos toda la información que tuvimos a la mano para localizar a personas en hospitales y albergues. También organizamos brigadas de rescate. Fui testigo de cómo, ante el inmovilismo, la indecisión y la incapacidad de la mayor parte de las autoridades, la gente tomó la iniciativa. Salió a la calle, se organizó e hizo labores de rescate con verdadera solidaridad humana, como siempre lo han hecho los capitalinos en momentos tan dramáticos y dolorosos.

•••

En 1988 tomé otra decisión importante en mi vida. Acepté ser candidato del Frente Democrático Nacional (FDN) a la gubernatura de mi estado. En el INCO ganaba un buen sueldo: fue en esa época cuando empecé a vestir de traje que, por cierto, ni entonces ni ahora me acomoda; siento que la corbata me aprieta y me estorba, aunque he tenido que aprender a utilizarla por formalidad y por respeto a la gente. En fin, cuando inició el movimiento democrático encabezado por el ingeniero Cuauhtémoc Cárdenas, decidí hacer a un lado mi situación personal y actuar también a partir de mis convicciones. En ese entonces, de nueva cuenta, me apoyaron Rocío y mis padres.

En 1988 regresé a Tabasco como candidato a la gubernatura por el FDN, integrado por el Partido Mexicano Socialista, el Partido Auténtico de la Revolución Mexicana, el Frente Cardenista de Reconstrucción Nacional y el Partido Popular Socialista. Se trataba de abrir brecha, porque no había tradición opositora. Además, los cuatro partidos del Frente tenían muy poca presencia y casi nada de organización. Implicaba comenzar una etapa nueva en circunstancias complejas. Tabasco era un estado muy corporativo donde todo giraba alrededor del poder público y no había cultura democrática.

Sabía que no ganaría la gubernatura, pero estaba convencido de la necesidad de iniciar un trabajo de organización ciudadana para el futuro. Era imprescindible crear un movimiento opositor. En ese entonces, en mi estado no había ningún contrapeso; los gobernadores eran amos y señores, y sin su consentimiento no se movía ni una hoja del árbol de la política. Además, imperaban la corrupción y otros vicios que poco a poco han ido desapareciendo.

Fue en uno de esos días cuando conocí al ingeniero Cárdenas, a quien le tenía mucha admiración y lo sigo respetando. También conocí a otros dirigentes como el ingeniero Heberto Castillo y Porfirio Muñoz Ledo. Inicié mi campaña en las comunidades indígenas de Nacajuca, donde ya me conocían y donde nuevamente me dieron su confianza. Ellos fueron los primeros en unirse al movimiento y, desde entonces, hemos ganado electoralmente en casi todos los pueblos indígenas de Tabasco.

Como ya lo expresé, en un principio no pensé que podría ganar la gubernatura; sin embargo, en el transcurso de la campaña el movimiento se consolidó y adquirió de manera espontánea mucha simpatía, al grado que cuando había visitado diez de los 17 municipios de Tabasco, la sensación era de que podíamos triunfar. En esos días, Carlos Salinas, a quien habían nombrado presidente electo, me mandó decir con Ignacio Ovalle que le interesaba tener un «acuerdo» conmigo. Ovalle me contó que Salinas le había pedido una opinión sobre mi persona y que luego de dársela le advirtió que yo no iba a ganar y que mejor me convenciera de que renunciara a la candidatura. A cambio me ofrecía un cargo en su gobierno. Obviamente, cuando Ovalle me hizo el planteamiento, le dije que no aceptaba. A partir de entonces, los operadores de Salinas, Roberto Madrazo, presidente del PRI en Tabasco, y Fernando del Villar, delegado del PRI nacional y luego director del Centro de Investigación y Seguridad Nacional (Cisen), hicieron todo lo posible para cumplir la disposición de que no ganáramos. Entre muchas otras maniobras no nos permitieron tener representantes en las casillas. Unos días antes de la elección, la Comisión Estatal Electoral aprobó, de modo arbitrario, un acuerdo según el cual, para ser representante de casilla, era necesario vivir en la sección electoral, y para demostrarlo no bastaba con la credencial de elector, sino que se tenía que presentar una carta de residencia, expedida por el presidente municipal correspondiente. Cabe decir que en ese tiempo todos los presidentes municipales eran del PRI y por supuesto nunca nos extendieron las cartas de residencia, de modo que no tuvimos representantes en las casillas electorales. Así era entonces.

Un mes antes, el 5 de octubre de 1988, se había realizado en Chile un plebiscito nacional para determinar si Augusto Pinochet debía o no permanecer en el poder. Quizá parezca desproporcionada la comparación, pero es curioso que en un régimen militar dictatorial se haya permitido que los opositores tuvieran representantes en las casillas y que aquí, en un supuesto régimen democrático, no lo permitieran. Con el añadido de que, como castigo popular y divino, Pinochet perdió la consulta y aceptó el resultado.

El 9 de noviembre de 1988 se realizó la votación y claro, nos *barrieron* e impusieron a Salvador Neme Castillo como gobernador de Tabasco. Como ya lo decía Porfirio Díaz: «El que cuenta los votos gana las elecciones».

Luego de ese proceso electoral me propuse seguir adelante y consolidar una organización popular que todavía era incipiente. Los adversarios pensaron que el movimiento democrático iba a ser «flor de un día»; que al terminar el proceso electoral yo desistiría y me regresaría a la Ciudad de México. No fue así. Me quedé y de inmediato inicié un recorrido por todas las comunidades para informar que seguiríamos adelante. El 5 de mayo de 1989 participé en la fundación del Partido de la Revolución Democrática (PRD). Fui el primer presidente del PRD en Tabasco, y a partir de entonces, ya con más organización, iniciamos el movimiento por la justicia y la democracia desde mi estado.

De aquella época datan mis diferencias con Carlos Salinas. Siempre que fue a Tabasco protestamos por su presencia. Nunca lo reconocimos como presidente, y cuando estaba en la cima de su popularidad y muchos le quemaban incienso o se dejaban engañar, nosotros sostuvimos con insistencia que era perverso y farsante y que llevaría al país a la ruina, lo que, en efecto, ocurrió. Por desgracia, con el tiempo he vuelto a encontrarme con Salinas. Fox lo convirtió en su aliado y fue de los principales *apoyadores* de Felipe Calderón, de la misma pandilla de rufianes que se robó la Presidencia de la República en 2006, y cuando «triunfó» Enrique Peña Nieto, declaró que se haría una cirugía plástica porque no podía dejar de reír de felicidad.

•••

Antes de eso, en octubre de 1991 se realizaron elecciones municipales en Tabasco, y como el régimen se resistía a reconocer el triunfo en Cárdenas —el segundo municipio en importancia en el estado—, decidimos protestar en forma pacífica y emprendimos una caminata a la Ciudad de México que llamamos Éxodo por la Democracia. En ese entonces optamos por evadir el acoso y caminamos con la gente en vez de quedarnos en Tabasco, donde querían reprimirnos. Al final triunfamos porque reconocieron el triunfo en Cárdenas y en algunos municipios del estado de Veracruz que se habían unido a la protesta por las mismas razones.

Hubo que dar una larga lucha para que a la oposición le fuera reconocida por primera vez una victoria electoral en un municipio de Tabasco. No fue nada más caminar a lo largo de 1 090 kilómetros, de Villahermosa a la Ciudad de México, durante cincuenta días ininterrumpidos, sino todo un proceso que implicó rechazar proposiciones indecorosas e intentos de cooptación, porque querían que desistiéramos de la marcha, que abandonáramos la lucha y que aceptáramos cualquier cosa a cambio. Durante este primer éxodo, a lo largo de todo el trayecto que realizamos a pie, recibimos propuestas del Gobierno federal para llegar a un acuerdo al viejo estilo, es decir, en el marco de la política tradicional.

Al llegar a Coatzacoalcos, el entonces secretario de Gobernación de Salinas, Fernando Gutiérrez Barrios, nos ofreció cargos de regidores en el ayuntamiento de Cárdenas; más adelante, por el rumbo de Catemaco, el planteamiento fue realizar nuevas elecciones. La respuesta siempre fue: «No, nosotros ganamos la elección y queremos que nos reconozcan el triunfo». «No va a haber arreglo», amenazaban. «Pues seguimos caminando», respondíamos. Ya por Xalapa, Veracruz, nos propusieron crear un Concejo de Gobierno para el municipio de Cárdenas: «Ustedes designan a una persona y el PRI a dos». O sea, un concejo con mayoría del PRI. No aceptamos y seguimos caminando.

El 24 de diciembre, mientras me encontraba en Perote, Veracruz, me llamó Gutiérrez Barrios para ofrecer dos concejales en lugar de uno, con la condición de que ninguno de ellos fuera el doctor Carlos Alberto Wilson, nuestro candidato ganador. Pues no.

Recuerdo que, de manera muy respetuosa y formal, Fernando Gutiérrez Barrios me dijo por teléfono: «El licenciado Salinas quiere que ustedes pasen la

Navidad en sus casas». «Dígale al licenciado Salinas —le respondí— que no aceptamos, que no se preocupe por nosotros; lo que queremos es el reconocimiento del triunfo». Me reviró diciendo que esa era la última oferta y después no habría nada. «No le hace, seguimos caminando». Y, en efecto, durante varios días ya no hubo nuevas propuestas.

En un lugar cercano a San Martín Texmelucan, Puebla, caminó con nosotros el doctor Salvador Nava Martínez, auténtico líder ciudadano del movimiento democrático de San Luis Potosí. Platicamos y me expresó su preocupación. Sentía que no íbamos a lograr mucho porque pretendían escarmentarnos para que nadie hiciera lo mismo. Meses antes, el doctor Nava había encabezado la Marcha por la Dignidad en contra del fraude que le hicieron como candidato a la gubernatura en San Luis Potosí. Había logrado con su protesta que no tomara posesión el gobernador impuesto, Fausto Zapata; pero el doctor Nava y el movimiento cívico que representaba tenían mucha fuerza. Además, tuvo a su favor la circunstancia de que esa marcha iba a llegar el mismo día del tercer informe de Salinas. Los hombres del régimen tuvieron que ceder. En contraparte, él argumentaba que nosotros llegaríamos a finales del año, cuando no había gente en el Distrito Federal y no se registraba, en apariencia, ninguna fecha o acontecimiento importante por esos días.

No obstante, nos ayudó la suerte, que en política, como he venido diciendo, siempre juega un papel importante. En San Martín Texmelucan decidimos hacer tiempo para llegar a la capital entre el 10 y el 15 de enero, cuando hubiera más gente. De modo que hicimos un rodeo y nos internamos en Tlaxcala. Recuerdo que de Texmelucan, Puebla, caminamos un tramo de 32 kilómetros hasta Nanacamilpa, Tlaxcala. Siempre que llegábamos a un lugar hacíamos un mitin y después comíamos y descansábamos en el campamento. Ese día estábamos tan cansados y con tan poca fortaleza moral que decidimos no hacer el mitin e irnos directo al campamento. Pero alguien trajo el periódico *La Jornada* y leí que estaban a punto de firmarse en la Ciudad de México los acuerdos de paz de El Salvador. Cuando vi la nota, me puse contento y exclamé: «¡Aquí está, esto es lo que estábamos esperando! No puede ser que el Gobierno mexicano sea candil de la calle y oscuridad de su casa. Esta es la fecha, el acontecimiento que esperábamos, la circunstancia favorable». ¡Dicho y hecho! Casi detrás de *La Jornada* llegó el enviado de Gutiérrez Barrios a hacer un nuevo ofrecimiento. A partir de ahí, había ofrecimientos y más ofrecimientos. Nos pedían negociar pero que ya no llegáramos a la Ciudad de México; incluso, nos ofrecían autobuses, camiones para regresarnos a Tabasco. Dijimos: «No, vamos a llegar a la capital».

En un movimiento como este participa gente de todas las características. En el Éxodo era notorio que había tres grandes agrupamientos: en primer término estaban los demócratas que luchaban por el sufragio efectivo, por el respeto al voto y en contra del fraude electoral. Luego se encontraban los humanistas y los místicos, los que ven en el movimiento social una lucha justa; con una visión religiosa equiparaban la marcha con una peregrinación y portaban la imagen de la Virgen de Guadalupe. Los católicos rezaban el rosario y los evangélicos de diversas denominaciones oraban. Se trataba de gente muy seria y responsable, con una vida espiritual que vinculaba el cristianismo con la justicia. Por último, venía un grupo de aventureros, por lo general jóvenes, que estaban a favor del movimiento, pero que actuaban con menos solemnidad y más rebeldía.

En el Éxodo, sin embargo, todos tenían varias cosas en común. Por ejemplo, predominaba la antigua concepción de que en la capital se resuelve todo. Además, la mayoría no conocía la Ciudad de México y tenía un enorme deseo de llegar para visitar la Villa de Guadalupe, Chapultepec y el Zócalo. ¿Cómo iba yo a decirles: «Vámonos de regreso»? Por eso y por razones políticas decidí darle su tiempo al acuerdo. Llegamos al Distrito Federal el 11 de enero de 1992 y sus habitantes nos recibieron de manera extraordinaria, con mucho cariño, como lo sabe hacer la gente de esta gran ciudad, la más fraterna del país. La solidaridad que siempre se expresa en la Ciudad de México solo la he visto en las comunidades indígenas. Contrario a lo que se piensa, esta es una ciudad generosa, con alma colectiva.

Era sábado. Mucha gente salía de sus casas a saludarnos. El Zócalo se llenó. En el mitin participaron Salvador Nava, Heberto Castillo, el ingeniero Cárdenas, doña Rosario Ibarra de Piedra y otros dirigentes políticos y sociales como Porfirio Muñoz Ledo, Bernardo Bátiz, Jorge Eugenio Ortiz Gallegos y Jesús González Schmal, del Movimiento Ciudadano por la Democracia, y hasta los panistas Gonzalo Altamirano Dimas y Francisco Barrio Terrazas.

Ese día, cuando tomé la palabra en el Zócalo, empecé diciendo:

> Esta concentración tiene para nosotros, los participantes del Éxodo por la Democracia, un triple significado: es un acto de agradecimiento a todos aquellos que nos ayudaron a llegar hasta aquí; es otra etapa, una de las más significativas, del diálogo que hemos venido manteniendo con la sociedad mexicana […]; y es, también, otro momento de la resistencia civil, pacífica, legal a la que nos hemos comprometido al rechazar la ilegalidad electoral y el uso impune de la violencia.

Enseguida, reconocí de esta manera el acompañamiento de la gente:

> Hemos recibido frutas, aves, cerdos, borregos, vacas, jorongos, cobijas, las bolsitas con monedas de la gente pobre y saludos, bendiciones, cariño, ese afecto popular que de nosotros parte y a nosotros vuelve. Hemos sido los depositarios de la generosidad

de los vecinos que se han manifestado, en el pleno sentido de la palabra, como nuestros hermanos. Creemos saber con exactitud el sentido y el contenido de esta ayuda. Quienes contribuyen se sienten de algún modo representados; no tanto por un partido sino por algo que trasciende las banderas: la causa más general, más amplia, más profunda de la democracia.

Y, para terminar, pronuncié unas palabras que, 31 años después, mantienen su vigencia:

> Somos una de las pruebas de que el acoso, el silencio y las difamaciones ni evitan el generoso apoyo popular ni disminuyen el compromiso con la democracia. El Éxodo, sin paradoja alguna, nos ha permitido el mayor arraigo en nuestras convicciones.

Terminó el mitin y todos nos fuimos a descansar. Yo dormía en el remolque de una camioneta. Estaba con Rocío y, a las 12 de la noche, me tocó la puerta un enviado de la Secretaría de Gobernación para decirme que me esperaba Fernando Gutiérrez Barrios. Tuve que ir. Llegamos a Gobernación y parecía de día, todo iluminado. Allí estaban esperándonos los principales funcionarios. En el movimiento social uno aprende que es posible avanzar cuando hay firmeza en los principios y se defienden causas justas. Además, uno llega a entender que las circunstancias son definitorias, como en este caso, cuando estaba de por medio la firma de los acuerdos de paz para El Salvador.

A Gutiérrez Barrios le recordé: «Ustedes saben lo que planteamos», y me respondió: «Sí, ya está resuelto». Sin embargo, faltaba lo de Veracruz y además no podíamos irnos pronto. Él decía: «Ya está y se van mañana temprano». Expliqué: «No se puede porque tengo que sacar un acuerdo con la gente». «Se tienen que ir mañana», me contestó. Le propuse, con la idea de ganar tiempo: «Mire, mejor nos vemos mañana, ahora estoy muy cansado, me voy a dormir». «No, Andrés Manuel. Haga lo que tenga que hacer ahora y nos vemos aquí a las dos o tres de la mañana, vamos a resolver esto de una vez», agregó. «Bueno, veré si encuentro a los dirigentes de Veracruz». Tenía que hablar con ellos. Recuerdo bien cuando me comentó: «Mire, me costó mucho trabajo convencer al licenciado Salinas, lo logré en el velorio de su suegra, y esto tiene que salir, Andrés Manuel». También recuerdo que hubo un momento en el que sintió que yo quería ganar tiempo y lograr más, se puso nervioso y de pronto cambió su actitud amable y respetuosa. Se me quedó viendo, me miró a los ojos, sentí que eran como dos agujas, dos alfileres que pretendía clavarme, y con un rostro distinto, con mucha dureza, me advirtió: «Si no hay acuerdo, quedamos en libertad y usted conoce lo que es el Estado». En ese instante le pedí que se tranquilizara y, sin dejar de sentir el peso de la amenaza, reiteré: «Vamos a buscar un acuerdo, pero así no». Salí de su despacho y regresé al Zócalo, desperté a los dirigentes de Veracruz, aceptaron la propuesta y volví a la Secretaría de Gobernación como a las dos o tres de la mañana. Al regresar al despacho de Gutiérrez Barrios, un ayudante suyo, capitán del Ejército —ya finado y prefiero no recordar su nombre— me empujó. Supongo que este era un truco muy ensayado que tenían para *apretar* o *ablandar* a la gente. Lo insulté, se fue y, al voltear, ya tenía a Gutiérrez Barrios enfrente. «¿Qué vamos a resolver?». Le dije: «Traigo una propuesta. Si ustedes aceptan, se pondrá a consideración de la gente en una asamblea mañana a las cuatro de la tarde». «¡No, se tienen que ir en la mañana!». «No, en la mañana no. En definitiva, no». «¿Por qué?», preguntó. «Entre otras razones, porque la gente quiere ir a una misa que va a oficiar Sergio Méndez Arceo en la Basílica de Guadalupe». Se me quedó viendo y, sorprendido, expresó: «¡Oiga, pero usted es liberal!». «Sí, soy liberal, pero también soy respetuoso de los sentimientos y de la religiosidad de la gente. De modo que, si hay acuerdo, es después de la misa».

Al día siguiente, luego de la ceremonia religiosa —parece que fue la última oficiada por don Sergio, pues murió poco después, el 5 de febrero de 1992—, se llevó a cabo la asamblea en el Zócalo e informé, hice la propuesta, la gente votó y se aceptó el acuerdo. Regresamos con el triunfo a Tabasco. Hubo fiesta en Cárdenas y en algunos municipios de Veracruz. Con estos acuerdos se respetó el triunfo de Arturo Herviz Reyes, candidato del PRD por el municipio de Ángel R. Cabada en la región de los Tuxtlas, Veracruz.

Más tarde, en 2006, con nuestro movimiento, ganó la elección al Senado junto con Dante Delgado que, en esos años del Éxodo era gobernador interino de Veracruz por el PRI. Cuando estábamos en el *plantón*, en agosto de 2006, Herviz llegó a mi casa de campaña en el Zócalo y recordábamos aquellos tiempos. Le dije: «Mira lo que son las cosas. Hace 15 años aquí estábamos y hoy aquí seguimos luchando por lo mismo».

• • •

En 1994 participé de nuevo como candidato a la gubernatura de Tabasco y nos echaron la *aplanadora* encima. El distintivo de esa contienda fue la utilización excesiva de dinero —como pudimos demostrarlo— por parte del candidato del PRI, Roberto Madrazo, quien se gastó en la campaña 70 millones de dólares. Fue poco novedoso porque lo común en las elecciones de nuestro país es que los candidatos del PRI y del PAN ganen con el dinero que utilizan para comprar lealtades, conciencias, votos y publicidad. En todas las elecciones en las que participamos hemos padecido de una total desproporción en el manejo de recursos. En esa ocasión, yo no tenía prácticamente nada, solo contábamos con un carro y un aparato de sonido para ir a visitar los pueblos; carecíamos de dinero para propaganda, y aunque no hubiera sido así, para nosotros estaban cerrados todos los medios de comunicación: ni pagando podíamos contratar mensajes en radio o televisión.

Lo extraordinario, como decía, fue que después de la elección, unos vecinos de la colonia Industrial de Villahermosa se enteraron de que en una casa cercana el PRI había guardado unas cajas con documentos. Así como en la política son fundamentales los principios, la experiencia, la perseverancia y la suerte, es indispensable también el apoyo y la participación de la gente. Para entonces, ya caminábamos de nuevo a la Ciudad de México en un segundo Éxodo por la Democracia. Algunos de esos vecinos me alcanzaron en Puebla para decirme que en dicha casa había, supuestamente, boletas utilizadas para el fraude electoral. Se pusieron de acuerdo y se comprometieron a entregar las cajas. No sé cómo lo hicieron, el caso es que abrieron la casa y allí encontraron 45 cajas que contenían toda la documentación de campaña del PRI. Ellos no sabían realmente qué contenían las cajas. Me avisaron por teléfono: «Ya tenemos los papeles». Todo ello en clave, porque esa es otra: uno aprende que nada se puede decir por teléfono, ni entonces ni tampoco ahora. Nuestro gobierno se dedica a la inteligencia y no al espionaje, pero nuestros adversarios internos como externos siguen «orejeando» como halconcitos o golondrinas en el alambre, como sucedió con el *hackeo* reciente de las famosas «Guacamaya Leaks».

Les respondí que me los mandaran. «Sí, pero ¿cómo?», les dije que con alguna persona porque suponía que serían unas cuantas carpetas. «No, es que son un chingo de cajas, es mucho». El caso es que las transportaron en una camioneta de tres toneladas hasta el Zócalo, casi al mismo tiempo que llegaba nuestra marcha.

Fue una gran sorpresa ver, junto con otros compañeros, el tesoro de información que nos llegó. Como el responsable de las finanzas del PRI era un contador, todo estaba ordenado de manera minuciosa: facturas, copias de cheques, escritos, autorizaciones, órdenes de pago y pólizas, así como las pruebas de los que intervinieron en el manejo del dinero y la evidencia de la participación del banquero Carlos Cabal Peniche. Yo sostengo que los 70 millones de dólares salieron de las arcas del Gobierno de Tabasco, cuyo gobernador Manuel Gurría Ordóñez, era incondicional de Madrazo. Además, así se acostumbraba: con el presupuesto público se financiaban las campañas del PRI. Posteriormente también las del PAN.

Era mucho dinero. En ese tiempo, el Gobierno de Tabasco había contraído una deuda pública por una cantidad similar. Hay un paralelismo en cuanto al excesivo gasto de campaña y el monto de esa deuda. Además, había aportaciones de Cabal Peniche, dueño del entonces Banco Unión y quien, por cierto, también había dado dinero al PRI nacional para financiar la campaña de Zedillo. El 28 de mayo de 1999, Carlos Cabal Peniche, desde una prisión en Melbourne, Australia, reveló al periódico *The Miami Herald* que en 1994 había contribuido con 25 millones de dólares para las campañas políticas del PRI. Justificó sus aportaciones diciendo que «donativos de esta clase eran normales en México […] eran parte del sistema entre empresarios y políticos». Más tarde, cuando se rescató a los banqueros, este dinero fue a parar a la «panza» del Fondo Bancario de Protección al Ahorro (Fobaproa) y se convirtió en una deuda pública que todavía estamos pagando todos los mexicanos.

En fin, comenzamos a revisar el contenido de las cajas y, por ser tantas, tuvimos que rentar una habitación en el Hotel Canadá, cerca del Zócalo. No nos costó mucho ordenarlo porque todo estaba organizado en carpetas verdes de las que se emplean para la contabilidad. Se hizo la suma de los comprobantes de gasto y dio la cantidad de 70 millones de dólares que equivalían a unos 270 millones de pesos. La ley electoral de Tabasco establecía como tope de campaña tres millones de pesos. Se procedió por la vía legal pero, como siempre, los que invocan para todo el Estado de derecho y el respeto a las leyes le dieron *carpetazo* a nuestra denuncia.

Es necesario recordar que este asunto lo manejó el panista Antonio Lozano Gracia, procurador general de la República en el gobierno de Ernesto Zedillo. Recuérdese que, después de Salinas, los panistas mantuvieron el contubernio con Zedillo y este no solo les entregó la procuraduría, sino todo el Poder Judicial que está lleno de jueces, magistrados y ministros que comparten las posturas conservadoras y corruptas del PAN.

El 2 de julio de 2006 nos aplicaron la misma receta. Se repitió la historia y con dinero y argucias legales consumaron el fraude: dinero a raudales entregado por banqueros, empresarios, especuladores y gente de dudosa honorabilidad, pero con mucha plata. En suma, la democracia en México estaba convertida en una farsa. Era la democracia de los donantes, la de los barones del dinero. En realidad se trataba de una oligarquía con fachada de democracia que se les derrumbó el 1.º de julio de 2018.

• • •

Tras el fraude de 1994 decidimos continuar la lucha. En aquellos días el Gobierno intentó, como lo siguió haciendo hasta lograrlo en 2013, privatizar la industria petrolera; en particular, las plantas petroquímicas. Cabe recordar que, en aquel entonces, cuando Jesús Reyes Heroles (hijo) era secretario de Energía, las vendieron o con el tiempo terminaron convertidas en chatarra. No hay duda de que hicimos todo para defender el patrimonio nacional. El movimiento de resistencia civil pacífica causó, incluso, el paro temporal en algunos campos petroleros de

Tabasco. Por eso también me atacaron mucho. Encarcelaron a alrededor de doscientos compañeros, porque llegaba la policía y la determinación era que nadie opusiera resistencia y que todos estuviéramos dispuestos a ir a la cárcel. Esa era la consigna.

Se acordó en una asamblea general; es más, se votó en la plaza pública: «¿Estamos dispuestos a defender el petróleo, aunque tengamos que ir todos a la cárcel como parte de la resistencia civil pacífica?». La respuesta fue «sí». Tengo grabada en la memoria, como una fotografía, la escena repetida de cuando llegaba la policía a los distintos lugares de protesta en toda la zona petrolera del estado, recogía a manifestantes y otros tomaban de inmediato su lugar. Regresaba la policía y la escena se repetía. Así hasta que las cárceles resultaron insuficientes. Además, en sentido estricto, no se tomaron las instalaciones petroleras, sino los caminos que conducen a ellas. Caminos que son, al mismo tiempo, las calles de las comunidades. El mensaje fue, sencillamente, «Por mi pueblo no pasan».

Recuerdo que durante una gira por Europa, Ernesto Zedillo ofreció a inversionistas extranjeros las plantas petroquímicas. Desde aquí, en plena movilización, mandamos el aviso de que no permitiríamos la privatización del petróleo en ninguna de sus modalidades y la información se difundió en todas partes. Zedillo regresó muy enojado y dio la orden a su secretario de Gobernación, Emilio Chuayffet, y al procurador, Antonio Lozano Gracia, que nos *apretaran*. Giraron 12 órdenes de aprehensión en mi contra por todos los delitos habidos y por haber, pero no se atrevieron a encarcelarme. Poco después, los panistas siguieron amenazándome con ese expediente.

En esos días de protesta me descalabraron y estuve sometido a fuertes presiones. En Villahermosa, el Gobierno sobrevolaba helicópteros muy cerca del techo de nuestra casa. Dos mujeres a quienes estimo mucho, Carmen Lira y Lourdes Galaz, fueron a Tabasco y se llevaron a mis hijos a un hotel para protegerlos.

Como el movimiento no menguaba, el Gobierno respondió movilizando al Ejército y a la Policía Judicial Federal. Me tocó llegar a uno de esos caminos bloqueados, en el poblado de Guatacalca, Nacajuca, en el preciso momento en que estaban frente a frente quinientos militares y como mil chontales. Me situé en un bordo o terraplén rodeado de pantano y tan angosto que literalmente no había ni para dónde hacerse. Al verme, la gente se alegró y me puse hasta adelante. Ingenuamente le pedí a quien comandaba el operativo que me presentara una orden judicial. Como no hubo respuesta, nos pusimos a cantar el himno nacional y, al terminar desde los helicópteros —en los que se encontraban los jefes del Cisen—, se dio la orden de avanzar con escudos y macanas sobre nosotros. A mí me tocó un toletazo.

Nunca he contado la anécdota de cómo recibí el toletazo: cuando se nos lanzaron, con los empujones se me estaba saliendo un zapato y me dije: «como líder, no puedo salir descalzo de esta refriega; todo menos la humillación y el ridículo», de modo que me agaché para acomodarme el zapato, y en ese preciso momento un soldado me dio el golpe que me abrió la cabeza. El desenlace es que mantuve la dignidad en alto, y no fue en vano; algo se logró. Después de eso, el Gobierno volteó a ver a las comunidades, aplicó algunos programas de ayuda —si bien transitorios— y Zedillo no pudo modificar la Constitución para privatizar la petroquímica. Fox y Calderón tampoco avanzaron mucho en su afán de entregar los recursos naturales a particulares, nacionales o extranjeros. Peña, en cambio, lo consiguió y ha pasado a la historia como otro gran traidor a la patria.

Siempre combiné mi actuación como dirigente social y como político. Creo en la necesidad del movimiento y también del partido, y siempre sostuve que lo más urgente, lo imprescindible era acabar con el régimen antidemocrático de corrupción y privilegios. Es decir, no es suficiente luchar solo por reivindicaciones sociales o en defensa de las libertades o de los derechos humanos. Hay quienes se aplican en luchas nobles, pero sin proponerse cambiar al régimen; no piensan en la transformación general del país. Este es el pensamiento que predomina en la esfera de organizaciones no gubernamentales, de la iglesia progresista, de organizaciones campesinas, obreras y de las que se denominan a sí mismas «sociedad civil», como si ese término no englobara también a sindicatos, cooperativas, comunidades, ligas agrarias, asociaciones vecinales, colegios profesionales y muchas otras formas de agrupación no gubernamentales ni mercantiles. En estos sectores se ha llegado incluso al extremo de llamar a no votar haciéndole con ello el juego al régimen, de manera deliberada o inconsciente. No hay que olvidar que, si la gente no participa y se abstiene en una elección, a los partidos de la oligarquía les bastan los votos que compran para imponerse. Eso no sucede cuando los ciudadanos salen a votar con la convicción de que se puede transformar la realidad, sin violencia, por la vía pacífica y electoral. Claro está que no es fácil, pero si se persevera, se logra.

Para mí, ser de izquierda, además de tener amor al pueblo y ser honesto, implica luchar para transformar. Eso es ser radical. Lo contrario es conservadurismo. El que no actúa para cambiar un régimen de injusticias y opresión, aunque sea un buen teórico o se la pase haciendo análisis de la realidad y viva criticando, no deja de ser conservador. Para mí, la política es pensamiento, pero fundamentalmente es acción transformadora y revolucionaria.

•••

En este punto quiero hacer una reflexión sobre la importancia de la resistencia civil pacífica como método de lucha. Conviene debatir este tema con quienes le apuestan a la violencia, que en no pocas ocasiones es promovida por los reaccionarios y arrastra a gente buena y sin malicia. De entrada, sostengo que la no violencia es eficaz en el ejercicio de la política, aunque para avanzar con esta táctica se necesita organización y liderazgo. No se puede echar a andar un plan de resistencia civil de manera espontánea y con base en ocurrencias porque se trata de dirigir a mucha gente y siempre se corre el riesgo de la provocación o el desbordamiento. Además, cuando hay protestas debe considerarse que una cosa es el agravio que sentimos los dirigentes, y otra muy diferente es el ultraje y la humillación que secularmente ha padecido nuestro pueblo y que tiende a generar reacciones muy fuertes. De modo que es indispensable conocer la psicología del pueblo y tener todos los elementos para evitar que se dificulte la conducción.

Para que el movimiento no se salga de cauce, es necesaria mucha reflexión y mucha comunicación con la gente, evitando el radicalismo sin ton ni son y evadiendo el acoso y la provocación. Cuando se reúnen estas condiciones la gente lo asimila bien; al principio piensa de otra manera, quiere resolver las cosas más rápido y con más osadía, con más audacia. Un ejemplo: cuando decidimos caminar hacia México en el primer Éxodo por la Democracia, lo hicimos pensando en evadir el acoso y evitar la represión, pero también sabíamos que eso era más eficaz en términos políticos, ya que así lograríamos mejores resultados que permaneciendo en Tabasco.

La lógica de algunos líderes —y también de la misma gente— era «¿Para qué vamos hasta allá? Mejor, tomemos todos los palacios municipales». Teníamos mucha capacidad de movilización y se suponía que con eso nos resolverían nuestras demandas. La pregunta insistente era «¿Para qué vamos tan lejos? ¿Para qué caminar 1 000 kilómetros si aquí podemos resolver el problema?». Sin embargo, decidimos caminar. ¿Por qué? Porque es muy delicado *tomar* una instalación pública. En Tabasco «Palacio *tomado* es palacio quemado».

De modo que empezamos la marcha. Pero todavía no salíamos del territorio de Tabasco cuando se suscitó una especie de rebelión. Antes aclaro que, cuando uno se propone caminar 1 000 kilómetros en una protesta, se avanza en promedio unos 30 kilómetros por día, a veces hasta 40. Las primeras jornadas son las más pesadas porque es cuando salen ampollas en los pies y son muy dolorosas. Recuerdo que en el tramo entre Cárdenas y Huimanguillo, Tabasco, llevábamos tres días caminando bajo la lluvia y era muy incómodo. Cosas que pasan: se comete el error de utilizar pantalones de mezclilla y eso es lo peor que puede hacerse porque con el agua, además del peso, se entierran las costuras, y al quitarse el pantalón, la costura se lleva un poco de piel.

En esas circunstancias, se produjo esta especie de rebelión. La gente dijo: «No seguimos caminando; tomamos la carretera». Es decir, la carretera principal del sureste. «¿Para qué caminar? Aquí tendrán que venir a resolver nuestra demanda». Entonces, tuvimos que destinar todo un día para persuadir y convencer, y al final seguimos caminando.

En suma, si la resistencia civil pacífica se conduce bien, es posible obtener resultados sin violencia. Si no se hubiera convocado a los campamentos en el Zócalo y en Paseo de la Reforma luego de las elecciones del 2 de julio de 2006, habría sido muy difícil la conducción, porque cualquier acto de protesta podría haberse salido de control. La gente estaba, y sigue estando, muy molesta con ese fraude; además, siempre existe el riesgo de que se infiltren provocadores. En cambio, la decisión de instalar los campamentos, aunque fue muy fuerte, muy radical, sirvió para dar cauce al movimiento, mantenerlo cohesionado y evitar la violencia. Desde luego, esto no le gustó a la oligarquía, la cual lo usó para atacarnos con la complicidad de los medios de comunicación. Pero cuando se enfrentan este tipo de situaciones, se debe pensar que nada de lo que hagamos les parecerá bien a nuestros adversarios. Ahora sí que «si la ensartas, pierdes; y si no, perdiste».

En el caso específico de esa lucha poselectoral nos movimos siempre en el filo de la navaja, porque suele pasar que, si no protestas, quedas como traidor al movimiento y se produce la suspicacia de que te vendiste; tus propios adversarios con sus medios de comunicación, que son la mayoría, lo difunden: «Ya llegaron a un arreglo», «Ya cedió», «Qué rara actitud, no movió a la gente, no protestó». Y por el otro lado, si profundizas mucho en la protesta si esta se desborda y hay confrontación, alegan que eres un irresponsable, un violento. Entonces, ¿cómo conducir el movimiento por un camino intermedio, con protesta pero sin violencia, y que sea políticamente eficaz?

Eso puede lograrse con la experiencia adquirida en la lucha cotidiana. Uno aprende cuando ha sido dirigente por muchos años y ha pasado por situaciones difíciles. Sabe qué puede hacer, qué no y por dónde conducir. Un político tradicional no lo sabe porque nunca convive con la gente, nunca ha caminado en una marcha, no ha estado en un campamento, no ha dormido en comunidades y a la intemperie, no le han salido ampollas en los pies, no ha sido reprimido y no ha luchado por la gente que va a la cárcel. Es otro mundo. Una enseñanza básica para los jóvenes que quieren hacer política de la buena, no politiquería para «colarse», es que nunca deben dejar de convivir con el pueblo ni de recoger sus sentimientos.

El político *de arriba* solo se relaciona con otros políticos. La vida del político tradicional es muy distinta de la del dirigente social. Para el primero, su agenda consiste en desayunar con otros políticos, con empresarios o periodistas; comer de la misma manera, con sus iguales, los de la llamada *sociedad política*. En este mundo de la «clase política», del «círculo rojo», el obrero, el campesino, el indígena y las clases medias solo son parte del discurso; los políticos tradicionales están en realidad divorciados de la mayoría del pueblo. Un político que viene del movimiento social conoce más a la gente, sabe cómo piensa, qué sentimientos tiene y además cuenta con la experiencia que se adquiere en la lucha de oposición. Un verdadero liderazgo se alcanza cuando se ejerce la política como imperativo ético.

Por ejemplo, un dirigente con autoridad moral debe estar dispuesto a enfrentar los mismos riesgos que corre la gente; es aquel que puede poner en riesgo su vida, pero sabe que no tiene derecho a poner en riesgo la vida de los demás.

Al conducir un movimiento no se puede dar órdenes y cuidarse más de la cuenta, o buscar un abogado y estar pensando en los amparos. Se tiene que actuar con principios y dignidad. Cuando ocurrió ese movimiento contra la privatización del petróleo y de las plantas petroquímicas, yo era consciente de la amenaza de ser aprehendido e ir a la cárcel. Se tiene que actuar así para enfrentar la guerra psicológica. Los hombres del régimen son muy dados a filtrar información a los medios para amedrentar y ver si el dirigente flaquea, se esconde, busca huir o ampararse porque van a proceder en su contra. Por eso, un líder social debe contar con fortaleza interior: este es su principal escudo, su principal protección. Saber que está defendiendo una causa justa, que no es un delincuente y que llegado el momento tiene que desafiarlos diciéndoles: «Aquí estoy, no tengo miedo, vengan a buscarme». Entonces, la postura personal se vuelve una decisión política y los hombres del régimen son los que tienen que actuar.

En el caso del movimiento petrolero, la decisión estuvo en manos del presidente Zedillo y de su secretario de Gobernación, Emilio Chuayffet; no me encarcelaron porque concluyeron que con ello no resolverían nada. No procedieron y se llegó al acuerdo de liberar a todos los detenidos y suspender las órdenes de aprehensión. Algo parecido sucedió en el desafuero.

En general, todo dirigente que lucha contra un Estado autoritario, tiene como referente las experiencias o biografías de los más destacados practicantes de la resistencia civil y de la no violencia. Una lectura obligada un pequeño pero extraordinario libro llamado *Desobediencia civil,* de Henry David Thoreau, donde narra su experiencia cuando decidió ir a la cárcel en Estados Unidos por resistirse a pagar impuestos, argumentando que ese dinero se utilizaba para financiar la invasión de Estados Unidos a México en 1847. Desde luego, también están las grandes enseñanzas de Gandhi, quien sabiamente llegó a decir: «Primero te ignoran. Luego se ríen de ti. Después te atacan. Entonces ganas». O el libro *El largo camino hacia la libertad,* de Nelson Mandela, quien permaneció 27 años preso, acción decisiva para liberar a Sudáfrica del *apartheid*. Por último, conviene recordar una de las ocasiones en las que Martin Luther King Jr. fue encarcelado —con el pretexto de que conducía un automóvil con exceso de velocidad—, por luchar a favor de los derechos civiles en Estados Unidos. Decidió no pagar la fianza y permaneció en prisión como parte de la resistencia civil. Aunque en otras ocasiones nunca faltó alguien que pagara la fianza porque al Gobierno no le convenía tenerlo preso.

En determinados momentos, la cárcel puede significar la diferencia entre la vida y la muerte para un dirigente. Lo más grave es que lo asesinen; muchas veces, la cárcel protege porque transcurre un tiempo, cambian las cosas, el dirigente es liberado y conserva su vida. Muchos líderes en la historia política de México se salvaron porque fueron a prisión. Otros que no cayeron presos acabaron asesinados.

Un caso que puede confirmar lo anterior es el de un político tabasqueño del PRI a finales de la década de 1960: Carlos Madrazo Becerra, el papá de Roberto Madrazo, muy distinto al hijo. Mis respetos para el padre.

Carlos Madrazo era un político heterodoxo. Como buen tabasqueño era muy apasionado. En su juventud había pertenecido al grupo político Camisas Rojas, que organizó Tomás Garrido Canabal. Luego fue diputado federal, y en 1943 fue sometido a un juicio de desafuero y lo encarcelaron, acusándolo de traficar con tarjetas de braceros. Se trató de una represalia porque él formaba parte de un grupo que apoyaba como precandidato a la Presidencia de la República al regente de la Ciudad de México, Javier Rojo Gómez, y el candidato *oficial* o del presidente en turno era Miguel Alemán Valdés. Más tarde, de 1959 a 1964, fue gobernador de Tabasco, modernizó el estado y tuvo un buen desempeño. Era un hombre con carisma y con un discurso fogoso. Durante el gobierno de Gustavo Díaz Ordaz se convirtió en presidente nacional del PRI y puso en práctica una reforma interna del partido, la cual consistía en que los candidatos a presidentes municipales fueran elegidos por las bases. Tengo la impresión de que todo esto lo hizo *por la libre*, sin línea presidencial, esto es, sin consultar a Díaz Ordaz, como era de rigor en ese entonces. Por ello se le vino el mundo encima. Lo obligaron a renunciar después de 11 meses, el 7 de noviembre de 1965, y a partir de ahí empezó a formar un movimiento ciudadano. Recorrió el país, habló en distintos foros, fue a las universidades y convocó, en mayo de 1968, a una asamblea nacional que debía efectuarse del 26 al 28 de septiembre para definir una plataforma ideológica y decidir sobre la creación de un frente o de un partido que se llamaría, según se dijo, Patria Nueva. Este proceso resultó muy atractivo sobre todo para los jóvenes, pero al mismo tiempo, muy riesgoso porque estamos hablando de la época de Díaz Ordaz, uno de los presidentes más autoritarios de la historia de México.

Durante el movimiento estudiantil de 1968 muchos jóvenes lo buscaron. Aunque tenía contacto con ellos, no participó en las manifestaciones. Le dio miedo, consideró que no debía hacerlo o no se decidió. De todas maneras, lo acusaron de estar detrás del movimiento estudiantil, al igual que inventaron otros culpables, sobre todo al Gobierno soviético y al comunismo internacional. En realidad, se trataba de un movimiento por la liberación de la juventud que se expresó en México y en otros países. En México, específicamente, fue un movimiento de rechazo al autoritarismo del régimen y un reclamo por la falta de democracia.

A Madrazo no solo se le combatió como opositor al régimen, sino que se le acusó de instigador de la violencia. Después de la masacre de Tlatelolco algunos lo acusaron, incluso, de haber provocado ese hecho trágico y de ser uno de los líderes «ocultos» del movimiento.

Después de la represión del 2 de octubre, Madrazo entró en una profunda crisis emocional. Se reprochaba todo: su indefinición, el haber suspendido la asamblea y optado por abstenerse, cuando era el momento de salir a la calle y acompañar a los jóvenes. Darío Vasconcelos, uno de sus amigos más entrañables desde la época de juventud, percibió su estado de ánimo. Cuenta que se entrevistó con él y lo notó angustiado.

> Su cambio era notorio. No era el manojo de nervios de siempre. La insatisfacción que sentía y que no podía ocultar asomaba a sus ojos... ¡No sé qué fue lo que me ocurrió! —me dijo en un grito de desbordante franqueza—. ¡No fue temor, te lo aseguro! ¡Qué diablos me importaba haber vuelto a la cárcel, como preso político! Y estoy seguro de que si me hubiera presentado en esos momentos me habría ahorrado muchas desgracias. ¡Estoy seguro de que los jóvenes me hubieran escuchado![7]

Luego de estos difíciles momentos, Madrazo bajó la intensidad de su acción. Suspendió sus conferencias y decidió esperar a que pasara el vendaval autoritario. Sin embargo, ya estaba en la mira. Apenas comenzó a moverse de nuevo cuando el avión en el que viajaba a Monterrey estalló cerca del cerro Pico del Fraile, el 4 de junio de 1969.

Desde entonces, la pregunta obligada ha sido si fue un accidente o un sabotaje. Tengo razones suficientes para sostener que fue un asesinato político. El primer elemento digno de ser considerado es el carácter autoritario del régimen. El propio Madrazo decía que «en el aspecto político, nuestro sistema ha rebasado trabajosamente Huitzilac pero no ha salido de la década de los veinte».[8] Los hombres del Gobierno lo conocían bien y recelaban de sus intenciones. Estaban seguros de que solo esperaba el momento. Tenían presente las experiencias de José Vasconcelos (1929), Juan Andreu Almazán (1940) y Miguel Henríquez Guzmán (1952), y pensaban que la oportunidad de Madrazo llegaría con la sucesión presidencial: se lanzaría como candidato independiente a la Presidencia y contaría con muchas simpatías; no tenían más remedio que eliminarlo. No es casual que el *avionazo* ocurriera muy poco antes del destape de Luis Echeverría como candidato del PRI a la Presidencia de la República.

Pero, en concreto, ¿por qué sostengo que lo mataron? Una vez, el ingeniero Cuauhtémoc Cárdenas me contó que llegó a visitar a su padre, el general Lázaro Cárdenas, y se topó en la entrada de la casa con el general Marcelino García Barragán, quien era el secretario de la Defensa Nacional. Este pasaje ocurrió un año después de la represión estudiantil, del asesinato de Madrazo y poco antes de que finalizara el gobierno de Díaz Ordaz. Cuauhtémoc Cárdenas le preguntó a su padre el motivo de la visita del general García Barragán y don Lázaro le contestó que había ido a informarle sobre la participación del Estado Mayor Presidencial (EMP) en la matanza estudiantil de Tlatelolco y en el asesinato de Carlos Madrazo. Recuerdo que el ingeniero Cárdenas mencionó que esta revelación la había hecho el general García Barragán con lágrimas en los ojos. Luego supe que García Barragán tenía esa característica: era llorón como Porfirio Díaz, Francisco Villa y otros políticos a quienes, a pesar de su reciedumbre, los embarga el sentimiento. Desde luego, al contar esto no pretendo deslindar al Ejército de esos hechos. Lo único que me importa es la responsabilidad que pudo tener el Estado Mayor en aquella represión. También es importante precisar que en México existía, por un lado, la Secretaría de la Defensa Nacional y, por otro, el EMP, cuyo único propósito formal era la protección del presidente. Se trataba de un agrupamiento especial del Ejército, pero en la práctica mantenía una autonomía relativa con respecto a la Secretaría de la Defensa Nacional.

Dicho sea de paso, en la campaña presidencial de 2006, cuando ofrecieron darme seguridad por parte del EMP, me rehusé a aceptarla porque aunque las cosas han cambiado siempre hay que considerar el comportamiento de este cuerpo de élite en épocas anteriores. Más aún después de las sospechas que se levantaron tras el asesinato de Luis Donaldo Colosio o, cuando menos, por lo cuestionable que fue la mala protección que le dieron durante su campaña en 1994. Por eso propuse a un general tabasqueño de mi confianza, Audomaro Martínez Zapata, quien fue comisionado para encargarse de mi seguridad mientras duró la campaña.

Ahora bien, ¿qué habría pasado si Carlos Madrazo se hubiera posicionado y hubiera salido a la calle a manifestarse al lado de los jóvenes? Es posible que hubiera ido a la cárcel como el ingeniero Heberto Castillo, Pablo Gómez, José Revueltas, Gilberto Guevara Niebla, Raúl Álvarez Garín y otros, pero tal vez habría salvado la vida. Por eso sostengo que para un dirigente que lucha contra un régimen autoritario, muchas veces es mejor la cárcel que la calle.

El asesinato de Luis Donaldo Colosio tampoco merece el olvido. Es otro capítulo triste dentro de la historia política de México. Lo conocí personalmente dos días antes de su asesinato. El crimen ocurrió el 23 de marzo de 1994. El 21 yo cené con él. Al día siguiente salió de gira hacia el norte del país, estuvo en Sinaloa y en Baja California Sur, y el 23 lo asesinaron en Lomas Taurinas, Tijuana. Fue un crimen terrible, lo victimaron de manera vil. Tenía discrepancias *arriba* y su asesinato, como es obvio y de dominio público, se vinculó con el poder; es un crimen de Estado. Una característica de los crímenes de Estado es que difícilmente llegan a esclarecerse y, por lo tanto, nunca se castiga a los verdaderos responsables. Así pasó con el asesinato de John F. Kennedy, cuya investigación estuvo llena de contradicciones y nunca se llegó al fondo, o el del primer ministro de Suecia, Olof Palme, en febrero de 1986. Los tres casos guardan similitudes como el desaseo de las diligencias iniciales, la existencia de supuestos «asesinos solitarios» y la ausencia de esclarecimiento hasta la fecha.

La eliminación de un dirigente es un retroceso histórico. En primer lugar, porque la violencia no debe predominar en la vida política. El atraso de un país se mide por los niveles de represión que predominan, sobre todo por los asesinatos de opositores, líderes políticos, dirigentes campesinos y obreros, periodistas y defensores de derechos humanos.

Además, el asesinato de un dirigente político siempre implica un daño a la vida pública. Es cierto que el pueblo es el motor del cambio, pero un buen líder puede ser determinante en la transformación de los pueblos.

Termino este capítulo informando que, en diciembre de 2018, suprimimos el EMP. Los más de 8 000 elementos de esa corporación de élite destinados a cuidar al presidente fueron restituidos, junto con sus instalaciones, vehículos blindados, aviones, helicópteros y armas sofisticadas, al mando de la Secretaría de la Defensa Nacional, la cual, merced a la reforma constitucional que propusimos y se aprobó en el Congreso, puede cuidar al pueblo y realizar labores de seguridad pública con el uso de la recién creada Guardia Nacional. Al presidente lo cuida el tribunal de la conciencia y un ángel de la guarda: el pueblo.

Capítulo 2

DIRIGENTE DEL PRD

En 1996 pasé sin demasiados tropiezos de lo regional a lo nacional y asumí la presidencia del PRD. Fue todo un desafío porque tuve que empezar a moderar mi viveza tropical sin perder autenticidad. La política es, entre otras cosas, el arte de conciliar la razón con la pasión.

Asumí ese encargo el 3 de agosto de 1996, tras una contienda en la que participaron Amalia García Medina y Heberto Castillo. Al ganar la elección interna, lo primero que hice fue hablar con los otros candidatos. De conformidad con los estatutos del partido, por haber triunfado con un amplio margen, tenía la facultad de nombrar a la mayoría de los miembros del Comité Ejecutivo Nacional, pero no procedí de esa manera: acordé con el ingeniero Heberto y con Amalia incluir en la dirección a compañeros de las corrientes que ellos encabezaban. Integré un Comité Ejecutivo plural. Elaboramos un programa de trabajo, definimos reglas claras y, por encima del interés personal o de grupo, se colocaron las causas del partido y del pueblo de México. Fue un buen Comité Ejecutivo en el que participaron, por cierto, varias mujeres que respondieron bien, con entrega y responsabilidad; obtuvimos resultados políticos y electorales muy importantes.

•••

Mientras fui dirigente nacional del PRD, Ernesto Zedillo era presidente de la República. Con él tuve una relación tirante. Comenzó más o menos bien. Mi antecesor, el licenciado Porfirio Muñoz Ledo, había logrado con Zedillo y con otras fuerzas políticas cambios importantes en las reglas electorales. Esto fue posible, en gran medida, gracias al movimiento del Ejército Zapatista de Liberación Nacional (EZLN), porque las concesiones en el terreno democrático pocas veces se dan por voluntad o gracia de *los de arriba*: cuando se avanza es porque hay detrás un movimiento social o una circunstancia específica. El zapatismo contribuyó mucho para estos cambios durante el gobierno de Zedillo. Por ejemplo, cuando se creó el primer Consejo General del Instituto Federal Electoral (IFE), el titular del Poder Ejecutivo estuvo de acuerdo en que fuese plural, sin el predominio del PRI. Antes este Consejo dependía de la Secretaría de Gobernación y con Zedillo se hizo autónomo y los consejeros se nombraron a partir de un acuerdo entre los partidos: ellos tenían el poder, pero aceptaron proponer solo dos consejeros; el PAN, dos; nosotros, tres; y el Partido del Trabajo (PT), uno. De origen, en el nuevo Consejo General del IFE, el PRI ya no tenía mayoría.

Como dirigente del PRD me tocó encabezar esta negociación. Nos trabamos por dos asuntos: primero, porque el PRI y el PAN estaban decididos a designar como consejero presidente a Jorge Alcocer. Ya lo habían negociado los priistas con Diego Fernández de Cevallos y con Felipe Calderón, entonces presidente nacional del PAN, a lo cual nos opusimos porque no le teníamos confianza: en 1988 Alcocer había estado con nosotros y en el 2000 con el PRI, en la campaña de Francisco Labastida. Ahora está enfermo y le deseo que sane y siga manteniendo su vasta inteligencia. Tras argumentar nuestra inconformidad, logramos que retiraran la candidatura de Alcocer y se propuso conjuntamente a un constitucionalista, don Héctor Fix-Zamudio, pero él no aceptó. La tercera propuesta recayó en el entonces presidente de El Colegio de México, Andrés Lira González, quien también declinó. Considero que esta postura habla bien de ellos porque en el sistema político mexicano casi nadie dice que no cuando se trata de estos ofrecimientos. La cuarta opción fue José Woldenberg. Él sí aceptó y se logró el consenso. Por cierto, ese Consejo General no actuó mal, sobre todo si se compara con la indigna y tramposa actitud de los posteriores consejeros del IFE o del Instituto Nacional Electoral (INE), como un personaje lamentable que en 2006 participó en el fraude electoral, empleado de Elba Esther Gordillo, o el que terminó en abril de 2023, cuyo nombre es preferible olvidar y que casi al día siguiente del fin de su encargo, anunció que se iba de comentarista con Carlos Loret de Mola, un periodista corrupto y defensor del antiguo régimen.

El otro asunto complejo fue el de la apertura de la televisión a los partidos políticos. Me consta que a finales de 1996, hace relativamente poco, a los partidos de oposición no se les permitía ni siquiera contratar publicidad para comunicarse por televisión. Al llegar a la presidencia del PRD me propuse romper ese bloqueo. Con ese propósito se contrató a la publicista Teresa Struck, quien hizo los primeros mensajes de 30 segundos para las elecciones municipales del Estado de México, que se realizaron en noviembre de ese año. Sin embargo, las televisoras no quisieron transmitirlos ni aunque se pagaran, a pesar de que su contenido era realmente moderado. Por eso, cuando estábamos en la mesa de acuerdos de la Secretaría de Gobernación, amenacé con retirarnos si no se transmitían nuestros mensajes. Así fue como, luego de la intervención de Gobernación, comenzaron a vendernos tiempos para nuestras campañas. Esto explica, en parte, por qué Zedillo y el régimen permitieron la integración plural del Consejo General del IFE: de seguro calcularon que el Estado o los oligarcas contaban, como sucede hasta ahora, con varios instrumentos o mecanismos para inclinar la balanza durante los procesos electorales y seguir simulando que había democracia en México. El poder mediático es el más socorrido en los últimos tiempos: los potentados ya no necesitan los golpes militares o la invasión de territorios porque si logran controlar en su totalidad o en su gran mayoría los medios convencionales de comunicación, pueden contar con una fuerza muy poderosa que, manipulando y desinformando, puede acabar con gobiernos legales y legítimos o con opositores que se atreven a quitarles privilegios a las minorías en beneficio del pueblo. Bien decía uno de los mejores periodistas del mundo, Ryszard Kapuściński, fallecido en la primera década de este siglo, que cuando se descubrió que la información era negocio, la verdad dejó de ser importante.[9]

También con Zedillo me tocó ver parte de la negociación sobre el financiamiento a los partidos políticos y desde entonces hemos expresado nuestro desacuerdo por el cuantioso gasto en campañas políticas. En la legislación electoral de agosto de 1997 se decidió entregar muchísimo dinero a los partidos. Rechazamos ese ordenamiento en particular, pero aun así se aprobó.

En congruencia, nosotros decidimos utilizar solo lo indispensable para las tareas del partido. El excedente se destinó a otros propósitos: una parte se ocupó para comprar libros de secundaria que fueron entregados a 700 000 alumnos de los municipios más pobres del país; otra parte se utilizó para apoyar con becas a viudas y huérfanos de compañeros asesinados durante el salinismo; una tercera parte se destinó para abrir oficinas en ciudades fronterizas y proteger a los trabajadores mexicanos que emigran a Estados Unidos y son vejados o maltratados.

Zedillo me había advertido que me vería cobrando el cheque, y como obviamente no le di ese gusto, se enojó tanto con nuestro proceder que su secretario de Educación, Miguel Limón Rojas, trató de prohibir que entregáramos los libros de secundaria en los municipios donde gobernábamos. Como no pudo, desde entonces el Gobierno federal decidió incluir en la entrega gratuita de los libros de texto también a los alumnos y alumnas de secundaria. Hasta entonces, madres y padres de familia tenían que comprar estos libros, pero desde ese momento los empezó a otorgar el Gobierno. Esto fue una de esas importantes y pequeñas cosas que hicimos en favor del pueblo sin estar en la Presidencia.

Otro punto del distanciamiento con Zedillo tuvo lugar cuando se echó para atrás en la aprobación de los Acuerdos de San Andrés Larráinzar. En ese entonces los miembros de la Comisión de Concordia y Pacificación (Cocopa) habían empeñado su palabra con los zapatistas de cumplir esos acuerdos. El ingeniero Heberto Castillo, miembro de esa comisión en su calidad de senador, había trabajado con intensidad para la pacificación de Chiapas. Recuerdo que se molestó mucho porque Zedillo se retractó, pero también se echaron para atrás el representante del PAN, el senador Luis H. Álvarez, y otros. El caso es que los Acuerdos quedaron sin efecto. El Gobierno usó el pretexto de que al firmar un documento de esta naturaleza se estarían sentando las bases para la fragmentación del país, es decir, su *balcanización*. Se dijo que otorgar la autonomía a las comunidades indígenas implicaba ceder los recursos naturales y el petróleo, cuando en los Acuerdos se hablaba de respetar el dominio de la nación sobre la riqueza del subsuelo y otros bienes. El punto es que el Gobierno federal incumplió los Acuerdos de San Andrés Larráinzar en el sentido de garantizar la autonomía de los pueblos indígenas.

Me parece pertinente definir mi posición respecto al Subcomandante Marcos o Capitán Insurgente Marcos, como se hace llamar ahora. Siempre lo he considerado un hombre inteligente, aunque no comparto del todo su visión política. Por ejemplo, pienso que se equivocó en sus apreciaciones sobre el proceso electoral de 2006. Nunca he respondido a sus ataques y críticas ni lo voy a hacer, pero ha hecho juicios sin sustento en relación con mi persona. En plena campaña electoral dijo que yo era «el huevo de la serpiente —en obvia referencia al origen del fascismo— que anida en el Gobierno de la Ciudad de México»,[10] e insinuó que yo fomentaba el narcotráfico. Esa y otras barbaridades nada tienen que ver con mi vida, pero sus declaraciones fueron ampliamente utilizadas y difundidas por nuestros adversarios. Por mi parte, no tengo nada de qué avergonzarme, siempre he actuado de manera congruente y nunca voy a polemizar con él porque no lo considero mi adversario, mucho menos mi enemigo. Creo que es un luchador social que ha contribuido al movimiento por la democracia, tal vez sin proponérselo o sin que ese fuera su propósito principal, porque no parece estar muy de acuerdo con la vía electoral. Pronto abandonó la lucha en favor de los indígenas, los más pobres entre los pobres, como él mismo lo dijo con toda la razón.

En tres ocasiones me reuní con el Subcomandante Marcos. Antes de asumir la dirigencia nacional del PRD, acompañé al ingeniero Cárdenas, junto con doña Rosario Ibarra, a un encuentro con él en la comunidad de Guadalupe Tepeyac, Chiapas. Eran momentos de mucha tensión porque estaba a punto de desatarse de nuevo el enfrentamiento entre el EZLN y el Gobierno. El propósito era convencer a Marcos de una especie de tregua para evitar la represión. El ingeniero Cárdenas le llevó una carta notable donde hacía toda una argumentación acerca de la importancia de la paz, del sufrimiento que produce la violencia y de lo imprescindible del zapatismo. No sé si se haya publicado, pero era una carta muy profunda y, sobre todo, muy oportuna. Marcos se convenció y días después planteó la tregua a través de un comunicado. Nos quedamos muy contentos porque se había logrado el propósito de detener una confrontación. Aunque tiempo después, Zedillo no supo valorar la importancia del diálogo y del acuerdo, y el 9 de febrero de 1995 ordenó la represión. Luego los dirigentes no indígenas del zapatismo negociaron y al parecer se olvidaron de cuestionar a los oligarcas y sus personeros, para solo cuestionar nuestra lucha, al grado que, cuando en el 2021 pedimos a la monarquía española que ofrecieran disculpas por la represión a los pueblos originarios —como también lo hicimos nosotros—, ellos organizaron una gira por la península ibérica para atacarnos sin motivo ni razón, como haciéndoles el juego a los potentados extranjeros.

• • •

La ruptura política definitiva con Zedillo se dio a partir de que decidió convertir deudas privadas de unos cuantos en deuda pública mediante el Fondo Bancario de Protección al Ahorro (Fobaproa). Esa irregularidad la denuncié en 1997, por primera vez, luego de una reunión que sostuvimos y en la cual se le «escapó» comentarme sobre esa decisión, aunque para entonces yo ya tenía indicios. Le planteé que no estaba de acuerdo, que no era posible que dinero público se destinara al rescate de traficantes de influencias y hombres de negocios vinculados al poder, mientras se necesitaban caminos, presas, obras públicas, infraestructura, impulso al campo y, sobre todo, inversiones para garantizar la educación pública y la salud. ¿Por qué vamos a rescatar a los banqueros? Y lo peor: ¿por qué vamos a solapar el saqueo y la corrupción? En esa ocasión le puse como ejemplo que, si un comerciante o cualquier persona fracasaba, tenía que ver cómo le hacía porque el Gobierno no iba a rescatarlo, y que si había que «rescatar» a alguien con el presupuesto público, que es dinero de todo el pueblo, se tenía que pensar primero en millones de mexicanos que padecían —y padecen— pobreza y marginación.

Zedillo respondió que no compartía mi punto de vista, y desde ese tiempo rompimos. Comencé, entonces, a denunciar el que ha sido posiblemente el mayor robo que se ha cometido en México desde la época colonial. Además, Zedillo mintió al asegurar en su segundo informe de Gobierno que el rescate financiero nos iba a costar 180 000 millones de pesos cuando, en realidad, se trata de una deuda de alrededor de 3 billones de pesos, incluyendo el capital principal y los intereses ya pagados y por vencerse en el futuro; es decir, más de veinte veces lo que informó el tan distinguido y alabado tecnócrata.

Fue tan grande la discrepancia con Zedillo por este tema que nunca volvimos a encontrarnos. Cuando gané la Jefatura de Gobierno del Distrito Federal, en julio de 2000, no se comunicó conmigo; solo felicitó a Vicente Fox por su triunfo en la elección presidencial. Después, él se fue a radicar al extranjero y no lo he vuelto a ver. Ahora pertenece al grupo de expresidentes de derecha contratados y utilizados —junto a Mario Vargas Llosa y otros intelectuales y políticos inmorales— para hablar mal de los gobiernos populares del mundo que no son del agrado de las oligarquías o de los poderes hegemónicos.

El caso Fobaproa mostró con claridad que la política económica aplicada desde la época de Salinas tenía como principal lineamiento privilegiar los intereses financieros sobre las demandas sociales y aun sobre el interés público. Más allá del discurso neoliberal y del fundamentalismo tecnocrático, el hecho evidente es que esa política económica solo buscaba satisfacer la voracidad de las minorías, sin interés alguno por el destino del país ni, mucho menos, por los reclamos de todo un pueblo que se ahogaba en la injusticia y la pobreza.

En la práctica, el Gobierno se convirtió, durante el periodo neoliberal, en un comité al servicio de un puñado de especuladores y traficantes de influencias. Solo así se explica que se haya considerado más importante el rescate bancario que el bienestar de la mayoría de los mexicanos. Todo comenzó cuando Salinas se propuso crear a «la nueva clase empresarial mexicana», vinculada a sus intereses políticos. Durante su gobierno entregó a particulares, empresas y bancos propiedad de la nación en una escala nunca vista en la historia de México. Todo se llevó a cabo sin legalidad ni transparencia. Así surgió la nueva camada de banqueros salinistas. Solo tres tenían experiencia bancaria, los demás eran propietarios de casas de bolsa o no contaban con ningún mérito empresarial y algunos, incluso, tenían una dudosa reputación y hasta antecedentes penales. Como era de esperarse, los bancos privatizados operaron sin ningún tipo de supervisión ni control, lo que dio lugar a que los mismos accionistas se autoprestaran y otorgaran créditos por consigna o influyentismo.

Al estallar la crisis de 1995, Ernesto Zedillo, en vez de transparentar el quebranto bancario, dimensionarlo, fincar responsabilidades y buscar el menor costo para las finanzas públicas, optó por la simulación, el engaño, la ilegalidad y hasta por el quebranto constitucional. Al inicio del sexenio de Zedillo se creó la Unidad Coordinadora del Acuerdo Bancario Empresarial (Ucabe), a cargo de Eduardo Bours, expresidente del Consejo Coordinador Empresarial (CCE), encargado de recaudar las aportaciones económicas para Francisco Labastida como precandidato del PRI a la Presidencia de la República y, posteriormente, gobernador del estado de Sonora. La Ucabe, conocida como el «Barzón de los ricos» sirvió de instrumento para reestructurar créditos a favor de grandes empresas con pérdidas millonarias para el erario. La justificación era que, al rescatar de la quiebra a las empresas más importantes del país, estas, como por arte de magia, *jalarían* a las demás. Tal razonamiento solo sirvió para encubrir el tráfico de influencias y permitir operaciones fraudulentas de todo tipo. Más tarde se utilizó al Fobaproa, un fideicomiso que sin facultades legales compró a los bancos cartera *chatarra* por miles de millones de pesos, a sabiendas de que los créditos no iban a ser recuperados porque tenían problemas de origen; es decir, fueron otorgados sin garantías y sin el debido sustento documental.

Para llevar a cabo todas estas operaciones, los funcionarios del Fobaproa, con el aval del Gobierno federal, suscribieron por medio de la Secretaría de Hacienda, pagarés a favor de los bancos; esto constituyó una flagrante violación de la Constitución, pues el Poder Legislativo es el único que tiene la facultad para autorizar endeudamiento público, tanto en el ámbito interno como en el externo. Por si fuera poco, en el manejo del fideicomiso hubo un cúmulo de irregularidades y violaciones a la ley que hicieron aún más grande el quebranto financiero. Hubo influyentismo al más alto nivel: se recibieron bienes en dación de pago con avalúos inflados y se vendieron activos a precios irrisorios. Hasta hace no mucho, el Instituto para la Protección al Ahorro Bancario (IPAB) —organismo que sustituyó al Fobaproa— remató casas o departamentos a razón de 3 000 pesos a los hijos de Marta Sahagún, esposa de Vicente Fox.

Uno de los tantos casos de corrupción e influyentismo fue el rescate carretero. Por ejemplo, se pagó una indemnización al Grupo Mexicano de Desarrollo, de la familia Ballesteros, en condiciones totalmente dañinas para las finanzas públicas. Esta empresa, con el manejo de influencias, solicitó a finales de 1997 una indemnización por 309 millones de dólares, en el marco del rescate carretero por la autopista Cuernavaca-Acapulco. A principios de enero de 1998, de forma inexplicable, el grupo recibió 723 millones de dólares, más del doble de lo que en un principio había solicitado. El pago lo realizó la Secretaría de Hacienda, la cual compró a Banca Serfin la cartera vencida de esta empresa.

Es obvio que en estos enjuagues se cometieron delitos graves que involucran, entre otros, a Guillermo Ortiz, el entonces secretario de Hacienda y luego gobernador del Banco de México. Las pruebas de esos ilícitos son irrefutables: en el decreto presidencial para el rescate carretero, publicado en el *Diario Oficial de la Federación* el 27 de agosto de 1997, se estableció como obligatorio realizar auditorías externas y que el monto de la indemnización a las empresas rescatadas sería fijado por la Comisión de Avalúos de Bienes Nacionales. Todo este procedimiento fue evidentemente violado. La indemnización a los Ballesteros, como en otros casos, se llevó a cabo a partir de los arreglos que se dieron en las altas esferas del poder. A pesar de ello, nunca se castigó a ninguno de los altos funcionarios públicos que participaron en todos estos actos de corrupción. Al contrario, estos tecnócratas siguen contando con la admiración de los hombres de negocios vinculados al poder y de la llamada sociedad política, lo cual me hace recordar a don Jesús Silva Herzog, cuando en 1943 se quejaba de que en México «son muchos los funcionarios gubernamentales que han hecho su fortuna sin perder públicamente su respetabilidad y este es el mayor de los males».

El 28 de mayo de 1998 lanzamos el primer manifiesto a la nación exponiendo el problema. Nuestra propuesta consistía en que, antes de convertir en deuda pública el Fobaproa, había que hacer auditorías banco por banco, expediente por expediente, caso por caso, a fin de depurar la cantidad global y saber qué porcentaje asumirían los bancos al comprobarse operaciones ilegales, y luego buscar alternativas para pequeños y medianos deudores que habían sido víctimas de la crisis económica. Es obvio que el asunto central del disenso era el de la transparencia. Desde el principio, el Gobierno se negó a dar información con el pretexto del secreto bancario, a lo cual respondimos que no se trataba de un asunto entre particulares, sino que se intentaba hacer pública la deuda privada de unos cuantos, para lo cual era indispensable la apertura de toda la información.

Ante la negativa reiterada del Gobierno de proporcionar los datos requeridos, hicimos un llamado a la ciudadanía para que nos compartiera documentos y testimonios sobre el tema. La respuesta fue sorprendente. Gracias a ello, el 3 de agosto de ese año dimos a conocer el primer paquete de los beneficiarios del rescate, con cantidades globales y con observaciones sobre las características del banco, consorcio o persona beneficiada.

La publicación de esta lista causó gran revuelo. Desde Los Pinos se instruyó a Eduardo Bours, dirigente del CCE, para que orquestara toda una *lanzada* contra nosotros. En ella participaron mediante la publicación de desplegados periodísticos y en recurrentes apariciones en medios electrónicos, los presidentes de la Confederación Patronal de la República Mexicana (Coparmex), la Confederación de Cámaras Industriales de los Estados Unidos Mexicanos (Concamin), la Confederación de Cámaras Nacionales de Comercio, Servicios y Turismo (Concanaco), la Cámara Nacional de la Industria de Transformación (Canacintra), el Consejo Mexicano de Hombres de Negocios y la Asociación de Bancos de México. Bours llegó a decir que el PRD pretendía convertir el caso Fobaproa en «un juicio sumario o de cacería de brujas» y que poníamos en riesgo con «acusaciones infundadas, el prestigio y la viabilidad de las empresas que cotizan en la Bolsa Mexicana de Valores». Es más, aseguró que nos demandarían por la vía legal «por difamación, daños morales y lo que resulte». Como es obvio, nunca se atrevieron a presentar ninguna denuncia por la sencilla razón de que todo lo que decíamos era cierto y los dirigentes empresariales mencionados eran cómplices del saqueo.

Tras la publicación de las listas convocamos a una consulta pública nacional sobre el Fobaproa. En medio de presiones del Gobierno, enfrentando amenazas y actos de provocación, recorrí en 15 días todas las capitales de los estados para reunirme con dirigentes estatales del PRD y con representantes de organizaciones sociales y ciudadanas. En esa gira logramos que todo el partido se volcara a informar a la población sobre el Fobaproa. El 30 de agosto de 1998 se celebró la consulta nacional y la participación fue extraordinaria: votaron 3 500 000 ciudadanos; la mayoría rechazó la propuesta del Gobierno y se opuso a que las deudas privadas se convirtieran en deuda pública sin la realización de auditorías.

Todo este proceso habría podido tener un mejor final, pero como siempre, los delincuentes *de cuello blanco* contaron con la complicidad de los dirigentes del PAN. Así, cuando se dio a conocer la lista de los beneficiarios del Fobaproa, Vicente Fox, el entonces gobernador de Guanajuato, puso el grito en el cielo al preguntar con su peculiar estilo: «¿Por qué el PRD desnuda, le baja los calzones a cientos de empresas y las exhibe ante el pueblo de México?». Más tarde, en plena campaña presidencial, dijo que se iba a castigar a los culpables y, como es sabido, una vez que llegó a la Presidencia no solo protegió a los saqueadores, sino que las empresas de su familia fueron beneficiadas, al igual que otros destacados dirigentes y promotores del PAN. La inmoralidad siguió imperando.

También conviene, para refrescar la memoria, revisar la actitud de Felipe Calderón, en ese entonces presidente nacional del PAN. Calderón siempre ha sido un simulador. Encarna la hipocresía, que es la verdadera doctrina de la cúpula de ese partido. El 28 de octubre de 1998 acudimos juntos a una mesa de debate en Monitor Radio, con el periodista José Gutiérrez Vivó, donde Calderón aseguró que el PAN no aprobaría el Fobaproa. Veamos lo que afirmó:

> AMLO: ... ustedes acordaron con el Gobierno resolver el asunto del Fobaproa sin castigo a los responsables y sin que estén las auditorías.
> Gutiérrez Vivó: A ver, le va a contestar...
> Calderón: Nosotros no vamos a aprobar el Fobaproa, Andrés Manuel.
> AMLO: Aquí el tema es: ¿van a aprobar el dictamen con el PRI a principios de noviembre sobre el Fobaproa, sí o no?
> AMLO: ¿Sí?...
> Calderón: ¡No!...
> AMLO: ¡Ah, perfecto! Ya está...
> Gutiérrez Vivó: Ya le dijo que no...
> AMLO: Ya está.
> Calderón: Ya.
> AMLO: Vámonos.

No obstante, mes y medio después, en la madrugada del 12 de diciembre, con 325 votos del PAN y del PRI, el Fobaproa fue aprobado.

∴

Al frente del PRD obtuvimos logros electorales muy importantes: dio resultados la dedicación para fortalecer la organización del partido y trabajar abajo y con la gente. Como lo he expresado tantas veces, la actividad política requiere pensamiento y acción. Claro que es importante el pensamiento, la reflexión, pero también es fundamental el trabajo que suele acompañarse de la buena fortuna. Dicen que los pedacitos de suerte se reparten de madrugada, y por eso conviene levantarse temprano. Es importante estar presente en todos los lugares del país, hablar con la gente, organizar, postular buenos candidatos y apoyar las campañas. Las primeras elecciones locales que me tocaron fueron las del Estado de México, Guerrero e Hidalgo y me dediqué a recorrer sus municipios para levantar al partido y, al mismo tiempo, buscar buenos candidatos.

Luchar por la vía electoral implica apegarse a ciertas reglas. Una de ellas es postular candidatos que cuenten con el reconocimiento de la población. Puede haber un dirigente social extraordinario, una mujer o un hombre honrado, recto y comprometido, pero tal vez no sea lo suficientemente conocido por el electorado y, por ende, no es un candidato idóneo. Una cosa es ser dirigente, y otra, candidato. Son lógicas distintas, porque el dirigente trabaja más a partir de sectores. Se desenvuelve más en ciertos círculos o núcleos de la población. El candidato debe ser conocido por más personas, tener la aprobación no solo de las clases populares sino también de las clases medias. Ciertamente, también ocurre que un buen dirigente es, al mismo tiempo, un buen candidato. En todo caso, es indispensable la disposición para abrir el partido a candidatos externos. Si se acepta luchar por la vía electoral para lograr la prosperidad del pueblo y de la nación, no se puede participar en las elecciones solo de manera testimonial; se participa para ganar y avanzar en ese terreno.

Me tocó dirigir al PRD en circunstancias muy difíciles. El partido había resentido mucho la embestida salinista y era necesario reposicionarlo. En el sexenio de Salinas hubo muchos asesinatos de dirigentes políticos y sociales. Durante su gobierno perdieron la vida alrededor de 600 militantes y simpatizantes de nuestra organización política. Es algo que nunca se debe olvidar.

El régimen salinista había decidido destruir al PRD y negociar con el PAN. En ese tiempo se empezó a construir la alianza entre el PRI y el PAN, la cual dio lugar a la componenda que hoy conocemos como PRIAN. Mientras que al PAN le respetaban los triunfos electorales —ganó su primera gubernatura en Baja California en 1989—, a nosotros nos hacían fraude en todos lados. No solo eso: con la complicidad de los medios de comunicación, sobre todo de la televisión, pusieron en marcha una estrategia de desprestigio, intimidación y miedo. Muchas veces repitieron que el PRD era el «partido de la sangre y de la violencia». Al mismo tiempo, utilizaban los recursos públicos y los programas sociales para traficar con la pobreza de la gente y comprar lealtades con fines electorales.

Como resultado de estas acciones, después de que en 1988 la candidatura del ingeniero Cárdenas obtuvo a nivel nacional 30.8% de los votos, según las muy cuestionables cifras oficiales, en las elecciones de 1991 para renovar el Congreso bajaron a 9% nuestros sufragios. Es decir, nos *barrieron;* querían desaparecernos por completo. Nos dieron trato de enemigos a destruir, no de adversarios a vencer.

Ya desde los tiempos de Salinas existía la idea de consolidar el bipartidismo. Se apostaba a algo muy parecido al sistema político estadounidense, de dos partidos, pensando desde luego en eliminarnos de la escena político-electoral: nuestros adversarios querían la alternancia entre el PRI y el PAN, pero sin ningún cambio fundamental, porque la diferencia entre estos partidos es como la que puede haber entre la Coca-Cola y la Pepsi Cola. Para entonces, el Revolucionario Institucional había perdido todo rastro del contenido social de su ideología original y coincidía con Acción Nacional en lo sustancial de la política económica, en tanto que el panismo empezaba a prescindir de sus posturas a favor de la formalidad democrática y aprendía a paso acelerado las malas artes de la adulteración de la voluntad popular. Las franquicias de esos dos partidos llegaron a estar en manos de los oligarcas y las usaban según les convenía, afiliándose y haciéndose postular por uno o por otro, o bien utilizando a ambos en la defensa de sus intereses. Últimamente, como ya se les acabó el truco de la supuesta alternancia, han decidido descararse y actúan sin tapujos con un solo partido: el PRIAN y asociados; lo que he denominado el bloque conservador.

En esencia, a los que se creían amos y señores de México no les convenía que participáramos y que tuviéramos buenos resultados, porque la opción que representábamos era distinta, significaba aspirar a un cambio verdadero, más allá de lo electoral: era —y sigue siendo— dar a la participación política una dimensión social; luchar contra la desigualdad económica, la corrupción y la impunidad; reivindicar las demandas de la mayoría; ser consecuentes con la consigna «arriba los de abajo», la cual no debe leerse como «abajo los de arriba» sino como «abajo los privilegios».

Decididos a no ser relegados, buscamos colocarnos en el centro de la acción política y lo conseguimos. En la elección federal intermedia de 1997, el PRD desplazó al PAN como segunda fuerza en la Cámara de Diputados. Esto se logró con el trabajo de base, con la unidad y con la postulación de candidatos externos. Aunque no cualquiera pudo ser candidato: se cuidaron perfiles y trayectorias. No abrimos las puertas de par en par y nos reservamos el derecho de admisión. En fin, aun cuando las candidaturas externas siempre generan polémica, logramos consenso en el interior del partido. Nunca hubo un reclamo por la invitación a algún personaje de la sociedad civil para que se incorporara como candidato del PRD. Casi no hubo problemas y, sí, entraron personas que venían del PRI y otras sin partido. Por esa apertura fueron legisladores Bernardo Bátiz, María Rojo, Ricardo García Sainz, Enrique González Pedrero y otros más.

∙ ∙ ∙

Durante el tiempo que fui presidente del PRD se alcanzaron los siguientes resultados electorales: A fines de 1996, en las elecciones locales del Estado de México, pasamos de gobernar siete municipios a 27, incluyendo Ciudad Nezahualcóyotl, de los más poblados del país. En Guerrero gobernábamos 13 municipios y triunfamos en 21; en Hidalgo solo gobernábamos en Tezontepec de Aldama y en la elección del 10 de noviembre de 1996 ganamos siete ayuntamientos; en Morelos pasamos de uno a 13 municipios, y en ese estado prácticamente empatamos en votación con el PRI, que obtuvo 34.3%, mientras que nosotros logramos 33.6 por ciento.

Como ya lo mencioné, en la elección federal intermedia de 1997 desplazamos al PAN como segunda fuerza nacional; pasamos de siete diputados de mayoría a setenta y ganamos la Jefatura de Gobierno del Distrito Federal, con Cuauhtémoc Cárdenas, quien, como en 1988, se convirtió en un gran atractivo para avanzar en el ámbito nacional. Además se ganaron las gubernaturas de Zacatecas, Baja California Sur y Tlaxcala. Es decir, de no tener ninguna, obtuvimos cuatro, incluido el Distrito Federal. Y me adelanto a subrayar lo sabido: en 2018, Morena no gobernaba en ningún estado, y ahora, junto con sus aliados, lidera en 23 de los 32 estados de la República.

∙ ∙ ∙

El caso de Ricardo Monreal es muy interesante. El presidente Zedillo no quería que Monreal fuera el candidato del PRI al Gobierno de Zacatecas en la elección de 1998. Sin embargo, Ricardo tenía mucha aceptación en su estado natal. El enojo de Zedillo se había originado porque Ricardo acudió a la presentación del libro *La neta II*, escrito por la combativa periodista Manú Dornbierer, en donde hacía alguna crítica a la esposa del presidente. Ricardo fue acusado de promover el libro y fue hecho a un lado en el proceso de selección interna del PRI, partido en el que militaba.

Nosotros teníamos en Zacatecas muy poca presencia. El PRD obtenía un promedio de 5% de los votos en cada elección. Cuando Ricardo decidió buscarnos para contender por el PRD a la gubernatura, los precandidatos de nuestro partido aceptaron declinar y darle el espacio.

En ese entonces recibí un expediente en contra de Monreal enviado por la Presidencia de la República. Quien me lo entregó me advirtió que tuviera cuidado, porque Ricardo tenía supuestos vínculos con el narcotráfico. Al revisar el expediente me di cuenta de que no había nada grave. Creo que acusaban a uno de sus

14 hermanos de haber comprado un caballo robado, o algo así; es decir, se trataba de una maniobra para evitar que lo postuláramos como candidato. Era común que el régimen tuviera un afán de intervenir en la selección de aspirantes de los partidos de oposición: el poder quería candidatos opositores *a modo*, es decir, perdedores. Hay adversarios nuestros, incluso gobernadores del PRI o del PAN, que se entrometían en la vida de los partidos. Se llegaba al extremo de apoyar con despensas, materiales de construcción o con dinero a precandidatos de la oposición para que ganaran las elecciones internas, a sabiendas de que iban a perder las constitucionales.

En el caso de Zacatecas, cuando vi el expediente y constaté que no tenía ningún señalamiento sólido, intuí que Zedillo tenía mucho interés en que Monreal no fuera postulado por el PRD. Para mis adentros dije: «Entonces, él es el mejor candidato», porque en ocasiones lo malo para ellos es bueno para nosotros. Con la candidatura de Monreal Ávila se levantó un movimiento amplio y plural, y con él triunfamos en Zacatecas; sin embargo, no fue fácil. El Gobierno federal maniobró para consumar un fraude electoral e impedir que llegara a la gubernatura. Hicieron lo de siempre: utilizaron programas y recursos públicos, compra de votos, acarreos, propaganda en contra y mucha publicidad. Sin embargo, el liderazgo de Monreal resistió toda la embestida.

El día de la elección, un simpatizante nuestro se dispuso a escuchar y grabar todo el operativo del PRI con un escáner o rastreador de llamadas. Recuerdo que estábamos en un hotel frente a la plaza principal de Zacatecas, casi al final de la jornada electoral, a las seis de la tarde. Ricardo me dijo que iría al centro de cómputo para ver cómo iban llegando los resultados por casilla. Momentos después, ese simpatizante me entregó unas grabaciones: la primera, una conversación entre el entonces subsecretario de Gobernación, Emilio Gamboa Patrón, con Jorge Fernández Menéndez, quien cubría «periodísticamente» la elección. Él siempre había estado vinculado al régimen y hacía un trabajo oficioso, antes con el PRI y luego con el PAN. La segunda grabación era de otra llamada desde la Secretaría de Gobernación dando instrucciones al gobernador para alterar los resultados electorales.

Mientras escuchaba las cintas, desde el cuarto del hotel veía los primeros informes de las televisoras. Televisa, por ejemplo, hablaba de una «elección cerrada», de un «empate en las encuestas de salida». Al mismo tiempo, Monreal regresaba y me expresaba preocupado, agarrándose la cabeza, «¡Han tirado el sistema de cómputo!». Le puse las grabaciones. «¿Qué hacemos?», me preguntó. Desde el cuarto del hotel hablé a Los Pinos y me contestó Liébano Sáenz, el secretario particular de Zedillo. Palabras más, palabras menos, le dije lo siguiente: «Comunícale al presidente que tengo una grabación que demuestra que están echando a andar un operativo para robarnos la elección. Dile que le exijo que garantice la democracia en Zacatecas. Si no hay una respuesta en dos horas, llamo a una rueda de prensa y doy a conocer las grabaciones». Le ofrecí detalles para que comprobara la veracidad de mi acusación. Le comenté pormenores de las llamadas; es más, le sugerí que preguntara a Gamboa Patrón si había hablado con el gobernador y con Jorge Fernández. Me respondió que iba a consultar y colgué.

Una hora después recibí la llamada de Liébano Sáenz. Me pedía que tuviera confianza, que se iba a hacer valer el voto. «Sí, sí —respondí—, pero eso no basta. Quiero que me aseguren que van a respetar el resultado. Nosotros ganamos la elección y no queremos fraude». Del otro lado de la línea, Liébano repetía: «Ten confianza». Supongo que no quería ser muy explícito por teléfono porque pensaba que también a él lo estarían grabando. Yo insistía en que se definiera con mucha claridad la situación pues, de lo contrario, daría a conocer las cintas y, además, como presidente del PRD me quedaría en Zacatecas el tiempo que fuera necesario para defender el triunfo. En un arranque de sinceridad ante mi insistencia, Liébano Sáenz se vio obligado a exclamar: «¡Ve la televisión, carajo!». Colgué y, poco tiempo después, la televisión reportaba algo así como: «En el último corte informativo, el candidato del PRD a la gubernatura de Zacatecas, Ricardo Monreal, se encuentra en primer lugar por cinco puntos y, al parecer, se trata de un triunfo irreversible». Volteé a ver a Ricardo, quien volvió a reírse con ganas, como acostumbra.

•••

Con este ejemplo podemos ver qué tan importante es la postulación de candidatos externos. Cuanta mayor apertura, mejor. Cuando se lucha por hacer valer la democracia no es aceptable el maniqueísmo. Los políticos no se dividen entre buenos y malos; se distinguen, sobre todo, por su forma de actuar en determinadas circunstancias. Los fundadores del PRD no éramos los únicos con derecho a participar. Repetía y repetía: el PRD no es de nadie, no tiene dueño, es de todos. Es un instrumento de lucha al servicio de la sociedad. Entonces, no se trata de buenos o malos o de quién llegó primero. Esto tiene que ver con la congruencia. Puede tratarse de una persona que viene del PRI, pero al momento de tomar postura y empezar a actuar en el movimiento popular, en el movimiento de izquierda, tiene una actitud distinta. No se puede cuestionar o juzgar *a priori*, a rajatabla. Hay que cuidar los principios, pero debe concederse el beneficio de la duda.

En política hay que correr riesgos para avanzar. Es indispensable equilibrar principios con eficacia. Con más razón ahora, cuando existe una derecha neofascista y voraz, se requiere la unidad de todos los que nos situamos en el abanico de fuerzas progresistas. No estamos para ponernos muy exigentes, para exquisiteces, para decir: «Este compañero sí; este no. Este tiene una manchita, este otro no es puro». Así no se puede. La política la hacen hombres y mujeres; no se hace con santos. Por eso hay que tener una visión amplia y abierta para preservar lo fundamental y no fijarse nada más en lo accesorio.

Por otro lado, aunque se trata de un asunto muy difícil, se debe tomar en cuenta que las discrepancias se dan en cualquier movimiento popular. El problema de la estrategia política suele presentarse con todo rigor, es motivo de desacuerdos y hasta puede provocar desprendimientos en cualquier movimiento político de transformación. Así ha ocurrido en el proceso histórico mexicano. A este problema se enfrentaron los liberales en el siglo XIX, divididos entre «puros» y «moderados». Los hombres de la Reforma, aunque estaban de acuerdo en los principios y el programa, diferían en la estrategia. Los «puros» estaban por el camino rápido y los «moderados» por el gradualismo. Los «puros» querían calar profundo y con celeridad en las reformas y la línea de los «moderados» era la conciliación. La política, decía Comonfort, debe huir de las exageraciones. En política, contestaba Ocampo, los temperamentos medios participan en todos los inconvenientes de los extremos sin ninguna de sus ventajas. Cuando Ocampo renunció a la Secretaría de Relaciones Exteriores, sostuvo que lo hacía por no estar de acuerdo con la visión del presidente Comonfort, y en 1856 escribió:

> Dudo mucho que, con apretones de mano, como Comonfort me dijo que ha apaciguado a México y como se propone seguir gobernando, pueda conseguirlo, cuando yo creo que los apretones que se necesitan son de pescuezo.[11]

Es más, 15 días después de su renuncia, Ocampo hacía la siguiente reflexión:

> ¿Qué son en todo esto los moderados? Parece que deberían ser el eslabón que uniese a los puros con los conservadores, y este es su lugar ideológico, pero en la práctica parece que no son más que conservadores más despiertos, porque para ellos nunca es tiempo de hacer reformas, considerándolas siempre como inoportunas e inmaduras, o si por rara fortuna lo intentan, solo es a medias e imperfectamente.[12]

A pesar de todas estas diferencias, tanto Comonfort como Ocampo terminaron asesinados por bandas de conservadores reaccionarios y los dos, con el presidente Juárez y muchos otros, contribuyeron al triunfo de la causa liberal.

El problema de la estrategia también lo enfrentaron en distintos momentos los hombres de la Revolución. De ahí las diferencias entre Madero y Zapata, Villa y Carranza, así como los desacuerdos durante la Convención de Aguascalientes y las distintas tendencias de los constituyentes de 1917. Pero al final, todos, de una u otra manera, contribuyeron al derrocamiento del régimen porfirista, enfrentaron la dictadura de Victoriano Huerta e hicieron posible que en el texto constitucional quedaran inscritas las principales causas por las que el pueblo de México luchó durante la Revolución.

En la actualidad debemos dejar de lado el maniqueísmo; debemos actuar con más apertura y saber distinguir quiénes son los aliados y quiénes son realmente nuestros adversarios, porque a veces nos confundimos. La izquierda tiene mucho de eso: se ensimisma y se pelea desde dentro como si esa fuera su misión principal. Por otra parte, hay quienes exageran a la hora de juzgar. Una apreciación común entre la gente era considerar que en nuestro partido de entonces había enfrentamientos permanentes entre grupos y corrientes; que los del PRD eran de lo peor. Aunque no fuera así, había, desde luego, diferencias y, obviamente, una lucha por posiciones políticas; sin embargo, en el PRD había gente muy responsable en los cargos directivos y ni hablar de los militantes, quienes en numerosos casos actuaban de manera heroica.

El comportamiento de dirigentes y políticos debe explicarse a partir de circunstancias: hay gente que se conduce con integridad durante mucho tiempo y al final de su vida pública claudica. Se cansa de pensar y de ser como era. O al revés: hay gente que ha tenido una conducta muy cuestionada y decide actuar de manera consecuente en un buen tramo de su vida. Y esto no solo ocurre en México, sino en todo el mundo. Está el caso de Óscar Arnulfo Romero, arzobispo de El Salvador. En un principio fue muy conservador, pero la realidad lo transformó: se convirtió en un sincero protector de la dignidad de los seres humanos, sobre todo de los más desposeídos, y se dedicó a denunciar la violencia, a enfrentar cara a cara a los representantes del régimen autoritario. Por ello, el 24 de marzo de 1980, fue asesinado de la manera más cobarde en plena misa. Ahora es un santo.

Una vez visité el Museo del Estanquillo, donde se exhibe la colección de arte popular donada por Carlos Monsiváis, y me llamó mucho la atención una caricatura, obra de José Clemente Orozco en contra de Francisco I. Madero. Lo pinta como pigmeo y resalta la grandeza de Porfirio Díaz. El texto lo dice todo: «Los enanos imitan al gigante». Y estamos hablando de quien, más adelante, pintó extraordinarios murales revolucionarios y, sobre todo, actuó sin dobleces hasta que dejó físicamente de existir. Insisto: la vida de un luchador social o de un dirigente político no es algo dado, fijo, preestablecido; no es un destino manifiesto. Es una prueba permanente y lo extraordinario es luchar y ser consecuente toda la vida.

• • •

Todo lo alcanzado por el PRD de 1996 a 1998, se consiguió manteniendo en alto nuestros principios. El PRD creció electoralmente no por arreglos cupulares ni por *concertacesiones*, sino luchando junto al pueblo de México y por sus aspiraciones libertarias. Durante este periodo no cedimos al tintineo de la política tradicional. Avanzamos porque ante el poder autoritario ejercimos el contrapoder que nos dio la autoridad moral. Por ejemplo, en el Congreso de la Unión no teníamos el poder cuantitativo de los votos que, por ese entonces, dependía de los consensos y coaliciones parlamentarias. Pero la autoridad moral siempre da un importante poder cualitativo: el poder del veto, el poder de oponernos y, en última instancia, de hacernos a un lado en la medida en que nuestros argumentos no sean considerados para la toma de decisiones que atañen al pueblo y a la nación. En ese entonces así lo entendieron nuestros legisladores y nuestros coordinadores parlamentarios. Por eso siempre sostuve que, en vez de convertirnos en una izquierda legitimadora y continuar haciendo política con el viejo molde, debíamos ejercer ese poder cualitativo que da la autoridad moral. Nada de entrar al juego de la política tradicional, en la que cuentan los intereses de todos, menos los del pueblo. Se trataba de crear una nueva política cuya moral nos diera la fortaleza suficiente para resistir y no sucumbir a las siempre presentes tentaciones de poder o dinero.

Como presidente nacional del PRD pude comprobar también que se puede y que es indispensable hacer política con el pueblo, no solo con los de *arriba;* la política es asunto de todos. La nueva forma de hacer política exige más vinculación con la gente que con los integrantes de la llamada «sociedad política». No es necesario estar todo el tiempo hablando con políticos. Incluso, mientras menos se hable con ellos, mejor. Algunos solo nos buscan para utilizarnos, adversarios que solo quieren la foto. Y, por cierto, a mucha gente no le gusta ese regodeo entre políticos.

Otra trampa es la supuesta amistad que profesan los adversarios. Una característica muy marcada en los políticos de derecha es, precisamente, ese estilo hipocritón, falso; hablan quedito y son muy amables pero, al mismo tiempo, pueden estar conspirando en contra de uno. Es una manera de ser de la derecha. Algunos fingen ser amigos o tratan de engañar con su amabilidad. Siempre el buen trato y la manera pomposa de hablar: «¿Cómo estás?, ¿Qué dice la familia?». O los títulos: «¡Señor gobernador!», «¡Qué tal, señor diputado!, ¿cómo ha estado?», «¡Senador, qué gusto verlo!». Este tipo de reverencias. No digo que no se pueda hablar con nadie. La política implica negociación y diálogo, pero es distinta a la politiquería, basada en lo superficial y en el manejo corriente de los asuntos importantes. Además, no debe olvidarse que en política muchas veces los amigos son de mentira, y los enemigos, de verdad.

Hay casos de políticos de izquierda que, cuando se convierten en legisladores, empiezan a ser distintos porque no resisten el halago y la lisonja de los poderosos.

Antes, en las cámaras, se percibía un ambiente peculiar: los diputados o senadores desayunaban y comían juntos y llegaban a relacionarse tanto que nunca defendían causas populares o, cuando subían a la tribuna, se comedían porque la amistad estaba de por medio. También algunos ocupaban todo el tiempo en las relaciones políticas o en viajes internacionales y se olvidaban de la gente y nunca regresaban a las colonias, a las comunidades y a los pueblos de sus distritos o estados.

Por fortuna, esa no era la generalidad en los dirigentes y legisladores de izquierda, y ahora, menos. En su mayoría, mantienen inalterables sus convicciones, nunca se divorcian del pueblo y regresan a trabajar con la gente; no se dejan manipular, mantienen los pies en la tierra. Pero siempre está la tentación, el riesgo de caer en lo superfluo, en lo banal. Por eso es necesario reafirmar constantemente los principios y los ideales.

•••

Como dirigente nacional del PRD me quedaron algunos pendientes. Por ejemplo, hizo falta fortalecer más la organización interna. Se avanzó, pero no lo suficiente. La lucha por el poder la hace el pueblo organizado. De ahí que se requiera consolidar la estructura territorial y sectorial de los partidos progresistas. Este tipo de organización requiere tiempo, paciencia y perseverancia, hasta lograr el objetivo superior de transformar la vida pública del país. No podemos enfrentar a una derecha autoritaria con actos espontáneos.

Recuerdo una conversación que tuve en 1989 con don Sergio Méndez Arceo, el obispo de Cuernavaca. Él era, como es sabido, un sacerdote de avanzada, progresista. En esa ocasión cenamos y en la plática salió el tema de la organización. Yo insistí mucho en ello. «Mira —me dijo—, una vez un hombre muy pobre llegó a pedir ayuda a la Virgen, rogándole que lo apoyara porque sus hijos no tenían para comer, no tenían ropa ni zapatos, y su familia estaba en una situación económica muy difícil. A lo cual la Virgen le respondió: "¡Organízate!"». Esto es fundamental, aunque suele olvidarse, sobre todo ahora que está de moda suplir este importante trabajo con la propaganda en los medios de comunicación o con mensajes en las redes sociales.

Como dirigente nacional del PRD también me faltó imprimirle al partido más principios e ideales. En el tiempo que estuve se creó una escuela de formación de cuadros políticos, pero no fue suficiente. Como ya lo expresé, si no fortalecemos los principios, el pragmatismo se propaga y puede llegar a predominar. Poner por delante los ideales es lo único que puede detener la politiquería, el nepotismo, el amiguismo, el clientelismo y la corrupción, todas esas lacras de la política tradicional.

En la presidencia del PRD cometí varios errores. Uno de ellos fue que, al final de mi gestión, cuando decidí retirarme, me propuse no involucrarme en el proceso electoral interno para elegir al nuevo presidente. Quise mantenerme al margen y se dio una elección muy complicada para el relevo en la presidencia. Participaron Jesús Ortega y Amalia García y hubo confrontación y crítica por el manejo irregular del proceso. Se anularon las elecciones para que entrara un presidente interino, Pablo Gómez Álvarez. Pero fue todo un escándalo, eso perjudicó al partido y me sentí culpable o responsable. Lo cierto es que caí en la indefinición, y en política la indefinición es funesta. Pensé que me podían acusar de querer inclinar las cosas a favor de un grupo o de un candidato y equivocadamente decidí no participar para poner orden y buscar un buen desenvolvimiento del proceso interno. La lección es que en estos asuntos hay que definirse; no convienen las medias tintas. A final de cuentas la política consiste en escoger entre inconvenientes. Pero aclaro que una cosa es participar proponiendo reglas claras e igualdad de condiciones para una elección interna y otra muy distinta es inclinar la balanza a favor de alguien. Afortunadamente, ahora, en Morena existe la posibilidad de elegir candidatos mediante encuestas y este método estatutario, legal y democrático ha demostrado ser eficaz y reducir al mínimo el riesgo de ruptura. Aquí añado que prefiero la encuesta al dedazo o a la decisión mafiosa y antidemocrática de las cúpulas.

En una elección interna se generan muchas pasiones, casi tantas como en una elección constitucional. Se pueden cometer abusos, irregularidades, incluso fraude electoral, algo reprobable en un partido democrático. En ocasiones, esas prácticas indeseables se presentan en los comicios internos de candidatos a puestos de elección popular. Cuando hay conflictos en la elección de dirigentes o de candidatos, siempre se afecta al partido; se pierde la unidad, hay desprendimientos, se van dirigentes y militantes a otras organizaciones. Ya hablé, por ejemplo, del primer Éxodo por la Democracia en Tabasco. En aquella elección de 1991, caminamos para defender el triunfo de un candidato, el doctor Carlos Alberto Wilson. Años después, él mismo volvió a competir para ser candidato a la presidencia del PRD en Cárdenas; perdió, se inconformó, denunció un fraude, se salió del partido y se convirtió en abanderado del PAN, algo muy lamentable. No responsabilizo a nadie, solo describo hechos. Al final, ganó el PRD en Cárdenas, pero de no haberse producido ese conflicto, nuestro partido habría ganado con mayor ventaja. Las divisiones perjudican mucho.

Estos problemas se remedian inculcando principios en el partido. Debemos insistir en que lo nuestro no es la lucha del poder por el poder, sino que deben prevalecer las convicciones, la mística: el poder solo tiene sentido y se convierte en virtud cuando se pone al servicio de los demás; no es solo la lucha por cargos públicos lo que debe movernos; lo principal es la lucha por los ideales y por las causas que defendemos. En todos los dirigentes de izquierda debe haber humildad. El poder es humildad. No debe prevalecer una visión personalista o individualista y pensar que uno tiene que ser el candidato, cueste lo que cueste. Hay casos, en los partidos de izquierda, en los cuales los dirigentes actúan de manera consecuente, pero en otras ocasiones se cierran por completo. No aceptan nada, quieren ser ellos nada más a como dé lugar. Entonces la lucha se vuelve una arena de ambiciones sin principios políticos o morales. Por fortuna, no es la regla sino la excepción y este tipo de casos pueden atemperarse imprimiendo muchos principios a nuestro quehacer político. Ahora una de las mejores cosas que ha hecho Morena —y son muchas las que ha hecho bien— ha sido destinar talento y convicciones para su excepcional escuela de formación de cuadros. Enhorabuena.

Capítulo 3

JEFE DE GOBIERNO DE LA CIUDAD DE MÉXICO

La candidatura del PRD al Gobierno del Distrito Federal fue imprevista, algo que no estaba en mis planes. Había terminado, incluso antes del periodo establecido, mi gestión como líder nacional del partido. Lo hice con el fin de que el nuevo Comité Ejecutivo Nacional tuviese tiempo suficiente para manejar las elecciones del 2 de julio de 2000. La idea era que no se acercaran mucho la renovación de dirigencias internas con las elecciones presidenciales.

En 1999 regresé a Tabasco y comencé a recorrerlo de nuevo. Tenía el propósito de volver a participar como candidato al Gobierno del estado, cuando surgió el planteamiento de ser candidato a jefe de Gobierno del Distrito Federal. La propuesta la hicieron el ingeniero Cárdenas y otros dirigentes del PRD, me parece que con base en encuestas. Consideraron que conmigo se podía ganar en la Ciudad de México.

En verdad, no era algo que yo me hubiera planteado: seguía pensando en Tabasco. Conozco el territorio del estado como la palma de mi mano: todos sus pueblos, sus comunidades, sus rancherías. Además, me ilusionaba gobernarlo; imaginaba cómo sería un gobierno alternativo y cómo sacaría a Tabasco y a su pueblo del atraso y la pobreza. Mi propósito era convertirlo en un ejemplo nacional.

En esas estaba cuando me hicieron la invitación para contender por el Distrito Federal, con el argumento de que podía perderse la Presidencia de la República, pero teníamos que asegurar el triunfo en la Jefatura de Gobierno. Hay que decir que una de las cosas que más les duele a los panistas es no gobernar la capital de la República. La gente de la Ciudad de México es excepcional: progresista, generosa, informada, consciente y avispada. Aquí no tiene cabida la derecha, el conservadurismo. Aquí no se puede manipular; aquí la Radio y la Televisión solo se imponen transitoriamente; tiznan, pero no manchan con sus calumnias. Cuando se hacen encuestas entre los capitalinos y se les pregunta: «¿Usted cree que la televisión informa o manipula?», 70% responde: manipula.

Me ayudó de entrada un debate que le gané a Diego Fernández de Cevallos, moderado por López-Dóriga en Televisa. Diego es un buen orador y polemista; yo ni siquiera hablo de corrido, pero se puso nervioso y se pasmó cuando le empecé a enlistar sus complicidades económicas y políticas con Carlos Salinas. Por eso, jóvenes, no olviden que la honestidad y la tranquilidad de conciencia valen más que la verborrea o, como se dice coloquialmente, «el choro mareador».

La elección interna que me llevó a ser candidato al Distrito Federal por el PRD no fue un proceso sencillo. Los otros candidatos eran Demetrio Sodi, Pablo Gómez y Marco Rascón, a quienes les gané en buena lid y con amplio margen. Sin embargo, en la campaña interna hubo cuestionamientos hasta por ser tabasqueño. En un debate entre los cuatro, alguien del auditorio llegó a gritar: «¡Vete a Tabasco! ¡Tú no eres de aquí!». Y en la elección constitucional fue uno de los argumentos usados por mis adversarios: alegaban que no tenía la residencia que exige la ley y que por ello no debía ser candidato. En el fondo, lo que querían el PRI y el PAN era tener otro contendiente y ambos partidos impugnaron legalmente mi registro. Recuerdo que cuando el Instituto Electoral del Distrito Federal resolvió que sí tenía la residencia, un periódico vespertino tituló: «¡Es chilango!». En esas condiciones competí con Santiago Creel, del PAN, y Jesús Silva Herzog, del PRI, y gané la Jefatura de Gobierno del Distrito Federal el 2 de julio de 2000.

• • •

Como candidato, me sentí doblemente obligado a recorrer la ciudad. Primero, porque tenía que ir por los votos y convencer a la gente y, segundo, porque necesitaba estar al tanto de sus problemas: había vivido en la capital pero no la conocía a plenitud. La visité minuciosamente en una campaña profunda e intensa. Al tiempo que hablaba con la gente y recogía sus sentimientos, iba reflexionando sobre el plan de gobierno. Así surgió el programa para los adultos mayores. No lo copié de ningún lado, es producto de reflexiones, de ir preguntando a la gente, de percibir cómo ve las cosas y también de vivencias: recuerdo que mi papá se sentía orgullosísimo cuando le llegaba su pensión del IMSS.

Ya tenía conocimiento en la administración pública, pero, sobre todo, como funcionario del INI acumulé experiencia en el trabajo social y sabía cómo organizar a la gente para procurar el bienestar. Además, me puse a estudiar la historia de la ciudad. Recuerdo que cuando ya era jefe de Gobierno electo y estaba elaborando planes y programas, llegué a la cafetería de la librería Gandhi, donde me había citado con una persona, y un señor me regaló un libro que había comprado. Me identificó y me dijo: «Le doy este libro, quiero que lo lea». Yo andaba por ahí, viendo libros en tanto llegaba la persona con la que iba a entrevistarme. Me dio el libro, no acudió la persona y decidí retirarme. Pero en la puerta, el vigilante me insinuó: «La nota. A ver, ese libro...». Le expliqué que me lo habían regalado, pero no lo convencí. «No lo puede usted sacar». Me lo quitó y me fui, apenado; tal vez pensó que me lo quería robar. Como a los diez días regresé a la misma librería, que está cerca de Copilco, donde vivía, y el gerente o dueño de la librería me ofreció una disculpa porque se enteró de lo sucedido. En desagravio me regaló los nueve tomos de la *Historia de la Ciudad de México,* de Fernando Benítez, que es una obra fundamental. Me puse a leerla en jornadas intensas para tener la idea más acabada y precisa de la ciudad. De modo que cuando tomé posesión del cargo, ya tenía claridad suficiente sobre cómo debía actuar en el Gobierno.

Me sirvió venir del movimiento social, haber estado del otro lado del poder. Cuando llegué por primera vez a la oficina de la Jefatura de Gobierno, lo primero que hice fue abrir las ventanas, asomarme desde el balcón y ver hacia el Zócalo, porque yo había estado allí protestando muchas veces. Ahora, parte de mi trabajo iba a consistir en atender a los que protestaban. Realmente no lo viví como un problema; sin embargo, debo reconocer que lo más difícil para un gobernante de izquierda es enfrentar las protestas sociales y manejar a la policía. Cuando se es autoridad, resulta obligado poner orden, pero no con afán autoritario, sino partiendo del criterio de que es mejor el diálogo y el acuerdo que el uso de la fuerza pública.

Como jefe de Gobierno no utilicé la fuerza pública; aplicamos una estrategia distinta. Por ejemplo, un equipo de trabajo de la Dirección General de Concertación Política estaba al tanto y conocía cómo se movían las cosas en la ciudad; por anticipado sabíamos qué tipo de manifestaciones se llevarían a cabo y el porqué iba a protestar la gente. Solo así es posible darse cuenta cuándo se trata de una causa justa, cuándo la gente tiene toda la razón y cuándo hay una manipulación de por medio, o cuándo es un asunto de tipo político. Siempre se buscaba una solución al conflicto. Se hablaba con la gente o con los líderes de los manifestantes, se establecía de inmediato un diálogo para atender la petición o demanda. Lo fundamental era prevenir, con el criterio de que problema que se soslaya, estalla. De esta forma, atendiendo las causas, logramos reducir de manera considerable el número de manifestaciones de protesta. Nunca un bloqueo al edificio de Gobierno me impidió entrar a mi oficina y tampoco hizo falta el uso de la policía porque la práctica siempre fue el diálogo y el acuerdo.

También me tocó enfrentar actos de abierta provocación. Sobre todo, de grupos de derecha y de organizaciones corporativas. Por ejemplo, durante más de un mes, integrantes de Antorcha Campesina, afiliada al PRI, se mantuvieron acampados frente al edificio del Gobierno. Pedían un determinado número de viviendas para sus agremiados, pero desde el principio habíamos tomado la decisión de no responder a peticiones corporativas, ya fueran de Antorcha Campesina o de organizaciones sociales vinculadas al PRD o a cualquier otro partido. Hay la mala experiencia de que cuando se otorgan determinados apoyos en esos casos, estos acaban siendo manipulados y malversados por los dirigentes de las organizaciones. Por eso dijimos no a la intermediación y optamos por apoyar de manera directa a la gente. La protesta de Antorcha Campesina era muy peculiar: tenían un aparato de sonido a todo volumen, día y noche, dirigido a mi oficina. Ni modo, aguantamos. Se actuó con tolerancia y terminaron por aceptar el nuevo procedimiento.

El conflicto con los trabajadores del Sistema de Transporte Colectivo Metro fue difícil. El sindicato tenía como dirigente a Fernando Espino, quien pertenecía al PRI, lleva alrededor de cuarenta años o más manejando el sindicato y eso le ha permitido, como a todos los líderes con esas características, tener una situación económica bastante holgada. Para mantener su control, Espino tenía como práctica ir a golpear el escritorio del regente o del jefe de Gobierno y amenazarlo con protestas si no se le concedía lo que pedía, aunque no fuese justo. Quiso hacer lo mismo conmigo pero no se lo permití. También dijimos «así no» y terminamos con ese tipo de enjuagues. Sin embargo, en una ocasión, en protesta, cerró una línea del Metro.

Ya he señalado que la Ciudad de México tiene alma solidaria y que su población siempre está a favor de los trabajadores y de las causas justas. Cuando se presentó el conflicto con el sindicato del Metro, pese a que el Gobierno contaba con apoyo popular, la gente expresó en una encuesta estar del lado de los trabajadores. Cuando vi esos resultados me sorprendí mucho porque, a la par del apoyo a los trabajadores, la gente también validaba el comportamiento de un dirigente *charro* como Espino. Esta solidaridad incondicional hacia el sindicato me hizo recordar las palabras de un maestro que decía: «Prefiero equivocarme con los trabajadores que tener la razón con el Gobierno».

Entonces, ¿qué hicimos? Distribuimos miles de volantes explicando la situación. Se distribuyeron en el Metro, con los mismos trabajadores del sistema de transporte y, al paso del tiempo, las cosas cambiaron. Cada conflicto tiene sus propias características y peculiaridades y hay que enfrentarlo de acuerdo con ello. Desde luego, no se deben tener afanes autoritarios ni odiar a nadie, incluyendo a esos líderes *charros*, ni ver a nadie como enemigo. Se trata solo de entender las circunstancias.

•••

Siempre tomo las decisiones políticas basado en el sentimiento popular. Eso es lo que estimo más importante: tener el pulso de lo que está aconteciendo en la calle.

Porque a veces lo que opina la sociedad política —comunicadores, intelectuales y políticos— es muy diferente al sentir de la gente común. Son mundos distintos. Sinceramente, a mí me importa más la opinión y los sentimientos del pueblo, que son los sentimientos de la nación. Desde luego, procuro estar atento y escuchar mucho a la gente. Eso es lo primero. También escucho a los que colaboran conmigo, que son personas sensibles y, obviamente, estoy pendiente de lo que manifiestan los integrantes de la sociedad política.

A veces tomo decisiones en contra de lo que opina la llamada sociedad política y eso les molesta mucho a sus integrantes; les choca, porque algunos piensan que su mundo es el que predomina. Varias veces me ha tocado que, por sostener una postura o un criterio, soy fuertemente cuestionado. Por ejemplo, cuando fui candidato a jefe de Gobierno del Distrito Federal, recogí el sentir de la gente en contra del horario de verano que, sin duda, fue impuesto por los financieros para poner en correspondencia los horarios de la Bolsa de Nueva York con la Bolsa Mexicana de Valores (BMV). Inventaron un supuesto ahorro de energía, aunque nunca pudieron aclarar en realidad cuánto se ahorraba ni a quién se beneficiaba. Por eso me comprometí a que llevaríamos a cabo una consulta para decidir sobre este asunto, conforme a la opinión de los ciudadanos. Incluso Fox y Santiago Creel, entonces candidatos del PAN a la Presidencia y a la Jefatura de Gobierno, respectivamente, ofrecieron lo mismo. Al ganar la elección, cuando Creel fue invitado a colaborar como secretario de Gobernación, tanto él como Fox, como buenos demagogos, se olvidaron del asunto. También en eso son idénticos a los del PRI. En cambio, yo no podía abandonar el tema porque había hecho el compromiso y me gusta cumplir lo que ofrezco. Además, era una petición de la gente. De modo que, al llegar al Gobierno de la ciudad, realicé una consulta pública para resolver lo del horario de verano. La mayor parte de los capitalinos dijo no al horario de verano, pero la clase política y los medios se me vinieron encima; hasta la prensa de izquierda, con sus escritores y columnistas, se mostró crítica. Sin embargo, la gente estaba pensando de otra manera. Muchas veces no se alcanza a entender en las cúpulas, incluidos especialistas de las ciencias sociales, el sentir del pueblo. Por supuesto, hay intelectuales que trabajan a partir del sentir popular; sin embargo, hay muchos que hacen opinión o deciden solo a partir de lo que leen, y eso muchas veces no es certero. Por lo general, la llamada sociedad política no sabe bien lo que pasa abajo. El caso es que en aquel entonces no pudimos eliminar el cambio de horario; ahora ya se suprimió el horario de verano, no hubo ningún reclamo y la gente está satisfecha.

También he tenido que actuar con firmeza al momento de tomar decisiones. Si cuando fui gobernante de la Ciudad de México me hubiese atenido a los juicios de la sociedad política, muchas cosas no se habrían realizado. Está el caso del segundo piso en el Periférico. En el periódico *Reforma*, de derecha, no hacían otra cosa que criticar la obra, y no porque no sirviera para desahogar el tráfico, sino porque, en sintonía con el PAN, no querían que avanzáramos, deseaban que no hiciéramos nada y que el Gobierno urbano quedara mal. Es obvio que los mandé al diablo y dije: «Esto va porque va». Como decía Juárez, a los reaccionarios hay veces que se les debe hablar claro y fuerte.

Escucho las opiniones políticas, pero no siempre las tomo en cuenta. Oigo, consulto y tomo decisiones a partir de lo que considero más importante. Por ejemplo, cuando el asunto de los videos de Ahumada, intelectuales y periodistas amigos me insistieron en que ofreciera disculpas de manera pública por los actos en los que se vieron involucrados algunos perredistas y Gustavo Ponce, secretario de Finanzas del Gobierno. De haberlo hecho, me imagino el encabezado del *Reforma* al día siguiente: «Pide perdón», acompañado de una fotografía en la cual habría aparecido cabizbajo, derrotado. En el escándalo de los videos, que se dio en marzo de 2004, sabía que, más allá de las imágenes que implicaban a Ponce y a Bejarano, se encontraba la intención de destruirme políticamente, por lo que decidí que no asumiría una culpa que no tenía, ayudando a mis adversarios en su estrategia. A esas recomendaciones no les hago caso, y conste que no todos las hacen de mala fe. Sencillamente no saben de política.

Ese es otro tema interesante: la política es como un oficio de carpintero o de albañil: así como para hacer una mesa se requiere de conocimiento, también la política demanda una experiencia específica. Pero como la han envilecido, manchado y degradado tanto, se piensa que es solo ocurrencia e intriga y que cualquiera puede. Además, como sucede que un improvisado de repente resulta diputado o senador, y hasta gobernador o presidente, se reafirma la idea de que la política es cualquier cosa y que cualquiera puede «colarse» y «hacerla». Para acabar pronto: una persona como Vicente Fox llegó a ser presidente de México. Nunca en la historia de este país habíamos tenido un presidente tan irreverente e inepto como él. Los ha habido autoritarios, ladrones, entreguistas, frívolos e irresponsables, pero desde el primer presidente de México, Guadalupe Victoria, nunca habíamos tenido a uno tan mediocre y chiflado como Vicente Fox Quesada.

Actuar con base en mi criterio me ha valido la imagen de terco. Me endilgan que soy inflexible, que resuelvo solo y hasta que soy intolerante, pero no es así. En realidad, no soy como me pintan; sé rectificar y no soy autocomplaciente. Un buen dirigente debe ser autocrítico y tener capacidad para rectificar. El ejercicio de un liderazgo de izquierda, de un gobierno de izquierda, exige la autocrítica. Uno tiene que revisarse cotidianamente. Hay que levantarse pensando en nuestra actitud. Todos los días hay que revisar lo que hemos hecho: errores, procedimientos y modos. Hay veces que, por la presión o el cansancio, uno se enoja con compañeras o compañeros de trabajo o con la gente; contestamos mal y ofendemos, pero cuando se acepta el error, es imprescindible ofrecer disculpas, aceptar que se actuó mal y que esto no debe ser así; rectificar, actuar con humildad. Si somos conscientes de nuestro papel como dirigentes, es fundamental hacer esa revisión cotidiana.

Tanto me importa la opinión de otros que, desde mi campaña en el DF, ofrecí someterme cada dos años al principio de la revocación del mandato a través de una consulta pública. Si la gente decía no, yo dejaba el cargo. Porque en la democracia el pueblo manda, es el que decide y quien tiene en todo momento el derecho de cambiar la forma de su gobierno. Es un principio constitucional y la base de la democracia participativa. Los cuestionamientos y *recomendaciones* no se hicieron esperar: «¿Qué tal que te armen una estrategia para manipular y te rechacen? ¿Dejarías todo?», me decían unos; otros, «eso no se hace, échate para atrás». Pero no. Se hicieron dos consultas: el segundo y el cuarto año de gobierno, y salimos bien. Ahora ya es un método constitucional y en el primer trienio como presidente me sometí a esa consulta que, aunque no fue vinculatoria, pues no se logró 40% de la participación ciudadana —gracias a que nuestros adversarios llamaron a no votar—, de todos modos, según los datos del Instituto Nacional Electoral, que el 10 de abril de 2022 llevó a cabo la consulta de la Revocación del Mandato, participaron 16 502 636 ciudadanos, de los cuales 15 159 323 votaron porque siguiera en la Presidencia; 1 063 209 ciudadanos votó porque me fuera y 280 104 anularon su voto.

•••

En mis tiempos en el Gobierno del Distrito Federal, nos propusimos alcanzar dos grandes objetivos: frenar el empobrecimiento del pueblo y recuperar el orgullo de la ciudad.

Desde el principio sostuvimos que íbamos a atender a todos, a escuchar a todos, a respetar a todos, pero que la preferencia la iban a tener los más humildes, los desprotegidos de la ciudad. El lema de mi campaña fue «Por el bien de todos, primero los pobres». Para cumplir este objetivo llevamos a cabo todo un innovador método de planeación democrática. Hicimos un trabajo de abajo hacia arriba, partiendo de donde vive la gente. El DF tenía entonces 1 356 unidades territoriales, y en cada una de ellas se llevó a cabo un programa de desarrollo social integral. Una unidad territorial puede comprender una sola colonia, si esta es grande, o varias colonias pequeñas. En cada una viven de 3 000 a 6 000 personas, aproximadamente. De ese modo fue que se echaron a andar 1 356 programas integrados de desarrollo social. Desde luego, se hizo un estudio de campo para identificar los niveles de ingresos y bienestar por unidad territorial. Se aplicó el criterio de orientar más presupuesto a las unidades territoriales en donde vivía la gente pobre.

En cada unidad territorial se aplicaban al mismo tiempo todas las ayudas del Gobierno. Por ejemplo, se apoyaba a las madres solteras con el propósito de que sus hijos no abandonaran la escuela. Estamos hablando de becas de 756 pesos mensuales, el equivalente a medio salario mínimo de entonces. Hay madres que viven solas y algunas veces, por falta de recursos económicos, no pueden mandar a sus hijos a la escuela. Otras veces, como tienen que trabajar, los dejan, contra su voluntad porque no tienen otra opción, encerrados en la casa. Entonces estos pequeños apoyos les ayudan. Pero también en esa unidad territorial se otorgaba el apoyo a los adultos mayores. Al mismo tiempo, se entregaban gratuitamente todos los útiles escolares; se llevaba a la práctica el programa de becas para todos los discapacitados pobres; se otorgaba un determinado número de créditos para la construcción, ampliación o mejoramiento de vivienda o créditos para el autoempleo. En fin, se aplicaba un programa integral para el bienestar.

Esto no se hacía en ninguna parte del país. Cuando mucho, la planeación en México llegaba al nivel de los municipios. Pero aquí estamos hablando de más abajo. Estos programas se realizaban con la participación de la gente. En cada unidad territorial se celebraban asambleas de vecinos; el Gobierno recogía las propuestas, daba a conocer las acciones, el presupuesto y las dependencias responsables. De modo que la gente daba seguimiento a todas las acciones y estaba pendiente del cumplimiento de las metas. Además, se informaba. Yo mandaba, al principio del año, cuando se elaboraban todos los programas integrados, una carta a cada ciudadano para informarle sobre lo que se había programado en su unidad territorial. Y al final se informaba sobre lo que se había logrado.

En el DF todos los adultos mayores tenían una pensión alimentaria. Un programa semejante nunca se había aplicado en ninguna parte del país y fuimos precursores a nivel mundial, con excepción de los países en donde se hace efectivo el Estado de bienestar. El programa consistía en que todos los adultos mayores tenían una tarjeta que les permitía ir a cualquier centro comercial y comprar hasta 756 pesos de entonces en alimentos. Podía darse el caso de que se tratara de un matrimonio de adultos mayores y así juntaban 1 512 pesos mensuales. Este programa está fundado en el humanismo, porque el adulto mayor muchas veces vive en la pobreza, se queda solo, en el abandono, pese a que la familia mexicana es muy solidaria y fraterna. Sin embargo, en muchos casos se les relega. Actualmente, por el desarrollo de la medicina se puede vivir más, pero no se trata solo de vivir más, se trata de vivir mejor, sobre todo en el último tramo de la vida. Hace veinte años el promedio de vida de un mexicano era de 70 años, ahora es de 75. Pero lo importante es que esos cinco años que se vive más en promedio, se viva lo mejor posible. La tarjeta no solo implicaba lo económico: es una reivindicación, porque con ella el adulto mayor se sentía tomado en cuenta. Tengo muchas anécdotas en este sentido; por ejemplo, de ancianos que contaban con el apoyo de sus hijos, y aun así la tarjeta les daba autonomía, satisfacción y aprecio. Además, es un derecho universal. ¿Qué significa esto? Que es para todos, independientemente de la situación económica, porque en realidad es una pequeña retribución, es devolverles un poquito de lo mucho que nos han dejado. Cumpliendo los 70 años, en el DF, se tenía el derecho a la pensión alimentaria; ahora en todo el país la pensión se entrega a partir de los 65 años y, como veremos más adelante, ya es mayor el monto y se ha convertido en un derecho constitucional.

No solo concebimos el programa y lo echamos a andar, sino que enviamos una iniciativa a la Asamblea Legislativa para elevarlo a rango de ley, de modo que estuviese quien estuviese en el Gobierno los recursos estaban garantizados. Su forma de operación era novedosa, porque no se aplicaba por medio de una secretaría, un fideicomiso o un aparato administrativo propio. Cuando se tiene una manera burocrática de hacer las cosas, sucede que, si se va a apoyar a mujeres, niños, discapacitados o, como en este caso, al adulto mayor, lo primero que se hace es crear una oficina o estructura administrativa; esa instancia requiere un director, subdirectores, asesores, y hacer viajes para saber lo que se está haciendo en Argentina, Brasil, Francia o España sobre el asunto. En consecuencia, se gasta todo el presupuesto en el aparato burocrático y al supuesto beneficiario no le llega nada. Aquí no se hizo eso, sino que se establecieron convenios con los centros comerciales, se expidieron tarjetas de pago para los beneficiarios y los centros comerciales pasaban la cuenta a la Secretaría de Finanzas del Gobierno de la ciudad. El programa funcionó bien; permitió otorgar apoyos directos para alrededor de 400 000 adultos mayores. Asimismo, se otorgaban 17 804 becas de 757.50 pesos mensuales en efectivo para madres solteras y 70 688 apoyos por el mismo monto para personas con alguna discapacidad.

En el tiempo que estuve al frente del Gobierno capitalino se construyeron alrededor de 140 000 viviendas. Nunca en la historia de la ciudad se habían construido tantas casas para la gente pobre. Todo el programa para frenar el empobrecimiento del pueblo significó una inversión de 1 000 millones de dólares anuales, una suma que no se ejercía con ese propósito en ningún estado del país ni en ninguna parte de América Latina, y en muy pocos países del mundo.

Hablo de inversión, no de gasto. Es inversión porque el objetivo principal de cualquier Gobierno debe ser procurar el bienestar del pueblo y contribuir a la felicidad de la gente. Además, donde hay justicia también hay tranquilidad, armonía, seguridad y paz social; en suma, hay una sociedad mejor.

Pero además del apoyo a adultos mayores, madres solteras, estudiantes y discapacitados y de la construcción de vivienda para gente humilde, también hubo avances significativos en la educación y la salud.

En tres años creamos 16 escuelas preparatorias en las zonas más pobres de la ciudad para cerca de 20 000 muchachos. Son escuelas de calidad, con buen nivel académico, con salarios justos para los maestros, con un método de enseñanza de primer orden, de asesoría de los maestros a los alumnos, de cercanía, de relación directa. Asimismo, se fundó la Universidad Autónoma de la Ciudad de México, un hecho de gran importancia si se considera que desde 1974, cuando se constituyó la Universidad Autónoma Metropolitana, no se había creado una nueva institución de educación pública de nivel superior en la Ciudad de México.

También en esto pintamos nuestra raya. Con la política neoliberal se había dejado de invertir de manera intencional en educación pública, sobre todo en la de nivel superior.

Durante el periodo neoliberal, como consecuencia del abandono de la educación superior por parte del Estado, la participación de escuelas privadas en la matrícula nacional de ese nivel creció de 16 a 40%. Es preciso dejar claro que no estamos en contra de la educación privada, sino de la descalificación y el abandono de la educación pública. El mercado puede atender a quienes tienen para pagar una universidad privada, pero el Estado está obligado a garantizar el derecho de todos a la educación. Si no hay presupuesto para las universidades públicas, como sucedió en todo el periodo neoliberal, se deja sin la posibilidad de estudio a la inmensa mayoría de los jóvenes del país, que no tienen recursos económicos para pagar las cuotas de las universidades privadas. En la Ciudad de México, según una investigación, de ese entonces, sobre las cuotas de 22 universidades privadas, el promedio de las colegiaturas era de 5 200 pesos mensuales, cantidad equivalente a 3.5 salarios mínimos de esos años. Pero solo 22% de la población económicamente activa (PEA) de la ciudad obtenía ingresos superiores a ese monto. Un gobierno democrático debe tener como tarea principal la creación de escuelas preparatorias y universidades públicas. La justificación es elemental: la educación es un derecho que no debe convertirse en privilegio.

El rector fundador de la Universidad Autónoma de la Ciudad de México, Manuel Pérez Rocha, es un pedagogo extraordinario, pero además es un hombre serio y con sensibilidad social. También me tocó enviar la iniciativa a la Asamblea Legislativa para darle autonomía a la universidad. Y aquí también hay algo relevante: el proyecto que mandé no solo incluía la autonomía, sino la obligación del Gobierno de entregar a la universidad una cantidad de dinero por alumno. No se trató de conceder la autonomía y dejar el presupuesto de la institución a la discrecionalidad del Gobierno. Por ley, este tenía que transferir recursos a la universidad de conformidad con el número de alumnos y mediante una fórmula bien definida en la ley. Este ordenamiento legal no limitaba a la universidad en lo económico y le daba verdadera independencia. Hace algunos años, antes de que llegáramos a la Presidencia, hubo un conflicto en la universidad y los estudiantes y académicos tomaron la sabia decisión de resolverlo nombrando como rector a un filósofo de altos vuelos, el doctor Enrique Dussel, quien la orientó más al cumplimiento de su lema: «Nada humano me es ajeno».

Además de la educación, se hizo énfasis en promover la salud de la población. Así, en la Ciudad de México se estableció que la atención médica y los medicamentos se entregaban de manera gratuita a toda la población, algo que no ocurría en otras partes. Estaba muy publicitado el Seguro Popular, una cosa que se inventó en el gobierno de Fox, que en realidad era pura demagogia, porque en los centros de salud y hospitales del Gobierno federal no había médicos ni medicinas y solo se entregaban recetas, y desde entonces yo decía que ni era seguro ni era popular. Lo que se creó en la ciudad consistió en un servicio médico universal y gratuito, sin pago de cuotas. Se tenía el derecho a ser atendido en una consulta de primer nivel en un centro de salud, hasta a una intervención quirúrgica. Para eso se ampliaron y rehabilitaron clínicas y hospitales. Por ejemplo, el hospital Rubén Leñero, que es toda una institución, estaba totalmente abandonado. Durante cuatro años se amplió y se convirtió en un hospital de primera. Además, construimos uno de especialidades en Iztapalapa.

Aquí abro un paréntesis para comentar que la infraestructura de salud y de educación, así como las viviendas, se hicieron donde vive la gente más necesitada. También puedo decir que desde 1982 no se construía un hospital público en la ciudad. Se creó este hospital de especialidades en Iztapalapa y se terminó otro, durante el gobierno sustituto de Alejandro Encinas, en una zona popular en la delegación Álvaro Obregón. Estamos hablando de 140 camas en cada hospital, y ambos fueron equipados con la mejor tecnología. Un programa que me gustó mucho fue el que hicimos para diagnosticar tempranamente a mujeres con cáncer de mama. Consistía en practicar mastografías en tráileres que operaban como centros móviles de diagnóstico y que iban a las colonias a prestar este importante servicio. En 2005 se cumplió la meta de 80 000 mastografías para detectar el cáncer de mama. Primero fue lo preventivo y luego, si se requería intervención, las mujeres eran atendidas en una clínica que se creó con ese propósito, en Ejido Viejo de Santa Úrsula Coapa, Coyoacán. En ello trabajamos en coordinación con la Fundación de Cáncer de Mama (Fucam), que es una asociación dirigida por el doctor Fernando Guiza y otros especialistas.

Me sentí muy satisfecho cuando echamos a andar este programa e inauguramos la clínica. Y así sucedió cada vez que inaugurábamos un hospital, una escuela o entregábamos viviendas en una colonia pobre. Ese es el trabajo que más me llenó de orgullo. En resumen, el objetivo era frenar el empobrecimiento y creo que no solo frenamos el empobrecimiento de la gente, sino que se mejoraron las condiciones de vida y hubo bienestar. Pero también añado que cumplimos el compromiso de no permitir el aumento, en términos reales, ni del precio de la leche Liconsa ni del boleto para el Metro. No había ningún otro lugar en donde se cobrara dos pesos por el transporte público, y eso fue una política basada en un compromiso de campaña. Dije: «El Metro no va a aumentar más allá del incremento al salario mínimo». Y lo cumplí. Además, se introdujo un nuevo sistema de transporte: el Metrobús.

Una vez fui a una reunión con el Consejo Coordinador Empresarial (CCE) cuando era presidente de ese organismo Claudio X. González padre, quien es muy reaccionario y que fue uno de los que participaron en el fraude electoral del 2 de julio de 2006. Ese día me plantearon que debía quitar el subsidio al boleto del Metro. Para ellos todo debe ser negocio: «¿Por qué el subsidio al Metro si el boleto te cuesta cuatro o cinco pesos? ¿Por qué lo das en dos? ¿Por qué subsidias?». Por eso con estas personas no nos entendemos; tenemos concepciones políticas distintas. Para ellos, lo que se destina a apoyar a los pobres es populismo, es paternalismo. ¡Ah!, pero cuando se trata de rescatarlos a ellos, como se hizo con el Fobaproa, cuando se trata de los rescates financieros, eso no es populismo o paternalismo, sino fomento o cambio estructural. ¡Al diablo con esa concepción! A mí no me genera ningún problema de conciencia el que se destinen recursos para apoyar a la gente humilde. Repito: esa es la función principal de un gobierno democrático. Por eso son las discrepancias. Estos personajes de las cúpulas empresariales, con algunas excepciones, son gente muy atrasada, y actúan con mucha hipocresía: se la pasan en la iglesia, pero desdeñan los principios cristianos; no tienen amor al prójimo, son totalmente egoístas, el dinero los tiene enfermos y es su verdadero dios. De manera sincera, creo que lo más trascendente del Gobierno que me tocó dirigir y, sin duda, lo que más me llena de orgullo, es haber llevado a la práctica una política de apoyo preferente a los más necesitados. Y no es discurso o retórica: durante ese gobierno se destinaron 64 000 millones de pesos a programas de desarrollo social. Se trató de la inversión más importante en bienestar en toda la historia de la capital.

•••

El otro objetivo fue, como ya lo expresé, recuperar el orgullo por la ciudad. Es por demás satisfactorio el haber roto la inercia y que la urbe saliera poco a poco del letargo en que se encontraba: se construyeron obras viales, como no se realizaban desde finales de los años setenta y principios de los ochenta; hacía mucho tiempo que no se invertía en obras públicas y todavía estaban ahí las ruinas dejadas por el temblor del 1985 en el Centro Histórico. Años hacía que no se ampliaba la superficie de rodamiento en la ciudad. Había crecido mucho el parque vehicular y no se contaba con nuevas vialidades. De ahí la importancia de los segundos pisos, que no solo eran necesarios sino también factibles, porque, entre otras cosas, no se afecta a nadie, se utiliza el derecho de vía y se construye hacia arriba. Nada más imaginemos lo que habría significado construir ejes viales, o hacer nuevas calles. Habría sido materialmente imposible porque se causan muchas afectaciones, lloverían los amparos y no se habría podido avanzar. En cambio, con los segundos pisos, fue posible enfrentar el problema del congestionamiento de tránsito sin tocar predios privados y ampliando la superficie de rodamiento en la ciudad.

Como ya lo comenté, la principal oposición a los segundos pisos la generaron quienes no querían que hiciéramos nada en la ciudad. Les pesaba mucho el que estuviésemos nosotros al frente del Gobierno. Sin embargo, si actualmente se hace una encuesta y se le pregunta a la gente por los segundos pisos, la mayoría está conforme. Añado que con el paso del tiempo nuestros adversarios nos copiaron y se inició la construcción de segundos pisos en el Estado de México, así como en Puebla, Pachuca, Aguascalientes y otras capitales, y también se continuaron en la Ciudad de México, solo que concesionados a empresas particulares y de paga. Recuerdo que hace como ocho años, el jefe de Gobierno de entonces en la Ciudad de México, me comentó y pidió mi opinión, porque la empresa que maneja casi toda la red de segundos pisos de la zona conurbada hacía el ofrecimiento de comprarle a la ciudad el tramo construido por nosotros en 6 000 millones de pesos para uniformar el pago en todo el sistema, con la justificación de que el dinero de la venta de los segundos pisos podría destinarse a financiar otras obras públicas. Obviamente, le expresé mi oposición a dicha propuesta.

Además de los segundos pisos, en el tiempo que fui jefe de Gobierno se construyeron muchas otras vialidades: se conectó Santa Fe con el sur de la ciudad mediante tres grandes puentes en las barrancas de la delegación Álvaro Obregón, puentes que llevan los nombres de tres poetas: Jaime Sabines, Octavio Paz y Carlos Pellicer. Trasladarse del sur de la ciudad a Santa Fe implicaba un larguísimo recorrido y ahora ya es más fácil la comunicación. Asimismo, se edificaron los distribuidores viales San Antonio y Heberto Castillo, el primero complementario al segundo piso del Periférico y el segundo, en el oriente de la ciudad, que interconecta la calzada Ignacio Zaragoza con las avenidas Francisco del Paso y Oceanía, y contribuye a agilizar el intenso tráfico en los alrededores del Aeropuerto Internacional Benito Juárez y la Terminal de Autobuses de Pasajeros de Oriente. En ambas obras se utilizó una tecnología constructiva desarrollada por ingenieros mexicanos. Durante mi mandato al frente del Distrito Federal se construyeron, en suma, 44 kilómetros de segundos pisos, túneles, distribuidores viales y pasos a desnivel.

De manera tramposa, nuestros adversarios preguntaban por qué se invertía en los segundos pisos y no en el Metro. Lo cierto es que se hicieron las dos cosas. De hecho, durante mi gobierno, se invirtió más en el Metro que en los segundos pisos: se compraron 45 trenes nuevos con 400 vagones, lo que representó una inversión de alrededor de 500 millones de dólares. El problema en el Metro tenía que ver con la falta de trenes y era por esta razón que la llegada de los vagones a las estaciones era menos frecuente; no se habían comprado trenes en 15 años.

También se trabajó mucho en lo relacionado con el agua potable. No es poca cosa abastecer de agua al DF. Esta ciudad consume 32 000 litros por segundo. Es cuestión de imaginar lo que pasaría si falla el abasto de agua y sobreviene una escasez generalizada, sobre todo en épocas de sequía. Teníamos que prever todo eso porque cada año, a partir de febrero, empieza el problema y hay que abastecer de agua, sobre todo zonas como Iztapalapa, y muchas veces se les tiene que distribuir con pipas. ¿Qué se hizo para garantizar el abasto? Se llevó a cabo un programa para detectar fugas y se sustituyeron 714 kilómetros de líneas de distribución con tubería nueva y de buena calidad. En la ciudad, las fugas de agua llegaban a constituir hasta 30% del abasto total. Hablamos de instalaciones de mucho tiempo atrás y de redes de distribución mal hechas que eran producto de la corrupción, de cuando se hacían los contratos para beneficiar a personas o empresas, no a los usuarios. El programa referido significó ahorro de agua. Nos involucramos mucho en eso porque, entre otras razones, no es fácil conseguir otras fuentes de abastecimiento para la ciudad. Los 884 pozos del Valle de México (450 de la Ciudad de México, 395 del sistema Lerma y 39 del sistema Chiconautla) están sobrexplotados y, además, cada vez hay más dificultades para obtener el agua del Lerma y del Cutzamala. El proyecto Temascaltepec, Estado de México, está prácticamente cancelado porque los habitantes de esa zona se oponen a él de manera rotunda y con razón.

Además de impulsar el desarrollo regional del país, como solución de fondo para evitar el crecimiento poblacional del área metropolitana, y de orientar más las acciones del Gobierno hacia la racionalidad en el uso del agua y la recarga de los acuíferos, un proyecto viable que no pudimos implementar por falta de tiempo fue el de aprovechar, mediante un acuerdo con el Gobierno de Hidalgo, el acuífero del Valle del Mezquital, que se ha formado a través del tiempo con el drenaje de aguas residuales del DF y cuya capacidad, previo tratamiento, se estima equivalente a 5 500 litros por segundo. Lo anterior, desde luego, tendría que acompañarse de inversiones productivas, infraestructura, vivienda y desarrollo social para orientar el crecimiento poblacional hacia Hidalgo, al norte de la zona conurbada, que no está tan poblada como el oriente del Valle de México, donde se padece más por falta de agua y de otros servicios públicos. Aquí es importante subrayar el gran aporte que tendrá en este sentido el haber construido el aeropuerto en Santa Lucía, en el norte, en los límites con el estado de Hidalgo, y no en Texcoco. Hacia el futuro, la única posibilidad de crecimiento sustentable para la gran Ciudad de México será hacia esa zona donde hay terrenos y, sobre todo, agua.

Gobernar la ciudad es velar. No solo se trata de evitar una crisis por falta de agua. También hay que prevenir inundaciones. Yo antes dormía tranquilo, a pierna suelta. De niño vivía en una casa con techo de teja y lámina de zinc, y en el trópico la lluvia cae tan fuerte que hasta arrulla. Sin embargo, como jefe de Gobierno, cada vez que llovía con cierta intensidad, no podía dormir por la preocupación. Es difícil conciliar el sueño cuando sabes que se puede inundar la ciudad. Padeces por falta de agua y padeces por exceso de agua. Aquí se usa mucho el eufemismo de *encharcamiento*, pero a veces esos encharcamientos son en realidad inundaciones.

Se tenía un sistema de drenaje con una capacidad de desalojo de 165 metros cúbicos por segundo (Túnel Emisor Poniente, 30 metros cúbicos por segundo; Túnel Emisor Central, 120 metros cúbicos por segundo y Gran Canal de Desagüe, 15 metros cúbicos por segundo). Restituimos la capacidad en 60 metros cúbicos por segundo; es decir, 30%. El Gran Canal se realizó en la época de Porfirio Díaz para sacar el agua hacia el estado de Hidalgo. Con el paso del tiempo, como la ciudad se ha ido hundiendo, el canal perdió su pendiente original y estaba prácticamente azolvado, al grado que se corría el riesgo de que, con lluvias fuertes, en vez de que saliera el agua, entrara y se inundara una parte considerable de la ciudad. Por eso se tuvo que construir dos plantas de bombeo. Además, se construyó una planta de 24 metros cúbicos por segundo en el río Hondo, municipio de Naucalpan de Juárez, Estado de México.

También se crearon tres estaciones de bomberos, lo que no se hacía desde 1990. Por primera vez en 26 años, se construyeron dos reclusorios, con una capacidad entre ambos para 4 000 internos e internas. A lo largo de cuatro años y ocho meses se garantizó la prestación normal de los servicios públicos. No se registraron problemas mayores en cuanto al suministro de agua, drenaje, transporte, repavimentación, alumbrado público, protección civil y recolección de basura. En este periodo hubo menos contaminación y solo durante dos días padecimos contingencia ambiental.

•••

Todos los días combatimos el flagelo de la delincuencia. A ello dedicamos la mayor parte de nuestro tiempo y lo hicimos con responsabilidad, profesionalismo, en forma organizada y de manera conjunta. A diario, durante 56 meses y desde muy temprano, me reuní con el secretario de Gobierno, el procurador, el secretario de Seguridad Pública y la consejera jurídica para revisar la incidencia delictiva de las últimas 24 horas, tomar decisiones oportunas para contrarrestarla y dar seguimiento a este problema que tanto preocupa a la sociedad.

Por convicción, desde el inicio decidimos actuar al mismo tiempo sobre las causas y los efectos de la delincuencia. Lo primero fue mejorar las condiciones de vida, crear empleos y expectativas de superación. En este terreno se avanzó considerablemente y fue en buena medida por eso que no se desbordó la incidencia delictiva. Los resultados concretos en materia de seguridad pública son los siguientes: en el periodo 1995-1997 se denunciaron en promedio 654 delitos diarios; de 1998 a 2000, 586; y durante nuestro gobierno el promedio fue de 464; es decir, una disminución de 29 y 21%, respectivamente.

Esta disminución se observó también en los delitos de homicidio y robo de vehículo, en los cuales no hay *cifra negra* porque las denuncias corresponden a lo que realmente sucede. Por ejemplo, en el periodo 1995-1997 se registraron en promedio tres homicidios dolosos cada día; de 1998 a 2000 la cifra bajó a 2.3; y de 2001 a 2005, se redujo a dos homicidios diarios; o sea, 33 y 14% menos, respectivamente. En cuanto a robo de vehículos, comparando los mismos periodos, pasó de 156 por día a 125, y en nuestra administración el promedio diario fue de 93; es decir, 40 y 25% menos. En suma: cuando entregué el Gobierno, en delitos denunciados y en homicidios y robo de vehículos se tenían registrados los promedios más bajos en los últimos diez años.

Estos datos coinciden con los presentados por la Cámara de Comercio de la Ciudad de México y por la Asociación Mexicana de Instituciones de Seguros, únicas organizaciones no gubernamentales que, de manera sistemática y desde hace muchos años, llevan el registro de los índices delictivos en la Ciudad de México. Por ejemplo, en la evaluación trimestral que desde 1993 efectúa la Cámara de Comercio, se registra que de 1995 a 1997 el índice de robo a negocios fue de 28.4; de 1998 a 2000, de 18.1; y durante mi administración fue de ocho. Incluso, en el primer trimestre de 2005, fue de seis, reconociendo la propia Cámara que se trataba del índice más bajo en diez años.

Por su parte, la Asociación Mexicana de Instituciones de Seguros sostuvo en sus evaluaciones que, de 1995 a 1997, en el DF el robo de vehículos asegurados fue de 61.2 en promedio diario; de 1998 a 2000, de 64.2; y de 2001 a 2005, de 53.5. Es decir, hubo una disminución de 16.6% en el robo de vehículos asegurados, en comparación con la administración pasada. De acuerdo con la misma fuente, en el primer cuatrimestre de 2005, el promedio diario de robo de vehículos asegurados fue de 42.7, el más bajo de los últimos diez años.

Según cifras de la Secretaría de Seguridad Pública del Gobierno Federal, en 2005, la Ciudad de México ocupaba el octavo lugar en incidencia delictiva entre todas las entidades del país y, respecto a homicidios dolosos, el Distrito Federal se situaba en el lugar 18 entre las 32 entidades federativas del país. En el anexo estadístico del Cuarto Informe de Gobierno de la presidencia foxista se da a conocer que en el periodo 2001-2004 hubo en la ciudad una disminución de la incidencia delictiva de 21%, en relación con el periodo anterior, mientras que en el país, en el mismo tiempo, se registró un incremento de 2.66 por ciento.

Aunque nuestros adversarios usaron como propaganda el que no pudimos enfrentar el problema de la inseguridad pública y que fue una especie de asignatura pendiente, lo cierto es que también en esta materia obtuvimos buenos resultados; esencialmente, porque se atendió la demanda social, hubo perseverancia, profesionalismo, se trabajó en equipo y no se toleró la corrupción ni la impunidad. Desde mi punto de vista, combatir la inseguridad y la delincuencia depende, para decirlo de manera muy general y esquemática, en 70% del bienestar de la gente; en 20%, no permitir la corrupción; y 10% restante corresponde a la perseverancia y el profesionalismo de las autoridades competentes.

•••

Un programa muy importante fue el de la rehabilitación del Centro Histórico, incluyendo el Paseo de la Reforma, desde la Fuente de Petróleos hasta el Zócalo. En este programa se trabajó de manera conjunta con la sociedad civil y también con el Gobierno federal. Es una de las pocas cosas en las que hubo coincidencia con Fox. Yo le formulé el planteamiento. Y tal vez aceptó porque lo hice al principio del gobierno, cuando no se habían manifestado tantas discrepancias. La federación invirtió muy poco, la verdad, pero cuando menos no estorbó y se pudo llevar a cabo el programa. Se rehabilitó el Paseo de la Reforma —desde los Juegos Olímpicos de 1968 no había sido tocado— y se reconstruyó la zona de la Alameda que había quedado destruida con los sismos de 1985. Se construyó la Plaza Juárez, que comprende el edificio de Relaciones Exteriores, un edificio para el Tribunal Superior de Justicia del Distrito Federal, la edificación del Museo de la Tolerancia, realizado por la comunidad judía y la reconstrucción del templo de Corpus Christi. Es una plaza muy hermosa. También se rehabilitaron las calles, se introdujo drenaje, nuevas instalaciones de agua, luz y teléfono, y se mejoraron las fachadas de los bellos edificios del Centro Histórico. Se remodelaron el Museo y el Teatro de la Ciudad. Se llegó al acuerdo con la Fundación Centro Histórico, dirigida por Carlos Slim, para que se creara el museo Carlos Monsiváis aunque se llama Museo del Estanquillo, porque él no aceptó que llevara su nombre. El Gobierno tenía un edificio porfiriano, La Esmeralda, en la esquina de Madero e Isabel la Católica, el cual se destinó a albergar la colección donada por Monsiváis de pintura, escultura, caricatura, fotografía, libros, revistas y otras piezas en su poder y que solo él pudo haber reunido por su talento, minuciosidad y buen gusto. Hay en la colección obras extraordinarias de arte popular mexicano. En el templo de Corpus Christi se creó el Archivo Histórico de Notarías, donde se exhiben actas y documentos antiguos de la ciudad. En la Plaza Juárez se colocó el mural *El Movimiento*, de David Alfaro Siqueiros, y la fuente principal, una pieza bellísima, es un diseño de Vicente Rojo. Todo el diseño arquitectónico estuvo a cargo del arquitecto Ricardo Legorreta Vilchis. El programa de recuperación del Centro Histórico fue amplio, integral y, desde luego, trascendente. Se dieron facilidades para la construcción de edificios modernos en el Paseo de la Reforma y por cada peso destinado por el Gobierno la iniciativa privada invirtió 25. Nosotros nos hicimos cargo de los espacios públicos y ellos de la construcción de hoteles, edificios para oficinas y la rehabilitación de inmuebles.

Durante mi gobierno, el DF fue la entidad que recibió más inversión privada y extranjera. Cuando terminé mi gestión, ocupaba el primer lugar nacional en creación de empleos. Mantuvimos buenas relaciones con la iniciativa privada: ningún empresario encontró obstáculos para invertir en la ciudad. No tuvieron cabida los traficantes de influencias ni los que están acostumbrados a medrar al amparo del poder público. Con absoluta seguridad puedo afirmar que el crecimiento de la deuda pública fue el más bajo en los últimos 25 años, aunque por politiquería, ignorancia o mala fe, algunos detractores sostengan lo contrario.

El 29 de julio de 2005, unos días antes de dejar el Gobierno para participar como candidato a la Presidencia de la República, pronuncié mi último informe como jefe de Gobierno de la Ciudad. Aquí destaco que, desde que tomé posesión, cada tres meses, rendí cuentas a los ciudadanos. En mi mensaje de despedida expresé:

> La ciudad tuvo la suerte, en esta etapa, de no padecer ninguna catástrofe natural. No hubo desgracias por temblores de tierra; tampoco desgajamiento de cerros, desbordamiento de ríos o inundaciones que pusieran en peligro la vida de la gente.
>
> Por fortuna no hubo accidentes lamentables en el Metro ni motines en los reclusorios; las movilizaciones públicas fueron por lo general pacíficas y, por ejercer el derecho de manifestación, nadie perdió la vida a consecuencia de la represión policiaca.
>
> Cada fin de semana se congregaron, en promedio, 200 000 personas para participar en diferentes eventos deportivos, religiosos, artísticos y culturales, y, en términos generales, siempre hubo saldo blanco.
>
> Desde luego no todo fue miel sobre hojuelas. Gobernar la Ciudad de México, como toda actividad política, implica riesgos. Hay que estar atentos, actuar de manera precavida y, sobre todo, trabajar todos los días sin bajar la guardia. La ciudad exige entrega total: gobernar es velar.

En mi experiencia personal, quizá lo más difícil fue procurar hacer un buen gobierno y acreditar, al mismo tiempo, otra forma de hacer política: más humana, honesta y esperanzadora. Esto fue lo que no les pareció a mis adversarios. Se acepta que puedan existir gobiernos emanados de diferentes partidos, pero no se tolera que se intente desplazar a la política tradicional: esa donde todos los intereses cuentan, menos el interés del pueblo. Por esta causa, me vi sometido a fuertes presiones, a campañas de desprestigio y a un intento de destitución, instrumentado de la manera más burda y antidemocrática. Esa confabulación logró aglutinar a varios de los personajes más encumbrados de la política nacional, sin importar sus aparentes militancias partidistas porque, en el fondo, lo que se pretende es cerrar el paso a un proyecto alternativo de nación y perpetuar la corrupción y los privilegios de siempre.

Por eso, estoy más que agradecido con la gente, porque fue este pueblo bueno, informado, consciente, avispado y generoso el que me ha sacado a flote en los momentos más difíciles de acecho y adversidad. Muchas, muchas, muchas gracias a mis paisanos de esta gran ciudad.

Ahora más que nunca me atengo a la voluntad popular y, al mismo tiempo, reafirmo mi compromiso de no traicionar la confianza de la gente. Como ustedes saben, a partir de hoy dejo la Jefatura de Gobierno porque voy a luchar, junto con muchos mexicanos, mujeres y hombres, por una verdadera transformación de México.

Mi reconocimiento al equipo de trabajo que me acompañó en la tarea de gobernar la ciudad: les agradezco, en particular, haber sabido estar a la altura de las circunstancias. Al nuevo jefe de Gobierno le deseo, como dicen los indígenas del Valle de México: «¡Buen camino!». Y a todas y a todos, de corazón, mucha felicidad.

Capítulo 4

LA GUERRA SUCIA Y EL DESAFUERO

Durante mi gobierno en el Distrito Federal, hubo un tiempo en que los medios de comunicación no fueron tan severos conmigo, pero nunca me dejaron pasar un error. Me equivoqué, por mencionar un hecho importante, en la forma como expliqué mi posición frente a la marcha contra la inseguridad pública, del 27 de junio de 2004. La había organizado México Unido contra la Delincuencia (MUCD), una organización claramente ligada a la derecha y en contra mía. Más aun, posteriormente se dio a conocer que entre 2005 y 2008 la extinta Secretaría de Seguridad Pública financió a ese membrete con 4 256 000 pesos en «donativos». La mayor parte de esa suma (2 780 000 pesos) fueron entregados a María Elena Morera, quien dirigía el MUCD, entre enero y noviembre de 2008, es decir, cuando Genaro García Luna fungía como titular de la dependencia.[13]

En esa ocasión, manipularon y utilizaron a los medios de comunicación, los cuales le dieron una difusión inusual. Participaron los medios afines al proyecto del PAN. Pero yo no actué bien, no debí enojarme y, con mi actitud, les di motivos para atacarme y mostrarme como intolerante. Fueron semanas y semanas en las que estuvieron dale y dale con eso.

Siempre padecí ese cuestionamiento mediático. A mediados de agosto de 2005, Televisa auspició una campaña contra la inseguridad, en la cual aparecían personas que, lamentablemente, habían sufrido secuestros. Por cierto, varios de esos delitos ni siquiera habían sido perpetrados en el Distrito Federal. Sin embargo, de manera subliminal, nos cargaban la culpa a nosotros. Incluso había un mensaje dramático de un señor al que le habían cortado los dedos y que pedía justicia, algo perfectamente legítimo, salvo que se traficaba con el dolor humano con propósitos políticos. Me enteré de que esa campaña había sido financiada por Claudio X. González, un exasesor de Salinas y adversario nuestro. Vale la pena añadir que, cuando dejé el Gobierno y me sustituyó Alejandro Encinas, se retiró toda esa propaganda y dejaron de tocar en televisión el tema de la inseguridad, como si, de repente, hubiera desaparecido el problema.

En otra ocasión, durante el desafuero, cuando estaban a punto de destituirme, Televisa manipuló el tema de la salud del papa en forma por demás reiterativa sin tocar el asunto del desafuero, una manipulación obvia. Me enojé y pregunté por qué le daban tanto revuelo a los partes médicos del papa, lo cual fue un error de mi parte. Se me vinieron encima, diciendo que me sentía más importante que el papa y cosas de ese tipo. Entonces tuve que ofrecer disculpas y, en una de las manifestaciones en contra del desafuero, llamé a un minuto de silencio por la muerte de Su Santidad Juan Pablo II.

Hay que cuidar lo que se dice, pero en ocasiones uno se calienta ante la evidente manipulación. La gran mayoría de la prensa y de los medios de nuestro tiempo no informan, manipulan. Después del 2 de julio de 2006, no decían ni pío sobre el fraude electoral; en cambio, tomaron la noticia de los pescadores náufragos de San Blas, Nayarit, en el Pacífico, y ese fue su tema día y noche. Ciertamente, es lamentable que les haya pasado eso a los náufragos, pero ¿y lo otro? Sin embargo, ya no hablé. No dije: «Televisa está manipulando y dando todo el tiempo a lo de los pescadores, creando esa cortina de humo para ocultar lo del fraude». No lo dije porque ya tenía una mala experiencia. Un líder opositor a los potentados tiene que aprender a atemperar sus pasiones para no cometer errores, a equilibrar pasión y razón. Aunque se tenga el corazón caliente, hay que actuar con la cabeza fría. Como dirigente social, pero sobre todo como dirigente político de izquierda, hay que aprender a autolimitarse. Es parte de la responsabilidad que se tiene como dirigente de un movimiento ciudadano. Si se tratara de una situación personal, no se tendría la obligación de autolimitarse. Eso me ha costado trabajo porque hay veces que la pasión desborda y son errores que aprovechan los adversarios.

Cuando fui jefe de Gobierno del Distrito Federal tenía una conferencia a las 6:30 de la mañana todos los días, y cuando cometía un error, porque caía en una provocación o contestaba mal, terminaba la conferencia y salía con la esperanza ingenua de que iba a pasar inadvertido. ¡Qué va!: no dejaban pasar nada, ni el más mínimo error. Una vez dije: «¡Al diablo con esas encuestas!». En Televisa le quitaron, precisamente, lo de «esas» y lo leyeron como «¡Al diablo con las encuestas!». Y, en el caso de «¡Al diablo con sus instituciones!», lo leyeron como «¡Al diablo con las instituciones!». Tengo que ser muy cuidadoso porque no me ven con lupa, sino con microscopio, y eso es parte del quehacer de un dirigente de izquierda. Hay que procurar no equivocarse. De ahí que lo mejor sea no hablar mucho. Uno es dueño de su silencio y rehén de lo que dice. Aunque cuando se tiene una actividad política intensa es difícil no equivocarse. Una cosa es que vayas a un acto una vez por semana, que escribas un discurso, que lo cuides y lo calibres bien. Y otra es que, como dirigente político, que tienes que hablar todo el tiempo e improvisar, no te enojes y no te equivoques. Sin embargo, va uno acumulando práctica. La conferencia diaria me sirvió para foguearme, tenía que ingeniármelas porque andaban a la caza del error; mandaban a los periodistas vinculados a la derecha para provocarme. Los jefes de información de los periódicos, la radio y la televisión mandaban a hacer preguntas complicadas, para ver si me equivocaba, si trastabillaba, para ver si me agarraban. Aprendí a contestar con mucho cuidado. Por eso hablo despacio, no hablo de corrido porque no quiero equivocarme más de la cuenta y dar motivo al cuestionamiento.

Una vez publicaron que yo usaba un reloj Tiffany, una marca famosa y apantalladora. Aclaro que no sé de marcas y no es un asunto que me interese. El reloj costaba 5 000 pesos y me lo regalaron el finado César Buenrostro y su esposa en una Navidad. De repente convirtieron en una gran noticia lo del reloj e hicieron un escándalo. Cuando *La Crónica*, que era un periódico vinculado a Salinas, llegó a decir que costaba 80 000 pesos, aclaré lo que realmente valía. Entonces Calderón exclamó, con oportunismo, que me compraba el reloj, y me envió un cheque para hacerse publicidad. Siempre ha sido un personaje menor, facho, malo de malolandia.

Otro día llegué a la conferencia de la mañana estrenando un traje de lino que me regalaron, el cual tampoco era cosa del otro mundo. Tenía la costumbre de que, antes de enfrentar a los medios, pasaba a un lugarcito donde estaban los periódicos para ver qué traían y luego me disponía a contestar preguntas de los periodistas. Antes de entrar a este sitio, al pasar frente a los reporteros, uno exclamó: «¡Trajecito nuevo!», e imaginé: «La van a agarrar por ahí». Parece una cosa insignificante, pero no, tenía que cuidar hasta lo trivial. Ya viendo los periódicos, pensé qué decir, de qué hablar para que el tema no fuera el trajecito de lino. Unos días antes, Jacobo Zabludovsky me había preguntado si iba a vivir en Palacio Nacional si ganaba la Presidencia, y opté por eso. Cuando los enfrenté, dije muy formal: «Les quiero dar una noticia. Me preguntó hace unos días en una entrevista el licenciado Jacobo Zabludovsky si iba a vivir, de ganar la Presidencia, en Palacio Nacional. Les quiero informar que, en ese caso, voy a vivir en Palacio Nacional, como lo hizo el presidente Juárez». Claro que había quedado en darle una respuesta al licenciado Zabludovsky sobre ese tema, pero aproveché el momento para ganarles la nota de modo que la pregunta sobre el traje ya no fuera lo principal. Así les gané algunas, aunque otras, no. Pero había que estar *a las vivas*, como hasta estos últimos tiempos.

Con todo, debo decir que, durante el tiempo en el que fui jefe de Gobierno, hubo una mayor apertura en los medios de comunicación. Ya conté cómo manipularon lo de la marcha a favor de la seguridad, cómo utilizaron a los medios cuando ocurrió lo de los videos, cómo se hicieron de la vista gorda durante el desafuero y cómo la tomaron en mi contra porque hice una referencia al papa. Era, pues, una tendencia; siempre los traía encima, aunque hasta entonces no estaban tan descarados. Sin embargo, a partir del 2 de julio de 2006, perdieron todo recato cuando el régimen apostó a validar el fraude y a imponerse con el apoyo de los medios; particularmente, de la televisión. A partir del 2 de julio, se envilecieron, se enlodaron por completo, se entregaron por entero a la mentira y la manipulación.

Aquí recuerdo lo que decía el gran poeta Díaz Mirón: «Hay plumajes que cruzan el pantano y no se manchan… ¡Mi plumaje es de esos!».[14] Sin embargo, lo superó quien al principio lo admiró mucho: el inmortal Rubén Darío, quien escribió:

> Puede una gota de lodo
> sobre un diamante caer;
> puede también de este modo
> su fulgor oscurecer;
> pero aunque el diamante todo
> se encuentre de fango lleno,
> el valor que lo hace bueno
> no perderá ni un instante,
> y ha de ser siempre diamante
> por más que lo manche el cieno.[15]

En cosa de pocos años, Televisa experimentó dos grandes virajes. Hasta finales del gobierno de Salinas, había actuado con total subordinación al régimen. Luego, tras la llegada de Emilio Azcárraga hijo a la dirección de la empresa, pasó por una especie de apertura; si hasta entonces había una cerrazón total, en ese momento se abrieron más los espacios. De hecho, a partir de 1997, empezó una indudable apertura en la televisión en general. Hubo más pluralidad en los programas de comentarios y noticias. Se transmitían mensajes de los partidos de oposición, y se daba seguimiento a lo que declaraban los dirigentes. En mi caso, como jefe de Gobierno, aparecía constantemente y lo que yo decía era noticia. Pero todo eso se terminó cuando Fox y Calderón impulsaron la aprobación de la llamada «Ley Televisa», a finales de marzo del 2006. El retroceso fue notable, y seguramente la empresa se cerró porque creyó que sus intereses estaban en riesgo. Pero se equivocaron, porque apuntalar al régimen de corrupción y privilegios no es garantía de estabilidad política. Es un error pensar que se logra la gobernabilidad con manipulación y autoritarismo. Últimamente, al parecer, están entendiendo que los negocios lícitos no florecen sin justicia y democracia. El cambio es imprescindible. No puede haber progreso, tranquilidad, seguridad pública, ni paz social en un océano de desigualdad, pobreza e imposiciones.

∙∙∙

Siempre consideré a Vicente Fox como una persona sin principios y sin un proyecto de cambio. Engañó a la mayoría de los mexicanos. No fue mi caso, porque conocía un poco sus antecedentes. Lo había visto en dos ocasiones antes de que lo eligieran presidente. La primera vez nos encontramos en Acapulco, en una reunión a la que nos convocó Zeferino Torreblanca, quien, en ese entonces, 1991, era presidente de la Coparmex en el sur del país. Participamos juntos en una conferencia. Cuando a Fox le tocó exponer, lo sentí acartonado, falso. Se apoyaba en su presencia física, con ademanes fingidos, y repetía frases aprendidas de memoria. Todo un simulador.

Luego, un año después, comí con él en un restaurante. La tercera vez que nos encontramos fue cuando él ya era presidente electo. En ese entonces había euforia a su favor porque supuestamente representaba el cambio. Es más, yo gané con muy poco margen, tres puntos porcentuales de ventaja, porque Fox creó una gran ola de simpatía que benefició a Santiago Creel, quien estuvo a punto de vencerme electoralmente. Me salvó la gente del Distrito Federal que, como he venido diciendo, es algo especial. En particular, me sacaron a flote los habitantes de Iztapalapa. Ganó Fox la Presidencia, pero muchos de los que votaron por él también lo hicieron por mí. En ese tiempo, había la esperanza de que Fox iba a cambiar las cosas. Yo nunca le creí, pero debo reconocer que me quedé corto: simplemente lo sentí desde el principio vacío, desconocedor de la historia, reaccionario, muy ignorante, pero nunca pensé que fuera tan perverso. Hace meses, el 27 de octubre de 2023, escribió en su cuenta de Twitter, ahora X:

NO ME QUEDA MAS QUE DECIRLES CHINGUEN A SU MADRE A TODOS LOS QUE NOS GOBIERNAN. MILITARES O NO!! RESUELVAN ACAPULCO Y LA INMENSA DESGRACIA EN QUE ESTA NUESTRO PAIS. *[Sic]*.

La llegada de Fox a la Presidencia es producto de una circunstancia especial: la sociedad estaba harta del PRI, quería algo nuevo. En la izquierda nos desdibujamos y no presentamos una propuesta clara y definida. No supimos acreditar el proyecto alternativo de nación y la lucha político-electoral se polarizó entre el PRI y el PAN. Nuestra opción quedó relegada y mucha gente que había votado por nosotros en 1997 lo hizo por Fox en 2000, porque la consigna de sacar al PRI de Los Pinos resultó muy atractiva. Al final, todo fue *gatopardismo:* las cosas cambiaron para seguir igual. La llegada del panista solo sirvió para recomponer el viejo régimen y con ello tuvimos que padecerlo casi veinte años más. Por eso considero a Fox como un traidor a la democracia; por eso y por muchas otras cosas que ya expondré.

Nos vimos el 13 de septiembre del año 2000. Me invitó a comer en una casa en las Lomas que le había prestado Roberto Hernández, quien había sido su compañero de escuela; le ayudó en la campaña y era en ese entonces dueño de Banamex. También por ese tiempo, Fox había ido a vacacionar a una casa propiedad del banquero en Punta Pájaros, en la zona de reserva natural Sian Ka'an, en el Caribe mexicano.

En ese primer encuentro como presidente electo, me planteó que empujáramos juntos la llamada Reforma Fiscal. Con su estilo, me dijo que había que hacer más grande el pastel, porque todo el presupuesto estaba comprometido, que había que cobrar el IVA en medicamentos y en alimentos, y me pidió que lo ayudara. Desde el principio le dije que no, que la Reforma Fiscal significaba cobrar más impuestos a los pobres y a las clases medias, y seguir manteniendo privilegios fiscales para los potentados. Le puse como ejemplo a quienes se dedicaban a la especulación financiera, que obtienen jugosas ganancias y no pagan impuestos. Incluso le hablé del caso de Roberto Hernández, sin saber que era de él la casa en donde estábamos.

Recuerdo que los defendió y me reviró diciendo «Sí pagan impuestos», cosa que no era cierta. Quiso convencerme manifestando que iban a cobrar más impuestos a los pobres, pero que después se los iban a regresar «hasta copeteados». Luego utilizó esa expresión públicamente.

El caso es que en ese primer encuentro no hubo ningún acuerdo. Pero es importante subrayar que, desde antes de tomar posesión de la Presidencia, Fox ya traía en la cabeza lo de las llamadas reformas estructurales, o sea, la privatización de la industria eléctrica, del petróleo, la reforma fiscal, la laboral; todo esto que los tecnócratas venían planteando por indicaciones del Fondo Monetario Internacional y del Banco Mundial.

• • •

Aquí abro un paréntesis para comentar que desde tiempo atrás no teníamos realmente un plan de desarrollo propio, elaborado a partir de nuestras necesidades como nación libre e independiente. Y es que durante el periodo neoliberal no decidíamos el destino de nuestro país. Desde finales de los años ochenta los organismos financieros internacionales nos imponían sus recetas en materia económica. Primero fueron las famosas *cartas de intención* con el Fondo Monetario Internacional y, posteriormente, tecnócratas mexicanos, ya amaestrados, no hacían más que seguir la pauta dictada desde el extranjero.

En otros países, el proceso de globalidad obedeció a un diseño propio, a partir de sus realidades, con gradualismo y aprovechando los márgenes de negociación para proteger sus intereses estratégicos. En México, por el contrario, los tecnócratas se adhirieron a la globalidad sin ninguna reserva o condición. Actuaban como fundamentalistas, no solo acatando las recomendaciones de los organismos financieros internacionales, sino yendo más allá de lo que les pedían, y las convertían en ideología. Parecía como si se hubiera cumplido al pie de la letra la profecía de Robert Lansing, secretario de Estado del presidente Woodrow Wilson, que en 1924 recomendó:

> México es un país extraordinariamente fácil de dominar porque basta con controlar a un solo hombre: el presidente. Tenemos que abandonar la idea de poner en la Presidencia mexicana a un ciudadano americano, ya que esto nos llevaría otra vez a la guerra. La solución necesita de más tiempo: debemos abrirles a los jóvenes mexicanos ambiciosos las puertas de nuestras universidades y hacer el esfuerzo de educarlos en el modo de vida americano, en nuestros valores y en el respeto al liderazgo de los Estados Unidos. México necesitará de administradores competentes. Con el tiempo, esos jóvenes llegarán a ocupar cargos importantes y eventualmente se adueñarán de la Presidencia. Sin necesidad de que Estados Unidos gaste un centavo o dispare un tiro, harán lo que queremos. Y lo harán mejor y más radicalmente que nosotros.[16]

De modo que era indispensable que los mexicanos definiéramos con libertad un plan de desarrollo acorde con nuestra realidad y decidiéramos qué era lo conveniente para el país y su población sin permitir que nos impusieran ningún programa. Está demostrado que a los pocos países o gobiernos que resistieron, aquellos que no se adhirieron fácilmente a esas políticas de los organismos financieros internacionales les fue mejor. Ahora está de moda China, que es como la fábrica del mundo. Y obviamente en China no le hacen caso al Fondo Monetario Internacional. No aceptaron sus recomendaciones y no les fue mal durante el neoliberalismo. Es decir, en la medida en que hay resistencias o se aplican políticas menos ortodoxas, hay más posibilidad de crecimiento económico, de empleo, de bienestar para los pueblos.

Desde antes de tomar posesión de la Presidencia, Fox se subordinó a esas recomendaciones de política económica. Nunca se interesó por hacer ningún cambio en esta materia. Además, no tenía idea de nada, ni en ese ni en otros temas: andaba como en el limbo. Los que dominaban eran los mismos que venían desde la época de Salinas: Francisco Gil, que había sido subsecretario durante el gobierno de Salinas, fue el secretario de Hacienda durante todo el sexenio de Fox y era tanta su influencia que actuó como vicepresidente de México. Yo le llamaba «su alteza serenísima». Quien lo sustituyó y ocupó ese cargo en el gobierno usurpador fue Agustín Carstens, su alumno; o sea, que no hubo durante los gobiernos del PAN ningún cambio en política económica.

• • •

Después de esa entrevista con Fox, llegué a la conclusión de que había que demostrar que era posible aplicar un proyecto alternativo, un modelo distinto, y que lo podíamos lograr desde el Gobierno del Distrito Federal. Con satisfacción, puedo asegurar que este propósito se alcanzó. Desde el principio, con mucha claridad, nos diferenciamos del Gobierno federal, y en todo se hizo evidente el contraste. Por ejemplo, el gobierno de Fox hizo crecer de manera desproporcionada el aparato burocrático, aumentó los sueldos de los altos funcionarios públicos y proliferaron los viajes al extranjero, la ostentación y el derroche. En cambio, nosotros aplicamos una política de austeridad republicana y bajamos los sueldos. Yo ganaba lo que tenía de ingresos un director de área del Gobierno federal, es decir, menos que los otros gobernadores y, desde luego, menos que un director general, un subsecretario y un secretario del Gobierno federal. Fox ganaba más del doble de lo que yo recibía. Todo ello, sin considerar que él tenía bonos, servicios médicos especiales, fondo de ahorro, partidas para alimentación y vestuario, y muchas otras prestaciones.

Para mí, la austeridad no solo es un asunto administrativo, sino también de principios. Siempre he sostenido que no puede haber Gobierno rico con pueblo pobre. En los cinco años en que fui jefe de Gobierno no hubo viajes al extranjero, no se compraron vehículos nuevos para funcionarios públicos, desapareció prácticamente la partida de viáticos, se suspendió el servicio médico particular y hubo ahorros considerables. Con el plan de austeridad, pudimos liberar fondos para el desarrollo por más de 11 000 millones de pesos. Con esos ahorros financiamos los programas de apoyo a los adultos mayores, a personas con discapacidad y el de atención médica y medicamentos gratuitos para la gente pobre que no contaba con seguridad social. En contraste, en el Gobierno federal hubo un incremento de 41% del gasto corriente. Durante ese sexenio, muchísimo dinero se destinó a la alta burocracia o se fue al caño de la corrupción; por ejemplo, los 70 000 millones de dólares adicionales que se obtuvieron por los altos precios del petróleo en el mercado internacional. En organismos supuestamente autónomos como el INE o en el Poder Judicial, había —y sigue habiendo— fondos de ahorro para los altos funcionarios públicos. El secretario o subsecretario que ganaba 150 000 pesos al mes, podía dejar de ahorro 10%, 15 000 pesos, y el Gobierno, con dinero del presupuesto, que es dinero del pueblo, le aportaba otros 15 000, de modo que ahorraban 30 000 pesos al mes, y cuando salían del Gobierno se llevaban todo ese dinero. Esa partida significaba, cada año, en el presupuesto federal, un poco más de 6 000 millones de pesos.

Yo me atuve a una política presupuestal opuesta, pero también llevé a cabo un firme combate a la corrupción: no permití que se hicieran negocios al amparo del poder público, como era la costumbre. En el caso de Fox, hubo una desbocada corrupción que involucró incluso a su familia. No solo son los hijos de su esposa, Marta Sahagún; también los hijos de Fox se metieron de lleno a los «negocios» y uno de ellos se convirtió en socio de la empresa transportista Estrella Blanca.

En el primer año de gobierno, asistí a una ceremonia oficial con motivo del 16 de septiembre. El protocolo incluía hacer una guardia en el Ángel de la Independencia y luego uno se trasladaba al Palacio Nacional para presenciar el desfile militar. En esa ocasión, del Ángel al Zócalo, nos llevaron en un camión grande del Estado Mayor Presidencial. Además de Fox, iban los presidentes de la Cámara de Diputados, del Senado y de la Suprema Corte. Al año siguiente, se hizo lo mismo: fuimos a esa guardia, pero ya no nos subieron a un camión del Estado Mayor, sino a uno que parecía un microbús, también con mesitas, pero rústico. Resulta que la Presidencia rentaba esas unidades a Estrella Blanca. Estoy hablando de un negocio de importancia secundaria, pero el que se atreve a hacer eso es capaz de otras cosas. Recuerdo que cuando íbamos en esta especie de microbús presidencial de Estrella Blanca, él comentó: «Miren, está muy cómodo este camión». La verdad es que no era cierto lo que decía, y que conste que yo siempre usé un Tsuru. Repito, estoy hablando de una cosa de poca monta, pero estoy absolutamente seguro de que utilizó el Gobierno para provecho personal. En ese entonces, se dio a conocer que compró una gran extensión de tierra junto a su rancho y construyó una residencia. Se documentó que la introducción del agua y el sistema de riego para su propiedad se llevó a cabo con el presupuesto público.

En fin, en el gobierno de Fox no hubo honestidad y eran manifiestas las diferencias entre las políticas que seguían ellos y las que aplicábamos nosotros. El Gobierno federal siempre actuó al servicio de los de arriba y nosotros buscamos siempre ayudar a la gente humilde, a la gente pobre. Supimos combinar crecimiento económico y generación de empleos con bienestar, que fue la fórmula que nos dio muy buenos resultados en el Distrito Federal.

En esencia, durante ese sexenio no hubo ningún cambio en el Gobierno federal; simplemente, se volvió más complaciente con los hombres del dinero. Para entender un poco mejor el comportamiento de Fox y de las élites del PAN, hay que tomar en cuenta su formación y trayectoria. Fox trabajó en la empresa Coca-Cola, de la que llegó a ser gerente. En sentido estricto, no es ni siquiera un empresario, sino un empleado de los poderosos, al igual que el presidente espurio, Felipe Calderón, quien fue un pelele de los potentados. Había pasado la época de los presidentes autoritarios y corruptos del PRI, y no digamos los tiempos de presidentes con estatura, como Lázaro Cárdenas, Adolfo Ruiz Cortines o Adolfo López Mateos, quienes actuaron con ideales revolucionarios y tuvieron la osadía de sentirse libres. Estos panistas y todos los del periodo neoliberal simplemente actuaron como empleados del poder empresarial. De una u otra manera, los presidentes posrevolucionarios representaban una serie de intereses, pero había cierto grado de autonomía. Los panistas, en cambio, pasaron a ser simples gerentes de la oligarquía, que era la que realmente dominaba.

•••

Aunque al principio las circunstancias políticas dificultaron la tarea de gobierno en la ciudad, lo más difícil comenzó a mediados del tercer año de mi mandato. A pesar de las diferencias, hasta entonces existía con Fox una relación de respeto, pero luego de las elecciones de julio de 2003, cuando el PRD ganó en la capital 13 de las 16 delegaciones y la mayoría en la Asamblea Legislativa, se desató una serie de ataques promovidos o solapados desde Los Pinos.

Inicialmente atribuyo la actitud de Fox en mi contra a la influencia de su esposa. Ella me veía como un adversario, como un rival. Tenía la pretensión de ser candidata y presidenta de México para sustituir al marido. Es indudable que la llamada «pareja presidencial» llegó a acariciar esa expectativa. En una ocasión, Lino Korrodi, una persona que fue muy cercana a Vicente Fox, me platicó que, cuando se hablaba de esa posibilidad, se encontró a Fox y le comentó que habría que detener esa versión porque no era conveniente y no les ayudaba. Sin embargo, para su sorpresa, Fox le respondió: «Lino, no nos caerían mal seis añitos más».

Como a los dos años, y en medio de su *desgobierno*, Fox llegó a decirle a un empresario que lo visitó que por ningún motivo iba a permitir que yo fuera presidente de la República. Este empresario se espantó y me fue a platicar lo que le había dicho el presidente. Incluso me contó que, cuando le preguntó a Fox el porqué, este le respondió: «Porque si Andrés Manuel llega a la Presidencia, me va a meter a la cárcel». Lo cierto es que estaba obcecado en contra mía. La mayor parte de su gobierno se dedicó a dañarme, a cerrarme el paso; es más, él mismo lo decía. En reuniones que tenía los lunes en Los Pinos con los dirigentes del PAN, insistía: «Andrés Manuel no va a pasar, aunque yo tenga que bloquearlo, tirármele a los pies como los jugadores del futbol americano». Él se dedicó realmente a eso. Lo demás fue continuar con la misma política económica y perder el tiempo en frivolidades.

De esta animadversión se desprende una serie de ataques. A finales de 2003, por ejemplo, viene el asunto del Paraje San Juan. De súbito, un juez ordenó que debíamos pagar 1 810 millones de pesos de indemnización a Enrique Arcipreste del Ábrego por un terreno que el Gobierno había expropiado en la época de Salinas. Se trataba de un predio, supuestamente, de 294 hectáreas, conocido con el nombre de «Paraje San Juan». Es importante decir que al amparo del Gobierno de la ciudad se hacían negocios ilícitos a costillas del erario y cundía la mala costumbre del influyentismo y el coyotaje. Había gestores y abogados que merodeaban las oficinas públicas para solicitar pagos de indemnizaciones por juicios en contra del Gobierno, en complicidad con autoridades judiciales; es una vieja historia de corrupción que atañe a los gobiernos anteriores.

Esto nos generó una discrepancia de fondo con el Poder Judicial en su conjunto. En la mentalidad de muchos abogados, si un juez, un magistrado o la Suprema Corte resuelven que se pague una indemnización millonaria, debe acatarse la ley, aunque el proceso haya sido fraudulento. A pesar de los medios inmorales en que se desenvuelven los juicios, para ellos, la cosa juzgada es como mandato divino. Ciertamente, en ocasiones el Gobierno llevaba a cabo expropiaciones de terrenos a particulares de manera arbitraria sin pagar las indemnizaciones a que obligaba la ley. Cuando se trataba de este tipo de casos y el Poder Judicial decidía que había que pagar, nosotros, aunque fueran juicios que databan de tiempo atrás, acatábamos y cumplíamos dichas resoluciones. Así lo hicimos en muchos casos. Por convicción, se garantizaron los derechos individuales y se hizo valer realmente el Estado de derecho.

Sin embargo, en este tipo de juicios siempre había casos de corrupción. Mucha gente demandaba pagos de terrenos que no existían y la autoridad judicial obligaba al Gobierno a indemnizar cuando era evidente la estafa. Un ejemplo de ello es el litigio que se presentó sobre un predio donde está construida la Escuela Nacional de Antropología e Historia, en Cuicuilco. A ese terreno lo bautizamos como «el predio volador» porque no existía realmente y un presunto afectado exigía el pago de 150 millones de pesos. Todo esto, a partir del manejo de influencias y la corrupción en el Poder Judicial y también en el mismo Gobierno del Distrito Federal. ¿Cómo se da este tipo de corrupción e influyentismo en la práctica? Si un juez, un magistrado o la Suprema Corte ordenan a una autoridad que pague una indemnización a supuestos afectados, estos, por lo general, ofrecen una «recompensa» al funcionario, quien aparentemente actúa en cumplimiento de un mandato judicial, cuando en realidad se está consumando un fraude. Además, prevalece la idea de que el dinero del presupuesto no es dinero del pueblo y no tiene por qué cuidarse.

Pero no solo se dan esos casos. Cuando fui jefe de Gobierno, un asambleísta del PAN, Federico Döring, quien ahora es diputado, me mandó a decir con la secretaria de Turismo y con el secretario de Gobierno que le bajaba a los ataques en mi contra si un juicio que se llevaba en la Procuraduría General de Justicia del Distrito Federal, por un pleito entre un abogado amigo suyo y las herederas del señor Samuel Kurian, se resolvía a favor de su amigo. En realidad, el abogado litigante quería cobrar por la vía penal honorarios que, según las herederas, ya le habían pagado, y en todo caso, era un asunto de carácter civil. ¿Por qué convertir un juicio civil en uno penal? Porque cuando hay una querella, cuando hay un pleito por dinero —cuatro millones de dólares, en ese caso—, por la vía civil tarda muchísimo y no hay mecanismos de presión, no meten a la cárcel al acusado; lo pueden obligar a pagar al final de un largo juicio civil. Pero cuando se trata de un juicio penal, lo pueden meter a la cárcel de inmediato y eso obliga al acusado a pagar rápido. En pocas palabras, él quería que el procurador Bernardo Bátiz torciera la ley para favorecer a su recomendado. Esa era la negociación para dejarme de atacar. Es obvio que lo mandé al carajo. Es un personaje inmoral, como lo son la mayoría de los dirigentes del PAN, iguales o peores que los del PRI, y por eso no les tengo ningún respeto. Pobres las personas de clase media que fueron engañadas por estos vivales que se las dan de gente decente y hasta de santurrones, y que son en realidad unas lacras.

Otro de los panistas que encarna el influyentismo es Diego Fernández de Cevallos. Este personaje, siendo senador en 2001, actuó como representante o gestor de Jugos del Valle y logró que la Secretaría de Hacienda pagara a esa empresa, por concepto de devolución del IVA, la cantidad de 1 400 millones de pesos. Esta negociación, llevada al más alto nivel y antes de que se emitiera una resolución judicial definitiva, implicó que de manera unilateral e injusta la Secretaría de Hacienda recortara, por ese mismo monto, el presupuesto de los Gobiernos de los estados, incluido el Distrito Federal.

Aquí trato un asunto muy penoso porque involucra a la señora María Amparo Casar Pérez, quien ahora sustituyó a Claudio X. González hijo en una organización que lleva el nombre, con mucho cinismo, de Mexicanos contra la Corrupción. Resulta que el 7 de octubre de 2004, el esposo de la señora Casar, Carlos Fernando Márquez Padilla García se suicidó tirándose desde un edificio de Pemex en la Ciudad de México. Como es de rigor, el perito en materia criminalística de campo dio fe de los hechos exponiendo en el acta que «el occiso realizó maniobra de tipo suicida para privarse de la vida». Por este lamentable caso, la señora Casar, acompañada de Héctor Aguilar Camín, se entrevistó con el procurador Bernardo Bátiz para pedirle que cambiara el acta, modificando lo de suicidio por accidente, pues de esa manera podía cobrar el seguro y recibir de Pemex una pensión vitalicia y ayuda para la educación de sus hijos hasta que cumplieran 25 años. Bernardo me contó sobre esta petición y coincidimos en que eso era incorrecto. Sin embargo, el influyentismo se impuso porque, aun cuando no tenía derecho ni al seguro ni a otras prestaciones, en virtud de que en caso de suicidio solo se aplicaban las recompensas cuando el trabajador o servidor público llevaba laborando más de dos años, y el finado apenas tenía una antigüedad de cuatro meses en la institución, tanto el banco como Pemex pagaron absolutamente todo: seguro de vida por 17 600 000 pesos y pensión vitalicia a la viuda por 125 000 pesos mensuales.

Durante el tiempo que fui jefe de Gobierno, enfrenté todas esas prácticas de corrupción. Tuve que andar ahuyentando *coyotes* de las oficinas hasta que logré correrlos y se dieron cuenta de que las cosas habían cambiado. La política en México se hacía en un ambiente enfermizo. La podredumbre se había generalizado tanto que penetraba por todos lados; por desgracia predominaba la máxima según la cual «el que no transa no avanza». En este contexto se presentó el caso del Paraje San Juan, que, como ya expresé, llegó a la Suprema Corte de Justicia y había la intención de cobrarnos 1 810 millones de pesos. Personalmente me metí a revisar este asunto y me di cuenta de que era un fraude. Para descubrir la verdad, hice una investigación sobre el supuesto propietario, construí el árbol genealógico de toda la familia Arcipreste, llegué a saber quiénes eran y dónde vivieron en distintas épocas. Revisé actas de nacimiento, matrimonio, defunción, fes de bautismo, y hasta pedí que se visitara algunos panteones.

Todo comienza cuando el señor Fernando Arcipreste Pimentel, que nació en 1897 y vivió en una vecindad de Peralvillo en la colonia Morelos, se casó con la señora Concepción Arcipreste Grande, con quien tuvo varios hijos. Sin embargo, este mismo individuo se enamoró de otra señora, Guadalupe Nouvel Payutt, con quien procreó otros hijos. Uno de ellos es precisamente Arturo Arcipreste Nouvel, quien aseguraba que su papá le había heredado un predio de 298 hectáreas en Iztapalapa, el cual fue expropiado por el Gobierno en 1989 y por el cual solicitaba el pago de la indemnización. Lo cierto es que toda la documentación para acreditar dicha propiedad se falsificó cuando se supo que el Gobierno llevaría a cabo la regularización de los asentamientos donde actualmente viven miles de familias. Por ejemplo, la escritura que suponía la compra-venta de dicho predio en 1947 hablaba de «298 hectáreas cuadradas, aproximadamente», y como es obvio, dicha unidad de medida «hectárea cuadrada» no existe en el sistema métrico nacional y no se tiene referencia histórica de que haya sido utilizada en algún testimonio relacionado con la cuestión agraria. No es el caso, por ejemplo, de la vara, la caballería, la legua y otras.

La firma del supuesto comprador, Fernando Arcipreste Pimentel, es además una rúbrica totalmente ajena a la época; se parece a la de un diputado o senador de nuestros días. Asimismo, se falsificaron la firma del juez de paz de Iztapalapa, el sello del juzgado y el de inscripción del Registro Público de la Propiedad; en fin, el documento de compra-venta era, a todas luces, falso. No obstante, a partir de un documento apócrifo, y con el propósito de cobrar 1 810 millones de pesos, se inició contra el Gobierno un juicio en el que participaron diversos actores, desde los supuestos dueños hasta funcionarios públicos, pasando por «apoderados legales», notarios públicos, prestanombres y gestores profesionales denominados comúnmente «coyotes». Aquí es necesario subrayar que el último reclamante de la indemnización fue Enrique Arcipreste del Ábrego, un hijo del señor Arturo Arcipreste Nouvel, quien falleció en 1998. Posteriormente supimos, cuando surgió el escándalo de los videos, que Enrique estaba vinculado a Carlos Ahumada y, como él, también fue a esconderse a Cuba.

Durante el último trimestre de 2003, padecimos por este asunto una campaña de ataques en todos los medios de comunicación. Sostuve que no iba a pagar la famosa indemnización de los 1 810 millones de pesos, por lo que se me acusó de no respetar el Estado de derecho. Por supuesto que siempre he sido respetuoso de la legalidad, pero no puedo ser cómplice de actos de corrupción. Una cosa es el Estado de derecho y otra cosa es el Estado de chueco y de cohecho. Al final se demostró que el Paraje San Juan nunca fue propiedad privada, sino un terreno propiedad de la nación. Es decir, tuvieron que darnos la razón, aunque quienes nos atacaron no tuvieron el valor de admitirlo y ofrecer disculpas. Me refiero a ministros de la Corte, periodistas, funcionarios federales, dirigentes de partidos políticos, diputados, senadores, abogados, dirigentes empresariales y otros.

•••

Luego surgió el escándalo fabricado por la televisión con respecto a Nicolás Mollinedo. Empezaron a difundir que mi «chofer» ganaba 60 000 pesos mensuales, cuando él, Nicolás, era coordinador general de Logística, un cargo que existía desde las administraciones pasadas: una especie de jefe de Ayudantía para el Gobierno del Distrito Federal con funciones sustantivas, no nada más conducir el vehículo. Sin embargo, hicieron una gran campaña de desprestigio; una gran lanzada en la televisión y todos los medios. De casualidad, en ese entonces, Fox acababa de expresar que conocía a «gentes que tienen choferes que ganan 60 000 pesos mensuales». Este fue un eslabón más de la cadena de ataques.

•••

Todo lo anterior formaba parte de un plan para destruirme políticamente. Para entonces, se había concretado la alianza entre Fox y Carlos Salinas de Gortari, personaje que ya estaba de vuelta en el país. En todo el sexenio de Zedillo, permaneció prácticamente en el exilio, viviendo en La Habana y en Dublín. Como es conocido, Zedillo lo mantuvo distante de la política nacional. En octubre de 2000, cuando pretendió regresar a la vida pública con un libro donde buscaba justificar su labor como gobernante de México, Televisa difundió unas llamadas de sus hermanos Adriana y Raúl, en las que este último, desesperado, amenazaba con hablar e involucrar a Carlos Salinas en los actos de corrupción que le achacaban y por los que estaba preso.

Paradójicamente, cuando Fox llegó al Gobierno, Salinas encontró las condiciones propicias para su regreso. Sostengo que es una paradoja porque Fox, en tiempos de su campaña, había aseverado que «con *Salinillas,* [no iba] ni al baño»; es más, al concluir su campaña prometió en el Zócalo:

> Ya como presidente electo propondré al Congreso la creación de una comisión en la que también participe la sociedad civil, que investigue los nexos del narcotráfico con las altas esferas del poder y todo lo que pasó en el sexenio de Salinas, incluyendo las privatizaciones, las negociaciones del 88 y las finanzas familiares, cómo se enriquecieron los Salinas, y los asesinatos políticos. (*La Jornada,* 28 de junio de 2000).

Lo cierto es que Fox volvió a mentir y Salinas regresó al país a principios de 2003 para moverse políticamente con la idea de recuperar sus fueros. Para ello reagrupó a empresarios, políticos y comunicadores con los cuales había establecido, durante su mandato, relaciones de complicidad y que le guardan obediencia por amistad o miedo. Obviamente, desde el principio Salinas sabía que su misión principal sería dedicarse a hacerme la guerra. No solo porque representamos intereses distintos y contrapuestos, sino porque ello le permitiría, como al final sucedió, vincularse con Fox y con su esposa. De modo que padecí la hostilidad de la llamada pareja presidencial y, posteriormente, enfrenté la alianza entre esta y el expresidente.

En mayo de 2003, Salinas se reunió con los directivos y los principales conductores de programas de Televisa. Ahí expresó por primera vez su opinión sobre la posibilidad de que yo llegara a ser candidato a la Presidencia. Como es natural, pensaba que yo no le convenía al país y dejó de manifiesto que el mejor candidato de la izquierda era el ingeniero Cuauhtémoc Cárdenas, postura que habría de sostener en lo sucesivo. Más tarde llegó a decir en una reunión, de manera cínica y perversa, que sentía una especie de remordimiento, de cargo de conciencia, por lo sucedido al ingeniero Cárdenas durante la elección presidencial de 1988; y que haría lo posible por ayudarlo y por reivindicarse con él políticamente.

Supe del encuentro de Televisa porque uno de los asistentes a la reunión, el periodista Alejandro Cacho, se atrevió a publicar el 4 de mayo de 2003, en el periódico *Milenio,* a manera de entrevista, lo que Salinas dijo. Cacho contó: «Fue especialmente sarcástico y agudo al hablar de Andrés Manuel López Obrador. Ambos, enemigos de tiempo atrás. De entrada, lo descartó como el candidato "natural" del Partido de la Revolución Democrática a la Presidencia de la República en el año 2006». Cacho escribió que Salinas sostuvo: «López Obrador no es el PRD. No hay que olvidar al ingeniero Cárdenas, que es fundador del partido. Ese lugar le corresponde a él, después de todo lo que ha pasado desde el 88». Al parecer, al interior de Televisa existía el acuerdo de no dar a conocer la reunión con Salinas, de modo que esto le costó a Cacho dos meses de suspensión en la conducción de su programa.

Posteriormente, 15 días antes de las elecciones para diputados federales, asambleístas y delegados del Distrito Federal, se inauguró el nuevo centro de noticias de Televisa Chapultepec y recibí la invitación para asistir a ese evento. Estaba dispuesto a ir, pero me entró la duda sobre la posibilidad de que también Salinas estuviera invitado. De modo que hablé un día antes con Emilio Azcárraga para preguntarle si iba a estar Salinas y me contesto que sí. Por lo tanto, tomé la decisión de no asistir y de disculparme, enviándole una carta en la cual le decía, entre otras cosas:

> … quiero que comprendas que resulta muy difícil para mí estar presente en un acto al cual asiste el señor Carlos Salinas de Gortari. Podría pensarse que soy rencoroso o que, como político, no actúo correctamente. Pero, la verdad, aunque no odio a nadie y trato de ser tolerante, me cuesta mucho olvidar lo que significó para el movimiento democrático de nuestro país la política del señor Salinas: en su gobierno, los opositores padecimos acoso y persecución; nos arrebataron triunfos electorales y fueron asesinados cientos de luchadores sociales. Además, el señor Salinas sigue siendo una amenaza para los intereses nacionales. Es evidente que mantiene una amplia red de componendas, que incluye a dirigentes de partidos políticos y a personajes de otros sectores del país, y su proyecto actual es convertirse en jefe de un grupo opositor al movimiento democrático que muchos representamos.

Salinas continuó con su labor de acercamiento a la pareja presidencial y después del segundo semestre de 2003, ya habían logrado entenderse. Recuerdo que el 2 de octubre de 2003 cenamos con Fox, en Los Pinos; Lázaro Cárdenas Batel, gobernador de Michoacán; Ricardo Monreal Ávila, gobernador de Zacatecas; Leonel Cota Montaño, gobernador de Baja California Sur, y Alfonso Sánchez Anaya, gobernador de Tlaxcala. No olvido la fecha porque ese día, en protesta por la represión estudiantil del 68, hubo disturbios en la ciudad. Unos provocadores generaron destrozos en establecimientos comerciales y yo estaba atento atendiendo esos hechos.

Fuimos invitados a esa cena porque Fox volvió a plantear el tema del cobro del IVA en alimentos y medicamentos, y quería que los gobernadores del PRD lo apoyáramos. En esa ocasión, después de escucharlo y oír la opinión de mis compañeros gobernadores, expresé con claridad mi desacuerdo, pero no solo eso; como ya sabía de su alianza con Salinas, le dije que sus vínculos con este personaje me parecían inauditos y muy graves para el país. Recuerdo que le reclamé: «Presidente, no es posible que usted termine aliado a lo peor que hay en la política mexicana. Si usted llegó con la bandera del cambio, ¿cómo puede justificar la alianza con Salinas?». No me contestó; se quedó callado y ahí se acabó la cena. Luego nos enteramos, según revelaciones de Elba Esther Gordillo, que por esos días se reunieron en la casa de Salinas, Roberto Madrazo y otros dirigentes del PRI y del PAN, con el secretario de Hacienda, Francisco Gil, para ponerse de acuerdo y tratar de hacer aprobar en el Congreso el cobro del IVA en alimentos y medicamentos. Es decir, desde entonces ya estaba consolidada la alianza Fox-Salinas que inmediatamente después padecimos en el asunto de los videos, más tarde en el desafuero y, posteriormente, en el fraude electoral.

•••

No solo por su espectacularidad, sino por el daño moral que pretendían ocasionarme, la gran embestida de Fox y Salinas en mi contra fue, sin duda, la de los videos y los escándalos de corrupción que representaron. Este solo asunto sería más que suficiente para comprender hasta dónde han llegado mis adversarios en su afán de dañarme políticamente. Por eso, desde los primeros días hablé de un *complot*, que, según el Diccionario de la Lengua Española, significa «un conjunto de maniobras secretas y concertadas contra alguien».

Esta tragicomedia tiene como actor principal a Carlos Ahumada, aunque debe decirse que, a fin de cuentas, él solo fue un simple instrumento del hampa de la política mexicana. Desde antes de que yo fuera jefe de Gobierno, Carlos Ahumada, que se hacía llamar empresario, se fue metiendo en la vida interna del PRD. Lo acercó Ramón Sosamontes, uno de los dirigentes del partido, quien a su vez lo conoció por Ignacio Morales Lechuga, que había sido procurador de la República en la época de Salinas. Más tarde, Carlos Ahumada se relacionó con Rosario Robles, la entonces jefa de Gobierno del Distrito Federal y, posteriormente, presidenta del Comité Ejecutivo Nacional del PRD. El caso es que Ahumada llegó a tener influencias en el interior del partido, al grado de ofrecer ayuda económica a precandidatos y candidatos, con el compromiso de que al ganar estos, él recibiría contratos de obras y cargos públicos para personas recomendadas por él.

A mi llegada a la Jefatura de Gobierno, empecé a saber de él, y aunque nunca lo conocí personalmente, estaba atento para evitar que se metiera en asuntos de la administración. Es más, ordené una revisión exhaustiva de los contratos anteriores de sus empresas, como consta en las investigaciones realizadas por la Contraloría General del Distrito Federal. Posteriormente, cuando Ahumada quiso participar en la construcción del distribuidor vial San Antonio, y aunque su empresa presentó la que aparentemente era la propuesta económica más baja, ordené que se cancelara la licitación con fundamento en que su oferta estaba por encima de lo que habíamos presupuestado. Luego supe, a principios de 2003, que había firmado contratos de obras con los Gobiernos delegacionales de Tláhuac y Álvaro Obregón, y de inmediato di instrucciones a la Contraloría para que indagara sobre posibles irregularidades. A pesar de la autonomía relativa de esos Gobiernos y de trámites burocráticos, dichos contratos fueron cancelados.

A partir de entonces, Carlos Ahumada empezó a quejarse y, al mismo tiempo, buscó entrevistarse conmigo. En esas fechas, me habló por teléfono el periodista Javier Solórzano para pedirme que me reuniera con Ahumada; él ofrecía su casa. Le respondí que no podía ver a esa persona porque, entre otras cosas, estaba siendo investigada por el Gobierno. A principios de enero de 2004 fui informado por la contralora Bertha Luján de que empresas, posiblemente vinculadas a Carlos Ahumada, habían cobrado por obras contratadas por la delegación Gustavo A. Madero y que no se llevaron a cabo. Al enterarme, ordené sin titubeos que de inmediato se promoviera una denuncia ante la Procuraduría General de Justicia del Distrito Federal, la cual se presentó el 28 de enero de 2004. Una vez iniciada la averiguación previa, la Procuraduría citó a los involucrados, tanto a los particulares como a los funcionarios, y se determinó que el monto defraudado era de 31 millones de pesos; se solicitó la congelación de cuentas bancarias; se pidió mayor información a la Comisión Nacional Bancaria y de Valores, y el 20 de febrero dos seudoempresarios fueron detenidos. Además, al seguirse el curso de las investigaciones, se descubrió que el dinero que recibieron las cinco empresas defraudadoras se concentró en una empresa llamada Pagosa, cuyo socio mayoritario era Carlos Ahumada, con 99.33% de las acciones. Esta misma investigación llegaría, como resultó, a fincar responsabilidades al secretario de Finanzas del Gobierno del Distrito Federal, Gustavo Ponce Meléndez, porque la orden que di en su momento fue la de llegar a fondo, topara con lo que topara, y castigar a los responsables sin miramientos de ninguna índole.

Mientras tanto, Ahumada, al saberse rechazado por el Gobierno de la Ciudad de México y, en especial, luego de enterarse de que la Procuraduría General de Justicia del Distrito Federal había iniciado una averiguación en contra de sus empresas, decidió vengarse y pactó con mis principales adversarios políticos, a quienes les ofreció información sobre Gustavo Ponce, secretario de Finanzas del Gobierno del Distrito Federal; René Bejarano, quien había sido mi secretario particular, y Carlos Ímaz, exjefe delegacional en Tlalpan. Ahumada tenía como práctica hacer tratos o *enjuagues* con dirigentes y funcionarios de todos los partidos y con periodistas de distintos medios de comunicación. Era dueño de empresas, del equipo de futbol de primera división León y del periódico *El Independiente;* comía y bebía en buenos restaurantes, viajaba con frecuencia y tenía un avión privado que suele ser la fascinación de quienes se comportan como nuevos ricos. Una peculiaridad de Ahumada era que le gustaba filmar secretamente a todos los que iban a su oficina, en particular, en los momentos en que se consumaba un acuerdo sucio o cuando entregaba dinero en efectivo. Incluso espiaba y grababa en los vestidores a los jugadores de futbol contrarios a su equipo.

Como es obvio, en poco tiempo llegó a disponer de información sobre muchos personajes de la vida pública del país, y entre ellos contaba con videos de funcionarios del Gobierno del Distrito Federal, materiales que le sirvieron para negociar con Salinas y con altos funcionarios del Gobierno federal. El caso es que, desde finales de 2003, Ahumada empezó a tener comunicación con Salinas. De todo esto y de muchas otras cosas, nos fuimos enterando a partir de que se desató el escándalo de los videos. Como en otras ocasiones, siempre contamos con testimonios y con la colaboración de la gente: choferes, meseros, secretarias y ciudadanos en general que simpatizan con nuestro movimiento. En este difícil trance, también me sirvió la intuición política, los errores cometidos por mis adversarios y, repito, la suerte, que siempre cuenta en política.

Antes del 1.º y 3 de marzo de 2004, fechas en que se dieron a conocer en la televisión los videos de Ponce y de Bejarano, sucedieron los siguientes hechos: primero, como ya expresé, Ahumada se entrevistó en más de una ocasión con Salinas. Según las declaraciones del propio Ahumada, cuando vio los videos, Salinas se llenó de júbilo e imaginó que la ofensiva en mi contra sería demoledora. A partir de ahí, Salinas puso en comunicación a Ahumada con Juan Collado, su abogado, quien a su vez fue el encargado de poner en contacto a Carlos Ahumada con Diego Fernández de Cevallos, influyente senador del PAN y otro de mis malquerientes. Casi al mismo tiempo, Salinas y Diego establecieron comunicación con el secretario de Gobernación, con el procurador general de la República y con el secretario de Hacienda. Como es obvio, Vicente Fox estuvo enterado de todo eso.

Hicieron el trato con Ahumada a cambio de dinero y protección. Abro un paréntesis para comentar que, originalmente, Ahumada solo tenía las imágenes de Bejarano y de Carlos Ímaz recibiendo dinero, aunque conocía perfectamente los manejos de corrupción de Gustavo Ponce y su adicción al juego, porque en más de una ocasión había ido con él a Las Vegas. Estoy seguro de que, en una de las reuniones de Ahumada con Salinas, salió el tema de Ponce y a Salinas le interesaba mucho que también se le exhibiera, porque a Ponce, en su carácter de subsecretario de la Secretaría General de la Contraloría de la Federación, le tocó integrar y sostener la demanda de corrupción en contra de Raúl Salinas de Gortari quien, por esa y otras acusaciones, permanecía por entonces en prisión.

De modo que al caso de Ponce le dieron un tratamiento especial. Antes de dar a conocer los videos, el 18 de febrero de 2004, la Secretaría de Hacienda solicitó a la Red de Combate de Crímenes Financieros (FinCEN), del Departamento del Tesoro de los Estados Unidos, información financiera respecto a Gustavo Ponce Meléndez y Esperanza González Ocampo, su esposa. Siete días después, el 25 de febrero, la Secretaría de Hacienda recibió respuesta del FinCEN, información que consistía en todos los movimientos financieros de Ponce y su esposa, y de los viajes que había realizado a Las Vegas y a otros lugares de los Estados Unidos. La Secretaría de Hacienda proporcionó esta información a Televisa, la cual se dio a conocer el día 1.º de marzo. Pero, a pesar de que tenían toda la información documental, los integrantes del complot necesitaban imágenes que impactaran a la opinión pública y por eso Ahumada invitó a Ponce a Las Vegas, del 19 al 22 de febrero, y allí, con la colaboración de agentes federales, fue filmado jugando en el hotel Bellagio.

La información y la filmación de Gustavo Ponce en Las Vegas no tenía realmente el propósito de combatir la corrupción, sino el de afectarme políticamente. Las dependencias federales no informaron al Gobierno del Distrito Federal para proceder legalmente en contra del funcionario y tampoco actuaron directamente, pese a que ya tenían la información sobre los presuntos de manera institucional, lo hicieron de acuerdo con una motivación política de carácter faccioso. Un dato más: antes de la divulgación de los videos, el 20 de febrero, con la participación de Diego Fernández de Cevallos, la Procuraduría General de la República recibió y ratificó, al mismo tiempo, la denuncia de Carlos Ahumada por el presunto delito de extorsión en contra de funcionarios del Gobierno de la ciudad. Esta diligencia se llevó a cabo en el hotel Presidente Intercontinental, en un salón pagado por el Centro de Investigación y Seguridad Nacional, dependiente de la Secretaría de Gobernación.

Mientras todo esto se urdía, y aunque yo no sabía del escándalo que se preparaba, le estuve insistiendo a Bernardo Bátiz, procurador general de Justicia del Distrito Federal, que informara a la opinión pública lo que se estaba investigando respecto a los actos de corrupción de las empresas de Ahumada en la delegación Gustavo A. Madero. Sin embargo, Bernardo Bátiz había decidido mantener en sigilo todo este proceso, en virtud de que ya había recuperado 10 millones de pesos y pensaba que podía lograr que devolvieran el total del monto de lo defraudado. Recuerdo que, por instinto, el sábado por la mañana, dos días antes de que se diera a conocer el video de Ponce, en una reunión del Gabinete de Seguridad, hablé con Bernardo y le dije que, al día siguiente, sin falta, informara en rueda de prensa sobre todo este asunto. No obstante, no lo hizo. De haberlo hecho, se habría atemperado el golpe y les hubiera costado más trabajo involucrarme. Porque en realidad yo ya había dado la orden de que se actuara, y porque no había ningún tipo de compromiso; al contrario, yo quería poner orden y combatir la corrupción que significaba Ahumada. Aunque vale la pena aclarar que el escándalo de todas maneras estaba planeado y lo iban a llevar a cabo.

Ese lunes 1.º de marzo en la noche, en mi casa, vi el impactante reportaje de Televisa sobre Ponce en Las Vegas, imágenes donde se le veía jugando en el casino del hotel Bellagio, todo esto complementado con información sobre sus frecuentes visitas, sus gastos, y con el encabezado en voz de Joaquín López-Dóriga: «Filman al secretario de Finanzas del Gobierno de la Ciudad, jugando en Las Vegas». Lo primero que hice fue tratar de localizar por teléfono a Ponce y, al mismo tiempo, le hablé al procurador Bernardo Bátiz para que procediera. Al final del noticiero logré comunicarme con Ponce, le pedí una explicación y me aseguró que había ido a Las Vegas porque tenía un familiar y que estaba dispuesto a aclarar lo que se estaba diciendo. Incluso le pedí que al día siguiente informara a la opinión pública, a lo cual se comprometió, pero ya no dio la cara.

Al día siguiente, en mi conferencia de la mañana, aunque en condiciones adversas por la contundencia de lo difundido en Televisa, fijé con claridad mi postura. Sostuve que no habría contemplación para castigar a Ponce si se le encontraba culpable de actos de corrupción y que tomaba la decisión de separarlo del cargo para profundizar la investigación correspondiente. Pero, como es lógico, en esos primeros días nada podía desactivar el escándalo.

Además, nuestros adversarios tenían una estrategia bien armada. Dos días después de lo de Ponce, apareció como seguidilla el video de Bejarano recibiendo dinero en efectivo de manos de Ahumada. Hay que recordar que el día 3 de marzo, por la mañana, se presentó Federico Döring, diputado federal del PAN, en el programa *El Mañanero* con Víctor Trujillo, Brozo, para entregarle el video en cuestión, argumentando que lo había recibido en forma anónima y poniendo el énfasis en que iba a quedar de manifiesto la corrupción que había en el gobierno de López Obrador. Aquí conviene señalar que lo entregado a Brozo por Döring fue un video en formato no profesional y que, para hacerlo apto para transmisión, tomaba entre 15 y 20 minutos. Sin embargo, Brozo lo entregó a los camarógrafos tal cual, y de inmediato lo mostraron, lo cual demuestra que Televisa tenía el video de tiempo atrás y que la aparición de Döring era algo arreglado, convenido. Además, esa misma mañana, Televisa había invitado a René Bejarano a otro programa, pero a la misma hora y en el mismo centro de noticias, de modo que inmediatamente después de que terminan de proyectar las imágenes, Brozo lo entrevistó para exhibirlo aún más.

El golpe fue contundente. Las imágenes de Bejarano recibiendo dinero se repitieron infinidad de veces en la televisión. Los autores intelectuales del *complot* pensaron que me iban a liquidar políticamente. El propósito, entre otros, era envolverme en actos de corrupción y destruir mi autoridad moral. La ofensiva llevaba la intención de generar sospechas sobre mi integridad. Desde el principio, sembraron la insidia de que, si el secretario de Finanzas y René Bejarano, «mi principal operador político», eran corruptos, resultaría imposible que yo no estuviera involucrado o, cuando menos, que no estuviera enterado.

En medio del escándalo, convoqué a la gente del DF en el Zócalo para informarle sobre mi postura. Allí aclaré que no tenía ninguna vinculación de complicidad con Ponce y Bejarano, porque toda la campaña mediática buscaba involucrarme; y sostuve con firmeza que no había ninguna limitación para actuar con toda energía y aplicar la ley. Puntualmente, expliqué que Ponce era egresado de Economía de la Universidad Autónoma Metropolitana. Aunque lo conocí en 1985, cuando trabajé en el Instituto Nacional del Consumidor, nunca tuvimos una relación de amistad. Muchos años después, en el 2000, lo encontré como subsecretario de Egresos en la Secretaría de Finanzas. Ya para entonces él había ocupado varios cargos públicos, como ya lo mencioné; había sido subsecretario de la Secretaría General de la Contraloría de la Federación y le había correspondido integrar y sostener la demanda en contra de Raúl Salinas de Gortari. De modo que, por su trayectoria administrativa, decidí mantenerlo como subsecretario y, en julio de 2003, cuando renunció Carlos Urzúa, a quien había nombrado originalmente secretario de Finanzas, Ponce ocupó ese puesto.

Por lo que respecta a René Bejarano, lo conocí a partir de la fundación del PRD en 1989. Desde entonces establecí con él una relación política, no de complicidad. Estuvo, como muchos otros, en mi campaña para la presidencia del PRD y en mi campaña para la Jefatura de Gobierno. Cuando tomé posesión de la Jefatura de Gobierno, lo nombré secretario particular, cargo que ocupó hasta el 4 de noviembre de 2002, cuando decidió por su propia voluntad renunciar y dedicarse a tareas partidistas. Los hechos que se revelan en los videos datan de abril y junio de 2003, cuando ya no era funcionario de gobierno. Debo decir, además, que, aunque tuve con él una relación política y administrativa, nunca, ni a él ni a nadie, le he pedido que en mi nombre se cometan actos de corrupción. Asimismo, quiero que quede claro: jamás he tenido un operador político. Yo trabajo con mis colaboradores a partir de las funciones y de las responsabilidades que a cada uno corresponde.

Aquí reafirmo la importancia de la autoridad moral en el ejercicio de la política. La embestida propagandística con los videos fue como la prueba del ácido. Resistí porque, como dirigente político de oposición y como servidor público, he demostrado que no transijo ante componendas o actos de corrupción. En esos momentos difíciles, siempre dije la verdad: reiteré que nunca conocí a Carlos Ahumada, que nunca supe que existía un vínculo entre él y Gustavo Ponce, que no sabía de la adicción de este por el juego y que René Bejarano nunca me solicitó nada a favor de Ahumada o de sus empresas. Más todavía, estos escándalos se precipitaron precisamente porque nunca acepté componendas con Carlos Ahumada, como lo prueba el hecho de que, cuando supe de la posibilidad de corrupción de sus empresas con los Gobiernos delegacionales, ordené que se actuara con todo el rigor de la ley.

Si pude salir bien librado de esta perversa estrategia en mi contra, fue porque desde el inicio del escándalo de los videos mantuve invariablemente la postura de que, aunado a los evidentes y reprobables actos de corrupción, la intención principal era dañarme políticamente. Siempre afirmé que quienes urdieron este *complot* no tenían el propósito de combatir la corrupción, sino de causarme un profundo daño político. Desde entonces, mis adversarios estaban preocupados por la forma en que la gente aceptaba y respaldaba mi proyecto de gobierno y querían descalificarme para la contienda presidencial de 2006.

Salí de esa trampa por la suerte y la intuición política. Aunque al principio no sabíamos nada de cómo se había orquestado toda la confabulación, nuestra experiencia indicaba que detrás de este asunto estaba el hampa de la política. En nuestro país, desgraciadamente, la política tradicional tiene mucho de práctica mafiosa. Por ello, cuando se recibe un golpe de esta magnitud, la pregunta obligada siempre es: «¿Y de parte de quién?», porque estas cosas no suelen ser espontáneas y mucho menos bien intencionadas.

Recuerdo que el día en que se dio a conocer el video de Bejarano yo tenía prácticamente a la misma hora una entrevista de radio con José Gutiérrez Vivó. Y cuando me preguntó sobre el caso, mencioné la sospecha de que detrás de todo estaba Carlos Salinas. También, de manera intuitiva, desde los primeros días hablé de que posiblemente Ahumada había recibido más dinero por los videos que la cantidad que aparecía entregando en las imágenes a Bejarano. Es más, antes de contar con pruebas, sostuve que era probable que la información sobre Ponce se hubiera conseguido con la colaboración del Gobierno de Estados Unidos.

Pero lo más destacado de todo es el hecho de que la gente nos apoyó, como siempre, transmitiendo información. Así, poco a poco se fue desenmarañando toda la confabulación. Por choferes de Ahumada supimos de sus entrevistas con Salinas; meseros y comensales dieron testimonio de sus reuniones con Fernández de Cevallos; se supo de la participación del Cisen; nos llegó el expediente con la información solicitada por Hacienda al Departamento del Tesoro del Gobierno de Estados Unidos, y así, hasta que se descubrió que, tras negociar con Salinas y con Fernández de Cevallos, Ahumada se había ido a refugiar a La Habana, Cuba.

La historia posterior ya se ha contado varias veces. Aquí solo agrego que en agosto de 2006 se dio a conocer un fragmento de un video con declaraciones de Ahumada, en La Habana, en el que confiesa su acuerdo con Salinas y la vinculación del gobierno de Fox. Ahí expresa que Salinas:

Ve los videos en su computadora, en su biblioteca, y dice que es un madrazo, o sea que es una bomba atómica, un misil o no me acuerdo qué dijo. Lo vio dos o tres minutos o algo así, y ya lo sacamos... Porque me pidió Salinas que viera a Diego Fernández. Ya le platiqué a Diego Fernández de qué se trata y me dijo que le interesaba mucho... Y él me dice que había hablado ya con el secretario de Gobernación, que ya había hablado con el procurador, él, Diego, me dice, pero que no se querían... reunir conmigo por precaución... Y digo: «Bueno, si se los dejo a Juan, a Pedro o a Chucho, o si los necesito para pagar cemento, eso es lo de menos. Finalmente, son 30 millones de dólares que necesito y quiero que apoyen». Me dice: «Bueno, vamos a buscar un mecanismo... Yo creo que a través de la Secretaría de Gobernación es como se dan a conocer los videos en la televisión... Y si estaba organizado a nivel del secretario de Gobernación, pues quiero pensar que un escándalo de este tipo, a nivel nacional, que llevamos 70 días en esto, pues se lo tienen que informar al presidente, en una cosa de esa magnitud, a fuerza, se lo deben informar...». Mira, Andrés, el complot, ponle: sí, nos reunimos con Salinas; sí nos reunimos con Diego, cierto... Que Andrés Manuel haya perdido, según los últimos datos que yo tuve, 15 puntos en las encuestas, y ahorita Santiago, Roberto Madrazo y Andrés Manuel están prácticamente en un empate... Es la pelea del 2006, es la pelea del 2006, eso es lo que ganamos. O sea, prácticamente sacar a Andrés Manuel de la carrera presidencial.

En el expediente judicial de Ahumada, aparece un documento sobre la estrategia de comunicación en mi contra en el que se definen los objetivos, las acciones puntuales para los primeros cinco días, las recomendaciones generales y notas sueltas para lo que denominan «*statements* diversos».

En fin, como es obvio, con todo el aparato del Estado y con el apoyo de Salinas, Fox estaba empeñado en destruirme políticamente. Recuerdo que, al mismo tiempo del escándalo de los videos, deliberadamente había una campaña en radio y televisión del Gobierno federal que hablaba del combate a la corrupción. Es decir, todo estaba planeado. Sin embargo, salimos adelante, pues, aunque al comienzo de esta lanzada hubo algún desconcierto en la gente, la mayoría de los capitalinos siempre creyó en mí.

•••

Al no poder destruirme políticamente con el escándalo de los videos, Fox y Salinas, con la complicidad de Mariano Azuela, el entonces presidente de la Suprema Corte de Justicia de la Nación, emprendieron toda una campaña para desaforarme como jefe de Gobierno por haber intentado abrir una calle de acceso a un hospital y, supuestamente, haber violado con ello el auto de suspensión provisional de un amparo. Todo esto, envuelto en un discurso de aparente devoción por el Estado de derecho.

El 17 de mayo de 2004, la Procuraduría General de la República, solicitó formalmente a la Cámara de Diputados mi desafuero y al día siguiente, apareció en la prensa nacional un desplegado de la Suprema Corte de Justicia avalando, de modo descarado, la posición del Ejecutivo Federal.

En el expediente enviado por la Procuraduría General de la República a la Cámara de Diputados, que consta de 108 páginas, el Ministerio Público Federal hace referencia en 14 de ellas a la información periodística que considera como pruebas en mi contra. Cabe señalar que estos recortes periodísticos fueron entregados por Fernando Espejel, abogado de Federico Escobedo Garduño, supuesto afectado y dueño del predio El Encino. Se trata de 34 notas y reportajes de tres periódicos: cuatro publicadas por *El Universal*, ocho por el *Reforma* y 22 de *La Crónica*, periódico vinculado a Carlos Salinas de Gortari.

En dichas notas periodísticas aparecen como «pruebas» declaraciones del diputado panista Federico Döring, que muestran el evidente carácter político del asunto. Por ejemplo, el 30 de octubre de 2001, señala: «López Obrador debe de ser destituido de su cargo». El 6 de noviembre de 2001, *La Crónica* titula: «El juez puede tramitar destitución de AMLO. La autoridad judicial no ha iniciado el trámite porque le tiembla la mano: Döring».

Este asunto se originó desde antes de mi llegada a la Jefatura de Gobierno, en noviembre de 2000, cuando se expropió una franja del predio El Encino para construir una calle en Santa Fe, motivo por el cual el propietario se amparó. Al inicio de mi administración, en 2001, quedaron suspendidos los trabajos que tenían el propósito de darle continuidad a la vialidad Vasco de Quiroga. No obstante, dos años después, el Ministerio Público, por consigna política, consideró que, en mi carácter de autoridad responsable, yo había violado el artículo 206 de la Ley de Amparo.

En términos estrictamente jurídicos, el proceso en mi contra era insostenible porque estaba plagado de irregularidades; el quejoso nunca presentó una prueba contundente. En el expediente, que llegó a acumular 12 000 hojas, no había ningún escrito o informe que demostrara que yo había desobedecido las órdenes judiciales. En todo este asunto, actuamos con apego a derecho y los servidores públicos de las áreas correspondientes fueron los encargados directos de informar al juez y de cumplir con las actuaciones derivadas de la suspensión definitiva. Sin embargo, la PGR me consideró como el único responsable, solo por ser el superior jerárquico, de un delito que nunca se cometió. Además, en todos los casos similares al mío sobre supuestas violaciones a la suspensión de un amparo, la PGR había determinado el no ejercicio de la acción penal, argumentando que no existe en la ley una sanción exactamente aplicable y que, de acuerdo con un principio general de derecho, no puede haber delito sin pena. Pero en mi caso, intencionalmente, el régimen se esmeró en inventar el delito y acomodar la pena correspondiente. Era claro, pues, que el abuso de autoridad, el dolo y la mala fe estaban en quienes me acusaban; era obvio que no se trataba de un asunto jurídico, sino eminentemente político. Todo fue fabricado para inhabilitarme con miras a las elecciones de 2006, con base en el señalamiento constitucional de que no puede ser candidato a un cargo de elección popular quien esté sujeto a un proceso judicial.

A partir de mayo de 2004, toda esta maniobra se acompañó de una nueva embestida en los medios de comunicación. Llovían las acusaciones, sosteniendo que no respetábamos la legalidad. Algunos de plano escribieron o hablaron en los medios que era el momento de eliminarme de la contienda de 2006. Por ejemplo, Otto Granados Roldán, coordinador de Comunicación Social en tiempos de Salinas, exgobernador de Aguascalientes, y secretario de Educación Pública con Peña Nieto, sostuvo en un artículo:

> Los políticos priistas ¿dejarían pasar la oportunidad de volver al poder tan solo porque el señor López representa el rayo de esperanza y no hay que tocarlo ni con el pétalo de una rosa? Los dirigentes del PRI debieran leer a Maquiavelo: a los adversarios políticos no se les puede dejar a medio camino porque resurgen fortalecidos y lo primero que hacen es degollar a quienes quisieron eliminarlos. (*La Crónica*, 18 de agosto de 2004).

Aunque los pormenores de esta historia son conocidos, no está por demás recordar que la Cámara de Diputados integró la Sección Instructora con dos diputados del PRI, uno del PAN y otro del PRD, Horacio Duarte, que se negaron, con excepción del último, a investigar el fondo político de la acusación en mi contra. Olvidaron de manera deliberada que la declaración de procedencia en nuestro sistema constitucional consiste precisamente en investigar si se trata o no de un ataque político en contra del servidor público acusado penalmente. Como antecedente histórico, existe el hecho de que el diputado Heriberto Jara, en el dictamen correspondiente al juicio del desafuero elaborado por la Segunda Comisión del Congreso Constituyente de 1916-1917, señaló que este procedimiento fue establecido «para poner a cubierto a estos funcionarios de ataques infundados por parte de enemigos políticos, ataques que pudieran perjudicar la buena marcha de la administración».

Pero como es obvio, todo era eminentemente político. Recuerdo que un diputado del PRI, integrante de la Sección Instructora, Francisco Cuauhtémoc Frías Castro, de Sinaloa, sostenía en un principio que no iba a prestarse al juego y que actuaría con rectitud; sin embargo, más tarde supe que Salinas desayunó con Juan Millán, exgobernador de Sinaloa, y que el diputado terminó sometiéndose. Y aunque alrededor de 100 diputados del PRI habían expresado que no votarían en mi contra, el trabajo político de Fox, Salinas, Creel y otros, terminó por alinearlos, al grado que, al final, solo siete diputados del PRI y una diputada del PAN se opusieron al desafuero.

Es memorable la revelación que hizo, en esos días, la periodista Marcela Gómez Zalce: en el diario *Milenio,* contó cómo se habían reunido Santiago Creel, secretario de Gobernación, y Roberto Madrazo, presidente del PRI, para llegar al acuerdo de destituirme. La propia Marta Sahagún, en una cena de Navidad en Guanajuato con amigos de la «pareja presidencial», había sentenciado que en abril de 2005 me dejarían fuera de la contienda presidencial.

Y fue precisamente el 7 de abril de 2005 cuando, por 360 votos, me destituyeron como jefe de Gobierno y autorizaron a la procuraduría para que procediera penalmente en mi contra. Ese día, miles de capitalinos se congregaron desde muy temprano en el Zócalo. Allí, antes de comparecer en la Cámara de Diputados, le hablé a la gente y definí con claridad la estrategia que seguiría. Expresé que debíamos actuar con inteligencia, sin caer en provocaciones ni en la trampa de la violencia. Les propuse la creación de un comité para dirigir el movimiento en mi ausencia, el cual quedó integrado por José Agustín Ortiz Pinchetti, Bertha Maldonado, Elenita Poniatowska, Martí Batres y Leonel Cota. También se acordó llevar a cabo una Marcha del Silencio, del Museo de Antropología al Zócalo, el domingo 24 de abril. Asimismo, les hablé sobre mi situación política:

> He decidido, como saben, no ampararme ni solicitar libertad bajo fianza. Haciendo uso de mis garantías constitucionales, tampoco permitiré que nadie pague la fianza ni que nadie tramite en mi nombre algún amparo. Así quiero contribuir a la resistencia civil pacífica. También quiero expresar públicamente que, desde el momento en que el Ministerio Público Federal solicite al juez mi orden de aprehensión, y antes de que este funcionario resuelva, voy a trasladarme por mi propia voluntad al reclusorio donde esté el juzgado correspondiente, para esperar desde allí mi detención. Entiéndanme, no quiero dar motivo a otro acto de prepotencia ni quiero dar pretextos para la provocación. Les pido que no traten de impedir esta decisión; sé que ustedes me apoyan, pero no debemos dar pie a ningún desorden. Vamos a enfrentar este asunto con mucha dignidad y con mucho decoro.

Al final de mi discurso, en ese emotivo acto, les pedí que no fueran a San Lázaro. Les comuniqué que iría solo y me despedí con una exclamación espontánea: «¡Los quiero desaforadamente!».

Más tarde, en la Cámara de Diputados, pronuncié un discurso que transcribo íntegramente porque considero que muestra con claridad la realidad de ese tiempo y, en mucho, lo que vendría después:

Ciudadanas diputadas y diputados:
Pueblo de México:

Comparezco con dignidad ante este tribunal por el juicio de desafuero en mi contra.

Muy poco voy a argumentar en términos jurídicos sobre la falsedad de este juicio. Hemos reiterado nuestra defensa en numerosas ocasiones. Solo diré que no he violado la ley, que jamás he actuado en contra de la justicia y nunca ha sido mi intención hacerle mal a nadie.

Nunca firmé ningún documento ni ordené que no se respetara la suspensión del amparo otorgado al presunto dueño del predio «El Encino». Por el contrario, hay constancias de que todos los servidores públicos responsables del caso cumplieron con su deber.

A pesar de que el Ministerio Público pretendió llevarlos a que me inculparan —como pueden ustedes constatarlo en el expediente—, planteándoles interrogatorios insidiosos, no logró su cometido. Nadie me hizo responsable.

El juez administrativo no se tomó la molestia de presentarse en «El Encino» para verificar con sus propios ojos si se daban o no las conductas de violación que me atribuyen. Tuvo, sin embargo, la ruindad de otorgar valor probatorio pleno a supuestas inspecciones judiciales practicadas por actuarios. Es decir, el juez se limitó a recibir los dichos de sus empleados. Con estas pruebas ilegales se me condena.

Es más: el supuesto dueño de «El Encino» primero reclamaba una propiedad de 100 000 metros cuadrados; luego presentó una escritura de 86 000 metros y, en el Registro Público de la Propiedad, aparece que solo posee 83 000 metros cuadrados, y que el tramo en cuestión ni siquiera es de su propiedad. Pero esto no se nos aceptó como prueba, porque en la Sección Instructora se opusieron a realizar un deslinde del terreno.

El expediente está plagado de falsedades.

Me acusan, simple y llanamente, por ser el superior jerárquico del Gobierno del Distrito Federal.

Por último, les preguntaría a ustedes: ¿dónde está el dolo y la mala fe, si el camino no se construyó? Tuvimos que hacer un camino alterno para comunicar al Hospital ABC. Ahí va a quedar la brecha que constata que no hubo ningún desacato.

El dolo y la mala fe es de quienes me acusan.

Tengo la conciencia tranquila. Desde hace muchos años que lucho por mis ideas y lo hago apegado a principios, uno de estos es, precisamente, hablar con la verdad y conducirme con rectitud.

Tengo la certeza absoluta de que no se me juzga por violar la ley sino por mi manera de pensar y actuar, y por lo que pueda representar, junto con otros mexicanos, para el futuro de nuestra patria.

Atendamos lo evidente: hoy en México se debaten dos proyectos de nación, y de nación en la globalidad, distintos y contrapuestos, y a los que verdaderamente mandan junto con los que mal gobiernan al país, les preocupa y les molesta que nuestro programa en la Ciudad —de crecimiento económico, generación de empleos, construcción de obras públicas, de educación, salud y vivienda y de apoyo a los más humildes y olvidados— se propague cada día más, se acredite entre la gente y se aplique a nivel nacional.

Este es el fondo del asunto. Por eso, y por ninguna otra causa, nos quieren atajar y me quieren quitar mis derechos políticos, con miras a las elecciones del 2006.

Quienes me difaman, calumnian y acusan son los que se creen amos y señores de México.

Son los que en verdad dominan y mandan en las cúpulas del PRI y del PAN.

Son los que mantienen a toda costa una política antipopular y entreguista.

Son los que ambicionan las privatizaciones del petróleo y de la industria eléctrica, algo que aún no consiguen tras la entrega sucesiva de los bienes nacionales.

Son los que utilizan al Estado para defender intereses particulares y rescatar instituciones financieras en quiebra.

Son los que, al mismo tiempo, consideran al Estado una carga y quieren desvanecerlo en todo lo tocante a la promoción del bienestar de los pobres y de los desposeídos que es, también, si bien se ve, el bienestar de una nación corroída por la desigualdad.

Son los que manejan el truco de llamar «populismo» o «paternalismo» a lo poco que se destina en beneficio de las mayorías, pero nombran «fomento» o «rescate» a lo demasiado que se les entrega a minorías rapaces.

Son los partidarios de privatizar las ganancias y de socializar las pérdidas.

Son los que han triplicado en veinte años la deuda pública de México.

Son los que defienden la política económica imperante, no obstante su serie de fracasos, que dan como resultado el cero crecimiento y el aumento constante del desempleo.

Son los que quieren cobrar IVA a los medicamentos y los alimentos, pero exentan de impuestos a sus amigos y protectores. Que la mayoría lo pague todo y que la minoría selecta nos dé por favor una limosna.

Son los que han socavado la calidad de vida de las clases medias.

Son los que han convertido al país en un océano de desigualdades, con más diferencias económicas y sociales que cuando Morelos proclamó que debía moderarse la indigencia y la opulencia.

Son los que han arruinado la actividad productiva del país y han obligado a millones de mexicanos a dejar sus hogares y sus familias para emigrar a Estados Unidos, arriesgándolo todo en busca de lo que mitigue su hambre y su pobreza.

Son los que quieren perpetuar la corrupción, el influyentismo y la impunidad, que son sus señas de identidad.

Son ellos los que tienen mucho miedo a que el pueblo opte por un cambio verdadero. Y ese miedo cobarde de perder privilegios los lleva a tratar de aplastar a cualquiera que atente contra sus intereses y proponga una patria para todos, y patria para el humillado.

Por eso utilizan al ciudadano presidente, a quien encumbraron para seguirse devorando al país, y a quien lanzan en mi contra para impedir que avance el movimiento de transformación nacional, capaz de crear una nueva legalidad, una nueva economía, una nueva política: una nueva convivencia social, con menos desigualdad, con más justicia y dignidad.

Un empresario me contó que el 10 de junio del año pasado, en una reunión en casa de Rómulo O'Farril, ese grupo compacto de intereses creados le dijo al ciudadano presidente —palabras más, palabras menos—: «Nos has quedado mal; no has podido llevar a cabo las privatizaciones y la reforma fiscal, pero eso ya no es lo que nos importa. Ahora, lo único que te pedimos es que por ningún motivo permitas que ese populista de Andrés Manuel llegue a la Presidencia».

Tal vez, a partir de entonces o de una lectura febril de las encuestas, al presidente de la República se le volvió una obsesión hacer campaña en mi contra. Eso es lo que explica este desafuero, tramado desde Los Pinos.

Por eso, con seguridad y firmeza, desde esta tribuna:

Acuso al ciudadano presidente de la República, Vicente Fox Quesada, de estos procedimientos deshonrosos para nuestra incipiente democracia.

Lo acuso de actuar de manera facciosa, con el propósito de degradar las instituciones de la República.

Acuso también por complicidad al presidente de la Suprema Corte de Justicia de la Nación, Mariano Azuela Güitrón, por supeditar los altos principios de la justicia y de la Constitución a las meras consignas políticas ordenadas por los intereses creados del momento.

Días antes de iniciar el procedimiento en mi contra, en abril del año pasado, el presidente de la Corte acudió a un encuentro con el ciudadano presidente olvidándose que su deber no es encubrir las arbitrariedades del titular del Poder Ejecutivo, sino el de proteger a los ciudadanos del atropello y del abuso.

Es más: dos días después de presentada la solicitud de desafuero, la Suprema Corte hizo publicar un desplegado donde, por anticipado, se trataba de legitimar este aberrante procedimiento en mi contra y se alababa la actuación de quienes actuaron por consigna haciéndose pasar por jueces.

Claro está que quienes me acusan tratan de justificar su actuación, hablando en nombre de la ley e invocando el Estado de derecho. Así ha sucedido siempre: todo acto autoritario suele encubrirse en un discurso de aparente devoción por la legalidad.

Lo cierto es que estos personajes no solo están envileciendo a las instituciones sino haciendo el ridículo.

Ahora resulta que en el país de la impunidad, en el país del Fobaproa, de los *Amigos de Fox*, del *Pemexgate* y otros latrocinios cometidos, permitidos o solapados por los que ahora me acusan y juzgan, a mí me van a desaforar, a encarcelar y a despojarme de mis derechos políticos por haber intentado abrir una calle para comunicar un hospital. Repito: por intentar abrir una calle para comunicar un hospital.

Ahora resulta que los Defensores del Derecho Supremo del Privilegio han convertido en un «grave delito», una supuesta infracción jurídica que amerita despojarme del cargo que legal y legítimamente me fue otorgado por los ciudadanos del Distrito Federal.

¿Ese es el Estado de derecho que pregonan?

¿Cuál Estado de derecho puede haber si en México los encargados de impartir justicia, en vez de proteger al débil, solo sirven para legalizar los despojos que comete el fuerte?

¿De cuál Estado de derecho hablamos si solo se castiga a los que no tienen con qué comprar su inocencia?

¿Qué Estado de derecho existe si la mayoría de los jueces, magistrados y ministros no tienen el arrojo para sentirse libres y todavía se comportan como empleados del Poder Ejecutivo Federal?

¡No señoras y señores!

Eso no es Estado de derecho. En México, desgraciadamente, el derecho ha significado por lo común lo opuesto a su razón de ser; el derecho que ha imperado ha sido el del dinero y del poder por encima de todo; el derecho de un modelo de país exclusivo para los privilegiados y el derecho de destruir a quienes pongan en peligro ese modelo.

Es un timbre de orgullo que se me juzgue como en otros tiempos se condenó a quienes han actuado en defensa de los derechos sociales, civiles y políticos.

Por ejemplo, cuando la dictadura porfirista presintió que sería derrotada en las urnas por Francisco I. Madero, decidieron sacarlo de la carrera presidencial inventándole cargos y conduciéndolo, finalmente, a prisión. Ya desde abril de 1910, para impedir su asistencia a la Convención Antirreeleccionista se le había acusado de invadir un predio ajeno para robarse una carga de guayule.

Cuando este cargo fracasó, por ridículo e infundado, se le acusó —siendo ya candidato a la Presidencia de la República— de proteger de la policía al orador Roque Estrada, quien había pronunciado un supuesto «discurso injurioso» en contra de las autoridades. De ese modo, Francisco I. Madero fue detenido en Monterrey y trasladado a la cárcel de San Luis Potosí, en donde radicaban los cargos.

Desde la prisión, Madero escribió a uno de sus partidarios:

Efectivamente, es un atentado incalificable el que se ha cometido conmigo, pero ha servido para quitar definitivamente la careta a nuestros gobernantes, para exhibirlos como tiranos vulgares y para desprestigiarlos completamente ante la opinión pública, a la vez que nuestro partido se ha fortalecido de una manera increíble. Por estas circunstancias no me aflige mi prisión, pues aquí descansando, creo que estoy prestando grandes servicios a nuestra causa.

También cuando se obtuvieron con engaños las renuncias de Francisco I. Madero y José María Pino Suárez, la mayoría de la Cámara de Diputados cometió la indignidad de desaforarlos —que a eso equivalió aceptar sus renuncias— y de prestarse a la farsa de «legalizar» un nombramiento que duró en el poder 45 minutos, tiempo solo suficiente para que el tal Pedro Lascuráin nombrara como secretario de Relaciones Exteriores a Victoriano Huerta y luego renunciara convirtiendo a «el Chacal» en presidente de la República.

Un dato más para comprender la historia, que es la maestra de la vida. Y que no se tome como un insulto, porque la verdad no es injuria: el bisabuelo de Santiago Creel, Enrique Creel, fue ministro de Relaciones de Porfirio Díaz, y su abuelo, Luis R. Creel, fue huertista y participó en La Decena Trágica.

También, para quienes padecen de amnesia, para los que creen que la política es una enciclopedia del conocimiento de las mañas y el golpe artero, a ellos conviene recordarles otro hecho indigno que pasó por esta Cámara de Diputados. Me refiero a la renuncia forzada ante la amenaza de desafuero de Carlos Madrazo Becerra.

En ese entonces, el pretexto fue un supuesto fraude con tarjetas de braceros cuando, en el fondo, se trataba de una venganza política porque Carlos Madrazo Becerra apoyaba, para la sucesión presidencial, al entonces regente Javier Rojo Gómez. Tan es así que, luego de ser encarcelado por cerca de nueve meses, una vez que se eligió a Miguel Alemán como candidato a la Presidencia, Carlos Madrazo obtuvo su libertad.

También estoy orgulloso de ser acusado por quienes engañaron al pueblo de México; por quienes ofrecieron un cambio y mintieron; por quienes se aliaron a los personajes más siniestros de la vida pública del pasado como Carlos Salinas de Gortari, y mantienen la misma política de siempre, esa donde todos los intereses cuentan, menos el interés del pueblo.

Lamento que el «voto útil» se haya convertido en «voto inútil», que se haya perdido tristemente el tiempo con el llamado «gobierno del cambio» y no se haya logrado nada, habiendo tantas demandas nacionales insatisfechas. Pero no hay mal que por bien no venga; hacía falta conocer a fondo a los santurrones, a los intolerantes, a los que hipócritamente hablan de «buenas conciencias» y del «bien común». Hacía falta que esas personas se exhibieran sin tapujos, con toda su torpeza, frivolidad, desparpajo, codicia y mala fe para saber con claridad a qué atenernos.

Diputadas y diputados:

Como deben suponer, estoy acostumbrado a luchar. No soy de los que aceptan dócilmente condenas injustas. Me voy a defender y espero contar con el apoyo de hombres y mujeres de buena voluntad que creen en la libertad, en la justicia y en la democracia.

Les repito: no me voy a amparar ni solicitaré libertad bajo fianza porque, sencillamente, no soy culpable y porque así protestaré de manera pacífica ante la arbitrariedad que se comete en mi contra y en contra de quienes luchan por la democracia y rechazan la injusticia.

Tampoco voy a recurrir a artimañas o a negociaciones vergonzosas. Nada, ni siquiera la aspiración al cargo más elevado de la República, podría justificar el hacer a un lado la dignidad y los principios.

No soy un ambicioso vulgar. No llevaré a nadie al enfrentamiento. Todo lo que hagamos se inscribirá en el marco de la resistencia civil pacífica.

Por último, diputadas y diputados, con sinceridad les digo que no espero de ustedes una votación mayoritaria en contra del desafuero. No soy ingenuo. Ustedes ya recibieron la orden de los jefes de sus partidos y van a actuar por consigna, aunque se hagan llamar representantes populares.

Claro está que otros diputados, los menos desgraciadamente, votarán con dignidad y decoro.

Pero los que van a votar en mi contra y los que cobardemente se abstendrán, pensando que hay justo medio entre ser consecuente o cortesano, no deben ufanarse por haber logrado un *desafuero patriótico* porque todavía la condena de ustedes tendrá que pasar por el escrutinio público, por la opinión y la decisión de la gente.

Estoy seguro que la mayoría de ustedes votará a favor del desafuero sin medir las consecuencias de sus actos, o porque piensan que podrán justificarse, como lo expresó increíblemente una diputada que llegó a decir: «¡Con esto empieza el Estado de derecho en México!».

Conste que el Estado aludido no se tardó y debutó muy mal.

Repito: ¿De cuándo a acá los más tenaces violadores de la ley, los saqueadores, quieren aparecer como los garantes del Estado de derecho?

Ustedes me van a juzgar, pero no olviden que todavía falta que a ustedes y a mí nos juzgue la historia.

¡Viva la dignidad!

¡Viva México!

Después de mi intervención en la Cámara, me retiré a mi domicilio, donde permanecí durante tres semanas en espera de que se ordenara mi detención. En todo este tiempo, Alejandro Encinas, secretario de Gobierno, actuó como encargado del despacho. Esos días los viví con mis hijos con mucha intensidad; fueron momentos llenos de emotividad y sentimientos. Todos los días, día y noche, había gente en la calle, afuera del edificio de Copilco. Había manifestaciones de apoyo, música y rezos, y pegaban cartulinas, expresando de distintas maneras su solidaridad. Todos los días por la mañana, desde el jardín cercano a mi domicilio, seguía yo informando a los ciudadanos sobre nuestra causa.

Por esos días, se llevó a cabo la maniobra de dos diputados locales panistas, Gabriela Cuevas Barrón y Jorge Lara, que, instruidos por Felipe Calderón y, en acuerdo con la PGR, pagaron una fianza de 2 000 pesos para que el juez encargado del asunto abriera el proceso en mi contra, lo cual iba a significar inhabilitarme políticamente, pero sin que yo fuera a la cárcel.

Ante esto, acudí personalmente al juzgado y presenté un escrito exponiendo mi inconformidad. Días después, el juez regresaba todo el expediente a la Procuraduría, argumentando que no había sustento jurídico.

Para entonces, la fuerza del movimiento ciudadano en contra del desafuero se había extendido en todo el país. Dondequiera que iba Fox había protestas. Cómo olvidar la escena en la que un estudiante en Oaxaca lo encaró con un cartel que decía: «Fox traidor a la democracia». Hasta la prensa extranjera hablaba de una burda maniobra política. Pero lo definitivo fue la Marcha del Silencio. Miles de ciudadanos caminamos, el 24 de abril, en una de las manifestaciones más grandes de la historia política de México. Allí informé que legalmente seguía siendo jefe de Gobierno del Distrito Federal, no solo porque fui electo de manera democrática, sino porque, jurídicamente, no estaba sometido a proceso judicial ni la Corte había resuelto la controversia constitucional que presentó la Asamblea Legislativa, con la asesoría del abogado Javier Quijano Baz, quien, dicho sea de paso, además de ser un profesional de primer orden, siempre me apoyó y formó parte del equipo que me asesoró jurídicamente.

En consecuencia, al día siguiente regresé a trabajar a mi oficina y dos días después, la noche del 27 de abril de 2005, Fox dio marcha atrás. En televisión, leyó un documento que decía:

> Quiero informarles que he decidido aceptar la renuncia que me ha presentado el procurador general de la República, Rafael Macedo de la Concha... Como presidente de un país democrático, asumo mi deber de garantizar, en el ámbito de mis atribuciones, que el proceso electoral de 2006 sea legítimo y que cada partido político participe en un ámbito de apertura, de respeto, sometidos todos a la ley y en defensa de nuestras instituciones... Mi gobierno a nadie impedirá participar en la próxima contienda federal.

En el transcurso de ese día, cuando ya se había filtrado que Fox rectificaría, Emilio Chuayffet, coordinador del Grupo Parlamentario del PRI en la Cámara de Diputados, había expresado con desconcierto: «Se nos rajó Fox».

Una vez más habíamos triunfado. El pueblo nos había sacado a flote. Pero la mafia de la política no iba a dejarnos en paz. El mismo Fox, como lo declaró varias veces posteriormente, seguiría empecinado en destruirnos. Esto lo comprobé inmediatamente después del desenlace sobre el desafuero. El día 6 de mayo de 2005 me entrevisté con él. Había pedido una audiencia con el ánimo de conciliar y contribuir a crear un ambiente de distensión que permitiera, mediante el diálogo y el apego a la auténtica legalidad, el fortalecimiento de las instituciones y de la democracia mexicana. Pero todo fue en vano. Fox solo tenía una idea: evitar a toda costa que yo fuera presidente de México.

A esa cita en Los Pinos llegué puntual. Me recibió el vocero, Rubén Aguilar, quien se había encargado de atacarme en el tiempo del desafuero. Él fue quien copió del periódico *La Crónica*, de Salinas, lo de llamarme «el señor López» —expresión que, por cierto, dio título a un buen documental de Luis Mandoki llamado *¿Quién es el señor López?*—. También estaba Felipe González, subsecretario de Gobernación, porque Fox no aceptó reunirse a solas conmigo ni quiso tampoco que hubiera medios de comunicación. Me ofrecieron un café antes y, cuando entramos a la oficina de Fox, apareció él de pie, serio, endurecido, hecho un tonto. Yo iba tranquilo, relajado.

Cuando nos sentamos, expresó: «Dígame». Yo llevaba un *acordeón*, un guioncito de los asuntos que quería tratar. Uno de ellos era agradecerle porque, a pesar de la tardanza, había rectificado, y eso era bueno para todos, ya que se había evitado el agravamiento de una crisis política. Desde entonces le sugerí que los procesos electorales debían llevarse a cabo de manera transparente. Me acuerdo de que la respuesta fue «Eso le corresponde al IFE». El segundo tema fue invitarlo a la inauguración de una obra vial. «Que lo vea el secretario de Gobernación», me respondió. Ya cuando me di cuenta de que estaba en ese plan, prácticamente dejé de tratarle asuntos. En eso estábamos cuando el subsecretario, sin darse cuenta de lo tenso del ambiente o pensando que así era nuestra relación, intervino y le dijo: «Presidente, ya hablé con Andrés Manuel» —porque en la antesala me había comentado sobre un estudio que estaban haciendo de manera conjunta el Gobierno de la ciudad y el Gobierno federal— «sobre el mantenimiento del drenaje profundo». Volteé justo en ese momento y de reojo vi que Fox le hacía una seña, tocándose el reloj como diciendo: «¡Tiempo, ya estuvo bien!». Y así terminó la entrevista. Me paré. «Nos vemos». «Nos vemos». Por la ventana veía yo el helicóptero en el cual, al terminar, se trasladó de nuevo a Guanajuato.

Me cuentan que, antes de trasladarse a la Ciudad de México —porque estaba en León— comentó: «Una disculpa porque abusé de su tiempo, lo que sucede es que no quiero llegar a México y quiero tardarme lo más que se pueda…». Es decir, venía a regañadientes, enojado. Apenas terminó la entrevista de diez minutos, se fue de nuevo.

Cuando salí de Los Pinos, los primeros sorprendidos fueron los periodistas, porque no imaginaban que la reunión sería tan breve. Por fortuna, yo había dicho que la conferencia de prensa la iba a dar en la sede del Gobierno de la ciudad, que no hablaría a la salida. En la rueda de prensa, de manera responsable dije que había sido bueno el encuentro; una mentira piadosa para no agravar más las cosas y no continuar con la confrontación pública. «Oiga, pero tardó usted muy poco, fue muy rápido». «Sí, pero… breve y bueno, doblemente bueno». «Pero, ¿qué trataron?». Les recité el guion: nada. La verdad, no hubo ningún diálogo. Fue un desencuentro. Esa fue la última vez que lo vi y esperaba no volvérmelo a encontrar, pero por desgracia, cuando en 2012 me invitaron en mi carácter de candidato a la Presidencia a una misa colectiva en Guanajuato, con motivo de la llegada del papa Benedicto XVI, allí estaba él. Ni modo, en esa ocasión tuve mala suerte.

Capítulo 5

LA PRIMERA ELECCIÓN PRESIDENCIAL Y EL FRAUDE DE 2006

El 19 de enero comencé la campaña presidencial en Metlatónoc, en la montaña de Guerrero, una de las regiones más pobres del país. Una vez más, quise dejar de manifiesto mi compromiso con los desposeídos y olvidados de México. Durante diez meses de precampaña y campaña, recorrí 140 000 kilómetros de autopistas, carreteras y caminos de terracería para llegar a ciudades y pueblos de todas las regiones de México; realizamos 681 mítines y nos reunimos con 3 500 000 personas. Desde el principio opté por apoyarme en la gente para hacer campaña. La idea fue desatar la creatividad y el ingenio de los mexicanos, como había sucedido ya durante el movimiento contra el desafuero. De esta forma, muchas mujeres y hombres se convirtieron en promotores del cambio: se dedicaron a convencer a vecinos, familiares y compañeros de trabajo; corrían la voz; elaboraban volantes y los distribuían; hacían sus propias cartulinas, mantas, banderas; pintaban bardas y colocaban la propaganda en casas, autos o centros de trabajo. En fin, puedo decir que esta lucha la hicimos entre todos y que así se debe seguir haciendo.

Otra característica fue que la campaña no se limitó a la publicidad o a la mercadotecnia, porque no se trataba de introducir un producto al mercado, sino de postular y transmitir ideas para la transformación del país. Además, las campañas que se sustentan únicamente en la publicidad requieren mucho dinero y nosotros no estábamos dispuestos a conseguirlo a cambio de subordinar principios y decisiones futuras, sometiéndonos a grupos de intereses creados a cambio de financiamiento electoral. Desde el principio dije que no quería llegar a toda costa a la Presidencia de la República ni dejar trozos de dignidad en el camino. Con mucha claridad, sostuve que no quería el cargo para pasármela pagando facturas a potentados o al hampa de la política; que no quería llegar atado de pies y manos, sino con absoluta libertad para poder cumplir con el compromiso de transformar al país.

•••

Debe saberse que varios de los hombres más ricos de México me ofrecieron dinero. Nunca acepté. Sostengo que quien acepta este tipo de *ayuda* termina sometiéndose y pierde su libertad.

En los niveles de la política mafiosa que imperaba en el país, nadie da nada sin pedir algo a cambio. Con esa consideración en mente, me negué a reunirme con Elba Esther Gordillo. Muchos, incluidos los paladines de la llamada «izquierda moderna», podrán decir que política es negociación. Sí, siempre y cuando no se comprometan principios y se pierda la dignidad. Ahora más que nunca, quien gobierne México necesita autoridad moral. Además, ¿de qué sirve el poder si se llega a él sin libertad para transformar? ¿Acaso se piensa que sería posible cambiar el país si se hacen compromisos vergonzosos con la oligarquía y con el hampa de la política? No. Por eso sostengo que Felipe Calderón fue un pelele y esto no es un insulto sino una descripción. ¿No es grotesco que le haya entregado la Secretaría de Educación Pública a Elba Esther Gordillo? El tiempo que Calderón estuvo en la Presidencia lo dedicó a pagar facturas o favores a quienes lo apoyaron con dinero o le ayudaron en el fraude para imponerlo.

Tampoco hay que engañar a nadie, es decir, recibir dinero, hacer compromisos y no cumplir. Eso es perverso y temerario. En un nivel menor —porque estamos hablando de la gran mafia de la política mexicana—, cuando en campañas de gobernadores o de presidentes municipales se recibe dinero o se hacen tratos con el narcotráfico, si se cumplen los acuerdos, se cae en el delito de asociación delictuosa, en la esfera del derecho penal; y si no se cumplen, la delincuencia organizada no perdona. Por eso yo no engañé a nadie. Actué con franqueza. Traté de convencer y persuadir de que era necesario un cambio real y que nuestro triunfo no significaba una amenaza para nadie; afirmé que incluso podría convenirles porque ya no era posible mantener al país en franco deterioro, en decadencia. Pero las cúpulas no fueron capaces de entender ni de aceptar nada. Decidieron optar por el fraude y nos robaron la elección. Prefirieron seguir viviendo en el mundo de los carros blindados y rodeados de guaruras, o pasando largas temporadas en el extranjero, en vez de contribuir a la renovación de la vida pública en México.

•••

Nunca en la historia reciente de México, una campaña política se había definido con tanta claridad a partir de dos proyectos de nación no solo distintos, sino contrapuestos. Este proceso ubicó a cada quien en su lugar. Se mostraron con pasión las preferencias o discrepancias políticas de los ciudadanos hasta en el mismo seno familiar; quedaron al descubierto el pensamiento y los intereses que representan periodistas, intelectuales, empresarios y otros miembros de la llamada sociedad política.

Nuestros adversarios tuvieron que salir a defender con descaro el proyecto antipopular y entreguista, que se aplicaba, con expresiones tan directas como las de Fox: «Debemos seguir por el mismo camino», o la otra: «Hay que cambiar de jinete, pero no de caballo». También el sector empresarial apostó por mantener la misma política económica y el candidato de la derecha se alineó expresando que él no cambiaría el modelo económico ni revisaría el Tratado de Libre Comercio de América del Norte. Nosotros, por el contrario, sostuvimos que el país ya no aguantaba más de lo mismo y que eran necesarias una rectificación en el rumbo y una transformación profunda. También sostuve que se debía cambiar la forma de hacer política y, sobre todo, que era imprescindible terminar con los privilegios.

Durante mi campaña definimos casi a detalle el Proyecto Alternativo de Nación. Dijimos que, al llegar a la Presidencia, nos comprometíamos a reactivar la economía, a generar empleos y a garantizar mejores condiciones de vida para la mayoría de nuestro pueblo. Sacaríamos al campo del abandono en que se encontraba; se fomentaría al sector agropecuario, pesquero y forestal; apoyaríamos a comuneros, ejidatarios y a pequeños propietarios; se fijarían precios de garantía; se protegería a los productores nacionales, como lo hacen casi todos los Gobiernos del mundo; impulsaríamos la industria de la construcción, no solo porque hacía falta crear infraestructura y realizar obras públicas, sino porque de esa manera reactivaríamos rápido la economía y se generarían muchos puestos de trabajo; fomentaríamos el turismo para generar divisas y empleos, protegiendo el medio ambiente y el patrimonio histórico y cultural.

Modernizaríamos el sector energético para convertirlo en palanca del desarrollo nacional; cambiaríamos la política petrolera, que consistía básicamente en vender petróleo crudo al extranjero e importar gasolinas, gas y productos petroquímicos; de esa forma, daríamos valor agregado a la materia prima; integraríamos todo el sector energético; se invertiría lo necesario en investigación científica y tecnológica. Se buscarían fuentes alternas para la generación de energía. Propusimos construir refinerías para dejar de importar gasolinas y extraer el gas que México tiene en el subsuelo. Hicimos el compromiso de no aumentar el precio de la energía eléctrica, el gas, las gasolinas y el diésel para impulsar la industrialización del país y ser competitivos en el mercado internacional, sin privatizar la industria eléctrica ni el petróleo.

Nuestra propuesta significaba progreso con justicia, porque, como decía don Jesús Silva Herzog, progreso sin justicia es retroceso. Reiteraba, también, que estábamos a favor de la modernidad, pero forjada desde abajo y para todos. En consecuencia, nos comprometimos a empezar a pagar la deuda que tenemos con las comunidades y con los pueblos indígenas de México, la verdad más íntima de nuestro país. Dijimos que dotaríamos de servicios públicos a las colonias populares de las grandes ciudades, incluidas las ciudades fronterizas y los principales centros turísticos. Se aplicaría el programa de la pensión alimentaria para todos los adultos mayores del país. Se apoyaría con becas a personas con discapacidad y a madres solteras. Se garantizaría la atención médica y los medicamentos de manera gratuita. Se fortalecería la seguridad social y se atendería de manera prioritaria la educación pública gratuita y de calidad en todos los niveles escolares; de manera específica, cumpliríamos el compromiso de garantizar 100% de cobertura en educación superior: ningún joven sería rechazado en las universidades públicas.

Daríamos la atención que merece a la actividad cultural. La política en esta materia la definirían los propios creadores y de ellos saldría el nuevo responsable de su aplicación. Fomentaríamos la práctica del deporte, tanto en su vertiente de esparcimiento y salud como en la de alto rendimiento.

Asimismo, reafirmé que la política exterior de nuestro gobierno se sujetaría a los principios constitucionales de no intervención, autodeterminación de las naciones, solución pacífica de las controversias y cooperación para el desarrollo. Tener buenas relaciones con todos los pueblos y Gobiernos del mundo porque llevaríamos a cabo una política exterior mesurada, nada protagónica; no seríamos candil de la calle y oscuridad en nuestra casa. Aplicaríamos el criterio de que la mejor política exterior es la interior, en el entendido de que, si hacemos bien las cosas en nuestro país, si hay progreso, justicia, seguridad y paz social, van a respetarnos afuera. Dijimos también que no nos meteríamos en asuntos de otros pueblos y otros Gobiernos porque no queríamos que nadie interviniera en los asuntos que solo competen a los mexicanos, como país libre y soberano que somos; y subrayé que el presidente de México no sería pelele de ningún Gobierno extranjero.

Propusimos dar un enfoque social al problema de la inseguridad pública. Sostuvimos que la mejor manera de enfrentar la delincuencia es crear mejores condiciones de vida y de trabajo para nuestro pueblo, sin dejar, por supuesto, de atender los efectos. Combatiríamos la corrupción en los cuerpos policiacos; no permitiríamos ninguna forma de asociación entre la delincuencia organizada e instancias o personas del Gobierno, porque en ese caso no hay fronteras, no hay autoridad. No caeríamos en la torpeza de combatir a una banda y proteger a otra. La ley, dijimos, se tiene que aplicar por parejo y sin contubernio.

También expresé que aspirábamos a establecer en México la justicia en el marco de la libertad y el respeto. Gobernaríamos con apego a la Constitución y a las leyes. Se fortalecería la división y el equilibrio entre los poderes. No se permitirían violaciones a las garantías individuales y a los derechos humanos. Demostraríamos que la gobernabilidad es posible sin autoritarismo y sin represión y cumpliríamos con la responsabilidad del Gobierno de mantener la estabilidad social y política. Una autoridad democrática —explicamos— tiene que garantizar la gobernabilidad mediante el diálogo, el acuerdo y la tolerancia sin recurrir a la represión. Me comprometí a hacer valer el principio juarista de «Nada por la fuerza, todo por la razón y el derecho».

Ofrecimos garantizar la libertad de expresión, la libertad religiosa, la libertad de crítica, el derecho a disentir y los derechos de las minorías. También repetí muchas veces que la venganza no es mi fuerte. No odio ni albergo rencores; soy un hombre feliz. Lo único que quiero y por lo que he luchado —y seguiré luchando hasta que me retire de la vida pública— es contribuir a lograr una sociedad mejor, sin clasismo, racismo, discriminación, ni privilegios. Es más, el domingo 28 de junio de 2006, en el Zócalo, en el acto del cierre de campaña, dije que inmediatamente después del triunfo electoral convocaría a representantes de empresarios, de las iglesias, de la sociedad civil; a representantes de indígenas, campesinos, obreros, profesionales e intelectuales, para construir un acuerdo, un nuevo pacto nacional, con el propósito de desterrar el influyentismo, la corrupción y la impunidad, y encauzar a México por el camino del progreso, la justicia y la verdadera legalidad.

•••

Durante la campaña siempre expliqué de manera sencilla cómo íbamos a financiar el desarrollo del país y a cumplir con nuestros compromisos.

Ante la insistencia de nuestros adversarios acerca de que nuestra propuesta de crecimiento, empleo y bienestar provocaría el endeudamiento del país, dije muchas veces que actuaríamos de manera responsable, mantendríamos el control de las variables macroeconómicas y no habría déficit público —es decir, no gastaríamos más de lo que recaudáramos—, se garantizaría la autonomía del Banco de México y se controlaría la inflación. En pocas palabras: habría un manejo técnico, no ideológico, de la economía.

Además, sostuve que nuestra fórmula para financiar el desarrollo no requería la contratación de deuda pública ni de aumentar o crear nuevos impuestos. Nuestra propuesta para obtener recursos y financiar el desarrollo se sustentaba, como ahora, en tres grandes decisiones:

Primero. Combatir la corrupción. No permitir que se robaran el presupuesto que es dinero del pueblo. Siempre he sostenido que nada ha dañado más al país que la deshonestidad de los gobernantes, esa es la causa principal de la desigualdad social y económica. Siempre he creído, también, que no solo hay que combatir la corrupción por razones de índole moral sino también porque con ello se liberan fondos para el desarrollo.

Segundo. Implementar una política de austeridad de Estado para impulsar el crecimiento y garantizar el bienestar. Para logar propósito se reduciría el costo del Gobierno para la sociedad. Teníamos bien estudiado cómo ahorrar 100 000 millones de pesos desde el primer año, lo cual implicaba terminar con los privilegios en las altas esferas del Gobierno. Repito: en ninguna circunstancia, y menos en una situación de estancamiento económico, desempleo y empobrecimiento, los servidores públicos pueden disponer del presupuesto para obtener altos salarios, prestaciones, beneficios y comodidades. Por el contrario, esos recursos deben canalizarse a la atención de las necesidades apremiantes de la gente. No puede haber Gobierno rico con pueblo pobre.

Tercero. Terminar con los privilegios fiscales. En México se tenía una evasión fiscal de hasta 50%. Éramos uno de los países con más privilegios fiscales en el mundo. Por ejemplo, los influyentes, los que estaban cerca de la Secretaría de Hacienda o de Los Pinos, no pagaban impuestos, y cuando los pagaban se los devolvían. Era una gran injusticia, pues los que sí aportaban sus contribuciones eran los integrantes de las clases medias, los pequeños y medianos empresarios, los comerciantes, los profesionales y el pueblo raso, pero no los de arriba. Prometí que esto terminaría y que con ello se fortalecería la hacienda pública y contaríamos con recursos suficientes para financiar el desarrollo del país. Según nuestros cálculos, evitando la evasión fiscal y terminando con los privilegios que significaban los regímenes especiales para las grandes corporaciones económicas y financieras, íbamos a poder obtener, desde el primer año de gobierno, alrededor de 200 000 millones de pesos anuales de ingresos adicionales.

• • •

Como era inevitable, el Proyecto Alternativo de Nación fue creando recelo entre quienes no aceptan ningún cambio en la vida pública del país. No olvidemos que, a pesar de los grandes y graves problemas nacionales y, sobre todo, de la crisis económica y de bienestar social que se padecía, el régimen de corrupción y privilegios era benéfico para una pequeña élite que se había enriquecido obscena y descaradamente al amparo del poder público. Aun con la *cacareada* salida del PRI de Los Pinos y la llegada de Fox, en México siguió mandando una oligarquía con fachada de democracia. La alternancia fue una burda simulación.

El trabajo de Fox y de Salinas consistió en unir al grupo de potentados en contra de nosotros. Ellos fueron los principales orquestadores de toda la campaña que desembocó en el fraude electoral. Fox siempre utilizó la investidura presidencial y los recursos del Estado para impedir por todos los medios que yo llegara a la Presidencia de la República. De hecho, convirtió la residencia oficial de Los Pinos en la casa de campaña del candidato de la derecha. Se dedicó de principio a fin a hacer el trabajo sucio en mi contra. Por ejemplo, en noviembre de 2005, le pidió al presidente del Partido Verde Ecologista, Jorge Emilio González Martínez, que se uniera en coalición con el PAN y ayudara a Felipe Calderón porque yo representaba «un peligro para México». El diálogo fue grabado por el propio González Martínez. En fin, es vergonzosa la manera en la que Fox degradó su responsabilidad de jefe de Estado y se comportó como jefe de grupo o de camarilla.

• • •

Como decía, la Presidencia alineó en nuestra contra a la cúpula del sector empresarial. Los más importantes hombres de negocios vinculados al poder se unieron con diversas motivaciones para apoyar abiertamente al candidato de la derecha. En ello tuvieron una actuación muy destacada Gastón Azcárraga y Claudio X. González, presidente y expresidente, respectivamente, del Consejo Mexicano de Hombres de Negocios. El primero le había ayudado a Fox con recursos durante su campaña en 2000 y este, en pago, prácticamente le regaló la Compañía Mexicana de Aviación. Azcárraga fue uno de los traficantes de influencias más beneficiados del sexenio: según la revista *Expansión,* ocupaba el lugar 55 entre los hombres más ricos de nuestro país y en los primeros años del gobierno espurio de Calderón saltó al séptimo lugar. En cuanto a Claudio X. González, había sido por muchos años presidente del Consejo de la empresa Kimberly-Clark de México y fue asesor económico de Carlos Salinas de Gortari. Como es lógico, estos dos personajes siempre nos vieron con malos ojos y se dedicaron a hacer labor en el interior del gremio empresarial en contra de nosotros.

También participaron en la campaña los presidentes de los organismos de segundo rango del sector empresarial. Cabe decir que la mayor parte de estas corporaciones, cámaras y consejos está representada por gerentes o empresarios que actúan como empleados de los grandes hombres de negocios y desde tiempo atrás están vinculados al PAN. Por ejemplo, antes de ser secretario de Gobernación, Carlos Abascal había sido presidente de la Confederación Patronal de la República Mexicana (Coparmex); y quien durante la campaña era representante de este organismo, Alberto Núñez Esteva, se atrevió a decir en Mérida, Yucatán, que habían hecho la guerra sucia en mi contra «Porque el futuro lo conquistan los audaces» (*La Jornada*, 27 de octubre de 2006). A esta misma pandilla pertenece José Luis Barraza González, el entonces presidente del Consejo Coordinador Empresarial, un panista de Chihuahua vinculado a la histórica familia Terrazas que se dedicó de tiempo completo a atacarnos.

Otro personaje que se empleó a fondo en contra de nosotros fue el banquero Roberto Hernández, uno de los traficantes de influencias más beneficiados de la política económica neoliberal. En esta historia todos tienen nombre y apellido.

No podemos referirnos a cada uno de los perjudicados, porque son millones, pero sí a los beneficiados, que han sido muy pocos. Este es el caso de Roberto Hernández, quien antes se dedicaba a la especulación financiera y en el gobierno de Salinas, a raíz de la privatización de los bancos, de la noche a la mañana, apareció como el principal accionista de Banamex.

Desde entonces, Roberto Hernández tuvo mucha influencia política: primero apoyaba al PRI. En 1994 aportó tres millones de dólares a la campaña de ese partido, como aparece en el estado de cuenta del fideicomiso F/1718-0 del Comité Ejecutivo Nacional del PRI-Banca Cremi en el periodo del 26 de julio de 1993 al 29 de octubre de 1994. Es necesario recordar que en vísperas de las elecciones presidenciales de 1994 declaró: «Si pierde el PRI, la fuga de capitales alcanzará 50 000 millones de dólares, se irán a las nubes las tasas de interés, se restringirá el crédito bancario y se profundizará el desempleo». En efecto, todo eso pasó, pero no porque haya perdido el PRI, sino por la crisis que ocasionaron el saqueo y el desbarajuste financiero durante el salinismo. Lo inaudito es que, a pesar de la crisis de diciembre de 1994, que dejó sin patrimonio y afectó a millones de mexicanos, Roberto Hernández, en vez de salir perjudicado, se benefició, *cayó parado*. Fue uno de los banqueros rescatados en demasía por el Fobaproa y conservó la propiedad del banco. En este caso, no podría aplicarse la máxima de Keynes según la cual «un buen banquero no es aquel que prevé el peligro y lo evita, sino aquel que cuando está arruinado, lo está de una manera convencional y ortodoxa junto con todos sus colegas para que así nadie pueda echarle la culpa». Por eso, sostengo que estos personajes, en sentido estricto, no son empresarios o banqueros sino traficantes de influencias.

La historia de Roberto Hernández no termina aquí. En la campaña de 2000, además de apoyar al candidato del PRI, con mucho olfato y oportunismo, también aportó a la campaña de Fox, quien había estudiado con él. De modo que, al integrar el nuevo gobierno, Fox, por su recomendación, puso en la Secretaría de Hacienda a Francisco Gil Díaz, quien había sido subsecretario de esa dependencia durante el gobierno de Salinas y posteriormente se había convertido en director de Avantel, una de las empresas del banquero. No es extraño que el primer gran negocio turbio realizado en la administración foxista haya sido precisamente la venta de Banamex a Citigroup. El banco del que Roberto Hernández era el principal accionista fue vendido en 12 000 millones de dólares sin pagar un centavo de impuestos. Este tipo de operaciones no se da en ningún lugar del mundo; lo subrayo porque los defensores del modelo neoliberal son muy dados a utilizar el discurso demagógico de la legalidad, la globalización, el libre comercio, la competencia, «las mejores prácticas» y «los más altos estándares internacionales», siempre y cuando, claro está, sean ellos los beneficiados. Además, al mismo tiempo que a Hernández se le condonaban 3 000 millones de dólares de impuestos —porque eso era lo que debía pagar—, Fox también estaba proponiendo, a partir de una recomendación de su secretario de Hacienda, el exempleado de Roberto Hernández, que todos los mexicanos pagaran IVA en alimentos y medicamentos.

Como es obvio, a Roberto Hernández no le convenía que nosotros ganáramos la Presidencia de la República. Ya desde el desafuero, en una reunión con sus socios, sugería que se debía actuar en mi contra sin contemplaciones, que cuando mucho habría uno o dos meses de protestas callejeras y que él ni siquiera estaría en el país porque pensaba permanecer una buena temporada en el extranjero. Durante la campaña me encontré con él en una reunión del Consejo de Administración de Televisa. Me invitaron y acepté participar en un encuentro llevado a cabo en Valle de Bravo. En esa reunión, expliqué por qué se debía cambiar la política económica en curso y argumenté sobre la necesidad de una renovación tajante de la vida pública. Les hablé con franqueza porque no utilizo un doble discurso; no me gusta *dorarle la píldora* a nadie. Lo que digo en un mitin ante la gente es lo mismo que sostengo en una entrevista en medios de comunicación o lo que comento en ese tipo de reuniones. Antes, por ejemplo, había estado con inversionistas estadounidenses, y cuando me preguntaron sobre la privatización del petróleo, externé que bajo ninguna modalidad iba a permitir la privatización de la industria eléctrica y del petróleo.

Lo cierto es que a algunos de los participantes en el encuentro de Valle de Bravo les sorprendió la franqueza con la que expresé mi posición porque pensaban que como estaba en campaña iba a utilizar un lenguaje ambiguo. Recuerdo que uno de los seudoempresarios más beligerantes fue el hijo de Claudio X. González, quien desde entonces y hasta nuestros días vive conspirando en contra nuestra con dinero del Gobierno de Estados Unidos y vínculos con funcionarios de ese país.

Roberto Hernández tomó la palabra para reclamarme sobre mis cuestionamientos por el asunto de la venta de Banamex. Sostuvo que todo se había hecho de manera legal. Yo le contesté que, aun aceptando sin conceder, como dicen los abogados, que fuera legal, a todas luces había sido una inmoralidad no pagar los impuestos por la venta del banco. Pero hay que aclarar que tampoco fue legal. Es producto del más descarado influyentismo. De manera expedita, cinco dependencias del Gobierno federal autorizaron la compra-venta y se aparentó que la operación se llevaba a cabo en la Bolsa Mexicana de Valores para no pagar impuestos. Hay que tomar en cuenta que existía un ordenamiento legal que exentaba del pago de impuestos a quienes obtenían ganancias en la compraventa de acciones de las empresas que cotizan en la Bolsa. Sin embargo, Citigroup no cumplía con este requisito, porque sencillamente no cotizaba en la Bolsa. Fue una transa.

Como se comprenderá, después de este ríspido intercambio de puntos de vista en Valle de Bravo, Roberto Hernández, además de dar dinero a Felipe Calderón, hizo campaña en contra de nosotros por todos lados. Un dato adicional: este banquero es muy amigo de la maestra Elba Esther Gordillo. A fin de cuentas, forman parte de lo mismo. Es como una hermandad: se apoyan y defienden mutuamente. En agosto de 2003, los enemigos que la maestra tenía en el PRI difundieron una conversación telefónica realizada en junio de ese año, cuando la maestra estaba a punto de ser coordinadora del grupo parlamentario de ese partido en la Cámara de Diputados, en la cual el banquero le decía, desde Londres, que era necesario impulsar las llamadas «reformas estructurales», o sea, privatizar la industria eléctrica y el petróleo. Aquí un fragmento:

Elba Esther Gordillo (EEG): Muy entusiasmada, reuniéndonos con algunos actores para ver sobre lo hacendario, sobre la reforma energética, que ya ves que está ahí muy en la discusión. Nos hemos reunido con Barrio, entre otras cosas. Amén de saludarte, manifestarte una vez más como siempre mi cariño, mi reconocimiento.

Roberto Hernández (RH): Ah, qué linda.

EEG: Porque están habiendo reuniones con empresarios, con banqueros, con una serie de gentes para ir ideando qué vamos a hacer. En días pasados la comida fue en casa de Francisco Barrio. Estuvieron algunas personalidades como Carlos Slim, Federico Reyes Heroles; ya te imaginarás, y a mí me toca el 24.

RH: Oye, ¿por qué no invitas a Alfredo Harp Helú?

EEG: A Alfredo Harp, cómo no.

RH: Invítalo, le va a dar mucho gusto, porque yo no estoy pensando en regresar hasta el año que entra, ¿eh?

EEG: Estoy de acuerdo. Nada más que quiero que sepas que en todos los actos que hago y realizo estás presente.

[…]

RH: Bueno, oye, te decía... Fíjate que lo de las reformas es muy importante. No sabes. Tú estarás más al tanto, pero ahora que yo estoy viviendo aquí [en Londres] los problemas de la falta de haber tomado a tiempo las reformas en toda Europa, especialmente las laborales, ya está creando un problema. O ya... A Francia la tienen parada los sindicatos ahora, aunque el Gobierno ya se fajó y va para adelante, ¿verdad? Pero yo creo que la reforma, sobre todo la fiscal, impuestos...

EEG: Impuestos, la laboral, ¿no?

RH: La laboral no tanto. Mira, yo te diría que son impuestos y la parte energética.

EEG: Ajá, muy bien.

RH: Y yo creo que con esas dos que...

EEG: Que sacáramos adelante, ¿verdad?

RH: Y yo creo que va a haber una ventana a finales de año, en el último trimestre, que se pudieran poner de acuerdo...

∙ ∙ ∙

Un caso especial fue la actitud del Grupo Monterrey. Con el influjo de Salinas y con el pragmatismo que siempre los ha caracterizado, estos importantes empresarios llegaron fácilmente a la conclusión de que yo no les convenía porque iban a perder sus privilegios fiscales.

Una anécdota puede servir para entenderlo todo: en plena campaña presidencial, Genaro Góngora Pimentel, por entonces ministro de la Suprema Corte, impartió una conferencia en Monterrey. Al terminar, un grupo de empresarios lo invitó a una cena privada. Durante la sobremesa, él les preguntó si verdaderamente creían que yo era una amenaza contra los negocios y si creían que yo iba a nacionalizar empresas, a perseguir a los empresarios y a emular al presidente de Venezuela, Hugo Chávez. Uno de los empresarios más representativos, con franqueza norteña, le respondió: «Por supuesto que nosotros no creemos en las leyendas negras. Las fabricamos y las alimentamos con dinero en los periódicos, en la televisión, con los correos electrónicos; donde podemos». Ante el desconcierto de Góngora, el empresario fue explícito: «Mire usted, el presidente Echeverría autorizó a nuestras mayores empresas para que difirieran el pago del impuesto sobre la renta; el régimen siguiente, de López Portillo, ratificó la medida; y así, uno tras otro, todos los presidentes hasta Fox han confirmado esta autorización. Imagínese lo que esto ha significado para nosotros, ¿cree usted que López Obrador va a aceptar mantener este trato?». El invitado se quedó en silencio. Era obvio que yo no aceptaría mantener los privilegios fiscales; además de que a nadie le gusta ser expulsado del paraíso.

Aquí conviene puntualizar sobre las características y las dimensiones de este trato especial a los potentados de México. Por ejemplo, un trabajador o un integrante de la clase media, según sus ingresos, paga de 15 a 28% de Impuesto Sobre la Renta (ISR). Sin embargo, por los privilegios fiscales que se otorgaban mediante regímenes especiales, los grandes monopolios reducían al mínimo el pago del ISR, al grado que Cemex, con un margen de utilidad de 40%, en 2005 solo pagó 2.2% del ingreso sobre sus ventas; Telmex, con un margen operativo de utilidades de 50%, pagó de impuestos 7.1%; América Móvil (Telcel), 0.2; Femsa (Coca-Cola), 4.4; Bimbo, 2.7; Grupo Carso, 2.7; Coppel, 0.3; Walmart, 2.4; Grupo Maseca y Vitro reportaron «pérdidas» de –2.9; y –2.0%, respectivamente. A lo anterior se debe agregar que, como ya expresamos, las operaciones multimillonarias que se hacían en la Bolsa de Valores estaban exentas de impuestos. En 2004, las empresas pagaron ISR por 118 000 millones de pesos, mientras que los asalariados contribuyeron con 182 000 millones; es decir, los trabajadores de México pagaron 64 000 millones más que todo el sector empresarial. Esto a pesar de que, en ese mismo año, según cifras oficiales, las empresas recibieron 60% del ingreso nacional, y los trabajadores, apenas 30%. Por si fuese poco, a estos hijos predilectos del régimen se les permitían prácticas monopólicas, con lo cual cerraban la pinza para obtener utilidades que difícilmente habrían podido alcanzar sus homólogos en otros países del mundo.

Las prácticas monopólicas vigentes durante el periodo neoliberal siempre perjudicaban a los consumidores y en especial a la clase media, porque la clase baja apenas sobrevivía; carecía del mínimo poder adquisitivo necesario. Recuérdese que en ese entonces el salario mínimo en México era una décima parte del existente en Estados Unidos. En contraste, los cobros de bienes y servicios en nuestro país eran extremadamente exagerados. Por ejemplo, en 2007, los mexicanos pagábamos por el cemento gris 223% más que los estadounidenses; 260% más por internet de banda ancha; 312% más por telefonía celular; 88% más por servicio telefónico de línea fija; 230% más por llamadas de larga distancia nacional; 116% más por electricidad residencial de alto consumo; 131% más por electricidad comercial; 36% más por electricidad de alta tensión; 9% más por la gasolina Magna; 22% más por la gasolina Premium; entre 109 y 162% más por las tarjetas de crédito; 116% más por televisión por cable; 126% más por crédito a la vivienda, y 3 600% más por comisiones bancarias a compras con tarjeta en almacenes. Lo anterior explicaba, en parte, por qué éramos un país de oligarcas gordos y pueblo flaco. Esto explica también por qué a Fox y a Salinas no les costó mucho trabajo reagrupar a estas élites para hacernos la guerra.

•••

La injerencia de Fox en el proceso electoral no tuvo límite: desde el principio hubo plena correspondencia entre el Gobierno federal y el equipo de campaña de Felipe Calderón y ambos hacían reuniones conjuntas. La coordinación era plena: por ejemplo, iba Calderón a un estado y detrás iba Fox; o al revés, iba primero Fox y después Calderón. Incluso, planeaban y coincidían hasta en el manejo del discurso. Todo armado en común acuerdo. La secretaria de Desarrollo Social, Josefina Vázquez Mota, fue la coordinadora de la campaña de Calderón para manejar con propósitos electorales los padrones de beneficiarios de los programas de gobierno.

Se utilizó abiertamente el gasto público para apoyar al candidato del PAN. Entre enero y mayo de 2006, el gasto público registró un crecimiento, en términos reales, de 12.5% con respecto al mismo periodo del año anterior. Funcionarios de diversas dependencias federales actuaron como comisionados políticos en los estados y de manera directa o por medio del secretario de Gobernación, el presidente se dedicó a presionar a los gobernadores del PRI y del PRD para conseguir el apoyo a favor del candidato de la derecha. Los que no estuvieron de acuerdo fueron bloqueados y les retuvieron los recursos de las participaciones federales.

Pero lo más deleznable de todo fue la guerra sucia. De manera permanente, Fox utilizó los medios de comunicación para atacarme. El régimen contrató a dos publicistas extranjeros, Dick Morris, de Estados Unidos, y Antonio Sola, de España, mercenarios que crearon la leyenda negra sobre mi persona e idearon la propaganda fascista según la cual yo era «un peligro para México». Desde Los Pinos, se enviaron millones de correos electrónicos para difamarme impunemente, todo lo cual fue denunciado y probado. No obstante, aun cuando la Fiscalía Especializada en Delitos Electorales de la PGR aceptó que se habían enviado siete millones de correos desde Los Pinos, resolvió que no había delito que perseguir. La fiscal María de los Ángeles Fromow usó como argumento algo verdaderamente absurdo: «La fiscalía hizo toda la investigación pero al tener los peritajes y la información derivada de todas las diligencias que realizamos, lo que tuvimos es que estos correos, estas campañas en las que se estaban utilizando los correos electrónicos eran contra un candidato o un partido político y nuestro Código Penal Federal establece [la prohibición sobre] el destino de recursos públicos para apoyar a un partido o a un candidato, no en contra». Es decir que la prohibición era para apoyar a un candidato, pero en este caso no se interpretó que los correos sirvieran para apoyar a Calderón, sino que eran para atacarme, lo cual no configuraba, según su razonamiento, ningún delito.

En forma paralela, se desarrolló una campaña profesional de alta intensidad a través de internet para destruir mi imagen con base en información y argumentos falsos. No se trató de una acción espontánea de ciudadanos, sino de una campaña orquestada por profesionales, los cuales realizaron una operación similar con llamadas telefónicas, mediante el uso de *call centers* para calumniarme e infundir miedo a la gente. Se llegó al extremo de llamar a mi casa. Contestó mi hijo Gonzalo, y cuando le preguntaron por quién iba a votar y respondió que por mí, le replicaron que si no sabía que yo había endeudado a la Ciudad de México y que, si llegaba a la Presidencia, les quitaría sus casas a quienes tuvieran más de una, entre otra serie de mentiras.

En plena guerra sucia, en una entrevista, Denise Maerker le preguntó a Calderón: «¿Aceptaste hacer una campaña tan fuertemente negativa, digamos, hablando tan mal del adversario, porque sentiste que era la única posibilidad de remontar las encuestas en un momento donde parecía realmente que Andrés Manuel era inalcanzable?». La respuesta fue: «La campaña negativa fundamentalmente corrió por cuenta del Partido Acción Nacional». Y cuando ella le insiste: «¿Estabas de acuerdo con eso?», riéndose y haciéndose el chistoso agregó: «Sí. Si gano Denise, como dicen en mi tierra, *haiga* sido como *haiga* sido».[17] Este es el mequetrefe que llegó con fraude a ser presidente de nuestro gran país.

Toda esta guerra sucia sucedió en el marco de un acuerdo entre Fox, Calderón y los dueños de Televisa. Y fue precisamente en coincidencia con la aprobación en el Senado, el 31 de marzo de 2006, y la promulgación por orden de Fox, el 11 de abril de 2006, de la nueva Ley de Radio y Televisión, que permite a las televisoras monopolizar todo el espectro de las telecomunicaciones en el territorio nacional. A partir de entonces, Televisa prácticamente se hizo cargo de la estrategia publicitaria del PAN y transmitió sin límite todos los mensajes negativos en contra de nosotros, con el emblema de ese partido, del Consejo Coordinador Empresarial y de supuestas organizaciones civiles. A partir de entonces, nos exigió pago por adelantado para transmitir nuestros mensajes y, con el pretexto de que no estábamos al corriente, dejó de transmitir nuestra propaganda durante una semana.

Además, en la campaña de Calderón se usó a raudales dinero de procedencia desconocida. De acuerdo con la empresa Verificación y Monitoreo, contratada por el periódico *El Universal*, el gasto acumulado por Calderón rebasó el tope de campaña establecido por el IFE. Tan solo del 19 de enero al 28 de junio de 2006, los anuncios de candidato del PAN en la Ciudad de México, Guadalajara y Monterrey fueron equivalentes a 617 109 873 pesos, contra un límite de 651 428 441.67 pesos. A esto habría que agregar el gasto de las campañas paralelas en contra de nosotros y para favorecer al candidato de la derecha que llevaron a cabo las empresas Jumex y Sabritas, el Consejo Coordinador Empresarial, la Asociación Civil Ármate de Valor, Víctor González Torres (Dr. Simi) y Demetrio Sodi; según el Ibope, entre todos ellos erogaron 348 032 631 pesos, sin incluir otros gastos en publicidad regional, en radio, ni los desembolsos para la promoción del voto, la estructura electoral y el pago a publicistas.

Durante toda la campaña, el IFE, que debía actuar con imparcialidad, se convirtió en un ariete del partido de la derecha. Conviene recordar que cuando se eligió en la Cámara de Diputados al consejero presidente y a los consejeros electorales de este organismo, las propuestas del PRD fueron desechadas y todos ellos fueron nombrados por el PAN y por la entonces coordinadora del grupo parlamentario del PRI, Elba Esther Gordillo, quien en términos prácticos fungió como aliada del PAN. Como era de esperarse, el IFE no hizo nada para detener la guerra sucia y el Código Federal de Procedimientos Electorales fue violado impunemente. Ese ordenamiento vigente señalaba: «Es derecho exclusivo de los partidos políticos contratar tiempos en radio y televisión para difundir mensajes orientados a la obtención del voto durante las campañas electorales» (artículo 48, párrafo 1). Asimismo, establecía que «En ningún caso se permitirá la contratación de propaganda en radio y televisión en favor o en contra de algún partido político o candidato por parte de terceros» (artículo 48, párrafo 13). La parcialidad del IFE fue puesta en evidencia por el tratamiento diferente que dio a las intervenciones del expresidente de España, José María Aznar, y del presidente de Venezuela, Hugo Chávez. Cuando intervino Aznar a favor de Calderón, el IFE se abstuvo de actuar; en cambio, cuando Chávez respondió al *spot* del PAN en el que lo involucraban, de inmediato el instituto condenó la actitud del mandatario venezolano. Es más, el Tribunal Electoral del Poder Judicial de la Federación (TEPJF) ordenó el retiro de algunos *spots*, pero el IFE no hizo caso.

Como se recordará, la campaña negra empezó con un ataque del presidente de la República por mi ofrecimiento de reducir los precios de los energéticos. El ataque presidencial se repitió y ante ello respondí con la expresión «cállate chachalaca». A partir de mi respuesta, el PAN sacó un *spot* en la televisión relacionado con el presidente de Venezuela y el IFE guardó silencio. La coalición Por el Bien de Todos pidió que fuera retirado. El Tribunal Electoral ordenó el retiro, pero el Consejo del IFE se negó, de modo que el caso fue nuevamente al Tribunal, que volvió a ordenar su retiro, pero para entonces ya había transcurrido más de un mes de estar al aire el *spot* que nos calumniaba.

Por cierto, «cállate chachalaca» es una expresión tropical que se usa hasta en familia, en Tabasco y en otras partes. Cuando hay alguien que habla, habla y habla sin sentido, como ese pájaro gritón, uno le dice: «chachalaca» o «cállate chachalaca». Pero con mala intención, los publicistas de Calderón convirtieron esta expresión popular en un insulto y lo vincularon con el estilo de hablar del presidente Chávez. Por ejemplo, 15 días antes del incidente de «chachalaca», Felipe Calderón, en un mitin, le respondió a una persona que con gritos le pedía ser atendida, y al pensar que lo estaba cuestionando, le pidió a la concurrencia que le silbaran «como si saludaran al árbitro», o sea, mentándole la madre al señor. Sin embargo, esta majadería no la retomó la televisión y no les pareció ofensiva.

∴

En plena guerra mediática en mi contra, el PAN promovió ante el IFE —y en ello fue secundado por los otros partidos de la derecha— que se llevara a cabo un debate entre candidatos. Como sabía que tenían toda una estrategia en medios para hacerme aparecer en el posdebate como perdedor, decidí no participar. De todas maneras, mi inasistencia también fue motivo de una campaña intensa en mi contra, pero calculé que me iba a costar menos que asistir y caer en una trampa.

Cualquier análisis serio sobre el papel de los medios y la forma en que me atacaron en los meses de abril y mayo demostraría que se trató de un embate propagandístico sin parangón en la historia reciente del país, con todo y que los ataques a mi persona han sido incluso peores desde que asumí la Presidencia. En aquellos momentos, según ellos, yo no era solo «un peligro para México», sino que me parecía a Hugo Chávez: que iba a endeudar al país, a expropiar bienes de las clases medias, a limitar que «solo se tuviera un departamento, un carro y dos hijos por familia», y otras mentiras más. También se difundían supuestos estudios psicológicos sobre mi persona, donde se me describía como desquiciado, loco, chiflado.

Esta leyenda negra ampliamente difundida, desató el clasismo y el racismo en sectores de la sociedad. Había quienes, con ínfulas de superioridad, contaban, entre otros chistes, que era el Whiskas porque ocho de cada diez «gatos» me preferían, en referencia a una campaña publicitaria de esa marca de alimento para felinos. Además de llamarme naco, me criticaban porque decían que no hablaba inglés y no tenía visa para viajar al extranjero. En fin, que ni siquiera era licenciado porque no me había titulado. En lo personal, confieso que ninguno de estos ataques vulgares me afectó moralmente. Tengo suficiente fuerza interior y eso me da aplomo. Además, conozco bien la historia de los que han luchado en nuestro país en contra de los poderosos. A Hidalgo lo llamaban «demagogo»; a Morelos, «hereje»; a Juárez, «indio mugroso»; a Villa y a Zapata, «bandidos»; y a Madero, «pigmeo» o «loco espiritista».

El 6 de junio de 2006 asistí al segundo debate. Opté por plantear con absoluta claridad las propuestas que había sostenido durante la campaña. No quise aceptar ninguna estrategia que implicara perder mi autenticidad. Recuerdo que ya estando en el salón, unos minutos antes de comenzar el debate, fue a saludarme, con la hipocresía que lo caracteriza, Felipe Calderón. Le correspondí con sequedad, casi diciéndole: «Siga usted su camino». Quizá pensaba en que me iba a confiar, como si no supiera lo falsarias que son este tipo de personas. Antes del debate entre Diego Fernández y el ingeniero Cárdenas en 1994, Diego buscó al ingeniero y se portó de manera amigable. Sin embargo, ya en el debate se le fue encima sin miramientos. Lo mismo sucedió en esta confrontación: Calderón se dedicó a atacarme con mentiras sobre el endeudamiento y la inseguridad pública en la Ciudad de México; pero decidí pararlo, haciendo público que su cuñado Hildebrando Zavala había obtenido ganancias por 600 millones de pesos en el sexenio de Fox, a través de una empresa de sistemas de cómputo que lograba contratos en las distintas dependencias del Gobierno federal. Incluso había recibido contratos de Pemex y de la Comisión Federal de Electricidad cuando Calderón era secretario de Energía. Además, sostuve que no solo había obtenido ganancias millonarias, sino que no había pagado impuestos, todo lo cual probé con documentos, de manera puntual. Calderón se dedicó a negar los hechos y el cuñado optó por demandarme por el supuesto delito de daño moral. Sin embargo, poco después, el 7 de octubre de 2006, retiró en sigilo su demanda y de esto práctimente nadie se enteró, porque la mayoría de los medios de comunicación guardó, como en otros casos, un silencio cómplice. Una vez que Calderón se hizo con la Presidencia, el cuñado Hildebrando le vendió, paulatinamente, 77% de las acciones de su empresa a Carlos Slim, por un total de 167 millones de pesos. Otro cuñado de Felipe, Juan Ignacio Zavala, fue contratado en ese tiempo como asesor en comunicación de la empresa española Prisa, que edita el diario *El País*, cuyos dueños eran duchos en el tráfico de influencias. En pocas palabras, aunque sostengo que en lo general el PRI y el PAN son una misma cosa a la cual llamo PRIAN, si se quiere profundizar en las diferencias, quizá el matiz se encuentre en el hecho de que los dirigentes priistas son corruptos y cínicos, en tanto que los jerarcas panistas son corruptos e hipócritas.

A pesar de toda la propaganda sucia en nuestra contra, al final de la campaña manteníamos la delantera en casi todas las encuestas. Por eso no voy a cansarme de rendir homenaje a millones de mexicanos, conscientes, libres y no susceptibles de manipulación, que no se dejaron influir por aquel enorme empeño de intoxicación social. En casi todos los sondeos de opinión publicados en la fecha límite legal (diez días antes de la elección), teníamos ventaja. El diario *Reforma* nos daba 2 puntos porcentuales arriba; *El Universal*, también 2; Mitofsky-Televisa, 3 puntos; Bimsa, 4.5; Parametría, 4; y María de las Heras, 4.9 puntos. Las encuestas que no fueron publicadas por impedimento legal y que fueron levantadas hasta el día anterior a la elección mostraron que se mantuvo la misma tendencia. En la última medición de Bimsa, del día anterior a la elección, la ventaja era de 3.5 puntos porcentuales; y en una encuesta nacional de Parametría, cuyos resultados se obtuvieron el día anterior a la elección, la ventaja era también de 3.5 puntos. La encuesta que el equipo técnico que me apoyaba desde hacía diez años realizó una semana antes de los comicios registró que Felipe Calderón aparecía con 28.1%; Roberto Madrazo, 18.1%; Andrés Manuel López Obrador, 37.5%; Patricia Mercado, 2.6%; Roberto Campa, 0.1%; «otro», 0.5%; «ninguno», 3.6%; y «no sabe o no contestó», 9.5 por ciento.

Sin embargo, la estrategia de Fox, Salinas, Gordillo, Calderón y otros de la misma pandilla era, para entonces, no permitir por ningún motivo nuestro triunfo. La mafia había tomado una decisión de Estado: había resuelto llevar a cabo el fraude electoral. Según confesó el entonces presidente del PAN, Manuel Espino, el 21 de febrero de 2007 en Colombia, una semana antes de la elección llegaron al acuerdo con ocho gobernadores del PRI para que ayudaran a «ganar» el 2 de julio. En este contexto, debe interpretarse la llamada telefónica de Elba Esther Gordillo realizada el día de la jornada electoral al gobernador de Tamaulipas, Eugenio Hernández Flores, en la cual la maestra le dice que «ya es el momento de definirse» y que «venda» el favor a Calderón. Estamos hablando de que esta comunicación telefónica se llevó a cabo dos o tres horas antes del cierre de las casillas. Como es obvio, la intervención del gobernador no fue para ordenar que simpatizantes del PRI —ya prácticamente en las filas— votaran a favor de Calderón, sino para realizar el fraude electoral. Además, se dio a conocer otra llamada que tuvo lugar al día siguiente de la elección en la cual Pedro Cerisola, en ese momento secretario de Comunicaciones y Transportes del Gobierno federal, le agradece al gobernador de Tamaulipas por su colaboración e incluso le reconoce que cumplió en demasía:

> Pedro Cerisola (PC): Eugenio.
> Eugenio Hernández (EH): Secretario, buenas tardes. ¿Cómo estás, Pedro?
> PC: Pues muy agradecido. Creo que te sobregiraste.
> EH: No hombre, ja, ja, ja.
> PC: Con mucho gusto y mucho aprecio…

Miren las vueltas que da la vida, los mismos panistas favorecidos con el fraude mantuvieron seis años en prisión a Eugenio Hernández, acusado por el exgobernador de ese partido, Francisco García Cabeza de Vaca, de corrupción; peculiar trama para una novela surrealista. Hace poco comenté en una conferencia mañanera que la maestra Elba Esther Gordillo había recibido de Calderón, en pago por ayudarle en el fraude electoral, la subsecretaría de Educación Pública, la Lotería Nacional y el ISSSTE; aseguré que ella le entregó esta última institución a Miguel Ángel Yunes, quien la saqueó sin límite. La maestra contestó por medio de un tuit, que luego borró (véase p. 143).

Desde antes de la elección, la maquinaria propagandística del régimen hablaba de un «empate», a fin de preparar a la opinión pública para el atraco. Ya sabían cómo iban a maniobrar, pero necesitaban justificarlo. Tenían que difundir que estaba muy cerrada la elección, que había un «empate técnico» en las encuestas y así, el 2 de julio, cometer el fraude a favor del candidato del PAN, como en efecto lo hicieron. El mismo Fox habló con los directivos de Televisa antes de la difusión de la última encuesta de Mitofsky con el propósito de que alteraran el resultado y reportaran «empate técnico». Sin embargo, cuando Roy Campos dio a conocer la encuesta en el programa de Joaquín López-Dóriga, e informó que yo estaba tres puntos arriba de Calderón, Joaquín le preguntó: «¿Implica un empate técnico o no?», y Roy le contestó: «No es un empate». López-Dóriga insistió: «¿Así llega?». La respuesta es: «Sí. Tres puntos de ventaja es mejor que tenerlos de desventaja».

También por esos días, tanto Marta Sahagún como el propio Fox le pidieron reiteradamente a Juan Francisco Ealy Ortiz, dueño y director de *El Universal*, que truqueara la encuesta de ese periódico para publicar empate. Llegó a tal punto esta actitud inmoral que el día 22 de junio, diez días antes de la elección, cuando se

Ciudad de México a 2 de mayo del 2023

"Ahí la espero con el ejército…"

"*Ahí la espero con el ejército*", esa fue la respuesta del entonces Presidente de México, Felipe Calderón cuando le dije que las y los maestros de México nos oponíamos a que Miguel Ángel Yunes continuara como titular del ISSSTE dadas las malversaciones de fondos financieros que con tanto trabajo las y los trabajadores al servicio del Estado logramos con la Reforma a dicha institución.

Cuando me comentó que "*Yunes estaba haciendo bien su trabajo*" no me dejó más alternativa que advertirle que tomaríamos las instalaciones del ISSSTE y justo esa fue su respuesta… "*Ahí la espero con el ejército*". Esto sucedió en el marco de un evento público en una Escuela Secundaria Técnica de la ahora Ciudad de México. **Ante su respuesta me levanté y me retiré.**

Recordemos que la elección y remoción del director del ISSSTE, compete ÚNICA y EXCLUSIVAMENTE al titular del Ejecutivo Federal, y NO a una servidora.

Por ello, en relación a las declaraciones hechas por el Presidente **Andrés Manuel López Obrador** el pasado 28 de abril del presente año sobre mi persona y la gestión del señor Miguel Ángel Yunes al frente del ISSSTE, le digo categóricamente que no participé en acto ilícito alguno, como me acusa desde su tribuna.

Siempre me he conducido conforme a derecho y respeto a las instituciones de este país; y desde luego, a la investidura Presidencial. Por ello Sr. Presidente: ¡Basta de falsas acusaciones a mi persona!

Elba Esther Gordillo

reunió en el Club de Industriales de la capital del país con el Grupo por México —integrado, entre otros, por Carlos Slim, el cardenal Norberto Rivera, Olegario Vázquez Raña y Juan Francisco Ealy Ortiz—, pidió de manera abierta que ayudaran a Calderón. Pero no solo eso. Antes de entrar al salón, llamó a Ealy Ortiz a una salita del club para insistirle en que modificara la encuesta y, como Ealy se resistía, llegó a ofrecerle a cambio la concesión de un banco. Se podría decir que no es cierto y que Juan Francisco, quien me platicó a detalle esta indecencia, me mintió. Pero resulta que diez días antes de que dejara la Presidencia de la República, Fox entregó varias concesiones para la operación de bancos, todo esto en complicidad con el secretario de Hacienda, Francisco Gil. La pregunta es... ¿a quiénes se las dieron?

Tengo información suficiente para afirmar que, entre otros beneficiarios, están Walmart y Enrique Coppel, de Sinaloa, quien se dedicó a hacer campaña en mi contra en esa región del país: no solo repitió todos los temas de la guerra sucia, sino que envió una carta a los trabajadores de su cadena comercial conminándolos a votar por el PAN, como también lo hicieron los dueños de otras empresas, de los bancos y de las grandes cadenas comerciales. La constante en el texto de este tipo de cartas era una amenaza al trabajador: «Si votas por Andrés Manuel, este centro de trabajo va a cerrar y tú perderás tu empleo».

Dos días antes del 2 de julio sucedió algo muy revelador de todo lo que estuvo en juego durante la elección presidencial: el viernes 30 de junio asistí a una comida a la que me habían invitado los principales directivos de Televisa. Este encuentro se llevó a cabo en la casa de Bernardo Gómez y estaban presentes Emilio Azcárraga Jean, Alfonso de Angoitia Noriega y José Antonio Bastón Patiño; es decir, el presidente y los vicepresidentes de esa empresa. Tras los primeros intercambios de puntos de vista, Emilio Azcárraga me interrogó con mucha seriedad: «Tengo información de que vas a expropiar Televisa». Al principio, hasta sorprendido, le respondí que no era cierto.

Ellos sabían que yo no estaba de acuerdo con el monopolio que domina la comunicación televisiva, y mucho menos con que quieran convertirse en un poder *de facto*, por encima de los poderes legal y legítimamente constituidos. No estoy de acuerdo con la *república de la televisión*. Sin embargo, nunca he pensado en que el camino para democratizar a los medios de comunicación y garantizar el derecho a la información sea expropiar Televisa o cualquier otra empresa dedicada a ese propósito, aun cuando en sentido estricto, casi todos estos medios no informan, sino manipulan.

Inmediatamente después de la pregunta de Azcárraga y de mi respuesta, me entregó el texto de un decreto expropiatorio que supuestamente yo presentaría al Congreso el 2 de diciembre de 2006, es decir, al día siguiente de mi toma de protesta como presidente de la República. El documento, que por cierto quedó en mi poder, está bastante bien hecho porque se redactó precisamente para ser creíble. No solo cuenta con toda la fundamentación legal, sino que detalla la razón social de cada una de las empresas del consorcio, algo que yo mismo desconocía. Se habla de expropiar no solo Televisa sino también las empresas: Grupo Televisa, S.A.; Corporativo Televisa, S. A.; Telesistema Mexicano, S. A. de C. V.; Corporativo Vasco de Quiroga, S. A. de C. V.; G-Televisa-D, S. A. de C. V.; Televisión Independiente de México, S. A. de C. V.

Siempre he considerado importante saber quién elaboró este documento. Creo que corresponde a Emilio Azcárraga aclarar cómo llegó a sus manos, pero ha guardado silencio. Aunque no es aventurado asegurar que pudo haber sido fabricado por el Cisen o por el equipo cercano a Calderón o Fox, incluso con la colaboración de algunos funcionarios de la misma televisora.

Lo que sí está claro es que el propósito fue sembrar la desconfianza. Tengamos en cuenta que, si engañaron a muchos integrantes de la clase media, por qué no hacer dudar a quien representaba tantos intereses económicos como Azcárraga Jean. Por eso, es imprescindible que se garantice el derecho a la información por encima de los intereses de grupo y la mejor manera de lograrlo es democratizar los medios; no expropiándolos, sino abriendo la competencia y evitando los monopolios. También en esto hay que seguir el ejemplo de los liberales de la Reforma y de la República Restaurada: el presidente Sebastián Lerdo de Tejada decía que «la prensa corrige a la prensa».

•••

El día de la elección fui muy temprano a votar, acompañado por mis hijos, y regresé a mi domicilio. Ahí permanecí hasta las 8 de la noche. En mi casa, en compañía de Federico Arreola, estuve recibiendo los reportes de una encuesta de salida que se contrató a la empresa de la doctora Ana Cristina Covarrubias. Este sondeo consistió en aplicar 38 618 entrevistas, inmediatamente después de que los ciudadanos votaron. Fue el ejercicio más grande y riguroso que se aplicó en todo el país el día de la jornada electoral. Desde el primer reporte de las diez de la mañana hasta el último, siempre nos mantuvimos arriba con un promedio de 3 puntos de ventaja (véase p. 146).

Este mismo resultado se reflejaba en otras encuestas de salida aplicadas durante la jornada electoral. A las cinco de la tarde recibí una llamada de Bernardo Gómez, de Televisa, para decirme que ellos tenían información de que había ganado la elección presidencial. Sin embargo, al cierre de las casillas, cuando comenzaron a falsificar los resultados, se empezó a hablar de un empate en los conteos rápidos. Aquí cabe recordar que las encuestas de salida se hacen preguntándoles a los ciudadanos por quién votaron —es una fuente directa—, mientras que los conteos rápidos se sustentan en los resultados contenidos en las actas; en el caso de aquella elección, cuando ya se habían introducido boletas de más con votos a favor de Calderón, nos habían quitado o anulado votos indebidamente, o de plano habían falsificado un buen número de actas.

Esa noche, justo después de que Luis Carlos Ugalde, consejero presidente del IFE, informara por televisión que no darían resultados del conteo rápido de las 7 281 casillas del IFE porque la contienda estaba muy cerrada, apareció Vicente Fox para transmitir un mensaje en el mismo sentido. Quedó en evidencia que

Síntesis de Resultados de Encuesta de Salida
Elección Presidencial

Time	PAN	PRI-PVEM Alianza por México	PRD-PT Convergencia	Nueva Alianza	Alternativa Partido Político Nacional	No reg.
11:00	38.5 / 34.2	34.6	—	22.3	2.2	1.7 / 1.2
12:05	38.1 / 34.6	—	—	21.8	2.1	1.9 / 1.5
13:05	38.0 / 34.3	—	—	22.2	2.2	1.6 / 1.7
14:00	37.7 / 34.3	—	—	22.6	2.2	1.5 / 1.7
15:00	37.8 / 34.6	—	—	22.2	2.2	1.5 / 1.7
16:00	37.7 / 34.5	—	—	22.1	2.4	1.5 / 1.8
17:00	37.2 / 34.8	—	—	22.3	2.5	1.5 / 1.8
18:00	37.1 / 34.6	—	—	22.3	2.7	1.5 / 1.8
18:55	37.1 / 34.6	—	—	22.3	2.7	1.5 / 1.9
19:40	37.0 / 34.6	—	—	22.3	2.7	1.5 / 1.9
19:50	37 / 34.6	—	—	22.3	2.8	1.5 / 1.9
20:55	37 / 34.6	—	—	22.3	2.8	1.5 / 1.9

	11:00	12:05	13:05	14:00	15:00	16:00	17:00	18:00	18:55	19:40	19:50	20:55
Casos	2196	5740	8993	12920	16576	20188	23860	32182	35791	37314	37665	38618
Secciones	280	586	660	717	741	752	763	874	881	883	883	889
NR	14.20%	13.3%	13.6%	13.1%	12.9%	13.1%	13.0%	12.9%	12.8%	12.8%	12.8%	12.7%

Contienda electoral 2006-Covarrubias y Asociados, 2 de julio de 2006.

estaban actuando de manera concertada, sin respetar la autonomía y la imparcialidad que debía normar la actuación del IFE. Lo mismo quedó de manifiesto con la manipulación del Programa de Resultados Electorales Preliminares (PREP) del IFE. Este mecanismo fue diseñado para consumar el fraude. Por ejemplo, el PREP arrancó con ventaja para Calderón. No escogieron casillas al azar ni con base en un mínimo rigor estadístico, sino que eligieron aquellas que de antemano sabían que favorecían a Calderón. Es decir, la información no fluyó libremente conforme terminaba el conteo de las actas, sino que siempre hubo un filtro. Sobresale también el hecho paradójico de que en una elección tan cerrada nunca hubo un momento, en el flujo informativo, en el que Calderón apareciera abajo en la votación, a diferencia de lo que normalmente ocurre en comicios muy competidos, cuando los vaivenes entre el primero y segundo lugar son frecuentes. La tendencia divulgada estaba incluso en contradicción con el informe del propio presidente del IFE sobre el conteo rápido, que, según, él arrojaba en las primeras horas «traslape entre los dos candidatos punteros».

Como ya dijimos, durante el inicio del reporte de información, el candidato de la derecha apareció con amplia ventaja, pero esta fue disminuyendo, hasta que, a las tres de la mañana, cuando estaba a punto de darse el cruce, cambió la tendencia y la votación a mi favor empezó a disminuir. Era obvia la adulteración en el sistema de cómputo. Es inexplicable que una votación que se reporta al azar, de acuerdo con el cierre de casillas, tenga ese comportamiento. Los distintos estudios matemáticos y estadísticos muestran que el comportamiento de esta información obedece a un diseño predeterminado y no al libre acceso, que debió caracterizar la contabilidad de los resultados de la elección en el PREP.

La noche del 2 de julio no dormí por estar pendiente de los resultados oficiales. Al día siguiente, en el PREP aparecía reportado 98.45% de las casillas electorales para presidente de la República, lo que significaba, según el IFE, que solo faltaba por contabilizarse la votación de 2 017 casillas. De acuerdo con el PREP, el supuesto resultado de la votación le daba una ventaja a Calderón de 1.04 puntos porcentuales. Ese mismo día, en una conferencia de prensa, demostré cómo nos estaban quitando votos. Unos ejemplos de esto son: en el Estado de México, en la casilla 1 019 contigua 3, del distrito 33, donde teníamos 188 votos, en el PREP solo había 88. En la delegación Gustavo A. Madero del Distrito Federal, en la casilla 1 614 básica, en el PREP aparecían 68 votos para mí, cuando en el acta tenía 168. Asimismo, en la casilla 1 501, contigua 2, de Puebla; en la 0 955 básica, de Jalisco; en la 2 662, de Guanajuato, y en 781 casillas más, aparecían en el PREP más votos que el número de ciudadanos de la lista nominal. Además, en el PREP reportaban muchas casillas repetidas donde Calderón ganaba con amplio margen, con el propósito deliberado de inflar la votación a su favor. Lo más importante, denuncié que de manera inexplicable en el PREP no aparecían alrededor de tres millones de votos. El 4 de julio, el IFE tuvo que reconocer que, en efecto, faltaban por contabilizar en el PREP 11 184 casillas que contenían «inconsistencias» y que el resultado de estas casillas era de 743 795 votos para el PAN, 809 003 votos para el PRI y 888 971 votos para nuestra coalición, lo cual redujo la ventaja de Calderón en 24 horas, de 1.04 a 0.63 puntos porcentuales. Aquí conviene destacar que el IFE nunca aclaró cómo fue que se contabilizaron los votos de las llamadas «actas inconsistentes» ni por qué una vez que entregó a los partidos políticos el llamado «archivo de inconsistencias», aparecían 13 432 casillas y no las 11 184 que tuvieron que dar a conocer.

El miércoles 5 de julio se llevó a cabo el cómputo distrital. Para entonces, dado el cúmulo de irregularidades que aparecían por todos lados, la gente empezó a demandar que se contaran los votos casilla por casilla. Sin embargo, la instrucción del Consejo General del IFE a los consejos distritales fue que no se permitiera la apertura de los paquetes electorales. En vez de garantizar la transparencia, la consigna fue que se negaran al conteo de votos, e incluso envió un memorándum poniendo por escrito esta instrucción. Aun así, en los pocos paquetes que se abrieron, se encontró que, siempre, el PAN tenía votos de más; y nosotros, de menos. Por ejemplo: en el distrito 3 de Querétaro, en el acta aparecían 400 votos para el candidato del PAN, y cuando se hizo el recuento resultó que solo eran 200. En el distrito 6 de Guanajuato, en la casilla 1 614 contigua 4, de acuerdo con el acta, el candidato del PAN aparecía con 445 votos, y tras el recuento se comprobó que nada más eran 345. En el distrito 2 de Tlaxcala, en una casilla que se abrió, en el acta se registraban 193 votos para el PAN y solo eran 93. En ese mismo estado, en la casilla 3 820, en el acta aparecieron 53 votos para nosotros; y cuando se abrió el paquete, resultó que eran 153. La constante era que siempre aparecían 100 votos de más para el PAN o 100 menos para nosotros. Además, muchos votos nulos, realmente eran nuestros. En el distrito de Zacapoaxtla, Puebla, cuando se efectuó el recuento, supimos que nos habían anulado 64 votos de manera injustificada.

Reitero: fueron muy pocos los casos en que se abrieron los paquetes electorales, porque siempre hubo oposición de los presidentes de los consejos distritales, quienes contaron con el apoyo de los representantes del PRI y del PAN. No obstante, después del llamado cómputo distrital, Calderón no ganaba con 0.63, sino con 0.58 puntos porcentuales.

Ese día, el 5 de julio de 2006, la manipulación y el engaño lastimaron aún más la dignidad de millones de mexicanos. El cómputo final por distrito fue transmitido por televisión y los resultados comenzaron exactamente al revés de como se presentaron al final de la jornada electoral. Yo aparecía con ventaja todo el tiempo hasta que, hacia las 4 de la mañana del día 6, me «rebasó» Calderón. Después apareció el presidente del Consejo General del IFE y, usurpando funciones, lo declaró ganador (véase p. 149).

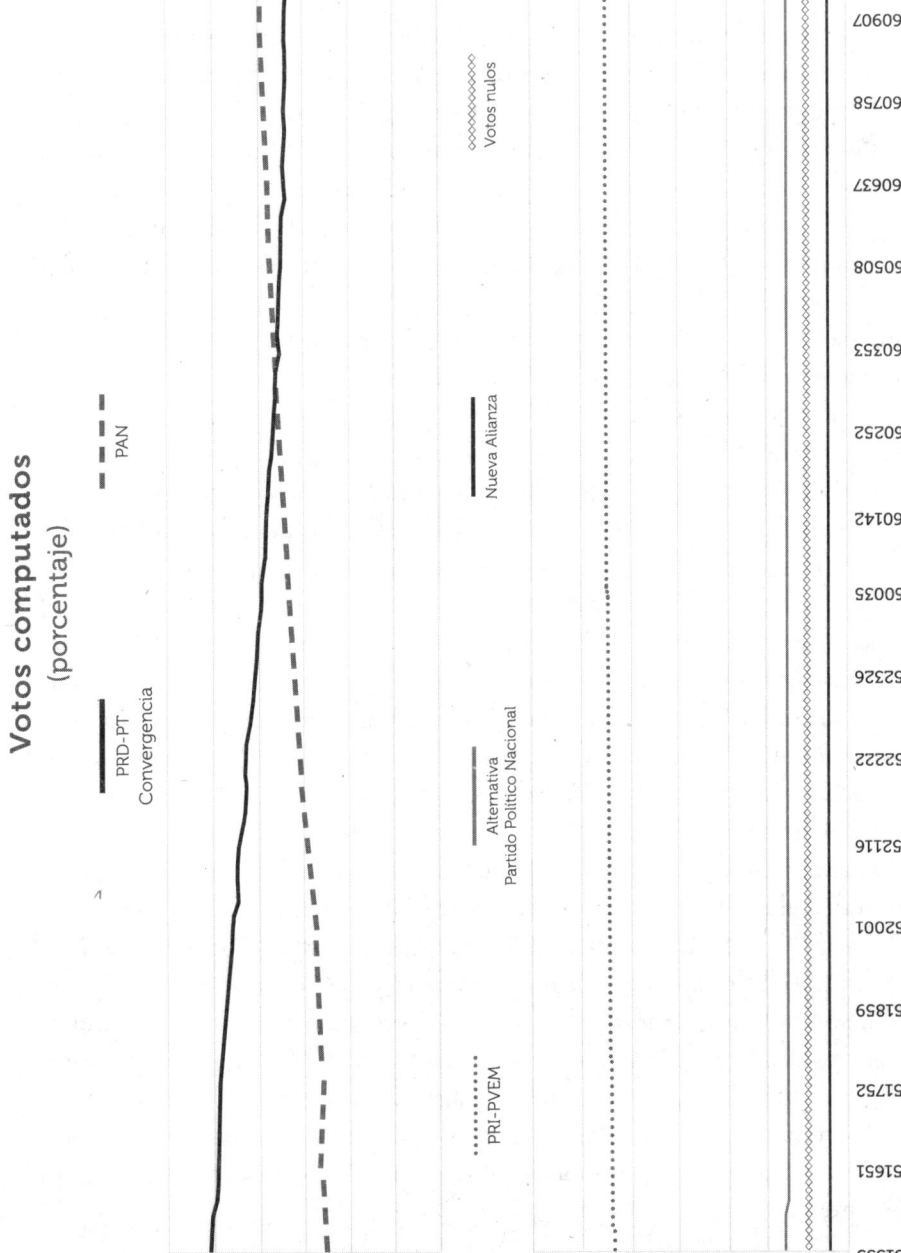

FUENTE: IFE. Resultados del Cómputo Distrital de la Elección de Presidente de los Estados Unidos Mexicanos del 2006 por entidad federativa.

La mesa del supuesto conteo televisado en cadena nacional la condujeron los periodistas Joaquín López Dóriga, Ciro Gómez Leyva, Denise Maerker y Carlos Loret de Mola. ¿Los identifican? Pues sí, son los mismos de ahora y de siempre.

La manipulación que llevaron a cabo los operadores del fraude con la colaboración de las televisoras fue una canallada en contra del país. El día del cómputo distrital, millones de mexicanos se ilusionaron pensando en el triunfo; durante muchas horas aparecimos arriba, y esto generó esperanzas que luego terminarían en llanto y tristeza. Lo cierto es que todo estaba planeado. Incluso hubo reportes falsos en televisión —y esto lo pudimos demostrar— dados a conocer antes de que llegaran los resultados al IFE; es decir, actuaron a partir de un programa previamente diseñado.

Ese día, 5 de julio, como a las 12 de la noche, estaba en la oficina, pero decidí retirarme a mi domicilio. No quise prestarme al escarnio porque los medios estaban esperando lo que era evidente: que en la madrugada me «rebasara» Calderón. Evité dar entrevistas. En Televisa estaban como comentaristas Joaquín López-Dóriga, Ciro Gómez Leyva, Denise Maerker y Carlos Loret de Mola. Uno de ellos, Gómez Leyva, comentó que me fui a dormir, que tiré la toalla, que no me importó la gente. Para empezar, ¿qué objetividad puede haber en el manejo de esa información? ¿Cómo comprueban que me fui a dormir? ¿Solo porque me retiré a mi casa? ¿Qué, en la casa nada más se duerme? Además, ¿cómo iba a poder dormir en medio de esta terrible situación? ¿Quién va a conciliar el sueño en esas circunstancias? Y, sin embargo, hubo ese juicio ligero, mal intencionado. Esos son comentarios irresponsables que padecimos y seguimos padeciendo. Como es natural, esa noche estuve al tanto de todo hasta el amanecer, me bañé y me fui a la casa de campaña porque tenía una rueda de prensa a las ocho de la mañana. Fue el día en que convoqué a la primera movilización en el Zócalo para el sábado 8 de julio.

Ese miércoles 5 hasta los empresarios que estaban en mi contra se alarmaron; cayeron en la trampa de la manipulación informativa. Por ejemplo, don Isaac Saba, uno de los empresarios más poderosos de México, se preocupó y por ello llamó a Los Pinos, donde le dijeron: «Todo está bajo control, no se preocupe» y que ya darían información de parte del Consejo Mexicano de Hombres de Negocios, presidido por Gastón Azcárraga. En efecto, como a las seis de la tarde, el secretario ejecutivo de ese organismo, Emilio Carrillo Gamboa, envió un correo electrónico a los principales potentados de México en el que decía lo siguiente:

> **CONSEJO MEXICANO DE HOMBRES DE NEGOCIOS, A. C.**
> OFICINA DE LA SECRETARIA
> EDIFICIO "OMEGA", CAMPOS ELISEOS No. 345, 2º. PISO, COLONIA CHAPULTEPEC POLANCO, 11560 MEXICO, D. F.
> TELS. 5279-5400 y 5280-6623
>
> 5 de julio de 2006
>
> <u>**A TODOS LOS MIEMBROS DEL CONSEJO**</u>
>
> Muy estimado y fino amigo:
>
> Seguramente varios de ustedes han visto en Internet o recibido noticias de que el cómputo electoral se ha iniciado y que el PRD tiene mayor número de votos que el PAN.
>
> A las 17:00, con el 69.01% de las casillas computadas, las cifras son 36.81% para el Lic. López Obrador y 34.64% para el Lic. Calderón.
>
> La razón de esto consiste - según nos ha informado el Lic. Ulises Beltrán que ustedes conocen porque nos ha hecho las encuestas para el Consejo - es que el PRD está siguiendo la estrategia de aprobar rápidamente las actas de las casillas en donde la votación le favorece y retrasar la aprobación de las casillas en las que el PAN resultó triunfador, dado que como ustedes saben, en los Comités Distritales asisten con voz pero sin voto los representantes de los partidos políticos.
>
> Sin embargo, el Dr. Beltrán informa que el resultado final será el ya conocido, en donde el Lic. Calderón resultará con un mayor número de votos que el Lic. López Obrador, en una cifra similar a la que ya se ha venido difundiendo en días pasados en los medios. Todo está bajo control.
>
> Atentamente,
>
> **Emilio Carrillo Gamboa**
> **Secretario Ejecutivo**
>
> c.c. Gastón Azcárraga Andrade Presidente
> c.c. Lic. Don Agustín Santamarina Consejero Especial

• • •

Nunca he tenido duda: nosotros ganamos la elección presidencial. Las pruebas estaban en los propios documentos oficiales. Como pocos, el gran fraude electoral de 2006 está plenamente documentado. Aun cuando destruyeron y quemaron las boletas —como en el fraude para imponer a Carlos Salinas en 1988— en las propias estadísticas del IFE hay un cúmulo de alteraciones. Hasta hace poco aparecían en la página electrónica del IFE 122 casillas cuya votación total es mayor que el número de electores inscritos en la lista nominal. A pesar de que, supuestamente, el Tribunal Federal Electoral ya había realizado el cómputo y publicó los resultados oficiales, todavía se podía ver que había casillas, como la contigua 1 del distrito 4, sección 1 449, de Ciudad Valles en San Luis Potosí, donde el PAN aparece con 766 votos y el listado nominal es de 412. O la casilla 798 contigua 1, de Guadalupe, Nuevo León, en la que ese partido «obtuvo» 786 votos y solo hay 603 electores.

Un dato duro, estadístico, comprobable, demuestra cómo en esta elección de Estado, en las casillas donde supuestamente hubo más participación ciudadana o fervor cívico, resultó más beneficiado el candidato de la derecha. Por ejemplo, en 9 545 casillas, donde hubo una participación ciudadana de más de 10% de la media registrada en el distrito electoral, el candidato del PAN obtuvo 43.3% de los votos y nosotros 28.7%, mientras que el resultado por distrito fue de 35.9% para el PAN y 35.3% para la coalición Por el Bien de Todos; es decir, en todas las casillas donde hubo mayor participación, ellos incrementaron su porcentaje en 7.38 puntos y el de nosotros se redujo en 6.66 puntos. Es más: en 28 de las 32 entidades federativas del país, en todas las «casillas con mayor participación ciudadana», el candidato del PAN aumentó su porcentaje de votación y la nuestra disminuyó, a pesar de que nosotros, en los datos oficiales, ganamos en 16 de los 32 estados.

Un dato contundente: supuestamente Calderón ganó en 16 estados y yo igual, en 16, de los 32 de la República; nada más que donde yo gané —de acuerdo con el censo vigente— vivían 56 456 354 personas y, en los 16 donde él supuestamente triunfó, había 46 807 034 personas; es decir, 17.85% menos.

Esas casillas con alta votación a favor del PAN fueron prácticamente tomadas por delincuentes electorales que falsificaron los verdaderos resultados. Hay que recordar que el día de la jornada electoral 19 454 funcionarios de casilla que «no se presentaron» fueron sustituidos por personas que supuestamente se encontraban en los primeros lugares de las filas de votantes. Estamos hablando de 186 presidentes de casilla, 1 856 secretarios y 17 412 escrutadores. Nunca se ha querido informar si estas personas que se fueron a formar pertenecían a la sección correspondiente, como lo establece la ley. Lo que sí es un hecho es que la Dirección Ejecutiva de Capacitación Electoral y Educación Cívica del Instituto Federal Electoral estaba a cargo del profesor Hugo Alejandro Concha Cantú, incondicional de la maestra Elba Esther Gordillo.

Para tratar de justificar el fraude, algunos han argumentado que la coalición Por el Bien de Todos es responsable de la alteración de los resultados, en razón de que no tuvo representantes en 100% de las casillas. Pero ningún partido o coalición logró tener representantes en todas las casillas, y, además, semejante argumento no justifica el fraude.

Es muy difícil evitar un fraude electoral de Estado. A esto se refirió Fox cuando sostuvo que no había podido destituirme con el desafuero, pero que se desquitó el 2 de julio. También debe tenerse en cuenta que, aunque es un hombre muy limitado, era ni más ni menos el jefe del Estado, y cualquier presidente de México, por tonto que sea, posee suficientes instrumentos de poder para agraviar e imponer su voluntad.

•••

Desde el primer día posterior a la elección, la gente que llegó de manera espontánea a nuestra casa de campaña empezó a corear: «¡Voto por voto, casilla por casilla!». Esta consigna se convirtió en la principal demanda del movimiento postelectoral. En una entrevista de radio con Carmen Aristegui, hice el ofrecimiento a Calderón de que, si él aceptaba el recuento de los votos, me comprometía a no convocar a ninguna movilización, y aunque nunca dejaría de hablar del fraude electoral, aceptaría el resultado del recuento. Incluso, el 24 de julio, le escribí una carta, donde le decía, entre otras cosas:

> Como usted comprenderá, yo nunca podré decir que estas elecciones fueron equitativas, limpias y libres. No obstante, por mi responsabilidad como dirigente de un movimiento democrático, y frente a la demanda de millones de mexicanos de llevar a cabo un recuento voto por voto, casilla por casilla, le propongo lo siguiente:
>
> Si usted se pronuncia a favor del recuento de todos los votos, y el Tribunal Federal del Poder Judicial de la Federación ordena esta diligencia, yo ofrezco el compromiso de aceptar los resultados si a usted le favorecen y no convocar a más movilizaciones. De la misma manera, usted tendría que aceptar el fallo emitido por el Tribunal si resulto triunfador en el recuento.
>
> Sé muy bien que, de conformidad con la ley, le corresponde al Tribunal calificar la elección y tomar las decisiones sobre las impugnaciones y el recuento de los votos; pero como es obvio, si usted acepta y hace público su acuerdo con esta propuesta, el Tribunal tendría todos los elementos políticos y legales para resolver la inconformidad generada por esta elección de la mejor forma posible.
>
> En otras palabras: lo más conveniente para México es que ambos aceptemos el recuento de los votos y nos comprometamos a respetar el resultado.
>
> En países democráticos hay ejemplos en los que el candidato que resulta ganador por estrecho margen ha propuesto revisar las irregularidades y contar los votos, despejando así las dudas sobre su triunfo. Ahí está el caso reciente de Óscar Arias, en Costa Rica, quien habiendo obtenido el triunfo por pocos votos pidió que se revisaran todas las denuncias de su adversario y que se contaran manualmente todas las

boletas. Al final del recuento se confirmó ganador y su triunfo fue legítimo e inobjetable, lo que fue reconocido por el otro candidato y la sociedad en su conjunto.

En caso de que usted no acepte esta propuesta, asumirá su responsabilidad de cara a los mexicanos. Si el Tribunal no cuenta los sufragios y avala su «triunfo», quedarán para siempre la sospecha o la certidumbre de que usted no ganó en las urnas y de que hubo fraude en la elección. De ser así, para millones de mexicanos usted será un presidente espurio y nuestro país no merece ser gobernado por alguien que no tenga autoridad moral ni política.

Calderón ni siquiera lo consideró. El mismo día me respondió con el mismo sonsonete hipócrita de que «la ley es la ley», dando todo un rodeo, insistiendo en lo obvio: que la elección la hicimos todos y correspondía al Tribunal Electoral resolver sobre la apertura de los paquetes electorales.

Capítulo 6

EL PLANTÓN DE REFORMA Y EL GOBIERNO LEGÍTIMO

Bajo la consigna «voto por voto, casilla por casilla», el 8, el 16 y el 30 de julio se llevaron a cabo tres grandes manifestaciones en la Ciudad de México. La primera la convoqué con solo dos días de antelación y aun así el Zócalo se llenó; las otras dos fueron realmente impresionantes, como nunca se había visto en la historia del país. Participaron ciudadanos de todas las clases sociales: integrantes de la clase media, profesionistas, intelectuales, artistas, obreros, campesinos, comerciantes, estudiantes, maestros, trabajadores al servicio del Estado y mucha gente humilde que siempre nos ha acompañado y es nuestro principal orgullo.

En mis intervenciones dije que el objetivo central no solo era lograr el reconocimiento de nuestro legítimo triunfo en la elección presidencial, sino hacer valer la democracia en nuestro país. En la segunda asamblea informativa, afirmé que nadie debía temer que la elección se resolviera y calificara ante los ojos de México y el mundo. Repetí que el «voto por voto, casilla por casilla» era lo que más convenía para la estabilidad política, económica y financiera del país; para avanzar y dejar atrás la cultura política de la desconfianza; para estar bien con nuestra conciencia cívica y con nosotros mismos; para contribuir a la paz social; para que no siguiera triunfando el dinero sobre la dignidad y la moral del pueblo; para no dejar en ninguna mexicana o mexicano que votó el 2 de julio la sensación de insatisfacción o de haber asistido a una farsa; para mantener en alto el decoro de México; para fortalecer las instituciones; para afianzar la legalidad; para alejar la confrontación irracional y contribuir a la reconciliación y a la unidad de los mexicanos. Ahí anuncié que, en uso de nuestras facultades y derechos, íbamos a recurrir al Tribunal Electoral del Poder Judicial de la Federación para que ordenara abrir los paquetes electorales y se llevara a cabo un auténtico recuento de votos. Y como ya teníamos información de que funcionarios del IFE estaban entrando a violar paquetes electorales, aunque supuestamente el Ejército los resguardaba, pedí que reforzaran los 300 campamentos ciudadanos que unos días antes habíamos instalado en las afueras de los Consejos Distritales, donde se encontraba la paquetería electoral.

En la asamblea del 30 de julio, que fue sin duda la más grande, propuse a los asistentes que nos quedáramos en campamentos en Paseo de la Reforma y en el

Zócalo hasta que el Tribunal Electoral resolviera. Por esta decisión fuimos muy cuestionados. Los medios de comunicación, con honrosas excepciones, vieron la oportunidad para justificar su inclinación a favor del fraude. Incluso simpatizantes nuestros cuestionaron la medida. Pero no teníamos otra opción y, ya pasado el tiempo, sigo creyendo que fue correcto lo que hicimos. De todos modos, hiciéramos lo que hiciéramos, los medios de comunicación estarían al servicio del régimen. Sabíamos que, si después de esa gran manifestación no podíamos, por la razón que fuera, congregar al mismo número de ciudadanos, nuestros adversarios iban a hablar del «debilitamiento del movimiento», como ya lo tenían preparado.

Al día siguiente de esa concentración, el periódico *Reforma* publicó, como nota principal, que con fotografías panorámicas nos había contabilizado, «cabeza por cabeza, colocando alfileres de colores sobre todas las personas», y resultaba que la cifra de personas en el Zócalo fue de 135 000, en tanto que el total de participantes en la manifestación, sumando los que estuvieron en las calles adyacentes al Zócalo, así como en las principales concentraciones que se dieron a lo largo de Avenida Juárez y de Reforma, fue de 348 000. «Mientras la coalición Por el Bien de Todos prometió movilizar a más de tres millones de personas, la Secretaría de Seguridad Pública del Distrito Federal aseguró que asistieron poco más de dos millones y la Policía Federal Preventiva calculó en menos de 200 000 en total». Todo ello, dijeron, «fue realizado por 26 estudiantes del taller de periodismo de Grupo Reforma y fue certificado de principio a fin por tres notarios públicos».

Sabíamos que los medios estaban entregados por completo a la derecha y que, si no protestábamos de manera notoria, nos iban a ignorar. Sin embargo, en la capital, en el centro político, económico y social del país, tenían que dar la noticia de que existíamos, aunque solo fuese para atacarnos. También debo decir que no solo actuamos así para remontar la *mala fe* de los medios de comunicación, sino porque teníamos la necesidad de contrarrestar con nuestra presencia, en el corazón del país, las presiones a las que ya estaban sometidos los magistrados del Tribunal Electoral, con la intención de que no se llevara a cabo el recuento de los votos. Pero, sobre todo, tomé esa polémica decisión —aunque nunca lo acepten nuestros adversarios— porque no quería que se desatara la violencia. Sabía bien cuál era el ánimo de la gente: había mucha tristeza, había llanto y depresión en millones de mexicanos porque les arrebataban la esperanza de una vida mejor. Debe entenderse que la democracia no significa lo mismo para todos. Hay quienes la conciben como el mecanismo para elegir a los gobernantes, pero para otros, sobre todo para los pobres y excluidos, la democracia es más que eso, constituye un asunto de sobrevivencia. Había mucha tristeza, pero también enojo. Mucha gente estaba dispuesta a cualquier cosa, me pedían que actuáramos con más energía, y otros me decían: «Vamos a hacer lo que usted diga. Usted ordene». Y eso implicaba cualquier acción.

Por esos días tuve en mis manos una encuesta nacional de Mitofsky, denominada «La resistencia civil postelectoral. ¿Hasta dónde?», en la cual se le preguntaba a la gente si estaba bien lo que estábamos haciendo. El 44% se pronunciaba a favor de que siguiera peleando por que se limpiara la elección, 34% decía estar de acuerdo en que siguieran las manifestaciones en el Zócalo para declarar que hubo fraude en la elección, 29.2% se manifestaba a favor de que continuaran los plantones en calles y avenidas como símbolo de la resistencia ciudadana pacífica, 20.4% decía estar de acuerdo en que se llamara a una resistencia contra el Gobierno por medio de acciones más violentas como la toma de oficinas públicas, 15.5% se expresaba a favor de que llamara a una resistencia en la que los simpatizantes se enfrentaran con policías, y 13.2% contestó estar de acuerdo en que convocara a un levantamiento armado contra el Gobierno. Esto último representaba la opinión de 10 millones de ciudadanos. Así estaba de encendido el ánimo de muchos mexicanos.

Ya he dicho que no soy partidario de la violencia. Creo que se puede avanzar con la resistencia civil pacífica. No íbamos a lograr nada si se descarrilaba el movimiento. Por eso actuamos con absoluta responsabilidad, y aunque la decisión que tomamos fue muy cuestionada y tuvimos que pagar un costo político muy alto, no caímos en ninguna provocación y el movimiento quedó a salvo y con mucha autoridad moral para seguir luchando por la transformación del país.

•••

Los 48 días y noches que pasamos en los campamentos fueron realmente extraordinarios. Fue una gran experiencia: volvimos a constatar la generosidad de la gente y su actitud responsable; vivimos juntos momentos de tensión; padecimos de la incomprensión de muchos y de las inclemencias del tiempo; compartimos momentos de tristeza y alegría; aprendimos más sobre la política y reafirmamos nuestras convicciones; pero, sobre todo, de allí surgió la decisión de declarar abolido el régimen de corrupción y privilegios y de tomar el camino de la construcción de la Nueva República.

El 5 de agosto, cuando estábamos ya instalados en el Zócalo, el Tribunal Electoral determinó rechazar nuestra demanda de abrir los paquetes y contar todos los votos emitidos el 2 de julio. En cambio, decidió efectuar el recuento solo en 9% de las 130 000 casillas que se instalaron en todo el país. A partir de esa decisión, empezamos a percibir que los integrantes del Tribunal mantenían un criterio estrecho, limitado, y que les faltaba altura de miras. Pero no solo eso: esta decisión nos hizo sospechar, porque el criterio que asumieron era exactamente igual al que desde unos días antes venían sosteniendo los principales dirigentes del PAN. Esto lo pudimos comprobar porque teníamos en nuestro poder correos electrónicos que se intercambiaron César Nava, secretario general adjunto del PAN, y Juan Molinar Horcasitas, diputado panista, ambos miembros del círculo cercano del candidato de la derecha. En esos mensajes, el secretario del PAN expresaba la intención de aceptar solo el criterio estrecho de contar los votos de un número pequeño de casillas, tal y como lo ordenó el Tribunal.

Es más, en la sesión del Tribunal de ese día, la magistrada Alfonsina Berta Navarro argumentó que, si faltaban boletas, ello se debía a que la gente que iba a sufragar se las llevaba a su casa en lugar de depositarlas en las urnas, y que esto lo habían hecho sobre todo los jóvenes. A esa ilustre magistrada se le olvidó decir que se trataban de 722 326 boletas faltantes. Dos días después, en una concentración frente al edificio del Tribunal, expresé que no aceptábamos el recuento parcial, que el pueblo de México no quería solo una pequeña parte de la verdad. «No queremos —dije— un diezmo democrático. Queremos democracia al cien por ciento en nuestro país». El Tribunal Electoral del Poder Judicial de la Federación, que conforme al artículo 99 constitucional es la máxima autoridad jurisdiccional en la materia, a pesar de las evidencias del fraude, se opuso a limpiar la elección y se negó a realizar el recuento «voto por voto, casilla por casilla», pese a que le fue demandado por millones de mexicanos y tenía facultades de ley para hacerlo. Los magistrados del Tribunal Electoral, en un acto de simulación, solo ordenaron la apertura de los paquetes electorales de 11 839 casillas —al final resultaron 11 720—, correspondientes a 9.07% de las 130 477 instaladas en todo el territorio nacional. A pesar de ello, esta diligencia judicial practicada por el Tribunal demostró que las alteraciones de los resultados electorales no fueron producto de «errores aritméticos» de los ciudadanos, sino parte de un operativo de fraude electoral fraguado y organizado por el grupo en el poder. En este recuento parcial, quedó de manifiesto que se violó de manera sistemática la ley para defraudar a los votantes, llegando incluso a manipularse el conteo de los votos:

1) En el operativo fraudulento, se introdujeron y eliminaron votos en las urnas de manera ilegal, pues en 43% de las casillas revisadas por los jueces se encontraron votos de más, es decir, votos que no fueron emitidos por ciudadanos (se introdujeron ilegalmente un promedio de seis sufragios por casilla), y en 30% de las urnas se robaron un promedio de diez votos emitidos a favor del candidato presidencial de la coalición Por el Bien de Todos.

2) La falsificación dolosa de actas de escrutinio se hizo evidente con ese ínfimo recuento: en miles de ellas aparecían registrados sufragios que no correspondían a los emitidos por los ciudadanos. En 81% de las actas de escrutinio revisadas, existían variaciones con respecto a los votos emitidos, lo que confirmó la adulteración masiva y deliberada para favorecer al candidato de la derecha, al cual se le adjudicaron de forma artificial un promedio de 1.14 votos por casilla.

3) Este recuento demostró también que los paquetes electorales fueron abiertos y manipulados; en todos los distritos electorales revisados, se encontraron cientos de paquetes sin los sellos oficiales y sin las firmas de los representantes de los partidos y de los funcionarios de casilla, evidenciando un manejo ilegal de paquetes, sobres y boletas electorales antes, durante y después del cómputo distrital.

4) El recuento parcial ordenado por los magistrados comprobó que el Consejo General del IFE y muchos de los consejos distritales actuaron con dolo, en complicidad con el Gobierno federal, para beneficiar al PAN y robarnos la elección presidencial.

Si nos atenemos a los criterios establecidos por el Tribunal Electoral para analizar las casillas que se recontaron, podemos asegurar que nosotros ganamos la elección. La sentencia del Tribunal Electoral para ordenar la apertura de los paquetes electorales establece que «el número de ciudadanos debe ser igual a las boletas depositadas en la urna y a la votación emitida». Y precisa:

> En especial, las cifras correspondientes a las boletas depositadas en la urna y la votación total emitida deben coincidir, pues en este caso ya no se concibe la posibilidad de que, en el paso de extraer las boletas y contabilizar los votos para los contendientes, merme o se incremente la suma de boletas extraídas de la urna, por lo cual, si alguna de esas cifras es mayor, se genera un indicio en el sentido de que, en algún momento del escrutinio y cómputo, se sustrajeron indebidamente votos válidos o se incluyeron espurios, salvo que se demuestre lo contrario.

En su artículo 75, la Ley General del Sistema de Medios de Impugnación en Materia Electoral establecía como causales de nulidad de casillas, entre otras: «Existir irregularidades graves, plenamente acreditadas y no reparables durante la jornada electoral o en las actas de escrutinio y cómputo que, en forma evidente, pongan en duda la certeza de la votación y sean determinantes para el resultado de la misma».

Si los magistrados hubiesen respetado los términos de la sentencia para el recuento parcial de casillas que ellos mismos aprobaron y hubiesen acatado la legislación electoral, habrían tenido que reconocer que en las casillas recontadas había 71 142 votos falsos, introducidos ilegalmente en las urnas, y 122 266 sufragios válidos que fueron sustraídos inexplicablemente. De aplicarse la ley y con sus propios criterios, debieron anular las casillas donde se mantenían estas irregularidades aun después del recuento. Y con ese procedimiento, la coalición Por el Bien de Todos habría triunfado en la elección presidencial por 526 000 votos.

Es más, de aplicarse este criterio legal a la votación nacional, eliminando los votos inexistentes agregados de forma arbitraria y los que fueron sustraídos con dolo, los magistrados deberían reconocer que ganamos la Presidencia de la República por más de dos millones de votos. De esa dimensión fue el fraude electoral realizado en contra nuestra.

Al declarar válidos los resultados de los comicios, los magistrados asumieron una decisión política y no jurídica. La sumisión de estas personas que no supieron actuar como jueces ante los designios de un grupo de privilegiados y de extremistas de derecha que se habían apoderado del aparato estatal, haciendo a un lado los intereses de la República, representa no solo una vergüenza en la historia de nuestro país, sino una violación al orden constitucional y un verdadero golpe de Estado.

• • •

Los que ordenaron y operaron el fraude electoral contaron con el apoyo de algunos intelectuales, quienes en artículos y desplegados argumentaron que todo había sido legal y legítimo; es decir, que no vieron o que prefirieron callar y obedecer la versión oficial, por convenir así a sus intereses. Esto no es nada nuevo; siempre, a lo largo de la historia de México, han existido intelectuales serviles. Don Luis González, extraordinario historiador michoacano, decía que los científicos del Porfiriato eran «los alcahuetes del régimen». Aunque, en honor a la verdad, los actuales apoyadores de la derecha no tienen ni siquiera el nivel de ese grupo de hombres que apoyaban a Porfirio Díaz.

Uno de estos tenaces defensores de la derecha es sin duda Enrique Krauze. El 28 de junio publicó un artículo en *The New York Times* con el título «Acercando México a Dios», en el que sostenía que, si yo resultaba triunfador en las elecciones, entonces

> podría inaugurar una variante inédita en la izquierda latinoamericana, la del populismo mesiánico. La frágil democracia mexicana podría convertirse en su primera víctima. Fuera de México, la gente se pregunta si López Obrador es un Chávez, un Evo Morales u otro Lula. En realidad, no se parece a ninguno. Su liderazgo no tiene el puño militar del comandante Chávez ni las raíces indigenistas de Morales. Tampoco se asemeja al de Lula, de quien se ha dicho que, como antiguo líder sindical, está acostumbrado a negociar y «sabe el valor de un 10%». López Obrador es distinto: siempre busca el 100%. Y tiene modelos más altos.

Toda su elaboración partía del hecho de que, a principios de 2006, cuando Joaquín López-Dóriga me preguntó en una entrevista qué religión profesaba, contesté que era católico y fundamentalmente cristiano porque admiraba la vida y la obra de Jesús, que fue perseguido, espiado y crucificado por los poderosos de su época.

Esto le sorprendió a Krauze: «Jesús nunca se menciona en la política mexicana», manifestó, e interpretó mis dichos afirmando: «Él admira a Jesús porque cree que la vida de Jesús se parece a la suya». Por cierto, en esa entrevista con López-Dóriga también dije que de ganar la Presidencia iba yo a tener como colaboradores en la Secretaría de Hacienda a Rogelio Ramírez de la O, un economista, egresado de la UNAM y doctorado en Cambridge; en la Secretaría de Relaciones Exteriores, a José María Pérez Gay, embajador de carrera y doctor en Sociología; y para la Secretaría de Gobernación iba a invitar a Juan Ramón de la Fuente, exrector de la UNAM. Pero este perfil que estaba proyectando para el gabinete no le interesó. Él estaba metido en sus fantasiosas elucubraciones sobre mi persona.

En realidad, no es que yo sea mesiánico; lo que pasa es que Krauze es simpatizante de la derecha y un intelectual orgánico del PAN. En la época de Fox, escribió el prólogo de una biografía de Luis Terrazas, el hombre más rico de Chihuahua durante el Porfiriato, quien, además de banquero, llegó a ser dueño, mediante abusos de poder y métodos ilegales e inmorales, de 2.6 millones de hectáreas. Es famosa la frase: «Terrazas no era de Chihuahua, sino Chihuahua era de Terrazas». Sin embargo, Krauze no solo trataba de limpiar la imagen de Terrazas, sino que se atrevía a decir que «México ha rendido demasiado tributo a los héroes que matan. No perdamos la esperanza de que alguna vez exalte a los héroes que construyen. Merecen, tanto o más que los otros, un recuerdo de gloria, un sepulcro de honor». Esa biografía la promovió Santiago Creel, que era secretario de Gobernación, y bisnieto de Luis Terrazas. Pero la actitud de Krauze es entendible: cada quien analiza la realidad en función de su pensamiento o de sus intereses.

Debo decir también que muchos intelectuales nos apoyaron. Diría incluso que son más las mujeres y los hombres del mundo de la cultura y del arte que comparten la idea y contribuyen en forma independiente, sin afiliación partidista, a la transformación de la vida pública de México. Tal es el caso del ya fallecido Carlos Monsiváis, un hombre no solo de gran cultura, sino un defensor sincero de causas justas y de derechos humanos. Asimismo, subrayo la postura consecuente del que también se nos adelantó, Fernando del Paso, considerado uno de los tres mejores escritores de nuestro país. Mucho tenemos que agradecerle a Sergio Pitol, otro ausente, quien no solo estuvo en el Zócalo, sino que incluso, en algunas entrevistas que le hicieron en vísperas de que recibiera el premio Príncipe de Asturias —el máximo reconocimiento que se otorga en lengua castellana—, se pronunció en contra del fraude electoral; y ni hablar de Elenita Poniatowska, valiente, inteligente y una dulzura de mujer; y de otros escritores y periodistas como Lorenzo Meyer, Miguel Ángel Granados Chapa, Luis Javier Garrido, José María Pérez Gay, Hugo Gutiérrez Vega, Enrique Maza, Octavio Rodríguez Araujo, Jaime Avilés, Arnaldo Córdova, y muchos más que ayudaron a construir una sociedad mejor.

•••

La prensa extranjera tampoco vio el fraude. A diferencia de lo sucedido en el tiempo del desafuero, en las elecciones no hubo cobertura suficiente. Nuestros adversarios le dieron un trato especial a los corresponsales que no salieron mucho del círculo de Polanco y manejaron más la versión de los «especialistas» y de la llamada clase política. Aunque debemos señalar que de todas maneras informaron más que la mayoría de los medios nacionales. Es increíble, pero hay veces en las que es más objetiva la información de CNN en Español que la difundida por las televisoras mexicanas.

Características semejantes ha tenido el comportamiento de algunos escritores extranjeros. Por ejemplo, cada vez que Mario Vargas Llosa venía a México se dedicaba a despotricar en contra de nosotros. Hace poco estuvo en nuestro país y, aunque ahora no coincidimos en lo que sucede en su natal Perú, entre muchos otros temas, celebro que haya tomado la decisión de no hablar de política, sino solo de literatura. Es un buen escritor, pero en lo político se comporta como una chiva loca. Vocifera sin conocer nuestra realidad y siempre esgrime el estribillo de la modernidad neoliberal. Cada vez es más ridículo, sobre todo a partir de que le dio por rozarse con la realeza y la *alta sociedad* españolas.

Pero no todos los escritores extranjeros actúan de manera imprudente. Tal es el caso del finado Gabriel García Márquez, que se cuece aparte. Estoy hablando del mejor escritor de habla hispana de nuestro tiempo. García Márquez, a pesar de que vivía en México y tenía, como es natural, muy buena información, nunca opinaba sobre temas políticos. Con él llevé buena amistad, aunque jamás se manifestó ni a favor ni en contra de mí o de nadie. Además, cuando nos encontrábamos en casa de Chema Pérez Gay y de Lilita, yo prefería aprovechar el tiempo para preguntarle sobre su experiencia en relación con políticos notables de América Latina, el Caribe y el mundo. Una vez le pregunté sobre Omar Torrijos y me platicó cosas muy interesantes de ese dirigente popular, nacionalista, tropical, fruto de Panamá. Su fascinante relato daría para una breve novela: Gabo acompañó a Torrijos cuando se firmaron los Tratados para la Devolución del Canal de Panamá. Además de Gabo, Torrijos llevó como invitado especial a Estados Unidos a otro gran escritor, Graham Greene, quien escribió una novela sobre el líder panameño llamada *El General*. En esa ocasión, el presidente Carter y Torrijos habían invitado a todos los jefes de Estado de América Latina y entre ellos estaba el inefable Pinochet, y fue toda una hazaña, según Gabo, evitar que Graham Greene se topara con Pinochet, porque tenía la firme intención de encararlo en plena ceremonia, y quién sabe qué habría pasado.

•••

Durante la estancia en el Zócalo, resistimos de todo: las intensas lluvias, las granizadas, el frío, las incomodidades de vivir a la intemperie; pero, sobre todo, padecimos un apabullante clima de linchamiento azuzado por los medios informativos. Se nos atacó sin ninguna consideración por estar bloqueando el centro de la ciudad. Por más que repetimos que era más peligroso y más costoso para nuestra patria el cierre de la vía democrática que el de unas vialidades céntricas, se ensañaron atacándonos. Nunca explicaron nada del fraude electoral, que fue lo que nos llevó a tomar esas medidas. Callaron como momias y gritaron como pregoneros para denostarnos. Por aquellos días, en el programa *Tercer Grado,* de Televisa, hubo un intercambio de opiniones que refleja con claridad el papel que jugaron los comunicadores:

> Denise Maerker: Por supuesto que en la democracia vale la pena eso y mucho más, siempre y cuando esté en peligro. Creo que aquí el problema es: ¿está la democracia en peligro?
> Carlos Marín: Ni siquiera si estuviera en riesgo la democracia se justifica, pues es impedir los derechos de terceros.
> Adela Micha: Un bloqueo como el que estamos viendo, que ya dejó de ser un plantón, es un bloqueo, ¿no es el que pone en peligro nuestra democracia?
> Carlos Marín: Yo ya no sé si el problema que trae es una frustración por no imaginar, por no tender sus calzones en Palacio Nacional.

Cuánta razón tuvo el periodista independiente Jaime Avilés cuando afirmó:

> A mí me llama mucho la atención el hecho de que la televisión nunca, nunca vio una sola anomalía, nunca se dio cuenta de que ni siquiera en una casilla los votos no correspondían. Antes, decían, bueno, en el 5 por ciento de las casillas los votos no correspondían (cuando se hacían los fraudes en la época del PRI). Aquí no, aquí fue perfecto, aquí fue invisible.

O la opinión del científico Jorge Zavala, en el sentido de que:

> En México se puede ser muy crítico en todos los medios, inclusive en televisión; pero no en el momento adecuado. En el momento adecuado se cierra, esa es la cuestión, así funciona la censura. A nosotros nos van a dejar hablar del fraude del 2006 cuando estemos en el 2014 y [entonces] vamos a ser muy democráticos. Pero hoy, en el momento en que se están dando los procesos, los medios están cerrados.

Fue enorme el sacrificio de quienes participaron en los plantones para mantener en alto la bandera de la dignidad. Aguantaron de manera estoica los ataques de nuestros adversarios, la incomprensión de mucha gente que no alcanzaba a ver el carácter injusto y la gravedad de la situación, así como el desprecio de los poderosos, con todo el clasismo y el racismo que desataron.

Todos los días, en las asambleas de las siete de la noche, argumentábamos que el objetivo de nuestro movimiento era salvar la democracia y hacer valer la Constitución, que en su artículo 41 establece que la soberanía popular, base de nuestras instituciones, se expresa a través de elecciones libres y auténticas en las que deben regir los principios de certeza, legalidad, equidad, imparcialidad y transparencia. En consecuencia, si no se respetaba el voto ciudadano, se estaban socavando las bases democráticas de la República y violando la Constitución. Desde las primeras asambleas empezó a surgir la idea de poner un hasta aquí al régimen caduco. Incluso, así lo expresé el domingo 13 de agosto:

> ¡Hasta aquí! ¡Se acabó la República simulada! ¡Nunca más la violación a los principios que garantizan el interés general, el interés del pueblo! Aquí y ahora comenzará, está comenzando, una etapa nueva de la vida pública de México. Con el apoyo y la decisión de la gente, con el poder soberano del pueblo, llevaremos a cabo, con ese poder ciudadano, los cambios y las transformaciones que necesita el país.

•••

Debo reconocer que hubo unos pocos medios de comunicación que actuaron con profesionalismo y objetividad, a pesar de estar sometidos a fuertes presiones. Todos los días el programa radiofónico *Monitor*, de don José Gutiérrez Vivó, transmitió en vivo las asambleas informativas de las siete de la noche. Fue ejemplar el periodismo de *La Jornada* y de algunos otros medios de comunicación de los estados. Menciono el caso del periódico *Por Esto!*, de Yucatán; *Noticias*, de Oaxaca; *Diario del Istmo*, de Veracruz; *Tabasco Hoy* y *La Verdad del Sureste*, de Tabasco; *Cuarto Poder*, de Chiapas, y muchos otros, a los que ofrezco disculpas por no mencionarlos, tal vez los habría perjudicado si los nombraba en aquel momento, por lo vengativos y poco tolerantes que resultaron ser los derechistas usurpadores. Mucho costó el apoyo que recibimos de Gutiérrez Vivó; baste decir, que le quitaron sus estaciones de radio y sus bienes, y tuvo que exiliarse en Estados Unidos; ahora lo hemos ayudado, pero vive lamentablemente triste y enfermo, aunque con la conciencia tranquila.

Mención especial merecen, por su ingenio y compromiso a favor de la justicia, los caricaturistas: el Fisgón, Helguera (†), Naranjo (†), Helio Flores, José Hernández, Rocha, Rius (†), Rapé y muchos otros. También han jugado un papel importante comunicadores voluntarios que nos ayudaron en ese tiempo a romper el cerco informativo mediante la utilización de las redes sociales, en páginas de internet, como fue el caso de *El Sendero del Peje* y *Radio AMLO*, y actualmente, de muchos tuiteros y de otras plataformas digitales, que son geniales, argumentan bien, mantienen a raya a los fachos, a los hipócritas seudoindependientes y a operadores de *bots*; nos ayudan mucho.

• • •

De las reflexiones íntimas y circulares con otros dirigentes en el plantón surgió la idea de celebrar la Convención Nacional Democrática (CND), a la que yo llamaría la gran solución, la salida al conflicto, y el nuevo camino que tomaría el movimiento. El 13 de agosto di a conocer que el 16 de septiembre llevaríamos a cabo la CND con representantes de todos los pueblos del país, para decidir en definitiva el papel que asumiríamos en la vida pública de México.

Teníamos que encontrar una alternativa para enfrentar la imposición, en el caso de que el Tribunal convalidara el fraude, como finalmente sucedió. En esos días yo estaba convencido de que nuestros adversarios, la mafia de la política y del dinero, no aceptarían anular la elección. Mi preocupación giraba en torno a cómo buscar una salida al movimiento sin claudicar y, al mismo tiempo, sin caer en la trampa de la violencia. En tales circunstancias, la Convención se convirtió en la alternativa. Esta asamblea soberana podría, entre otras cosas, plantear el fin de la República simulada y construir las bases de un poder democrático, de un verdadero Estado social y democrático de derecho.

El 15 de agosto dimos a conocer la convocatoria, señalando que vivíamos momentos de definición histórica, que de consumarse el fraude electoral para imponer al candidato de la derecha en la Presidencia se estaría pisoteando la voluntad del pueblo expresada en las urnas el 2 de julio. A este agravio, que representó en los hechos reducir la democracia a una mera farsa, se agregaba la decadencia y el descrédito de las instituciones que habían dejado de representar el interés general del pueblo, traicionando su mandamiento constitucional. A partir de entonces, en todas las asambleas de las siete de la noche, me dediqué a informar sobre la organización, los temas de discusión, la celebración de asambleas estatales y municipales, y de los delegados que, día con día, se iban sumando para participar el 16 de septiembre, así como a repetir que, si se violaba la Constitución, si se pisoteaban los derechos de los ciudadanos, nosotros teníamos que tomar una decisión y esto lo íbamos a hacer en definitiva en la CND. Así, poco a poco se fue preparando todo. Se definió el lema de la Convención: «Sufragio efectivo, no imposición». También se integró la Comisión Organizadora, encabezada por Socorro Díaz, la finada Bertha Maldonado —más conocida como Chaneca, con todo cariño—, Elena Poniatowska, Jesusa Rodríguez, Federico Arreola, Dante Delgado, Rafael Hernández Estrada, José Agustín Ortiz Pinchetti y Fernando Schütte.

Durante todo ese tiempo, expuse en mis intervenciones que nuestros actos se amparaban en el artículo 39 de la Constitución, cuyo antecedente es el principio utilizado para fundar nuestra República. Cuando México pasó a ser un país soberano e independiente, los que lucharon por la Independencia proclamaron, antes que nada, que la soberanía radica en el pueblo, que el pueblo es soberano y que el pueblo es el que decide y el que manda.

Recordemos que en 1814 los insurgentes impulsaron la creación del Estado mexicano, basado en el artículo 4.º de la Constitución de Apatzingán, que a la letra dice:

> Como el gobierno no se instituye por honra o interés particular de ninguna familia, de ningún hombre ni clase de hombres, sino para la protección y seguridad de todos los ciudadanos, unidos voluntariamente en sociedad; estos tienen derecho incontestable a establecer el gobierno que más les convenga, alterarlo, modificarlo y abolirlo totalmente cuando su felicidad lo requiera.

Este principio fundamental quedó establecido en la Constitución de 1857 y fue la base para convocar al Constituyente de 1917 y reconstruir a la nación, a partir de las demandas sociales surgidas del movimiento revolucionario.

Considero que fue muy afortunado encontrar esta salida a nuestro movimiento; es decir, con apego a la experiencia histórica de otros mexicanos y dirigentes que han luchado por la dignidad, la justicia y la democracia. Por eso, siempre sostengo que la historia es la maestra de la vida: el que no sabe de dónde viene difícilmente sabrá a dónde va. El que no sabe de dónde viene difícilmente encontrará la salida en una situación como la que enfrentábamos.

• • •

El 28 de agosto, cuando el Tribunal declaró válidos los resultados de los comicios, propuse para su análisis, discusión y, en su caso, aprobación, por la Convención Nacional Democrática, lo siguiente:

PLAN

1.º Se desconoce el cómputo oficial dado a conocer el día de hoy por el Tribunal Electoral del Poder Judicial de la Federación que pretende legalizar el fraude cometido el 2 de julio de 2006.

2.º Se rechaza la usurpación y se desconoce al señor Felipe Calderón Hinojosa como presidente de la República, lo mismo que a los funcionarios que él designe, así como todos los actos de su gobierno *de facto*, ya que todo poder público debe dimanar de la libre voluntad del pueblo.

3.º Propongo que la Convención Nacional Democrática resuelva, previa deliberación y con el voto libre de los delegados, si constituimos un Gobierno de la República o una Coordinación de la Resistencia Civil Pacífica. Esto implica también decidir, democráticamente, si habremos de reconocer y ratificar a un presidente legítimo de los Estados Unidos Mexicanos, o si la Convención elige a un jefe de Gobierno en Resistencia, a un encargado del Poder Ejecutivo, o a un coordinador nacional de la Resistencia Civil Pacífica. Todo ello, en tanto dure la usurpación.

4.º El órgano que aprobemos y quien lo represente deberá aplicar un programa básico con cinco objetivos fundamentales:

Llevar a cabo todas las acciones necesarias para defender y proteger a millones de mexicanos pobres, humillados y excluidos, que tienen hambre y sed de justicia, buscando combatir a fondo la pobreza y la creciente desigualdad que imperan en nuestro país.

Defender el patrimonio de la Nación, que es de todos los mexicanos, por lo que no se permitirá bajo ninguna modalidad la privatización del petróleo ni de la industria eléctrica, como tampoco de la educación pública en todos sus niveles, ni de las instituciones de salud y de seguridad social; y se defenderán, por todos los medios legales y mediante acciones de resistencia civil pacífica, los recursos naturales estratégicos para el bienestar de los mexicanos y la independencia y soberanía de la Nación.

Hacer valer el derecho público a la información a fin de que los medios de comunicación públicos y privados garanticen espacios a todas las expresiones sociales, culturales y políticas del país, brinden una información veraz y objetiva, contribuyan al enriquecimiento cultural de los mexicanos y sirvan de base para que la población participe de manera consciente y libre en la toma de decisiones.

Trabajar para hacer desaparecer el Estado patrimonialista, ya que el Gobierno no puede seguir siendo un comité al servicio de una minoría, por lo que la lucha contra la corrupción y la impunidad debe enfrentarse como una prioridad, a fin de que se castigue a quienes desde el poder lo utilizan para beneficio propio, cometen abusos transgrediendo impunemente las leyes y despojan a los mexicanos de su patrimonio. El poder público y el ejercicio del gobierno no pueden significar la protección de privilegios ni de la corrupción.

Luchar para que las instituciones nacionales sean objeto de una renovación profunda, en particular las instituciones políticas, que lejos de atender el interés público se encuentran secuestradas por unos cuantos grupos de poder y solo actúan en su beneficio. La política económica y hacendaria se aplica solo en beneficio de algunos potentados y traficantes de influencias. La Suprema Corte de Justicia de la Nación, en lugar de proteger al débil, actúa para legalizar los despojos que comete el fuerte y proteger a los delincuentes *de cuello blanco*.

5.º Propongo que la Convención Nacional Democrática decida si el órgano de gobierno, y quien lo represente, se instale y tome posesión formalmente el 20 de noviembre o el primero de diciembre de 2006.

6.º Los acuerdos tomados por la Convención Nacional Democrática Por el Bien de Todos deberán asumirse de manera voluntaria por ciudadanos libres de todas las condiciones sociales, pueblos, religiones e ideologías.

7.º El nuevo gobierno surgido de la Convención Nacional Democrática no pedirá apoyo corporativo e incondicionalidad a nadie y respetará las decisiones que tomen partidos políticos, legisladores, gobernadores e integrantes de los ayuntamientos del país.

Mexicanas y mexicanos:

Hoy vivimos momentos de definición histórica. Ante la gravedad de los acontecimientos, muchos ciudadanos, hombres y mujeres libres pensamos que es tiempo de reafirmar los derechos individuales y sociales, y los ideales de libertad, democracia y justicia que han marcado las luchas más nobles de los mexicanos.

Con la imposición del gobierno de la usurpación, se violó la soberanía popular y se transgredió la Constitución Política de los Estados Unidos Mexicanos. A este agravio, que representa en los hechos reducir la democracia a una mera farsa, hay que agregar la decadencia y el descrédito de las instituciones públicas que han dejado de representar el interés general del pueblo.

No solo está en cuestión la estructura jurídica del Estado y su régimen político. En un país como el nuestro, donde existen tantos privilegios y tanta desigualdad, la democracia adquiere una dimensión social fundamental: se convierte en un asunto de sobrevivencia. La democracia es la única opción, la única esperanza para millones de pobres; representa para la mayoría de la gente la vía para mejorar sus condiciones de vida y de trabajo. Por todo eso, hacemos el compromiso de defender la democracia y hacerla valer.

A fin de mantener sus privilegios y por capricho de los poderosos, se anuló la voluntad popular y, en consecuencia, se hace imprescindible reivindicar y luchar por la justicia, la democracia y la renovación radical de las instituciones de la República.

¡Nunca más una República simulada! ¡Nunca más la violación a los principios constitucionales que garantizan los derechos del pueblo! ¡Nunca más instituciones dominadas por el poder y el dinero! ¡Nunca más el engaño y la mentira como forma de gobierno! ¡Nunca más aceptaremos un gobierno ilegal e ilegítimo en nuestro país!

Convoco hoy al pueblo de México a iniciar juntos una etapa nueva de la vida pública del país. Con los principios por delante, con la dignidad, con la autoridad moral y con el apoyo de la gente, haremos los cambios y las transformaciones que necesita la República.

Esta propuesta está inspirada en lo más profundo de la historia de nuestro país y en pensamientos como los del presidente Benito Juárez, que en su tiempo escribió: «El pueblo que quiere ser libre lo será. Hidalgo enseñó que el poder de los reyes es demasiado débil cuando gobiernan contra la voluntad de los pueblos».

• • •

El plantón fue, más que una protesta ciudadana por el fraude, el sitio donde se definió colectivamente la construcción de una nueva República. Fue un extraordinario espacio de convivencia y fraternidad humana. Durante los 48 días que permanecimos en los campamentos, vivimos experiencias inolvidables. El movimiento político se hizo acompañar del movimiento cultural. Participaron, como parte de la resistencia civil pacífica, artistas plásticos, músicos, escritores, poetas, cantantes, grupos de danza, de música clásica, cantantes de ópera, bandas de *jazz*, de *rock* y de música para niños, promotores del medio cultural —como Isaac Masri—, empresas de audio y video —entre otras, la de Luis Mandoki, quien siempre ha estado con nosotros y es, desde mi punto de vista, el mejor cineasta mexicano—; actores como Damián Alcázar, Demián Bichir (el de *Nadando con tiburones*), Liliana Felipe, Jesús Ochoa, Jesusa Rodríguez, Dolores Heredia, Jorge Arvizu (†), María Rojo, Blanca Salces, Jorge Zárate, Rita Guerrero (†), Adriana Cao, Regina Orozco; pintores y grabadores como Vicente Rojo Cama, Roger von Gunten, Gabriel Macotela, Gilberto Aceves Navarro, Marcos Límenes y Alberto Castro Leñero. Entre otros creadores del megagrabado se encontraban Carlos Pellicer López, Brian Nissen y Rafael Barajas, el Fisgón, e incluso pintores convocados desde el extranjero, como Michael Wille, quienes trabajaron una diversidad de temas, en su mayoría relacionados con el repudio a un posible fraude electoral y la demanda del recuento total de votos.[18] Perdón por omitir a otras y otros.

Los espacios públicos fueron ocupados con imaginación e inteligencia y se contribuyó a la creación de una cultura democrática con la participación y la organización espontánea de los ciudadanos. Por medio de la palabra, la pintura, la música, el baile, la fiesta y la alegría, también reafirmamos nuestros ideales y el sentido mismo de la democracia. Como dice el poeta y pintor John Berger: «La resistencia comienza cuando dejamos de pensarnos como nos piensa el poder». Acompañados de los artistas iniciamos algo verdaderamente nuevo: todos los días había actividad cultural en los campamentos; en el Monumento a la Revolución se presentó, para el disfrute de los jóvenes, Panteón Rococó, así como muchos otros grupos. Una tarde, estando en mi casa de campaña, pregunté quiénes eran los que estaban tocando en el templete y me dijeron que eran músicos muy reconocidos en los ámbitos nacional e internacional: Los de Abajo. Un aplauso para ellos. ¡Arriba los de abajo!

Lo más extraordinario fue la integración del coro monumental La Patria es Nuestra Voz, con cientos de participantes, dirigidos por el maestro Eduardo García Barros. También estuvo siempre presente el inagotable ingenio popular que con humor expresa sus ideas, sus sentimientos, las críticas contra la imposición y los abusos de los poderosos. Aquí quiero dejar de manifiesto mi profundo agradecimiento a Jesusa Rodríguez, quien nos ayudó mucho en la conducción de todo el proceso vivido durante el tiempo que permanecimos en los campamentos.

•••

No es mi propósito contar todas las vivencias; solo señalo que me tocó compartir momentos de tensión, de tristeza y también de mucha alegría. Recuerdo que al mediodía del 1.º de septiembre, cuando Fox debía rendir su informe presidencial, nos reunimos, como lo hacíamos todos los días, en una tienda de campaña que era nuestra sala de juntas, los principales dirigentes del movimiento: Socorro Díaz, Leonel Cota, Dante Delgado, Alberto Anaya, Porfirio Muñoz Ledo, Manuel Camacho, Ricardo Monreal, Jesús Ortega, Marcelo Ebrard, Javier González Garza, José Agustín Ortiz Pinchetti, Horacio Duarte, Luis Maldonado, Federico Arreola, Alejandro Esquer y César Yáñez Centeno, entre otros. En esa ocasión teníamos que resolver si nos movilizábamos hacia la Cámara de Diputados para protestar contra Fox. Existía un ambiente de mucha preocupación porque se habían desatado rumores de que nos reprimirían. Además, toda esa zona de la ciudad estaba llena de policías y militares. Desde muchas calles antes habían amurallado el Palacio Legislativo de San Lázaro. De modo que se expuso el tema, como siempre se hacía; se deliberó y, al final, en una votación muy reñida, se determinó no ir y evitar la provocación. Me tocó exponer a la gente la decisión que se había tomado. El Zócalo estaba lleno porque muchos querían que nos movilizáramos. Tuve que emplearme a fondo; hablé cerca de una hora, argumentando que teníamos que cuidar el movimiento, que nuestra causa no la íbamos a dirimir mediante el enfrentamiento, que era un asunto político, no policiaco ni militar. Al final, cuando pedí que se votara si íbamos o nos quedábamos, la mayoría levantó la mano para no marchar. Y volvió a quedar de manifiesto la responsabilidad de la gente. De todos modos, Fox no pudo rendir su último informe. Se quedó en la puerta del recinto legislativo porque nuestros diputados tomaron la tribuna en protesta por el estado de sitio en que se encontraba no solo la Cámara de Diputados, sino parte de la ciudad. Esa tarde-noche, en el Zócalo y en sus hogares, muchos mexicanos se sintieron felices.

Pero no todo fue alegría. Días después, cuando el Tribunal Electoral resolvió avalar el fraude, me tocó estar en mi tienda de campaña escuchando, al mismo tiempo, la relatoría de los magistrados y las expresiones de la gente que estaba en el Zócalo viendo el desenlace en una pantalla. Escuchábamos los argumentos cantinflescos —con todo respeto a Cantinflas—, de que sí intervino Fox, sí intervinieron los empresarios, sí se violó la ley con la publicidad del Consejo Coordinador Empresarial, pero que no se pudo determinar si eso influyó o no en el resultado de la elección; los magistrados se hacían tontos y pretendían ocultar que se habían puesto al servicio del régimen; también, en esos precisos momentos, escuchaba los gritos de la gente, el silencio, el llanto, la tristeza. Fue algo muy duro para todos. Pero de una u otra manera, ya lo esperaba. Uno siempre tiene más información, sobre todo conoce más acerca de la perversidad de nuestros adversarios, pero la gente es muy buena y siempre tiene la ilusión. Yo no esperaba mucho, no esperaba que los magistrados actuaran de manera consecuente, pero la gente sí, y por eso da mucha rabia la desvergüenza y la ingratitud de los de arriba. Esa noche me tocó hablar en medio de la tristeza para fortalecer a la gente y darle poderosas razones para no desmayar y seguir adelante.

• • •

Con motivo de la ceremonia del Grito de Independencia, vivimos también momentos interesantes. A Fox no podíamos permitirle que diera el Grito de Independencia desde el balcón principal del Palacio Nacional y se burlara aún más de nosotros. Desde antes había mucha expectativa porque habíamos dicho que permaneceríamos en el Zócalo y que allí celebraríamos la noche del Grito de Independencia, nuestra principal fiesta cívica. No impediríamos el desfile militar del día siguiente, pero lo íbamos a decir en su momento. La verdad es que no teníamos —ni tenemos— nada en contra del Ejército; la mayoría de los soldados votó por nosotros el 2 de julio, porque ellos también estaban inconformes con la situación de pobreza y olvido que prevalecía en los pueblos donde vivían sus familiares. Además, hasta en las altas jerarquías vieron bien mi postura en el sentido de que el Ejército debe dedicarse a defender la soberanía nacional y no ser usado para suplir las incapacidades del gobierno civil y menos para reprimir al pueblo que lucha por la justicia y la libertad. Sin embargo, aunque en esos días me buscó el secretario de la Defensa, no quise tener un encuentro con él porque sabía que me iba a hablar del desfile. Y aunque, como ya dije, no íbamos a impedirlo, no quería que lo supieran antes de tiempo. En estos menesteres no se puede ser predecible. Lo cierto es que la decisión era: desfile, sí; grito, no.

En este asunto volvió a quedar de manifiesto la hipocresía de Fox. Uno o dos días después de que no pudo dar su informe en el Congreso, se encontró con

Alejandro Encinas, jefe de Gobierno del Distrito Federal, precisamente en un homenaje al Ejército, y le pidió que me dijera que permitiéramos el desfile y que estaba de acuerdo en buscar una salida a la ceremonia del grito, dándole a entender que podía encabezar la ceremonia en otra parte, como se ha hecho en algunas ocasiones. Alejandro me transmitió el mensaje y me preguntó mi opinión. Le contesté lo mismo, que no habría problemas con el desfile, solo que eso lo veríamos a su tiempo; pero en el caso del grito, era otra cosa. Incluso le propuse que hablara con Fox para que aceptara que él, como jefe de Gobierno, diera el grito en la Ciudad de México, y que el presidente lo diera en Dolores Hidalgo, cuna de la Independencia. Alejandro se alegró porque pensó que iba a ser fácil. Sin embargo, hizo la propuesta, pasaron los días y no le respondían nada. Un día antes del grito, el 14, desayuné con Alejandro y, decepcionado, me contó que Fox estaba necio, y decidido a dar el grito en el Zócalo. Es decir, aunque había dicho estar dispuesto a un acuerdo, al final se echó para atrás. Todo fue, como es su costumbre, pura mentira.

En esta circunstancia, resultó para nosotros muy difícil decidir qué hacer. Lo de Fox era una abierta provocación. Nosotros estábamos en el Zócalo y la gente se mantenía muy molesta. Además, teníamos la preocupación de que esa noche llegara más gente y no pudiésemos controlar la situación. Por eso, convoqué a una asamblea para la mañana del 15 con la intención de convencer a la gente y tener el tiempo para ensayar, con el apoyo del coro monumental, un acto de protesta pacífica: cuando Fox saliera al balcón principal del Palacio Nacional, a dar el grito, nosotros, en forma organizada, le daríamos la espalda en silencio, y una vez que él se metiera, nos voltearíamos y llevaríamos a cabo nuestra ceremonia. Afortunadamente, no hubo necesidad de eso. Llegó a mis manos un documento sobre la estrategia del Estado Mayor Presidencial para garantizar la presencia de Fox, que consistía básicamente en tomar la calle frente al Palacio, una noche antes del grito, que nosotros manteníamos libre porque el campamento estaba ubicado en la plancha del Zócalo. Iban a poner un cerco, una valla y nos iban a encerrar. El plan comprendía llenar esa calle frente al balcón con 3 000 militares vestidos de civil y allí mismo colocarían los equipos de televisión para transmitir a todo el país, como ya era costumbre, las tomas y el sonido controlado, como si se tratara de una grabación en un estudio, para proyectar una imagen de completa normalidad.

De modo que tuve que optar y decidimos adelantarnos. Dos horas antes, en vez de que ellos pusieran las vallas, nosotros las pusimos hasta la banqueta del Palacio, tomamos la calle y recorrimos el campamento. Cuando el Estado Mayor se dio cuenta, hubo un pequeño forcejeo y momentos de tensión, pero ya no pudieron evitarlo. Al final consideraron que el balcón quedaba muy cerca y que iba a ser muy difícil para todos que Fox saliera a dar el grito. Al día siguiente por la mañana, no tuvieron más opción que anunciar que se iba a Guanajuato.

Yo no tenía pensado dar el grito. Si bien la gente quería eso, nunca lo consideré conveniente. Estaba en la idea de que el grito lo diera doña Rosario Ibarra. Pero como se presentaron las circunstancias que ya expliqué, al final los del Gobierno federal le dijeron a Alejandro Encinas que siempre sí aceptaban que él diera el grito. Por eso, en la asamblea de la tarde, que fue la última que llevamos a cabo en el Zócalo antes de levantar los campamentos, hicimos un reconocimiento al jefe de Gobierno por la forma en que había resistido los embates y las críticas de personas y de medios que pedían el uso de la policía para desalojarnos. En ese entonces, el hoy senador Emilio Álvarez Icaza era presidente de la Comisión de Derechos Humanos de la Ciudad de México y el muy farsante había recomendado desalojarnos del Zócalo. En este contexto, propuse a la asamblea que Alejandro diera el grito en nombre de todos y que él merecía tocar la campana de la libertad que nos habían llevado al campamento. También en esa asamblea hicimos un balance de los 48 días de convivencia entrañable. Todos estábamos llenos de sentimientos. Se había logrado conducir la resistencia civil pacífica de manera ordenada: no se rompió un solo vidrio, no se dañaron jardines ni monumentos históricos, no se pintarrajearon espacios públicos, no se cayó en ninguna provocación, todo transcurrió sin violencia. En ese acto entregué reconocimientos a quienes habían permanecido de principio a fin en los campamentos. Por su comportamiento ejemplar, se les distinguió con el nombramiento de ciudadano fundador o ciudadana fundadora de la Convención Nacional Democrática, para su honra, la de sus familias y la de sus comunidades.

Por la noche se llenó el Zócalo y la ceremonia fue bellísima. Fue uno de los aniversarios de la Independencia más importantes y emotivos de los que se tenga memoria. La gente estaba feliz, fue un verdadero acto por la libertad, aunque no salió una sola imagen por televisión. Los canales televisivos transmitieron los gritos en todas las capitales estatales y en otras ciudades, así como en varias embajadas de México en el extranjero, pero omitieron la ceremonia que se realizó en el Distrito Federal.

•••

El 16 de septiembre por la tarde, después del desfile militar y a pesar de la lluvia, se llevaron a cabo los trabajos de la Convención. Asistieron miles de delegados que desbordaron de nuevo el Zócalo de la ciudad. En ese histórico día, los delegados declararon abolido el régimen de corrupción y privilegios y se sentaron las bases para la construcción y el establecimiento de una nueva República. Allí expliqué cómo se había originado la crisis política y quiénes eran los verdaderos responsables. Expresé que desde mi punto de vista la descomposición del régimen venía de lejos, se había acentuado en los últimos tiempos y se precipitó y quedó al descubierto con el fraude electoral.

Esta crisis política tiene como antecedente inmediato el proyecto salinista, que convirtió al Gobierno en un comité al servicio de una minoría de banqueros, hombres de negocios vinculados al poder, especuladores, traficantes de influencias y políticos corruptos. A partir de la creación de esta red de intereses y complicidades, las políticas nacionales se subordinaron al propósito de mantener y acrecentar los privilegios de unos cuantos, sin importar el destino del país y la suerte de la mayoría de los mexicanos. Recordé también que, desde entonces, el principal lineamiento del régimen había sido privilegiar los intereses financieros sobre las demandas sociales y aun sobre el interés público. En este marco de complicidades y componendas entre el poder económico y el poder político, se llevaron a cabo las privatizaciones durante el gobierno de Salinas.

También, en este contexto, debía verse el asunto del Fobaproa, el saqueo más grande que se haya registrado en la historia de México desde la época colonial. Afirmé que Zedillo, con el apoyo del PRI y del PAN, del PRIAN, decidió convertir las deudas privadas de unos cuantos en deuda pública. A la llegada de Vicente Fox esta red de complicidades se fortaleció y se hizo más obscena: un empleado del banquero Roberto Hernández pasó a ser el encargado de la Hacienda pública. Pero lo más grave era que Fox se había convertido en un traidor a la democracia y se había dedicado tenaz y obcecadamente, con todos los recursos a su disposición, a tratar de destruirnos políticamente.

En efecto, en esa cruzada Fox se confabuló con Roberto Hernández, Claudio X. González, Carlos Salinas, Mariano Azuela, Diego Fernández de Cevallos y Gastón Azcárraga, entre otros, y para ello contaron con la complicidad de medios de comunicación, de intelectuales alcahuetes, de periodistas deshonestos y de quienes se hacen pasar por jueces. En fin, se formó en contra de nosotros una pandilla de delincuentes *de cuello blanco* y de políticos corruptos.

Ahora bien, conviene preguntarnos por qué este grupo fue capaz de desatar tanto odio, por qué llegaron incluso al descaro de promover la intolerancia y el clasismo y de utilizar el racismo para distinguirse y descalificar lo que nosotros dignamente representamos. La respuesta es sencilla: tenían mucho miedo de perder sus privilegios y los dominaba la codicia. Por eso no aceptaban el Proyecto Alternativo de Nación que nosotros postulamos, defendemos y hoy estamos haciendo realidad. Por eso, para seguir detentando la Presidencia de la República, no les importó atropellar la voluntad popular y romper el orden constitucional. En el discurso de ese día, planteé a mis adversarios dos interrogantes de fondo: «¿Qué fue lo que ganaron realmente? ¿Creen acaso que el pelele que impusieron les va a significar tranquilidad y normalidad política?». La respuesta no tardó en llegar: el país permaneció estancado e imperaron por todas partes el caos y la violencia.

•••

Después de la Convención y hasta antes del 20 de noviembre, fecha en que tomé protesta como presidente legítimo, me dediqué a recorrer las principales ciudades del país para informar sobre las decisiones que habíamos tomado y para aclarar las dudas que surgieron por haber aceptado el cargo de presidente legítimo. Debo decir que inicialmente pensé que constituía una manera de protestar y que, al mismo tiempo, era una forma de desahogo al enojo popular, que la gente podría decir «nos robaron la Presidencia, pero tenemos nuestro presidente», es decir, una especie de legítima defensa ante el agravio; se trataba de dar a la gente cuando menos esa satisfacción. Pensé también que no había por qué optar por lo ortodoxo. Se acostumbra en otras partes del mundo, sobre todo en países europeos, que cuando un candidato pierde —en este caso no perdimos, nos arrebataron el triunfo—, se convierte en el líder de la oposición. Pero yo no podía aceptar ser líder de la oposición porque ello habría significado un reconocimiento tácito al presidente espurio, y nosotros nunca íbamos a reconocer a Felipe Calderón como presidente legal y legítimo de México.

En esta gira también argumenté que, frente a la operación fraudulenta que lesionó la democracia electoral e intentaba detener la democratización económica, social y cultural; ante el uso faccioso del Poder Ejecutivo y de los recursos públicos de un candidato y de un partido; frente a la intromisión ilegal y pandilleril de un buen número de empresarios y caciques sindicales, esos que santifican el clientelismo; ante el secuestro de las instituciones, que en este caso eran *sus* instituciones —el IFE, el Tribunal Electoral y la Suprema Corte de Justicia—; frente a todo eso, y ante el cúmulo de pruebas que presentamos y que fueron tramposamente desechadas, mantenía una certidumbre que me sigue acompañando: en 2006 ganamos la elección presidencial.

Acepté el cargo de presidente legítimo de México porque rechazamos la imposición y la ruptura del orden constitucional. Pasar por alto el fraude electoral, como algunos propusieron, y reconocer a un gobierno usurpador, además de un acto de traición, habría implicado posponer indefinidamente el cambio democrático en el país. El triunfo en las urnas nos comprometía ante nuestros electores y ante los votantes honrados del 2 de julio que, opciones políticas aparte, creyeron en la validez de la elección. Ese compromiso con la democracia es el que nos ha impulsado siempre.

Nuestros adversarios se imponen con el dinero, el prejuicio conservador, la injusticia, la ilegalidad, la propiedad de muchísimos medios informativos. Nosotros contamos con la voluntad de cambio de millones de personas. El régimen político de ellos se agotó; en cambio, desde nuestro punto de vista, la presidencia legítima simbolizó las esperanzas, los esfuerzos y el anhelo de justicia social del pueblo de México. Además, el cargo me fue conferido en el marco de un movimiento empeñado en transformar las instituciones y refrendar la República, es decir, aclarar el sentido de la vida política, en ese tiempo tan enturbiado. En una democracia genuina, la Presidencia es la interpretación justa y cotidiana de los deseos del pueblo, de la gente y de la comunidad. Es obvio que acepté este honroso cargo no por ostentación o por ambición de poder. Lo asumí incluso a sabiendas de que también por eso iba a ser atacado. Pero lo hice convencido de que así iba a seguir contribuyendo, junto con muchos otros mexicanos, mujeres y hombres, en las transformaciones del país. Además, en esas circunstancias, aceptar ese cargo constituía un acto de resistencia civil pacífica, que era lo que más convenía a nuestro movimiento. Fue un «tengan, para que aprendan» a respetar la voluntad popular.

•••

El 20 de noviembre, en esta fecha tan importante y significativa, cuando conmemoramos el aniversario de la Revolución Mexicana, la liberación de nuestro pueblo de la dictadura porfirista y la conquista de derechos sociales para todos, tomé protesta en el Zócalo, ante miles de ciudadanos, como presidente legítimo de México. Allí sostuve que me han atacado sin tregua porque dije: «¡Al diablo con sus instituciones!». Pero no fuimos nosotros quienes las echaron a perder. Fueron ellos, fue la mafia. Quizá debí ser más preciso: ¡Al diablo con las ruinas de instituciones que nos quieren imponer, luego de envilecerlas y desmantelarlas! También expresé que el Gobierno Legítimo comenzaba, con el apoyo de millones de mexicanos, paso a paso, sin falsas ilusiones y sin atender burlas despreciables, la construcción de una nueva República y de las instituciones democráticas que le corresponden. El propósito fundamental del Gobierno Legítimo, reiteré, sería proteger los derechos del pueblo, defender el patrimonio de todos los mexicanos y la soberanía nacional.

También propuse que construyéramos una red nacional de representantes del Gobierno Legítimo. Argumenté que de poco serviría tener Gobierno, presidente, gabinete y programa si no se contaba con el apoyo del pueblo. Un Gobierno divorciado de la sociedad no es más que una fachada, un cascarón, un aparato burocrático. Por eso propuse que el Gobierno Legítimo fuese el pueblo organizado. La democracia implica la participación ciudadana en los asuntos públicos. La democracia es el poder del pueblo, para el pueblo y con el pueblo.

Concretamente, invité a todos a formar parte del Gobierno Legítimo. Para ello, además de seguir cotidianamente defendiendo nuestros principios y el Proyecto Alternativo de Nación, ustedes, les dije, podrían actuar como representantes del Gobierno dondequiera que se encuentren.

Se trata, sostuve, de crear una red y un directorio de millones de representantes del Gobierno en todo el territorio nacional. El procedimiento para ello consistía en suscribir una carta compromiso, expresando de manera libre, consciente y voluntaria el propósito de defender los derechos del pueblo y el patrimonio de la nación. Asimismo, se asumía el compromiso de estar atentos ante cualquier llamado o convocatoria que hiciera el presidente legítimo cuando se pretendiese cometer una injusticia o se quisiera consumar un acto antipopular o entreguista. En esta carta se ponía la firma y la huella, y cada representante recibía una credencial, como símbolo del compromiso, firmada por el presidente legítimo.

Pero lo más importante era que, cuando la derecha quisiera imponer algo, sobre todo porque se mantenían acuerdos cupulares entre el PRI y el PAN en el Congreso, como sucedió en el caso del Fobaproa o en el desafuero, ante una circunstancia de esa gravedad, se convocaría a la movilización, y estaba seguro de que se concentrarían miles de representantes del Gobierno Legítimo y pondríamos las cosas en su lugar. Así propuse que gobernáramos.

Esta es la carta compromiso que hasta junio de 2007 habían suscrito más de 1 000 000 de personas de todo el país; teníamos la meta de llegar a 5 000 000 de representantes del Gobierno Legítimo para finales de 2008. Todavía hay quien guarda como reliquia esa histórica credencial (véase p. 179).

El 20 de noviembre por la noche, Silvio Rodríguez, hermano cubano, muy solidario como siempre, cantó «Rabo de nube» y «Ese hombre». Esta última composición es de mis preferidas. En una ocasión que cenamos juntos, le dije que esa canción me gustaba mucho porque era una recomendación, un memorándum para todos los políticos de izquierda. Silvio me contestó un tanto sorprendido: «La escribí para mí». Me contó que la compuso a su regreso de Angola, luego de acudir a ese país como internacionalista, e inmediatamente después de presentarse como cantautor en España, donde ya era muy famoso, y sintió que debía cuidarse de no perder el piso. Es una canción bellísima, la letra es precisa:

Ese hombre que por hechos o por dichos
es respetado tanto
ese hombre que por dichos o por hechos
es festejado tanto
debiera olvidar que casi iba solo
cuando desnudó aquella emoción
que ahora es de todos
debiera olvidar que casi iba solo

*cuando conquistó el cetro que hoy
le ciñen a coro.*

*Ese hombre que por hechos o por dichos
es escuchado tanto
ese hombre que por dichos o por hechos
es contemplado tanto
recuerde por qué, por qué es que le quieren
recuerde que ha partido de sí
en pos de otros seres
recuerde por qué, por qué es que le quieren
recuerde que dar con una razón
alumbra deberes.*

*Ese hombre que por hechos o por dichos
es amado tanto
ese hombre que por dichos o por hechos
es alabado tanto
se cuide de sí, se cuide de él solo
porque hay un placer perverso en creer
merecerlo todo
se cuide de sí, se cuide de él solo
porque el mismo don que lo levantó
puede ahogarlo en lodo.*

• • •

El 1.º de diciembre, día en que Felipe Calderón tomó posesión como presidente espurio, nos congregamos desde las siete de la mañana en el Zócalo de la Ciudad de México. Fue realmente admirable cómo, a pesar de la hora, del día y del ambiente de tensión que prevalecía en toda la ciudad, miles de ciudadanos acudieron a nuestro llamado. Unos días antes, el grupo parlamentario del PAN había tomado la tribuna de la Cámara de Diputados y en respuesta legisladores del Frente Amplio Progresista habían hecho lo mismo.

La ciudad de nuevo estaba sitiada. El acto de toma de protesta de Calderón se dio en medio de gritos y empujones. Sin embargo, nada se escuchó en la transmisión de las estaciones de radio y televisión. Calderón entró al salón de plenos del Palacio Legislativo de San Lázaro por la puerta conocida como «tras banderas», es decir, por la puerta de atrás, y la ceremonia duró tres minutos. En el Zócalo deci-

CARTA COMPROMISO

C. Andrés Manuel López Obrador
Presidente Legítimo de México

Expreso de manera voluntaria, libre y consciente, mi adhesión y apoyo al Gobierno Legítimo de México, cuyos postulados son la protección de los derechos del pueblo y la defensa del patrimonio nacional.

Por lo tanto, estoy de acuerdo en:

Luchar por el establecimiento del Estado de bienestar que otorgue protección a todos los mexicanos desde la cuna hasta la tumba; en particular, la pensión alimentaria para adultos mayores, la ayuda a personas con discapacidad, a madres solteras y la atención médica y medicamentos gratuitos para toda la población.

Pugnar por un salario justo y remunerador para los trabajadores, así como defender las conquistas laborales.

Defender a los productores mexicanos del campo y la ciudad ante la apertura comercial indiscriminada y sin límites; en especial, no permitir que se aplique la cláusula del Tratado de Libre Comercio, según la cual, en 2008, quedará libre la importación de maíz y frijol.

Hacer valer los derechos de los pueblos indígenas.

Terminar con los monopolios, la corrupción, los privilegios fiscales de potentados e influyentes y no permitir el cobro del IVA en alimentos y medicinas.

Impulsar la educación pública en todos los niveles escolares; demandar más presupuesto para las universidades públicas y evitar que sean rechazados miles de jóvenes que desean estudiar.

Impedir la privatización de la industria eléctrica y del petróleo. Proteger el patrimonio cultural y defender los bosques, el agua, los litorales y otros recursos naturales.

Rechazar la utilización de las fuerzas armadas para enfrentar conflictos sociales o políticos.

Construir una nueva República para hacer valer la justicia social, la democracia, los derechos humanos, el derecho a la información, y donde las leyes e instituciones estén al servicio de todas y todos los mexicanos.

En consecuencia, acepto ser representante del Gobierno Legítimo y acudiré al llamado o convocatoria que haga el Presidente Legítimo de México para defender estas causas.

Firma y Huella

Paso a paso hacia la construcción de una nueva República

dimos marchar hacia el Auditorio Nacional, donde Calderón, después del fugaz acto en la Cámara, celebraría con sus incondicionales su desfachatez. Sabíamos que no nos iban a dejar llegar. Además, no estábamos dispuestos a arriesgar a la gente, solo queríamos que no se consumara en frío la imposición. De modo que, en Reforma, a la entrada del Bosque de Chapultepec, hicimos nuestro acto. Allí refrendé el compromiso de luchar por elecciones limpias y libres y sostuve que nunca aceptaremos que los de arriba, con el control y la manipulación que ejercen sobre los medios de comunicación, decidieran sobre quién sí y quién no debe gobernar nuestro país. Afirmé que lucharíamos sin descanso hasta hacer valer la auténtica e irrenunciable democracia.

•••

El 25 de marzo de 2007, cuando habían transcurrido ocho meses del fraude electoral, se llevó a cabo la primera asamblea de la Convención Nacional Democrática. En esa ocasión nos congregamos para hacer un balance de nuestras condiciones políticas y evaluar nuestras acciones en el marco del objetivo general de transformar a México, proteger al pueblo y defender el patrimonio de la nación. En mi discurso planteé la interrogante: ¿Fue correcto o no que, después del fraude electoral, se constituyera esta Convención Nacional Democrática y el Gobierno Legítimo de México? Aunque a esas alturas cada quien tenía su propia valoración, mi respuesta es que fue acertado tomar este camino, optar por esa estrategia.

Imaginemos qué habría pasado si nosotros hubiéramos aceptado las reglas del juego de la política tradicional, si después del fraude, en aras de una supuesta unidad nacional, hubiéramos negociado y llegado a acuerdos políticos con quienes pisotearon la voluntad popular, violaron la Constitución y usurparon el Gobierno. Actuar de esa forma significaba convalidar el golpe a la democracia y cancelar la posibilidad de una sociedad mejor para millones de mexicanos. En otras palabras, no tendríamos cara para ver de frente a nadie sin avergonzarnos, ni siquiera a nuestros hijos. Sencillamente, expresé, no estaríamos aquí.

Por otra parte, si en las protestas contra el fraude el movimiento no era conducido con responsabilidad y caíamos en la trampa de la violencia, habríamos dado el pretexto que querían nuestros adversarios para reprimir, intimidar y desatar el terror. Se habría perdido el apoyo de millones de mexicanos que querían un cambio verdadero, pero sin violencia. Estaríamos en todo ese viacrucis que significa la pérdida de vidas, las desapariciones, las cárceles, el ultraje a mujeres, la tortura y la violación a los derechos humanos. Y posiblemente tampoco estaríamos aquí.

También habría sido un error garrafal solo limitarnos a no aceptar el fraude y protestar pacíficamente, como lo hicimos, pero retirarnos a nuestras casas y dejar tirado el movimiento. Es decir, si hubiésemos caído en el inmovilismo al no dar continuidad a nuestra lucha, y quedarnos a esperar hasta que llegaran las nuevas elecciones. En vez de esto, ¿qué fue lo que hicimos? Asumimos nuestra responsabilidad histórica. Rechazamos el fraude, desconocimos al gobierno usurpador, declaramos abolido el régimen de corrupción y privilegios, mandamos al diablo a sus instituciones, protestamos —«y lo seguiremos haciendo», dije— con responsabilidad y con apego a los principios de la resistencia civil pacífica. Pero lo más importante de todo es que tomamos la decisión de crear el espacio de la Convención Nacional Democrática, constituir el Gobierno Legítimo y seguir luchando hasta que se lograra la verdadera transformación de México.

• • •

Desde el desafuero hasta el fraude de 2006, fui fortaleciendo mis convicciones y definí con mayor claridad mi pensamiento de lucha por la transformación de México. Desde 2007, estaba absolutamente convencido de que el remedio a los males que aquejan y atormentan a la nación no vendría de la élite que detentaba el poder en nuestro país. La llamada sociedad política estaba podrida. Esa mafia solo vivía pensando en mantener y acrecentar sus privilegios. Nada bueno podía esperarse de quienes habían demostrado sobradamente que no les importaba el destino del país ni el sufrimiento de la mayoría de los mexicanos. Habíamos constatado cómo prefirieron el fraude electoral, el golpe de Estado y el agravamiento de la crisis política, antes que permitir la transformación ordenada y pacífica de la vida pública de México. Y no había nada que indicara que este proceder escueto se modificaría en el futuro. Por el contrario, el pelele que impusieron en la Presidencia les resultó obediente y descarado. Desde el principio demostró su total disposición a seguir aplicando al pie de la letra la misma política antipopular y entreguista de sus antecesores, pero además había dejado de manifiesto su falta de escrúpulos para aliarse con caciques, líderes *charros* y con otros personajes del sector financiero, empresarial, de la clase política y del periodismo de la peor calaña. Además, como veremos más adelante, su primera acción de gobierno consistió en declarar la guerra a los narcotraficantes, queriendo enfrentar la violencia con la violencia, el mal con el mal, olvidando por completo la atención de las causas de la criminalidad y permitiendo que individuos, como Genaro García Luna, se valieran de su afán autoritario para establecer consciente o inconscientemente un narcoestado que produjo una gran tragedia de desolación y muerte.

Va una última reflexión personal destinada a quienes tanto me preguntaban cómo me definiría en lo político o en lo ideológico. A quienes, de manera simplista, querían saber si estaba más cerca de Chávez o de Lula. En ese entonces aproveché para decirles que me consideraba de izquierda y pelliceriano. Soy de izquierda porque de ese lado está ubicado el corazón, y pelliceriano porque, como ya vimos, este maestro protestó por la injusticia social y escribió poemas en voz alta, siempre llenos de esperanza, como el fragmento con el que despido este capítulo:

Algún día el maíz será de todos.
Algún día las cosas de la tierra
estarán en las manos juveniles
de otros hombres más hombres
y las rosas guadalupanas multiplicarán
los panes y los peces en los lagos,
y la inocente y poderosa milpa,
y en el taller de la ciudad profunda,
las palabras del Lirio
abrirán rosas nuevas,
más rosas, todas las que necesitamos,
y Tú, Señora de todos los cielos,
Madre nuestra, Lirio nuestro, Rosa nuestra,
estarás en la rosa de nuestros propios pechos,
Anunciada y Divina, Amanecida, Eterna.

Capítulo 7

LA PRIMERA DEFENSA DEL PETRÓLEO

Consumado el fraude de 2006, continué trabajando en la organización del pueblo, defendiendo los bienes nacionales que eran ambicionados por funcionarios privatizadores y sus jefes o socios traficantes de influencias, llamados hombres de negocios. Lo primero que hicimos entonces fue detener la entrega del petróleo nacional y sus utilidades a manos privadas, sobre todo extranjeras. Desde finales de 2007 empezamos a advertir y a prepararnos ante el inminente propósito de privatizar la industria petrolera. Al principio algunos de nuestros compañeros pensaron que exagerábamos; sin embargo, con el paso del tiempo y ante los hechos, se convencieron y cerramos filas en defensa del petróleo. Esta causa sumó muchas voluntades y se incorporaron hasta quienes no comparten nuestras estrategias de lucha, porque la causa va más allá de simpatías o diferencias de personas, grupos o partidos; es historia patria y anhelo de justicia, de independencia económica y de soberanía.

El petróleo despierta muchos sentimientos. La expropiación petrolera es un logro de la pasada generación, de nuestros padres y abuelos, y permanece viva en la conciencia de los mexicanos. Tengo como testimonio que, en una reunión del Frente Amplio Progresista en 2007, cuando expuse que debíamos unirnos y actuar sin titubeos en la defensa del petróleo, me sorprendió gratamente que Luis Maldonado Venegas, presidente nacional del partido Convergencia, dijera que su organización política estaría dispuesta a cualquier esfuerzo en este sentido. En su intervención relató conmovido que su abuelo, Serapio Venegas Cortés, había sido el primer líder del sindicato de trabajadores de la compañía El Águila, con sede en Tampico, y que fue asesinado en 1932 por las guardias blancas de esa petrolera extranjera. También un simpatizante nuestro en Tabasco, ya fallecido, el doctor Manuel Soto Hernández, me platicó lleno de orgullo que su padre, Eduardo Soto Inés, había sido elegido el 15 de agosto de 1935 como el primer secretario general del Sindicato de Trabajadores Petroleros de la República Mexicana. Y en mis giras por el país he recogido testimonios de campesinos, obreros, maestros y de quienes, siendo niños en ese entonces, contribuyeron con las monedas que tenían al pago de las indemnizaciones por la expropiación.

•••

El 18 de noviembre de 2007, en una asamblea en el Zócalo de la Ciudad de México, se creó la Comisión Coordinadora Nacional en Defensa del Petróleo, integrada por Claudia Sheinbaum, Ifigenia Martínez, Bertha Maldonado, Jesusa Rodríguez, Layda Sansores, Rosalinda López y Alfredo Jalife. El 9 de enero de 2008, en el Centro Cultural Estación Indianilla, se constituyó el Movimiento Nacional en Defensa del Petróleo y se dieron a conocer las primeras acciones. Allí mencioné por primera vez la frase del general Cárdenas que les molestó mucho a nuestros adversarios y generó polémica: «Gobierno o individuo que entrega los recursos naturales a empresas extranjeras traiciona a la patria».

A partir de entonces, la defensa del petróleo se convirtió en el tema central de nuestro movimiento. Aprovechamos el tiempo y no solo denunciamos el despojo que se pretendía efectuar, sino que nos organizamos y nos movilizamos para impedirlo. El 24 de febrero nos reunimos frente a la Torre de Pemex. En esa ocasión se llamó a la formación de brigadas en todo el país y se dio a conocer el plan de acción para la resistencia civil pacífica.

•••

El 18 de marzo de 2008 conmemoramos el 70 aniversario de la expropiación petrolera con el Zócalo lleno. En este marco se dio a conocer la integración de los 32 comités estatales en defensa del petróleo. Claudia Sheinbaum anunció que se constituirían brigadas de mujeres con ese propósito, las cuales decidieron llamarse Adelitas en homenaje a las mujeres que pelearon en la Revolución Mexicana. Se convocó a una nueva asamblea en el Zócalo siete días después, en plena Semana Santa. Para entonces, teníamos información sobre el hecho de que estaban por presentar las reformas privatizadoras, por lo cual el trabajo de organización del movimiento se intensificó. A pesar de que todavía no se conocían las propuestas de reforma de Calderón, en ese acto expusimos nuestros argumentos para oponernos a la privatización de la industria petrolera.

Dimos cinco razones:

La primera era la defensa de nuestra soberanía nacional. Como es sabido, durante el Porfiriato se otorgaron concesiones a compañías extranjeras para explotar el petróleo en nuestro territorio. Estas compañías no solo dominaban en este ramo de la economía, sino que eran dueñas de grandes extensiones de tierra en donde se imponían de manera absoluta, cometiendo graves abusos e injusticias.

Uno de los logros más importantes de la Revolución Mexicana fue que en el artículo 27 de la Constitución se estableció el principio de que a la nación le corresponde el dominio directo de todos los recursos naturales, entre ellos «el petróleo y todos los carburos de hidrógeno, sólidos, líquidos o gaseosos». Sin embargo, las presiones y amenazas de los Gobiernos extranjeros impidieron durante dos décadas que se hiciera valer este mandato constitucional. No pudo hacerlo Carranza, tampoco Obregón, ni Calles. Fue hasta 1938 cuando se recuperó el petróleo que estaba en manos de extranjeros. De modo que no fue nada sencillo hacer valer el dominio de nuestra nación sobre el petróleo. Para lograrlo, se entrelazaron tres condiciones inmejorables: tuvimos la fortuna de contar con un presidente popular, con sensibilidad política y, sobre todo, patriota, el general Lázaro Cárdenas del Río. También fue decisivo que en los Estados Unidos gobernara el presidente Franklin Delano Roosevelt, uno de los más grandes políticos del siglo xx. Y desde luego, también influyó el hecho que el 12 de marzo de 1938 Hitler consumó la invasión y anexión de Austria, el llamado *Anschluss,* que prefiguró el estallido de la Segunda Guerra Mundial al año siguiente. Esta circunstancia político-militar hizo entender al Gobierno estadounidense que era preferible la vía de la negociación con un gobierno antifascista en su frontera sur que el uso de la fuerza contra nuestro país.

Así fue como se llevó a cabo la expropiación de 17 compañías extranjeras que se negaban a respetar el laudo judicial a favor de los trabajadores y se hizo valer la soberanía nacional. Con esta histórica decisión, se alejó el riesgo de la subordinación del poder público a empresas extranjeras. Desde entonces quedó de manifiesto que no se debe permitir la preeminencia de ningún interés económico o entidad superior extranjera por encima del Estado mexicano. Y en eso radicaba el riesgo de volver a abrir la puerta a las compañías extranjeras, las cuales, como sabemos, se constituyen en poderes reales que, contando con la fuerza e influencia de sus países de origen, tienden a subordinar los intereses y sentimientos de los pueblos y de las naciones.

La segunda razón por la que no aceptamos la privatización del petróleo consistía en que sería una alevosa violación a nuestra Constitución Política. Como es sabido, la intención de las cúpulas del pri y del pan era llevar a cabo la privatización del petróleo mediante la reforma a la Ley Reglamentaria del Artículo 27 y a otros ordenamientos secundarios para permitir la celebración de los llamados *contratos de riesgo,* contratos de servicios múltiples, y la asociación con empresas extranjeras, todo lo cual era rotundamente anticonstitucional.

Cuando don Jesús Reyes Heroles fue director de Pemex, eliminó los *contratos de riesgo* que, como él mismo decía, son «contratos de riesgo para Petróleos Mexicanos, y de seguridad y beneficio para los extranjeros».

La tercera razón era que detrás de los afanes privatizadores estaba el interés de lucro de un grupo de traficantes de influencias y de políticos corruptos para hacer jugosos negocios privados al amparo del poder público. En vez de privatizar la industria petrolera y cederla a los negocios de particulares, lo que realmente se necesitaba era combatir la corrupción en Pemex.

Resultaba indignante que buscaran montarse en el negocio del petróleo y que trataran para ello de manipular a la opinión pública con campañas publicitarias llenas de mentiras, como la del famoso «tesoro escondido en las aguas profundas del Golfo de México». Las reservas más grandes de petróleo no están en las aguas profundas, sino en tierra y en aguas someras de esa zona marítima. Usaban el pretexto de la extracción petrolera del fondo del mar, junto con el embuste del «efecto popote» en los yacimientos transfronterizos —según el cual, las petroleras estadunidenses «chuparían» desde perforaciones en aguas de su país el petróleo de los yacimientos mexicanos—, para justificar la pretendida reforma a las leyes y permitir la asociación con empresas extranjeras.

Otros argumentos empleados en esa campaña de desinformación, como el de la falta de dinero o de tecnología para modernizar la industria petrolera, eran igualmente falaces. Además, para ello no hacía falta modificar el marco legal, sino que bastaba con reducir el gasto burocrático y terminar con los privilegios de los altos funcionarios públicos para destinarle más recursos económicos a Pemex.

En cuanto a la tecnología, es mentira que esta no se pueda contratar en el mercado y que estemos, por ello, condenados a asociarnos con empresas extranjeras. No olvidemos que hay trabajadores, técnicos, geólogos e ingenieros petroleros mexicanos con mucha experiencia. Recordemos que apenas había transcurrido un año de la expropiación de 1938 cuando, a pesar de la sentencia de los dueños de las compañías extranjeras de que no podríamos salir adelante sin su tecnología, los trabajadores y técnicos mexicanos sacaron a flote a la industria petrolera. Solo los políticos y tecnócratas corruptos, acomplejados y vendepatrias pueden argumentar que Pemex no puede sola y que la única forma de salvar la empresa es entregarla al sector privado, nacional y extranjero.

Otra razón fundamental que esgrimimos para impedir la privatización de la industria petrolera es que nos quedaríamos sin la posibilidad de desarrollar el país en beneficio de la mayoría de los mexicanos. Como lo habíamos propuesto en otras ocasiones, con el petróleo podíamos industrializar a México, crear empleos, abaratar los precios del gas, la gasolina, el diésel y la electricidad, fortalecer nuestro mercado interno y garantizar el bienestar de la población. Si los hidrocarburos eran privatizados o se compartía la renta petrolera con empresas extranjeras, no tendríamos realmente cómo sacar adelante al país. Se cancelaría el futuro para millones de mexicanos, se condenaría al pueblo a sobrevivir, a seguir padeciendo por el desempleo, y continuaría creciendo, cada vez más, la migración a Estados Unidos.

Por último, argumentamos que nos oponíamos a la privatización porque queríamos vivir en paz, y sabíamos que la paz es fruto de la justicia. Desde entonces afirmamos con absoluta responsabilidad que, si se entregaba la renta petrolera a particulares, nacionales y extranjeros, no habría forma de mejorar las condiciones de vida y de trabajo del pueblo y se estaría cancelando la posibilidad de transformar a México por la vía pacífica.

El despojo del petróleo dejaría latente el riesgo de una confrontación violenta, lo cual nos llevaría a más sufrimiento, inestabilidad política y social, al predominio del uso de la fuerza y no necesariamente a la emancipación del pueblo. Recordemos que, desde la expropiación hasta nuestros días, el petróleo ha sido un instrumento de paz y de estabilidad política, precisamente porque ha estado en manos de la nación.

•••

El 25 de marzo se llenó de nuevo el Zócalo. Allí se presentaron por primera vez las brigadas en defensa del petróleo de la Ciudad de México: 20 grupos de 10 000 mujeres y 36 con 18 000 hombres. Fue realmente impresionante ver a estos contingentes ordenados, perfectamente organizados, con sus coordinadoras y coordinadores. Entre las brigadas se distinguían las Adelitas, mujeres organizadas que tomaron ese nombre de las que casi cien años antes habían participado en la Revolución Mexicana. Conmovía, sobre todo, su convicción y su entusiasmo, los cuales lograron transmitir a sus familias y a su círculo social, y por esa vía, involucrar o al menos informar e interesar en la defensa del petróleo nacional a un importante sector de la población. Aun antes de que este episodio llegara a su desenlace, circuló en las filas del movimiento un corrido, en octavillas y una pista con la musicalización del veterano dueto de Anthar y Margarita. Lo consigno aquí, aunque contiene algunas expresiones groseras por las cuales ofrezco disculpas, pero es ilustrativo de la rabia popular ante el intento del atraco privatizador, así como de la organización y la determinación que caracterizaron al Movimiento Nacional en Defensa del Petróleo.

Corrido de las Adelitas

Aquí les traigo noticia
que en abril de 2008
salieron las Adelitas
en defensa del petróleo.
Desde el 18 de marzo

Obrador dijo a la audiencia:
«Ya van a dar el albazo,
preparen la resistencia».

Con los dueños del dinero
Calderón tiene pendientes,
pues sabe que lo impusieron
contra el voto de la gente.
Como quería ocultar
sus raterías inmundas,
ya nos quería engañar
con cuentos de «aguas profundas».

Lo sabe quien lo asesora
y lo sabe Calderón:
su ley privatizadora
viola la Constitución
y, sin embargo, el pelele
manda la ley al Senado
y pide que este la apruebe
sin haberla ni mirado.

Claudia Sheinbaum con su gente
corre a parar el albazo:
«Notifíquenle a su jefe,
señores, que aquí no hay paso».
Van las «Enaguas Profundas»,
van los «Círculos de Estudio»,
ya las brigadas se juntan
contra la ley del espurio.

Corean las Adelitas
enfrente de Andrés Manuel
una consigna que cita
el honor de estar con él.
Andrés Manuel les rebota
con algo que dice así:
«Con tanta mujer patriota,
el honor es para mí».

Mientras tanto, en el Senado,
legisladores del Frente
se subieron al estrado
en forma muy consecuente.
«No se me arruguen, señores»,
les dicen las Adelitas;
«no vayan a ser traidores,
el país los necesita».

Las Adelitas avanzan
y se plantan en la sede;
«si quieren vender la Patria,
con nosotras no se puede.
Y si el país nos lo pide,
o si algo se necesita,
México, no se te olvide
que aquí están tus Adelitas».

La resistencia civil
cierra el paso a los traidores:
¡Miren cómo llora Creel
en los brazos de Beltrones!
Larios, muy enfurecido,
regaña a una marioneta
que tiene gran parecido
con la tal Ruth Zavaleta.

No sé qué traigo en los ojos
que veo puro cabrón,
y todos, puestos de hinojos
frente a Gamboa Patrón.
El pelele, que es cobarde,
va perdiendo las maneras:
«¡Qué debate, ni qué madres!
¡Ya voten mi chingadera!».

La conjura se te apesta,
usurpador Calderón,
y estás perdiendo la apuesta

de vender a la Nación.
Si se te arruina el negocio,
vas a tener mucho miedo,
pues tus patrones y socios
te la van a hacer de pedo.

Vamos a ver de qué lado,
señores, masca la iguana,
y no hay que dar por sentado
lo que pasará mañana.
Pero de sus buenas gentes
México se vanagloria
y estas mujeres valientes
ya son parte de la historia.

Se dirá por muchos años
esta verdad evidente:
ellas tienen más tamaños
que el espurio presidente.

Vuela, vuela, palomita
hasta aquella palma sola,
prefiero ser Adelita
que capataz de Iberdrola.
Vuela, vuela, palomita,
abre tus alas al sol.
Más vale ser Adelita
que sirviente de Repsol.

En la asamblea del 25 de marzo, sostuvimos que, para que la resistencia civil pacífica pasara de ser un acto de protesta meramente testimonial y se convirtiera en una opción renovadora de nuestra vida pública, debíamos organizarnos, darle forma cotidiana a la disciplina y comprometernos a estar informados y tener presencia activa, sin lo cual no podría haber una auténtica y profunda movilización popular y ciudadana.

Entre más organización y más disciplina lográsemos, mejores serían los resultados y más seguridad tendríamos de no caer en ninguna provocación y de mantener todas nuestras acciones en el marco de la no violencia. Por esa razón, decidimos no reconocer a ninguna brigada que no estuviese registrada y encuadrada en nuestro esquema de organización. Es lógico que se constituyeron muchas más brigadas, pero siempre se procuró que fuese un proceso ordenado y cuidadoso: no queríamos que el Centro de Investigación y Seguridad Nacional, los espías del gobierno usurpador, o cualquier otra organización del régimen o de la derecha, formara sus brigadas o nos infiltraran para provocar violencia y afectar a nuestro movimiento.

Ese día también dimos a conocer que se había constituido, por iniciativa propia, el Comité de Intelectuales en Defensa del Petróleo. El Comité lo integraban originalmente Sergio Pitol, Carlos Monsiváis, Elenita Poniatowska, Enrique González Pedrero, José María Pérez Gay, Lorenzo Meyer y Arnaldo Córdova. Al paso del tiempo, formaron parte de este grupo más de 30 grandes escritores, artistas y académicos.

•••

El 8 de abril de 2008 Calderón presentó sus iniciativas de reforma a leyes secundarias para privatizar la industria petrolera, violando el espíritu y la letra de la Constitución. Dos días después, en forma coordinada y simultánea, comenzaron las acciones de resistencia civil pacífica. La primera medida la tomaron los senadores del Frente Amplio Progresista al ocupar la tribuna de ese recinto legislativo. De inmediato hicieron lo propio, en apoyo a sus compañeros, los diputados del PRD, PT y Convergencia. Todo esto fue acompañado por la acción extraordinaria y ejemplar de las mujeres brigadistas que participaban activamente en la defensa del petróleo, quienes a su vez fueron respaldadas por los hombres que formaban parte de las brigadas de la Ciudad de México y del municipio de Ecatepec, Estado de México. Con humildad, resolvieron llamarse a sí mismos «Adelitos».

•••

El día 13 de abril de 2008 se llevó a cabo una marcha en la capital del país, del Ángel de la Independencia al Zócalo; ahí fijamos una vez más nuestra postura y dejamos en claro cuál era nuestra principal demanda en esos momentos. Exigimos algo totalmente racional, pacífico y posible: que se convocara a un debate nacional plural y democrático con toda la sociedad, tal como lo había propuesto el Comité de Intelectuales días antes. Un debate sin prisas, frente a la nación, abierto a todas y a todos los que tuvieran algo que decir, en el entendido de que el petróleo es de todos los mexicanos y todos teníamos derecho a opinar. Allí dijimos que, aunque los senadores y diputados podrían tener la última palabra, el pueblo de México siempre tendrá la primera palabra.

Como lo habíamos previsto, a partir del 10 de abril, cuando comenzaron las acciones de resistencia civil pacífica, se intensificó la campaña en contra de nosotros en la mayoría de los medios de comunicación. Se nos echaron encima con todo. Con gran hipocresía se dedicaron a *rasgarse las vestiduras* y a atacarnos y a ofendernos de manera vulgar. Pero, en medio del griterío, ¿qué se alcanzaba a escuchar?, ¿qué alegaban? Acusaban a nuestros legisladores de haber secuestrado al Congreso. Además de que ellos formaban parte del Congreso, ¿acaso un senador o diputado puede permitir con los brazos cruzados que se viole la Constitución cuando ha jurado respetarla y hacerla cumplir? ¿Acaso no eran los potentados de este país los que tenían tomadas las instituciones para su beneficio personal? ¿Acaso no habían convertido al Gobierno de la República en un comité al servicio de unos cuantos? ¿Con qué autoridad moral hablaban de democracia cuando ellos mismos reconocieron públicamente que se robaron la Presidencia de la República «*haiga* sido como *haiga* sido»?

Dicen que hay que apegarse a los procedimientos legales, pero deliberadamente olvidan que la mayoría de los ministros de la Suprema Corte de Justicia no es más que encubridora de políticos corruptos y de delincuentes *de cuello blanco*. Claro que conocemos los procedimientos legales ante una violación a la Constitución. Claro que podemos acudir a la Corte y presentar un recurso de inconstitucionalidad. Pero no somos ingenuos; desgraciadamente, esa institución, como todos saben, legaliza en forma regular los despojos que cometen los poderosos.

En la mayoría de los medios, en la radio y la televisión, los conductores vociferaban que teníamos secuestrado al Congreso. ¿Y acaso no eran ellos los acaparadores de la palabra, de la información, los más tenaces manipuladores de la opinión pública y los secuestradores de la verdad?

Desde el Zócalo les volvimos a advertir que no nos detendrían sus campañas de odio y de linchamiento político. Debían saber que nada nos llevaría a convertirnos en cómplices del atraco al pueblo y a la nación. En ese entonces, sostuve que nuestro movimiento estaba integrado por mujeres y hombres dignos que no se medían con el rasero de la política tradicional, sino con el de la historia. Argumenté que en la vieja política todos los intereses contaban, menos el del pueblo; antes la mujer y el hombre público debían ajustarse a las reglas del juego: no podían ejercer a plenitud su libertad, les estaba prohibido reflexionar en voz alta, estaban obligados a cuidar su imagen para no afectar su carrera y a someterse al código que exigen los intereses creados. El caso de nuestro movimiento es distinto. Para nosotros lo más importante es mantener nuestra dignidad y nuestros principios. Nos mueven ideas y convicciones, no meros intereses políticos. Reiteré que no importaba que al final de esa jornada patriótica resultáramos desgastados políticamente si lográbamos mantener, bajo el dominio nacional, la explotación y el aprovechamiento de nuestro petróleo.

El día que presentó sus iniciativas, Calderón afirmó en una entrevista con Joaquín López-Dóriga que quería su aprobación antes del 30 de abril, cuando concluía el periodo ordinario de sesiones del Congreso; entre los suyos manejó que se aprobarían en 15 días, e incluso les aseguró que ya se había llegado al acuerdo con Manlio Fabio Beltrones, jefe de la bancada del PRI en el Senado. Pero las acciones de resistencia civil, y en particular la toma de las tribunas, impidieron que se llevara a cabo ese madruguete legislativo.

•••

El 27 de abril de 2008 se celebró una nueva asamblea en el Zócalo. En esa ocasión, como ya estaba por finalizar el periodo ordinario, dimos por hecho que no podrían en los próximos tres meses consumar, como lo tenían planeado, el gran pillaje de la privatización del petróleo. Y en efecto, una vez que el PRI y el PAN aceptaron el debate nacional sobre la reforma energética, se dejaron las tribunas del Congreso. Con esa reunión iniciamos la segunda etapa de la resistencia civil pacífica, con el objetivo de romper el cerco informativo, y bajo la premisa de que cada uno de nosotros sería un medio de comunicación. Asimismo, me comprometí a recorrer en dos meses todas las regiones del país. En ese tiempo, visité todas las capitales de los estados de la República y 97 municipios.

En esa asamblea también me referí a la furia de nuestros adversarios que, como es comprensible, defendían la rapiña y sus privilegios. Dije que, aunque no valía la pena detenerse tanto en sus motivos, sí era importante clarificar en qué se basaban los potentados para tratar de imponerse. Desde mi punto de vista, ellos se apoyaban, fundamentalmente, en el control que han ejercido sobre los medios de comunicación, lo cual les ha permitido ocultar la verdad, engañar y tratar de manipular a la población. Es más, este es un fenómeno mundial. Por esos días recuerdo que el politólogo Giovanni Sartori comentó, con motivo de las elecciones en Italia, que el triunfo electoral del magnate Silvio Berlusconi se debía al dominio que tenía de los medios de comunicación; llegó a decir que así hasta él ganaría. Algo parecido sucede en nuestro país, donde los dueños de los principales medios de comunicación están entre los hombres más ricos de México. Por intereses, afinidad o conveniencia, se ponían a las órdenes del régimen y ofrecían sus servicios para llevar a cabo cualquier campaña de desprestigio contra quienes fueran considerados una amenaza por resistir ante las injusticias o por intentar un cambio verdadero. No vale la pena pelearse o enojarse cuando articulistas, conductores de radio o de televisión nos atacan, porque al final de cuentas ellos son únicamente instrumentos, empleados de las grandes corporaciones de comunicación que están indisolublemente ligadas al poder económico y al poder político.

Esto explica también por qué estaban cerrados los medios para la sociedad, por qué nos difamaban, por qué no nos permitían expresarnos y por qué en vez de informar se erigían en jueces y solo sus opiniones eran escuchadas. Por ejemplo, en el caso de la toma de tribunas en las cámaras del Congreso, nunca hablaron de las causas. Nunca dijeron que esa toma fue una reacción al intento de violar la Constitución, privatizar Pemex y fomentar la corrupción. Solo se dedicaron a gritar y a repetir, una y mil veces, la palabra *secuestro*. En mi caso, una asociación de derecha, con la anuencia de Calderón, elaboró un mensaje de televisión en el que me comparaban con Hitler, Mussolini y Stalin. Por eso, en el Zócalo le pregunté a la gente: «¿Ustedes creen, por ejemplo, que ese burdo *spot* que difundió Televisa, en contra mía y de los legisladores del FAP, lo hubiesen transmitido si fuera en contra de Felipe Calderón?». La respuesta fue un «no» generalizado. Aquí abro un paréntesis para reconocer una vez más a los medios de comunicación libres e independientes. Hay pocas, pero honrosas y dignas excepciones. ¡Qué gran aliada de todo movimiento honesto es la prensa honesta!

• • •

El 29 de junio nos volvimos a reunir en el Zócalo de la Ciudad de México y se informó de los resultados obtenidos hasta entonces. Ya se había consolidado la organización: ya éramos 200 000 brigadistas que nos dedicamos con mucha convicción a transmitir información casa por casa, barrio por barrio, colonia por colonia y pueblo por pueblo, para dar a conocer nuestras razones y las gravísimas consecuencias que tendría la privatización de la industria petrolera. En solo dos meses se distribuyeron 370 000 copias de videos, 3 000 000 de volantes, 18 500 000 folletos con artículos de análisis y reflexión, y 19 560 000 historietas. Todo el contenido de estos materiales y su elaboración estuvo a cargo de escritores, artistas y técnicos que ayudaron de manera voluntaria, con inteligencia y entusiasmo. Vale la pena mencionar a los integrantes de los Círculos de Estudio, que se fueron creando a instancias de Rafael Barajas, el Fisgón, y que como brigadistas tuvieron un papel destacado en la tarea de informar a los ciudadanos en pueblos, colonias y escuelas.

• • •

Al mismo tiempo, expertos de distintas disciplinas, muchos de ellos en su mera condición de ciudadanos, pero con un definido patriotismo, participaron en los 21 foros de debate que se realizaron en el Senado. En las discusiones quedó de manifiesto, con suficientes argumentos, que las reformas de Calderón y sus socios eran violatorias de la Constitución y que buscaban privatizar la industria petrolera y profundizar la corrupción en Pemex.

También en este periodo, por iniciativa del jefe de Gobierno de la Ciudad de México, Marcelo Ebrard, se llevó a cabo en todo el país una consulta para recoger la opinión de la gente sobre la reforma energética. Aunque se hicieron todos los trámites en la Junta de Coordinación Política del Senado, ante el IFE y los Gobiernos de los estados para que impulsaran esa consulta, el PRI y el PAN la rechazaron y la descalificaron.

La postura de la clase gobernante se puede resumir en lo que expresó el director general de Pemex, Jesús Reyes Heroles hijo, quien sostuvo que la reforma petrolera era un asunto demasiado complejo para someterlo a una consulta popular y que los ciudadanos no estaban preparados para opinar del tema. Lo que quedó claro fue que la que no estaba preparada para la democracia era la clase gobernante. Con su actitud, lo que exhibían era su escaso poder de convencimiento y el miedo que le tienen al pueblo. De todas maneras, la consulta se llevó a cabo en todo el país. En este ejercicio democrático, participaron alrededor de 2 800 000 ciudadanos y más de 90% votó en contra, en general, de la intervención de la iniciativa privada en la industria petrolera y, en particular, de las reformas propuestas por Calderón al Congreso.

• • •

De igual forma, con el Movimiento Nacional en Defensa del Petróleo, el Gobierno Legítimo de México y el Frente Amplio Progresista solicitamos a un grupo muy amplio de profesionales, expertos, intelectuales y académicos la elaboración con toda libertad de una propuesta ciudadana de reforma energética que tuviera como único propósito la salvaguarda del interés nacional y el beneficio del pueblo.

Cuando se nos dio a conocer esta propuesta, hubo consenso y fue aceptada por todos. Se contó con el respaldo de más de 100 personalidades, intelectuales y académicos, un grupo plural de diversas ideologías y disciplinas, de lo mejor que hay en el país. La propuesta se presentó formalmente al Senado el 27 de agosto y tenía como objetivo establecer una política energética de Estado que diera sustento a la soberanía y la seguridad nacional, con base en el respeto a la Constitución y en el fortalecimiento de Pemex.

La presentación pública, en nombre de todos los participantes, la hicieron Rolando Cordera, Javier Jiménez Espriú y el embajador Jorge Eduardo Navarrete. Ante los brigadistas de la Ciudad de México, reunidos el 31 de agosto en el Monumento a la Revolución, el embajador Navarrete hizo una síntesis de esta propuesta alternativa:

> Hablo en nombre de alrededor de un centenar de mexicanos que intervinimos en la elaboración de la iniciativa ciudadana de reforma energética. Constituimos un grupo muy diverso de personas de diferentes ideologías.

Hubo militantes de varios partidos y otros que no militamos en ninguno.

Hubo ingenieros de diversas especialidades, abogados, economistas, científicos y también, desde luego, escritores, artistas, periodistas.

Muchos de nosotros habíamos participado en los foros del Senado, o en el debate de la Universidad Nacional, o en el de la Academia Mexicana de Ciencias, como expertos, exfuncionarios y especialistas.

Mujeres y hombres unidos por una convicción común: después de nosotros mismos —los mexicanos todos—, el petróleo es el principal recurso natural del que dispone México. Unidos también por la preocupación ante el peligro de que la explotación y manejo de ese recurso, que la Constitución reserva en exclusiva al Estado mexicano, se entregue a empresarios, contratistas o permisionarios privados, del país y, sobre todo, del extranjero.

Respondimos al llamado del Movimiento Nacional en Defensa del Petróleo y de los partidos del Frente Amplio Progresista para preparar una iniciativa ciudadana, anclada con firmeza en el mandato constitucional. Una iniciativa con sólidas bases técnicas, que se nutriera de firmes contenidos nacionalistas y que respondiera a las necesidades de México.

Sobre todo, una iniciativa que restaurara a la industria petrolera como pilar del desarrollo nacional. Una iniciativa para fortalecer a Pemex, que ha sido debilitado y expoliado, que ha sido víctima de la ineficiencia y la corrupción.

En este momento, el petróleo encierra la más importante oportunidad para potenciar el crecimiento de la economía y dar base a un desarrollo diferente, que combata la miseria y reduzca la desigualdad.

El petróleo y el gas natural, los hidrocarburos, constituyen la base material más importante del proyecto alternativo de nación que México reclama.

En poco menos de un mes, ese grupo ciudadano preparó cuatro documentos, que fueron entregados a Andrés Manuel López Obrador y a los grupos parlamentarios del Frente Amplio Progresista:

Primero: Una propuesta de los lineamientos básicos de una política energética de Estado que comprende al conjunto del sector de la energía, no solo al petróleo.

Propone una política de energía integral y de largo plazo, que responda al cuidado y restauración del medio ambiente. Una política que, sin desconocer la importancia de los hidrocarburos, privilegie el desarrollo de otras fuentes de energía, para lo que propone establecer el Instituto Nacional de Energías Renovables.

Una política que aliente la investigación y desarrollo tecnológico nacionales, en el Instituto Mexicano del Petróleo y en las universidades e instituciones públicas de enseñanza superior y de investigación.

Una política que promueva la proveeduría por parte de empresas mexicanas y el desarrollo de la ingeniería nacional, en los grandes proyectos de construcción.

En suma, una política que se traduzca en una industria petrolera y una industria eléctrica, eficientes, diversificadas, responsables con el ambiente y que satisfagan las necesidades del desarrollo nacional.

Segundo: Un conjunto de iniciativas de reforma de diversas leyes, orientadas a fortalecer a Pemex, atendiendo a su desarrollo a largo plazo.

Me referiré solo a los dos más importantes de los siete proyectos de reforma legal que constituyen la iniciativa ciudadana:

Se propone reformar la Ley Reglamentaria del Artículo 27 Constitucional en el Ramo del Petróleo para: Reestablecer el carácter de Pemex como organismo público descentralizado, plenamente integrado.

Superar su fragmentación en subsidiarias, que ha convertido a México en exportador de crudo e importador de refinados y petroquímicos, y corregir el sesgo exportador, que ha llevado al país a dilapidar sus reservas.

Dotarlo de autonomía de gestión y presupuestaria, con procedimientos efectivos y transparentes de rendición de cuentas al Congreso y al pueblo de México.

Garantizar la seguridad energética de la nación y la sustentabilidad de la plataforma de extracción. Diversificar sus mercados y sus proveedores e incorporar mayor valor agregado a sus productos.

Excluir en definitiva los contratos de riesgo, bajo todas sus formas y disfraces, y proscribir el sometimiento del organismo a tribunales del extranjero, en controversias relativas a actos realizados en el territorio de la nación. Que sean las leyes mexicanas las que rijan en México.

También se propone una nueva Ley Orgánica de Petróleos Mexicanos que: Define las características organizativas, formas de gobierno, dirección y control de Pemex, haciéndolas más eficaces, democráticas y transparentes.

Otorga especial importancia a nuevas disposiciones en materia de planeación y programación, para que Pemex deje de responder a las emergencias de gasto del Gobierno y atienda su propio desarrollo a largo plazo.

Regula la contratación de adquisiciones, arrendamientos, servicios y obras públicas para evitar el contratismo exacerbado, que ha traído ineficiencia y corrupción.

Las reformas a otras cinco leyes complementan la orientación nacionalista, a favor de la eficiencia, la transparencia y la responsabilidad ambiental de Pemex.

El tercer componente de la iniciativa ciudadana es un Programa de Acción Inmediata para el Fortalecimiento de Petróleos Mexicanos, que atienda la urgencia de rescatar al organismo de la postración en que lo han sumido las políticas de los últimos gobiernos.

Con este programa se asignarán mayores recursos al organismo para que los destine a actividades que se han rezagado: exploración, refinación, conservación y mantenimiento de equipos y plantas, petroquímica, ductos y almacenamiento, e investigación y desarrollo.

Estos mayores recursos provendrían de una reducción de la tasa del derecho ordinario de hidrocarburos, entre otras acciones que darían fin a la confiscación de los recursos de Pemex por parte del Gobierno.

Con este programa demostramos que, incluso sin ninguna reforma, existen recursos suficientes para garantizar el sano crecimiento y diversificación de las actividades de Pemex y para comenzar a fortalecer su infraestructura e iniciar nuevas plantas de refinación e instalaciones de transporte y almacenamiento. Demostramos que no se requiere invitar a inversionistas del exterior para fortalecer a Pemex.

El cuarto documento es un análisis crítico pormenorizado de las otras dos iniciativas de reforma petrolera que se han presentado al Congreso. Este análisis podrá ser usado por los legisladores del Frente Amplio Progresista en el debate legislativo que se avecina.

Todos estos documentos han sido ya entregados formalmente, por los partidos del FAP a la Comisión Permanente, que los ha turnado, según corresponde, al Senado de la República y a la Cámara de Diputados.

Mañana, cuando comience el nuevo periodo de sesiones del Congreso, junto a las iniciativas de intención privatizadora y con rasgos de inconstitucionalidad, se podrá discutir también esta iniciativa ciudadana: apegada a la Constitución, de gran solidez técnica, moderna y eficaz.

Comprometamos nuestro esfuerzo para sacar adelante la iniciativa ciudadana, convertida en la iniciativa del Frente Amplio Progresista. Asegurémonos de que el petróleo siga siendo de todos los mexicanos.

Con la propuesta elaborada por los técnicos, expertos e intelectuales se comprobaba que no se requerían grandes cambios legales para reforzar las actividades de Pemex y reducir la importación de gasolinas, gas y petroquímicos. Quedaba claro que existían recursos humanos y económicos en el país para fortalecer a Pemex sin ceder a la iniciativa privada la renta petrolera ni el manejo de sus áreas estratégicas exclusivas. En suma, la propuesta ciudadana asumida por el Frente Amplio Progresista evidenciaba que sí había una alternativa, que sí había otro camino.

Por cierto, ahora que estamos en el Gobierno cumplimos con casi todas estas recomendaciones y se redujo la tasa del derecho pagado por Pemex a Hacienda de 65 a 30 por ciento.

• • •

En vísperas del Grito de Independencia, empezamos los preparativos para asistir al Zócalo y celebrar con la gente el Grito de Independencia. Hubo un poco de polémica porque en la asamblea con brigadistas, en el Monumento a la Revolución, dije que estaríamos allí hasta las diez de la noche y luego nos retiraríamos para dejar que los vendepatrias hicieran su numerito. De mala fe, como siempre, algunos periodistas oficiosos interpretaron que estaba ofendiendo a la gente que se quedaría a la ceremonia oficial, como si me hubiese referido al pueblo y no a los usurpadores y sus achichincles, que hipócritamente iban a gritar «¡Viva la Independencia!», cuando estaban haciendo todo para entregar los beneficios del petróleo a extranjeros.

Por varias razones, Felipe Calderón se propuso consumar el desmantelamiento de la industria petrolera nacional y entregar la mayor parte de la renta petrolera a particulares, nacionales y extranjeros.

En primer término, Calderón está formado en la ideología de la derecha y su inspiración política proviene de quienes en el pasado han sostenido posiciones reaccionarias a lo largo de la historia nacional; hasta hace poco participaba en homenajes públicos que rendían los conservadores a Agustín de Iturbide, quien estableció la monarquía durante el movimiento de independencia, aunque pronto tuvo que abdicar la corona y el trono. Desde luego, Calderón es antijuarista y anticardenista de corazón. Además, ha declarado su simpatía por Francisco Franco. Pero, ante todo, forma parte del grupo del PAN que aceptó con beneplácito continuar con la misma política económica que se imponía desde 1983, cuyo principal promotor es Carlos Salinas de Gortari. Y por si fuese poco, desde la campaña presidencial de 2006 estableció acuerdos con quienes siempre se han beneficiado de los negocios en el sector energético y querían seguir medrando con la industria eléctrica y, sobre todo, con el petróleo. Ellos ayudaron a imponerlo mediante el fraude electoral y les tenía que corresponder; lo demás era un simple asunto de procedimiento. Se guiaba por la agenda de los organismos financieros internacionales y la estaba llevando a la práctica: ya había impuesto la reforma a la Ley del ISSSTE, la reforma fiscal y pretendía llevar a cabo la llamada reforma energética.

No es casual que el 12 de abril de 2007 Rodrigo Rato, presidente del Fondo Monetario Internacional y exministro de finanzas del gobierno derechista de España, durante la presidencia de José María Aznar, hubiese declarado, eufórico, que felicitaba al gobierno usurpador por la reforma a la Ley del ISSSTE, y le recomendara que hiciera lo mismo con la llamada reforma fiscal y, posteriormente, con la energética. Por cierto, este personaje terminó en la cárcel en España, acusado de corrupción.

Por eso, como era predecible, con mucha anticipación empezamos a hacer público que Calderón presentaría una iniciativa de reforma a leyes secundarias para privatizar la industria petrolera. Al mismo tiempo, llamamos a debatir a los que considerábamos los principales promotores: Felipe Calderón, Juan Camilo Mouriño (ya finado), Manlio Fabio Beltrones, Santiago Creel, Emilio Gamboa Patrón,

Francisco Labastida y Jesús Reyes Heroles hijo. Ninguno de ellos respondió abiertamente, como siempre, pusieron a cargo a sus incondicionales y lanzaron otra más de sus campañas mediáticas contra nosotros. Nos acusaron de que alucinábamos, que veíamos fantasmas, que luchábamos contra molinos de viento, que queríamos notoriedad para nuestros fines políticos y se dedicaron a exclamar: «¿Cuál privatización? ¿Cuál reforma? ¿Cuál iniciativa?».

Cuando dimos a conocer que preparaban el video del llamado «tesoro escondido en las aguas profundas», primero lo negaron y luego, cínicamente, lo lanzaron al aire, pretendiendo engañar al pueblo de México. A partir de entonces, empezaron a manejar eufemismos para tratar de ocultar la privatización que estaban fraguando. Usaron todos los términos y frases, habidas y por haber: asociación, alianzas, acompañamiento, apertura, maquila, permisos, contratos de riesgo, contratos de servicios múltiples, contratos incentivados, contratos con terceros, contratos de servicios ampliados, autonomía de gestión; en fin, todo lo que les ayudara a disimular sus verdaderas intenciones.

Luego, ya de plano se arrancaron la máscara y se exhibieron sin tapujos: el miércoles 8 de abril, el usurpador mandó su iniciativa de reforma energética al Senado, y ya era innegable su deseo de privatizar la totalidad de la industria petrolera nacional. Lo que estaba claro quedó clarísimo: quería consumar una de las más grandes afrentas que haya padecido el pueblo de México en toda su historia. Esto explica el nerviosismo que mostró Calderón cuando apareció en cadena nacional, informando sobre su propuesta. Sudaba y se mostraba inseguro. En su interior sabía que estaba muy cerca del papel que jugaron, en su tiempo, los presidentes más entreguistas, autoritarios y sátrapas de la historia de México.

Las iniciativas de reforma a leyes secundarias propuestas por Calderón violaban los artículos 6, 25, 27, 28, 49, 73, 108, 109, 113, 126, 127 y 134 de la Constitución. En esencia, con ese atropello se pretendía entregar a particulares, nacionales y extranjeros, la exploración, la perforación, la refinación, la petroquímica, el transporte, los ductos y el almacenamiento de petrolíferos.

Por ejemplo, en la Iniciativa de Ley para la Creación de la Comisión del Petróleo, en el artículo 3.º, se dice que corresponde a dicha comisión «otorgar y revocar los permisos para la ejecución, funcionamiento y desmantelamiento de obras y trabajos relacionados con la exploración y explotación de hidrocarburos».

Asimismo, en la Iniciativa de Ley Orgánica de Pemex propuesta por Calderón, en su artículo 46, se establece:

> Petróleos Mexicanos y sus organismos subsidiarios podrán celebrar contratos en los que se pacte una remuneración fija o variable, determinada o determinable, con base en las obras y servicios especificados al momento de la contratación o que el desarro-

llo del proyecto exija con posteridad. Petróleos Mexicanos podrá condicionar a que el proyecto genere ingresos para cubrir los costos correspondientes, y podrá pactar incentivos pendientes a maximizar la eficacia o éxito de la obra o servicio, los cuales serán pagaderos únicamente en efectivo.

También en las reformas a la Ley Reglamentaria del Artículo 27 constitucional, en el Ramo de Petróleo, se planteaba la apertura a la inversión privada de actividades de la industria petrolera, hasta entonces reservadas en exclusiva al Estado mexicano. Las iniciativas de reforma y adiciones a esta ley dejaban fuera del control del Estado «el transporte y el almacenamiento [del gas], indispensables y necesarios para interconectar su explotación y elaboración», también excluían la distribución y ventas de primera mano «de aquellos derivados del petróleo y del gas que sean susceptibles de servir como materias primas industriales básicas y que constituyen petroquímicos básicos». De igual manera, la propuesta del nuevo artículo 4.º de esa ley establecía que «Petróleos Mexicanos, sus organismos subsidiarios y los sectores social y privado, previo permiso, podrán realizar actividades de transporte, almacenamiento y distribución de gas, de los productos que se obtengan de la refinación del petróleo y de petroquímicos básicos».

Además, se proponía que «Petróleos Mexicanos y sus organismos subsidiarios podrán contratar con terceros los servicios de refinación de petróleo», y también se consignaba que las personas «que pretendan realizar o prestar los servicios a los que se refieren los dos párrafos anteriores podrán construir, operar y ser propietarios de ductos, instalaciones y equipos».

En suma, es evidente que las iniciativas de ley propuestas por Calderón eran violatorias de la Constitución y obedecían a los mismos intereses creados que desde la expropiación del petróleo han estado al acecho para consumar el gran atraco de la privatización de la industria petrolera nacional.

Es lamentable, por inmoral, la actitud que asumieron los defensores de esas reformas al sostener de manera cínica que no pretendían violar la Constitución ni privatizar la industria petrolera. Toda su costosa campaña publicitaria estaba fincada en la mentira: empezaron con el engaño del tesoro de las aguas profundas y terminaron transmitiendo un comercial por televisión en el que se afirmaba que en México la ley prohibía hacer refinerías, lo cual era absolutamente falso. El marco legal no prohibía la construcción de refinerías; simplemente, impedía que lo hicieran el sector privado y los extranjeros. Esa supuesta prohibición era tan falaz que el propio Calderón anunció la edificación de una planta de refinación en Atitalaquia, Hidalgo, un proyecto fallido en el que desaparecieron 620 millones de dólares de dinero público; solo concretó una barda que costó 500 millones de pesos. De modo que, si en el calderonato no se construyeron las refinerías, no fue porque no se pudiera legalmente o porque no hubiera dinero, sino porque tenía compromisos con organismos y empresas internacionales para privatizar la refinación del petróleo.

También es necesario señalar que, al otorgarse permisos a extranjeros y privatizar la exploración, la perforación, la refinación, la petroquímica, el transporte, los ductos y el almacenamiento de petrolíferos, se dejaría a Pemex como simple administradora de contratos y abastecedora de petróleo crudo.

Nos querían quitar la posibilidad de utilizar todo el potencial del sector energético para llevar a cabo el desarrollo económico independiente que necesita el país. Nos querían condenar a vender la materia prima y a no producir para nosotros mismos la gasolina, los productos petroquímicos y la energía eléctrica, y con ello, industrializar a México, crear empleos, fortalecer nuestro mercado interno, reducir los precios al consumidor del gas, la luz y las gasolinas, y sobre todo elevar los niveles de bienestar de nuestro pueblo.

Por si fuese poco, en el marco legal propuesto por Calderón, la soberanía nacional quedaba gravemente comprometida por la obligación de acudir a tribunales internacionales en caso de controversias con empresas extranjeras. Por ejemplo, en la Iniciativa de Ley Orgánica de Pemex, en el artículo 44, se estipulaba: «Cualquier controversia relacionada con la licitación, adjudicación o ejecución de los contratos deberá resolverse conforme a las leyes de los Estados Unidos Mexicanos y someterse a la jurisdicción de los tribunales competentes de México o tribunales arbitrales nacionales o internacionales». Asimismo, en el artículo 49 se establece: «Tratándose de actos jurídicos de carácter internacional, Petróleos Mexicanos o sus organismos subsidiarios podrán convenir la aplicación de derecho extranjero, la jurisdicción de extranjeros en asuntos mercantiles y celebrar acuerdos arbitrales cuando así convenga al mejor cumplimiento de su objeto».

Como era obvio, de aprobarse esa propuesta se estaría violando flagrantemente el artículo 27 de la Constitución, que prohíbe, tratándose del petróleo, otorgar concesiones o celebrar contratos con particulares. Además, la Doctrina Calvo, la Doctrina Carranza, la misma Constitución, y otros ordenamientos legales, exigen que los extranjeros se subordinen a los tribunales y a las leyes de nuestro país.

Y una última reflexión de entonces: si perdíamos la soberanía, como soñaban los entreguistas, sería muy difícil, por razones geopolíticas, recuperar el dominio de la nación sobre nuestros recursos energéticos. ¿Cuánto faltaba para dejar de ser un país y convertirnos en colonia? ¿Acaso queríamos que los gobernantes fueran una burocracia al servicio de los intereses externos?

Aunque todos sabíamos que el principal problema de Pemex era la corrupción, Felipe Calderón, en lugar de llevar a cabo acciones para enfrentarla, planteaba en sus iniciativas la creación de un régimen de excepción para alentarla y legalizarla. Cabe decir que ni en los diagnósticos, ni en las exposiciones de motivos o el articulado de las propuestas de Calderón y del PRI, aparecía mencionada la palabra *corrupción*.

Por ejemplo, en el artículo 8.º se proponía como miembros del Consejo de Administración a cinco representantes del cuestionado sindicato petrolero, y tanto ellos como los 10 restantes, más el director general de Pemex, tendrían el privilegio de la impunidad, porque, según el artículo 37 de dicha iniciativa, «Petróleos Mexicanos contratará, en favor de los miembros del Consejo de Administración y del director general, los seguros, fianzas o cauciones, que cubran el monto de las posibles indemnizaciones por los daños o perjuicios que llegasen a causar a dicho organismo y sus organismos subsidiarios». Se trataba, ni más ni menos, de legalizar la impunidad, de algo así como un blindaje jurídico para futuros atracos a Pemex y a la nación. En este tema solo habría que agregar que el 23 de julio el PRI presentó su propuesta y copió de las iniciativas de Calderón 24 de 48 artículos; uno de ellos es el comentado anteriormente. En días posteriores, los priistas cambiaron sus estatutos partidarios para permitir la reforma.

Aun cuando las reformas a las leyes del petróleo terminaron aprobándose en 2008 por la complicidad de legisladores del PRI y del PAN, no pudieron privatizar toda la industria petrolera, como era su propósito original. Puedo decir que, en esa ocasión, el Movimiento en Defensa del Petróleo impidió que la reforma de Calderón al sector energético abarcara la privatización de la refinación, el transporte, los ductos y el almacenamiento de petrolíferos. Sin embargo, no pudimos lograr que en la fracción séptima del artículo 60 de la Ley de Petróleos Mexicanos se incorporara la prohibición expresa de entregar áreas o bloques del territorio en exclusiva a compañías extranjeras. En su momento, tanto legisladores del PRI como del PAN cerraron filas para rechazar nuestra petición con el argumento de que la Constitución no permitía la celebración de contratos con esas características.

Recuerdo que, por esos días, propios y extraños, de buena o mala fe, cuestionaron la actitud asumida por el Movimiento Nacional en Defensa del Petróleo porque, según ellos, nos estábamos radicalizando, ya que lo alcanzado con la movilización ciudadana era más que suficiente. Muy a su estilo, el periódico *Reforma* sostuvo, en su edición del 24 de octubre de 2008, «en el 2006 se vio que Andrés Manuel López Obrador no sabe perder. Y ayer se vio que tampoco sabe ganar». No obstante, con el paso del tiempo, ha quedado al descubierto que los llamados contratos incentivados, con la correspondiente entrega de áreas del territorio nacional, eran la trampa escondida en la reforma del petróleo.

¿Qué significa esto de los bloques? En esencia, se trata de dividir en áreas toda la zona petrolera del país —terrestre y marítima, sobre todo en el Golfo de México— para conceder lotes o parcelas a empresas extranjeras que podían manejar la exploración y la explotación de hidrocarburos. Dentro de este proyecto, el área clasificada como aguas profundas, que abarca una superficie de 575 000 kilómetros cuadrados en el Golfo de México y que significa más de una cuarta parte del territorio nacional, sería cuadriculada y divida en 115 bloques o lotes de 5 000 kilómetros cuadrados cada uno. Es como ceder a pedazos nuestro territorio a empresas extranjeras, algo parecido a lo que hicieron con la entrega de concesiones mineras. Para tener una idea: cada bloque sería del tamaño de estados como Tlaxcala, Morelos, Colima o Aguascalientes.

Al día siguiente de la aprobación de las reformas en el Senado, el viernes 24 de octubre de 2008, en la columna *Capitanes*, de la sección *Negocios*, del periódico *Reforma*, publicada bajo la responsabilidad editorial de ese diario, se dio a conocer una información que puso al descubierto la intención de operar los llamados contratos incentivados. La nota decía:

Petroleras pendientes

Calladas pero cabildeando. Así andan las huestes de grandes petroleras como Shell, Exxon Mobil, Petrobras, Statoil Hydro y hasta Chevron.

Aunque no han fijado una postura abiertamente, está claro que no descartaron *de facto* su posible intervención en la producción de hidrocarburos bajo las reglas de la reformita que ya pasó el Senado.

La primera tarea que encargaron a su equipo en México está en manos de firmas de abogados locales, agremiados en la Asociación Mexicana de Derecho Energético, que preside Tomás Mueller Gastell.

Su misión: interpretar los esquemas contractuales que detonarán los cambios realizados a la Ley Reglamentaria del 27 constitucional en el ramo petrolero.

La segunda tarea está en manos de las áreas de desarrollo de negocios.

Estas analizan la conveniencia de entrar a las nuevas opciones que dará Pemex, bajo la modalidad legal de contratos de servicio.

Antes de eso falta un último paso.

Ahora que las leyes están casi planchadas, sigue el reglamento de la Comisión Nacional de Hidrocarburos.

Esta decidirá sobre la asignación de bloques para la exploración y producción de hidrocarburos, el tiempo de adjudicación mediante contratos de servicios y las medidas para la asignación de incentivos económicos.

Así que las extranjeras no pierden de vista el proceso, pues no descartan que pese a la «reforma chiquita» —porque ya aquí están dando como hecho que fue para ellos una gran reforma— al final todavía puede salir algún negocio interesante.

En la historia del petróleo en México, lo más parecido a este proceder entreguista fue lo que se hizo de 1949 a 1951, en el gobierno de Miguel Alemán, cuando se celebraron los llamados «contratos riesgo» con cinco empresas estadounidenses a las que se les cedió una reserva territorial de 3 858 000 hectáreas para la exploración y perforación de pozos petroleros. Dicha extensión comprendía las aguas someras del litoral del Golfo de México, desde Sontecomapan, Veracruz, hasta Puerto Real, Campeche, y prácticamente toda la tierra firme costera de los estados de Campeche, Tabasco y Veracruz, así como una parte del territorio de Nuevo León.

Para recuperar la soberanía sobre este territorio, fue necesario que el presidente Ruiz Cortines modificara la Ley Reglamentaria del Artículo 27 constitucional y que el presidente López Mateos reformara ese artículo de la Constitución en el ramo del petróleo. Al párrafo sexto se le agregaron tan solo 12 palabras que no dejan lugar a ninguna mala interpretación. Originalmente decía: «Tratándose del petróleo y de los carburos de hidrógeno sólidos, líquidos o gaseosos, no se expedirán concesiones y la ley reglamentaria respectiva determinará la forma en que la nación llevará a cabo las explotaciones de esos productos». Con la reforma se agregó: «No se otorgarán concesiones ni contratos ni subsistirán los que se hayan otorgado».

Sin embargo, no fue sino hasta 1970 cuando se logró cancelar en definitiva estos contratos. En ese entonces, era director de Petróleos Mexicanos don Jesús Reyes Heroles, y el 18 de marzo de 1970 informó que esta decisión representaba «el último eslabón que se requería para que la riqueza petrolera pasara a ser propiedad íntegra del pueblo de México». Asimismo, en su discurso justificaba: «Ningún disimulo, ninguna simulación jurídica, ninguna interpretación dudosa de la ley: su cumplimiento claro y cabal, que siente las bases para que la política petrolera de México tenga un futuro siempre a la altura de las luchas que el pueblo de México llevó a cabo al consumarse la expropiación petrolera». Un dato: en 1971, un año después de recuperada la Sonda de Campeche al patrimonio nacional, Pemex descubrió uno de los yacimientos petroleros más grandes del mundo gracias a la información proporcionada por el pescador Rudesindo Cantarell Jiménez sobre una mancha de chapopote en el mar. Me refiero al emblemático, rico e irracionalmente saqueado Complejo Cantarell.

El otro antecedente es la contrarreforma de 2003, cuando Fox era presidente y Calderón se desempeñaba como su secretario de Energía, entregaron a empresas extranjeras, en franca violación a la Constitución, ocho bloques de nuestro territorio nacional por un total de 50 000 kilómetros cuadrados en la región de Burgos, correspondiente a los estados de Coahuila, Nuevo León y Tamaulipas, para la extracción de gas. Esto mismo hizo el gobierno usurpador, el 18 de febrero de 2009, en la región de Chicontepec, Veracruz, donde concedió ocho áreas y entregó contratos en exclusiva a empresas extranjeras. Y como ya vimos, el 4 de septiembre de 2009 se publicó el Reglamento de la Ley de Petróleos Mexicanos, en el cual se formaliza la entrega de estos bloques a empresas extranjeras mediante contratos de servicios incentivados. Este asunto motivó que legisladores afines a nuestro movimiento presentaran una acción de inconstitucionalidad ante la Suprema Corte de Justicia; pero, dado el control de los potentados sobre el Poder Judicial, los ministros confirmaron la imposición. Más tarde, en 2014, Peña Nieto consumó por completo la privatización del petróleo, como veremos más adelante; pero, aunque entregó 110 bloques a empresas extranjeras, con la mentira de obtener mayor inversión y grandes beneficios para México, todo resultó un rotundo fracaso; se auguró que la producción aumentaría en 3 000 000 de barriles diarios y solo se extrajeron 40 000 barriles; por fortuna, no les dio tiempo de enajenar todo el potencial petrolero del país, sino solo 20%. Con el resto ahora estamos rescatando la soberanía nacional.

Una reflexión final: entre 2000 y 2012, a los gobiernos panistas les tocó la época de los precios más altos del petróleo en la historia del mundo. Fox administró ingresos por concepto del petróleo del orden de 335 000 millones de dólares y, tan solo de excedentes por los precios altos, obtuvo 10 000 millones de dólares por año de 2004 a 2006. Asimismo, en 2007, el gobierno *de facto* de Calderón recibió 12 000 millones de dólares de excedentes por precios altos del petróleo de exportación, y en 2008, por 16 500 millones de dólares. Hay que tener en cuenta que ese año la Cámara de Diputados fijó en la Ley de Ingresos de la Federación un precio estimado por barril de 49 dólares, pero este se vendió a 84.3 dólares en promedio. Desde 1901, cuando empezó en México la explotación de este recurso natural no renovable, hasta nuestros días, ningún presidente de la República había obtenido tanto dinero por el petróleo como el que recibieron en sus sexenios Fox y el usurpador Calderón, quien entre 2007 y 2012 administró ingresos «extra» por precios altos del petróleo, del orden de los 136 000 millones de dólares.

No obstante, todos estos recursos, al igual que los captados por Fox, se utilizaron para subsidiar fiscalmente a sus aliados de las grandes corporaciones empresariales, se dilapidaron con la corrupción o se orientaron para mantener los privilegios de los altos funcionarios públicos. El gobierno espurio no hizo nada para reducir su enorme gasto burocrático. Por el contrario, en 2007 lo aumentó en 154 000 millones de pesos. En 2008 creció 190 000 millones más y en 2009 se incrementó en 350 000 millones. Es decir, en tres años aumentó el gasto corriente en casi 500 000 millones de pesos. A lo largo del sexenio, este gasto astronómico pasó de un billón 229 809 millones de pesos, a un billón 842 000 millones de pesos, mientras que el crecimiento económico en ese mismo periodo fue de 13%, cuatro veces menos. Más aun, la deuda pública con Calderón pasó de 1.7 a 5.2 billones, es decir, creció 207%. En suma: ineptitud, corrupción y derroche a manos llenas.

Capítulo 8

DURANTE EL NARCOESTADO ME DIERON POR MUERTO

Otro de los graves daños causados a México por Calderón y sus socios fue la declaración de guerra al narcotráfico sin atender las causas, la pobreza y el abandono de los jóvenes; desde un gobierno totalmente infiltrado por la delincuencia, con funcionarios corruptos y cómplices de las organizaciones criminales y con una dependencia vergonzosa y subordinada a las agencias del Gobierno de Estados Unidos. Pasado el tiempo y con los hechos puestos al descubierto, no es exagerado sostener que durante ese gobierno imperó en México un narcoestado.

Consciente o no, Calderón, es responsable de la gran tragedia que significó esa etapa, cuyo protagonista fue Genaro García Luna, nada menos que su secretario de Seguridad Pública, su brazo derecho (actualmente sentenciado en Estados Unidos por asociación delictuosa y otros delitos graves relacionados con el tráfico de drogas y la violencia). Muchos no saben que Genaro García Luna ingresó al Cisen desde el inicio del gobierno de Carlos Salinas de Gortari y que llegó a ser subdirector operativo de esa misteriosa institución y, desempeñando ese cargo, viajó a Tijuana y dejó en libertad a un agente de ese centro de espionaje, acusado de haber sido el segundo tirador en el asesinato de Luis Donaldo Colosio. Sobre esto último, no sé si Calderón estaba enterado o no, pero sigo pensando que nunca imaginó lo que habría de provocar con su guerra contra el narcotráfico y tampoco creo que haya actuado de manera deliberada ni directa en actos criminales. Más bien, sostengo que la falta de principios y el fanatismo conservador puede llevar a cualquier persona con poder a emprender acciones represivas con odio enfermizo para imponer el orden, aunque lo logre de manera inhumana y cruel, y Calderón tiene ese perfil extremista: es de los políticos más reaccionarios y autoritarios de México. También puede ser que con ese proceder pensara ganar la legitimidad que no obtuvo en las elecciones y que, además, quiso quedar bien con el Gobierno de Estados Unidos. Pero el propósito de este desatino no era precisamente resolver un problema tan grave en ese entonces en el país ni hay constancia de que lo presionaran tanto del extranjero, de modo que siempre será un enigma el porqué de una actuación tan irresponsable. De lo que no existe duda es de que no solo fue una idiotez o un error garrafal, sino una enorme y tremenda tragedia que afectó a muchos y al país. Todavía no se explica cómo en ese sexenio perdieron la vida, en dos accidentes aéreos, dos secretarios de Gobernación y un alto funcionario responsable de la investigación de la delincuencia organizada, entre otros.

Cuando hablo de que la violencia en ese entonces no estaba desbordada, me apoyo en los datos oficiales de criminalidad: en 2004 y 2006, en los tres últimos años de Fox se registraron en promedio 27 homicidios diarios; sin embargo, luego de que Calderón declaró la guerra al crimen, en sus tres últimos años de gobierno —de 2010 a 2012—, la cantidad de homicidios por día había aumentado a 72, es decir, un incremento de 266%. Ahora, con todo lo que se sabe de García Luna, se puede deducir que este aumento en la criminalidad no solo se explica por la consigna del «mátalos en caliente», sino también porque se buscó el predominio de una banda que recibía protección del Gobierno, al mismo tiempo que se actuaba para destruir a otras. Hay quienes dicen que esa era la supuesta estrategia para apaciguar al país. En la Corte de Nueva York, uno de los testigos protegidos en el juicio contra García Luna llegó a narrar que, en una ocasión, cuando su jefe le preguntó si sabía para quién estaba trabajando, el testigo contestó: «Sí, para gente de la AFI y de Genaro García Luna». «No», le contestó el narco de mayor rango, está equivocado «ni tú ni nosotros trabajamos para Genaro García Luna, él trabaja para nosotros» (30 de enero de 2023). Es también sabido que a los delincuentes aliados se les uniformaba de policías para enfrentar y eliminar a miembros de otras bandas o cárteles.

Una persona cercana a Lázaro Cárdenas Batel me contó que el 3 de enero de 2007, cuando Calderón fue a Michoacán a dar a conocer el inicio de la campaña bélica, el entonces gobernador del estado fue a recibirlo al aeropuerto de Uruapan y que estuvo a punto de cometer el error de no identificarlo porque a la salida del avión solo distinguió la corpulenta figura del secretario de la Defensa, Guillermo Galván, y cuando iba a preguntarle por el presidente, apareció Calderón, camuflajeado con un uniforme militar que le quedaba grande y que lo hacía parecerse al célebre «comandante Borolas». En el trayecto, Lázaro le comentó que en Apatzingán hacía mucho calor, pero ni así quiso Calderón quitarse la chaqueta. Fue a la Tierra Caliente michoacana a gritar que usaría la fuerza bruta contra la delincuencia y ya sabemos cuántas desgracias acarreó ese garrotazo a lo tonto al avispero.

Como ya lo expresé, no descarto que la actuación de Calderón, además de otros motivos, haya tenido que ver con la mala decisión de permitir la intervención sin límite y prepotente del Gobierno de Estados Unidos y de sus agencias, en particular, de la DEA, en asuntos internos de México. Debe recordarse que con el usurpador prácticamente se entregó la Secretaría de Marina al Gobierno de Estados Unidos: hasta antes del gobierno espurio, esta secretaría no tenía prácticamente funciones bélicas, estaba más orientada a la custodia de los puertos, las costas y el cumplimiento de las leyes pesqueras; su presupuesto anual, en los tres últimos años de Fox, fue en promedio de 8 762 713 973 pesos; sin embargo, en los tres últimos años de Calderón, de 2010 a 2012, reportó 17 980 576 085 pesos; es decir, más del doble.

Todo indica que la decisión de reforzar la misión armamentista de la Secretaría de Marina estuvo relacionada con la dificultad que le representaba al Gobierno de los Estados Unidos subordinar por entero al Ejército mexicano, institución con mayor nivel de independencia y nacionalismo. En uno de los operativos conjuntos de la armada con el Gobierno de Estados Unidos para eliminar a Marcos Arturo Beltrán Leyva en Cuernavaca, el embajador de Estados Unidos de ese entonces, Carlos Pascual, eufórico y sin recato alguno, llegó a declarar que «la operación de detención de Arturo Beltrán Leyva (ABL) comenzó aproximadamente una semana antes de su muerte, cuando la embajada transmitió información detallada sobre su localización a la Semar. La unidad Semar ha recibido una amplia capacitación por Northcom (Comando Norte) en los últimos años». Además, sostuvo que «el éxito de la operación contra ABL se suma a la agresiva actuación de la Semar en Monterrey contra las fuerzas de los Zetas y destaca su papel emergente como actor clave en la lucha con el narcotráfico. La Semar está bien entrenada, bien equipada y ha demostrado ser capaz de responder rápidamente a la inteligencia procesable. Su éxito pone al Ejército (Sedena) en la difícil situación de explicar por qué se ha mostrado reacio a actuar sobre la base de una buena información de inteligencia y a llevar a cabo operaciones contra objetivos de alto nivel».[19] Recuerdo que, en esos días, el 26 de enero de 2010, puse en mi cuenta de Twitter los siguientes textos:

> Recomendaría, con todo respeto, al embajador de EU, Carlos Pascual, que no abuse de la evidente y lamentable debilidad de Calderón... (21:27 - 26/01/10)

> No está bien que el embajador haga juicios sumarios, ni señalamientos sobre el Ejército Mexicano. Cooperación sí, intervencionismo no (21:45 - 26/01/10)

También es importante destacar que precisamente en esos hechos, cuando los marinos eliminaron a Beltrán Leyva, como nunca había sucedido en México —eso más bien correspondía a un proceder de agentes extranjeros—, a su cuerpo se le profanó, le pegaron dólares y le tomaron fotos que se difundieron sin escrúpulos ni recato alguno. Sobre este mismo caso, resultó muy lamentable que, posiblemente en venganza, en Paraíso, Tabasco, fuera eliminada toda la familia de un marino que había participado en el operativo contra Beltrán Leyva.

En los tiempos de Calderón, en Estados Unidos, se formó a todo un cuerpo de élite de la Armada de México para combatir a narcotraficantes en todo el país y se le equipó con aviones, helicópteros, drones y armamento de lo más sofisticado en el mundo bélico. En ese tiempo se aplicó el Plan Mérida y eran constantes los operativos conjuntos del Gobierno de México y Estados Unidos, como el llamado Rápido y Furioso, que consistió en introducir armas de contrabando con sensores, que según estos genios, irían a parar en manos del crimen organizado y así descubrirían y aprehenderían a los delincuentes; al final, los resultados fueron desastrosos porque, al estar el Gobierno completamente infiltrado por los capos, las armas fueron despojadas de los señuelos, terminaron, en efecto, en poder de la delincuencia y fueron usadas para causar la pérdida de vidas, tanto mexicanas como estadounidenses; esto condujo a una investigación judicial en Estados Unidos, pero como involucraba a autoridades del más alto nivel de los dos Gobiernos, se decidió archivarla.

Otra actitud imperdonable fue la de apostar al aniquilamiento de personas como escarmiento o mensaje de intimación con el uso de la mano dura. Hablando de este penoso asunto, un oficial de Ejército me confesó que en esos tiempos les llegaba *de arriba* esta instrucción: «Ustedes hagan su trabajo y nosotros nos ocupamos de los derechos humanos».

La prueba más contundente del abuso de la fuerza durante el gobierno de Calderón lo encontramos en el índice de letalidad en enfrentamientos registrados entre las fuerzas armadas y la delincuencia. Este índice revela con mucha claridad lo funesto que fue el sexenio del gobierno usurpador, pues en los enfrentamientos —sobre todo en los años de 2010 y 2011— siempre fueron más los muertos que los heridos o detenidos; en palabras duras y crueles, se remataba a los heridos; fue una reedición de la ley fuga (véase p. 212).

A estos altos niveles de letalidad debe agregarse que, en los últimos años del gobierno de Felipe Calderón (2010-2012), los militares y marinos fallecidos en enfrentamientos fueron 171, un promedio de 57 por año, mientras que, durante nuestro gobierno, los miembros de las Fuerzas Armadas que han perdido la vida en esas circunstancias han sido en promedio 24 por año. Aunque los datos hablan por sí solos, es obvio que esta absurda y desquiciada estrategia no debe repetirse nunca más y que no se debe permitir jamás poner en riesgo de manera irresponsable ni la vida ni el prestigio de los integrantes de las Fuerzas Armadas, ni utilizarlas para cometer excesos, violar derechos humanos y ejecutar órdenes cobardes e inhumanas.

El general Felipe Ángeles decía: «La política no es un fin, la revolución no es un fin: son medios para hacer hombres a los hombres. Nada es sagrado excepto el hombre. Hay algo frágil, débil, pero infinitamente precioso, que todos debemos defender: la vida».

Ahora bien, lo peor de todo fue el no pensar en enfrentar el problema de la violencia atendiendo las causas que la originan. Indigna que los gobiernos neoliberales y las élites del poder no acepten que la pobreza y la falta de oportunidades de empleo y bienestar originaron el presente estallido de odio y resentimiento que ahora con mucha dificultad estamos apaciguando. Y como es público y notorio, no solo se desatendieron las causas del problema, sino que, en una especie de enajenación autoritaria, se pretendió resolverlo con medidas coercitivas, enfrentando la violencia con la violencia, como si el fuego se pudiese apagar con el fuego y con la absurda pretensión de corregir el mal sin hacer el bien.

A este pensamiento hipócrita y conservador debemos oponer el criterio de que la inseguridad y la violencia solo pueden ser vencidas con cambios efectivos en lo social y con la influencia moral que se pueda ejercer sobre la sociedad en su conjunto. Para tener una sociedad más humana, no hay nada más eficaz que combatir la desigualdad y evitar la frustración y las trágicas tensiones que provoca. La solución de fondo, la más efectiva, pasa por enfrentar el desempleo, la pobreza, la desintegración familiar y la pérdida de valores; por favorecer la incorporación de los jóvenes al trabajo y al estudio. Reafirmo, pues, que no es con medidas coercitivas como se debe enfrentar el grave problema de la inseguridad y la violencia. Suponer que el deterioro de las relaciones sociales se combate solo con el recurso de la fuerza pública y de la violencia del Estado es rotundamente falso y muy peligroso, como se ha constatado. La ley debe aplicarse, sin duda, pero no por ello disminuirá la delincuencia y cederá la violencia. Sin reformas sociales y sin el fortalecimiento de valores no es posible frenar el deterioro de la sociedad.

En los momentos de mayor violencia de Estado en el país, sin dejar de denunciar la errónea y criminal estrategia de Calderón, pude salir ileso de ese vendaval autoritario porque por suerte decidí recorrer todos los municipios de México para concientizar y organizar al pueblo desde abajo; mis giras a ras de tierra me salvaron; como me reunía en las plazas públicas con poca gente, creyeron que estaba liquidado y me dieron por muerto, políticamente hablando. El mismo Calderón decía, cuando le preguntaban por mí en entrevistas, que allí andaba reuniéndome con 10 o 20 personas. En todo sentido, fue un milagro, porque no se ocuparon de mí, me dejaron trabajar y las visitas a los pueblos y regiones de México fueron aleccionadoras y fundamentales para el futuro de nuestro movimiento.

Para mantener encendida la llama de la esperanza y recoger los sentimientos de la gente, en enero de 2007 inicié una gira por todos los municipios del país. Primero recorrí los 2 038 municipios de régimen de partido y, posteriormente, los 418 municipios indígenas de usos y costumbres de Oaxaca. Es decir, celebramos asambleas informativas en 2 456 municipios de México. A continuación, transcribo fragmentos de dos relatos acerca de aquella experiencia que se publicaron completos en su momento, en ese gran periódico que es *La Jornada*. Uno, con el título «El país desde abajo: apuntes de mi gira por México» y el otro «Oaxaca, un viaje al corazón del México profundo».

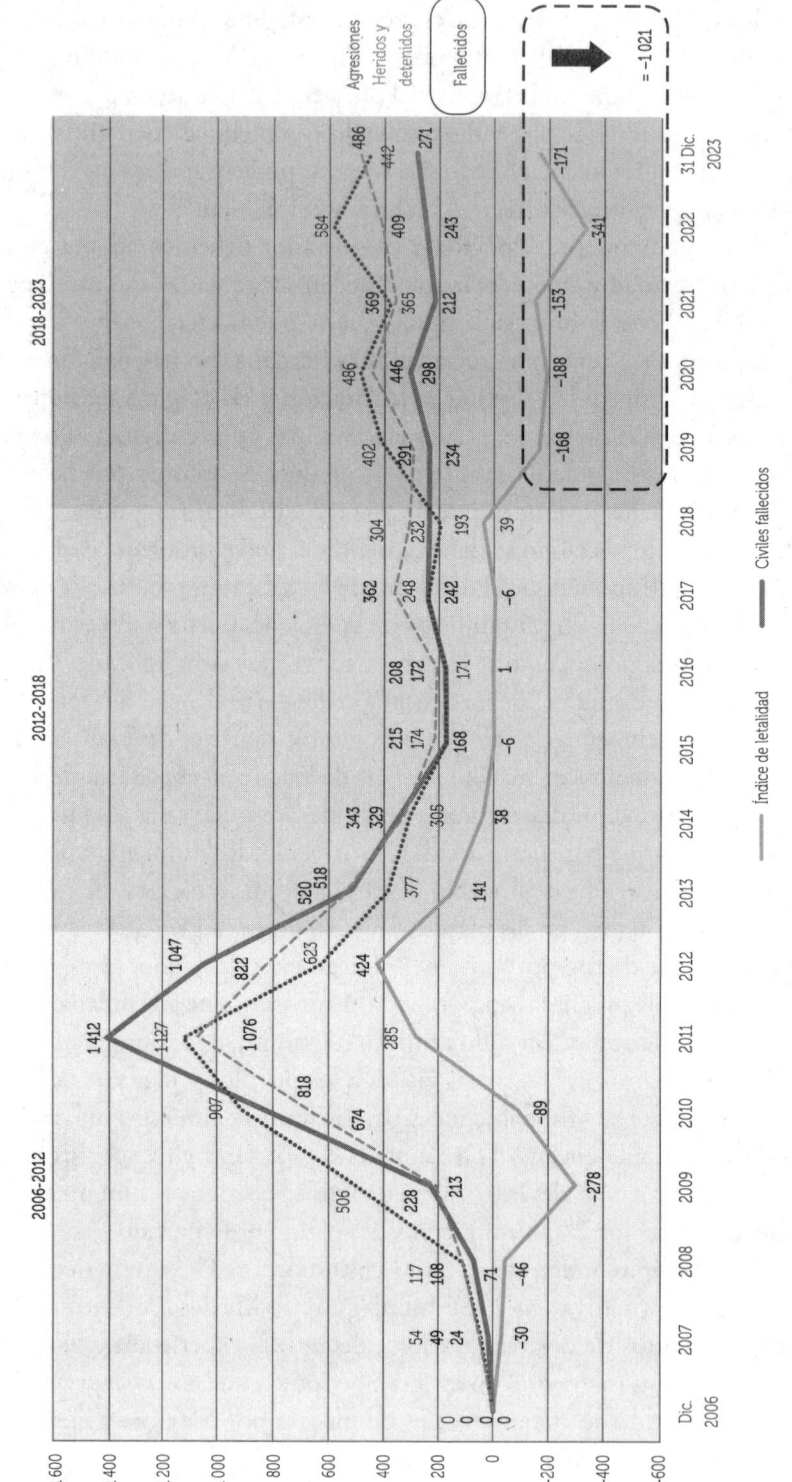

Capítulo 9

EL PAÍS DESDE ABAJO: APUNTES DE MI GIRA POR MÉXICO

Aclaro que describo esta experiencia respetando el texto original, con mis palabras y el tiempo verbal pasado. Ofrezco disculpas por presumir que hasta el día de hoy no hay nadie que conozca todos los municipios de México y los haya visitado más de una vez, como ya saben quién. Me llena de orgullo porque es contemplar desde abajo y a ras de tierra la belleza natural de nuestro país y constatar la extraordinaria nobleza de nuestro pueblo. Eso lo llevaré en mi intimidad por siempre. Aquí recuerdo un poema del revolucionario Solón Argüello:

Y PROSIGUIÓ EN SU SIGNO…
Pasó, lleno de polvo
su traje asaz raído,
con sus viejas sandalias que conocen
cien valles, cien desiertos, mil caminos.

Pasó, con su melena
que desgreñaba el austro,
con su triste mirada pensativa,
que escruta, siempre fija en el arcano.

Pasó, como una sombra,
callado, obscuro, solo,
con sus laxos camellos de tristeza
doloridos. Pasó lleno de polvo…

Miró hasta atrás en busca
del ya lejano predio
y aún oyó los reproches que venían
traídos por la parva de los vientos.

Y se bebió sus lágrimas
y prosiguió, en su signo,

> con sus viejas sandalias que conocen
> cien valles, cien desiertos, mil caminos. [20]

Hoy, 9 de marzo de 2009, aquí, en Tamazula, Durango, donde nació el primer presidente de México, Guadalupe Victoria, termino el recorrido por los 2 038 municipios de régimen de partido que existen en el país. Ahora, solo me faltan los 418 municipios indígenas de usos y costumbres del estado de Oaxaca, que visitaré en el último cuatrimestre de este año.

Viajé en compañía de un pequeño grupo de colaboradores. Durante 430 días transitamos por 148 173 kilómetros de caminos pavimentados y de terracería, para llegar a los pueblos más apartados de México. En muchas ocasiones dormimos en hoteles modestos y limpios de ciudades pequeñas, comimos en restaurantes, fondas y, a veces, dentro de la camioneta o a la orilla del camino.

Durante este tiempo, trabajé de lunes a miércoles en la Ciudad de México y de jueves a domingo me dediqué a recorrer los pueblos. Desde las 10 de la mañana hacíamos un promedio de cinco asambleas informativas diarias en las plazas públicas, a las que asistían entre 50 y 2 000 personas, dependiendo del número de habitantes y de la fuerza de nuestro movimiento en cada lugar. La asamblea consistía en palabras de bienvenida a cargo de un dirigente local de los partidos del Frente Amplio Progresista o de algún destacado ciudadano. En mi intervención, informaba durante 45 minutos sobre los problemas nacionales y planteaba la necesidad de renovar la vida pública de México.

Además, cuando llegaba y cuando me iba, saludaba de mano a la gente en un genuino ejercicio de diálogo circular. Gracias a estos encuentros, recogí demandas, sentimientos y preocupaciones de muchos ciudadanos y me enteré con más detalle de la situación económica, social y política del país, desde abajo. Aunque hay asuntos importantes que no abordaré por razones de espacio, sí puedo compartir algunas de mis observaciones, experiencias y reflexiones sobre las características del territorio, la belleza de la naturaleza, las actividades económicas, los contrastes entre regiones, la desigualdad, la marginación, la pobreza, la vocación de trabajo y la inmensa bondad que hay en nuestro pueblo.

México es un país de gran diversidad geográfica, donde predominan las zonas semidesérticas, en las vastas extensiones montañosas del norte. En contraste, es muy inferior la superficie de valles, costas y tierras bajas tropicales. En el norte, donde el suelo no es muy fértil y llueve poco, las poblaciones se fueron asentando a la orilla de los ríos y así se desarrollaron la agricultura y la ganadería extensivas.

Para subsanar la escasez de agua, el régimen de Porfirio Díaz inició la construcción de presas, actividad que se intensificó después del triunfo de la Revolución junto con la perforación de pozos profundos y la creación de sistemas de riego. De todos modos, en casi todo el norte la sequía es impresionante. Y por lo mismo, ahí donde se logra una plantación de nogales, o nogalera, como le llaman, cerca del cauce de un río, la vista se alegra como si en medio del desierto apareciera un oasis. Viajando por distintas regiones del norte, uno no puede dejar de pensar en que debajo de esa tierra árida proliferó, y fue saqueada durante siglos, la gran riqueza mineral que hoy es todavía causa de la más inhumana explotación de los trabajadores.

Cuando uno recorre las laderas de los cerros de Concepción del Oro, Zacatecas, hacia Melchor Ocampo, saltan a la vista los vestigios de pueblos mineros abandonados en la época colonial y el siglo XIX, y lo mismo pasa al llegar por el túnel de Ogarrio, el más largo construido por el Porfiriato, al bello Real de Catorce, en San Luis Potosí.

El centro y el sur del país, por lo contrario, poseen mucha más fertilidad, al extremo de que en Tabasco hay tanta agua como cielo. Paradójicamente, aunque es mucho menos montañoso que el norte y que el centro, donde despuntan los volcanes del valle de México, el sur tiene las cimas más elevadas de la orografía nacional, por ejemplo, el Pico de Orizaba o el Cofre de Perote, sin olvidar que hay zonas muy altas en la sierra sur de Oaxaca o en la sierra de Chiapas, limítrofe con Guatemala, donde los nombres de los pueblos contradicen a la realidad, porque se llaman El Porvenir, La Grandeza y Bellavista, y son de los más pobres y marginados que he visto. Así como las nogaleras y la minería son características del norte, el sur es la región natural del café.

En cuanto a belleza, todo México es espléndido. Se puede pensar que las grandes llanuras y los cerros pelones del norte son monótonos, pero no es así, hay una asombrosa variedad de formas. En las cumbres de Durango, en la Sierra Tarahumara, en la península de Baja California, en las montañas de Coahuila, Sonora o Nuevo León, de repente, en medio del camino, surgen rocas gigantescas, que parecen esculpidas por la mano del hombre, con aspecto de águilas, frailes, sillas, dientes, pirinolas, falos, los cerros conocidos como Las Tetas de Juana, de Coahuila; el Teta Kawi en San Carlos, Guaymas, Sonora; el Pito Real de Chihuahua; cuerpos y rostros de animales, hombres, mujeres, y la bellísima Peñamiller de Querétaro.

Es imposible dejar de admirar las cordilleras, los despeñaderos, las cuevas, las cascadas que brillan desde lejos como hilos de plata, o las grandes mesetas con su extraordinaria diversidad de cactos. Y por todas partes hay cerros majestuosos e históricos, que tienen nombre propio, cerros con plataformas y peñascos, entre los que sobresalen los cañones y las barrancas con distintos climas, vegetación y culturas, arriba y abajo, como ocurre al pie de la Barranca del Cobre, donde crecen los plátanos, mientras en lo alto abundan los pinos y las casas con chimenea. Otro caso representativo de esta dualidad es el de La Misión, Hidalgo, donde el delicioso chile rayado se siembra abajo y luego se trasplanta y se cosecha arriba.

En enero de 2007, visité algunos municipios de Chihuahua. Estaba nevando y había hielo sobre la carretera de Parral a Guadalupe y Calvo. Ahí se encuentra el cerro más alto de ese estado, el Mohinora, un pico a 3 300 metros sobre el nivel del mar. En esa gira fuimos también a Madera, municipio emblemático porque ahí nació, en los tiempos de mayor opresión política, la guerrilla mexicana moderna con el asalto al cuartel militar. Y qué decir de la monumental sierra de la Rumorosa, en el camino de Mexicali a Tijuana, o de los manglares de la costa de Nayarit, o de los cielos estrellados de la sierra de Sonora, o de las puestas de sol de Coneto de Comonfort en Durango. Por mi origen, desde luego, disfruto más la flora y la fauna exuberante de las zonas cálidas de gran humedad. Me gustan mucho las Huastecas, la potosina, la hidalguense y la veracruzana; todas las regiones de Michoacán, los paisajes del Estado de México, la Sierra de Puebla con sus impresionantes caídas de agua, las costas del Pacífico; las grandes lagunas costeras del Golfo; los pantanos de Tabasco con su flor del sol y sus noches de plenilunio; el mar turquesa del Caribe y la belleza natural de todo Chiapas.

Los nombres de los municipios mexicanos suelen ser de héroes y de santos, aunque predominan los que se componen de palabras indígenas de la lengua náhuatl; de 2 469 municipios, 48.32% tiene nombre náhuatl, aunque en algunos pueblos indígenas se les siga llamando con el nombre de la lengua de la cultura original o más antigua, sea maya, chontal, zoque, mixe, zapoteca u otra. Esto es una señal inequívoca del dominio que llegaron a alcanzar, en apenas dos siglos, en nuestro país, en Centroamérica y el Caribe, los mexicas. En cuanto a la arquitectura, la mayoría de las cabeceras municipales tiene su plaza central con kiosco, rodeada de portales, su iglesia o convento antiguo y su palacio de Gobierno. Las calles principales llevan los nombres de nuestros héroes: Hidalgo, Morelos, Juárez, Madero, o se llaman Independencia, Reforma o Revolución. Cuando uno topa en una calle con cualquiera de estos nombres, sabe que está en el centro del pueblo, cerca de la plaza pública principal. Por lo general, es más antiguo y majestuoso el templo católico que el edificio del ayuntamiento. Puebla, sin duda, es el estado con las iglesias más bellas. Las plazas son agradables, pese a que han sido remodeladas más de una vez, por autoridades que desean dar la imagen de que trabajan y también para justificar la corrupción.

Tengo presentes las ceibas centenarias de la plaza de Ocampo, Tamaulipas y la de Huitiupán y Chiapa de Corzo, Chiapas, tan antiguas como las de la zona arqueológica de Yaxchilán, a la orilla del río Usumacinta, en la frontera con Guatemala. En el jardín principal de Tepeyanco en Tlaxcala, hay árboles frutales y la cosecha se vende para dar mantenimiento a la plaza.

Es un placer visitar Cuchillo Parado en Chihuahua, donde comenzó la Revolución Mexicana antes del 20 de noviembre de 1910; o la remota y serrana comunidad de Ayoxuxtla, en Puebla, donde se firmó el Plan de Ayala. En verdad, ha sido un privilegio haber podido estar en tantos sitios y poblaciones de relevancia histórica. Hay muchos pueblos bellos en todo México, pueblos mágicos, como se les llama ahora, aunque no todos han sido catalogados así por el Gobierno de México. Uno de ellos es San Sebastián del Oeste, en Jalisco, que es realmente hermoso.

En todo México, el símbolo religioso más importante es la Virgen de Guadalupe, aparece pintada en el sur, en el centro y en el norte; es como el maíz, esa planta bendita que se da en todas partes, en las costas, los valles, las sierras; en el frío o en el calor.

Era notoria la carencia de infraestructura y de servicios básicos en los municipios. De los 2 038 que visité, sin incluir los de usos y costumbres de Oaxaca, 108 no contaban con caminos pavimentados a sus cabeceras municipales. A propósito, el estado más atrasado en este aspecto era Oaxaca; de sus 152 municipios de régimen de partido, había 36 sin pavimento. Le seguía Puebla con 15; allí y en la región de la Montaña de Guerrero, consté no solo el mal estado de los caminos, vi que los nuevos, los que apenas estaban construyendo, eran de tan mala calidad que a más tardar en un año volverían a ser de terracería; era común que constructoras privadas se asociaran con los gobernadores o con los secretarios de Obras Públicas para obtener contratos mediante el moche de dinero a funcionarios; por lo mismo, realizaban trabajos de mala calidad, solo para aguantar hasta la entrega. Y, en las tierras bajas, donde son frecuentes las lluvias, muchas veces no compactan bien o no llevan a cabo obras de drenaje, lo que provoca hundimientos y la destrucción de la de por sí delgada capa de pavimento. De igual forma, en las zonas altas o de terrenos quebrados, no construían buenos taludes y las lluvias ocasionan derrumbes que se llevan tramos completos de carretera.

En estos casos, cuando se inauguran las obras, solo se recorre una parte del camino y se destaca, entre palmadas y elogios, los seis metros de ancho de la carpeta asfáltica, pero no se toma en cuenta el problema de los taludes y de los derrumbes, que a menudo provocan la muerte de personas, como sucedió el 5 de julio de 2007, en el tramo de la carretera Coxcatlán-Tlacotepec de Porfirio Díaz, en la sierra Negra de Puebla. Es más, hay caminos que aparecen como pavimentados en las guías Roji de carreteras, que se elaboran con información oficial, pero realmente son de terracería y, seguramente, fueron cobrados de antemano. Sin duda, los estados con peores caminos son los del sur del país, en este orden: Oaxaca, Guerrero, Puebla, Veracruz e Hidalgo. Aunque también hay malos caminos en San Luis Potosí, Guanajuato, Chihuahua, Nayarit, Durango y Sonora. En muchos lugares, ante la falta de mantenimiento gubernamental a las carreteras, hombres, mujeres y niños se dedican a tapar los hoyos con tierra y reciben cooperación voluntaria de quienes las transitan.

En cuanto a las vías interestatales, el contraste es evidente entre el norte, el centro y el sur del país. En esta última región hasta las llamadas autopistas de paga están en pésimas condiciones. Sin embargo, como en todo, hay honrosas excepciones. No puedo dejar de reconocer que, en San José Tenango, en la Sierra Mazateca de Oaxaca, un presidente municipal del PRD organizó a la gente y decidió usar los escasos recursos del ayuntamiento para construir de concreto y con mano de obra de las comunidades el camino hacia Huautla de Jiménez, que llevaba años intransitable. Me tocó, al fin de esa administración, en 2007, dar el Grito de Independencia en este pueblo y constatar la alegría de la gente porque estaban por inaugurar el camino que habían deseado toda su vida. Allí, por cierto, en las elecciones de finales de ese año, a pesar del gobernador de Oaxaca, Ulises Ruiz, el PRD volvió a ganar. Ojalá todas las autoridades surgidas de nuestro movimiento sigan este ejemplo de honestidad y trabajo.

• • •

En todo el país la gente del pueblo es buena y trabajadora. Los norteños son muy emprendedores. Por lo general, son serios, poco expresivos, pero muy respetuosos. En las asambleas escuchan atentamente, no aplauden con facilidad, actúan como ciudadanos en sentido clásico, son más razón que pasión. La gente más progresista del norte es la de Nayarit, Sinaloa, La Laguna, el sur de Sonora, Colima y Baja California (norte y sur). También lo son quienes viven en las ciudades fronterizas, posiblemente por el fenómeno migratorio. En Michoacán, por su gran cultura purépecha y por las enseñanzas de Morelos, Ocampo, Múgica y el general Lázaro Cárdenas, la gente es liberal y de vocación social bien arraigada. Jalisco, contra lo que se piensa, no es conservador, le ayuda la influencia de Michoacán, su población de origen indígena, el carácter abierto de los costeños y el espíritu cosmopolita de Guadalajara. En el centro del país predomina la influencia de la gran Ciudad de México. Mucha gente de los estados más cercanos ha emigrado al Distrito Federal y mantiene comunicación con familiares que todavía viven en pueblos de San Luis Potosí, Querétaro, Hidalgo, Estado de México, Guanajuato, Michoacán, Puebla, Tlaxcala, Morelos, Oaxaca y Veracruz. En toda esta región predominan las culturas indígenas, la población es trabajadora y generosa. Mención especial merecen los habitantes de la Ciudad de México, los más progresistas del país, los más informados y politizados; pero, sobre todo, los más solidarios. Mi admiración y respeto a los guerrerenses por su ejemplar vocación de lucha. Siempre han demostrado su amor por la libertad y la justicia. Los habitantes del sureste son festivos y están llenos de pasión. Alguien dijo que un tabasqueño vive en un día las pasiones, los amores, las desdichas y las alegrías que le llevaría un año experimentar a otros seres humanos.

En México los más pobres son los indígenas de todas las regiones y etnias. Fue tan cruel la Conquista y la Colonia que, en pos de la libertad y de sus culturas, y para salvarse de la esclavitud y la encomienda, se fueron remontando a las partes más alejadas e inhóspitas del territorio. Es el caso de los huicholes, coras y tepehuanes de las sierras de Jalisco, Zacatecas, Durango y Nayarit; el de los tarahumaras de Chihuahua, de los yaquis y seris de Sonora; el de los náhuas de las montañas de Puebla, o el de los chontales de los pantanos de Tabasco. Como sabemos, todos los pueblos originarios estaban asentados en los mejores valles o en las franjas costeras y con la colonización se les despojó de sus tierras y se fueron a proteger a zonas inaccesibles, de refugio. No solo padecieron durante la Colonia, sino después de la Independencia y hasta el Porfiriato cuando eran acosados por enganchadores para ser convertidos en peones acasillados de las haciendas. Desde la Conquista, la explotación del indígena siempre se ha querido justificar con una supuesta inferioridad racial. Este pensamiento, desgraciadamente, aún persiste. Con frecuencia se olvida que la pobreza no es producto ni de la raza ni de la fatalidad ni del destino ni porque Dios quiere, sino de la injusticia y de la opresión. Además, está demostrado científicamente que no hay razas y que tampoco es cierto que los españoles vinieron a civilizarnos, desde cuando menos 3 000 años atrás, florecieron grandes culturas, con el esplendor de su arte y su ciencia en lo que hoy es nuestro querido México.

La pobreza está por todas partes del país, aunque es más agobiante en las comunidades indígenas del sur y del sureste. Hay mucha pobreza en pueblos como San Juan Cancuc, Chalchihuitán y Chanal, en la zona de Los Altos en Chiapas; duele lo que sucede en muchos municipios y comunidades de Oaxaca; incluso, en la región de la costa, donde habita población afromexicana que vive en el abandono. Recuerdo que, por un camino de terracería, llegamos una tarde-noche a Tapextla, comunidad cercana a Cuajinicuilapa, en la zona limítrofe entre Oaxaca y la Costa Chica de Guerrero. Allí, a pesar de la marginación, conservan su cultura y sus bailes tradicionales, zapatean arriba de un tronco hueco de árbol de parota, llamado artesa. En todas las comunidades pobres de México, lo único que no les falta es la música; sea con violín como en Chiapas, o con bandas como en Oaxaca o en la Montaña de Guerrero. En mi visita a Cochoapa, Guerrero, municipio de nueva creación —que surgió al dividirse el territorio de Metlatónoc, considerado el más pobre del país—, me impactó tremendamente el silencio de la gente. Me recibieron con música de banda de acordes tristísimos. Allí me llené de sentimientos. Les dije despacio que nuestra lucha se resume en una frase: arriba los de abajo, arriba los pobres y abajo los privilegios. También hay mucha pobreza en la sierra de Zongolica, Veracruz; en la sierra de Hidalgo y Puebla, y en las Huastecas; lo cierto es que la pobreza está extendida por todo el país.

En los tiempos de la política neoliberal o de pillaje, el sursureste se volvió como Centroamérica y el norte se ha empobrecido como era antes el sursureste. Durango es el estado con más pobreza en el norte. Recientemente estuve en Benjamín Hill, Sonora, que antes de la privatización de los ferrocarriles era una importante estación del tren; ahora es un pueblo desolado, con población desempleada, y esto se repite en muchos otros municipios de esa región. No olvidemos que, en los 36 años de neoliberalismo, o neoporfirismo, el modelo económico impuesto consistía en la creación de islotes de progreso rodeados de pobreza.

La mayor parte del territorio nacional se despobló por el abandono al campo y la gente se ha ido a vivir y a buscarse la vida al extranjero, a ciudades fronterizas, a centros turísticos y a algunas ciudades del interior del país. De los 2 038 municipios que visité, la mitad tenía menos población que en 1980.

Por el fenómeno migratorio, hay pueblos abandonados o donde solo viven ancianos, mujeres y niños, porque los jóvenes han salido a buscar oportunidades a otras partes o del otro lado de la frontera. Este éxodo ha servido como válvula para aminorar la presión y evitar un estallido social. Imaginemos lo que hubiese pasado si durante este largo periodo de estancamiento económico y desempleo no hubieran ido a buscarse la vida a Estados Unidos 8 000 000 de mexicanos. Ha sido doloroso e infame este exilio forzado por la necesidad de muchos compatriotas, pero al mismo tiempo ha sido un factor de estabilidad política y social. Además, ha permitido que ingresaran remesas anuales por más de 20 000 millones de dólares (ahora más de 63 000 millones de dólares) en beneficio de las familias de nuestros paisanos y de la economía de los pueblos en muchas regiones. Gracias a la migración, en zonas tradicionalmente pobres de México, como el Valle del Mezquital en Hidalgo o la Mixteca poblana, oaxaqueña y guerrerense, se ven mejoras importantes en las viviendas que ningún programa gubernamental ha propiciado.

Los que no habían emigrado vivían con muchas carencias, había hambre y desnutrición; los trabajadores debían resignarse a salarios que apenas les permitían sobrevivir; la gente no tenía siquiera para lo más elemental: para el pasaje, la compra de medicamentos, el gas, la luz, o para vestir y calzar a los hijos; había muchos enfermos y discapacitados sin ninguna atención. En municipios de la Mixteca de Puebla, limítrofe con el estado de Guerrero, concretamente en Ahuatlán e Ixcamilpa, me pidieron con desesperación que denunciara que los centros de salud no tenían suero contra picaduras de alacrán, que era lo más urgente.

En materia educativa, el atraso también era notorio. En las comunidades más apartadas solo había clases de martes a jueves. Muchas veces, un maestro debía atender a los alumnos de varios grados. Los profesores estaban mal pagados y para obtener una plaza necesitaban comprarla en 150 000 pesos. También debo decir que en ciertas partes del país había crecimiento económico, pero esto no significaba mayor bienestar para su población. Por ejemplo, en las ciudades fronterizas había empleo en las maquiladoras, pero muy mal pagado. Una mujer que trabajaba recibía 500 pesos a la semana y, por lo general, solo en transporte y en celular se gastaba la mitad. Y vivía en colonias donde no hay pavimento, escasea el agua, no cuentan con guarderías, la gente habitaba en viviendas precarias y había crecido la desintegración familiar y la pérdida de valores comunitarios.

De estas colonias son algunos jóvenes que, por problemas familiares, el mal trato, y ante la falta de oportunidades de trabajo bien remunerado y de estudios, han tomado el camino de las conductas antisociales. Pero no olvidemos que la pobreza en las comunidades indígenas se enfrenta en una atmósfera colectiva de auténtica solidaridad; algo distinto al individualismo que se ha venido entronizando en las zonas urbanas pobres.

Cuando fui jefe de Gobierno en la Ciudad de México, comprobé que la mayor incidencia delictiva provenía de barrios y colonias con más descomposición social y era menor la delincuencia en el sur de la ciudad, en delegaciones como Tlalpan, Tláhuac, Xochimilco y Milpa Alta, donde se tienen arraigados valores colectivos y vínculos comunitarios. De modo que mejores oportunidades de trabajo y de estudios impiden el desbordamiento de la violencia, pero también a mayor cultura y valores comunitarios, menor delincuencia y menos consumo de drogas.

Al recorrer el país he vuelto a comprobar que la comida tradicional del pueblo de México es variada, sana y nutritiva. La comida, como el habla de la gente, obedece a la cultura de cada región. Entre más predominio indígena existe, es mayor la variedad de condimentos y guisos. El México del norte es más carnívoro, el del centro y del sur, con más presencia indígena, es más vegetariano; la costumbre de comer pescado está en todas partes, no solo en las costas, también en las zonas centrales. Me llevaría mucho espacio abordar la diversidad de la comida mexicana, que va desde la carne seca de Chihuahua, pasando por el mole de cadera de Puebla y Oaxaca, el huauzontle de Tlaxcala hasta el caldo de cuatete y mariscos de la costa de Guerrero, al que llaman rompecatres. La comida es deliciosa, qué duda cabe, el problema es que la gente no tiene para comprar lo que necesita. La falta de dinero limita la ingesta de proteínas, las porciones no son suficientes y se compra la carne más barata y con menos nutrientes. Además, se han venido introduciendo malos hábitos alimenticios. Es ilógico que se consuma tanta Coca-Cola o su equivalente, habiendo, sobre todo en el medio rural, la posibilidad de tomar agua de fruta de temporada, más barata y nutritiva. La Coca-Cola cuesta tres veces más que el agua de fruta. Hay quienes justifican este hábito diciendo que estos productos embotellados aportan calorías, aunque en caso de ser cierto, esta misma energía se podría obtener de bebidas tradicionales como el pozol y el tascalate, elaborados de maíz con cacao, o el chilate, de arroz y cacao.

Creo que este consumo de refresco, calculado en 1 000 000 de litros diarios, se debe fundamentalmente a la publicidad y ha llegado a ser, en ciertas regiones, algo que da estatus. Me parece injustificado que, en las comunidades más pobres de Chiapas, se consuman más bebidas industrializadas por persona, en comparación con el resto del país. En casi todas las regiones indígenas de México es lo mismo, pero lo que he visto en Los Altos de Chiapas es sorprendente; si acaso algo consuela, es que en vez de cervecerías hay refresquerías. Lo mismo puede decirse de otros productos chatarra, como el jamón, las hamburguesas, las papas fritas, los gansitos y el pan industrializado, que no alimentan y son muy caros. Por eso consideraba fundamental desde entonces un plan de orientación nutricional, utilizando los mismos tiempos y espacios en medios de comunicación que emplean las grandes empresas para promover el consumo de sus productos.

Con este propósito, también debe informarse sobre el contenido de elementos químicos en los alimentos: es escalofriante saber que para la engorda de ganado se usa de manera generalizada clembuterol, así como otras hormonas y sustancias químicas nocivas se utilizan en la producción de cerdos, pollos y huevos, todo lo cual daña la salud y provoca enfermedades. Tenemos que volver a lo natural. Regresar a la alimentación sin productos químicos no es cosa sencilla, pero es inaceptable que donde se puede no se haga por falta de información y de orientación nutricional.

∴

Como expresé anteriormente, en el territorio mexicano predominan las zonas áridas y montañosas, aunque una buena parte es susceptible de ser utilizada para la producción agrícola, ganadera y forestal. La gran diversidad de suelos y climas permite el cultivo de muchas especies; además, hay en la población una importante vocación productiva. Sinaloa es el estado más agrícola de México, es donde hay más sistemas de riego, se usa tecnología moderna y agroquímicos en la siembra de frijol, maíz y hortalizas. Sonora es el principal productor de trigo; Tamaulipas, de sorgo. Aunque también sobresalen, en cultivos de ciclo corto, Baja California, Jalisco y el Bajío. Era admirable lo que hacían, sin apoyo gubernamental, los campesinos pobres productores de frijol de Zacatecas, Durango, San Luis Potosí y Nayarit. Más bien por cultura, para sobrevivir, para no emigrar, seguían sembrando, a pesar de que constantemente aumentaban los precios de los insumos, en particular del fertilizante, que subió en un año hasta 300%, y de que les pagaban cuatro pesos por kilo cuando se vendía en 20 al consumidor. Este mismo amor a la tierra y al trabajo lo comparten los productores que cultivan, sobre todo, maíz en las comunidades campesinas e indígenas, en pequeñas propiedades y ejidos del centro, sur y sureste. La mayoría lo hace sin crédito ni asistencia técnica y obtiene en promedio dos toneladas por hectárea, a diferencia de Sinaloa, donde se cosechan hasta 10 toneladas por hectárea.

En el sureste es muy poco lo que se produce para el mercado, casi todo es para el autoconsumo y la economía familiar; es decir, se combina la agricultura con la crianza de animales de corral como gallinas, pavos y cerdos. Me detengo también en describir un poco la gran vocación productiva de los campesinos del Valle de México, incluyendo a Hidalgo, Puebla y Tlaxcala. Estos últimos siempre se han parecido por su laboriosidad a los pobladores de China: trabajan hombres, mujeres y niños, desde muy temprano hasta que anochece, en pequeñas parcelas, donde siembran maíz, frijol y hortalizas; pero, además, en los solares o patios tienen borregos, chivos o vacas, y dentro de la casa, el telar; es la economía campesina familiar más integrada del país. El café es un cultivo clave para el bienestar de muchas familias campesinas. Se produce en las zonas más pobres de México, donde vive la población indígena más marginada. Hablo de la Montaña de Guerrero, Hidalgo, Puebla, Veracruz, Oaxaca y Chiapas. La calidad del café mexicano es de primera; tiene el aroma y la fortaleza que le da la altura donde se cosecha; era injusto e irresponsable que no hubiera un proyecto de fomento al cultivo y a la comercialización del café y que los habitantes de estas zonas cafetaleras, sobre todo los jóvenes, estuviesen emigrando por falta de trabajo y bienestar. Estoy más que convencido de que debe aplicarse un subsidio directo al productor para mejorar las condiciones de vida de miles de familias campesinas y evitar una mayor descomposición social. Aun con la tremenda crisis del campo, siguió en pie la industria azucarera. Aunque, como siempre, los dueños de los ingenios han sido apoyados por el Gobierno, al grado que con el gobierno de Fox se expropiaron inexplicablemente 27 ingenios y el resultado fue que los empresarios ganaron los juicios y lograron que les devolvieran sus instalaciones. Este ensayo le costó al erario 13 000 millones de pesos. A pesar de todo, la producción de azúcar es muy importante, porque no solo genera riqueza, sino que la distribuye. De esta actividad viven más de 400 000 familias. Donde hay un ingenio se ayudan los productores, los cortadores de caña, los trabajadores de la industria, los transportistas, mecánicos, choferes y el comercio de la región; por eso hay que evitar que se cierren, porque significaría más ruina y pobreza. Aquí hago un paréntesis para comentar que nosotros logramos, por el acuerdo comercial con Estados Unidos, que aumentara la cuota de exportación de azúcar a ese país, y esto ha permitido que se pague mejor el producto, y como no había sucedido en mucho tiempo, nunca hemos tenido conflictos cañeros. No se percibió y no lo había expresado por cautela, para no alebrestar, pero ahora ya de salida, sí lo puedo decir con orgullo.

Las plantaciones de frutas y de otros productos están extendidas por todo el territorio nacional. Se cultivan flores en el Estado de México; nopales en Milpa

Alta, Distrito Federal; agave en Jalisco y Guanajuato; manzanas en Cuauhtémoc, Chihuahua y Puebla; la vid en Valle de Guadalupe, Baja California, así como en Sonora, Aguascalientes y Coahuila; la nuez en Durango, Coahuila, Chihuahua y Nuevo León; el aguacate en Tancítaro, Peribán y Uruapan, Michoacán; la guayaba en Zitácuaro y Benito Juárez, Michoacán, y en Calvillo, Aguascalientes; el limón en Colima; la naranja en Álamo, Veracruz, Nuevo León y Tamaulipas; el plátano en Teapa, Tabasco, Tapachula, Chiapas y San Rafael, Veracruz; el cacao en Tabasco; el melón en La Laguna; las piñas en Loma Bonita, Oaxaca, e Isla, Veracruz; el mango en Veracruz; la papaya en Chiapas; el coco en Guerrero; y recientemente, ante la crisis de la ganadería, se han dedicado grandes extensiones al cultivo de la palma para la elaboración de aceites en Tabasco, Chiapas y Campeche; se siembra frambuesa para la exportación en Jocotepec, Jalisco, y arándano en Los Reyes, Michoacán.

La ganadería, sobre todo la crianza de bovinos, estaba en franca decadencia. Se veía poco ganado y muchos potreros abandonados. Había miles de hectáreas de praderas amarillas, sin animales, en Chihuahua y Durango. Existían corrales de engorda en los estados del norte, pero no abundaban. Un pequeño ganadero de San Bernardo, Durango —y esto me lo repetían en ese entonces en Chihuahua, Sonora, Veracruz, Chiapas y Tabasco—, me explicó con enojo que les pagaban las vacas en pie a cinco pesos el kilo y a 16 pesos el becerro, cuando todavía hace seis años recibían el doble. Es inexplicable que una vaca de 400 kilos se vendía en 2 000 pesos, que a los productores les pagaban cinco pesos por kilo y la carne le costaba al consumidor 50 pesos el kilo. La ganadería fue de las actividades más afectadas por las políticas de apertura comercial sin límites, que empezó a aplicarse desde 1983, porque competían los productores nacionales con los extranjeros en condiciones de desigualdad. En Estados Unidos, el productor de carne tiene un subsidio equivalente a 50% de su costo de producción. Hay países de Europa en donde al productor lo subsidian con dos dólares diarios por cabeza de ganado, mientras que en México están abandonados a su suerte.

En cuanto a la crianza de cerdos, aunque la porcicultura también está afectada por la importación de carne, sigue habiendo actividad en Michoacán, Jalisco y Yucatán. De igual forma, la avicultura se concentra en Sonora, Jalisco y Puebla, aunque está extendida por todo el país. Es muy importante la apicultura en la península de Yucatán, aunque tampoco obtenía apoyo del Gobierno. Hay miles de pequeños productores de chivos y borregos en Oaxaca, Puebla, Hidalgo y en otros estados de la República.

En esos años en que volvía a recorrer el país a ras de tierra, reafirmé mi convicción de impulsar la actividad forestal. Es triste constatar la devastación de los bosques de Chihuahua y Durango. En poco tiempo, han arrasado con ellos, sin aprender a manejarlos de manera racional. Desde aquellos tiempos, mantenía la idea de sembrar 1 000 000 de hectáreas de árboles maderables, sobre todo cedro, en los estados de Veracruz, Oaxaca, Chiapas, Tabasco, Campeche y Quintana Roo, con varios propósitos: crear empleos, arraigar a los jóvenes campesinos a la tierra, detener el fenómeno migratorio, reforestar y lograr la autosuficiencia en la producción de madera porque estábamos importando 50% de la madera que consumimos. Soy consciente de que se trata de una actividad cuyos beneficios se dan a largo plazo, pero hay que hacerlo, porque es mucha su importancia económica, ecológica y social.

La pesca también es muy importante. Tenemos 11 122 kilómetros de litorales; hay lagunas, ríos, arroyos y vasos de presas que se utilizan para esta actividad. La contaminación ha provocado prácticamente la desaparición de la pesca de aguas interiores, no solo por desechos industriales, sino también por la falta de tratamiento de las aguas negras. Es preocupante la sobreexplotación y la falta de fomento que está acabando con mojarras, robalo, sábalo, piguas, tortugas de agua dulce, manatíes, lagartos y prácticamente toda la fauna acuícola tropical. Lo mismo sucede con los animales de monte como el venado, tepescuintle, armadillo, jabalí, jaguar, puma y otros. Y están desapareciendo especies de pájaros y patos. Algo que sí ha tenido éxito, y debemos reconocerlo, es la protección de la tortuga marina, ejemplo de que sí se podría llevar a cabo un programa de conservación de la gran variedad de especies que hay en el país. En el norte hoy se cuida más al venado, al borrego cimarrón, al tigre y al león, pero están de moda los llamados ranchos cinegéticos, donde se permite la cacería de estos animales. En una ocasión, en San José de los Cabos, me platicaron del ganado que a través del tiempo se fue remontando a la sierra y se volvió salvaje, y ahora son animales enormes y fieros que solo se pueden cazar con armas de alto poder.

Hablando de la península de Baja California, es menester decir que, tanto en el Pacífico como en el mar de Cortés, hay un gran potencial pesquero. Es importantísima la pesca de langosta y de abulón en Bahía de Tortugas. Allí mismo, en el Pacífico, llegan cada año ballenas desde Canadá, a las lagunas de Guerrero Negro y López Mateos. El mar de Cortés es un estero natural lleno de vida marina; en Mulegé es tanto el calamar que capturan que los pescadores se quejan porque les pagaban a dos pesos el kilo.

La zona pesquera del Pacífico, con base en Mazatlán, es la más importante del país: la captura y el proceso del atún es ejemplar; por esos años, en los límites de Nayarit y Sinaloa, encontraron un enorme banco de callo de hacha que ojalá, pensaba en mis adentros, exploten de manera racional. En el Golfo de México también hay mucha actividad pesquera, desde Tamaulipas hasta Quintana Roo, pasando por Alvarado, Veracruz, donde sus pobladores, además de hablar con franqueza, son los pescadores que dominan toda la costa del Golfo hasta el río

San Pedro, en los límites de Tabasco con Campeche. En la península de Yucatán, destaca Champotón, importante puerto pesquero, famoso por su camarón pequeñito y espléndido, lo mismo que Seybaplaya, Campeche, Celestún, Sisal, Progreso, Dzilam de Bravo, San Felipe y Río Lagarto, en la costa de Yucatán, lugares pesqueros muy afectados por los huracanes, santuario natural de flamencos y zona de chivitas, un caracol exquisito. En suma, estoy convencido de que México puede ser autosuficiente en la producción de todos los alimentos que consumimos. Es cosa de cambiar la política económica que tiene en el abandono al campo y a todas las actividades productivas, apostando a comprar en el exterior todo lo que necesitamos. En 2009 se destinaron 22 000 millones de dólares a comprar maíz, frijol, arroz, leche, carne de res, de cerdo, desechos de pollo y otros alimentos. Dinero que podría ser utilizado para rescatar al campo y reactivar la producción agropecuaria, forestal y pesquera, crear empleos y atemperar el fenómeno migratorio.

En esa gira expresaba: es absurdo que estemos comprando alimentos y expulsando mano de obra. Pero lo más importante es tomar la decisión de lograr la soberanía alimentaria, lo demás es lo de menos. Consistiría en hacer una planeación por estados y por regiones; estimular la producción con precios justos, mediante subsidios donde se requiera; y resolver problemas de almacenamiento, distribución y comercialización. Considero que no se necesita mucho dinero, es cosa de orientar adecuadamente lo que se tiene, evitando la corrupción y el despilfarro. Pero insisto: el Estado debe asumir su responsabilidad como rector de la economía para garantizar el regreso al campo y el bienestar de la gente.

En mis recorridos por el país pude comprobar que en los últimos tiempos se ha reactivado la explotación minera con participación de empresas extranjeras, sobre todo canadienses. La privatización de este sector se ha llevado a cabo de manera silenciosa, pero profunda. Durante el gobierno de Salinas se reformó el artículo 27 y se concesionó a particulares, nacionales y extranjeros, la explotación de los recursos mineros. Bajo el gobierno de Vicente Fox se ampliaron las concesiones de 25 a 50 años, con la posibilidad de prorrogarse. En los años de mi gira se habían concesionado 24 500 000 hectáreas del territorio nacional, superficie equivalente a la extensión del estado de Chihuahua, el más grande del país. De modo que, prácticamente, toda la superficie y el subsuelo con potencial minero se había enajenado para el aprovechamiento de unas cuantas compañías nacionales y extranjeras. Esta desaforada entrega de bienes de la nación y los altos precios de los metales en el mercado internacional propiciaron que la minería creciera más que otros sectores de la economía. En materia de metales preciosos, la producción de oro pasó de 6.2 toneladas en 1980 a 39.3 para 2007, un incremento de 533%; la extracción de plata aumentó de 1 500 toneladas a 2 311 (60%); y en lo que se refiere a metales industriales no ferrosos, destaca la producción de cobre y zinc, que creció de 414 000 a 762 000 toneladas (84%, en promedio). Según cifras oficiales, el valor total de la producción minera en 2007 fue de 113 429 millones de pesos. Sin embargo, esta bonanza ha generado muy pocos beneficios al pueblo y a la nación. La actual explotación minera se parece mucho a lo que pasaba durante el Porfiriato: los dueños de las compañías se llevan todas las ganancias, no pagan impuestos, los trabajadores reciben bajos salarios, no cuentan con protección ni con la debida seguridad social. Los sindicatos, con la complacencia del Gobierno, están siendo tomados por las empresas, independientemente del cuestionamiento que se les pueda hacer a sus dirigentes.

Los enclaves mineros son como pequeños estados dentro del territorio nacional. Los dueños de las empresas dominan todo; tienen guardias blancas, en los lugares más recónditos han construido hoteles y casas para sus directivos, mientras que los obreros carecen hasta de lo más indispensable y los pueblos donde se encuentra el mineral están en el más completo abandono. Visité municipios mineros como Moris, Ocampo, Témoris, Chínipas y Urique, en Chihuahua; Tayoltita y Topia, en Durango, y tuvimos que transitar por caminos de terracería en pésimas condiciones. A Tayoltita se llega después de cinco horas de viaje por una brecha. El oro lo sacan por avión. Hace cien años, la mina era explotada por norteamericanos y ahora por canadienses. En Urique sucedía lo mismo, ahí se encontraba la mina El Sauzal, en manos de la empresa canadiense Goldcorp Inc., que es la que más oro producía en el país —alrededor de 9.5 toneladas al año, 25% de la producción nacional—. Por cierto, cinco años después de mi visita la agotaron.

Los abusos de las compañías indignan y se repiten por todas partes. Cuando estuve en Sahuaripa, Sonora, pobladores de Mulatos, una comunidad de ese municipio, me pidieron con desesperación que les ayudáramos porque la compañía canadiense Alamos Gold Inc., que explotaba oro desde hacía cinco años, estaba devastando el ecosistema, contaminando mantos acuíferos, arroyos y ríos, causando la mortandad de peces y ganado. Incluso, tenían la intención de desaparecer la comunidad porque debajo del poblado se encontraba la veta más grande que pretendían explotar. Lo mismo me manifestaron en Melchor Ocampo, Zacatecas; en Huizopa, Chihuahua, y en Cerro de San Pedro, San Luis Potosí. En este último municipio, sus pobladores han dado una lucha heroica no solo en contra de otra minera canadiense, Metallica Resources Inc., sino del Gobierno del estado y del federal. Allí fue asesinado con vileza el presidente municipal por oponerse a la destrucción del poblado y del cerro emblemático que aparece en el escudo del estado de San Luis Potosí. En Cananea, Sonora, la complicidad entre autoridades y la Minera México era absoluta; los trabajadores llevaban año y medio en huelga, el gobernador de Sonora mandó a la policía a reprimirlos, les cerraron el hospital, les quitaron el agua; las autoridades laborales estaban entregadas a la empresa y, por si fuera poco, el entonces secretario de Gobernación, Fernando Gómez Mont, era el abogado de la empresa. Quiero señalar que de ningún modo me opongo al desarrollo de la minería, creo que es una fuente importante para la generación de empleos, pero es inaceptable el modelo depredador imperante, sustentado en la sobreexplotación de los trabajadores y de los recursos naturales. Es obvio que en Canadá no se permite esta ignominia y siempre he pensado que progreso sin justicia es retroceso. Es inhumano que, a diversos años de la tragedia de Pasta de Conchos, no se haya obligado a los dueños de la Minera México a rescatar los cuerpos de los mineros, como lo demandan sus familiares.

El petróleo es el principal recurso con que cuenta el país para su desarrollo. Estoy convencido de que, si se cuida y se explota de manera integral, podría convertirse en el eje de la economía nacional. En mis recorridos por las zonas petroleras, reafirmé sobre cómo se puede utilizar toda la cadena de valor del sector energético (desde la exploración de yacimientos, la perforación, la producción de crudo y de gas, la refinación, la industria petroquímica, la generación de electricidad y el desarrollo de energías alternativas) para proporcionar al consumidor, y a la industria nacional, combustibles e insumos baratos que impulsen el desarrollo y la generación de empleos.

Es absurdo que se siga vendiendo petróleo crudo, como materia prima, al extranjero, y compremos casi la mitad de las gasolinas que consumimos, 18% del diésel, 15% del gas LP y 15% del gas natural. Es como vender naranjas y comprar jugo de naranja. Esta irracionalidad solo se explica por el afán privatizador y los compromisos con empresas y organismos internacionales. De ahí que haya sido fundamental el Movimiento en Defensa del Petróleo. En 2008, con la participación entusiasta y decidida de miles de mujeres y hombres, se pudo frenar el propósito de la derecha, de reformar las leyes para entregar la refinación, el transporte, los ductos y el almacenamiento de petrolíferos a particulares, sobre todo a extranjeros.

Pero esto aún no termina, continúa el acecho. Es mucha la ambición que provoca este recurso natural estratégico. Debemos estar atentos porque quieren otorgar concesiones a empresas petroleras extranjeras para explorar y explotar nuestro petróleo en áreas o bloques exclusivos del territorio nacional. Al igual que en la minería, pretenden que la zona petrolera del país se divida en lotes, como ya se anunció en Chicontepec, Veracruz. Pero estamos decididos a impedirlo. El sector energético debe estar única y exclusivamente al servicio del pueblo y de la nación. Más temprano que tarde, vamos a cambiar la política energética, que ha resultado un verdadero desastre. Solo recuerdo que, si no nos hubiesen robado la Presidencia de la República, actualmente estarían por terminarse las tres refinerías que necesita el país para dejar de comprar las gasolinas y el diésel en el extranjero.

Además, estoy convencido de que solo convirtiendo al sector energético en palanca del desarrollo nacional se podrá apostar a la industrialización del país. Es innegable que, mientras el precio de los combustibles y de la energía eléctrica esté por encima de los costos en el mercado internacional, nunca podremos ser competitivos. Sostener a la pequeña y a la mediana empresa, al comercio y a la producción agropecuaria para la generación de empleos implica ofrecer un paquete de insumos energéticos a valores accesibles. El objetivo debe ser bajar los precios de las gasolinas, el diésel, el gas y la luz; y junto con otras medidas de fomento, apuntalar a los miles de pequeños negocios que hay por todo México. Un dato: 80% de los empleos en México están sostenidos por las pequeñas y medianas empresas. Tenemos que alentar la creatividad y la vocación productiva de los mexicanos. En todo el territorio hay pequeños talleres y empresas familiares que sin ningún apoyo gubernamental se dedican a la elaboración de muebles, utensilios para el hogar, huaraches, zapatos, monturas, cintos, sombreros, ropa, salsas, dulces, panes, quesos y muchos otros alimentos procesados. Hay infinidad de talleres de reparación. Sigue sorprendiendo el ingenio de las mujeres indígenas en la confección de bordados y tejidos, y de los artesanos de Olinalá, en Guerrero, o de Zacoalco, en Jalisco, y de muchos otros que son creadores de verdaderas obras de arte.

Continúa viva la tradición prehispánica del comercio. Ahí están los mercados que se establecen cada semana en Oaxaca, Puebla o Michoacán, y donde todavía se practica el trueque. O los grandes tianguis de ropa y calzado, como los de San Martín Texmelucan, Puebla; Chiconcuac y San Mateo Atenco, en el Estado de México. No olvidemos que gracias a este espíritu emprendedor mucha gente ha logrado anteponerse a las adversidades económicas; es más, si no es por la economía informal —que consiste, sencillamente, en que la gente se busca la vida trabajando en lo que puede— y por el fenómeno migratorio, ya hubiese habido un estallido social en nuestro país. Nada de esto ha sido siquiera contemplado por el gobierno usurpador. Calderón, en vez de apuntalar las actividades productivas ante el agravamiento de la crisis, sigue empeñado en proteger a los que lo impusieron, a banqueros, grandes empresarios y traficantes de influencias. Se autonombró el presidente del empleo, pero lo que hay es mortandad de negocios; actualmente, 6 000 mexicanos están perdiendo sus puestos de trabajo cada día.

México tiene mucho potencial turístico. Lo más extraordinario son sus sitios arqueológicos: su patrimonio histórico y cultural. Eso es lo que realmente nos distingue como país. Y la dolorosa paradoja es que los grupos indígenas, herederos directos de este pasado grandioso, viven en la pobreza y el abandono. Estar en Tulum, Cobá, Chichén Itzá, Uxmal, Edzná, Calakmul, Yaxilán, Palenque, Toniná, Comalcalco, La Venta, Tajín, Mitla, Monte Albán, Tula, Teotihuacán, Cacaxtla, Cuicuilco, Xochicalco, Paquimé, La Quemada, Trincheras o el Templo

Mayor, y tantos otros sitios históricos, es mirar con asombro el vasto conocimiento de nuestros antepasados en ciencia, ingeniería, astronomía, arquitectura, escultura, pintura, obras hidráulicas, agronomía y en organización social y política. Puede ser que haya otros países con playas tan bellas como las del Caribe mexicano, pero ninguno tiene, además, tan importantes zonas arqueológicas. Por si fuese poco, habría que agregar la arquitectura colonial, las reservas ecológicas, la flora, la fauna, el paisaje y la espléndida y variada comida de todas las regiones de México. Por eso el turismo debe ser más aprovechado para generar empleos y obtener divisas, aunque cuidando siempre nuestro patrimonio histórico y cultural, así como los recursos naturales y los derechos de la gente.

•••

En esta gira por los municipios del país dediqué tiempo a reflexionar sobre cómo enfrentar los grandes y graves problemas nacionales. Al igual que otros mexicanos, con frecuencia me he preguntado por qué si México posee importantes recursos naturales, un pasado cultural extraordinario y cuenta con un pueblo bueno, noble y trabajador, como pocos en el mundo, padece de tanto atraso y de una profunda desigualdad social. Desde mi perspectiva, los males que atormentan a la nación y aquejan a la mayoría de los mexicanos han sido causados por el pequeño grupo que realmente manda y decide sobre los asuntos públicos del país, que se ha apoderado de todo: de las instituciones políticas del Estado, de los bienes nacionales y del presupuesto público. En esto radica que, con una naturaleza pródiga y con un pueblo excepcional, se sufra un proceso de degradación progresiva. En nuestro país existe una república aparente, simulada, falsa; hay poderes constitucionales, pero en los hechos un grupo ha confiscado todos los poderes. Esta especie de gobierno mafioso o de dictadura encubierta no solo ha nulificado la vida democrática, sino que ha causado una infame e inmoral desigualdad económica y social.

Basta un dato revelador y contundente: según la revista *Forbes*, en 2008, los 10 más ricos de México acumulaban 100 000 millones de dólares, mientras que la mayoría del pueblo había sido condenada al destierro y a la sobrevivencia. Es claro, pues, que más allá del discurso neoliberal, el principal propósito de los potentados ha sido el pillaje, el vandalismo, el descarado traslado de dominio de bienes del pueblo a particulares. Esta es la cruda y amarga realidad: la riqueza de unos pocos se ha edificado sobre el sufrimiento y la desgracia de la inmensa mayoría de los mexicanos. Y como es evidente, el país ya no soporta más de lo mismo, se requiere un cambio profundo. Pero todo indica que quienes se sienten amos y señores de México no quieren ceder en nada. Por el contrario, están obcecados en continuar con el saqueo, aunque terminen de destruir a México. Se atienen a que también son dueños o controlan la mayoría de los medios de comunicación y creen que pueden seguir administrando la ignorancia y manipulando impunemente. Pasan por alto que, como decía Abraham Lincoln, al pueblo se le puede engañar una vez, dos veces, pero no se le puede engañar toda la vida. Cada vez estoy más convencido de que la regeneración tendrá que venir desde abajo, con el impulso de la gente, que solo así se podrá establecer un gobierno verdaderamente del pueblo, donde el interés general esté por encima de ambiciones personales y de grupos. También creo que el proyecto para la transformación del país debe girar alrededor de cuatro ideas fundamentales: rescatar a las instituciones políticas del Estado, cambiar el modelo económico, moralizar al gobierno y crear una nueva corriente de pensamiento.

No se logrará ningún cambio si los Poderes de la Unión y las instituciones públicas continúan al servicio de unos cuantos. Reitero mi concepción esencial: el Estado se encuentra secuestrado por una minoría y esta es la causa principal del desastre nacional. Por eso lo primero debe ser recuperar democráticamente al Estado y convertirlo en el promotor del desarrollo político, económico y social del país. Hay que desechar el engaño de que, para crecer, el Estado debe diluirse o subordinarse en beneficio de las fuerzas del mercado. El Estado no puede eludir su responsabilidad pública, ni económica ni social. Su razón de ser es garantizar a todos los ciudadanos una vida digna y justa, con seguridad y bienestar, y su función básica es evitar que los pocos que tienen mucho abusen de los muchos que tienen poco.

Es indispensable eliminar la actual política económica que ni en términos cuantitativos ha dado resultados. México es uno de los países del mundo que menos ha crecido en los últimos años. La nueva política económica tiene que ser conducida por el Estado. Debe impedirse la injerencia de Gobiernos extranjeros y de organismos financieros internacionales. En los últimos 26 años ni siquiera se han elaborado planes de desarrollo en el país, todo se ha hecho a partir de recomendaciones y recetas dictadas desde el exterior. El Estado debe recuperar su facultad para planear el desarrollo de acuerdo con el interés nacional.

Entre otras cosas, es fundamental rescatar al campo y al sector energético. Desde 1983, se dejó sin apoyo a los productores agropecuarios y se optó absurdamente por comprar los alimentos que consumimos en el extranjero. Y ahora, en consecuencia, hay tierras ociosas, potreros abandonados, se ha despoblado el medio rural y millones de campesinos han tenido que emigrar. En cuanto al sector energético, todo se ha centrado en la sobreexplotación de los yacimientos petroleros para exportar materia prima, petróleo crudo, y comprar afuera gasolinas, diésel, gas y productos petroquímicos. Todo ello porque se descuidó deliberadamente la industria petrolera para poder privatizarla. Tanto para la importación de alimentos, como para la compra de productos derivados del petróleo, en 2008 se destinaron 75 000 millones de dólares, lo que ha llevado a incrementar, cada vez más, el déficit comercial. En otras palabras, se ha dejado pasar la oportunidad de aprovechar el potencial del campo y del sector energético, que podrían ser los pilares del desarrollo del país y las fuentes principales de crecimiento, empleo y bienestar de la población.

Es necesario cambiar la forma de hacer política. Este noble oficio se ha pervertido por completo. Hoy la política es sinónimo de engaño, arreglos cupulares y corrupción. Los legisladores, líderes y funcionarios públicos están alejados de los sentimientos del pueblo; sigue prevaleciendo la idea de que la política es cosa de los políticos y no asunto de todos. Este desprecio por la gente no es más que el reflejo de la falta de convicciones y principios. Por eso quienes se dediquen al quehacer público deben tener ideales y entender la política como imperativo ético y servicio a la comunidad. Para ello no necesariamente hay que convertirnos en teóricos de la política, sino estar dispuestos a aprender y a poner en práctica lecciones sencillas de dignidad, congruencia, honestidad y amor al pueblo. Y siempre he creído que la enseñanza mayor está en la historia de nuestro país. Qué más digno para un mexicano que seguir el ejemplo de Hidalgo, Morelos, Juárez, Madero, Villa, Zapata, Flores Magón y el general Lázaro Cárdenas.

En la actualidad, la llamada clase política se distingue por el cinismo: ministros de la Corte, diputados, senadores, gobernadores y funcionarios públicos del más alto nivel, independientemente de que incurren con frecuencia en actos de corrupción, cobran sueldos elevadísimos y son de los mejor pagados del mundo; tienen atención médica privada, cajas de ahorro especiales y gozan de muchos otros privilegios que resultan ofensivos, sobre todo en épocas en que la gente padece por la crisis económica y la falta de bienestar social.

En pocas palabras: le cuesta mucho al pueblo mantener al Gobierno. Y ante ello, no hay más que hacer valer la política de austeridad republicana, el ejemplo de Juárez y los liberales: el apego al principio de la justa medianía en que deben vivir los servidores públicos. Y a partir de esta idea, debe revisarse todo el funcionamiento del Gobierno. La austeridad no solo es un asunto administrativo, sino de principios; la austeridad significa rigor y eficiencia, pero también justicia.

La transformación que necesita el país no solo debe tener como propósito alcanzar el crecimiento económico, la democracia, el desarrollo y el bienestar. Implica también y, sobre todo, cristalizar una nueva corriente de pensamiento sustentada en la cultura de nuestro pueblo, en su vocación de trabajo y en su inmensa bondad, añadiendo valores como el de la tolerancia, el respeto a la diversidad y la protección al medio ambiente. Hay que alentar un pensamiento que ayude a impedir el predominio del dinero, del engaño, de la corrupción y del afán de lucro sobre la dignidad, la verdad, la moral y el amor al prójimo. Solo así podremos hacer frente a la mancha negra de individualismo, codicia y odio que se viene extendiendo cada vez más y que nos ha llevado a la degradación como sociedad y como nación. No olvidemos que el actual modelo no solo ha cancelado el futuro de millones de mexicanos que carecen de empleo y de bienestar, sino que alienta como opción casi exclusiva lo material y lo superfluo, al grado de que solo vale el que tiene y el que pertenece al mundo de las buenas camionetas, «el mueble», la troca, la Hummer, «la Cheyenne, apá», las joyas, la ropa de marca, el lujo barato. Y en mucho a ello se debe que quienes no encuentran oportunidades educativas o laborales elijan como salida las conductas delictivas. Aquí también es necesario apuntar lo irresponsable que ha sido dejar de impulsar la educación pública, sobre todo en el nivel medio superior y universitario. En los últimos tiempos, la política educativa impuesta por la derecha ha propiciado el rechazo de miles de jóvenes que intentan ingresar a las universidades con el pretexto de que no pasan el examen de admisión, cuando lo cierto es que las universidades públicas no tienen espacios por falta de presupuesto. Por eso una meta justa y razonable es abrir las puertas de la educación a todos los jóvenes, es decir, cero rechazos, 100% de cobertura. La escuela no solo enseña sobre temas técnicos, filosóficos o científicos; es un espacio para la convivencia con otros jóvenes y con maestros que transmiten conocimientos para la vida. Me apego al dicho popular, es mejor que estén los muchachos en la escuela que en la calle.

De modo que es indispensable elaborar textos básicos sobre la creación de una nueva corriente de pensamiento y, al mismo tiempo, definir estrategias, objetivos y metas para evitar caer en la improvisación y echar a perder algo tan importante y verdaderamente transformador.

No podremos frenar la degradación que se padece actualmente en el país y darle una nueva viabilidad a la nación si no llevamos a cabo una verdadera transformación en todos los órdenes de la vida pública. La renovación tendrá que darse de abajo hacia arriba, a partir de una revolución de las conciencias, de un cambio de mentalidades, con la organización y con la participación de la gente. Con estas ideas realicé la gira por el país y, entre otros resultados, pudimos contar con la adhesión de 2 200 000 ciudadanos que se inscribieron como representantes del Gobierno Legítimo y asumieron su compromiso de luchar por la transformación de México. Además, ya estamos por terminar de constituir comités en todos los municipios, y en pocos días, entrarán en acción 15 000 cuadros dirigentes a lo largo y ancho del territorio nacional. La verdad es que estoy optimista, sobre todo porque no me siento solo, me han acompañado en la conducción de este proceso millones de mexicanos, mujeres y hombres libres y conscientes. En mi recorrido constaté que hay una inquebrantable fe en la causa que defendemos. Por eso tengamos confianza, nunca en la historia del país ha existido tanta gente consciente y dispuesta a luchar por la renovación de México. Pronto, muy pronto, crearemos una nueva República, más justa, más humana y más igualitaria.

Capítulo 10

OAXACA, UN VIAJE AL CORAZÓN DEL MÉXICO PROFUNDO

En marzo de 2009 concluí mi recorrido por los 2 038 municipios de régimen de partido del país y el 20 de noviembre de ese mismo año terminé de visitar los 418 municipios indígenas, de usos y costumbres, del estado de Oaxaca; y ahora hago este relato para compartir mis reflexiones y, al mismo tiempo, rendir homenaje al gran antropólogo social Guillermo Bonfil Batalla, defensor del «México profundo» y creador de ese concepto.

Desde finales de julio viajé por las ocho regiones de Oaxaca: la Mixteca, la Cañada, el Papaloapan, la Sierra Norte, la Sierra Sur, la Costa, el Istmo y los Valles Centrales. Durante este tiempo solo estuve en la Ciudad de México los lunes porque de martes a domingo iba a Oaxaca. Por lo general tomaba como base una ciudad o pueblo grande, situado estratégicamente, y de allí me desplazaba a diario para llevar a cabo asambleas informativas en municipios cercanos. Salía muy temprano en la mañana, celebrábamos en promedio seis reuniones y regresaba por la noche. En total, recorrí 25 000 kilómetros, la mayor parte de terracería. Aunque hubo algunos incidentes —casi todos provocados por órdenes del gobernador Ulises Ruiz Ortiz a través de sus delegados regionales, una especie de jefes políticos del Porfiriato—, en todos lados nos recibieron con bandas de música y nos trataron con respeto y afecto. Me dieron la confianza al entregarme bastones de mando, investirme con camisas de tatamandón, ponerme coronas y collares de flores y, como es propio de esta gente buena y generosa, me regalaron tortillas, totopos, panes, quesos, miel, chiles, frutas, café, chocolate, mezcal, sombreros, huaraches, petates, jorongos, paños, vestidos bordados, tapetes, cerámicas, pinturas, alebrijes y esculturas. Podría contar muchas cosas extraordinarias que apunté en mi diario acerca de cada uno de los pueblos, pero solo me ajustaré a tratar en cuatro apartados esta gran experiencia: la cultura, la pobreza, el mal gobierno y las posibilidades de un cambio democrático verdadero con una propuesta de desarrollo y bienestar.

• • •

Contrario a la mala costumbre de hablar de la cultura siempre al final, en este caso, definitivamente no es posible. Si la realidad nacional no se entiende a cabalidad sin tomar en cuenta la idiosincrasia de los pueblos, menos podría comprenderse lo que sucede en Oaxaca sin partir de su gran riqueza cultural. El de Oaxaca es uno de los pueblos más cultos del mundo. En esta porción del territorio nacional se conservan valores, costumbres, tradiciones comunitarias, lenguas y organización social, heredadas de la gran civilización mesoamericana. La pregunta obligada es por qué en Oaxaca, más que en otras partes del país, se ha podido preservar tan viva la cultura originaria. Aunque la respuesta amerita un amplio estudio antropológico y, desde luego, ese no es mi propósito, sí puedo plantear algunas hipótesis sobre los factores que hicieron posible esta continuidad a través de los siglos.

Debe considerarse que, al momento de la invasión europea, los pueblos de Oaxaca mantenían un alto grado de desarrollo; que la colonización fue menos brutal que en otras regiones del país, entre otras cosas, por la poca relevancia que alcanzó la minería, que implicaba una mayor sobreexplotación del indígena en los lugares donde abundaban los metales preciosos. También pudo haber ayudado que, en vez de la esclavitud, se impusiera el sistema de encomienda, que significaba pagar una renta o tributo al conquistador, pero sin que perdiera la comunidad el dominio sobre las tierras. Tal vez pudieron haber influido otras causas como el hecho de que la evangelización estuvo a cargo, fundamentalmente, de los dominicos, más respetuosos de los derechos indígenas. Y es muy probable que haya sido decisiva la resistencia de los pueblos ante la dominación colonial. Lo que sí sabemos es que, en Oaxaca, como en ningún otro estado del país, desde hace 500 años, los pueblos han mantenido la posesión de las tierras. A diferencia de otros lugares, no predominaron las haciendas con peones acasillados. Pese a los cambios que se registraron después de la Independencia, la Reforma y la Revolución, en la práctica, no se modificó la estructura agraria. Como consecuencia, actualmente es el estado con más propiedad social. De las 9 400 000 hectáreas de su territorio, 62% es de tierras comunales, 23% de ejidos y solo 15% de propiedad privada. De modo que, a pesar de la dominación occidental, la posesión de la tierra a lo largo de la historia ha sido un factor decisivo en la conservación de la cultura de los pueblos. El control del territorio no solo ha permitido la subsistencia, sino sostener una relación de armonía con la naturaleza, mantener la medicina tradicional y conservar ceremonias, mitos y leyendas. Hay que tener en cuenta que los indígenas no conciben la tierra como una mercancía; es mucho más que eso: es la vida misma y el centro del universo. Hoy, a pesar del proceso de aculturación o desindigenización impulsado por la ideología y el racismo dominantes, existen 16 grupos étnicos: zapotecos, mixtecos, huaves, mixes, chinantecos, cuicatecos, amuzgos, chatinos, chochos, ixcatecos, mazatecos, chontales, nahuas, triquis, zoques, popolocas, además de los afromexicanos de la región de la Costa. En total, hay cerca de 2 000 000 de indígenas, que representan 60% de la población del estado. Cada pueblo tiene características culturales particulares y expresiones lingüísticas diferentes. Por ejemplo, los zapotecos viven en la Sierra Norte, la Sierra Sur, los Valles Centrales y el Istmo de Tehuantepec, con diferencias culturales muy acentuadas. En la misma Sierra Sur es diferente el zapoteco que hablan los pueblos de Ozolotepec que el utilizado en la zona de los Loxichas. En general, se practica el trabajo colectivo y funciona el gobierno comunitario. En casi todos los pueblos la gente coopera y aporta tequio en beneficio de la comunidad. Todos aceptan participar en jornadas de trabajo para la construcción y mantenimiento de caminos, la edificación de escuelas, la reparación de templos y la reforestación de los bosques, entre otras actividades. En este mundo prácticamente no existe la noción del salario. Prevalece la ayuda mutua (la gozona), todo se retribuye sin dinero de por medio. Incluso, todavía en algunas partes, el mercado se realiza a través del trueque.

En cuanto al gobierno de los pueblos, es la asamblea comunitaria el órgano de decisión más importante. Ahí se elige a las autoridades que duran en su encargo entre uno y tres años. Los funcionarios no cobran. Hay un auténtico servicio civil de carrera. Se empieza desde joven como topil o policía, luego se va ascendiendo a teniente, comandante, mayor de vara, regidor de educación, de obra pública, de hacienda, hasta llegar a alcalde, síndico y presidente municipal. Al concluir sus cargos pasan a ser caracterizados, a formar parte del Consejo de Ancianos o Tatamandones. Todos los miembros de un pueblo tienen el deber de servir a la comunidad. Si son elegidos para cargos administrativos o como mayordomos en fiestas patronales, se les llama y tienen que cumplir, no importa que trabajen en el extranjero o en otra parte de la República.

La aceptación de estas normas es lo que les permite mantenerse como miembros de la comunidad y, al mismo tiempo, significa la posibilidad de la realización personal. La participación voluntaria es posible porque existe la convicción de que lo más importante es la convivencia colectiva. No domina el individualismo; la persona no vale por lo que tiene o por los bienes materiales que acumule, sino por el prestigio que logra después de probar su vocación de servicio, su rectitud y el amor a sus semejantes. La autoridad, en el sentido amplio, se adquiere cuando una persona ha desempeñado todos los cargos del escalafón hasta llegar al más alto: es entonces cuando ingresa al grupo de los principales y obtiene el mayor grado de respeto o reconocimiento.

Es tan profundo y satisfactorio vivir de esta manera que un inmigrante hace todo lo posible por regresar periódicamente a su comunidad y no hay oaxaqueño que no mantenga la ilusión de volver, algún día, a su pueblo. A la fiesta religiosa llegan de distintas regiones del país y del extranjero para reafirmar su identidad en un ambiente de auténtica fraternidad.

Aunque en todas partes se mantiene un gran orgullo por la cultura y la historia, recuerdo en particular lo que me expresaron mixes de Totontepec acerca de que gracias a sus valores y a su organización comunal nunca se había registrado ningún asesinato; o la manera tan solemne con que me explicaron su sistema de gobierno los chinantecos de San Pedro Yolox; o la importancia que tiene para los mixtecos de Santiago Nuyoo el reconocimiento oficial a José Remigio Sarabia, el Indio de Nuyoo, a quien un párroco le quitó a su mujer y se la llevó a Huajuapan. Al salir a buscarla, se enroló en las filas independentistas, cobrándose la afrenta y prestando el servicio de ir por José María Morelos a Chilapa, Guerrero, para que les ayudara a romper el sitio realista y liberar a Huajuapan.

La portentosa cultura de los pueblos de Oaxaca está llena de valores. Existe una profunda vocación por el trabajo, hay creatividad, bondad y respeto a las mujeres, a los ancianos y a los niños. Algo que no se sabe es que los pueblos de Oaxaca son de los más limpios de México. En todos lados, hasta en los caminos, hay recipientes, cubetas, costales, cajas o bolsas amarradas a palos para depositar la basura. Hay letreros para no contaminar los ríos y arroyos con detergentes o fertilizantes químicos. Además, es un pueblo con mucha conciencia ecológica, como se refleja en un fragmento de un escrito que me entregaron zapotecos de San Pedro Mixtepec, en el distrito de Miahuatlán:

> Nuestro pueblo está situado bajo las montañas. En la actualidad cuenta con gran extensión de bosques vírgenes. Una laguna está sobre la montaña, aproximadamente a 3 700 metros sobre el nivel del mar, desde tiempo inmemorial, nuestros abuelos la conocían con el nombre de «La Laguna Encantada». En ella viven los «mitos y ritos de nuestro pueblo». Además, cerca de ahí está el lugar de «pedimento». Para nosotros allí está nuestra vida, está la plenitud, está la presencia de «Dios». Por todo esto, nuestros ancestros nos legaron el territorio que nos corresponde en el presente y en el futuro. Sabemos bien que la tierra es nuestra madre, ella nos proporciona todo para la vida. La tierra es el sostén de toda la naturaleza, por esta razón no debemos desnudarla, quiere decir: no talar el bosque inmoderadamente ni provocar incendios. En cambio, si actuamos de manera razonable, estamos conservando un espacio para que las futuras generaciones vivan con dignidad y autonomía.

En suma, en Oaxaca hay una gran reserva moral y cultural para la regeneración del país. Así como en las comunidades se conservan semillas orgánicas y variedades de maíz que forman parte de la gran riqueza genética de México, allí también existe un modo de vida alejado de la ambición, de la codicia y del odio. Por ello, estoy convencido de que es posible enfrentar la actual decadencia tomando en cuenta los valores del México profundo; es decir, con una modernidad forjada desde abajo y para todos.

•••

El pueblo de Oaxaca ha podido sobrevivir por su cultura. De ella emanan su mística de trabajo, su talento y sus fuertes relaciones familiares y comunitarias. Les ayuda su vinculación con la tierra y el mantener una economía de autoconsumo, sustentada en la producción de maíz, frijol y aves de corral, así como el cultivo del café, el aprovechamiento de los bosques, el tejido del petate y del sombrero, las artesanías y otras actividades. En las ciudades del país, en los campos agrícolas del norte y en el extranjero, es muy apreciada su creatividad y su fuerza de trabajo. En Estados Unidos, los mixtecos se han ganado a pulso la fama de ser de los mejores obreros del mundo.

El oaxaqueño es un pueblo ejemplar; a pesar de la aridez y lo abrupto de su territorio, de la falta de empleos y del abandono gubernamental, se ha abierto paso y salido adelante, enfrentando todo tipo de adversidades. En sus comunidades, lo que existe lo han hecho ellos mismos. Todo lo que uno ve al llegar a un pueblo (las calles, la plaza, el templo, el palacio municipal, las infaltables canchas de basquetbol) se ha construido con el esfuerzo de la gente; es fruto de la cooperación y del tequio. La ayuda del Gobierno estatal es prácticamente nula y los apoyos federales son muy escasos. Por ejemplo, en la Ciudad de México todos los adultos mayores de 68 años tienen derecho a una pensión de 822 pesos mensuales, con un presupuesto de 4 225 millones de pesos, mientras que, en Oaxaca, el programa de «70 y más» no es universal y solo garantiza 500 pesos al mes a quienes viven en poblaciones de menos de 30 000 habitantes, con una inversión anual de alrededor de 1 000 millones de pesos.

Por el abandono del Gobierno, Oaxaca es el estado, junto con Chiapas y Guerrero, con más pobreza y marginación en el país. Y en estos tiempos lo están resintiendo más. Partamos del hecho de que la gente tiene tres fuentes fundamentales para el sustento: la economía de autoconsumo, los apoyos gubernamentales y el dinero que proviene de la migración. En el primer caso, lo principal es el cultivo del maíz. Esta bendita planta es lo que asegura que no falten los alimentos básicos, entre otros, la tortilla, que se complementa con frijol, chile, nopal y permite paliar el hambre. Sin embargo, en 2009, por el retraso de las lluvias, se perdieron las cosechas y han tenido que comprar el maíz. La ayuda con recursos públicos para enfrentar la pobreza se limita al Programa Oportunidades —apoyo alimentario, energético y educativo— y al de adultos mayores, con una inversión global de 4 157 millones de pesos. En general, las familias beneficiadas obtienen alrededor de 20 pesos diarios.

Por último, la tercera fuente de ingresos son las remesas, que en 2009 han disminuido alrededor de 18% debido a la crisis económica en Estados Unidos y en nuestro país. En 2008 por este concepto se recibieron en Oaxaca 1 456 millones de dólares y en 2009 se estima que apenas se obtuvieron 1 194 millones de dólares. Es decir, 262 millones de dólares menos, el equivalente a todo lo que se destina al Programa Oportunidades. A esta difícil situación habría que agregar la carestía de la vida provocada por los aumentos en los precios del maíz, frijol, arroz, aceite, azúcar y otros artículos de primera necesidad.

En mis recorridos pude constatar de cerca esta amarga realidad. Me partió el alma ver a hombres llorando cuando me expresaban la difícil situación que padecen y el abandono en que se encuentran. Todavía tengo fija la imagen de una mujer en San Miguel Huautla, en la Mixteca, que con esa serenidad escrupulosa de la gente que vive en la pobreza me dijo que se le mueren sus manos de tanto tejer sombrero para solo recibir cinco pesos diarios. Y de otra mujer zapoteca, morena, seria, con un marido inválido, en San Juan Lachigalla, que me encaró con firmeza preguntándome que cómo le hacían si no cosecharon nada por la falta de lluvia y no tenían qué comer. Me dejó pensando largo tiempo y solo alcancé a decir en mis adentros que precisamente esta es la razón principal de nuestra lucha. Es tanta la marginación de Oaxaca que hay pueblos que no cuentan con servicio telefónico. En 95% del territorio de Oaxaca no hay cobertura de telefonía celular. Es el estado del país donde más me han pedido ayuda para gestionar la instalación de teléfonos públicos y domiciliarios. Por eso, desde San Miguel Piedras hice un llamado con este propósito a Carlos Slim, dueño de Telmex. Si es impresionante el hecho de que en solo 5% del estado funcionen los celulares, asombra aún más el mal estado de los caminos. Un dato: de los 570 municipios de Oaxaca, 290 no tienen camino pavimentado a sus cabeceras municipales. Me tocó transitar por terracería, donde se va a vuelta de rueda. Por ejemplo, para llegar a Amoltepec, que está a 350 kilómetros de la ciudad de Oaxaca, hicimos nueve horas de viaje.

En materia de salud, la constante también es el abandono. Hay municipios sin médico y, aunque en las cabeceras haya clínicas de primer nivel, los médicos solo trabajan de lunes a viernes y en todas partes se carece de medicamentos. Escuché en distintas regiones la queja de que, por los malos caminos, los enfermos mueren cuando son trasladados a un hospital. Por ejemplo, en Choápam denunciaron que el hospital más cercano está a cinco horas de distancia, en Tlacolula. Es notoria la falta de atención médica a niños con desnutrición y a mucha gente con padecimientos generados por la pobreza y con enfermedades crónico-degenerativas como insuficiencia renal, diabetes y otras, que requieren medicamentos y tratamientos permanentes. También es triste constatar el desamparo en que se encuentran niños y adultos que padecen de alguna discapacidad y no cuentan con ningún tipo de apoyo. Aquí hago un paréntesis para señalar que hay un buen número de médicos jóvenes, mujeres y hombres, con sensibilidad social. Me los encontré en municipios muy apartados, y ante la falta de infraestructura, equipo y medicinas, hacen lo que pueden con mucha entrega.

En cuanto a la educación, a pesar del esfuerzo de alumnos y maestros, es notable el rezago. Las escuelas están abandonadas, con techos en malas condiciones, faltan pizarrones, mesabancos, hay aulas construidas con materiales precarios. Y lo más lamentable es que muchos niños y adolescentes caminan hasta dos horas para asistir a la escuela y casi todos llegan sin desayunar. Hay infinidad de escuelas comunitarias en pequeñas localidades donde uno o dos maestros imparten los seis grados. En San Francisco Huehuetlán, en la sierra Mazateca, la maestra de la telesecundaria me contó que al inicio del curso tenía 40 alumnos de tercer grado y calculaba que apenas 20 terminarían porque muchos abandonan la escuela para ayudar a sus padres en el campo o, incluso, algunos emigran desde esa edad. En San Juan Tepanzacoalco, agencia del municipio de San Pedro Yaneri, en la Sierra Juárez, de 20 estudiantes que egresan de la secundaria, solo dos continúan sus estudios de bachillerato porque la prepa está en Ixtlán, a cinco horas en camioneta de tres toneladas. Y así es en todas partes. Sin embargo, también debo decir que muchos estudiantes de familias muy pobres están estudiando becados en Chapingo, una universidad que, precisamente por eso, es admirable y ejemplar.

También hay muchos problemas agrarios, sobre todo por disputas de límites entre comunidades, que han sido desatendidos e incluso provocados, tanto por las autoridades estatales como por la Secretaría de la Reforma Agraria. En varios de ellos han perdido la vida muchos campesinos. Uno de los conflictos más graves es el que tiene Amoltepec con otros municipios vecinos. Ahí han muerto personas de distintos pueblos sin que intervenga ninguna autoridad para conciliar y buscar acuerdos. Lo contrario ocurrió entre Teojomulco y Texmelucan donde, básicamente por la voluntad de la gente, en 2005 se logró la solución de un litigio agrario de 80 años, que había dejado un saldo de 450 muertos de ambos lados. En la asamblea que tuvimos en Teojomulco, felicité a los habitantes de esos pueblos por su disposición a aceptar un arreglo que los libró de seguir viviendo en un ambiente de violencia. El presidente municipal de Teojomulco fue uno de los principales promotores, a pesar de que le asesinaron a su hermano y a otros familiares. De modo que hasta en estos casos tan complejos se pueden encontrar soluciones pacíficas.

Además de la desatención, de la pobreza y de la marginación, los pueblos de Oaxaca son víctimas de fraudes y todo el tiempo tienen que estar defendiendo sus tierras y sus recursos naturales. Es doloroso saber que el dinero logrado con el trabajo de migrantes es arrebatado por dueños de cajas de ahorro que, de la noche a la mañana, desaparecen sin ninguna posibilidad de que se haga justicia. Este problema me lo plantearon, sobre todo, en la Mixteca, en Santa Cruz Nundaco y en Santos Reyes Tepejillo.

A ello debe sumarse el acecho constante de empresas nacionales y extranjeras que buscan explotar minerales y construir presas, despojando a las comunidades, destruyendo el territorio y dañando el medio ambiente. En muchas partes, los pobladores desconocen que, a partir de las reformas al artículo 27 constitucional y la Ley Minera, impulsadas por Salinas y Fox, se han concesionado a particulares 25 000 000 de hectáreas del territorio nacional para la explotación, en especial de oro, plata y cobre. En el caso de Oaxaca, se han entregado 335 concesiones a particulares para enajenar 1 191 000 hectáreas, es decir, 12% del territorio del estado. Como es obvio, al llevarse a la práctica esta política privatizadora, de pillaje, se originan graves conflictos entre las empresas mineras y los dueños originarios de las tierras ejidales y comunales. En muchos pueblos de Oaxaca ya se están padeciendo presiones para consumar el despojo de estos recursos naturales del pueblo y de la nación. Y como en otras partes, el Gobierno estatal se ha puesto abiertamente del lado de las empresas extranjeras, forzando, amenazando, chantajeando e, incluso, reprimiendo las manifestaciones de inconformidad. Por ejemplo, en Zaniza quieren explotar un mineral en contra de la voluntad de la comunidad. Y por casualidad, desde hace tres meses no hay médico y el centro de salud está cerrado. En San José del Progreso, donde empresas canadienses están operando, en mayo de 2009, los pobladores fueron reprimidos con brutalidad por la policía del estado. Este mismo ambiente de tensión se percibe en los municipios de Tututepec, Zenzontepec, Ixtayutla y Tataltepec de Valdés, en la Sierra Sur, porque se pretende construir en el Río Verde, con inversión extranjera, la presa Paso de la Reina. En esta zona hay un movimiento de varios pueblos decididos a no permitir que se inunden sus tierras y desaparezcan sus comunidades. En suma, los pueblos de Oaxaca están viviendo uno de los tiempos más difíciles de su historia milenaria. Padecen pobreza, abandono, marginación y despojo de sus bienes y recursos naturales. Y, sin embargo, por su cultura e inquebrantable resistencia, mientras dure el mundo, nunca perderán su gloria ni grandeza.

•••

El caso de Oaxaca es muy ilustrativo de la crisis política nacional; de cómo existe un divorcio entre los valores, los sentimientos y las necesidades del pueblo y los intereses de la llamada clase gobernante. El pueblo oaxaqueño es extraordinario, pero padece un gobierno mediocre, autoritario y corrupto. Es un pueblo de primera con un gobierno de quinta. Este mal viene de lejos, pero en los últimos tiempos los gobernantes de Oaxaca han involucionado hasta degenerar en la persona de Ulises Ruiz, el más déspota y mendaz de todos. El desprecio de este gobernante a su pueblo ofende la memoria de oaxaqueños ilustres como Benito Juárez, el mejor presidente de México, o de Ricardo Flores Magón, el luchador social más culto e íntegro en la historia de nuestro país. Ulises convirtió el palacio de Gobierno, donde despachó Juárez, en salón de fiestas (se alquila para bodas de gente pudiente del país). Y tengo documentado que nunca ha ido a 368 de los 570 municipios que hay en la entidad. El poder en Oaxaca no se ejerce en beneficio del pueblo, se usa para imponer una política de despojo y mantener un régimen de opresión. No hay planeación ni programa de desarrollo. El Gobierno no apoya a indígenas ni a campesinos. Nada hace por los productores de granos básicos, agave, café, piña, cítricos y ganado. Tampoco ayuda a migrantes, pescadores, músicos, artesanos, comerciantes, ni a pequeños y medianos empresarios. No hay ninguna acción en beneficio de los pobres, excepto la entrega de despensas y materiales de construcción en temporada electoral. Oaxaca es ejemplo de lo que sucede en casi todos los estados del país. En apariencia, hay división y equilibrio entre los tres poderes constitucionales, pero en la práctica los titulares de los ejecutivos locales actúan como caciques o señores feudales. El gobernador concentra todos los poderes: el Legislativo y el Judicial están completamente subordinados. Ulises Ruiz, con el aval del Congreso local y apoyado en sus delegados regionales de Gobierno, pone y quita a las autoridades municipales.

A pesar de la resistencia de los pueblos, nombra administradores que le dan mal uso al presupuesto municipal. Actualmente, por esta causa, hay conflictos en Santa María Ozolotepec, San Pedro Jocotipac, Santa María Temascaltepec, Santa Catarina Mechoacan, San Luis Amatlán y Candelaria Loxicha, entre otros. El presupuesto estatal se maneja en forma patrimonialista. Se usa para comprar conciencias, lealtades y votos. Todo está enfocado a la realización de obras públicas porque esta es la fuente principal de la corrupción. Un grupo reducido de compañías vinculadas a los funcionarios acapara los contratos con todo lo que ello implica: sobornos, ineficiencias y construcciones de mala calidad. El caso más emblemático es el desastre en la pavimentación de caminos. Existe un organismo estatal, Caminos y Aeropistas de Oaxaca (CAO), que maneja fondos federales de manera irregular, con la complicidad de la Comisión Nacional para el Desarrollo de los Pueblos Indígenas (CDI). Cuando las autoridades de usos y costumbres solicitan que les entreguen el presupuesto asignado para ese fin, los funcionarios estatales les niegan los recursos, pretextando que no tienen capacidad técnica ni operativa, como si los herederos de los constructores de Monte Albán y Mitla, de quienes levantaron los grandes conventos dominicos en la Colonia y que actualmente están considerados como los mejores trabajadores del mundo, no pudieran hacer un camino. En todas partes se quejan de desviaciones de fondos, de obras no iniciadas o inconclusas, de costos inflados y de caminos recién asfaltados que ya se están destruyendo. Ejemplos: en Tlacotepec Plumas, desde hace cuatro años el pueblo entregó la parte que le correspondía para la pavimentación de la carretera, pero esta solo ha llegado a Concepción Buenavista. En San Juan Teitipac, se tendió el pavimento hace apenas cuatro años y ahora ya es de nuevo terracería. Lo mismo sucedió en Ixtlahuaca y en Santa Cruz Itundujia. El presupuesto del camino de Peñasco a San Juan Mixtepec se aprobó desde 2006 en beneficio de seis municipios; lo iniciaron, sí, pero el pequeño tramo que hicieron ya no sirve. En Guevea de Humboldt, han transcurrido 10 años gastando con cargo al camino y este sigue en pésimas condiciones.

En San Vicente Lachixío, llevan tres años y no hay para cuándo terminen. Lo mismo han tardado en Santiago Ixtayutla: con un presupuesto de 70 millones de pesos, el avance es poco y el trabajo de mala calidad. La pavimentación del camino que conecta a Villa Alta, en la Sierra Norte, con Villa Díaz Ordaz —así llamada en honor a un liberal y no al expresidente poblano— se inició a finales del gobierno de Diódoro Carrasco, lo continuó el de Murat y ahora el de Ulises; entre los tres, a la fecha han gastado 160 millones de pesos en «hacerlo» y está inservible. En la carretera de Oaxaca a Pochutla, en la Sierra Sur, hay un letrero que dice: «El Gobierno del estado moderniza camino La Venta-San Francisco Ozolotepec», pero no es cierto, no hay nada.

Como una muestra del proceder de Ulises Ruiz, basta ver su actuación en el conflicto agrario entre Teojomulco y Texmelucan: el primero entregó 6 000 hectáreas al segundo a cambio de una indemnización de 93 millones de pesos, pagada por la Secretaría de la Reforma Agraria, y de 100 millones para obras públicas, aportados por la Comisión Nacional para el Desarrollo de los Pueblos Indígenas; asimismo, el Gobierno del estado se comprometió, por escrito, a contribuir con 40 millones adicionales. Sin embargo, los 100 millones de pesos de la CDI pasaron a un fideicomiso presidido por Ulises Ruiz, quien dispuso de 40 millones para obras de mala calidad, algunas de las cuales quedaron inconclusas. Esto obligó a la comunidad de Teojomulco a emprender un juicio y a movilizarse para recuperar los 60 millones restantes, que luego de muchas protestas le fueron entregados al Gobierno municipal. Pero de los 40 millones que supuestamente pondría el Gobierno del estado, el pueblo solo ha recibido la mitad.

En Oaxaca impera la corrupción. En julio de 2008, la revista *Proceso* documentó y dio a conocer que la esposa (accionista mayoritaria), la mamá y una tía de Ulises Ruiz tienen un hospital de especialidades en el Distrito Federal, valuado en 1 500 millones de pesos. El reportaje describe: «Localizado en la delegación Coyoacán, al sur de la Ciudad de México, compite con los hospitales más modernos. A él se puede llegar por tierra o por aire, pues cuenta con helipuerto. En su sitio electrónico, los directivos del nosocomio —inaugurado el 31 de mayo de 2007— lo promueven como "lo mejor para la mujer" y destacan que se especializa en la prevención y tratamiento de cualquier "amenaza" a la salud femenina [...] Oaxaca es el estado que registra el mayor índice de pobreza extrema en el país y ni siquiera cuenta con una clínica para la mujer. Además, tiene el mayor índice de mortalidad femenina a nivel nacional. Según la Secretaría de Salud de la entidad, en los últimos cinco años murieron por lo menos 312 mujeres debido a complicaciones durante el embarazo, el parto y el puerperio».

Además de esta corrupción que daña a los más desposeídos, en Oaxaca los principales violadores de los derechos humanos son el gobernador del estado y su camarilla. Existe una red de gente desalmada, dirigida por funcionarios estrechamente vinculados a Ulises Ruiz. La mayoría de ellos, después de haber ocupado cargos en el estado, como muestra de su impunidad, han pasado a ser diputados federales. Tal es el caso de Jorge Franco Vargas, ex secretario general de Gobierno durante el conflicto con la APPO; de Heliodoro Díaz Escárraga, quien sustituyó al anterior. A este grupo también pertenece el tres veces diputado federal Elpidio Desiderio Concha Arellano, responsable del linchamiento en el cual perdió la vida el profesor Serafín García Contreras, el 27 de julio de 2004, en el Puente de Fierro, cerca de Huautla de Jiménez. Otro es Eviel Pérez Magaña, secretario de Obras Públicas de 2004 a 2008, hoy coordinador de los legisladores oaxaqueños en el Congreso y hombre de toda la confianza del gobernador. La responsabilidad de Ulises Ruiz y de este grupo en los asesinatos de más de 20 maestros y simpatizantes de la APPO ha sido reconocida hasta por los indolentes ministros de la Suprema Corte. Pero no solo se han dado estos lamentables casos. Hay muchos otros. Tengo testimonios de algunos más. El 6 de abril de 2009, en Jicayán, fue cobardemente asesinada Beatriz López Leyva, coordinadora del Gobierno Legítimo, por denunciar la corrupción del presidente municipal. En San Pedro Totolapa, como consecuencia del conflicto magisterial entre la sección 22 y la 59, protegida por Ulises Ruiz, fue asesinado el 12 de mayo Leonor Ortiz Barriga, presidente de la sociedad de padres de familia. También en Jicayán, por la misma causa, el 28 de agosto ultimaron al maestro Artemio Norberto Camacho Sarabia. Los pobladores de San Pablo Coatlán viven aterrorizados: el palacio municipal está tomado por gente armada al servicio del alcalde impuesto desde Oaxaca. Allí, el 7 de mayo de 2008 hirieron de gravedad a Sergio Contreras, quien falleció el 12 de marzo de 2009; luego, el 26 de septiembre de 2008, asesinaron a su hijo, Rosalino Contreras Martínez; y el 29 de junio de 2009, al síndico municipal, Claudio Martínez Juárez.

En Santa María Ozolotepec, en la región chatina, me relataron: el 5 de enero de 2006 fue encarcelado el profesor Jaime Loeza Juárez; el 8 de marzo, en plena celebración por el Día Internacional de la Mujer, la policía detuvo a siete ciudadanos de diferentes pueblos; en julio de ese mismo año, fue torturado Alejandro Salinas Cortés, representante de bienes comunales. En diciembre de 2007, fueron torturados y encarcelados en Huatulco el profesor Lorenzo Salinas Mendoza, expresidente municipal, y Alejandro Salinas Cortés, ambos acusados de portación de armas de uso exclusivo del Ejército; en ese mismo mes, desapareció Lauro Juárez, regidor de Hacienda, cuando participaba en una manifestación en el cerro del Vidrio, en el crucero a Juquila; hasta hoy se desconoce su paradero. El 30 de abril de 2008 fueron detenidos ocho indígenas a quienes se les imputan delitos del fuero común y federal. Después de dos meses, siete salieron bajo fianza; sin embargo, Alejandro Salinas permanece en prisión en Juquila.

En Santo Domingo Ixcatlán, en abril del año pasado, el presidente municipal ordenó asesinar a tres miembros de la comunidad. La ejecución se llevó a cabo de manera brutal: destrozaron y quemaron los cuerpos. Me enseñaron unas fotos horrendas. El presidente municipal está en la cárcel con tres o cuatro personas más. Sin embargo, los familiares de las víctimas temen que sean liberados porque el alcalde está vinculado con Ulises Ruiz, a quien ayudó durante la represión a los maestros en 2006. Además, señalan que otros responsables andan libres y desafiantes.

En Santiago Xanica, un niño de 12 años, con ropa limpia y bien peinado, antes de acudir al catecismo leyó un escrito enviado por su padre desde el módulo de máxima seguridad del reclusorio de Miahuatlán, donde permanece cautivo con otros dos indígenas más, acusado de secuestro, lesiones calificadas y homicidio. Además de afirmar que los delitos les fueron fabricados, Abraham Ramírez Vázquez sostiene:

> Por más duras que han sido las circunstancias, no he claudicado en mi lucha. Nosotros, que formamos parte del Comité por la Defensa de los Derechos Indígenas, hemos venido emprendiendo una larga lucha en defensa de nuestra autonomía, nuestra cultura, nuestras lenguas, nuestros recursos naturales. Los pueblos marginados de Oaxaca esperan de ustedes palabras de lealtad, verdad, seriedad, ética; ya no más mentiras, promesas que se las lleva el viento. Nuestro estado necesita un verdadero cambio, ya no más un estado bárbaro en donde el poder mata, asesina, secuestra y desaparece a sus ciudadanos y no pasa nada. Ya no más asesinos, tiranos, usurpadores como Ulises Ruiz.

•••

En julio de 2010, se celebrarán elecciones de gobernador en Oaxaca. En ese año, lleno de simbolismo, es posible terminar con 80 años de hegemonía del PRI-Gobierno. Este cambio debe darse de manera pacífica y, obviamente, por la vía electoral. Pero no será fácil; como es sabido, existe un grupo político carente de ideales, sin escrúpulos ni sentido de responsabilidad. Sus ambiciones e intereses personales lo llevarán a tratar de mantenerse en el poder a costa de lo que sea y a seguir utilizando el dinero del presupuesto para traficar con la pobreza de la gente. No en vano Ulises Ruiz ordenó a sus diputados federales aprobar aumentos de impuestos, gasolinas, diésel, gas y luz, para participar en el reparto del botín. El presupuesto de Oaxaca pasará de 34 000 millones de pesos en 2009 a 48 000 millones en 2010, 30% más. La mayor parte de este incremento será manejada por CAO, organismo que simboliza la ineficiencia y la corrupción. De igual forma, seguramente, habrá una bolsa con mucho dinero destinado a la campaña del candidato del PRI para entregar despensas y materiales de construcción, y comprar votos; este tendrá a su servicio a la mayoría de los medios de comunicación y se intensificará la guerra sucia. Ulises Ruiz contará con la complicidad de Enrique Peña Nieto y del PRI nacional y, desde luego, de la mafia en el poder que manda y decide en México.

Sin embargo, en Oaxaca hay condiciones inmejorables para lograr un verdadero cambio y establecer un gobierno del pueblo y para el pueblo. ¿En qué baso mi optimismo? En primer término, en que la gente tiene mucha conciencia sobre la realidad y está decidida a luchar por una transformación. Adondequiera que fui, en todas las regiones, hasta en las comunidades más apartadas, me encontré a hombres y mujeres, jóvenes, ancianos, maestros, estudiantes líderes sociales, jubilados, migrantes, profesionales, comerciantes, taxistas, pequeños empresarios, líderes de colonias, religiosos, ecologistas, defensores de derechos humanos y residentes en otros estados del país, con la voluntad de terminar con la pesadilla que han significado los gobiernos autoritarios e iniciar una etapa nueva en la vida pública del estado. A las reuniones de información asistían muchas mujeres. Al principio me inquietaba su seriedad, sus rostros como de piedra, su aparente indiferencia. Llegué a pensar que estaban en desacuerdo con lo que decía, que no entendían bien o que de plano no hablaban castellano. Pero pronto comprendí que esta actitud obedece a su manera de ser y en realidad están informadas, interesadas y simpatizan con la causa de la justicia. De esto me di cuenta cuando, al terminar cada acto, iba a saludarlas de mano y ahí comenzaba el verdadero diálogo.

Me hablaban de sus problemas, de lo que pensaban, y entonces sonreían y era el momento en que me entregaban frutas, bolsitas de café, piloncillo, paños bordados y nos deseaban de distintas y emotivas formas que nos fuera bien y que nunca las abandonáramos. Ese era uno de los motivos de retraso en el recorrido diario. Visitar todos los pueblos de Oaxaca siempre implicó administrar bien el tiempo: no dejar de atender a la gente, pero no tardar demasiado en cada lugar para cumplir con todos los compromisos. Aquí aprovecho para decir que en algunas partes me reclamaban porque duraba poco la visita. Recuerdo que en Santiago Yosondúa me contaron que el general Cárdenas se había bañado en el río, que había visitado su bella cascada y se había quedado a dormir. A propósito del general, debo decir que, aunque lo recuerdan en todas partes, en donde más lo quieren es en San Jorge Nuchita. Allí lo adoran, entre otras cosas, porque en los años sesenta, cuando era responsable de la Comisión del Balsas, les construyó el camino, les hizo puentes, presa, canales, escuelas, les introdujo el agua potable y la energía eléctrica. Ningún presidente de México ha tenido tanta comunicación con la gente y un amor tan profundo por el pueblo como el general Cárdenas.

El despertar del pueblo de Oaxaca tiene que ver con su innata inteligencia. Un día visité una remota comunidad cuicateca; aunque era un miércoles a mediodía y llovía a cántaros, a la asamblea asistieron como 200 indígenas. Mi grata sorpresa fue encontrar a un joven que leyó un manuscrito, citando a Oscar Wilde, y exponiendo su sentir de la siguiente manera:

Basta ya de que el poder esté en manos de la clase privilegiada, de esa gente hipócrita que ha saqueado nuestra nación, vendiéndola al mejor postor y que siempre quiere más, endeudándonos, haciéndonos pagar algo por lo cual nunca disfrutamos, alegando que nuestro capital es insuficiente para solventar las necesidades de la nación, pero no será suficiente si los que están allá arriba, en el poder, cobran sueldos fuera de lo común, derrochan todo lo que pueden en lujos innecesarios, y es el colmo porque todavía hay que pagarles a los que ya no están como los expresidentes de la República. Y aún tienen el descaro de decir que no les alcanza. Si a ellos no les alcanza, no se preguntarán entonces cómo vive un obrero, un peón, un campesino, otros que sumamos la mayoría, que día a día tenemos que luchar para medio comer, medio vivir y medio educar a nuestros hijos que asisten a escuelas públicas con baja infraestructura, a hospitales y a otras instituciones públicas tan deficientes.

Este joven, que luego supe que había estudiado la preparatoria en Oaxaca y que para poder hacerlo tuvo que trabajar de peón de albañil, con mucha claridad propuso: «Generemos objetivos comunes, reinventemos formas de definición democrática y pongámoslas en práctica; pero, sobre todo, seamos fieles a nuestros ideales. Yo creo que es momento de que esto ya terminé, y que al final, solo sea un vago recuerdo de un mal sueño».

Así como él, hay mucha gente inteligente, comprometida y sensible. No voy a decir sus nombres ni el de las comunidades en las que viven porque sería inapropiado, pero tengo presentes sus anhelos. En Oaxaca existen numerosas organizaciones sociales y radios comunitarias que defienden sinceramente los recursos naturales, la cultura y los derechos humanos. Hay importantes asociaciones de productores y destacan las que se dedican a la comercialización del café. Conocí pastores, sacerdotes y religiosas que están contra las injusticias y a favor de los pobres, como las monjas que me encontré en Zaniza, quienes viven y trabajan ahí para la gente desde hace 30 años. La mejor organización popular de Oaxaca es la de los maestros. Se trata de la sección sindical más democrática y de mayor dimensión social del país. Por eso, han sido muy golpeados y han estado sometidos a una intensa campaña de desprestigio. Pero me consta que trabajan con responsabilidad y están vinculados a las comunidades. En todos los lugares a los que fui, había clases en días laborables: en las vísperas del 20 de noviembre, los encontré por la tarde y noche reunidos con padres de familia y estudiantes, haciendo arreglos y preparando los festejos y el desfile conmemorativo. En mi gira por los 570 municipios de Oaxaca, siempre me acompañaron los senadores Salomón Jara Cruz y Gabino Cué Monteagudo, no así otros dirigentes. Salomón Jara ha tenido la sensatez de no dejarse cautivar por el poder, como sucede con otros que al llegar a un cargo ya están pensando en merecerlo todo. Pasó la prueba, nada sencilla, de declinar a ser candidato a la gubernatura para apoyar a quien está mejor posicionado. El caso de Gabino Cué es también muy interesante. Aunque proviene de una familia acomodada de la ciudad de Oaxaca y estudió en una universidad privada, tiene mucha sensibilidad social. Es un candidato idóneo para la gubernatura de Oaxaca porque reúne dos cualidades básicas: representa tranquilidad para las clases medias que suelen ser asustadizas y susceptibles de manipulación ante las campañas mediáticas de satanización o de violencia y, al mismo tiempo, cuenta con la confianza de los pobres que son la mayoría en el estado. Por todo ello, considero que es posible el triunfo en las elecciones del año próximo. Desde luego, es indispensable convocar a todos los hombres y mujeres de buena voluntad para consumar esta gesta cívica y poner mucha atención en la defensa del voto, teniendo en cuenta que en 2004 inventaron 80 000 sufragios para imponer a Ulises Ruiz. La trayectoria de este último personaje lo dice todo: su carrera la ha dedicado a realizar fraudes electorales por todo México. A pesar de las grandes dificultades que habrá que enfrentar, mi pronóstico es que triunfará la democracia en Oaxaca. Su pueblo está decidido a establecer un gobierno de mujeres y hombres honrados y de buenos sentimientos, que no tenga como objetivo la venganza, sino la justicia. Asimismo, considero que es indispensable aplicar un programa para impulsar las actividades productivas porque hay mucho potencial para aumentar la producción y crear empleos. Por ejemplo, es inaceptable que, debido al abandono gubernamental, en los municipios de Santa María y San Miguel Chimalapa (de solo 10 000 habitantes y con 580 000 hectáreas de tierras de primera, susceptibles de ser utilizadas para la agricultura de ciclo corto, para la ganadería y, sobre todo, para la producción de árboles maderables como el cedro y otras especies), los jóvenes estén emigrando a Estados Unidos en busca de trabajo.

Es necesario apoyar a los productores de café, a las mujeres y los hombres que se dedican al tejido de la palma; fortalecer la economía de autoconsumo, entre otras acciones, con pequeñas obras para retener el agua y enfrentar las sequías, cada vez más frecuentes; fomentar el desarrollo forestal sustentable y proponerse como reto pavimentar en el sexenio los 290 caminos de terracería que conducen a las cabeceras municipales. Esto parecería inalcanzable; pero, al mismo tiempo, es una gran oportunidad para crear miles de empleos, abriendo frentes de trabajo por todos lados para construir 6 000 kilómetros de caminos de concreto hidráulico, haciendo a un lado lo más que se pueda el uso de maquinaria, para emplear intensivamente la mano de obra. Claro está que para ello es indispensable una buena organización y un gran acuerdo con los Gobiernos municipales a fin de sumar esfuerzos y recursos.

Hay que construir una verdadera alianza por la educación entre el Gobierno y el magisterio, que contemple mejorar la calidad de la enseñanza, el respeto a las culturas indígenas y la aplicación de un programa de desayunos escolares y de becas para asegurar que ningún joven se quede sin la oportunidad de estudiar por falta de recursos económicos. De igual forma, hay que garantizar el derecho a la salud con atención médica permanente, no solo de lunes a viernes, con medicamentos suficientes y gratuitos, y construir hospitales en las regiones más distantes. El programa de adultos mayores debe beneficiar a todos y apoyar sin restricciones a los discapacitados pobres del estado. Asimismo, hay que aplicar una política de fomento a la cultura, el arte y las artesanías en especial, apoyando a los creadores en la comercialización de sus obras y productos. Y fortalecer la extraordinaria tradición de las bandas de música, con escuelas, maestros e instrumentos. Un gobierno verdaderamente democrático debe atender los conflictos agrarios para evitar enfrentamientos y dar tranquilidad a la gente; también tiene que ponerse del lado del pueblo y defender los recursos naturales y los bienes de las comunidades ante el acecho de empresas depredadoras en todo sentido, tanto nacionales como extranjeras.

Termino este relato no sin nostalgia. Tuve el privilegio de vivir esta gran experiencia. Siempre recordaré Oaxaca, sus hermosos paisajes, sus zonas arqueológicas y conventos. Cómo olvidar los majestuosos sabinos, que son como las ceibas de mi tierra. Sus manantiales, cascadas y lugares tan bellos como San Juan Ozolotepec. O las tlayudas, el pan de Santo Domingo Tomaltepec y de Talea de Castro, el café de Pluma Hidalgo, los alebrijes de Tilcajete, el mezcal tradicional de San Juan del Río y Zaachila, el tejate de San Andrés Huayapam, y no le sigo para no herir susceptibilidades porque en todas partes hay cosas excepcionales; pero, sobre todo, lo subrayo, el oaxaqueño es un pueblo con alma colectiva y una inmensa bondad.

Capítulo 11

LA CONSTITUCIÓN DE MORENA

Luego del fraude electoral del 2006, cuando decidimos no rendirnos, no claudicar y seguir luchando hasta lograr la transformación de la vida pública de México, iniciamos la construcción, desde abajo y con la gente, del Movimiento de Regeneración Nacional, Morena. A la par de este proceso organizativo, con acciones de resistencia civil pacífica, defendimos el petróleo, los derechos sociales y la economía popular. Con esa finalidad recorrimos de palmo a palmo el territorio nacional; muchas mujeres y hombres libres y conscientes se entregaron con pasión a la difícil pero indispensable tarea de organizar al pueblo para renovar al país.

Morena es fruto de un gran esfuerzo colectivo. En específico, durante 2010 y principios de 2011, se contaba con 2 217 comités municipales y a finales de ese año ya existían 37 453 comités seccionales, integrados por 179 000 dirigentes. Hasta entonces se habían inscrito como protagonistas del cambio verdadero o como representantes del Gobierno Legítimo 4 121 000 ciudadanos. Desde sus orígenes, forman parte de esta gran organización indígenas de todas las etnias, campesinos, pescadores, obreros, trabajadores independientes, maestros, estudiantes, profesionistas, comunicadores, productores del campo —sean comuneros, ejidatarios o pequeños propietarios—, artesanos, artistas, intelectuales, científicos, comerciantes y empresarios. Se trata de un movimiento amplio, plural e incluyente, integrado por mujeres y hombres de distintas corrientes de pensamiento. Hay católicos, evangélicos de todas las denominaciones, creyentes de otras religiones y librepensadores.

El día 2 de octubre de 2011, en el Auditorio Nacional de la Ciudad de México, se constituyó Morena como asociación civil y se conformaron los órganos de dirección del movimiento, su Comité Ejecutivo y el Consejo Consultivo. Se definió también que tras las elecciones presidenciales de julio del 2012 se celebrarían asambleas democráticas para decidir sobre el futuro de la organización y se convocó a un Congreso Nacional para el mes de noviembre de ese mismo año.

Morena se constituyó con un programa y una declaración de principios elaborada por un grupo de intelectuales y especialistas, algunos independientes de nuestra organización, como Armando Bartra, José Eduardo Beltrán, Jaime Cárdenas, Luciano Concheiro, Arnaldo Córdova (†), Agustín Díaz Lastra, Héctor

Díaz-Polanco, Laura Esquivel, Víctor Flores Olea (†), Luis Javier Garrido (†), Antonio Gershenson, Enrique González Pedrero (†), Hugo Gutiérrez Vega (†), Adolfo Hellmund, Asa Cristina Laurell, Luis Linares Zapata, Bertha Luján, Ignacio Marván (†), Lorenzo Meyer, Roberto Morales (†), Jorge Eduardo Navarrete, Juan José Paullada, Martha Pérez Bejarano (†), José María Pérez Gay (†), Elena Poniatowska, Rogelio Ramírez de la O, Octavio Romero Oropeza, Eréndira Sandoval, Julio Scherer Ibarra, Enrique Semo, Claudia Sheinbaum, Raquel Sosa Elízaga, Víctor Suárez, Carlos Tello, Víctor Manuel Toledo, Héctor Vasconcelos y Jesús Ramírez Cuevas. No puedo dejar de mencionar las aportaciones que hicieron a nuestro movimiento Carlos Monsiváis (†), Bolívar Echeverría (†) y Javier Wimer (†), a quienes siempre recordaremos con mucho afecto. Me siento orgulloso de haber participado, junto con otros muchos mexicanos, mujeres y hombres libres y conscientes, en la construcción de Morena, una institución ciudadana y popular que busca de forma organizada y de manera pacífica la transformación y el renacimiento de México. La creación de Morena es un gran aporte a la vida pública del país.

En mi intervención, durante el acto constitutivo de Morena, volví a referirme a lo que había expresado desde mayo de 2010, en el sentido de que debía ser candidato presidencial del movimiento progresista del país quien estuviese mejor posicionado. Dije que muchos me apoyaban, pero también expuse, con claridad y franqueza, que por honestidad y congruencia yo no podría ser candidato si no contaba con el respaldo de la gente. También expuse que, aunque nuestro movimiento iba más allá de lo electoral, porque su objetivo era —y sigue siendo— la transformación de México, no podíamos dejar pasar la oportunidad que se presentaría con motivo de las elecciones presidenciales de julio de 2012. Recordé que en la historia de México siempre que hay una elección presidencial se producen condiciones favorables para lograr un cambio de régimen. Así lo enseñó, entre otros, Francisco I. Madero, quien desde la víspera de los comicios de 1910 repetía una y otra vez que había que esperar el momento propicio. Es decir, la llegada de la contienda político-electoral.

• • •

Tras el acto constitutivo de Morena como asociación civil, consideré conveniente buscar una mejor comunicación con empresarios, clases medias y universitarios. Asimismo, decidí viajar al extranjero para informar a nuestros paisanos migrantes y participar en eventos académicos en Estados Unidos y en España. En octubre de 2011 celebramos el primer encuentro con empresarios de Monterrey, Nuevo León. El evento fue organizado por la asociación civil Despierta México, un peculiar agrupamiento de hombres de negocios con dimensión cívica y social encabezados por Alfonso Romo Garza. Apenas siete meses antes había conocido a Romo, a quien invité a comer a mi casa por conducto de Dante Delgado Rannauro. Obviamente sabía de él y lo cuestioné en un libro que escribí sobre el Fobaproa; también Romo había participado en mi contra durante la campaña del 2000 para jefe de Gobierno del Distrito Federal, apoyando a Santiago Creel, candidato del PAN. Pertenecía a los que, inducidos y ofuscados por la propaganda, creían que yo era «un peligro para México». En esa comida hablamos con sinceridad de los problemas del país (la corrupción, la pobreza, la inseguridad, los monopolios, el estancamiento económico, la falta de legalidad y democracia, entre otros asuntos). Me expresó sus temores, básicamente lo del populismo y lo del predominio del Estado en la economía. Le expliqué cuáles eran nuestras verdaderas intenciones y pronto cambió de actitud. Días después nos volvimos a encontrar en mi casa y le pedí que nos ayudara a convencer a otros empresarios; decidió hacerlo y asumió la tarea con una actitud de compromiso excepcional. En mi interior me pregunté por qué este hombre que tiene una buena posición económica nos entendía, cambiaba de opinión y se disponía a apoyarnos. La respuesta —tal vez equivocada, pero es la que más me convence— la encontré en la historia: Romo es bisnieto de Gustavo A. Madero. No descarto que puedan existir otros motivos; inclusive, creo que las circunstancias influyen más que los genes en la aparición de los hombres singulares, rebeldes, pero en este caso no encuentro otra explicación mejor que la de atribuir su actitud abierta, apasionada, echada para delante, al hecho de ser descendiente de quienes lo arriesgaron todo, hasta la vida, por defender con arrojo un ideal.

Entre otros encuentros, el 4 de octubre de 2011 me reuní con más de 1 000 integrantes de clases medias y empresarios de Monterrey, Nuevo León. Ahí expuse nuestro Proyecto Alternativo de Nación, contesté preguntas y aclaré dudas. Para propios y extraños, fue todo un acontecimiento; como se dice, un parteaguas. Eventos de esta clase nos abrieron el camino. A partir de ahí tuve encuentros con empresarios de Baja California Norte, Coahuila, Yucatán, Puebla, Jalisco y otros estados. Es más, en Saltillo, Coahuila, el 17 de enero, como precandidato a la Presidencia de la República, firmé un convenio con representantes del sector privado nacional para impulsar la inversión y el empleo. En ese acuerdo me comprometí a que, en caso de resultar electo, el Gobierno aplicaría las siguientes medidas:

- Manejar sin déficit las finanzas nacionales; combatir la inflación y reforzar el equilibrio de las cuentas externas, sin sacrificar las metas de crecimiento y empleo.
- Operar en forma austera y en un permanente combate a la corrupción, cuidando celosamente el dinero de los contribuyentes.

- No aumentar ni crear impuestos, eliminar el IETU y aplicar medidas para lograr mayor equidad y gradualidad, eliminando privilegios fiscales, simplificando y mejorando la eficiencia recaudatoria.
- Mantener una política de precios competitivos de energía que eliminara su sesgo recaudatorio y que sirviera para estimular la inversión y el empleo.
- Aplicar una política antimonopólica que priorizara la libre competencia; estimular la inversión; mejorar las leyes y organismos regulatorios ciudadanizados y evitar su secuestro por los regulados, utilizando el poder de compra del Gobierno.
- Utilizar activamente las protecciones y salvaguardas legales para proteger los legítimos intereses del sector productivo ante la indebida competencia externa.
- Estimular el sistema bancario nacional y establecer un organismo moderno y eficiente para incrementar sustancialmente el financiamiento a las Pymes, unificando los programas de apoyo existentes para este sector.
- La Secretaría de Economía defendería al sector productivo de políticas contrarias a este compromiso y promovería una nueva cultura gubernamental de servicio y apoyo a la inversión y al empleo.
- Reforzar la inversión pública en infraestructura, energía, servicios y en proyectos que apoyaran el crecimiento de la inversión privada, nacional y extranjera.

Por su parte, en representación simbólica de los casi 6 000 000 de empresarios nacionales, los firmantes reconocieron la responsabilidad de este sector ante las necesidades nacionales y se comprometieron a:

- Apoyar y difundir la política económica convenida y asumir el compromiso de actuar como promotores del crecimiento económico, de la inversión y el empleo; capacitar y desarrollar a sus obreros y empleados, en colaboración con el sistema educativo nacional, para aumentar la productividad y los salarios reales; apoyar a los empresarios de menores alcances para integrarlos a sus cadenas de suministro y al mercado de exportación; privilegiar a las Pymes en los órganos de representación del sector privado; apoyar y fomentar las medidas gubernamentales tendientes a combatir las prácticas anticompetitivas, evitando aplicar tales prácticas en sus empresas y en los órganos de representación del sector; reforzar la cultura de cumplimiento a las obligaciones fiscales, ecológicas, laborales y financieras; asesorar activamente al Gobierno en cuanto a políticas públicas que permitieran lograr las metas propuestas de inversión, empleo y bienestar.

Ambas partes manifestamos el compromiso de actuar unidas a fin de alcanzar un dinamismo económico para elevar el nivel de vida de la población, reducir rápidamente la pobreza, eliminar en particular el hambre, y con ello lograr una sociedad más justa, armónica y amorosa que garantizara la paz y la tranquilidad social. Para entonces ya se había incorporado a nuestro movimiento Fernando Turner, presidente de la Asociación Nacional de Empresarios Independientes; también nos ayudaron en estas tareas Adolfo Hellmund López, Rogelio Jiménez Pons, Malaquías Aguirre, Jaime Mantecón, Tomás López Rocha, Alejandro Gurza, Armando Guadiana (†), María Antonieta Laso, Manuel Peraza, Pedro Romero T.T., José Lister, Héctor Godoy, Manuel Ordoñez, Jorge Pérez Cruz, Eva Galaz y muchos otros profesionistas, empresarios y comerciantes del país.

•••

Como mis adversarios decían que yo no era hombre de mundo, que no hablaba inglés, y que ni siquiera tenía pasaporte, decidí hacer un viaje a ciertos países donde tenía invitaciones pendientes o a los cuales podía ir sin causar mucha polémica. Así, del 8 al 15 de octubre de 2011, visité Estados Unidos y España. Primero estuve en Chicago con nuestros paisanos. Allí exhorté respetuosamente al presidente Barack Obama a cumplir su compromiso de campaña de regularizar la situación migratoria de los mexicanos que trabajan honradamente en Estados Unidos. Entendía que estaba de por medio la cuestión electoral, que hay en ese país una oposición conservadora que se niega a reconocer los derechos de los migrantes y que incluso se ha optado por la persecución y el racismo. Pero sostuve que en todo momento debe actuarse pensando que por encima de las fronteras están los derechos humanos universales: el derecho a la libertad de palabra, el derecho a la libertad de culto y el derecho a vivir sin miseria ni temor, proclamados precisamente por ese gran presidente, defensor de la política de la buena vecindad, Franklin Delano Roosevelt, uno de los mejores estadistas que ha tenido Estados Unidos.

Luego, el 11 de octubre del 2011, en Washington, presenté una ponencia en el Instituto México del Centro Woodrow Wilson, en la cual sostuve que las relaciones entre México y Estados Unidos han sido difíciles y complejas, pero que también hemos tenido periodos de entendimiento y cooperación para el desarrollo.

Recordé la relación de respeto y comprensión entre los gobiernos de Roosevelt y del general Lázaro Cárdenas del Río en la época de la expropiación petrolera y durante la Segunda Guerra Mundial, cuando México ayudó a Estados Unidos a satisfacer su necesidad de materias primas y mano de obra mediante el convenio laboral del programa Bracero. En la década de 1950, México fomentó su industria, lo cual requirió bienes de capital y tecnología de Estados Unidos. En la década siguiente, comenzaron en nuestro país los programas para el desarrollo de la zona fronteriza norte, aprovechando el creciente intercambio comercial con nuestro vecino. Al mismo tiempo, el crecimiento de nuestro mercado interno resultó atractivo para las empresas estadounidenses que abrieron filiales e invirtieron aquí.

En 1993 se firmó el Tratado de Libre Comercio de América del Norte y dos años después Estados Unidos otorgó apoyo financiero extraordinario para superar la devaluación del peso y la crisis de confianza en que desembocó la administración de Salinas. Sin embargo, a partir de entonces, la cooperación bilateral se enfocaba más en temas de seguridad, sin atender las causas que han originado los problemas de violencia y la creciente migración de mexicanos a Estados Unidos.

En este marco planteé proponer, en su momento, al Gobierno de Estados Unidos, un cambio sustancial en la relación bilateral. El propósito —dije— era convencer y persuadir a las autoridades del vecino país de que por el bien de las dos naciones es más eficaz y más humano aplicar una política de cooperación para el desarrollo que insistir, como sucedía, en priorizar la cooperación policiaca y militar. Puse como ejemplo el monto de ayuda de Estados Unidos a México, que para entonces era de 478 millones de dólares y que, además de ser raquítico, se destinaba casi su totalidad, 450 millones, a la llamada Iniciativa Mérida; es decir, a la entrega de armamento y helicópteros militares y al suministro de asesorías en seguridad.

Dije con claridad que nuestra propuesta era obtener más recursos y cambiar las prioridades: lo primero debía ser impulsar el desarrollo y el empleo. Argumenté que los problemas de índole económico y social no se resuelven con medidas coercitivas. No era con asistencia militar o con labores de inteligencia ni con envíos de armas y aeronaves como se remediaría el problema de la inseguridad y de la violencia en nuestro país. Tampoco se detendría el flujo migratorio construyendo muros, haciendo redadas o militarizando la frontera. Los mexicanos iban en mayor cantidad que ahora a buscarse la vida a Estados Unidos por necesidad, no por gusto. Lo arriesgaban todo para tener un trabajo y mitigar su hambre y su pobreza. También sostuve que la política neoliberal o neoporfirista les canceló el futuro a muchos mexicanos; que estaba atrofiada la movilidad social, es decir, el poder mejorar el nivel de vida mediante el estudio y el trabajo. Sostuve que la política antipopular caracterizada por el saqueo y el pillaje solo había dejado tres alternativas a millones de mexicanos: sobrevivir en la economía informal, emigrar a Estado Unidos o tomar el camino de las conductas antisociales.

La mayoría optó por buscar un medio de vida honesto, pero fueron miles, sobre todo jóvenes, los que no tuvieron más alternativa que ingresar a alguna de las modalidades de la criminalidad. Ese es el origen de la crisis de inseguridad y de violencia que ahora padece el país. Con un Estado que se desentendía de sus obligaciones para con la población, los grupos criminales tomaron el control de grandes zonas del territorio nacional, adquirieron un enorme poder económico y llevaron el terror, la extorsión y la muerte. Se inició de esa forma una nueva oleada de refugiados. Ya no solo se exiliaron en Estados Unidos los que buscaban desesperadamente trabajo, sino también las víctimas del miedo y el terror. En el norte del país, pueblos enteros se vaciaron de habitantes ante el desamparo total frente a la delincuencia. Muchos emigraron porque no tuvieron otra forma de negarse a ser reclutados por los cárteles. Otros se vieron obligados a escapar después de perder a uno o varios miembros de la familia por la violencia delictiva.

En diversos estados, el simple hecho de presentar una denuncia o de enemistarse con un delincuente eran motivos suficientes para tener que abandonar el sitio de residencia. El número de refugiados por la inseguridad creció como nunca en el periodo neoliberal. La Encuesta Nacional de la Dinámica Demográfica (Enadid) afirmó que, entre 2009 y 2014, al menos 236 800 personas huyeron de sus hogares debido a la amenaza de la inseguridad. Según un informe de la Coalición Pro Defensa del Migrante, entre 2013 y 2016 el refugio «Madre Asunta», en Tijuana, recibió a 1 106 mujeres que trataban de conseguir asilo en Estados Unidos porque sus vidas peligraban en sus lugares de origen o de residencia en México. Un estudio de la Universidad de Siracusa, Nueva York, subraya que entre 2005 y 2010 las autoridades estadunidenses recibieron unas 2 400 peticiones de asilo de mexicanos, y que, en el quinquenio siguiente, 2011-2016, el número de esas peticiones saltó a 12 000. Pero solo una pequeña parte de quienes se refugiaban en Estados Unidos por la violencia y la inseguridad que padecía México acudían a pedir asilo formal, de modo que el número total debió ser mucho mayor. En fin, es evidente que la declaración de guerra de Calderón a la delincuencia, y su decisión absurda y criminal de recurrir al uso indiscriminado de la fuerza y la represión, en vez de atemperar el problema, produjo más violencia e inseguridad.

Insistí en la necesidad de que Estados Unidos ampliara y reorientara su ayuda oficial a México. Y para ello, expresé que estábamos dispuestos a poner en correspondencia nuestro plan económico con el establecimiento de una nueva relación con el Gobierno de Estados Unidos, fincada en la cooperación para el desarrollo y la ayuda mutua. No descarté incluso la posibilidad de firmar un acuerdo para la aplicación de un programa bilateral orientado a reactivar la economía y a crear empleos en México. Todo ello, desde luego, en un marco de respeto a la soberanía de ambos países.

Para contrastar lo que pasaba en esos tiempos con lo que proponíamos para el futuro, hice referencia a que, por esos días, en su primera aparición pública, el nuevo embajador de Estados Unidos en México había entregado helicópteros militares a la Armada de nuestro país. Y expresé mi deseo de que, en un día no muy lejano, ese diplomático distribuyera cheques para financiar proyectos como el de la reforestación de la Selva Lacandona y generar 400 000 empleos anuales, o para la pavimentación de caminos en Oaxaca, con el uso intensivo de mano de obra, o para el programa de incorporación de los jóvenes al trabajo y al estudio.

En ese encuentro concluí mi intervención recordando lo que expresó el presidente Woodrow Wilson en su célebre discurso de los 14 puntos, pronunciado al término de la Primera Guerra Mundial, cuando postuló el principio de justicia para todos los pueblos y naciones, bajo la premisa de que tienen «derecho a vivir en igualdad de condiciones, de libertad y de seguridad» con los demás Estados, sean pequeños o grandes, «fuertes o débiles».

El 13 de octubre hablé en la Fundación Ortega y Gasset, en Madrid, España, en donde ocurrían las protestas de los Indignados. En otros países tenían lugar movilizaciones similares cuyos protagonistas eran jóvenes, integrantes de asociaciones civiles, movimientos sociales y ciudadanos independientes hartos todos del modelo neoliberal; de los partidos y políticos oportunistas y convenencieros que abundan en todo el mundo. Al observar la frescura y la espontaneidad de estas manifestaciones de legítimo descontento, compartí nuestras experiencias de lucha sintetizadas en 10 postulados básicos:

1. Si no hay un cambio de régimen, no será posible detener el proceso de degradación que padecemos.
2. Los cambios que se requieren no se van a dar de arriba para abajo. Solo el pueblo puede salvar al pueblo y solo el pueblo organizado puede salvar a la nación.
3. Nada se logra si no se trabaja en informar, concientizar y organizar al pueblo. Y este esfuerzo nunca es en vano: tarde o temprano habrá frutos.
4. En esta época de decadencia, desaliento y pérdida de principios, es indispensable buscar salidas, no caer en el desánimo, el escepticismo y la frustración; hay que mantener encendida la llama de la esperanza.
5. Siempre se produce un proceso de transformación cuando la gente toma conciencia de que unida y organizada puede más que sus opresores.
6. El objetivo de la lucha no debe ser ocupar cargos políticos o administrativos, sino la renovación radical de la vida pública.
7. Aunque los dados estén cargados o las cartas estén marcadas, hay que apostar a las transformaciones por la vía pacífica y electoral. La violencia no es el camino; al contrario, sirve de pretexto al autoritarismo y propicia más sufrimiento.
8. Ante la crisis de la llamada clase política es indispensable la formación y el surgimiento de líderes honestos con propósitos más elevados que sus legítimas aspiraciones personales.

9. Si los partidos de izquierda no están a la altura de las circunstancias, hay que reformarlos; y si de plano esto no es posible, debe optarse por construir, desde abajo y con la gente, nuevos partidos o crear movimientos amplios, pero no dedicarse únicamente a lo espontáneo, a lo sectorial, gremial o social, sino trabajar siempre en concientizar y organizar al pueblo para cambiar el régimen.
10. Hay que tomar en cuenta que la crisis actual no es solo por falta de bienes materiales, sino también por la pérdida de valores espirituales, morales y culturales; es indispensable auspiciar una nueva corriente de pensamiento para construir un ideario moral cuyos preceptos exalten el amor a las familias, a la naturaleza y a la patria, el apego a la verdad, la dignidad, la tolerancia y la cultura, e insistir en que la felicidad no se logra acumulando riquezas, títulos o fama, sino mediante la armonía con nuestras conciencias, con nosotros mismos y con el prójimo.

•••

De regreso a México, a fines de 2011, me puse de acuerdo con Marcelo Ebrard para aplicar la encuesta que nos serviría para decidir quién iría como candidato a la Presidencia por el Movimiento Progresista de México. Como es natural, mis malquerientes del régimen no deseaban que yo fuera postulado. Además, había ciudadanos con posiciones de centroizquierda que de manera honesta pensaban que Marcelo tenía más aceptación entre las clases medias.

Aquí debo aclarar que las encuestas, cuando se hacen bien y sin manipulación, son un buen instrumento para saber cómo piensa realmente la gente. Sin embargo, en ese entonces se publicaban encuestas amañadas en todos los medios de información, la mayoría de ellas tendenciosas y en mi contra. Recuerdo una del 6 de septiembre de 2011 elaborada por la empresa GEA-ISA —uno de los dueños era el director del Centro de Información y Seguridad Nacional, el organismo encargado del espionaje del Gobierno—, que posteriormente, durante la campaña, fue utilizada por *Milenio* con fines propagandísticos para favorecer a Enrique Peña Nieto. Esa encuesta afirmaba que Marcelo no solo me ganaba con amplio margen en población abierta, sino que estaba 19 puntos arriba entre los ciudadanos que se identificaban con la izquierda. En su noticiero de radio, Ciro Gómez-Leyva sentenció: «Lo relevante no es solo que Ebrard va adelante de AMLO, sino que lo arrasa». ¿Verdad que Ciro tiene tiempo siendo idéntico a sí mismo? Al final, el primero de noviembre de 2011, convenimos que dos empresas encuestadoras, Nodos y Covarrubias, llevarían a cabo la medición. El resultado me favoreció y el 16 de ese mes lo dimos a conocer conjuntamente en un acto en el que agradecí la generosidad de Marcelo, quien no se dejó confundir por los *cantos de las sirenas*.

Capítulo 12

LA CAMPAÑA DE 2012

Desde los tiempos del gobierno usurpador de Calderón, el grupo dominante, los que se sentían dueños de México, empezaron a definir la estrategia para darle continuidad al régimen corrupto. Para ello echaron a andar hábilmente una operación de recambio con miras a las elecciones de 2012. Con ese propósito, durante todo el sexenio de Calderón, en sigilo, Salinas empezó a operar, haciendo mancuerna con Televisa, para proyectar a Enrique Peña Nieto. El plan fue lanzarlo al mercado como si se tratara de vender un nuevo detergente o un producto chatarra. Así construyeron, con este personaje, toda una telenovela con la participación de actrices, actores y conductores de noticieros que recibieron la consigna de protegerlo en todo.

No obstante, muchos, simpatizantes nuestros o no, reconocieron que la nuestra fue la mejor campaña. Visitamos de nuevo todas las regiones del país. Celebramos 136 reuniones con integrantes de sectores productivos y sociales, recogimos sus demandas y sus sentimientos y dimos a conocer el Proyecto Alternativo de Nación. Las plazas siempre se llenaron y contamos con la participación de alrededor de 2 000 000 de ciudadanos que asistieron a nuestros actos. Mantuvimos mucha más comunicación directa con la gente que los otros candidatos. No tuvimos incidentes y no experimentamos rechazo alguno. Todo se desenvolvió de acuerdo con lo planeado. No cancelamos ningún acto, a pesar de que nos transportábamos en aviones de línea y por carretera, sin utilizar aviones o helicópteros particulares.

Desde el inicio de la campaña nos fue bien. Hubo la necesaria y suficiente unidad de las fuerzas progresistas. No solo se resolvió en armonía el tema de la candidatura presidencial, sino que se contó con el apoyo del ingeniero Cuauhtémoc Cárdenas y tuvimos un buen entendimiento con dirigentes de los partidos de la Revolución Democrática, del Trabajo y de Movimiento Ciudadano.

En ese proceso, Morena fue el eje para llevar a cabo la campaña con organización, efectividad y entusiasmo. Logramos, a pesar del cerco informativo, dar a conocer a millones de mexicanos nuestra propuesta. Pocos pueden decir que no se enteraron de que había otro camino, otra alternativa. Pusimos tan claras las cosas que, aun cuando éramos cuatro los aspirantes presidenciales, realmente solo había dos opciones: o más de lo mismo o un cambio verdadero. Dejamos de manifiesto que nuestra propuesta pasaba por combatir la corrupción y poner por delante la honestidad para convertirla en estilo de vida y en forma de gobierno. Sobre este tema insistí mucho porque siempre he creído que nada ha dañado más a México que la deshonestidad de los gobernantes. Aquí, entre otros aspectos, está la diferencia entre lo que representan nuestros adversarios y lo que nosotros significamos.

Hablé de la necesidad de hacer un gobierno austero, de terminar con los privilegios de los altos funcionarios públicos, de la incongruencia que significa tener un Gobierno rico con un pueblo pobre y de la necesidad de aplicar la máxima del presidente Juárez, según la cual, el servidor público tiene que aprender a vivir en la justa medianía. Dije también que el plan de austeridad se iba a aplicar a la alta burocracia, porque en esos días, para infundir miedo a los que trabajaban en el Gobierno, les decían que no votaran por nosotros porque les íbamos a bajar el sueldo. Insistí en que ahí no estaba el problema: los trabajadores al servicio del Estado ganaban poco, 6 000, 8 000, cuando mucho 10 000 pesos mensuales. Eso percibían maestros, médicos, policías y soldados. El problema estaba arriba, con los que ganaban de 200 000 a 600 000 pesos mensuales. Ahí es donde aplicaría ajustes. Téngase en cuenta que los altos funcionarios en México eran de los mejores pagados del mundo. Por ejemplo, un ministro del máximo tribunal ganaba en Brasil, en ese entonces (2012), 13 000 dólares mensuales, en tanto que un homólogo suyo en México percibía 40 252 dólares. Un senador brasileño cobraba un salario de 7 500 dólares; en nuestro país, el sueldo de un senador ascendía a 13 135 dólares. Un secretario de Estado allá ganaba 5 600 dólares al mes; aquí, 11 761 dólares. Un diputado en Brasil percibía 7 500 dólares mensuales; en México, 9 731 dólares. En el caso de la alta burocracia, se agregaban otro tipo de prestaciones como bonos, compensaciones, atención médica privada, cajas de ahorro, boletos de avión, turismo político al extranjero, gastos de alimentación y otras prebendas.

Durante la campaña di a conocer que, con austeridad republicana, el combate a la corrupción y la abolición de los privilegios fiscales, podríamos ahorrar y liberar —sin aumentar impuestos y sin endeudar al país— hasta 800 000 millones de pesos para el desarrollo y el bienestar de la población. A diferencia de nosotros, el candidato de la continuidad propuso financiar el desarrollo con el aumento al IVA y con la privatización de Pemex. Claramente se trataba de dos visiones distintas, dos proyectos diferentes de nación.

Por convicción y para contrarrestar el miedo al cambio, repetí en muchas ocasiones que íbamos a gobernar para todos. El cambio consiste precisamente en eso, en que no exista un gobierno sectario, para un pequeño grupo, que solo proteja a 1% y desatienda a 99% de la población. Lo nuestro sería distinto: gobernaría para ricos y pobres; para la gente del campo y de la ciudad; para mis simpatizantes y para mis adversarios, quienes tendrían amplias garantías y cuyas libertades serían respetadas.

No habría persecución ni destierro para nadie. No buscábamos venganza, queríamos justicia. No odiábamos a nadie. Sencillamente deseábamos lograr el renacimiento económico, social y político; pero, sobre todo, el renacimiento moral de México. En esencia, se trataba de inaugurar una etapa nueva en la vida pública del país, con un presidente que no estuviese subordinado a ningún grupo de interés y que solo tuviera como amo al pueblo de México. Durante la campaña, insistí también en que ese plan se llevaría a cabo con la participación de todas y de todos. Repetí que no me iba a separar del pueblo y que, aun ganando, no habría divorcio entre el pueblo y el Gobierno; que sería indispensable contar con el apoyo y acompañamiento de la gente para llevar a cabo las reformas que necesita el país.

De igual modo, con mucha anticipación, di a conocer los nombres de las mujeres y hombres honestos y con experiencia que habrían de formar parte del gabinete: Marcelo Ebrard, secretario de Gobernación; Rogelio Ramírez de la O, secretario de Hacienda; Juan Ramón de la Fuente, secretario de Educación; Claudia Sheinbaum Pardo, secretaria de Medio Ambiente; Javier Jiménez Espriú, secretario de Comunicaciones y Transportes; Fernando Turner, secretario de Economía; Adolfo Hellmund López, secretario de Energía; María Luisa Albores, secretaria de la Reforma Agraria; René Drucker Colín, secretario de Ciencia, Tecnología e Innovación; Víctor Suárez Carrera, secretario de Agricultura, Ganadería, Desarrollo Rural, Pesca y Alimentación; Sergio Rodríguez Cuevas, secretario de Salud; José Agustín Ortiz Pinchetti, secretario del Trabajo y Previsión Social; Genaro Góngora Pimentel, consejero jurídico de la Presidencia; Miguel Torruco Marqués, secretario de Turismo; Raquel Sosa Elízaga, secretaria de Desarrollo Social; Bertha Elena Luján Uranga, secretaria de Honestidad y Combate a la Corrupción; Bernardo Bátiz Vázquez, procurador general; Manuel Mondragón y Kalb, secretario de Seguridad Pública; Elena Poniatowska Amor, secretaria de Cultura; Jorge Eduardo Navarrete López, secretario de Relaciones Exteriores. El ingeniero Cuauhtémoc Cárdenas, director general de Pemex. Asimismo, Manuel Clouthier Carrillo actuaría con independencia y libertad como fiscal anticorrupción, porque se iba a erradicar ese cáncer que estaba destruyendo a México. La propuesta de este inmejorable gabinete quedó para la historia. En contraste, vimos que en el gobierno de Peña Nieto ocuparían los puestos más altos, los hombres y las mujeres de más bajo nivel moral.

•••

En los tres meses de campaña, se llevaron a cabo dos debates. El candidato del PRI no quiso más, el IFE tampoco y la mayoría de los medios no convocaron a otros ni cuestionaron la actitud de Peña. El 6 de mayo se celebró el primero de estos encuentros. En ese debate insistí que en México se padece una monstruosa desigualdad; señalé que hay personajes «que tienen hasta yates para el placer, que cuestan 1 500 millones de pesos. Es decir, con lo que vale un barco de esos se pueden comprar 15 000 automóviles Tsuru o 5 000 departamentos del Infonavit». Todo lo contrario a los sueños de igualdad de Morelos de vivir en un país donde se moderara la opulencia y la indigencia; lejos del ideal descrito por Salvador Díaz Mirón en su poema «Asonancias»:

> Sabedlo, soberanos y vasallos,
> próceres y mendigos:
> nadie tendrá derecho a lo superfluo
> mientras alguien carezca de lo estricto.

Cuando en el debate traté el asunto de cómo los poderes económicos, políticos y mediáticos se alimentan y nutren mutuamente, mostré una foto de Peña con Salinas que, por error, puse de cabeza. De modo que, cuando me di cuenta, no me quedó más que decir: «El mundo al revés». En su réplica, Peña sacó a colación el episodio de René Bejarano, quien fue filmado recibiendo dinero de Carlos Ahumada. Le respondí que Bejarano había ido a la cárcel y que Gustavo Ponce, mi exsecretario de Finanzas, por lo mismo, llevaba 8 años en el Penal de Almoloya mientras que él, Peña, de manera inexplicable, estaba como candidato a la Presidencia.

En fin, Peña perdió el debate y así lo percibió la mayoría de la gente. María de las Heras realizó esa noche una encuesta en la que Peña apareció en el último lugar. Al finalizar el debate, cuando se les preguntó a los encuestados por cuál de los candidatos votarían en ese momento, 46% respondió que por AMLO; 17.98%, por Josefina; 17.98%, por Quadri; y 16.85%, por EPN. Aunque el encuentro no se transmitió en los canales de mayor audiencia, millones de mexicanos se percataron de que Peña representaba al grupo más corrupto de México.

El 10 de junio se realizó en Guadalajara el segundo debate. Para entonces la candidata del PAN, Josefina Vázquez Mota, se había plegado completamente al grupo que manda en su partido. Por eso me atacó diciendo que yo venía del PRI y que militaba en ese partido en tiempos de la represión estudiantil del 68. Aunque durante la campaña nunca la cuestioné, pues el verdadero candidato de los dueños del PRIAN era Peña Nieto, en esa ocasión, ante su afán de calumniarme, le contesté que, aunque aparentaba más edad porque estaba «aflojado en terracería», solo tenía 58 años; en el 68 estaba en secundaria, y en el 71, cuando ocurrió la masacre del 10 de junio, en tiempos de Echeverría, apenas cursaba el segundo de preparatoria. Sin embargo, insistió porque esa es la naturaleza de los panistas de arriba: su verdadera doctrina es la hipocresía. Aparentan ser amigos, gente decente, de buenos modales, saludan con afecto y sonrisa, pero todo es fingido; son realmente falsos.

En ese segundo debate, en vez de confrontar a Peña como en el primero, atendí las recomendaciones de amigos y simpatizantes acerca de que lo mejor era dedicar el tiempo a exponer nuestra propuesta. De modo que eso hice: hablé de la gran oportunidad que teníamos los mexicanos de cambiar el rumbo de la nación por el bien de todos y para la grandeza de México. Sostuve que ofrecía un cambio tranquilo, ordenado, sin conflictos, un cambio que haríamos juntos, convenciendo y persuadiendo. Aunque salimos bien de esta confrontación, la nota la dio el presidente espurio, Felipe Calderón al poner en su cuenta de Twitter, cuando aún no terminaba el debate, que era una falacia mi propuesta de ahorrar 300 000 millones con el plan de austeridad republicana. A pesar de que le dieron vuelo a esta imprudencia, evité caer en la provocación. Solo acusé recibo y confirmé que Calderón prefería a Peña en lugar de aceptar un cambio verdadero. En los días posteriores me dediqué a demostrar que sí se podía reducir el enorme costo que pagaba la sociedad para mantener un gobierno faraónico.

El miércoles 27 de junio cerramos la campaña en el Zócalo de la Ciudad de México. El optimismo era palpable y había motivos para ello: podíamos ganar. Hicimos bien la tarea, casi sin errores; mejor imposible. Establecimos y logramos comunicación con empresarios y clases medias; contábamos con el respaldo de militantes de partidos y, sobre todo, de ciudadanos independientes; nuestra candidatura, más que las otras, recibió el apoyo y la simpatía de mexicanos radicados en diversos países del mundo; también estaba seguro de que obtendríamos los votos de muchos panistas y priistas inconformes con el régimen de corrupción y con la mezquindad de dirigentes políticos como Carlos Salinas, Elba Esther Gordillo, Vicente Fox y Calderón. Sin duda, lo que más nos ayudaba a animar a la gente, a sacudir las conciencias, era el movimiento de los jóvenes #YoSoy132. Ellos nos daban un gran ejemplo. Proclamaron un no a la simulación, a la mentira, al engaño. Habían despertado a muchos ciudadanos, al grado que, en esos días, ser joven era un gran orgullo, un honor.

En pocas palabras, las condiciones inmejorables para ganar la Presidencia de la República. Se elaboró y difundió el único proyecto que se ha presentado para sacar al país de la crisis; fue bien visto que diéramos a conocer por anticipado a los miembros del gabinete. Mantuvimos la unidad en las filas del Movimiento Progresista; salimos bien de los debates; tuvimos una mejor organización para promover, cuidar y defender los votos. El éxito en la campaña se reflejaba en el comportamiento de las encuestas. En nuestras mediciones periódicas, se advertía cómo, de tener un alto porcentaje de percepciones negativas luego del 2006, debido a la guerra sucia en mi contra, estas habían bajado; incluso terminé la campaña siendo el candidato menos rechazado por la gente. Por ejemplo, en agosto de 2009, Peña Nieto tenía una opinión buena de 59.7% y mala de solo 4.1%, y terminó con 32.5% buena y 28.6% mala. Mientras en mi caso, de 28.5% buena y 34.3% mala, pasó a 37.7% buena y 26.7% mala.

Pero no solo disminuyó el rechazo. En la pregunta, ¿quién cree usted que defendería más a la gente pobre de México?, Peña obtuvo 18.3%, y AMLO, 34%. A la pregunta ¿quién de ellos garantizaría un cambio verdadero para el país?, 25.5% opinó que AMLO y 18.6% que EPN. Y a la pregunta ¿por quién votaría?, los encuestados respondieron a favor de Peña, 26.4%, y por mí, 27.8%. Y eso que, decían, mucha gente estaba escondiendo su intención de voto. Añado que esta última encuesta la dimos a conocer a todos los medios de información el 20 de junio en Ciudad Juárez, Chihuahua. Sin embargo, no la difundieron y la gente no se enteró.

Entonces, ¿en qué fallamos? Voy a decirlo para satisfacción de nuestros malquerientes, que siempre buscan la paja en el ojo ajeno y no la viga en el propio: fallamos en no imaginar la gran cantidad de dinero que usarían nuestros adversarios para comprar los votos e imponer a Peña. Me equivoqué cuando sostuve que la gente quería un cambio verdadero y que no lo iban a impedir ni con la guerra sucia ni con la compra de lealtades, conciencias y votos. Confieso que desde 1988, a partir de Salinas, he enfrentado fraudes de Estado que han consistido en enlistar a la gente casa por casa para repartir migajas y dinero, pero nunca había visto y padecido un operativo tan cínico y prepotente de compra de voluntades como el de las elecciones presidenciales del primero de julio del 2012.

Capítulo 13

OTRA VEZ EL FRAUDE

Hay suficientes antecedentes históricos para afirmar que México es uno de los países con más tradición en fraudes electorales en el mundo; tal vez sería más preciso decir que muy pocas veces hemos tenido democracia. Durante los tres siglos de dominación colonial, se nombraba desde España a los virreyes y estos hacían lo propio designando a los que gobernaban las provincias, llamados «alcaldes mayores». En las elecciones de 1828, para sustituir a Guadalupe Victoria, primer presidente del México independiente, los seguidores del candidato liberal, Vicente Guerrero, desconocieron el triunfo del conservador Manuel Gómez Pedraza, argumentando que la votación efectuada, en ese entonces en las legislaturas estatales había sido manipulada y que los diputados ignoraron los deseos de la mayoría del pueblo.

A partir de entonces, ni federalistas o centralistas, liberales o conservadores, pudieron celebrar elecciones libres, limpias y auténticas. Tomemos en cuenta que, en la primera mitad del siglo XIX, México fue *país de un solo hombre*: Antonio López de Santa Anna ocupó en 11 ocasiones la Presidencia de la República. Además, en este largo periodo, las disposiciones legales no consideraban ciudadanos a los peones de las haciendas; no contaban con derechos políticos y no podían votar.

Tal situación continuó a pesar de que en la Constitución de 1856 se estableció la libertad de los ciudadanos para elegir a sus gobernantes. Por mandato constitucional, todos los mayores de 18 años tenían el derecho y la obligación de votar. Pero en la práctica, tal facultad, jurídicamente irrefutable, solo podía ser ejercida por las minorías. La inmensa mayoría de los mexicanos vivía en condiciones de opresión económica y social, y permanecía indiferente a los procesos políticos y electorales. El historiador Luis González señala que «la mayoría no apoyaba constitución alguna; al pueblo raso le importaba un pito la democracia; el voto lo tenía sin cuidado».

Pero precisamente por ello había quienes se encargaban de representarlo y de inclinar la balanza, en el momento de las elecciones, a favor de uno o de otro candidato. Así, el sufragio quedaba supeditado a la manipulación de militares, burócratas y caciques. En la realidad, la sociedad rural de México se regía por las antiguas estructuras de opresión colonial. En ese tiempo ni siquiera se celebraban elecciones porque el país estaba convulsionado por la Guerra de Reforma y por la resistencia que exigió la invasión francesa.

Años después, en el periodo conocido como el de la República Restaurada (1867-1876), el de mayor libertades y movilidad política, cuando gobernaron Benito Juárez García y Sebastián Lerdo de Tejada, cada cuatro años surgían denuncias de violación al sufragio en las elecciones presidenciales. Por ejemplo, un opositor a la tercera reelección de Juárez, el diputado Manuel María de Zamacona, le demandó en el Congreso, antes de uno de esos comicios, que el sufragio fuera libre, sosteniendo que «los pueblos salen de las crisis en que se comprime el voto público, extenuados y débiles, como salían las víctimas del potro en que las sujetaban a tortura, los antiguos verdugos de la conciencia». En ese tiempo, bajo el argumento de la falta de democracia, se recurrió al expediente del fraude y se originaron cuando menos dos revueltas, la del Plan de la Noria, en 1871; la de Tuxtepec, en 1876, ambas encabezadas por Porfirio Díaz. En la segunda de esas fechas se proclamó el llamado Plan Revolucionario o Revolución Soñada, de José María Iglesias, «que considera sin validez las elecciones presidenciales» que favorecían a Lerdo «porque en muchas partes no las hubo y en otras fueron resultados de la violencia militar sobre los electores». En el Plan de la Noria se decía que «ningún ciudadano se imponga y perpetúe en el poder, y esta será la última revolución». Casi 40 años después, la frase se le aplicaría a quien ordenó escribirla.

Con la toma del poder por la fuerza por parte de Porfirio Díaz se alejó aún más la posibilidad de establecer una república democrática. En ese entonces, José Martí, que vivía en México, decidió dejar el país y escribió en una carta de despedida dirigida a un amigo: «Me voy porque un hombre se declaró por su exclusiva voluntad señor de hombres [...] y con un poco de luz en la frente no se puede vivir donde mandan tiranos».

Decir Porfiriato es decir antidemocracia. En este dilatado periodo se retrocedió en el terreno político. El poder se sustentó en el aparato de fuerza. Las leyes eran cumplidas en la forma, pero violadas en el fondo. La Constitución fue un parapeto que ayudaba a ocultar el verdadero rostro de la dictadura. Porfirio creó un sistema político al margen de la Constitución y las instituciones. Atrás fueron quedando los tiempos de la división y el equilibrio de poderes. La Presidencia domesticó al Legislativo y al Judicial. La combatividad de la Cámara de Diputados se fue apagando. Don Daniel Cosío Villegas comparaba al Congreso porfirista con doña Eustaquia, personaje de la famosa comedia de Bretón de los Herreros, que se apresuraba a darle la razón a su marido don Rufo antes de que este abriera la boca. El Poder Judicial dejó de ser el faro de la ley. En pocas palabras, el Ejecutivo se convirtió en el poder de los poderes.

En cuanto a los derechos políticos, Porfirio usó para sus enemigos la mano dura y les aplicó la famosa fórmula de «mátalos en caliente». En su régimen se apagó la libertad de prensa y cobró fama la ley mordaza. Por supuesto, las prácticas del gobierno central se reproducían en el ámbito local. En ese entonces se definieron las facultades de las autoridades de los estados y las del centro. Funcionaba una regla no escrita que se haría famosa: el presidente ponía gobernadores y ministros de la Corte, senadores y diputados. Los gobernadores, a su vez, se arrogaban el derecho de hacer lo propio con las autoridades locales. Para mantener un sistema de gobierno centralizado y fuerte, Porfirio confió a los militares la administración de los estados. El sometimiento de todas las instancias de gobierno al poder central se logró mediante la imposición de incondicionales en los cargos públicos.

Las prácticas electorales se simplificaron. Aparecieron las llamadas palomas viajeras, que llevaban las listas a los gobernadores en vísperas de elecciones de diputados y senadores. Los hombres fuertes de los estados se comprometían a sacar adelante a los que aparecían en ellas. De esta forma se llegó a hablar por anticipado de los triunfos y cada vez se usaba más el «soy senador (o diputado) como lo dispuso el Señor Presidente».

La simulación democrática convirtió a las elecciones en trámites de rutina. El pueblo dejó su realización y resolución en manos del Gobierno. Bajo la máxima de menos política y más administración, se argüía que los comicios tenían que hacerse sin remedio, porque así lo disponían las leyes, pero en seguida se añadía que «cuanto más pronto mejor, ya que lo verdaderamente importante es que todas las clases sociales vuelvan a su vida normal y ordinaria para buscar en ella, a la sombra de la paz y del trabajo, el engrandecimiento de su ser material». Con todo ello la política sucumbió durante el Porfiriato.

En este ambiente de poder absoluto, sin justicia ni libertades, surgió de manera admirable la oposición al gobierno de Porfirio Díaz. Los disidentes más lúcidos y de firmes convicciones eran los magonistas. Ellos fueron los precursores de la Revolución. En homenaje a estos héroes casi anónimos recordemos algunos nombres: Camilo Arriaga, Librado Rivera, Juan Sarabia, Práxedis Guerrero, Federico Pérez Fernández, Santiago de la Hoz, Manuel Sarabia, Benjamín Millán, Evaristo Guillén, Gabriel Pérez Fernández, Antonio Díaz Soto y Gama, Rosalío Bustamante, Juana Belén Gutiérrez de Mendoza, Elisa Acuña, Tomás Sarabia, y los hermanos Jesús, Enrique y Ricardo Flores Magón.

Mucho antes que otros, este grupo de liberales empezó a enfrentar a la dictadura con la publicación de periódicos de denuncia y con la organización de clubes o comités para hacer labor de concientización y liberar al pueblo. Ante el hostigamiento y la represión, los magonistas tuvieron que refugiarse en las ciudades fronterizas de Estados Unidos. Desde allí editaban el periódico *Regeneración* que pasaban de contrabando y distribuían en el país; mantenían relación con dirigentes regionales, mujeres y hombres que hacían trabajo con obreros y campesinos.

Su organización y sus ideales influyeron en las huelgas de Cananea, Sonora, y Río Blanco, Veracruz, y más tarde, en todo el movimiento revolucionario.

En el terreno de las libertades políticas, Francisco I. Madero es el dirigente más destacado de la Revolución. A pesar de su holgada situación económica, de ser hijo de hacendado, Madero era un idealista que tenía una sincera vocación democrática. En 1908 escribió el libro *La sucesión presidencial*, en el cual llamaba a enfrentar a la dictadura mediante la participación del pueblo en las elecciones de 1910. A partir de entonces se dedicó a organizar el Partido Antirreeleccionista e inició una campaña por todo el país con el lema «Sufragio Efectivo, no Reelección».

Este hombre lleno de bondad fue candidato a la Presidencia y tanto él como sus partidarios padecieron hostigamiento y fueron acusados de sediciosos. En plena campaña política, Madero fue privado de la libertad. El 14 de junio de 1910, desde la cárcel de Monterrey, Nuevo León, escribió a Díaz protestando por la represión y la falta de equidad en los medios, sin dejar de manifestar su apego a la ley y su decisión de procurar los cambios por la vía pacífica. Sin embargo, no dejó de advertirle que:

> Si usted y el señor Corral se empeñan en reelegirse a pesar de la voluntad nacional y, continuando los atropellos cometidos, recurren a los medios en práctica hasta ahora para hacer triunfar las candidaturas oficiales y pretenden emplear una vez más el fraude para hacerlas triunfar en los próximos comicios, entonces, señor General Díaz, si desgraciadamente por ese motivo se trastorna la paz, será usted el único responsable ante la nación, ante el mundo civilizado y ante la historia.[21]

Poco después, luego del fraude en las elecciones, Madero no tuvo más remedio que convocar al pueblo a que el 20 de noviembre a las 6 de la tarde se tomaran las armas para derrocar al régimen porfirista. El levantamiento armado obligó a renunciar al dictador, quien abandonó el país para morir en Francia. Francisco I. Madero llegó a la Presidencia de la República. Sin embargo, por lo arraigado que estaba el régimen de componendas y complicidades y por la falta de organización del pueblo, entre otros factores, se produjo la ingobernabilidad, posteriormente aprovechada por una pandilla de rufianes para cometer la felonía de asesinar a quien sería llamado Apóstol de la Democracia y al vicepresidente José María Pino Suárez, el cual, por cierto, era de origen tabasqueño.

A raíz de estos hechos funestos, se propagó por todo el país el movimiento revolucionario. Francisco Villa constituyó la célebre División del Norte. En el sur, Emiliano Zapata siguió enarbolando el Plan de Ayala para exigir que se devolviera y se entregara la tierra a los campesinos. A su vez, Venustiano Carranza fue el primer gobernador que desconoció al golpista Victoriano Huerta y llamó a luchar contra la usurpación. Aunque Huerta fue derrotado, las divisiones en las filas revolucionarias por diferencias ideológicas y políticas complicaron la posibilidad de acuerdos para lograr la estabilidad del Gobierno y, sobre todo, para cumplir con las demandas del pueblo.

Pero, aun en aquellos tiempos convulsionados, se avanzó en las transformaciones nacionales y el sacrificio de los mexicanos no fue en vano. En la Constitución de 1917, se reconocieron los derechos sociales: el derecho de los campesinos a la tierra; el salario mínimo, la jornada de ocho horas; la organización sindical; el derecho a la educación y, a pesar de fuertes presiones de las compañías y Gobiernos extranjeros, se definió en el artículo 27 la propiedad y el dominio de la nación sobre las riquezas naturales, en particular, el petróleo.

Desde luego, no fue fácil convertir en realidad estas reivindicaciones. Para lograrlo perdieron la vida más de 1 000 000 de mexicanos y todavía hubo que esperar un buen tiempo. No obstante, la justicia llegó. De ahí la trascendencia del general Lázaro Cárdenas del Río, porque con hechos dio respuesta a las demandas sociales incumplidas y afianzó la soberanía nacional. Entre 1934 y 1940, su gobierno entregó 18 000 000 de hectáreas a 1 000 000 de familias campesinas, defendió a los trabajadores e hizo valer los derechos laborales. También, para beneficio de todos los mexicanos, expropió el petróleo que estaba en manos de extranjeros. El general Cárdenas fue el único gobernante revolucionario que profesó un profundo amor hacia el pueblo y a la nación.

Pero aun cuando hubo progreso en el terreno social, la Revolución no produjo cambios sustanciales en lo político y se siguió ejerciendo el poder sin la participación del pueblo. En 1929 surgió el Partido Nacional Revolucionario, PNR —más tarde, Partido de la Revolución Mexicana, PRM, y finalmente, Revolucionario Institucional, PRI—, como instrumento para garantizar el triunfo en las elecciones de quienes recibían el visto bueno del hombre fuerte del país, de los caciques e influyentes. Cosío Villegas decía que ya no estaba don Porfirio, sino doña Porfiria. Y tenía razón, porque en sentido estricto, después de la Revolución, se mantuvo el régimen de imposición, centralista, vertical y autoritario. El hecho es que nunca se había podido aplicar la primera parte del lema de Madero, «Sufragio Efectivo»; la democracia seguía siendo una asignatura pendiente.

Durante el largo dominio del PRI como partido único, se registraron al menos cuatro grandes fraudes en elecciones presidenciales: los cometidos contra José Vasconcelos (1929), Juan Andreu Almazán (1940), Miguel Henríquez Guzmán (1952) y Cuauhtémoc Cárdenas (1988). A mí me tocó padecerlos durante el periodo del PRIAN, en 2006 y 2012. Pero el mayor agravio de las imposiciones ha sido para millones de mexicanos esperanzados y comprometidos en hacer realidad la democracia en México.

Hay mucha bibliografía sobre cómo fueron estos fraudes. Héctor Vasconcelos, en un folleto de testimonios del fraude del 2012, elaborado por periodistas e intelectuales, escribió que contra su padre, José Vasconcelos —a quien acompañaba primordialmente la juventud universitaria—, se utilizó el

> caudillismo político-militar de los años 20 y la complicidad abierta de la embajada estadounidense; contra Almazán se emplearon medios políticos y policiaco-militares; contra Henríquez Guzmán se echó mano de todos los recursos políticos y financieros de un sistema que por aquellos días se aproximaba a su cenit; contra Cuauhtémoc Cárdenas se utilizó, además de toda la fuerza del aparato político, la burda manipulación de los votos y los vergonzantes acuerdos postelectorales entre el PRI y el PAN; contra López Obrador se dio en 2006 la alianza grosera de los poderes fácticos, incluida la pareja presidencial en turno, con las autoridades electorales que traicionaron su vocación y desacreditaron, quizá irremediablemente, la institucionalidad democrática de México.

De todos modos, debe decirse que cada caso tiene sus propias características y los fraudes de 2006 y 2012, cometidos ambos durante los gobiernos panistas, fueron diferentes: la imposición de Calderón tuvo más que ver con lo cibernético —recuérdese que su cuñado Hildebrando fue el encargado del sistema de cómputo en la elección— y con la falsificación de resultados; la de Peña Nieto, en cambio, se caracterizó por el uso de dinero a raudales para comprar los votos de la gente más pobre de México. Por eso es importante profundizar en el análisis de este segundo fraude.

• • •

Como ya expliqué, la minoría que domina en el país decidió, de tiempo atrás, imponer a Enrique Peña Nieto como presidente de México para mantener el régimen de corrupción que les beneficiaba. Unos días después del fraude de 2012, una mujer, amiga de Marcelo Ebrard, en una comida con los hombres del poder, buscando una justificación a lo sucedido en la elección presidencial, puso en la mesa esta interrogante: ¿qué hubiera pasado si, en vez de AMLO, el candidato de a izquierda hubiese sido Marcelo Ebrard? La respuesta no tardó en llegar: el obispo, ya finado, Onésimo Cepeda le contestó: «No, niña, desde mucho antes decidimos que Enrique Peña Nieto sería presidente».

Ya vimos también cómo la estrategia que pusieron en práctica consistió en utilizar sus medios de comunicación para introducir al mercado, mediante la publicidad, al sobrino de Arturo Montiel a fin de convertirlo en figura nacional. Televisa, *Milenio* y muchos otros se dedicaron a proyectar una imagen de Peña

Nieto que no correspondía a lo que realmente representaba. Con esa fórmula mantuvo una gran popularidad durante mucho tiempo, pero en la campaña las cosas empezaron a cambiar. Ya en diciembre de 2011, cuando tuvo que enfrentar a los medios sin asistencia de apuntadores y sin edición de video, Peña Nieto cometió numerosos dislates que fueron ampliamente difundidos en las redes sociales. Poco a poco la gente fue descubriendo que aquella figura mediática era un engaño, una farsa.

Cinco días después del primer debate, el 11 de mayo de 2012, Peña Nieto asistió a la Universidad Iberoamericana. Los estudiantes lo encararon y su torpe y autoritaria respuesta, secundada por los políticos que lo rodeaban, así como la distorsión de los hechos en los medios de comunicación, en particular de Televisa, dio lugar al movimiento #YoSoy132. A partir de entonces, esta expresión estudiantil y juvenil, con la doble demanda de derecho a la información y de no permitir la imposición de Peña Nieto, empezó a despertar a otros jóvenes en el país y a sacudir las conciencias de los ciudadanos, sobre todo de las clases medias de México.

Después de ese acontecimiento, el rechazo a Peña Nieto empezó a crecer y se precipitó su desplome en las preferencias electorales. El jueves 31 de mayo el periódico *Reforma* dio a conocer una encuesta en la cual la diferencia entre Enrique Peña Nieto y mi candidatura era de apenas 4 puntos. Días después, del 31 de mayo al 4 de junio, nuestro equipo técnico levantó otra y el resultado ya nos daba 2 puntos de ventaja.

Cuando sus patrocinadores se percataron de que Peña Nieto se estaba cayendo, buscaron desesperadamente reforzar su estrategia mediática y consiguieron el apoyo del expresidente Fox. El 11 de abril este individuo dio una puñalada trapera a la candidata de su partido al declarar «mi parte racional me dice que solo un milagro hará que el PAN no pierda la Presidencia». Posteriormente, el 2 de mayo, en una reunión con corresponsales extranjeros, dijo que si no asistía a los mítines de la aspirante presidencial panista, era porque «es una pérdida de tiempo, es inútil». Así terminó de ganarse Fox un lugar en la historia como traidor a la democracia. Pero no solo él; también *los hombres de negocios* que tienen desde afuera más influencia en el PAN iniciaron, con el consentimiento de Calderón, la guerra sucia en mi contra. Supe por ese entonces, como ya lo expresé, que doblegaron a Josefina, la cual, hasta ese momento, se había dedicado a cuestionar a Peña, sin meterse mucho conmigo.

Como parte de los acuerdos de esos días entre operadores del PRI y del PAN, los publicistas de ambos partidos grabaron de manera conjunta mensajes en mi contra para radio y televisión. Los del PRI hacían referencia al plantón de Reforma; a René Bejarano y su supuesta recaudación de fondos para mi campaña. Los que llevaban el logotipo del PAN, curiosamente, también versaban sobre el plantón de Reforma y hacían alusión a la frase que dije en el 2006: «Al diablo con sus instituciones». En todos los casos se distorsionaba la realidad. En uno de estos mensajes, avalado por el PAN, se sacó de contexto una frase de mi discurso dirigido a los jóvenes el 21 de mayo en la Plaza de las Tres Culturas de Tlatelolco, cuyo audio editaron para hacerme aparecer como partidario de la vía armada, cuando mi mensaje era a favor de la lucha pacífica y legal.

La campaña de lodo fue secundada por los medios de comunicación al servicio del régimen. Por esos días, el 30 de mayo, apareció en el periódico *El Universal* la transcripción de una grabación que se hizo de un encuentro de ciudadanos y empresarios en la cual se escuchaba a un colaborador de Luis Mandoki, nuestro asesor en mensajes audiovisuales, diciendo: «Necesitamos conseguir seis millones de dólares para ganar la campaña presidencial, los demás temas los tenemos bajo control [...] esta elección la vamos a ganar [...] quería pedir en esta ocasión que le pudieran dar a la campaña sabiendo que es un apoyo no a la esperanza, sino al triunfo». Y aunque se aclaró que yo no estaba enterado, como se menciona en la misma grabación, y que nunca nadie aportó nada, el periódico, en contubernio con Televisa y con otros medios, siguió refriteando el asunto, aplicando una de las máximas del hampa del periodismo, según la cual, «la calumnia, cuando no mancha, tizna».

Como era de esperarse, los medios convencionales desempeñaron en conjunto una función realmente truculenta. La excepción fueron las redes sociales. La falta de equidad en tiempos de candidatos en radio y televisión está consagrada hasta en la misma ley electoral, aprobada después del fraude del 2006. Por ejemplo, por cada mensaje de nosotros, la candidata del PAN tenía derecho a dos, y Peña, a tres. A ello agregaría que el manejo informativo fuera de los tiempos oficiales fue completamente tendencioso. Esta desproporción se hizo evidente hasta en el monitoreo elaborado por la UNAM a solicitud del IFE. En ese reporte se señala que el candidato del PRI ocupó durante la campaña el mayor tiempo destinado por los noticiarios de radio y televisión, y aun cuando el muestreo no incluyó los géneros de opinión, análisis y debate, de 3 853 valoraciones de los cuatro candidatos, Peña Nieto tuvo 668 menciones positivas y 480 negativas, mientras que, en mi caso, recibí 477 valoraciones positivas y 974 negativas.

Una peculiaridad es que desde el primer día de campaña apareció una lluvia de encuestas y sondeos de opinión que no paró sino hasta la elección presidencial. En evidente componenda con el candidato del PRI, empresas como GEA-ISA/*Milenio*, *El Universal*/Buendía y Laredo, BGC/*Excélsior*, Consulta Mitofsky/Radio Fórmula/Televisa, entre otras, se dedicaron a difundir resultados que no correspondían a la realidad y cuyo propósito fue proyectar la imagen de que Enrique Peña Nieto era inalcanzable.

Esta descarada manipulación se tradujo en propaganda disfrazada, promovida por los dueños de empresas de medios de información para eludir la prohibición expresa a los particulares de contratar tiempos en radio y televisión. Es decir, se violaron los párrafos 2 y 3 del inciso g, de la base III, del artículo 41 de la Constitución, los artículos 49.3 y 49.4 del Código Federal de Instituciones y Procedimientos Electorales, así como el «Acuerdo General del Instituto Federal Electoral que estableció los lineamientos y los criterios de carácter científico que deberán observar las personas físicas y morales que pretendan ordenar, realizar y/o publicar encuestas por muestreo, encuestas de salida y/o conteos rápidos durante el proceso electoral 2011-2012».

Por ejemplo, la encuesta GEA-ISA/*Milenio* se difundió diariamente en periódicos, radio y televisión. Inclusive, el 27 de junio, último día de campaña, este medio de comunicación sostuvo que «tras 101 días de seguimiento diario electoral», Peña Nieto mantenía una ventaja de 18.4%, casi tres veces por encima del resultado oficial que reconoció el IFE. El conductor de noticias Ciro Gómez Leyva, quien en ese entonces trabajaba para la televisora Milenio, fue el difusor de esas encuestas durante más de tres meses.

Un caso que demuestra cómo estaban subordinados los medios a Peña y al PRI es lo sucedido al término de la elección en Tabasco. Al cierre de las casillas, cuando ya se sabía que Arturo Núñez había ganado, lo buscaron de Televisa para entrevistarlo en su condición de candidato triunfador. Más de una hora lo tuvieron esperando frente a las cámaras, donde supuestamente se haría un enlace con Joaquín López-Dóriga, en el marco de un programa especial en el que daban a conocer los resultados de elecciones locales. Para asombro del candidato de Movimiento Progresista, se informó que el conductor sostuvo al aire que en el caso Tabasco «lo cerrado de los resultados entre los principales contendientes a la gubernatura no permitía dar un ganador», según se lo reportaba Consulta Mitofsky. Lo más irresponsable y grave fue que, a partir de ese momento, grupos de choque del PRI comenzaron a robarse las urnas para reventar la elección y hubo conatos de violencia, aunque la participación activa y decidida de la gente hizo abortar ese llamado Plan B. Al final, según cifras oficiales, Arturo Núñez superó con 7.5% a su adversario. Aquí agrego que, casi a la media noche, Peña le habló por teléfono a Pedro Joaquín Coldwell, presidente del PRI, pidiéndole que ya «soltaran» Tabasco porque quería mandarme un «guiño». No digo, por decencia, lo que pensé entonces sobre esta situación.

• • •

Sin embargo, no fueron estas maniobras ni la desorientación de la opinión pública lo que más influyó para impedir el cambio de régimen. En esta ocasión, lo determinante fue el uso del dinero para traficar con la pobreza de la gente. Es un hecho que, cuando los patrocinadores de Peña sintieron que no les iba a bastar la manipulación mediática para ganar la elección, se aplicaron a obtener los votos a como diera lugar, sin ningún escrúpulo. El 12 de junio, en Toluca, en la residencia oficial del gobernador del Estado de México, 16 gobernadores del PRI se reunieron con Peña Nieto y su equipo de campaña. Ahí se asignó cuota de votos por mandatario. Por ejemplo, Eruviel Ávila, el gobernador mexiquense, se comprometió a conseguir 2 900 000 votos que, casualmente, fue los que obtuvo Peña Nieto en esa entidad federativa. La confabulación de los gobernadores en el Estado de México se tradujo en la utilización de recursos del presupuesto público de los estados para comprar millones de votos en todo el país.

Una prueba bien documentada de lo anterior fue la forma en la que operó el gobernador de Zacatecas, Miguel Alonso Reyes, quien asignó tareas electorales a sus principales colaboradores por municipio y por distrito: está comprobado que estos funcionarios manejaron chequeras con millones de pesos para la compra de votos. El hecho fue denunciado a la Fiscalía Especial para Delitos Electorales (Fepade); pero, como se dice en el argot de los abogados, ni siquiera le asignaron número de averiguación.

Desde luego, la caja abierta y grande de Peña fue la Secretaría de Finanzas del Gobierno del Estado de México. El día 2 de agosto, Ricardo Monreal Ávila, coordinador de mi campaña, dio a conocer la existencia de la cuenta 806935 de Scotiabank, que pertenecía al Gobierno del Estado de México, pero que era administrada por Luis Videgaray Caso. Esta cuenta, que permaneció prácticamente inactiva en los meses de diciembre de 2011 y enero de 2012, manejó en inversiones, de febrero a junio del 2012, alrededor de 8 000 millones de pesos y quedó otra vez con un saldo menor, a finales del mes de junio; es decir, con el mismo comportamiento de los meses previos a la campaña y a su mayor utilización.

Aun cuando Videgaray, los dirigentes del PRI, el banco y el Gobierno del Estado de México respondieron que se trataba de un infundio, al día siguiente de que se presentó esta denuncia se dio a conocer un audio donde una empleada de dicho banco confirmó que, en efecto, la cuenta existía a nombre del Estado de México y que el administrador único acreditado era Luis Videgaray Caso. Luego se dio a conocer una transferencia bancaria por 50 millones a la misma cuenta cuyo beneficiario era un particular de nombre Marco Antonio González Pak. Sin embargo, el Banco de México modificó el SPEI de su página electrónica, argumentando que lo hizo a solicitud de Scotiabank porque se trataba de un error. Y todo quedó en la opacidad que prevalecía en el régimen de componendas y complicidades.

Antes y durante la elección, los operadores del PRI se dedicaron a repartir dinero por todo el territorio nacional a cambio de sufragios. Tanto, que en una encuesta del periódico *Reforma* del 9 de septiembre, dos meses después de la elección, 71% de los mexicanos contestaron que hubo compra de votos durante el proceso electoral.

Aunque en la compra del sufragio se empleó dinero en efectivo, despensas, materiales de construcción y entregaron animales de corral, comida, fertilizantes y otras dádivas, la novedad fue el uso de monederos electrónicos de bancos y tiendas comerciales para dispersar grandes cantidades de dinero de procedencia ilícita.

En la ingeniería financiera empleada de ese operativo, las llamadas empresas *outsourcing*, que estaban de moda en el mundo delictivo *de cuello blanco*, al igual que las factureras, desempeñaron una función muy relevante. Eran corporativos que mantenían un número determinado de empresas fantasma que servían tanto para la subcontratación, a fin de evitar el pago de prestaciones a los trabajadores, como para la evasión fiscal. Pero en esta ocasión el acuerdo entre Peña y estos prósperos empresarios de la piratería o de la economía informal consistió en utilizar las empresas fantasma a fin de lavar dinero y distribuirlo con tarjetas para comprar votos y conciencias.

Empecemos por las tarjetas de Soriana. Es conocido que en la zona conurbada del Distrito Federal estos comercios fueron prácticamente vaciados por multitudes del Estado de México, las cuales al día siguiente de la elección y en los posteriores usaron esas tarjetas con desesperación hasta agotar el saldo. Se pudo probar la existencia de cuando menos 10 tipos de tarjetas de esa tienda: Soriana A precio por ti, Soriana A precio por ti CTM, Tarjeta Buen Vecino Mercado Soriana, Tamaulipas Siempre Gana (En Tamaulipas, PRI Por Ti), Mi Ahorro Soriana (Ciudad Juárez, Chihuahua), Banamex Soriana Mi Ahorro (Ecatepec de Morelos, Estado de México), Soriana Obsequia A Precio (Nuevo León), Soriana Aprecio Por Ti (Nuevo León, con numeración color amarillo), Soriana A Precio Por Ti (Estado de México, en color gris con numeración en la parte trasera) y Tarjeta Buen Vecino Soriana Híper (Sinaloa, Culiacán).

Hay testimonios de cómo fueron entregadas estas tarjetas con saldos de 500 o 1 000 pesos a cambio del voto a favor del PRI. La señora Erika Gómez Reyes, de Tlalnepantla, escribió diciéndonos que «antes de la elección entregaron tarjetas Soriana entre ellas a mí... las repartieron en la vicaría de Santa Clara... todas traían 500 pesos, los cuales yo no he utilizado. Siendo estas condicionadas para el voto por el PRI, la cual anexo a este escrito en original».

El 11 de julio del 2012 el notario público Enrique Almanza Pedraza, de la Ciudad de México, hizo constar en un acta que, a solicitud de la señora Leticia Piña Mora, se dirigió a la calle Primera Cerrada de Juan Enríquez, número 194, colonia Juan Escutia, en la unidad habitacional Voceadores de México, delegación Iztapalapa:

donde se encuentran reunidas veintidós personas manifestándome estas que, una semana antes de que se llevaran a cabo las pasadas elecciones del primero de julio del presente año, diversas personas que vestían playeras del PRI nos visitaron en nuestros domicilios solicitándonos las credenciales de elector para recabar nuestros datos, entregándonos en ese momento, por cada credencial de elector, una tarjeta de plástico con la leyenda de SORIANA A PRECIO POR TI, indicándonos que, una vez que votáramos por el candidato Enrique Peña Nieto, se activarían inmediatamente por un monto de $1 000.00 UN MIL PESOS, MONEDA NACIONAL, por tarjeta y que podríamos pasar a cualquier tienda SORIANA para hacer nuestras compras, manifestando que al acudir a las tiendas efectivamente compramos productos por esa cantidad, destacando que, cuando acudimos a la tienda antes mencionada, existían aproximadamente doscientas personas formadas para hacer efectiva la tarjeta... Posteriormente se presenta la señora de nombre Julia Sánchez Osorio y me manifiesta que, el día veinticinco de junio del presente año, nos reunimos aproximadamente trescientas personas en el Salón «MARVET», ubicado en la calle Cuarta Avenida, número treinta y cuatro, Colonia Benito Juárez, Municipio de Nezahualcóyotl, Estado de México, en el cual se presentó el candidato a Diputado Federal del Partido Revolucionario Institucional, Víctor Manuel Sánchez Tinoco, y nos entregó, a cada una de las personas que asistimos, tarjetas de la tienda SORIANA con el fin de que votáramos por el candidato Enrique Peña Nieto, y al acudir a la tienda con la tarjeta correspondiente, realicé compras de diversos productos por la cantidad de $985.00 NOVECIENTOS OCHENTA Y CINCO PESOS, MONEDA NACIONAL, lo cual lo demuestro en este momento con el recibo correspondiente de la compra realizada y la tarjeta correspondiente.

Unos campesinos de la región norte de Guerrero, limítrofe con el Estado de México, me enviaron una relación de 596 personas que recibieron tarjetas de prepago Soriana-Mi Ahorro-Banamex a cambio de su voto por Peña Nieto. Tengo fotografías que demuestran, por el número de serie, que se entregaron más de 1 000 000 de tarjetas Soriana CTM.

Otro hallazgo importante fue comprobar la existencia y el uso de los monederos Monex. Como antecedente, el 26 de junio el Partido Acción Nacional presentó una denuncia ante el IFE y la Fepade, entregando como pruebas dos tarjetas Monex Recompensa, con sus respectivos testimonios notariales, de dos ciudadanos de Guanajuato que aseguraron haber recibido estos monederos electrónicos como pago por su desempeño en la estructura electoral del PRI. En su escrito, el PAN demandó la investigación correspondiente, asegurando que el PRI había destinado 700 millones de pesos para este propósito. Pero al paso del tiempo los panistas dejaron de hablar del asunto.

Sin embargo, simpatizantes nuestros nos hicieron llegar 33 facturas y una relación de depósitos para la adquisición de tarjetas Monex por un monto de 108 200 764 pesos. En dichas facturas aparecen como clientes el Grupo Comercial Inizzio, S. A. de C. V. y la Importadora y Comercializadora Efra, S. A. de C. V., los cuales compraron a Monex 10 674 tarjetas, con sus respectivas cargas de «saldos prepago». El 15 de julio, en entrevista con el *Reforma*, el director de Monex admitió tácitamente la autenticidad de las facturas. Al mismo tiempo, iniciamos por nuestra cuenta una investigación sobre las características de las empresas que contrataron este servicio, así como otras empresas que depositaron un total de 70 281 078 pesos a favor de Monex mediante transferencias bancarias, depósitos en firme y otros depósitos cuya procedencia se desconoce. De esta investigación se desprendió que las empresas eran fantasma y que en dos de ellas los accionistas eran dos obreros, uno de ellos ya fallecido.

En respuesta, el 19 de julio el PRI aseguró que había contratado a la empresa Alkino Servicios y Calidad, S. A. de C. V. para manejar 7 850 tarjetas por un monto total de 66 326 300 pesos y que estos recursos solo se habían distribuido el día de la elección para pagar a quienes participaron como integrantes de su estructura electoral. La aseveración tenía el propósito evidente de que esos montos no fueran considerados gastos de campaña, sino como gasto ordinario de ese partido. Pero aun así se violaban los artículos 215 y 229.2 del Código Federal de Instituciones y Procedimientos Electorales. Además, esa coartada era insostenible, dado que las facturas, documentos y testimonios demuestran que dichas tarjetas se entregaron desde abril, y no solo a los representantes generales y de casilla del PRI.

Por si fuese poco, desde el 13 de julio nos llegaron tarjetas denominadas Monex-Lealtad procedentes de Tabasco. En total, obtuvimos 25 tarjetas de esa entidad, una del Estado de México, tres de Puebla, dos de Morelos y una de Veracruz. El día 26 de julio recibimos de Tabasco una relación de 4 891 responsables de activismo y movilización del PRI, conocidos como RAV, que recibieron pagos mediante monederos Monex.

Estos operadores no necesariamente actuaron como representantes de casilla, sino como promotores del voto a favor de Enrique Peña Nieto. Como se comprobó con la grabación de un muestreo telefónico que llevamos a cabo de estos responsables de activismo y movilización del PRI en Tabasco, dichas personas recibieron pagos mediante las tarjetas Monex por alrededor de 4 000 pesos en el periodo de abril a junio.

Con estos elementos puede afirmarse que si en Tabasco, que tiene 1 133 secciones electorales, el PRI distribuyó 4 891 tarjetas Monex, por lógica, en todo el país, donde hay 66 740 secciones electorales, debieron ser utilizadas alrededor de

260 000 tarjetas, un promedio de 4 por sección, de lo cual se deduce que, solo por este concepto, el PRI a través de múltiples empresas fantasma contrató más de 1 000 millones de pesos con el Banco Monex. En su momento, sostuve que esta hipótesis debía ser confirmada por los consejeros del IFE y magistrados del TEPJF, pues bastaba con solicitar a la Comisión Nacional Bancaria y de Valores que ordenara a Monex la entrega de más de 4 000 facturas que emitió durante los tres meses de campaña presidencial.

Aunque el caso Monex es el más documentado, este fue solo uno de los medios utilizados por el PRI para entregar dinero de procedencia ilícita a favor de Peña Nieto. Téngase en cuenta que también recibimos tarjetas de los bancos Santander, Bancomer y Banamex. Al respecto, comparto lo que me escribió el ciudadano Mauricio Guillermo García González, desde Córdoba, Veracruz:

> Fui invitado a ser representante de casilla. En la tarjeta que presento (Tarjeta BBVA Bancomer De Pagos), me depositaron 4 000.00, a los suplentes, 2 000.00 pesos. Yo siendo propietario, recibí la primera cantidad. Me la dieron en el Salón Tejeda el viernes 29 de junio a las seis de la tarde y a todos los que conformaron la estructura electoral del Distrito XVI. Estuvo el candidato Paco Cessa esa tarde, donde nos dieron de comer tacos, nos dieron el material para el día de la jornada electoral, como lámparas, lista nominal y un abono de saldo a los celulares por 250.00 pesos tiempo aire, y posteriormente habría unas rifas de Blackberry con base en los números proporcionados por los AG's y RC's (representante general y de casillas). Soy un estudiante y por necesidad me vi obligado a aceptar la tarjeta y ser representante de casilla por medio del partido PRI.

También es de dominio público que el PRI distribuyó alrededor de 5 000 000 de tarjetas telefónicas con la imagen de Enrique Peña Nieto. Estas tarjetas telefónicas prepagadas, cada una con 100 pesos de tiempo aire, debieron significar una erogación de 500 millones de pesos, sin considerar el costo de la manufactura y del plástico con que están hechas. ¿Quién contrató con Telmex este servicio? ¿De dónde salió el dinero? Nada de esto fue investigado por los consejeros del IFE ni por los magistrados del Trife.

La compra del voto se llevó a cabo en casi todo el país, pero fue más acentuada en las zonas donde viven los más pobres de México, en especial en el medio rural. Ahí se produjo el mayor nivel de participación ciudadana, contrariamente a lo que había sucedido en las anteriores elecciones presidenciales, y por encima de la media nacional que se dio en los comicios de 2012.

Por ejemplo, en los tres distritos con más población rural de Yucatán, la participación promedio fue de 86%. En Chiapas, se incrementó en 118% con respecto al 2006 y el PRI consiguió 506 000 votos más que en aquel año. En las zonas urbanas de ese estado, Peña Nieto ganaba por 4 223 votos, pero en el medio rural su ventaja era de 294 871 votos.

Una investigación que realizamos sobre el incremento de la participación ciudadana en el país arroja precisiones sobre lo atípico de este fenómeno: en el medio urbano la participación creció en 5.16%, en relación con el 2006, mientras que en el medio rural el aumento fue de 23.37 por ciento.

Esto explica por qué en las casillas rurales, que son 35% del total, Peña me «ganaba» con 2 801 402 votos, lo que representaba 84.1% de su supuesta ventaja a nivel nacional.

En un estudio elaborado por Ignacio Mier Velasco, Leonardo Corro y Miguel Reyes Hernández, denominado «¿Cómo votó Puebla?», se señala que la participación en ese estado varió en los 16 distritos electorales federales, en un rango de 55 a 70%, donde la votación fue mucho más alta en el campo que en las ciudades.

En los distritos urbanos, como los cuatro que corresponden al municipio de Puebla, donde se asienta la cuarta metrópoli del país, el rango osciló de 63 a 66%. Pero, extrañamente, disminuyó en los distritos contiguos, donde es menor la densidad urbana. Así, en el distrito X, correspondiente a Cholula, la participación fue 61% en promedio; en el XIII, correspondiente a Atlixco, el promedio cayó a 58%. Hacia el noroeste de la capital del estado, en el distrito V, San Martín Texmelucan, votó en promedio 60% del padrón; y por el lado oriente a la zona metropolitana, en Tepeaca (distrito VII), el porcentaje fue de 61 por ciento.

Esta lógica se rompió en las zonas rurales alejadas hacia el oriente, donde el distrito de Chalchicomula de Sesma incrementó la participación electoral a 63%. Algo similar ocurrió en los distritos de las sierras Norte y Nororiental, caracterizados por el predominio de la población rural y cuyos municipios tienen más de 50% de su población asentada en localidades menores a los 2 500 habitantes. En ellos, los índices promedio de participación electoral fueron de 68% en el distrito I, con cabecera en Huauchinango, de 67 a 72% en el distrito II de Zacatlán, de 66% en Teziutlán (distrito III) y de 67% en Zacapoaxtla (distrito IV).

En el sur de la entidad, como ya se mencionó, los promedios de participación electoral también disminuyeron. En el distrito XIV, de Izúcar de Matamoros, el índice fue de 56%, y en el XV, Tehuacán, de 60%, pese a que, gracias a su urbanización, la zona metropolitana de Tehuacán constituye el segundo municipio con mayor número de electores y el octavo con menor grado de marginación en el estado de Puebla.

Un comportamiento netamente contrario se dio en el distrito XVI, Ajalpan, situado en una región eminentemente rural; con la mitad de su población localizada en la Sierra Negra y la otra en la Mixteca Poblana, con altos índices de marginación y pobreza, en pequeñas localidades con amplísima dispersión demográfica y muy poca infraestructura para el transporte y la comunicación de sus habitantes. En este distrito la participación electoral fue la más alta en el estado de Puebla: 70 por ciento.

En el estudio citado, se advierte con mucha claridad que Peña Nieto obtuvo los votos en los municipios de alta y muy alta marginación. De los 217 municipios del estado, 131 estaban considerados entre los más pobres, es decir, registraban el mayor porcentaje de población de menor escolaridad y mayor porcentaje de vivienda con piso de tierra, así como dispersión de localidades pequeñas, la mayoría de las cuales se encuentran en situación de aislamiento físico, lejos de una carretera o ciudad. Allí Peña obtuvo 352 815 votos y yo, 224 529. Sin embargo, en los tres municipios urbanos de muy baja marginación, donde se incluye la capital, el resultado fue completamente distinto: él lograba 198 193 votos, y yo, 317 280.

Por eso conviene observar el cuadro y la gráfica siguientes:

	Elección de Presidente de la República Concentrado estatal por grados de marginación municipal				
	Alta y muy alta	*Media*	*Baja*	*Muy baja*	*Total*
PAN	205 351	100 759	133 467	202 675	642 252
%	25%	22%	29%	27%	26%
PRI	352 815	168 225	135 584	198 193	854 817
%	43%	37%	30%	26%	34%
PRD-PT-Alianza	224 529	154 814	163 415	317 280	860 038
%	27%	34%	36%	42%	35%
Panal	13 536	15 202	11 351	16 029	56 118
%	2%	3%	2%	2%	2%
Nulos	23 657	14 671	14 975	16 560	69 863
%	3%	3%	3%	2%	3%
Otros	112	123	250	299	784
%	0%	0%	0%	0%	0%
Totales	100%	100%	100%	100%	100%
Votación	820 000	453 794	459 042	751 036	2 483 872

Otra prueba de que esta elección presidencial fue definida por el uso del dinero para la compra de los votos es que en las ciudades las tendencias electorales fueron distintas a las del medio rural, y no solo porque en las primeras hay más información, sino también porque en ellas el PRI no pudo aplicar la estrategia de

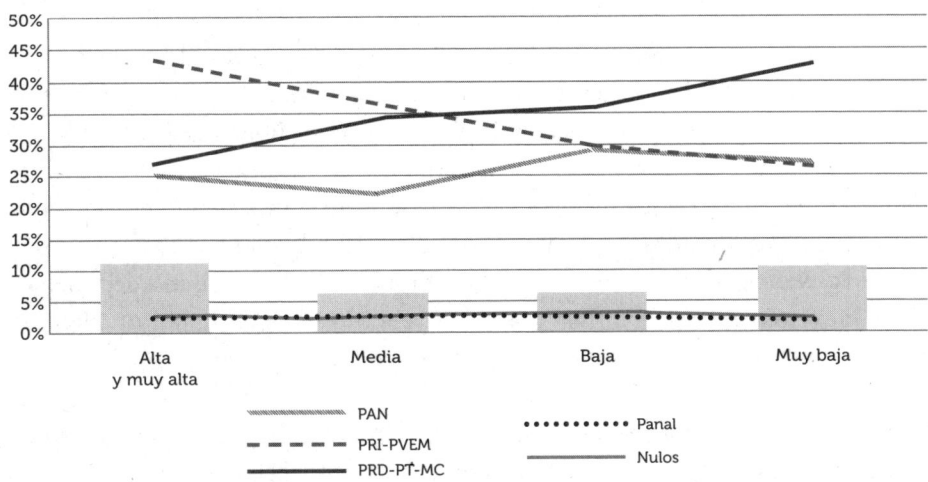

Elaboración propia a partir de los resultados electorales oficiales difundidos por el Instituto Federal Electoral y los datos del informe del Consejo Nacional de Evaluación de la Política de Desarrollo Social sobre pobreza municipal de 2010.

comprar votos a integrantes de las clases medias. En las casillas urbanas, que son 65% del total, Peña Nieto me superó, según cifras oficiales, con 528 383 votos y su ventaja la obtuvo en colonias con mayor marginación y pobreza, en las que se repartió dinero, tarjetas Soriana y otras dádivas.

En las 902 casillas especiales instaladas en todo el país, donde los ciudadanos sufragaron libremente —muchos se quedaron con las ganas de votar debido a que el IFE no entregó la papelería suficiente— el resultado fue completamente distinto: por Josefina Vázquez Mota, 27.8%; por Enrique Peña Nieto, 28.1%; por mi candidatura, 41.0%; por Gabriel Quadri, 1.6%; por candidatos no registrados, 0.2%, y votos nulos, 1.2%. En este tipo de casillas, Peña solo ganó en 4 de las 32 entidades de la República. Es decir, a más libertad y mejores condiciones de vida, menos votos para Peña Nieto.

Está demostrado, pues, que Peña Nieto y su partido obtuvieron millones de votos entregando dinero en efectivo, comida (pollos rostizados, carne de res y de cerdo), materiales de construcción y otras dádivas, aprovechando la pobreza de millones de mexicanos. Podrán decir algunos que en sentido estricto esta conducta no está tipificada como un delito electoral, pero se trata de un hecho indigno, inmoral y desde luego, antidemocrático. En lo personal, no deja de indignar y entristecer el que los responsables de la desgracia de millones de mexicanos utilizaran a sus víctimas, en particular a los más pobres, para sostener su funesto poder económico, político y mediático.

Esta es sin duda la mayor inmoralidad que se registró durante la elección presidencial y va más allá del uso del dinero para comprar votos; se trata de la mayor vileza humana. En ninguna circunstancia se puede justificar el tráfico con la pobreza y con el hambre. ¿Cómo puede haber una elección libre cuando se abusa de la necesidad de la gente? Podrá alegarse que los pobres que votaron por el PRI actuaron por su propia voluntad y en uso de su libre albedrío, pero esto implicaría omitir las graves carencias de millones de mexicanos y desconocer el desdichado mundo de los olvidados en donde lo más importante es sobrevivir y conseguir el sustento de cada día. Ahora bien: la culpa no recae en quien por necesidad vende su voto, sino en el que se aprovecha de la miseria del pueblo. Es como si solo se juzgara a Esaú por haber vendido su herencia por un plato de lentejas y no a Jacob, quien se valió del hambre de su hermano.

Este fue el gran tema en esta elección: el comercio con la pobreza de la gente. Por muy buenos resultados que haya dado la manipulación a través de los medios de comunicación, el voto de los pobres no habría beneficiado a Peña Nieto si no se hubiera efectuado la entrega de dinero o de una dádiva a cambio del sufragio. Es difícil imaginar que el priista, que no escondía su mentalidad clasista ni su desprecio por los desvalidos, hubiera sido visto por los pobres como su redentor.

Cortar de tajo esta práctica inhumana, corrupta y perversa resultaba indispensable para lograr una auténtica democracia en nuestro país. Permitir a quienes ejercen el poder que siguieran beneficiándose con la necesidad del pueblo equivaldría a aceptar y establecer en los hechos un régimen de suprema injusticia en el que entre más pobre y debilitado estuviera el pueblo, más fácil resultaría oprimirlo. En otras palabras, este retroceso implicaba la instauración de un sistema de esclavitud moderna en el que los pobres se convertirían en peones y habría amos que les comprarían su libertad. Conociendo la perversidad de los mandones de México, no dudo que a eso apostaban cuando hablaban del «nuevo PRI»; es decir, a mantenerse eternamente en el poder traficando con la pobreza de la gente y comprando la voluntad ciudadana. Y en lo sucesivo, ese fue el gran desafío que tuvimos por delante. No cabe duda de que Rousseau tenía razón cuando afirmó que «la igualdad de la riqueza debe consistir en que ningún ciudadano sea tan opulento que pueda comprar a otro, y ninguno tan pobre que se vea necesitado de venderse».

Aquí agrego un fragmento de lo declarado por Emilio Lozoya Austin ante la Fiscalía General de la República, en su carácter de testigo colaborador en el juicio en su contra, quien, en la elección presidencial de 2012, se desempeñó como coordinador de Asuntos Internacionales en la campaña de Enrique Peña Nieto y luego ocupó el cargo de director general de Pemex:

«CASO ODEBRECHT Y FINANCIAMIENTO DE CAMPAÑAS DEL PARTIDO REVOLUCIONARIO INSTITUCIONAL»

Conocí a Luis Weyll desde antes de que yo colaborara en la campaña del entonces precandidato Enrique Peña Nieto. Desde que conocía a Luis Weyll, me consultaba y me pedía orientación en la forma adecuada para expandir sus negocios, así como también identificar y estructurar proyectos en México y otros países de América Latina y Medio Oriente. Incluso, serví como enlace y le presenté a diversos empresarios en México, específicamente en los estados de Hidalgo, Veracruz y Estado de México, así como en los Emiratos Árabes Unidos, principalmente. Cuando ingresé a la campaña del PRI en el 2012, yo ya tenía una buena relación con Luis Weyll.

Entre el mes de octubre o noviembre de 2011, cuando viajó Enrique Peña Nieto a Nueva York a participar en un Foro del Consejo de las Américas, me pidieron él y Luis Videgaray Caso ser el Coordinador de Asuntos Internacionales, teniendo como una de las encomiendas el gestionar recursos de empresas extranjeras para financiar la campaña electoral. Esto era así, puesto que había que cubrir muchos gastos en asesores extranjeros y nacionales, así como en otros rubros.

De febrero a noviembre del año 2012, colaboré en la campaña y en el equipo de transición del entonces candidato a la Presidencia de México Enrique Peña Nieto, por el Partido Revolucionario Institucional, como encargado de Asuntos Internacionales, mi principal función era posicionar la imagen del candidato a escala internacional.

A principios del año 2012, tuve una reunión en una cafetería denominada El Globo, ubicada en Prado Sur, Lomas de Chapultepec, de la Ciudad de México, con Luis Weyll, a petición de Enrique Peña Nieto y Luis Videgaray Caso, quien fungió como coordinador de la Campaña Presidencial. La instrucción que tenía era la de gestionar recursos económicos para cubrir diversos pagos a consultores en materia electoral, consultores con sede, principalmente, en el extranjero, instrucción que me hizo Luis Videgaray Caso en sus oficinas ubicadas en la calle de Montes Urales. Conforme a lo antes señalado, yo le pedí a Luis Weyll que apoyara la campaña y/o precampaña de Enrique Peña Nieto a la Presidencia de la República y que para tales efectos Odebrecht aportara 6 000 000.00 (SEIS MILLONES DE DÓLARES AMERICANOS). Asimismo, le dije a Luis Weyll que esa petición venía directamente del entonces candidato Enrique Peña Nieto y que Odebrecht se vería beneficiado cuando ganase. Él me dijo que lo veía bien e incluso hablamos de que en cuanto ganara Peña Nieto iría a ver a Marcelo Odebrecht personalmente. Esta petición se la hice a Luis Weyll, puesto que el jefe de Luis Weyll, Marcelo Odebrecht, le había hecho ese ofrecimiento a Enrique Peña Nieto desde que fue gobernador, asimismo, puesto que en ese tiempo y como lo narraré a continuación, la empresa brasileña Odebrecht ya se había acercado a ofrecer esos recursos desde que Enrique Peña Nieto conoció a

Marcelo Odebrecht como gobernador del Estado de México. También hablamos del incremento en la construcción de obras y con ello el aumento en los contratos si al ganar Peña Nieto, se materializaba la reforma energética.

Enrique Peña Nieto ya conocía a Marcelo Odebrecht y a Luis Weyll, en virtud de una gira que realizó, cuando se desempeñó como gobernador del Estado de México, específicamente en una gira internacional de trabajo por Brasil el 11 y 12 de abril de 2010. A esa reunión asistieron —entre otros—, Enrique Peña Nieto, Juan Armando Hinojosa (Grupo Higa), David López (Comunicación Social) y Arnulfo Valdivia (Asuntos Internacionales del Estado de México). Esta gira se celebró en fechas inmediatas al Foro Económico Mundial en Cartagena, Colombia, y nos recibió directamente Marcelo Odebrecht, quien hizo una presentación corporativa en la que yo estuve presente. Esto fue posible porque Enrique Peña Nieto voló desde Cartagena hasta Brasilia, para encontrarse con Lula, reunión que no se concretó, de tal forma que al día siguiente se hizo la reunión con Odebrecht. Al término de la comida, Marcelo Odebrecht y Luis Weyll le ofrecieron apoyo económico a Enrique Peña Nieto, en su posible postulación como candidato a presidente de la República en 2012. Yo fui testigo de dicha conversación, que se realizó en idioma español, y que tuvo una duración aproximada de 5-10 minutos en el marco de la cual yo estuve presente. En el marco de esa conversación, Enrique Peña Nieto señaló que el contacto para recibir dicho apoyo económico sería Luis Videgaray Caso, quien, aunque no se encontraba presente, se sabía que era su persona de mayor confianza. Esa gira tuvo como objetivo, o como uno de los objetivos, dar a conocer a los empresarios los principales planteamientos de una posible candidatura de Peña Nieto, siendo que Marcelo Odebrecht tenía especial interés en apoyarlo. Uno de los atractivos de la candidatura de Peña Nieto era, sin duda, la reforma energética, lo que generaba amplio interés de muchas empresas.

Derivado de los apoyos que Odebrecht dio a la campaña electoral, Enrique Peña Nieto y Luis Videgaray Caso fortalecieron la relación con Luis Weyll, durante una comida en casa de Marcelo Odebrecht, en la ciudad de São Paulo, Brasil, durante la gira como presidente electo de Enrique Peña Nieto a Brasil, en el segundo semestre del año 2012. En dicha reunión asistieron tanto funcionarios de la Secretaría de Relaciones Exteriores y el equipo de transición, entre los que se encontraban Idelfonso Guajardo, Luis Videgaray Caso y el general Roberto Miranda, encargado de la seguridad por parte del Estado Mayor Presidencial. Mientras que por parte de Odebrecht estuvieron Marcelo Odebrecht (en su calidad de dueño de la empresa y anfitrión de la comida), Carlos Fadigas (director general global de Braskem), Luis Weyll y Roberto Bischoff (director general de Braskem México). Esa reunión fue fundamental, ya que ahí se empezó a construir una relación más directa entre el consorcio Odebrecht y el gobierno de Enrique Peña Nieto, siendo a partir de ahí su principal interlocutor el doctor Luis Videgaray Caso y el de la voz. Esa reunión fue cuidadosamente planeada ya que teníamos instrucciones de Luis Videgaray Caso de que no se supiera nada relativo a la reunión entre el entonces presidente electo y Marcelo Odebrecht. Por eso nunca se informó claramente a la opinión pública.

En esta reunión, además de hablar sobre la reforma energética, se habló sobre la importancia de que México continuara con el proyecto de Etileno XXI, ya que había sido una inversión superior a los 3 000 millones de dólares. Más adelante profundizaré sobre ese contrato. Así como también se habló del interés de Odebrecht en participar en la cadena de valor y en las obras que se requiriesen para implementar la producción y el procesamiento de hidrocarburos en México, para lo cual era indispensable la reforma energética.

Sin embargo, quisiera regresarme a los tiempos en los que iniciaba la campaña electoral del 2012. En la reunión mencionada que sostuve a principios de 2012 con Luis Weyll, en Prado Sur, es decir, en la que le pedí la cantidad de 6 000 000.00 (SEIS MILLONES DE DÓLARES AMERICANOS), este me mencionó que la cantidad que podría aportar la empresa Odebrecht a la compaña del entonces candidato del Partido Revolucionario Institucional a la Presidencia de la República, para posicionarse mejor con dicho partido político, sería de 4 millones de dólares, de los cuales, 2.5 serían íntegros para la campaña, situación que evidentemente le comuniqué tanto a Enrique Peña Nieto, como a Luis Videgaray Caso. Es cuando me instruye de manera directa Luis Videgaray Caso que agilizara dichos recursos, pues ellos me refirieron que ya habían contratado a una serie de consultores y que 2 500 000 dólares serían utilizados para cubrir los honorarios que se les debían a dichos consultores y que me concentrara en captar recursos. Eso me lo dijo Luis Videgaray Caso en las oficinas de Montes Urales estando presente Luis Weyll.

Por esa aportación de 2.5 millones de dólares realizada por Odebrecht para el pago de asesores, ya que recordemos que el 1.5 restante fue para mí, el propio Luis Weyll se encargó de hacerle llegar el mensaje a Enrique Peña Nieto. En un evento que hubo en el Camino Real en Polanco con el sector privado durante la campaña, el señor Luis Weyll y el señor Roberto Bischoff, este último director general de Braskem México, me pidieron que los llevara a saludar a Enrique Peña Nieto de forma personal al concluir el evento, siendo que Luis Weyll y Roberto Bischoff le dijeron a Peña Nieto «estamos con usted y cuente con nosotros» a lo que Peña Nieto les contestó «muchas gracias por el apoyo que nos han dado». Ese diálogo para Luis Weyll y Roberto Bischoff era más que suficiente para entender que Enrique Peña Nieto estaba perfectamente enterado de las aportaciones que darían.

Fue entonces cuando nuevamente me puse en contacto con Luis Weyll, a modo de organizar los detalles de dichas aportaciones, aclarando que se me hizo fácil proporcionarle a este una cuenta corporativa con la que contaba desde hace años una de mis empresas que tenía en Suiza, ya que durante varios años viví y laboré en dicho país. La empresa que yo señalé, a la cual depositó el dinero Luis Weyll, se llama Latin America Asia Capital Holding Ltd., empresa que yo compré en el año 2009 o 2010, desde la cual, de manera unilateral, nombré beneficiaria de esta a mi hermana Gilda Susana Lozoya Austin. Esto, recuerdo, fue a principios del año 2012, antes de que asumiera mi cargo público en México, como director general de Pemex.

Tengo pleno conocimiento de que Odebrecht realizó las transferencias desde una empresa *offshore* denominada Innovation Research Engineering and Development Ltd. a través de Meiril Bank Ltd. banco ubicado en Antigua (Caribe), por un monto total de $3 150 000.00 dólares. Aclarando que Odebrecht había acordado el pago de cuatro millones, pero solo se recibieron $3 150 000.00 dólares mediante transacciones financieras. Por otro lado, la cantidad de dinero que hacía falta para completar los cuatro millones de dólares; es decir, los $850 000.00 dólares, los iba a poner Fabiola Tapia Vargas en efectivo, y posteriormente ella le daría a Luis Weyll una cuenta para que se los depositaran a ella. Es importante aclarar que Fabiola Tapia Vargas era socia de Odebrecht y que Luis Videgaray Caso era insistente en el sentido de gestionar la entrega de los recursos para cubrir las deudas que se habían generado con motivo de la campaña presidencial. Este fue un tema recurrente, ya que los gastos de la campaña eran mayores a la disponibilidad de los recursos.

A continuación, se enlistan las fechas e importes depositados a la cuenta 126007 de la institución bancaria suiza de nombre Gonet/Cie, Ltd. a nombre de la moral Latin Asia America Capital Holding:

Fecha	Importe
20 de abril de 2012	250 000 dólares
25 de abril de 2012	495 000 dólares
27 de abril de 2012	505 000 dólares
23 de mayo de 2012	500 000 dólares
30 de mayo de 2012	490 000 dólares
8 de junio de 2012	510 000 dólares
18 de junio de 2012	400 000 dólares
Total	3 150 000 dólares

Una vez que fueron recibidos dichos recursos, y previo aviso a Enrique Peña Nieto y Luis Videgaray Caso, las instrucciones que recibí directamente por parte de Luis Videgaray Caso fueron las de realizar una serie de pagos a los siguientes consultores en el extranjero. Para estos efectos, él me entregaba por escrito los datos en tarjetas escritas a máquina de escribir o a computadora, argumentando que «no quería demorar ni contratiempos, pues tenía que rendir cuentas a Enrique Peña Nieto».

Fecha	Nombre	Cuenta	Importe
4 mayo de 2012	Dirk. Zavala. Rubarth LTD.	890-051218-5 Nueva York, EUA	200 000 dólares
4 mayo de 2012	International Strategic Solutions Inc. (Intermestic Partners).	5310110355 Pnc. Bank	35 000 dólares
4 mayo de 2012	Bean LLC (Fusion GPS)	389142697 Nueva York, EUA	40 000 dólares
4 mayo de 2012	Jose Eshkenazi Smeke	17026984 Nueva York, EUA	150 000 dólares
4 mayo de 2012	JC Llorden Sabat (Llorden Sabat Consulting)	83254739 Barclay's Bank	150 000 dólares
4 mayo de 2012	The Markham Group, Inc.	54231579 Little Rock, Ar, EUA	40 000 dólares
11 mayo de 2012	Bendixen & Associates Inc.	0019185406 Miami, Florida, EUA	50 000 dólares
16 mayo de 2012	Chlopak, Leonard Schechter & Associates Inc.	4945335404 San Francisco, California, EUA	168 742.56 dólares
23 mayo de 2012	T. Investment Corporation	2000062334068 San Francisco, California, EUA	250 000 dólares
5 junio de 2012	Chlopak, Leonard Schechter & Associates Inc.	4945335404 San Francisco, California, EUA	104 469.54 dólares
13 junio de 2012	Mauricio Sánchez	10094286810000 Fráncfort, Alemania	380 000 euros (equivalentes a 476 292 dólares)
		TOTAL	Aprox. 1 600 000 dólares

Estos hechos le constan al señor Rodrigo Arteaga Santoyo, quien para entonces era mi secretario particular, a quien me comprometo a presentar para que comparezca.

Estas cantidades de dinero aportadas a dichos consultores utilizados por el PRI, durante la campaña presidencial 2012, fueron aproximadamente de 1 600 000 dólares, y el remanente de aproximadamente 1 500 000 dólares me los quedé yo, dinero que deposité en la cuenta bancaria 0240-88097-4607 de la institución bancaria UBS, a nombre de la moral Tochos Holding Limited, empresa que es de mi propiedad y que utilizaba para mis negocios personales. Es importante destacar que Luis Videgaray Caso era quien me daba tarjetas con nombres de empresas y montos a pagar.

A su vez, estas empresas nos expedían facturas por diferentes servicios, pero si esas facturas mencionaban la campaña, se les solicitaba que hicieran otro tipo de facturas, que tuvieran que ver con prestación de servicios diversos a los señalados. De esta forma, los programas de *compliance* que operan al interior de las entidades bancarias no detectaban anomalías ni ponían trabas a los movimientos bancarios. Reitero que todos los pagos que se realizaron fueron por instrucción de Luis Videgaray Caso, quien desde la campaña fue mi superior y a quien siempre le reporté.

Los lugares en los que me encontraba con Luis Videgaray Caso para recibir sus instrucciones, relacionadas con pagos pendientes de la campaña y sobornos de Odebrecht, eran los siguientes:

a) Durante la campaña presidencial y la transición, las reuniones se realizaban en las oficinas de Montes Urales 425.
b) Durante el gobierno, en sus oficinas de Polanco, en la calle de Julio Verne.

Una vez que el candidato Enrique Peña Nieto ganó la elección y tomó protesta como presidente de la República, me invitó a trabajar en su administración como director general de Pemex. Dicho nombramiento representó un gran reto para mí y decidí aceptar, dada mi experiencia en el sector privado, aunque yo no conocía bien a Enrique Peña Nieto ni a Luis Videgaray Caso.[22]

• • •

En cuanto al papel de las autoridades electorales, bastaría con decir que los consejeros del IFE y los magistrados del TEPJF demostraron ser personajes acomodaticios, sin convicción, seleccionados a modo para formar parte del engranaje del régimen antidemocrático que predominaba. Viene al caso preguntarnos cómo, de 16 altos funcionarios que fueron nombrados para hacer valer la Constitución y las leyes de la materia, no hubo siquiera uno que actuara con dignidad y decoro.

Sin profundizar tanto en el análisis, la explicación de ese proceder está, en buena medida, en que ganaban más de 300 000 pesos mensuales, tenían viáticos, les pagaban suculentas comidas y viajes al interior del país y al extranjero, contaban con asesores, ayudantes, choferes y trabajadoras domésticas, y recibían atención médica privada hasta para hacerse cirugía plástica a costillas del erario. Y como es lógico, así colmados de atenciones y privilegios —«maiceados», como se decía en el Porfiriato— era muy difícil que pudieran tener el arrojo para disentir y actuar con libertad. Esta forma de cooptación explica, en mucho, el proceder de las autoridades y supuestos representantes populares: con algunas excepciones, era la regla, en todo el sistema político mexicano. Incluso el presidente del Tribunal llegó a sentenciar por anticipado. Apenas pasadas las elecciones declaró que quien no gana en las urnas no puede triunfar en la mesa. Es cosa de preguntarse, y qué pasa si el que «gana» en las urnas obtuvo los votos con trampas y comprando voluntades, como sucedió en esa elección, o para qué servía entonces un tribunal constitucional. Por decencia y por respeto a sus familiares y amigos, no describo la forma de pensar y de ser de ese presidente del Trife, aunque cuento con información de su poca autoridad moral. Además, la búsqueda de la verdad no requiere del escándalo.

Acerca del comportamiento del presidente del IFE, Leonardo Valdés Zurita, baste señalar que el 30 de agosto, cuando todavía no se calificaba la elección presidencial, ya estaba haciendo un llamado a los partidos progresistas para que reconocieran el resultado del proceso electoral. Al entregar los resultados de la consulta infantil y juvenil 2012, Zurita señaló:

> Estamos en vísperas de la instalación del Senado de la República, en donde esos partidos que conforman la Coalición del Movimiento Progresista tienen una amplia participación. Estamos en vísperas de la instalación de la Cámara de Diputados en donde, juntos, los partidos del Movimiento Progresista son la segunda fuerza.
>
> Me da la impresión de que, ante la generosidad de los ciudadanos mexicanos que le otorgaron un volumen de votos muy grande a los partidos que conformaron esa coalición, lo que corresponde es una actitud también generosa de esos partidos para reconocer el resultado de las elecciones, para defender el resultado de la elección parlamentaria-legislativa en la que avanzaron significativamente y, bueno, ahora pasar a la siguiente etapa que es la del análisis y de la discusión de las reformas que este país requiere para mejorar nuestras condiciones de vida.

Hay constancia de que hicimos todo lo posible a fin de convencer y persuadir a las autoridades electorales para que actuaran con rectitud. El 8 de febrero, todavía en mi carácter de precandidato, presenté a los consejeros del IFE una propuesta con 12 medidas para garantizar la equidad y autenticidad del sufragio. En particular, enfaticé que se debía actuar de manera preventiva y poner en marcha mecanismos para evitar la compra y coacción del voto, así como la utilización ilegal de los medios de información para favorecer a candidatos y partidos. Sin embargo, tres meses y medio después; es decir, el 25 de mayo, el Consejo General del IFE tomó el acuerdo de desechar mis recomendaciones.

El 22 de marzo, cuando me registré como candidato, exhorté a los consejeros a que evitaran el uso de dinero público o ilícito para traficar con la pobreza de la gente. También les expuse que debían garantizar la equidad en el acceso a los medios de información e impedir que por medio de la publicidad se suplantara, como lo venía haciendo Televisa, el derecho del pueblo a elegir libremente al futuro presidente de México. En fin, les solicité que no se repitiera lo sucedido en 2006 y les señalé que tenían la gran responsabilidad de garantizar elecciones limpias y auténticas. Además, durante el proceso electoral presentamos recursos legales para exigir la fiscalización del excesivo gasto de campaña de Peña Nieto, el cual, a pocos días de haber empezado la campaña, ya había rebasado, por mucho, el tope de los 336 millones que establece la ley.

Días después de la elección, el 8 de julio, presentamos el juicio de inconformidad demandando la invalidez de la elección presidencial y pusimos a disposición del IFE y del TEPJF infinidad de pruebas notariadas, plenas y contundentes. En la práctica, con el apoyo de los ciudadanos, hicimos mucha más investigación que la realizada por los organismos electorales. Pero todo fue infructuoso: las autoridades actuaron por consigna y cumplieron con su misión de hacerse de la vista gorda y darle visos de legalidad al fraude electoral.

En los hechos, los consejeros del IFE actuaron como defensores oficiosos del candidato del PRI y del grupo que lo patrocinaba, al grado que en el informe circunstanciado que presentaron ante el tribunal descalificaron abiertamente el valor de nuestras pruebas y recurrieron a tácticas dilatorias para no entregar a tiempo la información sobre las múltiples irregularidades en que incurrieron nuestros adversarios; en específico, en lo referido a operaciones con recursos de procedencia ilícita. En cuanto a los magistrados, por más que les expusimos de manera clara y precisa los fundamentos y pruebas para demostrar que en la contienda se había violado flagrantemente el espíritu y la letra del artículo 41 de la Constitución Política de los Estados Unidos Mexicanos, resolvieron validar la elección presidencial.

Un día después de consumarse legalmente la imposición de Peña, di a conocer la siguiente postura:

Al pueblo de México

> Informo que no puedo aceptar el fallo del Tribunal Electoral que ha declarado válida la elección presidencial.
>
> Las elecciones no fueron limpias ni libres ni auténticas.
>
> En consecuencia, no voy a reconocer un poder ilegítimo surgido de la compra del voto y de otras violaciones graves a la Constitución y a las leyes.
>
> Actuar de otra manera implicaría traicionar a millones de mexicanos que luchan contra la simulación, la farsa y a favor de un cambio verdadero.
>
> Es cierto que debemos respetar a las instituciones, pero en buena medida, el problema de México radica en que las instituciones están secuestradas por la delin-

cuencia de cuello blanco. Y un Estado que no procura la justicia ni la democracia no es más que un instrumento de poder al servicio de un grupo de intereses creados.

Ya sabemos que a los sostenedores de este Estado mafioso (traficantes de influencias, políticos corruptos, dueños y voceros de los llamados medios de comunicación y a otros integrantes del régimen) no les parecerá nuestra postura.

Ellos quisieran que aceptáramos el fraude electoral y que rápido entráramos en el juego de las negociaciones políticas que, en las actuales circunstancias, solo pueden significar arreglos cupulares o componendas en contra del bienestar del pueblo y de la nación.

Ojalá se entienda que, así como ellos defienden por todos los medios al régimen de corrupción, nosotros estamos sinceramente empeñados en abolirlo. Y, como es lógico, en este propósito no daremos ninguna tregua ni concederemos la mínima ventaja.

Por eso, aunque nos sigan atacando, acusándonos de malos perdedores, de locos, mesiánicos, necios, enfermos de poder y otras lindezas, preferimos esos insultos a convalidar o formar parte de un régimen injusto, corrupto y de complicidades que está destruyendo a México.

La desobediencia civil es un honroso deber cuando se aplica contra los ladrones de la esperanza y de la felicidad del pueblo.

Convoco a todos los partidarios de la democracia y de nuestro movimiento a que nos congreguemos en el Zócalo de la Ciudad de México el domingo 9 de septiembre, a las once de la mañana.

Ahí definiremos lo que sigue.

Adelanto que continuaremos defendiendo los derechos individuales y sociales de todos los ciudadanos, usando nuestra autoridad política y moral.

Asimismo, informo que seguiremos actuando con responsabilidad y por la vía pacífica, sin dar motivo para que los violentos nos acusen de violentos. No claudicaremos.

El destino de México no tiene precio.

Unos días antes, el 22 de agosto, en el Festival por la Democracia, Dignidad y Libertad de México, realizado en el Zócalo, hice un exhorto a Felipe Calderón. Textualmente señalé:

Estamos en espera de que el Tribunal Electoral resuelva si declara válida o no la elección presidencial. Está en juego el destino de México porque con ese fallo se decidirá si prevalece el régimen de corrupción o si se inaugura una etapa nueva en la vida pública del país, sustentada en el respeto a la Constitución, la honestidad y la justicia.

Quienes forman parte del régimen de complicidades y componendas han estado opinando que no existen motivos ni fundamentos legales para invalidar la elección presidencial. Esto es absolutamente falso.

Reitero que, con la participación de los ciudadanos, hemos acopiado y puesto a disposición de los consejeros y magistrados del IFE y del TEPJF, pruebas que, en cualquier país democrático del mundo, serían más que suficientes para declarar que se violó la Constitución y aplicar el procedimiento previsto para este caso. Es decir, declarar inválida la elección y elegir en el Congreso a un presidente interino que convoque a nuevas elecciones.

Sin embargo, aunque existen —repito— pruebas suficientes por tratarse, como ya hemos dicho, de un asunto de gran trascendencia para el país, mucho ayudaría que Felipe Calderón diera a conocer las pruebas que posee, en particular, sobre el manejo del dinero que utilizó el PRI, a través de las instituciones bancarias.

Es un hecho que él tiene toda la información. De él depende la Secretaría de Hacienda y la Comisión Nacional Bancaria y de Valores. De modo que aprovecho mi presencia en este evento en el Zócalo de la ciudad, corazón político, social y cultural de la República, para emplazar a Felipe Calderón a que se defina públicamente sobre este importante asunto de cara al pueblo de México.

Felipe Calderón sabe, por su profesión de abogado, que cualquier persona enterada de la comisión de un delito, tiene la obligación de denunciarlo, so pena de convertirse en encubridor. Y, obviamente, cuando es una autoridad la que incurre y favorece actos de encubrimiento, contrarios al interés nacional y a la democracia, el delito es de la mayor gravedad, equiparable, en este caso, al de traición a la patria.

La respuesta fue el silencio. La verdad es que no quise dejar ningún cabo suelto. Tenía que actuar hasta el último momento con responsabilidad, sin dar pie a que en el futuro se señalara que no habíamos hecho todo lo que estaba de nuestra parte. Además, de esta forma quedaba constancia de las componendas y complicidades de las mujeres y hombres del régimen.

Por eso termino este capítulo diciendo: pobre Calderón, infeliz. En vez de odio, merece compasión. Por más que repite y repite hasta el ridículo que actuó bien, no hay nada, absolutamente nada, que lo justifique. Llegó al poder de manera ilegítima, nunca probó que merecía ejercerlo, lo detentó para desgracia de muchos y se fue con el acuerdo de que sería protegido, pero sinceramente no creo que pueda vivir ni dormir con la conciencia tranquila.

Capítulo 14

¿QUÉ SIGUE?

Después del fraude del 2012, en esos días de desolación, desaliento y depresión, muchos ciudadanos se preguntaban si valía la pena seguir insistiendo en cambiar las cosas o si de plano hacerse a un lado y dejar que la vida pública transcurriera sin ellos, sin nosotros, los que veníamos propugnando una transformación profunda de México. Otros cuestionaban si la vía electoral era el camino hacia el cambio y, sin apostar a la violencia, sugerían explorar otras formas de lucha más eficaces.

Entendía el coraje, el desencanto y el malestar que produjo ese nuevo fraude y la arbitrariedad con la que fue cometido, así como el mensaje prepotente de que nos quitarían hasta el derecho a la esperanza. Por eso decidí dedicar un tiempo para escribir y compartir mis reflexiones sobre qué hacer, como se decía antes, o qué sigue, como se dice ahora. Adelanto mi optimismo, valiéndome de Carlos Pellicer, quien en su poema «Romance de Pativilca», dedicado a Bolívar, cuenta que, en medio de malos acontecimientos y enfermo, un amigo que le amaba:

> le preguntó a don Simón:
> «Y ahora, ¿qué va usté a hacer?».
> «¡Triunfar!». El Libertador respondió con loca fe.[23]

Empecé por contestar a quienes sostenían que no debíamos participar en las elecciones, cuando sabíamos de antemano que eran pura simulación o que íbamos a un juego con reglas por entero inequitativas. Aunque era consciente de ello, sinceramente creo que siempre debe intentarse la transformación por la vía pacífica y electoral. Respeto otros puntos de vista, pero no considero que la violencia sea una alternativa. Pienso que esta produce más sufrimiento y que con ella terminan imponiéndose con mayor facilidad quienes no tienen la razón, pero cuentan con la fuerza para reprimir o someter. La violencia, en vez de destruir un régimen autoritario, lo perpetúa.

Por otra parte, mantengo la convicción de que, aun en condiciones adversas y enfrentando a los poderes más siniestros, se pueden lograr cambios profundos, siempre y cuando exista una voluntad colectiva dispuesta a ejercer a plenitud sus derechos y a no permitir ningún régimen de opresión. Sostengo que, cuando el pueblo decide ser dueño y constructor de su propio destino, no hay nada ni nadie que pueda impedirlo.

Pero no es fácil lograr este proceso virtuoso de toma de conciencia y participación ciudadana. Quienes militamos en esta causa debemos saber que llegar al Gobierno para mantener el régimen dominante es relativamente fácil, pero el triunfo de la justicia sobre el poder implica fatigas y confrontación política. El ejemplo más claro es lo sucedido en los últimos tiempos en nuestro país: el grupo que dominaba vio con buenos ojos la tan alabada alternancia, porque el proyecto de Fox y del PAN era exactamente el mismo que habían implantado los tecnócratas encabezados por Salinas cuando el PRI estaba en el Gobierno, el neoliberalismo. Sin embargo, cada vez que habíamos propuesto un cambio de régimen, incluyendo la aplicación de una nueva política económica, el grupo compacto que mandaba en el país y controlaba al PRIAN nos había cerrado el paso recurriendo al «fraude necesario», «patriótico»; con el «haiga sido como haiga sido» o a «billetazos», sin preocuparse por el interés público, las violaciones a la Constitución o la destrucción de la incipiente democracia mexicana. Además, el *gatopardismo*, eso que consiste en que las cosas cambien en apariencia para seguir igual en el fondo, les permitía alargar la existencia del antiguo régimen, mediante el engaño y la simulación.

Por eso nuestra lucha fue complicada y difícil, y creo que debe entenderse bien el significado de la palabra transformación. Si se concibe a la ligera, en lo superficial, puede pensarse que es más de lo mismo: demagogia y búsqueda de dinero y poder. Para entender mejor lo que queríamos, lo repetía una y mil veces, debía pensarse que nuestra lucha se inspiraba, entonces y ahora, en los tres grandes procesos de transformación que se han registrado a lo largo de nuestra historia: la Independencia, la Reforma y la Revolución.

Tener claro estos referentes nos solo nos aporta lecciones y experiencias de cómo han actuado en otros tiempos los sectores más avanzados del pueblo y sus auténticos dirigentes para remediar los males del país, sino que también nos permite saber cómo han actuado opresores y tiranos para mantener las estructuras de dominación.

Este conocimiento nos enseña que los procesos de cambios estructurales, aunque indispensables y trascendentes, suelen ser lentos y complicados. Basta con recordar la historia: Hidalgo proclamó la abolición de la esclavitud y ese anhelo de justicia no se consumó plenamente sino hasta un siglo después, con la eliminación del peonaje en las haciendas. Las reformas liberales se consolidaron después de 30 años de cruentas luchas internas y de invasiones extranjeras. En 1910, Francisco I. Madero convocó al pueblo a la Revolución para derrocar a la dictadura porfirista con el lema del sufragio efectivo y, aunque se avanzó en la atención de demandas sociales, en 2012 todavía no podía hablarse de la existencia de un hábito y de una normalidad democrática.

Lo anterior no significa, desde luego, que las tres transformaciones históricas que nos precedieron hayan sido en vano. Por el contrario, son los momentos más fecundos de nuestra historia política. Es cierto que, a pesar de las tres revoluciones impulsadas por la gente de vanguardia del país, en muy pocas ocasiones ha sido posible cambiar las estructuras dominantes en beneficio del pueblo. Pero tenemos que tomar en cuenta que en esos tiempos memorables surgieron ideas que forman parte del pensamiento progresista de México y que pueden ser vistas, en su conjunto, como una doctrina o ideario que prevalece y se retoma cada vez que se lucha por causas justas. Por ejemplo, a pesar de que se logró la independencia política, los anhelos de justicia proclamados por Hidalgo y Morelos, como ya vimos, no se cumplieron, y a lo largo del siglo XIX se mantuvo prácticamente intacta la estructura económica y social del antiguo orden colonial. Y no fue casual que la esclavitud que imperaba en casi toda la República se haya abolido de hecho en 1914, cuando los ejércitos campesinos encabezados por Villa y por Zapata estaban a un paso de tomar el Palacio Nacional.

Las ideas que se fraguan en los movimientos populares pueden entrar en periodos de hibernación y lógicamente no atañen a todos, pero no desaparecen, no se borran de la memoria de muchos. De modo que el legado de los procesos de transformación no solo se limita a las reivindicaciones económicas, sociales y políticas: tiene que ver también con el avance en el terreno de las ideas.

Ahora bien, a diferencia de los partidarios de la transformación por la vía armada, promovida por una vanguardia del pueblo que consigue cambios en las estructuras de poder, nosotros apostamos a que con la toma de conciencia de amplios sectores de la población sería posible alcanzar similares resultados, pero de manera pacífica, con menos sacrificios y mayor profundidad. A veces los objetivos de las revoluciones no se obtienen o no perduran porque no se hacen acompañar de cambios de mentalidad en la población que permitan, con su participación activa y consciente, contrarrestar las desviaciones que se originan cuando los dirigentes de los procesos de transformación no actúan de manera congruente o se corrompen. En otras palabras, no se trata de llegar al poder y que la gente siga pensando igual, sino que la transformación sea asimilada, producida, aplicada y defendida por el pueblo.

Esta concepción es el principal sustento político de nuestro movimiento. Creemos en la necesidad de despertar la conciencia cívica, no solo de un grupo o una minoría, sino de amplios sectores de la población, de una mayoría lo suficientemente poderosa como para establecer un nuevo orden social y político.

Desde luego, esta revolución de las conciencias para construir una voluntad colectiva, una fuerza transformadora, requiere de mucho trabajo educativo con la gente y de predicar con el ejemplo; exige temple, convicciones y perseverancia. Pero aun cuando puede parecer algo inalcanzable o utópico, debe mantenerse la convicción de que sí se puede. Y nuestro movimiento es un ejemplo. En poco tiempo avanzamos mucho: contribuimos a cambiar la mentalidad de amplios sectores del pueblo de México; pusimos al desnudo al antiguo régimen con sus formas de control y manipulación e hicimos evidente que el PRI y el PAN representaban lo mismo, que no había diferencias de fondo entre Elba Esther Gordillo, Carlos Salinas, Ernesto Zedillo, Vicente Fox, Diego Fernández de Cevallos, Felipe Calderón y Enrique Peña Nieto. Ahora se sabe más sobre los que verdaderamente mandaban y hay más claridad sobre su proceder y avaricia.

Estimo que esta ha sido la mayor aportación social y política de nuestro movimiento. Tengamos presente que no se puede cambiar lo que no se conoce y que lo que bien se comprende difícilmente se olvida. Fruto de este trabajo de concientización es el despertar de muchos ciudadanos de clase media que antes nos insultaban, que ahora nos respetan y que nos dieron su voto en los comicios de 2015, 2018 y 2021, y contribuyeron, con ello, a convertirnos en la fuerza mayoritaria.

Somos testigos también del surgimiento del movimiento estudiantil de nuestro tiempo, el #YoSoy132. Estos jóvenes supieron estar a la altura de las circunstancias, levantaron el orgullo de muchos otros y dieron poderosas razones para luchar por el derecho a la información, la justicia y la democracia. Se trató de un movimiento limpio, auténtico, independiente y creativo, y en su momento sostuve que, pasara lo que pasara, si consolidaban su organización o no —y estoy seguro de que sabían que el entusiasmo no se puede mantener inalterable, que es producto de circunstancias especiales—, su contribución había sido fundamental, de trascendencia histórica, al grado que pudimos proclamar que ellos eran el relevo generacional.

Ahí estaban, además, los resultados electorales: cerca de 16 000 000 de mexicanos, sin que se les ofreciera dinero o migajas, de manera completamente libre, expresaron con su voto su firme decisión de abolir el régimen de corrupción, injusticias y privilegios. No eran pocos los que habían dado la espalda a la cultura de la sumisión y del conservadurismo.

Por eso no debíamos desanimarnos ni decir adiós a la esperanza. Aquí es oportuno recordar que luchamos por ideales, no por cargos. Por más que nos doliera ese segundo fraude —el tercero contra la izquierda en 25 años, contando el de 1988—, no debía existir motivo para el desaliento y la rendición. Por el contrario, debíamos sentirnos orgullosos con la encomienda de regenerar la vida pública y lograr el renacimiento moral de México.

También sostenía que el antiguo régimen estaba en su fase terminal, que había caducado, que carecería de consenso. La mayoría de los mexicanos no lo respaldaba, por más que muchos no expresaran abiertamente su disenso. Baste decir que la gente no festejó el supuesto regreso del PRI a Los Pinos; había, por el contrario, duelo nacional. No nos confundamos: Salinas, el jefe de la mafia política, podía decir que se haría una cirugía para quitarse la risa, pero el pueblo, que tiene un instinto certero, sabía que nada bueno se podía esperar de la banda de malhechores que se mantenía en el poder y que seguiría provocando empobrecimiento, inseguridad, desigualdad, corrupción y violencia.

Insistía: a los hombres del régimen solo les quedaba el dinero y el aparato de manipulación y de fuerza. Pero el dinero no lo es todo ni es omnipotente; deja de dominar en la medida en que la gente va tomando conciencia. Ahí está el ejemplo de millones de pobres que, a pesar de sus necesidades, no vendieron su voto. Asimismo, el control que ejercían los potentados a través de los medios de comunicación era cada vez menos determinante, por más que todavía quedaran muchos mexicanos de todas las clases sociales susceptibles al engaño y a la manipulación. Estaban, por ejemplo, y lo digo de manera respetuosa, quienes, en las siguientes elecciones, en 2015, decidieron no apoyarnos porque se creían las calumnias contra nosotros que difundían los voceros de los dueños de los medios. Sin embargo, más de la mitad de los mexicanos ya no confiaban en esos instrumentos de desinformación y manipulación. El caso Peña Nieto era un ejemplo: sus promotores pensaron que bastaba con la publicidad, con lo mediático, para hacerlo triunfar de forma arrasadora y sin recurrir a la compra masiva de sufragios, pero el cálculo no les salió bien. Y en cuanto al uso de la fuerza, era cosa de no caer en ninguna provocación y no olvidar lo que dijo Talleyrand a Napoleón: «Las bayonetas sirven para todo, menos para sentarse en ellas».

Exclamaba: «Ánimo, que es poco lo que falta». Y es que uno, dos, tres, seis años, una década, son como un suspiro o un abrir y cerrar de ojos en la historia nacional. Quienes luchamos por una transformación que servirá a varias generaciones debemos aprender a medir el tiempo de un modo distinto. No nos debe preocupar cuánto tiempo tome la obra de la transformación. Lo importante es no dejar de caminar hacia ese ideal. Cuando alguien pregunta si falta mucho para llegar a un lugar, la mejor respuesta será siempre: «tú sigue caminando». Aquí traigo a la memoria y transcribo un párrafo magistral del gran escritor, Mariano Azuela, quien en su libro *Los de Abajo* cuenta:

> Los soldados caminan por el abrupto peñascal contagiados de la alegría de la mañana. Nadie piensa en la artera bala que puede estarlo esperando más adelante. La gran alegría de la partida estriba cabalmente en lo imprevisto. Y por eso los soldados

cantan, ríen y charlan locamente. En su alma rebulle el alma de las viejas tribus nómadas. Nada importa saber adónde van y de dónde vienen; lo necesario es caminar; caminar siempre, no estacionarse jamás; ser dueños del valle, de las planicies, de la sierra y de todo lo que la vista abarca.[24]

Además, sostenía en ese entonces, si tenemos la fuerza necesaria para resistir, veremos el triunfo de nuestra causa, y en el peor de los casos, habremos ayudado mucho a quienes vienen detrás de nosotros para lograr el cambio anhelado.

•••

El domingo 9 de septiembre de 2012, en el Zócalo de la Ciudad de México, hicimos el compromiso de seguir trabajando en el fortalecimiento del Movimiento Regeneración Nacional, Morena. Ese día se dio a conocer la convocatoria para elegir a los órganos de dirección en los estados, así como al Consejo y al Comité Ejecutivo Nacional de Morena. Cabe recordar que desde finales de 2006 y hasta la elección presidencial de 2012, nos dedicamos, como ya lo expresé, a la creación de comités municipales y seccionales y a inscribir a millones de mexicanos como protagonistas del cambio verdadero.

Aunque entre todos y desde abajo habíamos logrado que Morena tuviera presencia nacional y fuera una importante institución popular, este proceso de organización se llevó a cabo de manera centralizada, mediante el nombramiento de representantes estatales y distritales. En esa nueva etapa se buscaba consolidar a Morena creando los órganos de dirección en los estados y a nivel nacional, los cuales tendrían la responsabilidad de aplicar los principios y el programa para la transformación de México. De modo que lo primero fue consolidar la organización interna, manteniendo el carácter de movimiento amplio, plural e incluyente. Es decir, Morena continuó siendo un espacio abierto a todos los ciudadanos, a todas las clases sociales y a diversas corrientes de pensamiento.

En cuanto a la decisión que se tomaría sobre si Morena se mantenía como movimiento o se convertía en partido político, en aquel entonces hice el compromiso de no pronunciarme ni a favor ni en contra, con la intención de no incidir en un asunto que, consideraba, debíamos resolver con absoluta libertad y con la participación de todos. Con el propósito de facilitar el debate y la libre determinación de los delegados a los congresos distritales, se les hicieron llegar argumentos de seis miembros del Consejo Consultivo de Morena con las dos posturas: tres a favor de que se mantuviera nuestra organización como movimiento y tres a favor de que se convirtiera en partido político. Conviene informar que la discusión sobre este tema se tuvo que adelantar porque la ley establecía el mes de enero del año siguiente de la elección presidencial como límite para notificar al IFE la solicitud de creación de nuevos partidos. La ley es tan poco democrática que solo cada seis años se puede tener la libertad para asociarse —como lo garantiza la Constitución— y ejercer ese derecho político ciudadano. La cronología de la creación de Morena como partido político se puede resumir con las siguientes actividades:

Cronología Morena	
2 de octubre de 2011	Se constituye como Asociación Civil.
19 y 20 de noviembre de 2012	Se transforma en partido político.
7 de enero de 2013	Se notifica al IFE la intención de constituirse como partido político nacional con registro.
21 de enero de 2013	El IFE notifica a Morena la procedencia de su solicitud.
Asambleas Estatales Constitutivas	
28 de septiembre de 2013	Oaxaca
29 de septiembre de 2013	Puebla
6 de octubre de 2013	Tlaxcala Veracruz
12 de octubre de 2013	Baja California
13 de octubre de 2013	Hidalgo Tabasco Chiapas
19 de octubre de 2013	Zacatecas
20 de octubre de 2013	Guerrero Morelos
26 de octubre de 2013	Chihuahua
27 de octubre de 2013	Jalisco
3 de noviembre de 2013	Michoacán Tamaulipas México
9 de noviembre de 2013	Campeche
10 de noviembre de 2013	Quintana Roo Guanajuato Ciudad de México
24 de noviembre de 2013	San Luis Potosí
30 de noviembre de 2013	Sinaloa
8 de diciembre de 2013	Querétaro
14 de diciembre de 2013	Yucatán
15 de diciembre de 2013	Durango
19 de diciembre de 2013	Coahuila Sonora Nayarit

25 de enero de 2014	Aguascalientes Colima
* Las únicas asambleas que no contaron para el registro fueron las correspondientes a los estados de Nuevo León y Baja California Sur.	
10 enero de 2014	Morena notifica al INE la fecha de su Asamblea Nacional Constitutiva.
26 de enero de 2014	Asamblea Nacional Constitutiva.
31 de enero de 2014	Morena solicita formalmente el registro como partido político nacional.
9 de julio de 2014	El INE aprueba por unanimidad el registro de Morena como partido político nacional.
7 de junio de 2015	Primera elección de Morena como partido político nacional.

Lo fundamental es que, como movimiento o como partido, Morena cumplía con su función de ser un instrumento de lucha al servicio de la sociedad, es decir, lo contrario a un medio para beneficio de los afiliados y, sobre todo, de sus dirigentes. Era imprescindible evitar esto último para no caer en los vicios de la mayoría de los partidos políticos, a los cuales solo los mueven las ambiciones personales y no el interés general. Con razón mi maestro Octavio Rodríguez Araujo, que del tema sabe mucho, escribió: «El gran reto es para las bases de Morena, pues han sido emplazadas a elegir representantes y dirigentes en todos los ámbitos posibles, en un esquema democrático que no reproduzca los vicios de los partidos que han terminado por privilegiar la dirigencia y los cargos en lugar de la lucha por hacer realidad sus principios y programas. ¿Estoy adelantando vísperas y prejuzgando lo que puede ocurrir? No. Solo estoy sugiriendo que si Morena deviene partido, este deberá ser diferente a los existentes; si no, ¿para qué hacerlo?».[25]

En esos tiempos sostuve que, en cualquier configuración —movimiento o partido—, Morena debía convertirse en un referente moral: una organización de mujeres y hombres que concibieran la política como imperativo ético, que la practicaran en bien de los demás y encontraran felicidad en hacerlo. Éramos, pues, como lo hemos seguido siendo, un movimiento no interesado en las componendas y logros de la politiquería, sino basado en principios y valores, integrado por personas que entendían la política como una actividad trascendente a condición de que cumpla su verdadera función: el servicio a los demás. Desde esta perspectiva, la política es una de las actividades de mayor significación moral que se pueda concebir.

Lógicamente, la consolidación de Morena como una auténtica organización de servicio público implicaba poner el acento en infundir y fortalecer valores.

Habría sido ingenuo pensar que solo con las normas del estatuto interno de una organización sus integrantes pueden resistir las tentaciones del régimen de corrupción. La única forma de no sucumbir a la máxima de que el poder atonta a los inteligentes y a los tontos los vuelve locos es mantener ideales y principios, y cultivar la digna convicción de que es preferible heredar a los hijos pobreza que deshonra.

•••

Morena debe ser una permanente escuela política en la que se enseñe este oficio con fundamentos humanistas. El propósito es formar a los jóvenes en el conocimiento de los procesos históricos —en especial, en las lecciones que aporta la memoria de las grandes transformaciones nacionales—, así como en la práctica cotidiana, para que aprendan a trabajar con la gente en la organización y en la creación de conciencia cívica.

Existen escuelas de ciencias políticas y sociales, pero el mayor énfasis se pone en cuestiones teóricas, en un conocimiento que, si bien es indispensable, muchas veces no resulta aplicable en lo cotidiano por el predominio de la política tradicional. En los años que relato, los jóvenes que querían aprender el noble oficio de la política no tenían más camino que iniciarse como secretarios o ayudantes de políticos tradicionales, los cuales podían ser maestros en prácticas de corrupción, pero eran incapaces de enseñar algo sobre justicia y honestidad. Por eso Morena debía contemplar como estratégica la formación de jóvenes; ellos debían ser los principales promotores de una nueva forma de hacer política. Aunque es asunto de todos, los jóvenes pueden emprender la indispensable labor de crear una nueva corriente de pensamiento para construir una república amorosa con dimensión social y grandeza espiritual.

•••

Dediqué el mensaje final de ese discurso del 9 de septiembre en el Zócalo a estimular a muchos bien amados que todavía estaban tristes y abatidos por el fraude. Antes de escribir ese texto medité mucho, buscando dar una buena explicación y poderosas razones para invitar a seguir adelante. Les dije: Créanme que soy consciente del enojo, el desánimo, la impotencia y los malestares del alma que sienten millones de mexicanos luego de este nuevo fraude electoral. Pero debemos superar todas estas tristezas y decepciones, pensando que nada es en vano; hasta en las peores circunstancias, nuestra noble labor significa limpiar el camino a las futuras generaciones, a nuestros hijos, a nuestros nietos; es promover la aurora, la llegada de una nueva vida, de una patria nueva, del reino de la justicia y del humanismo.

A los dirigentes sociales y políticos de nuestro movimiento les recordé que debíamos guiarnos por valores más elevados que nuestros propios intereses personales. Aunque a algunos les puede parecer una utopía, nada se hace sin ideales, menos política social. Lo imposible se vuelve posible solo con la gran pasión que desata el humanismo.

• • •

En mis reflexiones de esos tiempos, además de exponer la fe que me mueve, busqué explicarme y explicar si nuestro esfuerzo rinde frutos o si resulta en vano todo lo que hacemos. Y no encontré otra forma mejor de responder a esta interrogante que la de acudir a mi experiencia, que es semejante a la de muchos otros luchadores sociales. Llevábamos años batallando, trabajando con intensidad, dando pasos hacia adelante y recibiendo reveses. Hemos aprendido que, aun en condiciones adversas, con el predominio del régimen antidemocrático, se va avanzando en la creación de conciencia, en la organización del pueblo y en la conquista de espacios políticos. Sabemos que en esta noble labor no hay derrotas definitivas y se puede vivir con la conciencia tranquila y con felicidad.

Una prueba de ello, por poner solo un ejemplo, es el triunfo del movimiento progresista en Tabasco. Es memorable que ese mismo 2012, a pesar del caudal de dinero utilizado para la compra de votos y otras trampas, el pueblo de mi tierra y de mi agua dijo basta y ganó la gubernatura del estado, tras más de 80 años ininterrumpidos de gobiernos priistas.

En mi libro *Entre la historia y la esperanza*, escrito hacía entonces 17 años, en un balance sobre lo acontecido en Tabasco, sostenía: «el proceso ha sido lento y difícil. Cuando comenzamos había mucho miedo. Se pensaba que enfrentarse al Gobierno era darse contra la pared. Hasta hace poco no había oposición en Tabasco. Es decir, no tenemos tradición ni costumbre democráticas». Si lo analizamos bien, nos ocurría algo parecido a lo que sucedió luego de la abolición de la esclavitud. Los ancianos que vivieron esa época platicaban que, cuando los revolucionarios llegaban a las haciendas y les decían a los peones que ya eran libres, estos, en vez de alegrarse, se entristecían y algunos se echaban a llorar, porque no sabían qué era la libertad. Tuvo que pasar un tiempo para que tomaran la iniciativa de actuar como personas libres.

Así ha sido nuestro proceso. No era fácil sacudirse 66 años, hasta 2012, de poder absoluto de un solo partido. Pero la conciencia cívica del pueblo ya había despertado para entonces. Había cambiado la mentalidad de la gente, que es lo más difícil de lograr, pero también lo más importante: ya se había tomado la iniciativa democrática y este era un camino sin retorno, y lo entonces señalado terminó por cumplirse. Esa experiencia es una prueba de que se pueden obtener victorias parciales al mismo tiempo que se crean las condiciones para alcanzar el hermoso objetivo del triunfo de la justicia sobre el poder.

La fórmula es luchar, resistir, no claudicar, avanzar, caer y levantarse, recomenzar, y así hasta la victoria final. Todo depende de no perder la fe, de no desmoralizarse, de comprender que los procesos de transformación son lentos pero sublimes; es más, debemos hacernos a la idea de asumirlos como forma de vida porque hasta en lo personal producen dicha y grandeza. Es decir, podemos ser felices si dedicamos nuestra existencia a procurar el bienestar y la felicidad de otros. Como decía Aristóteles en la *Ética a Nicómaco*, alrededor de 350 años antes de Cristo: «Ningún hombre feliz puede caer en la desgracia, porque nunca llevará a cabo actos odiosos y viles». Ahora, cuando estamos por concluir la primera presidencia del pueblo y por empezar una nueva etapa de la transformación, hagámoslo con el mismo entusiasmo de siempre. Sigamos avivando conciencias adormecidas y organizando a los ciudadanos. Que no nos angustie y detenga el qué dirán nuestros adversarios. Lo más importante es sentirnos bien con nosotros mismos, con nuestras conciencias y con el prójimo. Además, la vida es demasiado corta para desperdiciarla en cosas que no valen la pena.

Capítulo 15

FUNDAMENTOS
PARA UNA REPÚBLICA AMOROSA

A partir de 2012 di a conocer el fundamento para hacer posible la existencia de una república amorosa, concepto que he definido y delineado en años recientes. En mi opinión, la decadencia que padecíamos se produjo tanto por la falta de oportunidades de empleo, estudio y otros satisfactores básicos, como por la pérdida de valores culturales, morales y espirituales. Por eso mi propuesta para lograr el renacimiento de México tiene el propósito de hacer realidad el progreso con justicia y, al mismo tiempo, auspiciar una manera de vivir sustentada en el amor a la familia, al prójimo, a la naturaleza, a la patria y a la humanidad.

Los seres humanos necesitan bienestar. Nadie puede ser feliz sin trabajo, alimentación, salud, vivienda o cualquier otro satisfactor básico. Un hombre en la pobreza piensa en cómo sobrevivir antes de ocuparse de tareas políticas, científicas, artísticas o espirituales. Pero el sentido de la vida no debe reducirse únicamente a la obtención de lo material, a lo que poseemos o acumulamos. Una persona sin apego a un código de principios no necesariamente logra la felicidad. En algunos casos, triunfar a toda costa y en forma inescrupulosa conduce a una vida vacía y deshumanizada. De ahí que deberá buscarse siempre el equilibrio entre lo material y lo espiritual: procurar que a nadie le falte lo indispensable para la subsistencia y cultivar los mejores sentimientos y actitudes hacia nuestros semejantes.

Cuando hablé de una república amorosa, con dimensión social y grandeza espiritual, propuse regenerar la vida pública de México mediante una nueva forma de hacer política, aplicando en prudente armonía tres ideas rectoras: la honestidad, la justicia y el amor. Honestidad y justicia para mejorar las condiciones de vida y alcanzar la tranquilidad y la paz pública; amor, para promover el bien y lograr la felicidad. Para ello es indispensable auspiciar una nueva corriente de pensamiento que promueva un paradigma moral del amor a la familia, al prójimo, a la naturaleza, al país y al mundo.

La descomposición social y los males que nos aquejan no solo deben contrarrestarse con desarrollo, bienestar y medidas coercitivas. Las acciones para mejorar en lo material son importantes, pero no bastan: es preciso también fortalecer los sentimientos humanitarios. José Martí, en el prólogo al libro *La decadencia de la mentira. La importancia de no hacer nada*, de Oscar Wilde, dice que le parecían «abominables los pueblos que, por el culto de su bienestar material, olvidan el bienestar del alma, que aligera tanto los hombros humanos de la pesadumbre de la vida, y predispone gratamente al esfuerzo y al trabajo».[26]

A partir de la reserva moral y cultural que todavía existe en las familias y en las comunidades del México profundo y apoyados en la inmensa bondad de nuestro pueblo, debemos emprender la tarea de exaltar y promover valores individuales y colectivos. Es urgente revertir el actual predominio del individualismo por sobre los principios que alientan a hacer el bien en pro de los demás.

Sé que este es un tema muy polémico, pero creo que, si la regeneración moral no se pone en el centro de la discusión y del debate, no iremos al fondo del problema. Debemos insistir en la necesidad de impulsar cambios éticos para transformar México. Solo así podremos seguir haciendo frente a la mancha negra del individualismo, la codicia y el odio que nos llevaron a la degradación progresiva como sociedad y como nación. Quienes piensan que este asunto no corresponde a la política olvidan que la meta última de la política es lograr el amor y hacer el bien porque en ello radica la verdadera felicidad. En 1776, la Declaración de Independencia de Estados Unidos planteó la búsqueda de la felicidad como uno de los derechos fundamentales de las personas y señaló que el garantizarlo era una de las funciones del Gobierno. El artículo 24 de nuestra Constitución de Apatzingán (1814) señala: «La felicidad del pueblo y de cada uno de los ciudadanos consiste en el goce de la igualdad, seguridad, propiedad y libertad. La íntegra conservación de estos derechos es el objeto de la institución de los gobiernos, y el único fin de las asociaciones políticas».

Desde el Antiguo Testamento hasta nuestros días, la justicia y la fraternidad han tenido un lugar preponderante en la ética social. En los primeros libros de la Biblia hay muchas referencias al trato especial que deben recibir los débiles y oprimidos, por ejemplo, en cuanto al tributo que debían ofrecerle a Yahvé: «Cuando sus recursos no alcancen para una res menor, [el pecador] presentará [...] como sacrificio de reparación por su pecado, dos tórtolas o dos pichones, presentará, como ofrenda suya por haber pecado, una décima de medida de flor de harina» (Levítico). Además, hay disposiciones de protección a los desfavorecidos: «Si prestas dinero a uno de mi pueblo, al pobre que habita contigo, no serás con él un usurero; no le exigirás interés» (Éxodo). También se dice: «No oprimirás a tu prójimo, ni lo despojarás. No retendrás el salario del jornalero hasta el día siguiente» (Levítico). Y, entre muchas otras prescripciones sociales y morales, se lee: «No endurecerás tu corazón ni cerrarás tu mano a tu hermano pobre, sino que le abrirás tu mano y le prestarás lo que necesite para remediar su indigencia [...] No explotarás al jornalero humilde y pobre, ya sea uno de tus hermanos o un forastero que resida en tus ciudades» (Deuteronomio).

En el Nuevo Testamento se señala que Jesús de Nazaret manifestó con sus palabras y sus obras su preferencia por los pobres y los niños, y para muchos Cristo es amor. En el Sermón de la Montaña dijo: «Bienaventurados los pobres porque de ellos será el reino de los cielos». Por pensar de esa manera, los poderosos de entonces lo acusaron de agitador y «de rebelar al pueblo» (Lucas 23:5). Esta dimensión ética y social se puede encontrar en las enseñanzas de iluminados, profetas, sabios y maestros de todas las religiones. Se atribuye a Confucio esta reflexión: «Cuando el corazón está sereno, se cultiva la vida personal; cuando se cultiva la vida personal, se regula la vida en el hogar; cuando se regula la vida en el hogar, la vida de la nación está en orden, y cuando la vida de la nación está en orden, el mundo está en paz». Por su parte, Buda decía: «Si un hombre habla o actúa de mala fe, el dolor le seguirá. Si un hombre habla o actúa con un pensamiento puro, la felicidad le seguirá como una sombra que jamás le abandona».

Pero también estos preceptos de justicia y bondad son concebidos y practicados desde la antigüedad por no creyentes. Ha habido en la historia de la humanidad hombres inclinados a la filosofía y a la ciencia, como Aristóteles, quien sostenía: «La ciencia política emplea sus mejores esfuerzos en procurar que los ciudadanos posean cierto carácter, es decir, que sean buenos y estén capacitados para los actos nobles».

En los tiempos más recientes, y en nuestro continente, se sabe de revolucionarios, partidarios no solo de la justicia, sino de la bondad. Eduardo Galeano, en uno de sus últimos libros, *Los hijos de los días*, hace mención de un hombre ejemplar, Rafael Barrett, quien «pasó más tiempo en la cárcel que en la casa, y murió en el exilio», y que solía repetir esta frase: «Si el bien no existe, hay que inventarlo». Y para no ir tan lejos, es cosa de leer las cartas que Ricardo Flores Magón dirigía desde la cárcel de Los Ángeles a su adorada María, su «dulce criatura». Este hombre anticlerical, íntegro, recto hasta el extremo, que solo pensaba en la justicia y en la revolución, aclaraba que «ser firme es cosa bien distinta a ser insensible», y escribió bellísimas cartas de amor en las cuales pedía a su amada que pasara por el callejoncito de fuera del penal, porque quería, desde su celda, ver su «carita tan linda». También le decía: «La Agrupación de Chicago no nos defiende ni es para otra cosa que para defender a los amos. Nosotros somos pobres mexicanos. Esa es nuestra falta. Nuestra piel no es blanca y no todos son capaces de comprender que también debajo de una piel oscura hay nervios, hay corazón y hay cerebro». Pero no dejaba de mezclar su causa con el amor y le confesaba: «Yo no estoy conforme con mi incomunicación, porque no puedo hablar contigo. No, no estoy conforme ni lo estaré. No puedo suspirar a tu oído, mi amor, ni aspirar tu aliento ni ver de cerca tu carita encantadora... Cualquiera que me vea pensará que no sufro, es que sé mostrarme digno. No quiero dar motivo para la compasión de nadie».

Es decir, al final de cuentas, en el sentido más amplio, como dice Silvio Rodríguez: «A un buen revolucionario solo lo mueve el amor».

Esta sensibilidad profunda es parte de la idiosincrasia de nuestro pueblo. Aquí vuelvo a recrear la conmovedora historia que viví hace 10 años, cuando estuvo hospitalizado un familiar en el Instituto Nacional de Enfermedades Respiratorias. Ahí, en el área de neumología, había un niño al que de cariño le decían Chuchín. Nació a los seis meses de gestación y padecía una enfermedad que requería atención médica especializada y permanente. Nunca pudo comer sólidos porque tenía una traqueotomía y lo alimentaban desde el estómago a través de un aparato. No conoció la calle. Permaneció tres años en el hospital. Sus padres eran personas humildes de Xochimilco. Pues bien, este niño fue tratado por todos los trabajadores del INER con el amor que merecía. Me consta que lo adoraban afanadoras, trabajadoras sociales, enfermeras y enfermeros, doctoras y doctores, vigilantes y directivos del instituto. El Día del Niño, el de Reyes y en su cumpleaños lo celebraban con pastel, juguetes y regalos. Hasta que lamentablemente dejó de existir contó con el amor de todas y todos.

A esto me refiero cuando hablo de enaltecer estos sentimientos y propagarlos. Además, repito, ya los tenemos: basta con darles su sitio y su importancia. Sin embargo, hay quienes sostienen que hablar de fortalecer los valores espirituales es inmiscuirse en el terreno de lo religioso. La respuesta magistral a tal cuestionamiento la aporta Alfonso Reyes en su *Cartilla moral*: «El bien no solo es obligatorio para los creyentes, sino en general para todas las personas; el bien no solo se funda en una recompensa que el religioso espera recibir en el cielo, sino en razones que pertenecen a este mundo».

En una perspectiva laica y científica, una colectividad que no cuida y protege a sus integrantes más débiles se condena a sí misma al suicidio, porque debilita los lazos gregarios que la aglutinan y termina por establecer en su propio seno la ley de la sobrevivencia del más fuerte; de esa manera se coloca en el camino de la dispersión de sus miembros individuales y de la disolución.

En los pueblos de Oaxaca, como ya vimos, los miembros de la comunidad practican sus creencias religiosas y al mismo tiempo trabajan en obras públicas y en cargos de gobierno sin recibir salario o sueldo, motivados por el principio moral de que se debe servir a los demás, a la colectividad.

Luego, el propósito es contribuir a la formación de mujeres y hombres buenos y felices, con la premisa de que ser bueno es el único modo de ser dichoso. Quien tiene la conciencia tranquila duerme bien y vive feliz. Insistir en que hacer el bien es el principal de nuestros deberes morales. El bien es una cuestión de amor y de respeto a lo que es bueno para todos. Además, la felicidad no se logra acumulando riquezas, títulos o fama, sino mediante la armonía con nuestra conciencia, con nosotros mismos y con el prójimo.

La felicidad profunda y verdadera no puede basarse únicamente en los placeres momentáneos y fugaces. Estos aportan felicidad solo en el momento, pero si no se ha otorgado a la existencia propia un sentido adicional y trascendente, después de ellos queda el vacío de la vida, que puede ser terriblemente triste y angustioso. Cuando se pretende sustituir la entrega al bien con esos placeres efímeros, puede suceder que estos conduzcan a los vicios y a la corrupción y que la infelicidad aumente más y más. En consecuencia, es necesario concentrarnos en hacer el bien, en el amor y en armonizar los placeres que ayudan a aliviar las tensiones e insatisfacciones de la vida. José Martí decía que el autolimitarnos, la doma de nosotros mismos, forja la personalidad, embellece la vida y da felicidad. Pero en caso de conflicto, o cuando se tiene que optar, la inclinación por el bien ha de predominar sobre los placeres momentáneos. Por eso es muy importante una elaboración libre y personal sobre lo que constituye el bien para cada uno según nuestra manera de ser y de pensar, nuestra historia vital y nuestras circunstancias sociales.

Sin embargo, existen preceptos generales que son aceptados como fuente de la felicidad humana. Reyes, en su *Cartilla moral*, los aborda desde el más individual hasta el más general, desde el más personal hasta el más impersonal. Podemos imaginarlos, escribe, como una serie de círculos concéntricos; comenzamos por el interior y vamos tocando otro círculo más amplio. Según Reyes, son seis preceptos básicos los que forman parte del código del bien: el respeto a nuestra persona en cuerpo y alma; el respeto a la familia; el respeto a la sociedad humana en general, y a la sociedad en particular; el respeto a la patria; el respeto a la especie humana; y el respeto a la naturaleza que nos rodea.

Mucho antes, León Tolstói, en su libro *Cuál es mi fe*, señalaba cinco condiciones para la felicidad terrenal admitidas generalmente por todo el mundo: el poder gozar del cielo, del sol, del aire puro, de toda la naturaleza; el trabajo que nos gusta y que hemos elegido libremente; la armonía familiar; la comunión libre y afectuosa con todas las personas; la salud y la muerte sin enfermedad.

Por supuesto, hay otros preceptos que deben ser exaltados y difundidos: el apego a la verdad, la honestidad, la justicia, la austeridad, la ternura, el cariño, la no violencia, la libertad, la dignidad, la igualdad, la fraternidad y la verdadera legalidad. También deben incluirse principios y derechos de nuestro tiempo, como la no discriminación, la diversidad, la pluralidad y el derecho a la libre manifestación de las ideas y la soberanía personal. Y a todo ello debe agregarse la reserva moral que las y los mexicanos heredamos de nuestras culturas, forjadas en la confluencia de distintas civilizaciones y, en particular, de las culturas mesoamericanas.

En suma, estos fundamentos para una república amorosa deben convertirse en un código del bien. De ahí que hicimos el compromiso de convocar con este propósito a la elaboración de una constitución moral a especialistas en la materia: filósofos, psicólogos, sociólogos y antropólogos, así como a todos aquellos que tuvieran algo que aportar al respecto: ancianos venerables de las comunidades indígenas, maestros, padres y madres de familia, jóvenes, escritores, poetas, mujeres, empresarios, defensores de la diversidad y de los derechos humanos, practicantes de diversas religiones, librepensadores y ateos.

Una vez elaborada esta constitución moral, sostuvimos, fomentaríamos valores por todos los medios posibles. Los contenidos serían transmitidos en las escuelas, en los hogares y a través de impresos, radio, televisión y redes sociales. Por ejemplo, a todos los adultos mayores que tendrían garantizado su derecho a una pensión justa, se les convocaría a participar, de manera voluntaria, para destinar un poco de su tiempo a dar consejos sobre valores culturales, cívicos y espirituales a sus hijos, nietos y otros miembros de la familia.

En fin, nuestro propósito no solo ha sido frenar la corrupción política y moral que nos estaba hundiendo como sociedad y como nación, sino también establecer las bases para una convivencia futura sustentada en el amor y en hacer el bien para alcanzar la verdadera felicidad.

Por eso, al principio de mi gobierno un grupo de pensadores libres, conformado por Enrique Galván Ochoa, José Agustín Ortiz Pinchetti, Verónica Velasco, Jesús Ramírez Cuevas, Pedro Miguel y Margarita Valdés, elaboró una especie de cartilla o constitución moral, que ellos respetuosamente llamaron *Guía Ética para la Transformación de México*; dada su importancia, la transcribo literalmente:

Del respeto a la diferencia
Evitemos imponer «nuestro mundo» al mundo de los demás
La humanidad es diversa por naturaleza y de muchas maneras, y el ejercicio de la libertad desemboca de manera inevitable en la diversidad. En el caso de México, esta diversidad es religiosa, política, ideológica, económica, social, cultural, idiomática, de tradiciones y hábitos, de género e identidades sexuales.

Cada estado, cada municipio y cada barrio tienen una identidad propia. No todas las personas son como tú, no todas piensan como tú piensas ni hablan como tú hablas, no todas actúan en la forma en que tú actúas. Respeta la forma de ser de los otros y no pretendas imponerles tus conductas, gustos, opiniones o preferencias.

El laicismo es un principio fundamental del Estado mexicano y se traduce, en la convivencia diaria, en el respeto a las creencias de toda persona y a su libertad de profesar la religión que desee o a no profesar religión alguna.

De la vida
No hay nada más valioso que la vida, la libertad y la seguridad de las personas
Cuida tu vida y la de los demás. No la desperdicies en cosas que tú mismo consideras que no valen la pena. Otórgale un sentido y un propósito hasta el fin de tus días.

De la dignidad
No se debe humillar a nadie
La dignidad es el valor que tiene todo ser humano por el hecho mismo de ser persona y lo que lo hace sujeto de derechos universales; es también lo que lo hace merecedor del respeto de los demás. Nada ni nadie pueden quitarte tu dignidad: ni la pobreza ni el hambre ni la agresión, la discriminación, la persecución o la cárcel. Nadie puede humillarte si no te humillas. Defiende tu dignidad incluso en las peores condiciones y respeta la dignidad de los otros, porque de no hacerlo pierdes la tuya propia.

De la libertad
La paz y la libertad son inseparables. Nadie puede estar en paz sin libertad
La libertad es el conjunto de decisiones que te son permitidas por las leyes y por tus propias capacidades; el único límite son los derechos de las otras personas. Solo quienes conocen esos límites y son capaces de gobernarse teniéndolos presentes pueden considerarse libres.

Para ejercer tu libertad es necesario que nada ni nadie, particularmente las autoridades, interfiera en tus elecciones personales y que el Estado garantice tu seguridad, tu integridad y tu vida para que puedas realizarlas, siempre y cuando no dañes a terceros ni vulneres sus derechos.

Trabaja por expandir tu libertad y la de los otros combatiendo las prohibiciones sin sentido, las leyes injustas, las limitaciones absurdas y el autoritarismo. Impulsa el triunfo de la libertad ayudando a crear un mundo en que la responsabilidad de las personas haga innecesarias las fronteras y las cárceles. Muchos dieron su vida para construir la libertad que hoy tienes. Retribuye su sacrificio ampliando la libertad para los que vienen.

Del amor
El amor al prójimo es la esencia del humanismo
El amor es el anhelo de integración de tu propia persona y de estar con los demás, es la brújula y el ancla principal en tu vida. Es diverso y a la vez es uno solo. Se expresa como amor propio, materno, paterno, filial, fraterno o de pareja, pero también como amor a tus prójimos cercanos, a tus amigos, a tu país, a la especie, al medio ambiente y a los organismos con los que compartes el planeta; al conocimiento, las prácticas

profesionales, las artes y los deportes; a quienes te precedieron y a las generaciones futuras.

Sé una persona amorosa, desde tu cama y tu mesa hasta la fraternidad universal. Sé compasivo: ama especialmente a las personas que llevan una vida difícil por falta de amor. Toda muestra de consideración y afecto que reciban de ti, por pequeña que sea, será para ellas un regalo invaluable. Cultiva el amor siempre porque una vida sin amor es el vacío más árido y la peor carencia que puede padecer un ser humano.

Del sufrimiento y el placer
No hay mayor alegría que la felicidad de los demás
El gozo y el dolor son partes inseparables de la vida, tanto en sus expresiones espirituales como en las corporales. Goza sin más limitaciones que las de no dañar a nadie y no hacer daño a tu propia persona. Convierte el gozo ajeno en motivo de tu propio gozo, nunca conviertas el sufrimiento de otras personas en motivo de tu placer ni tu placer en ostentación.

No te aficiones al dolor; llora tus pérdidas y sigue adelante. Cuídate y quiérete, pero no disfrutes sintiendo lástima de ti mismo.

Del pasado y del futuro
Quien no sabe de dónde viene difícilmente sabe a dónde va
Eres quien eres y estás en donde estás por muchísimos seres que te antecedieron, desde tus padres y tus abuelos y los abuelos de tus abuelos hasta los primeros ejemplares de la especie humana. Eres un eslabón de una cadena que vincula generaciones. Cultiva el entendimiento del pasado y ayuda en la construcción de un mejor futuro.

Procura conocer, comprender y honrar a tus ancestros biológicos y culturales y dejar una huella que haga mejor la vida de tus descendientes. Ama a aquellos que murieron antes de que nacieras y de los que tienes noticia y recuerdo: tu memoria es su casa y su fuerza. Ama a los que vendrán después de ti, porque tu esperanza es el lugar en el que habitan.

Ama la criatura que fuiste y a la persona de edad avanzada que serás, porque son partes inseparables de ti mismo.

De la gratitud
El agradecimiento es la mayor virtud de una buena persona
La gratitud es un atributo que dignifica como ningún otro, y su contrario, la ingratitud, degrada como pocos. Si agradeces a quien te ha beneficiado sin tener obligación de hacerlo, refuerzas la generosidad y construyes civilización. Si, por el contrario, ignoras a quien ha hecho algo bueno por ti, promueves el egoísmo, la rudeza y la insensibilidad, y contribuyes a la barbarie.

Del perdón
El perdón libera a quien lo otorga y a quien lo recibe
Pedir perdón y perdonar son de las cosas más difíciles en nuestra relación con los demás. Hay una resistencia natural a disculparse porque quien lo hace siente que se rebaja, se humilla o se rinde, y por ello no alcanza a vislumbrar la enorme potencia liberadora del perdón. Independientemente de que se obtenga o no el perdón, quien lo pide sinceramente y se dispone a reparar el daño o el dolor causado recupera su dignidad y su paz interior.

Quien perdona se deshace del rencor, de la sed de venganza e incluso del odio y puede de esa forma superar la ofensa y seguir adelante.

Pide perdón si actuaste mal y otórgalo si fuiste víctima de maltrato, agresión, abuso o violencia, que así permitirás la liberación de la culpa de quien te ofendió.

De la redención
No se debe enfrentar el mal con el mal
En la antigüedad, la redención se refería al acto por medio del cual un esclavo obtenía su libertad, o bien al pago para recuperar un objeto empeñado. Actualmente significa la superación de errores, la toma de conciencia por actos indebidos y un arrepentimiento que implica el reconocimiento de culpabilidad y el propósito de no incurrir de nuevo en un delito o acción inmoral.

Para el conservadurismo y el autoritarismo, las actitudes incorrectas o delictivas deben ser objeto de castigo severo y las personas que las presentan han de ser separadas de la sociedad, degradadas y sometidas a una desconfianza permanente. Desde una perspectiva humanista, los criminales y corruptos pueden redimirse por medio de la reflexión, la educación e incluso la terapia psicológica, sin renunciar, desde luego, por la seguridad de la sociedad y por motivo de justicia, a la posibilidad de sanciones como la privación de la libertad.

Ante un infractor, las instituciones, la ciudadanía y los individuos pueden optar entre la creencia en la maldad innata y la convicción de que toda persona es producto de sus circunstancias y capaz de redimirse.

Prefiere la libertad a la prohibición; la escuela, a la cárcel; la esperanza, a la desconfianza y la sospecha.

De la igualdad
La buena ley debe moderar la opulencia y la indigencia; no puede haber trato igual entre desiguales
De la dignidad de origen se desprende que merecemos la igualdad. La posición social y económica, el lugar de nacimiento y residencia, la ocupación, el sexo, el género, la

orientación sexual, el nivel educativo, las posturas políticas y las creencias religiosas no son un fundamento que justifique dar un trato desigual a una persona por parte de la sociedad o de las autoridades a alguien en particular ni traducirse en la negación de derecho fundamental alguno, ni llevar a nadie a prejuzgar sobre las aptitudes y capacidades de la persona.

Al contrario de lo que pregona el pensamiento conservador, la desigualdad no es un hecho natural ni parte de un orden divino. Quien nace pobre no debe estar condenado a morir pobre.

La desigualdad en cualquier terreno es producto de la injusticia y genera sufrimiento. Ante el abismo de desigualdades de toda clase que imperan en el país y en el mundo, es deber de todos contribuir al establecimiento de una igualdad efectiva. Pero en tanto esta no se logre, debes ayudar a quienes se encuentran en desventaja, debilidad, riesgo o que sean discriminados en cualquier ámbito de la vida.

No se puede tratar igual a desiguales. El lema «Primero los pobres» no significa otorgar a estos un privilegio en detrimento de quienes no se encuentran en situación de pobreza, sino atenuar las desventajas de quienes se encuentran reducidos a la pobreza a fin de construir una sociedad más justa y más igualitaria.

De la misma manera, se tiene que erradicar el machismo y la violencia contra las mujeres, lo cual no significa discriminar a los hombres, sino procurar una plena igualdad, en la ley y en la práctica, de derechos y obligaciones entre mujeres y hombres y garantizar que las primeras tengan circunstancias favorables para su desarrollo, su integridad física y emocional y su seguridad.

Combatir la pobreza y la marginación de las comunidades indígenas no es privilegiarlas, sino restituir los derechos que les han sido negados por siglos y una manera de hacer efectivas su dignidad y su autodeterminación.

De la verdad, la palabra y la confianza
No mentir, no robar, no traicionar

La veracidad es la cualidad de la palabra de apegarse a la realidad. Ciertamente, no todas las personas tienen la misma idea sobre un hecho determinado y es frecuente que surjan disputas sobre la veracidad de una expresión o un discurso. Pero es posible minimizar tales disputas si quienes toman parte en ellas se conducen en forma honesta y exponen lo que consideran como la verdad.

Una persona miente cuando tergiversa o deforma los hechos en forma deliberada, aun sabiendo que lo que expone es parcial o totalmente falso. Esa conducta deteriora rápidamente las relaciones sociales y a la larga termina por afectar al mentiroso.

Defiende la verdad en la que crees y abre tu mente a la verdad de los otros, y sobre todo no te aferres en la defensa de una mentira.

Una forma particularmente perniciosa de la falsedad es prometer algo y no cumplirlo, o prometer acciones en un sentido y posteriormente actuar en sentido contrario, es decir, faltar a un compromiso adquirido.

Existe la traición a la palabra propia y, aún más grave, la traición a la confianza de los demás.

La mentira y la traición destruyen la confianza, que es la credibilidad que otras personas han depositado en ti. Cuando esas prácticas se extienden y generalizan, acaban con los cimientos mismos de la convivencia civilizada.

Exprésate siempre con veracidad, honra tu palabra y no abuses de la confianza de nadie. Si te conduces con lealtad y congruencia, los demás sabrán qué esperar de ti y no serán defraudados por tu palabra ni por tus actos.

De la fraternidad
Ser fraterno es hacer propios los problemas de los demás
La fraternidad es el compromiso activo y afectivo, pero respetuoso, en la búsqueda de soluciones a problemas de los demás. Idealmente, debe ser la guía de la acción social de estados, gobiernos, instituciones, sociedades e individuos a fin de superar o aliviar el sufrimiento, la carencia y la indefensión de millones de personas.

Es un deber colectivo de las naciones ofrecer a cada una de sus hijas e hijos una cuna para nacer, un pupitre para aprender, herramientas para trabajar, una cama para dormir, una mesa para comer, un techo para guarecerse, un lugar en el hospital para curarse y una tumba para descansar.

Si dedicas una parte de tu tiempo a contribuir en la realización de esa tarea, tu recompensa será la de vivir en un país más libre, más justo, más seguro, más pacífico y más próspero.

De las leyes y la justicia
Al margen de la ley, nada; por encima de la ley, nadie
Todo, por la razón y el derecho; nada, por la fuerza.

La justicia es la conciliación civilizada de los derechos de dos o más actores sociales con base en el derecho. Su guía principal es el conjunto de leyes locales, nacionales e internacionales. Es el medio principal para evitar que los conflictos se resuelvan por medio de la violencia. Por eso se dice que la paz es fruto de la justicia.

Las leyes son imperfectas por naturaleza y deben adecuarse constantemente a las realidades humanas y sociales, que son siempre cambiantes. Así, se presenta la situación de que las leyes injustas deben ser modificadas. Lucha con la palabra, con la organización social y con los recursos legales para modificar las leyes que no sean justas.

No basta con que existan leyes para que haya justicia. Debe haber además instituciones apegadas a la legalidad y servidores públicos dispuestos a cumplirla en forma imparcial, equitativa y sin distingo. A eso se le llama Estado de derecho y de esa forma se genera en la sociedad certidumbre jurídica. Cuando, por el contrario, las leyes no se aplican o se aplican en forma facciosa, discrecional y arbitraria, proliferan la injusticia y la impunidad; es a lo que se le llama «Estado de chueco».

Si la justicia depende de ti, procura ponerte en el lugar de quienes la reclaman y de actuar apegado a leyes y reglamentos y de acuerdo con tu conciencia.

De la autoridad y el poder
El poder solo tiene sentido y se convierte en virtud cuando se pone al servicio de los demás
El poder es la facultad de actuar y tomar decisiones en nombre de otros. La autoridad es la confianza que otros depositan en ti para que actúes en función de sus necesidades y de su interés. Ni el poder ni la autoridad son derechos o atributos de tu persona. Uno y otra solo tienen sentido ético cuando se ejercen para servir a los demás. Si lo usas en provecho propio o de tus allegados, incurres en corrupción, perviertes el cargo, traicionas la confianza depositada en ti, destruyes tu dignidad y tu prestigio, dañas a tu familia y a tus personas cercanas y no conocerás la satisfacción de servir a los demás.

Si llegas a un cargo público, deberás recordar siempre que estás allí como representante y ser fiel a tus representados; tener en mente que eres el mandatario o la mandataria y que tus mandantes son los que te mandan; en otros términos, debes apegarte siempre al principio de mandar obedeciendo.

La política es un asunto de todos. Aunque no ocupes un cargo público, no debes desentenderte de los asuntos políticos ni descuidar cosas que son del interés general. Individuos y sociedades apáticas son alimento del autoritarismo y la opresión. Mantener una actitud participativa, crítica y vigilante sobre tus gobernantes es la esencia de la democracia y la mejor manera de preservar la libertad, el bienestar y la paz. No olvides nunca que el pueblo manda y que tiene el derecho de poner y quitar a sus gobernantes, así como de tomar parte en los asuntos públicos.

Del trabajo
No hay mayor satisfacción que tener trabajo y disfrutarlo
Al igual que el poder, el trabajo adquiere su pleno sentido cuando se realiza para los demás. El trabajo nos asegura el sustento; nos vincula con nuestros semejantes y nos ofrece una forma de realización personal; es universal como derecho y como un deber del que quedan excluidos menores de edad, adultos mayores y personas con alguna discapacidad.

Del más humilde al más prestigioso, el trabajo articula a los humanos en sociedad. Cuando realices el tuyo, ten siempre presente a tu cliente, a tu consumidora, a tu paciente, a tu educando, y pon en tu tarea lo mejor de ti mismo.

La paga, el salario, los honorarios y las prestaciones laborales son el reconocimiento de tu esfuerzo y la condición para tu sustento y el de los tuyos y tu bienestar inmediato. Defiende tus derechos laborales. No permitas que te exploten y, si te explotan, busca remediarlo con organización y argumentos y con las leyes y los reglamentos en la mano. Respeta los derechos de tus colegas y procura mejorar y ampliar los de tus empleados.

Respeta y honra el fruto del trabajo ajeno. No destruyas, a menos que sea para construir algo mejor. No desperdicies insumos y no deseches cosas que aún puedan tener utilidad.

De la riqueza y la economía
No es más rico el que tiene más, sino el más generoso
Es lícito poseer y acrecentar bienes materiales por medio de actividades industriales, comerciales, financieras, profesionales o de servicios, siempre y cuando se haga con respeto a las leyes y con la ciencia de que la riqueza debe ser distribuida. Es legítimo, además, y contribuye al desarrollo cuando se crean empleos dignos, cuando se contribuye al erario con impuestos justos y cuando se respetan los intereses superiores del país y de la sociedad, tales como el cuidado del medio ambiente y la preservación de la soberanía.

No es lícito enriquecerse mediante el engaño, a costa del sufrimiento de otras personas, a expensas de los bienes comunes o en detrimento del bienestar del prójimo. La riqueza mal habida es aquella que se logra mediante el engaño, el robo, el abuso de información privilegiada o privatizando lo que es de todos o lo que no debe tener dueño. Tales formas de enriquecimiento son corruptas.

Quien procura la ganancia razonable, quien empeña su creatividad, se arriesga y mantiene fuentes de trabajo será reconocido por la sociedad como un empresario responsable con sentido social; por el contrario, quien pretende hacer negocios mediante el tráfico de influencias, los acuerdos inescrupulosos que afectan a la Hacienda Pública o mediante la mera especulación se hará merecedor de la reprobación y el descrédito.

La economía debe servir a las personas y no al revés. La riqueza que tiene mayores efectos positivos en la vida de los individuos y de los países es la que está mejor distribuida. Una economía que cumple con estos dos principios es una economía moral.

De los acuerdos
Los compromisos se cumplen
Cuando tomes parte en un acuerdo, procura que este resulte beneficioso para todas las partes y no solo para tus intereses o necesidades. Los convenios desequilibrados, suculentos para unos e injustos para otros, no suelen durar mucho porque no resuelven los conflictos de fondo; simplemente los ocultan y los postergan.

Si haces un negocio que te beneficia, cuida que no empobrezca a tu contraparte porque eso es una forma de injusticia y tu prestigio terminará por venirse abajo.

De la familia
La familia es la principal institución de seguridad social de México
La familia es la célula básica de la sociedad, la primera escuela, el primer dispensario médico y, en nuestro país, un núcleo de ayuda mutua que acoge a los individuos en circunstancias adversas, como se evidenció en la pandemia que enfrentamos. En periodos de crisis económica, muchas familias se convierten en centros productivos y en atenuantes del desempleo, y cuando ocurren catástrofes como huracanes y terremotos, muchos hogares acogen a personas o a familias enteras que han resultado damnificadas.

Aunque se suele representar en una sola de sus formas, la de una pareja con hijos, la familia es una unidad muy variable y sin un modelo único. En este ámbito de convivencia y vida cotidiana pueden caber una sola persona o muchas, individuos con o sin parentesco sanguíneo o matrimonial, del mismo sexo o sexo diferente.

Independientemente de cómo se conforme, la familia debe regirse por las mismas consideraciones éticas que el resto de la sociedad: respeto a la dignidad, libertad, igualdad y fraternidad.

Trata a los integrantes de tu familia con el respeto y la dignidad que merecen, busca una repartición justa y equitativa del trabajo doméstico, respeta la individualidad y la autonomía de cada uno de tus familiares en función de su edad y aptitudes, evita las actitudes autoritarias, violentas y arbitrarias, y procura resolver los conflictos mediante el diálogo. Si hay en tu familia niños y personas mayores, condúcete hacia ellas con respeto, e inculca en las menores los principios éticos aquí referidos y edúcalas con la fuerza del ejemplo.

De los animales, las plantas y las cosas
Al cuidar el aire, el agua, la tierra, las plantas, los animales y las cosas, nos cuidamos todos
La tierra y el territorio, nuestra casa común, deben ser cuidados y protegidos por todos a fin de mantener el equilibrio y la armonía de los ciclos de vida y heredarlos a las futuras generaciones.

Compartimos el planeta con un sinfín de organismos no humanos. Muchos de ellos están en la tierra desde millones de años antes del surgimiento de la humanidad y muchos otros seguirán aquí cuando ya no estemos. De las plantas y de los animales nos distinguen el intelecto y una capacidad cualitativamente mayor para transformar el entorno, tan portentosa como terrible. Salvo por las comunidades agrarias y ancestrales, la humanidad ha perdido el control de esa capacidad y ha generado daños inconmensurables al medio ambiente. Es un imperativo ético de primer orden recuperar ese control para restaurar los ecosistemas dañados o destruidos y colaborar para recuperar el equilibrio perdido en el ámbito planetario, no solo por la supervivencia de las otras especies, sino por la de la nuestra.

El intelecto y la razón no te otorgan privilegios especiales, sino, por el contrario, te imponen obligaciones puntuales para con el entorno natural, como la de no propiciar su destrucción y la de no solazarte con su deterioro.

Procura preservar la vida y el entorno natural de los animales y de las plantas a menos que tu integridad y tu vida estén en juego. Debemos ser extremadamente cuidadosos en el aprovechamiento de los recursos naturales y evitar que se produzcan desequilibrios o que los agotemos en el ciclo de unas cuantas generaciones, privando de su beneficio a nuestros descendientes. No contamines el agua, la tierra y el aire.

Tenemos el deber de compartir nuestra atribución de dignidad con todos los seres vivos del mundo e incluso con las cosas inanimadas, como la atmósfera, los ríos y océanos y los yacimientos minerales, y asumir que no somos los reyes de ninguna creación, sino pasajeros, junto con una diversidad de organismos, en una nave que viaja por la inmensidad del espacio.

Añado que este documento se imprimió, divulgó y entregó en 4 000 000 de domicilios del país y que no pretende ser un texto acabado, ni mucho menos. Ha sido analizado y discutido en muchos foros, con el propósito de incorporarle mejoras y cambios que hayan sido objeto de consenso, y pronto tendremos una segunda versión con las aportaciones de la sociedad.

• • •

Con estos fundamentos y con otros textos ya existentes, por ejemplo, la Cartilla ético-política para la regeneración nacional, de Enrique Dussel, pueden elaborarse materiales apropiados —folletos, historietas, volantes, murales, carteles, escritos y diseños para redes sociales— que sirvan de apoyo para llevar a cabo de manera permanente tareas en todo el territorio nacional y no interrumpir la revolución de las conciencias masivas de información.

• • •

En lo que a mí corresponde, decía entonces, a finales de 2012, que en la etapa de mi vida que estaba por iniciar dedicaría toda mi imaginación y trabajo a la causa de la transformación de México y lo haría desde el espacio que representaba Morena. Por esta razón me separé de los partidos que conformaron el Movimiento

Progresista. No se trataba de una ruptura, de modo que en los mejores términos y con mi más profundo agradecimiento me despedí de los dirigentes y militantes del Partido del Trabajo, de Movimiento Ciudadano y del PRD. En especial, nunca voy a dejar de reconocer el apoyo que nos han otorgado los dirigentes del PT, en particular, Alberto Anaya.

Este deslinde incluyó mi renuncia al Partido de la Revolución Democrática, en el que me tocó participar desde su fundación, del cual fui dirigente y en el que milité durante 23 años. Ese día expresé: «Tengo en el PRD muchos amigos que en todo momento me dieron su confianza y respaldo y, en correspondencia, considero que les di lo mejor de mí y los representé con entrega y dignidad. Estamos a mano y en paz».

Aquí abro un paréntesis para narrar cómo mis adversarios habían desatado un rumor para pedir mi retiro de la vida pública. Me molestaba mucho la campaña emprendida por ellos en el sentido de que era un ambicioso, un obcecado con llegar al poder, sin considerar que me movían ideales y principios. Incluso llegué a escribir una despedida en la cual señalaba, palabras más palabras menos, que había querido ser presidente como Juárez o Lázaro Cárdenas, pero no había contado con el respaldo suficiente del pueblo o no había sabido hacerlo, por lo cual no volvería a aspirar a la Presidencia, aunque no dejaría de luchar por nuestra justa causa y por la democracia. Al final decidí que no podía excluirme, que todavía hacía falta y que tampoco debía dar ese gusto a mis adversarios. Soy consciente de que les molesta mi presencia, pero sus argumentos no son más que un reflejo de su prepotencia y del absurdo. Primero, sus escritores y voceros más refinados sostenían que se necesitaba una *izquierda moderna* que ni siquiera alcanzan a caracterizar. Puede ser que se trate de algo parecido a la izquierda brasileña o al liderazgo de Lula, con sus grandes aciertos en el contexto de la realidad de su país, en un contexto ciertamente muy distinto al producido por nuestro proceso histórico, con todo y los problemas de corrupción que hemos enfrentado en México. Baste señalar, como ejemplo de las diferencias entre un país y otro, que nada tienen que ver el expresidente Cardoso, con su integridad, y Salinas, con la característica opuesta. Nuestros críticos podrían también estar pensando en una izquierda como la del Partido Socialista Obrero Español (PSOE), pero los resultados obtenidos por esa organización ni siquiera permiten demostrar la eficacia de esa forma de hacer política.

Lo cierto es que no les gustaba mi manera de pensar y mi forma de ser, y conjeturaban, de buena o mala fe, que mi retiro podría ayudar a las fuerzas progresistas de México. En otras palabras, deseaban que me quitara del camino para dar paso a un liderazgo moderado, conciliador y, en una de esas, hasta colaboracionista con el régimen. Por mi parte, pensaba, y sigo pensando, que como decía Melchor Ocampo, «los moderados no son más que conservadores más despiertos». También creo que es legítimo pensar en una opción distinta a la que represento, pero eso deben decidirlo los ciudadanos y siempre me he sometido a esa regla. A nadie en las filas del movimiento progresista le he impedido el paso. Nunca he comprado lealtades; no he usado a periodistas para atacar o desprestigiar a mis adversarios, y menos para denostar a aquellos con quienes coincido en lo fundamental. De modo que resultaba muy arrogante, por decir lo menos, exigir mi retiro solo por mandato de quienes se creían amos y señores de México.

Al mismo tiempo, debo confesar que no dejaba de sentir una gran satisfacción por enfrentar a quienes, no conformes con el daño que le causaron al país, todavía tenían la pretensión de culminar el establecimiento de una república simulada y dominarlo todo. El sueño de Salinas siempre fue un bipartidismo de derecha, simular que había democracia con la alternancia en el Gobierno de dos partidos que representaran y sostuvieran la misma economía para la élite. En 1997, como presidente del PRD, impedí la aplicación de esa estrategia y lo mismo hice como candidato en 2000, 2006 y 2012. Aunque estos amos y señores se mantuvieran en el Gobierno, ni con sus trampas antidemocráticas habían podido desdibujar la oposición que nosotros representábamos, y de ahí su malestar. Así como en la cuestión económica no tenían llenadera, en política lo querían todo.

Esto explica la actitud del periódico *El País*, de España, y de otros medios que, lejos de representar a los ciudadanos, aunque supuestamente ejercen un periodismo independiente, en realidad son altavoces de la forma de pensar de traficantes de influencias y dueños de grandes empresas y bancos beneficiados por el régimen de corrupción imperante. En este contexto entiendo un editorial que ese diario publicó en mi contra. Sus intereses y sus socios en México prácticamente le sugirieron el titular: «Obrador es un lastre». No hace falta imaginar mucho sobre el despliegue que tuvo en nuestro país tan atinado y fino señalamiento. Afortunadamente existían ya las redes sociales, donde se podía enfrentar con decoro este tipo de prepotencia. Ese día, cuando me enteré, puse en mi cuenta de Twitter: «A *El País*: dejen la manía de hacer periodismo colonizante. Mejor hagan la autocrítica por su responsabilidad en el desastre de España». Y el 2 de septiembre, también en ese novedoso medio de comunicación electrónica, escribí: «Atento aviso: Me voy a retirar cuando la patria sea de todos, no de 30 potentados. Cuando hagamos realidad el bello ideal de la justicia».

En la campaña para promover mi retiro sacaron a relucir el tema de la edad. Olvidaban que ser joven o viejo no solo depende de cuestiones biológicas, sino del estado de ánimo. Pero además debe tomarse en cuenta que, de los 30 mandones del México de la corrupción, únicamente tres eran menores que yo, que el jefe de todos ellos andaba por entonces en los 64 y nadie les pedía que se retiraran en razón de la edad. Pero a mí me avejentaban, hablaban de mi cansancio, de que estaba acabado. En noviembre de 2012 cumplí 59 años; todavía no llegaba a la edad en que se retiraban los grandes políticos de la antigüedad. Además, afortunadamente, contaba con buena salud, seguía en el beisbol, bateando arriba de 300; pero, sobre todo, conservaba la pasión suficiente para luchar el resto de mi vida por mis ideales.

Cierro este tema con una reflexión política en la que coincido con lo planteado por el filósofo Enrique Dussel (†) acerca de la disolución de un liderazgo: un líder no debe abandonar su responsabilidad en tanto sus seguidores no lleguen al pleno ejercicio de su poder participativo. Pero una vez que se alcanza esa fase, el líder debe ser consecuente y borrarse.

Desde luego, los adversarios no tenían por qué decidir sobre mi retiro; era un asunto del pueblo y este, poseedor legítimo del poder, determina el momento de la disolución de un liderazgo. En este contexto definí mi participación en Morena: seguiré sirviendo, planteé, y tengo la firme determinación de ser útil, pero mi deseo es que nuestra organización se consolide con valores morales, prácticas democráticas y buenos dirigentes, y que entonces llegue el día en que deba prescindirse de mi liderazgo. Todo esto, a partir de lo que siempre he estimado más importante en mi vida: la honestidad y los principios. Nunca ejercí un liderazgo como una prerrogativa personal. Tampoco acepté representación alguna sin creer en algo o perseguir un ideal; y nunca he caído en el ridículo de aferrarme a ser un líder sin arrojo, que no conmueva a nadie, predecible, sin sorpresas que dar, en el ocaso.

Capítulo 16

LA CRISIS DE MÉXICO

La corrupción fue por mucho tiempo el principal problema de México. En la historia se registran infinidad de casos sobre este fenómeno económico y político que de manera absurda e interesada ha sido calificado como social o cultural. Apenas desembarcó en Veracruz, el conquistador Hernán Cortés, sin ningún fundamento legal, se autonombró alcalde y jefe del ejército invasor. Décadas después, uno de sus soldados, el famoso historiador Bernal Díaz del Castillo, denunció que el reparto del tesoro de Moctezuma se realizó de manera irregular, porque antes de la distribución «faltaba la tercia parte de ello, que lo tomaban y escondían, así por la parte de Cortés como de los capitanes y otros que no se sabía, y se iba menoscabando». Luego de esos «moches» iniciales, cuando llegó la hora de repartir el botín, «Cortés separó el quinto real y se dio otro quinto a sí mismo, y los soldados recibieron unas cuentas que no valían más de cien pesos».[27]

Durante la Colonia, en un informe de 1628, se afirma que el virrey, marqués de Gelves, Diego Carrillo de Mendoza, había sido despojado de su cargo, por procurar poner orden y evitar que se evadieran de la mina de Zacatecas 170 000 pesos en perjuicio de la Hacienda Real. Este proceder lo enemistó con el arzobispo Juan Pérez de la Serna y con el presidente del Tribunal de la Audiencia de México, a quienes, además, se les acusaba de monopolizar la producción de maíz y trigo. El enfrentamiento escaló porque el virrey mandó a aprehender al obispo, los seguidores del jerarca eclesiástico se sublevaron y el zafarrancho terminó con un saldo de 70 muertos, el incendio de Palacio Nacional, y la excomunión y «expulsión» del virrey; por su parte, el arzobispo resultó exonerado y triunfante.[28]

El gran escritor mexicano Fernando Benítez hace referencia a un fraude cometido por el virrey José de Iturrigaray, quien en la cabecera de su cama guardaba celosamente 7 383 onzas de oro y, en un baúl, otras monedas y joyas, además de cuatro escrituras a nombre de sus hijos, por 100 000 pesos cada una, compuestas de capitales a crédito con cargo al Tribunal de Minería, más otra escritura de 12 000 y talegas de dinero que sumaban 36 110 pesos, producto de cohechos y desfalcos. Este tesoro, que solo incluía lo oculto en sus aposentos, fue descubierto cuando cayó como virrey, casi al iniciar el siglo XIX.[29]

Después de la Independencia, la honestidad fue escasa en los asuntos públicos del país; está documentado que esta virtud imperó durante el periodo de la República Restaurada, de 1867 a 1876, en los gobiernos de Benito Juárez y Sebastián Lerdo de Tejada, periodo marcado por la abnegación de los liberales que lucharon en la Guerra de Reforma y durante la Intervención francesa. Estos personajes zurcían sus propios uniformes y eran incapaces de entregar malas cuentas. El héroe de los tabasqueños, Gregorio Méndez Magaña, quien había sido comerciante y encabezó la lucha contra los franceses, fue gobernador del estado y, cuando murió, sus familiares no tenían ni para su entierro. Por su parte, Vicente Riva Palacio abandonó el Ejército y se retiró a la vida privada, básicamente a escribir; poco después se entrevistó con el presidente Benito Juárez y el Benemérito le reconoció que la nación le debía «por no haber cobrado sus haberes de coronel y general e incluso haber pagado de su bolsillo a la tropa durante los primeros años de la guerra».[30] La respuesta de Riva Palacio fue: «Señor presidente, a la Patria se le sirve, no se le cobra».

En el Porfiriato (1876-1911) la corrupción llegó para quedarse e imperó como práctica regular en el poder público hasta el triunfo de nuestro movimiento. Desde los inicios de la dictadura de Porfirio Díaz, empezaron a realizarse jugosos negocios privados al amparo del poder público. En aquellos tiempos, en los corrillos de las oficinas públicas, las cámaras legislativas y los salones de fiestas de la aristocracia, las pláticas versaban sobre ferrocarriles, telégrafos aéreos y submarinos, minas y bancos. Las palabras o los términos económicos más escuchados eran *subvención, bonos, concesiones, intereses, colonización, deuda, compañía, acciones*; se vivía «en la época de los grandes negocios».[31] Tan es así que en mayo de 1881 se llevó a cabo uno de esos acuerdos, que podría ser considerado como el precursor de las prácticas del influyentismo y de la corrupción política del reciente periodo neoliberal: el secretario de Hacienda, Francisco de Landero y Cos, vendió a Ramón Guzmán, a Sebastián Camacho y a Félix Cuevas 36 000 acciones del Ferrocarril Mexicano, que eran propiedad del Gobierno y poseía la línea de México a Veracruz, inaugurada por el presidente Sebastián Lerdo de Tejada.

El Congreso aprobó de inmediato la operación, pese a que fue realizada en franca violación a la ley, que ordenaba que las transacciones de esa naturaleza debían someterse a subasta pública. Además, la compraventa fue un fraude en perjuicio del erario, pues el Gobierno aceptó que le pagaran por cada una de las acciones de la empresa 12 libras esterlinas, cuando ese mismo día se cotizaban en 16 en la Bolsa de Londres y la tendencia iba al alza. Seis meses después de la transacción, Ramón Guzmán, uno de los compradores, habría de firmar como testigo en la boda de Carmen Romero Rubio con Porfirio Díaz. El polémico historiador Francisco Bulnes, siempre colaborador del Porfiriato, asegura que, en 1908, cuando el Gobierno compró acciones a empresas extranjeras para crear los Ferrocarriles Nacionales de México, Julio Limantour, hermano del secretario de Hacienda, contó con información privilegiada y, con un crédito del Banco Nacional, adquirió anticipadamente en el mercado de Nueva York acciones que circulaban a bajo precio para después venderlas «a precio elevado al Gobierno mexicano, representado por el hermano del fervoroso especulador».[32] Los negocios de este tipo siguieron realizándose a lo largo de la dictadura de Díaz y no desaparecieron en la época de los gobiernos posrevolucionarios, con excepción del breve mandato de Francisco I. Madero; fueron el principal distintivo de los procesos de privatización de bancos y empresas públicas durante el periodo neoliberal o neoporfirista que concluyó recientemente.

A pesar de su profundidad, la Revolución Mexicana no pudo arrancar de raíz el mal de la corrupción en México. En 1916, el general Francisco J. Múgica, desde Tabasco, donde gobernaba, le pedía a Salvador Alvarado, gobernador de Yucatán: «moralíceme, señor general», y denunciaba a las «funestas camarillas» que obtenían contratos cultivando la amistad de los hombres del jefe Carranza. En 1923, en los tiempos de los popularizados como cañonazos obregonistas de 50 000 pesos, un revolucionario dijo que de los 28 gobernadores que tenía México solo dos eran honestos, y razonaba de la siguiente manera: «Lo mejor que puede esperarse, en general, no es un gobernador que no se enriquezca con el puesto, pues casi todos lo hacen, sino uno que mientras roba haga algo por su estado. La mayoría toma todo lo que puede y no deja nada».[33]

Según el historiador John W. F. Dulles —quien así comienza su libro *Ayer en México*—, Obregón solía narrar que, cuando perdió un brazo en la batalla de Celaya enfrentando a las tropas de Francisco Villa, sus hombres buscaban y buscaban la extremidad sin encontrarla, hasta que un amigo íntimo que lo «conocía perfectamente» sacó del bolsillo una reluciente pieza de oro, una moneda denominada azteca, y en cuanto la alzó y la mostró a los demás, «todos presenciaron un milagro: el brazo se vino saltando de no sé dónde hasta el lugar en que había levantado el azteca, se extendió y lo cogió cariñosamente entre los dedos. Fue la única manera de hacer que apareciera mi brazo perdido».[34]

La corrupción en México durante la época posrevolucionaria puede resumirse con los testimonios de algunas personalidades de inobjetable integridad. Por ejemplo, en 1943, don Jesús Silva Herzog sostuvo que la política era la profesión más sencilla y más lucrativa de México: «La inmoralidad es de lo más alarmante en la administración pública federal, en los estados y los municipios; la gangrena se ha extendido, no sabemos si de arriba hacia abajo o de abajo hacia arriba. Son muchos los funcionarios gubernamentales que han hecho su fortuna en unos cuantos meses sin perder públicamente su respetabilidad y este es el mayor de los males».³⁵ Sobre el mismo tema, tres años después, don Daniel Cosío Villegas, en un extraordinario ensayo sobre la crisis de México, afirmó: «Ha sido la deshonestidad de los gobernantes revolucionarios, más que ninguna otra, la causa que tronchó la vida de la Revolución Mexicana». He hablado muchas veces del ensayo *La crisis de México*, escrito por don Daniel en 1946, porque desde entonces avizora la decadencia del régimen posrevolucionario. Por cierto, este escrito no ha sido valorado por los discípulos del autor: lo han leído, pero no lo han comprendido. En una ocasión, Enrique Krauze, dominado más por su vertiente de empresario editorial que por la de historiador, afirmó que yo era mesiánico porque hablé de la necesidad de purificar la vida pública; le tuve que citar el pasaje de don Daniel, su maestro, quien sostenía que ante «una general corrupción administrativa, ostentosa y agravante, cobijada siempre bajo un manto de impunidad [...] la aspiración única de México es la renovación tajante, la verdadera purificación, que solo quedará satisfecha con el fuego que arrase hasta la tierra misma en que creció tanto mal».³⁶ Este enfoque, ver la crisis de México como resultado de la corrupción que imperaba, siempre fue desdeñado por la intelectualidad conservadora y por los *fifís* de nuestro tiempo, quienes nos acusan de simplistas cuando proponemos eliminar la corrupción para lograr el renacimiento de México. Y no, no es simplismo: ese es en realidad el meollo del asunto.

Regresando a don Daniel, agrego la conclusión visionaria y certera a la que llegaba hace 77 años:

> ¿Qué remedio puede tener, entonces, la crisis de México? Se dijo desde un principio que la crisis era grave. Por una parte, la cauda de la Revolución ha dejado ya de inspirar la fe que toda carta de navegación da para mantener en su puesto al piloto; a eso debe añadirse que los hombres de la Revolución han agotado su autoridad moral y política. Por otra parte, no es claro el fundamento en que podría fincarse la esperanza de que la redención venga de las derechas, por los intereses que representan, por su espíritu antipopular y su impreparación.
>
> El único rayo de esperanza —bien pálido y distante, por cierto— es que de la propia Revolución salga una reafirmación de principios y una depuración de hombres. Quizá no valga la pena especular sobre milagros; pero al menos me gustaría ser bien entendido: reafirmar quiere decir afirmar de nuevo, y depurar querría decir usar solo de los hombres puros o limpios.
>
> Si no se reafirman los principios, sino que simplemente se los escamotea; si no se depuran los hombres, sino que simplemente se les adorna con ropitas domingueras o títulos... ¡de abogados!, entonces no habrá en México autorregeneración, y, en consecuencia, la regeneración vendrá de fuera, y el país perderá mucho de su existencia nacional y a un plazo no muy largo.³⁷

En 1953, el expresidente Emilio Portes Gil admitió públicamente que la corrupción administrativa había producido un clima de virtual asfixia y que la política había degenerado hasta llegar a ser «una industria de las más lucrativas».[38] Silva Herzog dibujó con precisión la ruta de la inmoralidad gubernamental partiendo de «una línea oscilante que permanece más o menos estacionaria hasta 1940; se eleva con lentitud de 1941 a 1946; acelera su ascenso hasta 1952, para iniciar después el descenso a partir de 1953».[39]

Otro caso ilustrativo ocurrió en 1947, cuando el Gobierno de la República llegó al arreglo para pagar las indemnizaciones a la compañía petrolera inglesa *El Águila*, subsidiaria de la *Royal Dutch Shell*. En ese entonces, se convino en pagarle a esa empresa extranjera 81 250 000 dólares más intereses por sus bienes incautados. Este acuerdo fue abiertamente criticado por don Jesús Silva Herzog, quien había participado como representante del gobierno del general Cárdenas en las negociaciones de este tipo con la empresa estadounidense *Sinclair*. Silva Herzog sostuvo que el arreglo con El Águila era oneroso para el país. Específicamente, decía que aceptar pagar los intereses del 18 de marzo de 1938 al 17 de septiembre de 1948 equivalía a reconocer que la culpa de no haber llegado a un arreglo con anterioridad correspondía al Gobierno de México, y no a El Águila, como era la verdad. Y de manera contundente agregó: «El Águila hizo un gran negocio; los negociadores mexicanos en esa ocasión fueron demasiado generosos. Creo que la historia será muy severa con ellos; ella dirá la última palabra».[40]

La negociación entre el representante británico Vincent Charles Illing y Antonio J. Bermúdez, director de Pemex, se llevó a cabo durante 10 días, en la casa particular de este último. El acuerdo era mantener todo en estricto secreto y los resultados solo serían hechos públicos si eran positivos, pero alguien «dentro del mundo petrolero»[41] o del Gobierno mexicano no resistió la tentación de aprovechar la oportunidad para obtener alguna ganancia y filtró a la prensa británica información sobre el tema, lo cual produjo que las acciones de El Águila se fueran al alza en el mercado londinense. Por esta maniobra se denunció que altos funcionarios del régimen, enterados de la inminencia del arreglo, habían realizado un jugoso negocio al comprar antes, a precios irrisorios, las acciones que luego subieron de valor.

Recordemos, en fin, que en los sexenios posteriores al de Adolfo Ruiz Cortines, los gobernantes contribuyeron con su actuación a prostituir el sentido moral y humano de la política mexicana. Pocos de ellos cumplieron con su deber y la mayoría se alejó de la austeridad republicana. Unos se enfermaron de ostentación y derroche y otros de plano se dedicaron al saqueo del erario para hacerse grandes con la riqueza mal habida. No dejo de recordar como parte de la picaresca o del cinismo político que Gonzalo N. Santos, legendario cacique de San Luis Potosí, escribió en sus *Memorias* que «la moral es un árbol que da moras y sirve para una chingada». Por su parte, Carlos Hank González popularizó la frase «un político pobre es un pobre político».

Pero, aunque parezca increíble, lo que sucedió en materia de deshonestidad en el periodo neoliberal, entre 1983 y 2018, superó por mucho la corrupción precedente. En esos 36 años, el sistema en su conjunto operó para la corrupción. El poder político y el poder económico se alimentaban y nutrían mutuamente y se implantó como *modus operandi* el robo de los bienes del pueblo y de las riquezas de la nación. La corrupción que padecimos en décadas recientes fue indudablemente mayor a cualquier otro tiempo. En la época posrevolucionaria, los gobernantes no se atrevían a privatizar las tierras ejidales, los bosques, las playas, los ferrocarriles, las minas o la industria eléctrica, y mucho menos a tocar el petróleo; en los aciagos tiempos del neoliberalismo, los gobernantes se dedicaron, como en el Porfiriato, a concesionar el territorio y a transferir empresas y bienes públicos a particulares nacionales y extranjeros. No solo se trató, como antes, de actos delictivos individuales o de una red de complicidades para hacer negocios al amparo del poder público; la corrupción se convirtió en la principal actividad en el Estado. Un pequeño grupo confiscó todos los poderes y mantuvo secuestradas las instituciones públicas para su exclusivo beneficio. El Estado fue tomado y convertido en un mero comité al servicio de una minoría. Reflexionaría León Tolstói: «un Estado que no procura la justicia no es más que una banda de malhechores […] Sin justicia, ¿qué es un Estado sino una cuadrilla de bandidos?».[42]

El saqueo de México, por más de tres décadas, se llevó a cabo de manera simultánea a la imposición, en casi todo el mundo, del modelo neoliberal que consiste, en esencia, en fincar la prosperidad de pocos en el sufrimiento de muchos. Obviamente, esta infamia se envolvió con una tenaz e intensa difusión de dogmas como la supremacía del mercado, la utilización del Estado solo para proteger y rescatar a las minorías privilegiadas y, desde luego, se proclamó que las privatizaciones eran la panacea. Para los neoliberales, el nacionalismo económico era anacrónico, y la soberanía, un concepto caduco frente a la globalidad; sostenían con algo parecido al fanatismo que se debía cobrar menos impuestos a las corporaciones y más a los consumidores, y que lo económico debía predominar en todo momento sobre lo político y lo social. El Estado, a su modo de ver, no tenía que promover el desarrollo ni procurar la distribución del ingreso porque, si le iba bien a los de arriba, le iría bien a los de abajo. Se puso de moda el sofisma de que, si llovía fuerte arriba, inevitablemente habría de gotear abajo.

En México esta retacería de enunciados sin fundamento técnico ni científico, junto con las llamadas reformas estructurales, fue aplicada de manera obsesiva. Este adoctrinamiento fue usado para llevar a cabo el pillaje más grande que se haya registrado en la historia del país. La política económica de élite comenzó a impulsarse desde el gobierno de Miguel de la Madrid (1982-1988) y se profundizó durante el sexenio de Carlos Salinas de Gortari (1988-1994). Con este propósito se llevaron a cabo intensas campañas propagandísticas en las que intelectuales y los denominados *líderes de opinión* repetían, como loros, falsedades para justificar el bandidaje oficial y el predominio de los intereses económicos de una minoría por encima del bienestar público. En ese tiempo se ajustó el marco jurídico para legalizar el saqueo, que fue encubierto con el eufemismo: «desincorporación de entidades paraestatales no estratégicas ni prioritarias para el desarrollo nacional». Jacques Rogozinski, quien participó en el equipo que condujo el traslado de bienes públicos a manos de particulares, señalaba: «Actualmente, el avance en materia de desincorporación es notorio. El Estado ha reducido sus dimensiones considerablemente, pues mientras que en diciembre de 1982 estaba compuesto por 1 155 entidades, en el mes de mayo de 1993 contaba únicamente con 213. Esto significa que de 1983 a 1993 se han desincorporado 977 paraestatales y que se encuentran en proceso de liquidación, extinción, fusión, transferencia o venta 51 entidades».[43]

Aunque se llevaron a cabo procesos simulados de licitación y supuesta rendición de cuentas («libros blancos»), en todos los casos se sabía de antemano quiénes serían los ganadores en las subastas. Es cosa de recordar que Carlos Salinas, su hermano Raúl y el secretario de Hacienda, Pedro Aspe, eran los encargados de aprobar, acomodar y alinear a todos los apuntados que participaron en el reparto de empresas y bancos que hasta entonces pertenecían a la nación. Así, en 13 meses, del 14 de junio de 1991 al 13 de julio de 1992, con un promedio de 20 días hábiles por banco, fueron rematadas 18 instituciones de crédito. En solo cinco años, del 31 de diciembre de 1988 al 31 de diciembre de 1993, se enajenaron 251 empresas del sector público, entre ellas Telmex, Mexicana de Aviación, Televisión Azteca, Siderúrgica Lázaro Cárdenas, Altos Hornos de México, Astilleros Unidos de Veracruz y Fertilizantes Mexicanos, además de aseguradoras, ingenios azucareros, minas de oro, plata y cobre; fábricas de tractores, de automóviles y motores, de cemento, de tubería y de maquinaria, entre otras. Pero la entrega de bienes públicos a unos cuantos favoritos no se limitó a bancos y empresas paraestatales; también fueron privatizadas tierras, ejidos, los ferrocarriles nacionales, autopistas, puertos y aeropuertos, y se incrementó la participación de negocios de particulares nacionales y extranjeros en tareas sustantivas y hasta entonces exclusivas de Petróleos Mexicanos (Pemex) y la Comisión Federal de Electricidad (CFE). Aquí es conveniente recordar que en la entrega de algunas de estas empresas hay constancia de que los hermanos Salinas recibieron dinero o se convirtieron en accionistas mediante prestanombres. Hace poco le pregunté a uno de los hombres más acaudalados e informados del mundo sobre quién era, según él, el expresidente vivo más rico de México, y sin pensarlo dos veces me contestó: Carlos Salinas de Gortari.

Entre otras calamidades, este bandidaje oficial fue produciendo una monstruosa desigualdad económica y social. Es cierto que México es una de las naciones con más contrastes del mundo: se pasa de la opulencia a la pobreza extrema en un abrir y cerrar de ojos. Lo peor es que este mal ha sido endémico: cuando el barón de Humboldt visitó estas tierras en 1804, sostuvo que era «el país de la desigualdad. Acaso en ninguna parte la hay más espantosa en la distribución de fortunas, civilización, cultivo de la tierra y población».[44] En efecto, mientras el arzobispo de México percibía una renta anual de 130 000 pesos o el de Valladolid, hoy Morelia, de 100 000 pesos, los sacerdotes como José María Morelos percibían un salario de 100 pesos al mes.[45] Aunque parezca increíble, en tiempos del neoliberalismo la desigualdad se volvió aún más extrema. Una investigación de Gerardo Esquivel, graduado en Economía en Harvard, confirmó que en 2015, 10% de los mexicanos concentraba 64.4% del ingreso nacional y 1% acaparaba 21% de la riqueza del país. No obstante, lo más significativo es que la desigualdad en México se profundizó precisamente durante el periodo neoliberal o neoporfirista; es decir, se agravó y se hizo más patente con las privatizaciones. Un dato: en julio de 1988, cuando Salinas fue impuesto mediante un fraude electoral, en la lista de la revista *Forbes* —en la cual figuran las personas más ricas del mundo—, solo aparecía una familia mexicana, la de los Garza Sada, con 2 000 millones de dólares; pero al finalizar aquel sexenio ya estaban incorporados a ese listado 24 mexicanos que poseían en conjunto más de 44 000 millones de dólares. Casi todos ellos habían sido beneficiados con empresas, minas y bancos propiedad de los mexicanos. Luego de estar colocado en 1988 en el lugar 26 entre los países del mundo con más multimillonarios, en 1994 México escaló al cuarto sitio, solo por debajo de Estados Unidos, Japón y Alemania.

El dato más contundente sobre el crecimiento de la desigualdad en el periodo neoliberal o neoporfirista lo aportan los mismos organismos financieros internacionales que promovieron ése modelo; es pertinente, por ello, reproducir la gráfica con cifras del Banco Mundial y de la Organización para la Cooperación y el Desarrollo Económico (OCDE), que Esquivel presentó en su estudio (véase p. 330).

Como se puede observar, la desigualdad durante el periodo neoliberal fue mayor a la que existía a principios de 1982, y probablemente superior a la de épocas anteriores, pero no se cuenta con registros precisos. Sin embargo, en la gráfica se aprecia con mucha claridad la forma en que se dispara la desigualdad en el sexenio de Salinas, cuando el traslado de bienes públicos a sus socios del llamado *grupo compacto* fue más intenso y descarado. Durante el salinato, el desequilibrio entre ricos y pobres se hizo más patente que nunca, y por ello lo he bautizado como el padre de la desigualdad moderna.

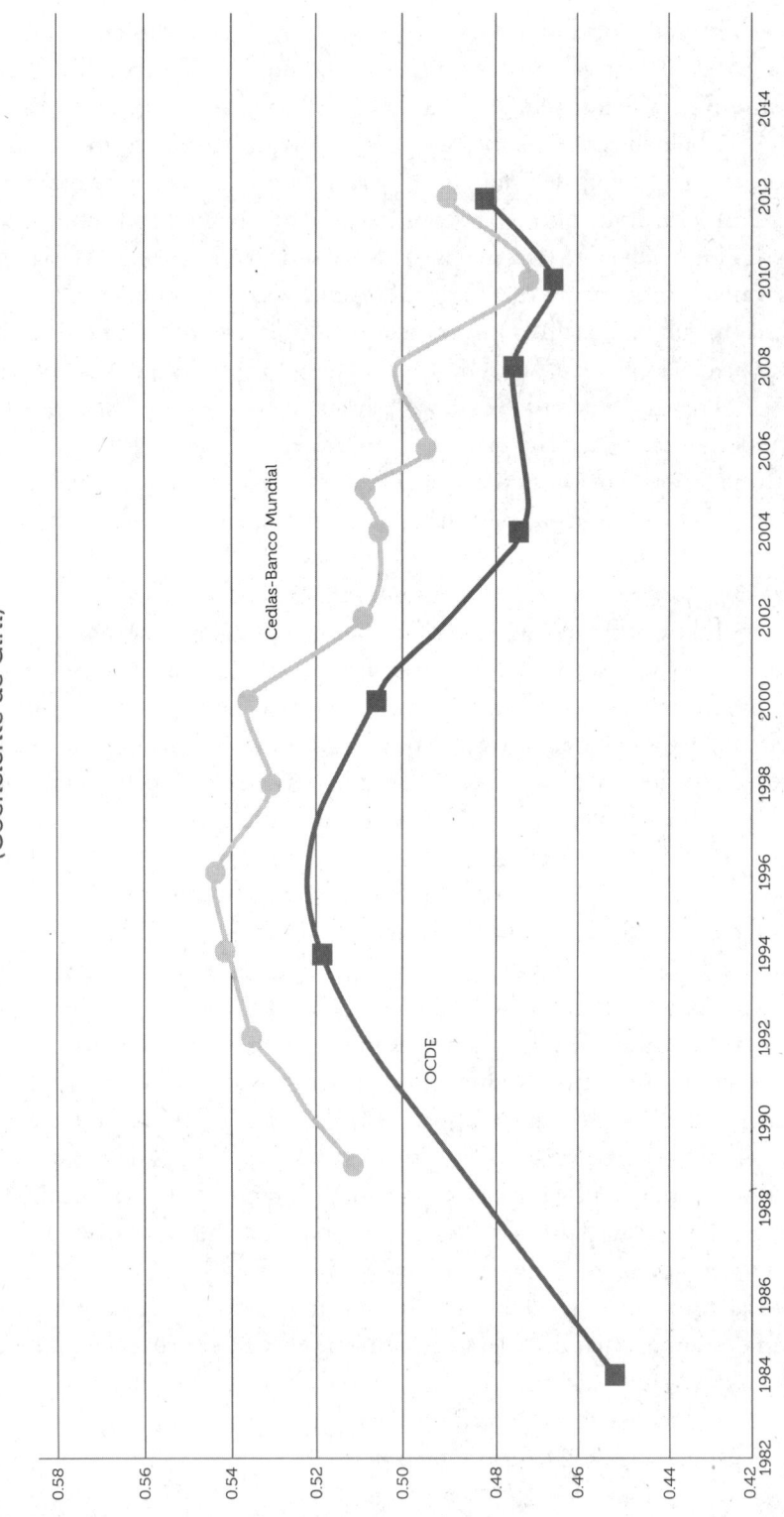

Debe tenerse en cuenta que la política salinista continuó durante los gobiernos de Zedillo, Fox, Calderón y Peña Nieto, y que el *grupo compacto* original creado por Salinas y que se benefició con el remate de bienes públicos durante su gobierno no solo continuó acumulando riquezas, sino que también fue concentrando poder político hasta llegar a situarse por encima de las instituciones constitucionales. En los hechos, los integrantes de este grupo eran quienes verdaderamente mandaban y decidían sobre cuestiones fundamentales en la Cámara de Diputados y en el Senado, en la Suprema Corte de Justicia de la Nación, en el Instituto Federal Electoral, en el Tribunal Electoral del Poder Judicial de la Federación, en la Procuraduría General de la República, en la Secretaría de Hacienda y Crédito Público (SHCP) y en el Gobierno en su conjunto, así como en los partidos Acción Nacional y el Revolucionario Institucional, en la mayoría de agrupaciones de la llamada «sociedad civil» y en las organizaciones supuestamente no gubernamentales; además, ejercieron el control casi total en la mayoría de los medios de comunicación.

Claro está que se buscó justificar la operación de despojo con la consabida retórica de promover la inversión local y foránea para reactivar la economía, crear empleos y procurar el bienestar de los mexicanos; fue la misma mentira del progreso utilizada durante el Porfiriato para entregar a particulares nacionales y, sobre todo, a extranjeros, las tierras, las aguas, los bosques, las riquezas mineras y el petróleo a costa del sometimiento, la pobreza, la cancelación de las libertades, los derechos políticos y la soberanía. En otras palabras, aun cuando este modelo económico se siguió implementando en otros países con los mismos resultados desastrosos, para nosotros, el llamado neoliberalismo no fue más que neoporfirismo. Por eso indigna que los promotores de este retroceso, con la desfachatez que los caracteriza, sostengan hasta la fecha que se trataba de «lo nuevo» o «la modernidad», cuando en realidad se trató de un retroceso hacia una de las épocas más siniestras de la historia de México, en la que se decía: «Mientras haya mundo, tendremos un número muy reducido de afortunados, en contraposición con la inmensa mayoría, que luchará en vano por alcanzar los favores de la fortuna».[46] Toda la estrategia neoliberal consistió, en realidad, en regresarnos al pasado para quitarnos el futuro y hasta el derecho a la esperanza.

En ese periodo se afectó la movilidad social, se buscó evitar que los de abajo pudieran ascender a mejores niveles de bienestar mediante el estudio o el trabajo y se intentó condenar a morir pobre al que nació pobre. Es inocultable que el modelo económico neoliberal, o, mejor dicho, la política de pillaje, resultó un rotundo fracaso, porque produjo la infelicidad del pueblo y la ruina del país. En vez de avanzar en lo económico, lo social, lo moral y lo político, se retrocedió. Y no habría podido ser de otra forma: el supuesto nuevo paradigma, como le llamaban, fue diseñado con el propósito de favorecer a una pequeña minoría de políticos corruptos y delincuentes *de cuello blanco* que se hacían pasar por hombres de negocios. No hubo políticas públicas pensadas para promover el desarrollo o procurar la justicia, ni siquiera se intentó atender demandas sociales con fines humanitarios y para evitar conflictos y violencia, ni hubo el menor interés en gobernar con rectitud y honestidad. El régimen neoliberal se ocupó básicamente de dirigir toda la acción del Gobierno hacia una operación de traslado a particulares de bienes del pueblo y de la nación, con el engaño de que ello nos traería prosperidad.

Por si esas prácticas privatizadoras no hubieran sido lo suficientemente inmorales, ruinosas e injustas, los gobiernos neoliberales aplicaban, además, medidas fiscales orientadas a beneficiar a unos cuantos causantes por medio de exenciones fiscales, créditos y deducciones injustificadas. Mientras, el grueso de la recaudación recaía en las clases medias, en las pequeñas y medianas empresas y en el pueblo en general. Por ejemplo, en los dos últimos sexenios los grandes contribuyentes se beneficiaron con condonaciones por 336 174 millones de pesos y solo 58 de ellos dejaron de pagar 189 018 millones de pesos. La lista de las corporaciones y los montos no cobrados es la siguiente:

Condonaciones iniciativa privada, 2007-2018 (millones de pesos)					
Núm.	*Contribuyente*	*Total*	*FCH (07-12)*	*EPN (13-18)*	*% del total*
	TOTAL	366 174	121 891	244 283	100
	CONDONACIONES SUPERIORES A 1 000 MILLONES DE PESOS	189 018	45 402	143 615	52
1	Grupo Televisa	10 488	4 042	16 446	6
2	Grupo Banamex	15 848	5 024	10 824	4
3	Cemex	12 775	6 156	6 619	3
4	Grupo Carso	10 292	311	9 982	3
5	ICA	7 827	1 438	6 389	2
6	Grupo Salinas	7 775	3	7 772	2
7	Grupo Inbursa	7 344	931	6 413	2
8	General Motors	6 230	1 286	4 944	2
9	Grupo Bancomer	5 279	5	5 274	1
10	Alfa, S. A. B. de C. V.	4 090	0	4 090	1
11	Volkswagen	4 058	2 895	1 164	1

Condonaciones iniciativa privada, 2007-2018 (millones de pesos)					
Núm.	Contribuyente	Total	FCH (07-12)	EPN (13-18)	% del total
12	Productos Roche, S. A. de C. V.	4 005	0	4 005	1
13	Grupo Lala	3 813	0	3 813	1
14	Corporación Geo, S. A. B. de C. V.	3 788	16	3 772	1
15	Servicios y Asesoría para Proyectos, S. A. de C. V.	3 640	3 640	0	1
16	Grupo Ternium	3 181	0	3 181	1
17	Procter & Gamble México, S. de R. L. de C. V.	3 161	3 161	0	1
18	Protexa	3 129	3 087	42	1
19	Mexcement Holdings, S. A. de C. V.	2 717	45	2 672	1
20	Grupo Noble	2 591	0	2 591	1
21	Trademarks Europa, S. A. de C. V.	2 575	2 575	0	1
22	HSBC	2 302	956	1 346	1
23	Copamex	2 152	0	2 152	1
24	Acerus, S. A. de C. V.	2 118	0	2 118	1
25	Ges Technologies, S. de R. L. de C. V.	2 116	2 116	0	1
26	Hewlett-Packard México, S. de R. L. de C. V.	2 071	4	2 068	1
27	Sabritas, S. de R. L. de C. V.	2 032	0	2 032	1
28	Deacero	1 993	0	1 993	1
29	Grupo Fármacos Especializados	1 953	50	1 903	1
30	LPM, S. A. de C. V.	1 876	0	1 876	1
31	Red Azteca Internacional, S. A. de C. V.	1 649	0	1 649	0
32	Gemalto México, S. A. de C. V.	1 638	0	1 638	0
33	Administradora de Valores Integrales, S. de R. L. de C. V.	1 604	0	1 604	0
34	Noble México Limited	1 561	0	1 561	0
35	Arcelormittal	1 539	1 279	260	0
36	Halliburton	1 534	1	1 533	0
37	Aero California, S. A. de C. V.	1 457	1 457	0	0

	Condonaciones iniciativa privada, 2007-2018 (millones de pesos)				
Núm.	Contribuyente	Total	FCH (07-12)	EPN (13-18)	% del total
38	Banco Mercantil del Norte, S. A., Institución de Banca Múltiple, Grupo Financiero Banorte	1 436	0	1 436	0
39	Chocolates Turín	1 421	0	1 421	0
40	Grupo Mexicano de Desarrollo, S. A. B.	1 365	109	1 256	0
41	Grupo IBM México, S. de R. L de C. V.	1 322	0	1 322	0
42	Grupo Cometra	1 316	415	901	0
43	Controladora Comercial Mexicana, S. A. B. de C. V.	1 229	855	374	0
44	Ahmsa	1 213	1 164	48	0
45	Corporación Gouda, S. A. de C. V.	1 206	15	1 191	0
46	Grupo Comercial Chedraui, S. A. B. de C. V.	1 191	622	569	0
47	Central America Drilling, L. L. C.	1 190	0	1 190	0
48	Grupo Casa Saba S. A. B. de C. V.	1 179	89	1 090	0
49	Fábrica de Jabón La Corona, S. A. de C. V.	1 125	1 125	0	0
50	Telecomunicaciones Controladora de Servicios, S. A. de C. V.	1 119	0	1 119	0
51	Conservas La Costeña, S. A. de C. V.	1 119	0	1 119	0
52	Grupo Palacio de Hierro, S. A. B. de C. V.	1 098	0	1 098	0
53	Grupo Ford	1 080	526	554	0
54	Grupo GNP	1 077	4	1 073	0
55	Grupo Posadas, S. A. B. de C. V.	1 043	0	1 043	0
56	Península Drilling, L. L. C.	1 040	0	1 040	0
57	Nabors Drilling International Limited	1 027	0	1 027	0
58	Merck Sharp & Dohme de México, S. A. de C. V.	1 020	0	1 020	0

Fuente: Servicio de Administración Tributaria.

Otro vil engaño fue la llamada reforma energética que supuestamente vendría a salvarnos y que en la práctica provocó la caída en la producción de petróleo y el aumento desmedido en los precios de las gasolinas, el diésel, el gas y la electricidad. Cuando esa reforma fue aprobada, en 2013, se afirmó que se conseguiría inversión extranjera a raudales, como nunca. El resultado fue que apenas llegaron 1 428 millones de dólares de capital foráneo, lo que representó 3% de la incipiente inversión pública realizada por Pemex en el mismo periodo, y únicamente 0.9% de la inversión prometida.

En los considerandos de las leyes aprobadas en ese entonces, se aseguraba que en 2019 se estarían produciendo 3 000 000 de barriles diarios de petróleo, y la realidad es que, en enero de ese año, la extracción fue de apenas 1 626 000 barriles por día. Desde la aprobación de la reforma energética hasta el día de hoy, del total de las compañías particulares, nacionales y extranjeras que obtuvieron 110 contratos para la extracción de hidrocarburos, solo tres empresas están produciendo.

Fue tan grave el daño causado al sector energético nacional durante el neoliberalismo que no solo éramos el país petrolero que más gasolinas importaba en el mundo, sino que, cuando llegamos al Gobierno, se compraba petróleo crudo para abastecer a las únicas seis refinerías que a duras penas sobrevivieron. Téngase en cuenta, además, que durante 40 años no se construyó una nueva refinería en el país. Antes del neoliberalismo producíamos y éramos autosuficientes en gasolinas, diésel, gas y energía eléctrica. En 2019, solo de gasolinas importábamos 608 000 barriles diarios, 76% del consumo nacional.

Asimismo, en el periodo neoliberal el poder adquisitivo del salario mínimo se deterioró en 70%, y por ello el ingreso de los trabajadores mexicanos llegó a ser uno de los más bajos del planeta. Los salarios mínimos eran inhumanos y anticonstitucionales. Atrás quedó aquello de que, a diferencia de México, China tenía como ventaja comparativa los bajos costos de su mano de obra: en 2018 ganaban más los trabajadores de esa nación asiática que nuestros connacionales.

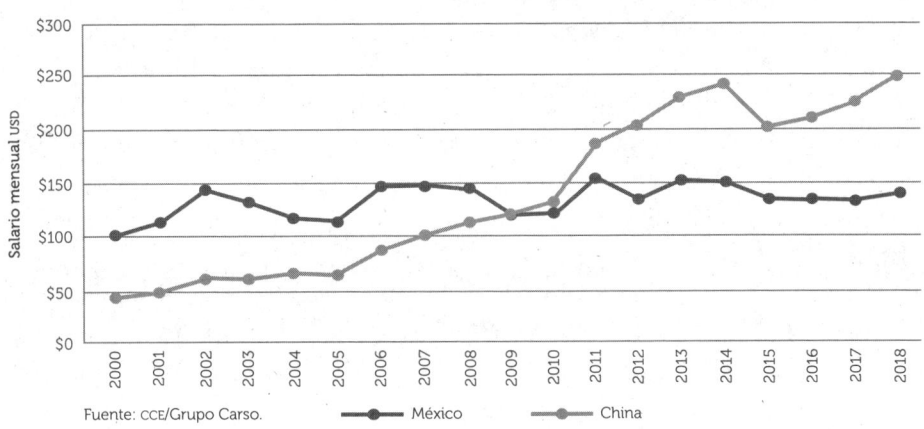

Como es sabido, con el pretexto de contener la inflación, la política neoliberal contuvo los aumentos en los salarios y durante años los mantuvo por debajo de los incrementos de los precios, lo cual provocó el empobrecimiento y la pérdida del poder adquisitivo de los trabajadores.

Aquí agrego otros saldos de la política económica neoliberal o neoporfirista. El maíz, esa planta bendita y base principal de nuestra alimentación que se cultiva desde tiempos inmemoriales y que se reproduce tanto en la sierra como en los valles, en la costa o en los altiplanos, en regiones de frío o de calor, es originario de México. Sin embargo, somos el mayor importador mundial de maíz amarillo.

El fracaso de esta política antipopular se advierte por todas partes y en las variadas y lamentables carencias de la gente. La decisión de poner al Estado solamente a procurar la prosperidad de unos pocos, con el eufemismo de «alentar el mercado», empobreció como nunca a los mexicanos, profundizó la desigualdad y produjo descomposición social y mucha desintegración familiar.

La pobreza en México se encuentra por todos lados. Está presente en los estados del norte, donde solía ser menos evidente. Es notoria en las colonias populares de grandes concentraciones urbanas y de las ciudades fronterizas; en el campo de Zacatecas, Nayarit y Durango; predomina en el centro, en el sur y en el sureste, sobre todo en comunidades indígenas. En todas las regiones de México, el neoliberalismo privó a millones de ciudadanos del derecho al trabajo y los obligó a emigrar y a abandonar a sus familias, sus costumbres y sus tradiciones. La producción de autoconsumo, los programas de apoyo gubernamental y la ayuda que reciben quienes tienen familiares en el extranjero solo alcanzaban para sobrevivir. No había para comer bien, para transporte, para atención médica, para gas o electricidad y, mucho menos, para la diversión y la cultura.

Los programas sociales de los gobiernos de Salinas, Zedillo, Fox, Calderón y Peña Nieto —léase la secuencia Solidaridad, Progresa, Oportunidades y Prospera— fueron meros paliativos de la pobreza, cuando no mecanismos perversos de control y manipulación con fines electorales.

Hasta los datos del Consejo Nacional de Evaluación de la Política de Desarrollo Social (Coneval) —institución creada durante el neoliberalismo para medir las carencias— confirmaban que México se había convertido en uno de los países con mayor porcentaje de pobreza en el continente, y el tercero o cuarto en desigualdad en la tierra.[47] Duele decirlo: los más pobres, entre los olvidados y oprimidos, eran los cerca de 10 000 000 de integrantes de los distintos grupos indígenas de México.[48]

En realidad, el Estado no solo dejó de impulsar el crecimiento económico y la creación de empleos, sino que incumplió con su responsabilidad social de garantizar el bienestar de los mexicanos. Durante todo el periodo neoliberal, no hubo programas de desarrollo, sino reparto de despensas o migajas. También dejaron de construirse obras y servicios públicos: agua potable, introducción de drenaje, caminos rurales, vivienda popular, espacios deportivos, centros de salud, hospitales, escuelas y universidades. Una de las manifestaciones más dolorosas del abandono y de la desigualdad social es, precisamente, la falta de equidad en el acceso a los servicios de salud. En las zonas rurales de estados como Chiapas, Guerrero o Oaxaca, la mortalidad entre niños pequeños llegó a ser hasta cuatro veces mayor que en Nuevo León o en la Ciudad de México. Lo peor de todo es que había hambre y desnutrición: 25 500 000 mexicanos padecían inseguridad alimentaria de moderada a severa. Las entidades con los niveles más graves eran Oaxaca, Chiapas, Veracruz, Campeche, Puebla, Hidalgo y Guerrero.

En cuanto a la educación, el rezago heredado del neoliberalismo era impresionante: la población de 15 años o más sin educación básica alcanzaba 31.2% (28 700 000 personas) y en el nivel medio superior solo se inscribía 84.2% del total y desertaba 13% (ciclo escolar 2018-2019). La llamada reforma educativa impuesta en el sexenio de Peña Nieto nunca se orientó a resolver el grave problema de la falta de oportunidades para estudiar ni el de la baja calidad de la enseñanza. Simplemente buscó reducir a los maestros a la indefensión laboral y a transferir a los padres el costo de la educación. Empezó por el mantenimiento de los planteles escolares, creando así las condiciones para que el Gobierno incumpliera y desatendiera su obligación de garantizar educación pública y gratuita para todos, y se ensanchara así el margen de la enseñanza como negocio privado.

No es cierto, como lo pregonaron los voceros del régimen anterior, que la educación pública preocupara a los políticos corruptos y a los traficantes de influencias porque, en los hechos, no hicieron nada para enfrentar el fondo del problema: el hambre y la pobreza. Tampoco les importó mejorar la infraestructura educativa. Según datos de 2018, 48% de las escuelas públicas no tenían drenaje, 28.3% no contaban con agua potable, 9.2% no tenían sanitarios y 13.3% carecían de electricidad.

En realidad, la reforma educativa trató de someter a los maestros con el pretexto de las evaluaciones a fin de avanzar en la privatización de la educación. Es falso, además, que los maestros se opusieran a ser examinados con fines pedagógicos, como se ha repetido muchas veces de manera tendenciosa; su rechazo, como lo expresaron en innumerables ocasiones, era a presentar exámenes previa renuncia a la plaza de base y a la antigüedad que habían acumulado para quedar a expensas de decisiones discrecionales y de la arbitrariedad.

Si bien es cierto que el problema fundamental de la educación básica en México no es la cobertura, sino el bajo nivel de aprendizaje y la deserción escolar —fenómenos inducidos por la pobreza y el hambre—, en educación media superior y superior había un enorme déficit de pupitres, aulas, planteles y universidades. Es en esos niveles en donde puede observarse más claramente el carácter excluyente del modelo neoliberal. De 1992 a 2018, la matrícula de estudiantes de nivel medio superior creció anualmente en promedio 3.7 y 36.4% de la población de 15 a 17 años de edad quedó excluido de la educación. Además, en este nivel de escolaridad existía mayor deserción: de cada 10 alumnos que ingresaban, solo seis se graduaban, lo cual es gravísimo si tomamos en cuenta que se trata de adolescentes con más riesgos de tomar el camino de la delincuencia.

Igual de devastador fue lo sucedido en el nivel superior. En 26 años, solo tres de cada 10 jóvenes entre los 18 y los 23 años tuvieron acceso a ese nivel de enseñanza, lo que equivale a 30.1%. La Unesco ha establecido como parámetro de referencia para este nivel entre 40 y 50%. Esto significa que estamos obligados a duplicar la oferta educativa en el curso de los próximos años si no queremos que el país se siga hundiendo en el atraso, la ignorancia, la violencia y la falta de equidad.

Era indispensable, pues, cambiar la política en esta materia y hacer efectivo el derecho a la educación: no permitir la exclusión de nadie, garantizar 100% de cobertura y eliminar el pretexto de los exámenes de admisión, a fin de cumplir la obligación del Estado de garantizar el derecho a la educación pública, gratuita y de calidad en todos los niveles.

En contraparte, los últimos 26 años, de 1992 a 2018, como consecuencia del abandono de la educación superior por parte del Estado, la matrícula de escuelas privadas pasó de 21.2 a 29.7% del alumnado total. Es preciso dejar claro que no estamos en contra de la educación privada, sino de la descalificación y el abandono de la educación pública por parte del Gobierno. El mercado puede atender a quienes tienen dinero para pagar una universidad privada, pero el Estado está obligado a garantizar el derecho de todos a la educación.

Si la política educativa hubiese seguido el mismo derrotero de los últimos años —de poner la educación en manos del mercado—, habría seguido creciendo el número de rechazados y excluidos porque el problema principal no es el contenido ni la calidad de la educación, sino la imposibilidad económica de tener acceso a ella. Consideremos que, en sus niveles más bajos, las colegiaturas oscilan entre 3 000 y 5 000 pesos al mes, y aun con el histórico aumento del salario mínimo, un trabajador con ese ingreso apenas recibe 7 468 pesos mensuales, considerando un salario mínimo de 248.93 pesos diarios.

Uno de los saldos más nefastos de la política educativa privatizadora y de rechazo a los jóvenes lo constituye el hecho irrefutable de que en nuestro país tenemos menos médicos generales y especialistas que los requeridos. En 2019 existía un déficit de 123 000 médicos generales, de 72 000 médicos especialistas y de más de 250 000 enfermeras y enfermeros. En ese año, solo en los 80 hospitales rurales del IMSS Bienestar que visité, y que cubren una población de 12 000 000 de mexicanos sin seguridad social, faltaban 262 pediatras, 160 cirujanos, 139 anestesiólogos y 394 médicos internistas.

•••

Otro hecho relevante es que desde el gobierno de Salinas se llevó a cabo en la práctica la fusión del PRI y del PAN, que en esencia representan los mismos intereses.

Para demostrar esto último, porque todavía había escépticos que se hacían o estaban dormidos, conviene subrayar que durante el periodo neoliberal los legisladores del PRI y del PAN, que se autodenominaban representantes populares, aprobaron reformas a la Constitución y a las leyes solo en beneficio de una minoría y en detrimento de la mayoría del pueblo y de la nación. Veamos la complicidad del PRI y del PAN reflejada en estas modificaciones a la constitución y al marco jurídico para legalizar el influyentismo, las injusticias y la corrupción:

En mayo de 1989, al inicio del gobierno de Carlos Salinas, el PRI y el PAN avalaron el Plan Nacional de Desarrollo (1989-1994) que permitió la venta de importantes empresas públicas al sector privado.

El 27 de junio de 1990, ambos partidos reformaron el artículo 28 constitucional para entregar bancos que eran propiedad de la nación, eliminando el párrafo que reservaba al Estado la prestación del servicio público de banca y crédito.

El 6 de enero de 1992 modificaron el artículo 27 constitucional para poner a la venta las tierras ejidales.

El 6 de mayo de ese mismo año, los legisladores del PRI y del PAN cambiaron la Ley Minera para entregar concesiones a particulares —hasta por 50 años— para la explotación de oro, plata y cobre; eliminaron los límites de la superficie que podría ser concesionada; derogaron el impuesto a la extracción de minerales y dieron lugar a la privatización de unidades y plantas mineras del sector paraestatal, como fue el caso de la histórica mina de Cananea. Además, en ese sexenio, entregaron 6 600 000 hectáreas de reservas mineras nacionales, la mayor parte de ellas a tres consorcios del país: Peñoles, Grupo México y Carso. Esa misma política continuó hasta el 30 de noviembre de 2018: en 36 años se concesionaron 90 000 000 de hectáreas, es decir, 45% del territorio nacional. Ni siquiera en el Porfiriato se llevó a cabo una enajenación tan descarada de suelo patrio.

El 22 de diciembre de 1992, los legisladores del PRIAN aprobaron la reforma a una ley secundaria que, a contrapelo de la Constitución, permitió a empresas privadas, principalmente extranjeras, generar energía eléctrica. Hoy, tales empresas venden a precios elevadísimos a la Comisión Federal de Electricidad o a particulares 46% de la energía eléctrica que se consume en el país. Con la nueva política energética puesta en marcha por la Cuarta Transformación se está incrementando la capacidad de generación de las plantas del sector público y se detuvo el aumento en las tarifas.

El 5 de marzo de 1993 el PRI y el PAN aprobaron la reforma al artículo tercero constitucional para limitar la gratuidad de la educación pública solo a nivel de primaria y secundaria y se dejó al mercado, como si fuera una mercancía, la educación media superior y universitaria. Desde entonces, alrededor de 300 000 jóvenes eran rechazados año con año en su intento por ingresar a la educación superior.

El 18 de marzo de 1995, la mayoría del PRI en la Cámara de Diputados aprobó el aumento del IVA de 10 a 15 por ciento.

El 12 de mayo de 1995, el PRI y el PAN reformaron la ley reglamentaria del servicio ferroviario para privatizar Ferrocarriles Nacionales de México y venderlo a empresas nacionales y extranjeras. Tan descarado fue este atraco que, al terminar su sexenio, el expresidente Ernesto Zedillo se fue a trabajar como asesor del consejo de administración de una de las empresas que se quedó con la mayor parte de la infraestructura ferroviaria del país.

El 23 de mayo de 1996, legisladores de ambos partidos aprobaron la Ley de los Sistemas de Ahorro para el Retiro, lo cual permitió entregar el manejo de las pensiones a operadoras financieras privadas, nacionales y extranjeras —las Administradoras de Fondos para el Retiro (Afores)—, y con ello, la administración sin transparencia —con altos costos por la operación y baja rentabilidad para los derechohabientes— de las pensiones de millones de trabajadores. En su primera etapa, las Afores llegaron a cobrar tres comisiones distintas: sobre el saldo en la cuenta, sobre los depósitos y sobre los rendimientos. Ahora, al menos hemos garantizado a los asalariados el manejo seguro de esos fondos conformados con sus ahorros y se ha reducido el costo de intermediación.

El 12 de diciembre de 1998 diputados del PRI y del PAN aprobaron el Fobaproa, que convirtió las deudas privadas de unos cuantos empresarios y banqueros en deuda pública. En la actualidad, al 31 de diciembre de 2018, esta deuda rebasó el billón 200 000 millones de pesos, y de 1995 a la fecha se han destinado, solo para pagar intereses, más de 800 000 millones de pesos del presupuesto nacional, cuando esos recursos públicos debieron utilizarse para impulsar actividades productivas, crear empleos y promover el bienestar del pueblo.

El 8 de diciembre de 2005, ya durante el foxismo, PRI y PAN reformaron la Ley del Impuesto Sobre la Renta para conceder a las grandes corporaciones económicas y financieras el privilegio de diferir el pago de impuestos hasta por 100% de sus contribuciones.

Una vez consumado el fraude electoral de 2006, el 22 de marzo de 2007, priistas y panistas modificaron la ley del ISSSTE y entregaron las pensiones de los trabajadores al servicio del Estado a los intereses de los banqueros. Con ello, los trabajadores pagarán más por sus pensiones y al final recibirán menos. Es algo que estamos buscando remediar.

El 13 de septiembre de 2007, los mismos legisladores aprobaron un paquete fiscal que incluyó la creación del Impuesto Empresarial a Tasa Única (IETU) y el impuesto de 2% por depósitos en efectivo, que más tarde aumentaron a 3 por ciento.

El 24 de octubre de 2008 aprobaron la Ley de Petróleos Mexicanos para dar lugar al otorgamiento de contratos incentivados —así les llamaron— a empresas privadas, nacionales y extranjeras, para la explotación de petróleo, exclusiva y hasta por 25 años, mediante la asignación de áreas o bloques del territorio. Por cierto, la Suprema Corte convalidó esa reforma y rechazó una controversia constitucional presentada por cinco presidentes municipales alegando que «carecen de interés jurídico» en el tema. También resolvió improcedente un juicio de inconstitucionalidad interpuesto por legisladores progresistas.

Siguiendo la cronología de la ignominia, recordemos que, mediante un acuerdo político entre Calderón y Peña Nieto, el 20 de octubre de 2009, los diputados del PRI y del PAN aprobaron la Ley de Ingresos, en la que aumentaron el IVA de 15 a 16%, incrementaron el Impuesto Sobre la Renta de 28 a 30% y autorizaron los aumentos mensuales a las gasolinas, el diésel, el gas y la electricidad.

El 30 de noviembre de 2012, diputados y senadores prianistas aprobaron la reforma laboral que eliminó derechos históricos a los trabajadores al permitir la subcontratación, el pago por horas y sin prestaciones sociales.

El 2 de diciembre de 2012, al día siguiente de haber tomado posesión como presidente de la República, Enrique Peña Nieto firmó con los partidos PAN, PRI y PRD el Pacto por México, en el cual se acordó ampliar y extender las privatizaciones del sector energético, la educación, la seguridad social y las comunicaciones, así como reformar leyes fiscales, laborales y hacendarias, todo en beneficio de la clase dominante y de los intereses extranjeros.

El 13 de diciembre de 2012, la Cámara de Diputados aprobó la mal llamada reforma educativa, que tenía como consigna someter al magisterio y avanzar en la privatización de la enseñanza. Asimismo, el 20 de diciembre, la mayoría de los senadores votó a favor de dicha modificación constitucional y a partir de ese momento comenzó una campaña de desprestigio, criminalización y persecución sin precedentes en la historia contra el magisterio.

El 18 de diciembre de 2012, el Senado aprobó las reformas constitucionales en materia de telecomunicaciones realizadas a los artículos 6, 7, 27, 28, 73, 78, 94 y 105. Estas modificaciones garantizan los derechos de las empresas, pero no el de los consumidores de estos servicios. La Ley Federal de Telecomunicaciones creó el Instituto Federal de Telecomunicaciones (IFT) para regular el sector. Sin embargo, este acabó favoreciendo a los «agentes económicos preponderantes» que han fortalecido su presencia en el mercado.

El 10 de septiembre de 2013, la Cámara de Diputados aprobó la reforma hacendaria, que significó cobrar más impuestos a la mayoría de los contribuyentes, manteniendo los privilegios fiscales para las grandes empresas y los bancos. La reforma, aprobada por el Legislativo y publicada en el Diario Oficial de la Federación el 11 de diciembre de 2013, fue modificada por la Presidencia mediante dos decretos del 26 de diciembre de 2013; en ellos, se estableció que el Ejecutivo tenía facultades para ejercer en la práctica un poder determinante en la definición de la política tributaria. El artículo 39 del Código Fiscal de la Federación (Cámara de Diputados, 2014) lo habilita para «condonar o eximir, total o parcialmente, el pago de contribuciones y sus accesorios» y para «conceder subsidios o estímulos fiscales». Y eso exactamente fue lo que hizo el expresidente Peña Nieto: otorgar estímulos fiscales a las industrias manufacturera, maquiladora y de servicios de exportación, y acordar diversos beneficios a otros sectores.

No conformes con el avance en las privatizaciones de Petróleos Mexicanos y de la Comisión Federal de Electricidad, el 11 de diciembre de 2013 los senadores del viejo régimen aprobaron la reforma energética para entregar 20% del potencial petrolero del país a empresas particulares, nacionales y extranjeras, y permitir el aumento ilimitado de la participación privada en la generación de electricidad. Cuando se aprobó esta reforma, solicitamos, de conformidad con el artículo 35 de la Constitución, una consulta ciudadana para recoger la opinión del pueblo sobre este importante asunto de interés nacional. Sin embargo, a pesar de haber reunido más de 3 000 000 de firmas y de haber cumplido con todos los requisitos, los ministros de la Suprema Corte, demostrando su lealtad servil a los potentados, declararon improcedente nuestra fundada petición.

En octubre de 2017, el Senado aprobó nuevos cambios a la Ley de Telecomunicaciones y Radiodifusión que fueron considerados un retroceso democrático. Se nulificó el derecho de las audiencias, pues se eliminó la facultad de la Secretaría de Gobernación de supervisar los contenidos y velar por el cumplimiento de los derechos constitucionales. En los hechos, se dejó sin sanción el incumplimiento del respeto a los derechos de las audiencias infantiles y a la diversidad y se omitió la obligación de observar un lenguaje no sexista y de no promover la discriminación ni la violencia.

En fin, durante el periodo neoliberal, las leyes se aprobaron por consigna y a modo, en el sentido que exigían los traficantes de influencias, políticos, funcionarios y legisladores, para beneficio de particulares, sin importar el interés público. En los 36 años del periodo neoliberal, los tres poderes, el Ejecutivo, el Legislativo y el Judicial solo estuvieron al servicio de la oligarquía, de la minoría rapaz, y no elaboraron nunca un decreto, una ley, un fallo u otra acción importante en beneficio de la mayoría del pueblo.

•••

Por todo ello, era ilógico suponer que los mexicanos podríamos superar la decadencia con una política económica neoporfirista. Por el contrario, si no se hubiera llevado a cabo un cambio de fondo, México se habría seguido hundiendo y estaría en la ingobernabilidad. La política económica de élite es una copia fiel de la que se aplicó en el Porfiriato, pero ya desde entonces quedó demostrado que un modelo no puede funcionar si la prosperidad de unos pocos se sustenta en el sometimiento de muchos. Aquel fallido experimento desembocó en una revolución armada (a quienes todavía sostienen que el de Porfirio Díaz fue un buen gobierno, bastaría con recordarles que si eso fuera cierto no se hubiera producido una rebelión nacional). En la actualidad, estamos llevando a cabo un cambio de régimen tal como se hizo cuando se derrocó a Porfirio Díaz, pero sin violencia, por medio de una revolución de las conciencias y desterrando la corrupción y la impunidad que estaban destruyendo a México. Ahora, en vez de la agenda neoliberal o neoporfirista, que consiste en la apropiación, por unos cuantos, de los bienes de las mayorías, estamos sentando las bases para elevar la honestidad a rango supremo y convertirla en forma de vida y de gobierno; es decir, moralizar para potenciar la gran riqueza material, social y cultural de México. La propuesta implica también promover la igualdad por la que abogaba Morelos hace dos siglos: «Moderar la indigencia y la opulencia», lo que en nuestros días significa conducir al Estado democrático para que distribuya con equidad, por todos los medios legales, el ingreso y la riqueza del país, siguiendo el criterio de que no puede haber trato igual entre desiguales y que en los ámbitos económico y social la justicia consiste, en esencia, en darle más a quien tiene menos.

Capítulo 17

EL 1.º DE JULIO DE 2018

Enrique Peña Nieto no hizo nada para cambiar la política neoliberal y detener la corrupción; por el contrario, la profundizó. Debe tenerse en cuenta que la política económica impuesta en el sexenio de Salinas fue mantenida durante los gobiernos de Zedillo, Fox y Calderón, y que el *grupo original compacto* salinista que se benefició con el remate de bienes públicos no solo continuó acumulando riquezas, sino que también fue concentrando influencia política hasta que llegó a ser un poder fáctico situado por encima de las instituciones constitucionales.

Estos potentados, como es lógico, apuestan por mantener la misma política de pillaje y habían impedido con trampas, dinero y manipulación, el cambio de régimen. Fruto de esta práctica antidemocrática fue la imposición de Enrique Peña Nieto como presidente de México: un subordinado más de la élite dominante, no perverso pero limitado y frívolo. Con él, la decadencia se precipitó porque en vez de rectificar y aplicar otra política en beneficio de la colectividad, optó por profundizar el modelo neoliberal o neoporfirista. En tan solo dos años Peña Nieto logró imponer de manera burda —en acatamiento servil de la agenda dictada desde el extranjero y con el contubernio de los grupos de poder en México— las llamadas reformas laboral, educativa, fiscal y energética. Se perpetró así un nuevo agravio al pueblo y un ataque más a la soberanía nacional; se socavó la convivencia pacífica y se alimentaron la frustración, el caos y la violencia.

La corrupción en el gobierno de Peña fue menor a la de Salinas, pero más ostentosa y descontrolada; el segundo resolvía los grandes trafiques en contra de la nación con muy pocos cómplices; su hermano, Raúl, Pedro Aspe, José Córdoba Montoya y otros; sin embargo, con Peña todos hacían lo que querían, había manga ancha: Luis Videgaray era muy poderoso, pero también Osorio Chong mandaba y decidía sobre el manejo del presupuesto, en especial el de seguridad, y casi todos los secretarios repartían dinero a diestra y siniestra a organizaciones sociales o de la supuesta sociedad civil; otros botines estaban en el llamado Seguro Popular, en contratos de obras, adquisiciones, el Seguro Social, el ISSSTE, Conacyt, Seguridad Pública, Pemex, CFE, etcétera.

Como ya dijimos, en los gobiernos posrevolucionarios había corrupción, pero en el periodo neoliberal esta fue el distintivo principal de la política. Aquellos gobernantes simpáticos, pícaros y sinvergüenzas eran como niños de pecho en comparación con Salinas y otros barones del poder y del dinero que mandaban impunemente hasta antes de que llegáramos al Gobierno. La mayoría de ellos haría palidecer a más de uno de los presidentes posrevolucionarios. En el caso de Peña, es pública su vinculación con varias compañías contratistas, aunque dos fueron sus predilectas: una, la que le era más cercana, es la empresa Higa, de Juan Armando Hinojosa, originario de Reynosa, Tamaulipas, y avecindado en Toluca. El empresario norteño se vinculó a Peña cuando este se desempeñó como gobernador del Estado de México. Desde entonces se convirtió en su contratista favorito. Cuando fui jefe de Gobierno del Distrito Federal, en 2004, construimos en la delegación Iztapalapa el Hospital de Especialidades «Doctor Belisario Domínguez», con 150 camas y una inversión de 350 millones de pesos; casi al mismo tiempo, siendo Peña gobernador del Estado de México, construyó con Grupo Higa el hospital del municipio de Zumpango, de 125 camas, con un costo de 7 000 millones de pesos; es decir, 20 veces más caro que el hospital de Iztapalapa. Es importante subrayar que además del gran margen de utilidad obtenido en la construcción, la obra de Zumpango se encareció por el sistema de financiamiento utilizado. En este caso, el secretario de Finanzas del Estado de México, Luis Videgaray, solicitó al Congreso local la aprobación de un contrato por el cual se le entrega a Hinojosa, por concepto de capital e intereses, 282 millones anuales, y así será hasta cumplirse 25 años. Este esquema denominado Proyectos para Prestación de Servicios (PPS) fue una invención del grupo de tecnócratas salinistas de Hacienda en los tiempos de Calderón para comprometer o hipotecar las participaciones federales de estados y municipios. En poco tiempo, este oneroso mecanismo llevó a la quiebra por endeudamiento sin medida a varios Gobiernos locales.

La corrupción y el influyentismo quedaron también de manifiesto en Ixtapaluca, Estado de México, donde se edificó un hospital de 225 camas, en 7 500 millones de pesos. La empresa que lo construyó es propiedad de Hipólito Gerard Rivero, cuñado de Carlos Salinas por su hermana, Ana Paula Gerard, y cuñado también de José Antonio González Anaya, casado a su vez con Gabriela Gerard. Cabe subrayar que cuando se realizó ese negocio, en el sexenio de Calderón, este pariente político de Salinas de Gortari fungía como operador de Ernesto Cordero en el cargo de subsecretario de Hacienda. En el gobierno de Peña Nieto su parentesco político lo llevó a ser, primero, director del Instituto Mexicano del Seguro Social; posteriormente, director de Pemex, y terminó como secretario de Hacienda. No está de más precisar que en el calderonato, Cordero, González Anaya y el también exsecretario de Hacienda José Antonio Meade crearon y promovieron con aval y dinero público ese mecanismo de financiamiento privado, costoso y fraudulento.

Pero regresando a Hinojosa, es preciso agregar que, en el Estado de México, Peña Nieto le asignó contratos por 23 000 millones de pesos con la complicidad del entonces secretario estatal de obras públicas, Gerardo Ruiz Esparza, quien fue, cuando Peña llegó a la Presidencia de la República, un poderoso e influyente titular de Comunicaciones y Transportes del Gobierno federal. Desde el principio del gobierno de Peña, los contratos que Hinojosa recibió se multiplicaron. Entre los más conocidos destaca la pretendida construcción del tren rápido de Querétaro a la Ciudad de México, con un presupuesto estimado de 58 000 millones de pesos; en este caso fue tanto el escándalo por denuncias de corrupción que la obra tuvo que ser cancelada, con el añadido de la molestia del presidente de China, porque se anuló el contrato con una empresa de ese país; por respeto al expresidente no cuento en qué términos le reclamó el mandatario chino.

Con el mismo sistema de financiamiento público-privado (Proyectos para Prestación de Servicios, pps), Grupo Higa recibió de Rafael Moreno Valle, gobernador panista de Puebla, un contrato para edificar el Museo Internacional del Barroco, con un presupuesto estimado de 12 000 millones de pesos. Otro proyecto impugnado y que también se canceló fue el acueducto para llevar agua a Monterrey, Nuevo León, desde el río Pánuco, que desemboca en el Golfo de México, en los límites de Tamaulipas y Veracruz. Esta obra se estimó en 55 000 millones de pesos. Un acto más de influyentismo descarado en beneficio de Higa fue el contrato para ampliar el hangar, donde se guardaba el lujoso avión presidencial, mal nombrado José María Morelos y Pavón. La obra supuestamente costó 1 000 millones de pesos, no se licitó como lo establece la ley y se asignó de manera directa.

La relación de Peña con Hinojosa es muy cercana. Es público que el empresario constituyó una compañía de aviones y helicópteros que rentaba al Gobierno del Estado de México, y posteriormente, al Estado Mayor Presidencial. Cuando era gobernador, Peña hacía frecuentes viajes de fin de semana a Miami en los aviones más lujosos de esa empresa. En ese marco de gran confianza tuvo lugar la operación inmobiliaria entre la esposa de Peña Nieto e Hinojosa, según la cual el contratista le vendió a la señora Angélica Rivera la llamada Casa Blanca en 120 millones de pesos; lo mismo que la casa de campo de Malinalco, que supuestamente Hinojosa vendió a Luis Videgaray, exsecretario de Hacienda, en 10 millones de pesos y a plazos. En 2016, en el escándalo de los Papeles de Panamá, en los que se ventilaron operaciones de lavado de dinero en todo el mundo, se dio a conocer que Hinojosa guardaba en el extranjero 100 millones de dólares.

La otra empresa predilecta de Peña es la española OHL. Hasta hace poco el director en México de esta compañía, también protegida por Ruiz Esparza desde sus tiempos en el Gobierno mexiquense, era José Andrés de Oteyza, quien fuera secretario de Patrimonio Nacional del presidente José López Portillo. Emilio

Lozoya Austin, exdirector de Pemex, también perteneció al Consejo de Administración de OHL. Al igual que Higa, desde que Peña era gobernador del Estado de México, dicha empresa recibió apoyo del presupuesto público y concesiones para construir autopistas y segundos pisos. Hoy, la mayoría de las carreteras de paga en esa entidad están en manos de los dueños de OHL y transitarlas cuesta más que en ninguna otra parte del país y, posiblemente, del mundo. El manejo del influyentismo es la especialidad de estos falsos empresarios. Existen grabaciones que prueban cómo sobornan a funcionarios para obtener contratos y lucran con las finanzas públicas. Tras la llegada de Peña a la Presidencia, OHL se volvió un pulpo: le otorgaron contratos de obras de todo tipo y en todo el país, desde trenes, aeropuertos, autopistas y segundos pisos, hasta la construcción de termoeléctricas para la Comisión Federal de Electricidad. Su *modus operandi* consistía en recibir subsidio del erario y, al mismo tiempo, concesiones para cobrar por el uso o servicio de las obras. Un ejemplo de ello es el segundo piso de la carretera México-Puebla, en un tramo de 14 kilómetros que va desde la planta Volkswagen al estadio de futbol Cuauhtémoc. En esta obra, el Gobierno aportó 5 000 millones de pesos y OHL supuestamente otros 5 000 millones, lo que significó cargar casi todo al presupuesto público porque el costo real es de menos de la mitad, con lo cual la firma española no erogó casi nada, pero obtuvo una concesión para cobrar el peaje durante 25 años.

En esta misma lógica de negocios sucios o de opacidad, como se dice ahora, debe verse la construcción del nuevo aeropuerto del Valle de México; una obra faraónica, costosísima y con graves deficiencias técnicas. Es cierto que se necesitaban dos pistas más para resolver el problema de la saturación del actual aeropuerto Benito Juárez de la Ciudad de México, pero como lo hicimos, estas se construyeron en el aeropuerto militar de Santa Lucía. La nueva terminal fallida que impulsó el gobierno de Peña conllevaba entre otras calamidades el cierre del actual aeropuerto de la Ciudad de México y el de Santa Lucía, supuestamente por interferencia en el tráfico aéreo. Estamos hablando de tirar a la basura miles de millones de pesos. Recuérdese que apenas en 2007 se inauguró la Terminal 2 del aeropuerto capitalino y que en ese mismo lugar se amplió el hangar presidencial. Si al costo de estas obras sumáramos las pérdidas que hubiera significado el cierre de la base aérea de Santa Lucía, que ocupaba 2 500 hectáreas —ahora, 3 500— estaríamos hablando de un despilfarro mayúsculo solo en beneficio de la especulación inmobiliaria, pero que no habría traído aparejada utilidad pública alguna y sí una grave afectación social y ambiental en la zona, así como severos problemas de operación del aeropuerto mismo. Nuestra propuesta alterna significó no gastar 300 000 millones de pesos en la construcción del nuevo aeropuerto, pues con una inversión de 75 000 millones aplicados a las dos pistas adicionales de Santa Lucía y la de la base aérea, con todas las instalaciones de un nuevo aeropuerto civil y militar, nos ahorramos 125 000 millones, considerando los 100 000 millones que destinamos a pagar a empresas ya contratadas. Evitamos así un oneroso gasto, se conservó el actual aeropuerto Benito Juárez y no se realizó la obra faraónica rellenando el lago de Texcoco solo por fines de lucro y corrupción.

Además, construir el nuevo aeropuerto en el lago de Texcoco conllevaba el riesgo de que la terminal y las pistas sufrieran hundimientos, porque toda la región es una gran capa de fango y el suelo firme se encuentra a cincuenta metros debajo de la superficie. Es posible que, como sostenían los técnicos holandeses y la empresa del yerno de Slim, para subsanar este peligro el nuevo aeropuerto descansara sobre una especie de plataforma flotante que supliera la necesidad de rellenar el terreno. Pero aceptando sin conceder que esta hubiera sido la solución, la aplicación de este invento habría sido costosísima. No hay razón, pues, fuera del afán de realizar nuevos contratos turbios, para empecinarse en realizar esta obra de relumbrón. Vivimos en un país con grandes y graves problemas que también requieren ser atendidos y demandan inversión pública. En fin, las empresas favoritas de los dos últimos gobiernos parecían pulpos, se ocupaban de todo: gasoductos, hospitales, autopistas, centrales aéreas, eléctricas, reclusorios y muchas más.

• • •

Luego del fracaso del gobierno de Peña —que en sentido estricto significó el agotamiento de la política antipopular y entreguista impuesta desde principios de los años ochenta del siglo pasado—, teníamos amplias posibilidades de triunfar en las elecciones de 2018; sin embargo, no fue fácil la travesía porque los oligarcas estaban envalentonados con sus dos imposiciones anteriores y cada vez era más evidente el poder que ejercían sobre los dos partidos dominantes (o en sentido estricto, de uno, el PRIAN), pero sobre todo porque además del dinero poseían el control por entero de los llamados medios de información —de manipulación, en realidad— con sus comentaristas famosos de sueldos millonarios en Radio y Televisión; periodistas vendidos y seudointelectuales al servicio del régimen de privilegios y corrupción.

Nos ayudó mucho la constitución de Morena; creo que eso fue clave; el contar con un partido político para no depender de alianzas que algunas veces obligan a otorgar concesiones en lo programático o postular candidaturas impresentables que ponen en duda la honestidad y las causas justas por las que se lucha. Esto no necesariamente significa que las alianzas sean malas; lo son cuando se depende de partidos enteramente utilitarios que solo buscan cargos y no los mueven ideales; con ellos se está expuesto a incongruencias y se corre mayor riesgo de traiciones;

no así cuando el partido se apega a principios, promueve estas coaliciones, se cuida la calidad moral de los aliados y se puede hacer valer el derecho de admisión; si esto es posible, las alianzas son importantísimas porque suman a más mujeres y hombres con voluntad, convicciones y buena fama pública; quienes se oponen a esta táctica desde el interior del partido, generalmente buscan ser ellos los únicos elegidos, aunque no tengan el respaldo popular, siempre con la excusa del purismo, cuando en realidad esas posturas son meras y vulgares simulaciones individualistas.

Como lo expliqué, luego del fraude nos dedicamos a formar el partido del Movimiento de Regeneración Nacional, mejor conocido como Morena. En la consulta a los fundadores para decidir si continuábamos como movimiento o nos convertíamos en partido, la mayoría optó por esto último, de modo que hicimos todos los trámites de ley, celebramos las asambleas exigidas por el organismo electoral y así, el 2 de octubre de 2014, se nos otorgó el registro como organización política. Es un orgullo decir que fui de los fundadores, el primer presidente del Consejo y el segundo presidente del Comité Ejecutivo Nacional de Morena. Pude en esa ocasión quedarme sin ninguna tarea formal en el partido, pero necesitaba una plataforma no tanto para darme a conocer o conducir el movimiento, sino para tener una representatividad formal que me permitiera argumentar y exponer nuestras ideas en los medios de información e inclusive aparecer en mensajes en tiempos oficiales sin que pudieran silenciarnos.

En 2015 fue el año en el que Morena participó en un proceso electoral por primera vez, obteniendo 3 068 086 votos en la elección de diputados federales. Con ese resultado, el partido se colocó en cuarto lugar de votación. La primera bancada de diputados de Morena estuvo compuesta de 35 legisladores. En ese año también hubo elecciones locales en 16 entidades, en las que Morena logró obtener 41 legisladores de los congresos locales en Baja California Sur, Campeche, Chiapas, Ciudad de México, Guanajuato, Guerrero, Estado de México, Michoacán, Morelos, Querétaro, San Luis Potosí, Sonora y Yucatán. En nuestros estatutos se establecieron desde entonces dos procedimientos que han resultado fundamentales para hacer valer la democracia al interior del partido, sin divisiones, rupturas o imposiciones: el método de encuesta para elegir a nuestros candidatos y el sistema de insaculación o sorteo para seleccionar a los candidatos plurinominales en la lista que presenta el partido en los procesos electorales. Por primera vez, en ese entonces, fueron diputadas y diputados, mujeres indígenas y campesinas, obreros, comerciantes, maestras y maestros, gente buena que con los métodos tradicionales de elección en los partidos nunca habría llegado al Congreso; desde luego, hubo mucha crítica al sorteo y se recurrió al argumento elitista según el cual los parlamentarios tienen que ser gente de «ciencia y consciencia», como se decía en la época colonial; pues bien, este primer grupo de legisladores actuó con mucha dignidad y lo más importante es que, salvo excepciones, no se vendieron ni traicionaron al pueblo.

Recuerdo que en la legislatura anterior, la surgida del fraude de 2012, la mayoría de los diputados del PRD se había sometido al régimen sumándose al llamado «Pacto por México»; esta maniobra de cooptación de la izquierda comenzó apenas pasando la elección del 2012. Tengo presente que todavía no se calificaba la elección presidencial que habíamos impugnado, cuando el finado Manuel Camacho Solís, un hombre bueno, pero demasiado inclinado a la negociación y a la búsqueda del acuerdo, nos convocó a una reunión en la que participamos Jesús Ortega, Jesús Zambrano, el ingeniero Cuauhtémoc Cárdenas, Juan Ramón de la Fuente, Marcelo Ebrard y uno o dos dirigentes más que no recuerdo.

Allí, el licenciado Camacho presentó un documento político que a la postre se convertiría en el Pacto por México. De manera respetuosa dije en mi intervención que no estaba de acuerdo con aceptar ninguna alianza con el nuevo gobierno de Peña, y que solo les pedía esperar a la resolución del Tribunal Electoral para quedar en libertad; luego como era predecible, el pacto de marras se convirtió en un instrumento para profundizar en la política entreguista y antipopular; con ese paraguas se aprobaron las más nefastas reformas: educativa, fiscal y, sobre todo, la más ambiciosada, la llamada reforma energética.

Esta última fue en buena medida la causante del infarto que padecí hace diez años; aclaro que antes de este gran susto me cuidaba poco y trabajaba mucho más; pensaba que eso del estrés no existía, que era un exquisitez pequeño-burguesa, como la depresión y las frecuentes visitas al psicólogo; sin embargo, constaté que estaba equivocado: la hipertensión mata. El infarto es la principal causa de muerte en el país y entre otros factores que lo provocan, se incluyen desde luego la tensión y el enojo. Recuerdo que entonces, en diciembre de 2013, se nos juntaron varias tareas y preocupaciones; estábamos apurados creando las asambleas cuyo requisito era que asistieran con credencial de elector más de 3 000 ciudadanos en la mitad de los estados y nosotros queríamos cumplir en todos, lo cual, al final, logramos parcialmente, es decir, se cumplió la exigencia en 30 estados, pero no tuvimos capacidad de convocatoria, información y organización en Jalisco y Baja California Sur. Sumado a este desafío, tuvimos que enfrentar una reforma energética tan entreguista que nos devolvió a los tiempos anteriores a la Expropiación Petrolera de 1938 y la nacionalización de la industria eléctrica en 1960. Como hemos visto, en todo el periodo neoliberal la apuesta fue por la privatización, es decir, como lo define el *Diccionario de la lengua española* de manera literal, convertir lo público en privado.

Recuerdo que ante la gravedad del problema convoqué al Zócalo una y otra vez, como diez veces, de julio a diciembre de 2013; sin embargo, en esa ocasión la gente no sintió que fuera tan malo compartir la renta petrolera con particulares nacionales y extranjeros y se dejó llevar por las supuestas ventajas que ello tenía; llegaría mucha inversión extranjera, se crearía una gran cantidad de empleos, aumentaría la producción de crudo, bajaría el precio al consumidor de los energéticos y además, según esta campaña publicitaria mentirosa y ruin, en México no teníamos ni dinero ni tecnología para extraer el petróleo, menos el de aguas profundas, «donde poseíamos un enorme tesoro».

Lo cierto es que, a diferencia de lo ocurrido en 2008, la gente no se movilizó como se habría requerido; también es posible que nosotros no supimos hacer bien las cosas y fallamos en nuestra estrategia. En cada convocatoria se llenaba el Zócalo, pero nuestras expectativas eran mayores, queríamos que fueran movilizaciones como las del desafuero o como las del fraude electoral de 2006; pensábamos que solo así podíamos parar el reparto descarado de grandes bloques de tierra y agua del territorio nacional en beneficio de compañías petroleras particulares, de políticos corruptos y de traficantes de influencia.

El caso es que mi corazón no aguantó, pero me salvaron la ciencia, el creador y la suerte de estar en la Ciudad de México, a 15 minutos de una clínica con sala de hemodinamia —de esas que apenas ahora existen, cuando menos una en cada capital de los estados—. Días después del infarto, aún rodeado el Congreso por nuestros militantes y con la resistencia heroica de activistas, autónomos y de simpatizantes de Morena, los legisladores aprobaron la reforma energética. Aquí destaco dos hechos vergonzosos: uno, la manera en que tanto el PAN como el PRD simularon para votar junto con el PRI las reformas que más les acomodaban y que menos dañaban su imagen, a sabiendas de que al PRI le bastaba solo una de esas bancadas opositoras para lograr la mayoría calificada que requieren las reformas constitucionales. Así fue el truco: el PRD supuestamente se oponía a la reforma energética y votó en contra de ella, pero lo hizo a favor de la reforma fiscal, porque demagógicamente sostenían que los ricos debían pagar más impuestos; el PAN, por su parte, dio su respaldo a la energética y votó en contra de la fiscal; en fin, una burda simulación. El otro asunto que supera el cretinismo es que los legisladores del PAN —un partido que se fundó en 1939 para oponerse a la expropiación petrolera del año anterior, y cuyos dirigentes estuvieron todo el tiempo a favor de la privatización—, en lugar de limitarse a votar por la reforma energética privatizadora y a celebrarlo como un triunfo de su ideario conservador, se atrevieron a pedir dinero para apoyarla. Emilio Lozoya, director de Pemex en ese tiempo, y quien actualmente permanece en prisión, sostuvo en su declaración ante la Fiscalía General de la República que por órdenes superiores había entregado dinero a los legisladores del PAN para que votaran por la reforma energética. Textualmente señala:

Como parte de la aprobación de las reformas del Pacto por México, Enrique Peña Nieto y Luis Videgaray Caso me indicaron en febrero del 2013, que se requería entregar montos importantes de dinero a la oposición para que esta votara a favor de ciertas Reformas Estructurales del interés del presidente Enrique Peña Nieto. Para ello, teníamos que estar cerca de los grupos y personas a las que les interesaban dichas reformas —después supe que se trataba de la Reforma Energética—. Yo intervine principalmente en la aprobación de la Reforma Energética, entregando a través de terceros ciertos recursos en bolsas bancarias transparentes (que permitían ver la denominación de los billetes) y maletas a senadores integrantes de la Comisión de Energía en el Senado de la República y un Diputado Federal, y que esos recursos eran, entre otros, los precisamente puestos por Fabiola Tapia Vargas en efectivo, en razón a las transferencias de Odebrecht.

Todo el recurso que se entregó en efectivo a dichos legisladores —cuyos nombres eran designados sistemáticamente por Luis Videgaray Caso— fue llevado por personal que laboraba con Fabiola Tapia Vargas, y entregado a mi jefe de ayudantes de toda mi confianza de nombre José Velazco Herrera (finado en diciembre de 2013), en unas oficinas alternas rentadas por Pemex, mismas que se ubicaban en Montes Urales, Número 425, Lomas de Chapultepec, Alcaldía Miguel Hidalgo, lugar en donde se realizaron las entregas que se especificarán más adelante. Situación que fue operada por Francisco Olascoaga (jefe de Departamento Administrativo en la Dirección General de Pemex). Las entregas se realizaban en billetes de las siguientes denominaciones: $200.00; $500.00 y $1 000.00. Los montos eran fácilmente identificables, pues se encontraban en bolsas identificadas por diversos Bancos (Banorte, por ejemplo), por lo que no era necesario contarlo al momento de la entrega.

Respecto a la «negociación» con los legisladores del Partido Acción Nacional en este rubro, quiero aclarar que no se trató de una negociación, sino que claramente fue una extorsión ejercida por parte de ellos hacia mi persona, con la finalidad de que se aprobaran las reformas estructurales influenciadas por Odebrecht y otras empresas extranjeras. El grupo que ejecutaba estas extorsiones era el compuesto por Francisco Javier García Cabeza de Vaca, Francisco Domínguez Servién, Salvador Vega Casillas y Jorge Luis Lavalle Maury. Estas extorsiones se verificaron constantemente en mi oficina ubicada en Marina Nacional 329, colonia Verónica Anzures, Alcaldía Miguel Hidalgo, CDMX, pues, a solicitud de Luis Videgaray Caso, de quien yo recibía instrucciones, recibí en diversas ocasiones a los legisladores de oposición cuyas exigencias ascendían, en un primer momento, hasta cincuenta millones de dólares para dar su voto a favor de la Reforma Energética. Ellos tenían proyectos políticos en diversos estados de la república, como Tamaulipas, Campeche y Querétaro, y usaban eso como excusa para pedir constantemente más y más dinero. Además, pedían cita y llevaban a contratistas cercanos a ellos para que se les dieran contratos en Pemex.

Los legisladores señalados tenían una actitud muy agresiva, ya que inclusive amenazaban con boicotear la reforma energética si no recibían sus sobornos. Más adelante señalaré cómo, debido a dichas amenazas de boicotear la reforma, Luis Videgaray Caso me instruyó a realizar entregas de dinero adicionales de sobornos.

Los recursos se les asignaban según iban avanzando las negociaciones. Por ejemplo, en el caso del PAN, se iban dando los recursos según avanzaba la mesa de negociación que había entre la Secretaría de Energía, Hacienda y esos legisladores del PAN. Es decir, los montos y maletas de dinero se entregaban según avanzaban los borradores de la Reforma Energética. Este era el criterio con base en el cual yo recibía instrucciones de Luis Videgaray Caso para que se liberaran los sobornos a los legisladores, pues el entonces secretario de Hacienda me indicaba que debía rendir informe puntual de los avances de la reforma.

En este apartado quiero señalar dos cosas. Primero, que la actitud de los panistas en obtener recursos era brutal. Por ejemplo, además de extorsionarme, presionaban y extorsionaban a los grupos gasolineros y diversos contratistas de Pemex. Segundo, señalar que ya no daba crédito el hecho que, cuando salió a los medios de comunicación el escándalo de Odebrecht y se decía que me habían dado dinero. Todos los panistas, incluyendo Ricardo Anaya Cortés pedían castigo, cuando ese dinero de Odebrecht que se recibió, es decir, el recibido por la continuidad del contrato Etileno XXI, por lo de Tula 1 y el remanente de lo que dieron durante la campaña, fue para tener la disponibilidad de los recursos que exigían ellos. Esos recursos fueron para que votaran en favor de la Reforma Energética, de lo que ellos eran conscientes.[49]

• • •

Acompañamos la construcción de la candidatura de 2018 con la labor de organización territorial, de modo que nunca dejamos de visitar pueblos, municipios y estados de la república. La formación de comités de protagonistas del cambio fue fundamental para recoger los sentimientos de la gente y transmitirle nuestros ideales, planes y acciones. En ello fue decisivo el periódico *Regeneración*, un impreso de ocho páginas con pocos textos, buenas imágenes y escrito de manera sencilla, acorde a la idiosincrasia del pueblo —sin la jeringonza sabionda— claro y directo. El periódico se editaba cada mes, con un tiraje de 10 000 000 de ejemplares; sin embargo, lo más importante es que los comités de Morena lo entregaban casa por casa en comunidades, pueblos, colonias, barrios y unidades habitacionales. Esta importante labor la hicieron voluntarios con una mística ejemplar, movidos por sus firmes convicciones democráticas. Hay infinidad de anécdotas sobre mujeres y hombres que hasta la fecha se les identifica como los repartidores del periódico, a quienes la gente les preguntaba cuándo llega. En efecto, *Regeneración* era una publicación esperada y por su cantidad, frecuencia, contenido y, sobre todo, por su capacidad de distribución, llegó a ser el medio impreso de información política más leído en el país. Este resultado excepcional ni siquiera lo registraron nuestros adversarios ni los dueños de los medios convencionales de información; además, a nosotros tampoco nos convenía que se supiera, aunque claro, en las encuestas que hacíamos con frecuencia, se preguntaba cómo se enteraban de las noticias y *Regeneración* siempre aparecía en primer lugar. La red de comités por el país fue la clave para lograr romper el cerco informativo y para otras importantes tareas. No solo era cosa de editar millones de ejemplares de un periódico o de un volante, sino que había que contar con mujeres y hombres dispuestos a entregarlos. En otras palabras, para toda causa justa es indispensable contar con auténticos militantes dispuestos a participar con convicción, desinterés y entusiasmo.

Ya próxima la campaña, el 20 de noviembre de 2017 realizamos un congreso importantísimo en el Auditorio Nacional; allí hicimos el acuerdo de buscar una alianza amplia, plural, así como diferenciar entre la mafia del poder y militantes de otros partidos y ciudadanos honestos y de buena fe. Como muestra de pluralidad, en el Congreso participaron Elenita Poniatowska, el padre José Alejandro Solalinde y Alfonso Romo, entre otros. Allí sostuve que no debíamos pelear con los militantes de abajo de los partidos, que el problema tenía que ver con los de arriba, con una mafia que oprimía a todo un pueblo, sin distinción de partidos. También llamé a la unidad en nuestro movimiento, manifesté que nadie debía ser excluido, que todos hacíamos falta y que más allá de nuestros intereses personales, por legítimos que fueran, está la causa superior de transformar a México. Ese día repetí —y sigo repitiendo— que solo el pueblo puede salvar al pueblo y que solo el pueblo unido y organizado puede salvar a la nación. También anuncié que Ricardo Monreal había decidido quedarse, después de no ganar la encuesta para ser candidato a jefe de Gobierno de la Ciudad de México, y recordé lo que decía José Martí: «El verdadero revolucionario no ve en qué lugar se está mejor, sino en qué lugar es más útil al movimiento de transformación».

Una vez aprobado el Proyecto de Nación 2018-2024, que fue sometido a una amplia consulta ciudadana, el 14 de diciembre de 2017 di a conocer a 16 integrantes del futuro gabinete, con excepción de los secretarios de Defensa y Marina; se trataba de ocho mujeres y ocho hombres: Alejandra Frausto Guerrero, secretaria de Cultura; Alfonso Durazo Montaño, secretario de Seguridad y Protección Ciudadana; Carlos Urzúa, secretario de Hacienda y Crédito Público; Esteban Moctezuma Barragán, secretario de Educación; Graciela Márquez Colín, secretaria de Economía; Irma Eréndira Sandoval, secretaria de la Función Pública; Javier Jiménez Espriú, secretario de Comunicaciones y Transportes; Jorge Carlos

Alcocer Varela, secretario de Salud; Josefa González Blanco, secretaria de Medio Ambiente y Recursos Naturales; Luisa María Alcalde Luján, secretaria del Trabajo y Previsión Social; Marcelo Ebrard Casaubón, secretario de Relaciones Exteriores; María Luisa Albores González, secretaria de Bienestar; Miguel Torruco Marqués, secretario de Turismo; Olga Sánchez Cordero, secretaria de Gobernación; Rocío Nahle García, secretaria de Energía; Román Meyer Falcón, secretario de Desarrollo Agrario, Territorial y Urbano; Víctor Villalobos Arámbula, secretario de Agricultura y Desarrollo Rural.

De ese primer gabinete, seis permanecen ocupando secretarías: Alejandra Frausto, Jorge Alcocer, Luisa María Alcalde, María Luisa Albores, Miguel Torruco, Román Meyer y Víctor Villalobos. La mayoría de los que salieron está cumpliendo otros encargos y los nuevos ayudan desde el inicio con entrega, honestidad y profesionalismo. En cuanto a la elección de los secretarios de Defensa y de Marina, llevé a cabo una amplia investigación y opté por el general Luis Cresencio Sandoval González y por el almirante José Rafael Ojeda Durán; me decidí por ellos debido a varios factores, pero básicamente por uno que consideré fundamental, y no me equivoqué: son incorruptibles.

En la campaña me dediqué a recorrer el país y no dejé de plantear que íbamos a desterrar la corrupción, que era el principal problema de México. Siempre repetí que la fórmula para lograr el renacimiento del país no consistía en disminuir o atemperar la corrupción sino en acabar con ella. Era una respuesta a quienes piensan con mentalidad conservadora que la corrupción no se va a poder terminar en México porque es como algo consustancial a los mexicanos; ya sabemos la opinión del presidente Peña cuando le preguntaron qué pensaba de la corrupción y contestó que esta era parte de la cultura del pueblo de México. Debe reconocerse, en descargo de Peña, que muchas personas comparten ese pensamiento; pero el expresidente lo dice con franqueza. Los más hipócritas y los menos cínicos llegan a conceder que la corrupción se puede limitar, se le puede mantener a raya, pero no es posible extirparla. Un maestro mío, que me enseñó muchas cosas, escribió recientemente un libro en el que sostiene eso. Difiero totalmente de mi maestro en este aspecto y de los moderados que piensan que acabar con este fenómeno es imposible. Sostengo que lograremos poner fin a la corrupción en México. Por eso tenemos que pensar en ese gran objetivo superior de convocar a todo el pueblo y hacer de la honestidad una forma de vida, una forma de gobierno: no es muy complicado y soy optimista al respecto por la gran reserva de valores culturales, morales y espirituales que existe en nuestro pueblo, nuestras familias y comunidades, por la influencia de las grandes civilizaciones mesoamericanas.

La corrupción no se desarrolla de abajo hacia arriba sino a la inversa, y tiene mucho que ver con el mal ejemplo del titular del Ejecutivo. No olvidemos que ha predominado un régimen presidencialista y que, si el presidente es corrupto, los gobernadores van a ser corruptos y los presidentes municipales, también; pero si el presidente es honesto, los gobernadores tendrán que ser honestos, y los presidentes municipales, igual. Por eso sostengo que estamos limpiando el Gobierno de corrupción de arriba para abajo, como se limpian las escaleras.

En 2018 señalaba que los ministros de la Corte se acababan de autorizar sueldos de 650 000 pesos mensuales. Con todo respeto a la autonomía del Poder Judicial, eso es un abuso y una sinvergüenzada. Hemos recomendado que esas acciones inescrupulosas no se lleven a la práctica, y se ha venido predicando con el ejemplo, porque en donde tenemos facultades amplias, que es en el Poder Ejecutivo, desde el primer día redujimos los sueldos de los altos funcionarios —empezando por el del presidente— y aumentamos las percepciones de los de abajo. Sostenía que habría un plan de austeridad republicana, que los ajustes de sueldos arriba nos permitirían aumentar el sueldo de maestros, de enfermeras, de médicos, de policías, de soldados, marinos y repetía la fórmula: acabar con la corrupción y con los privilegios, para destinar todo lo ahorrado en beneficio del pueblo y, en especial, de los más necesitados.

En la campaña aclaramos nuestro ideario para contrarrestar la guerra sucia desatada por nuestros adversarios para infundir miedo, algo que ya habíamos padecido en las dos elecciones presidenciales anteriores; sobre todo, en la primera, con el señalamiento de que yo era «un peligro para México» repetido en forma incesante, a la manera de la propaganda fascista, en todos los medios de manipulación al servicio de la mafia del poder. En 2018 fuimos más directos: argumentamos más, sosteniendo que, con todo respeto, no nos inspirábamos ni en el presidente Maduro ni en Donald Trump ni en ningún gobernante extranjero; que nos guiábamos por las lecciones que nos dejaron los padres de nuestra patria en materia de libertad, justicia, democracia y soberanía. Nos inspiramos en las enseñanzas de los curas buenos y rebeldes, Miguel Hidalgo y Costilla y José María Morelos y Pavón; en el Benemérito de las Américas, Benito Juárez; en luchadores sociales como los magonistas, Francisco Villa, Emiliano Zapata; en el Apóstol de la Democracia, Francisco I. Madero, y en el presidente patriota Lázaro Cárdenas del Río.

También aclaramos una y otra vez que no estábamos en contra de los empresarios, de los ricos, sino de los traficantes de influencias y de los políticos corruptos. Más de una ocasión repetí que no todo el que tiene es malvado; que el empresario que invierte, arriesga, genera empleos, paga impuestos y obtiene utilidades lícitas y razonables y acumula una fortuna, merece apoyo y respeto.

En este tiempo, al igual que la consigna «por el bien de todos, primero los pobres», expresé la frase «arriba los de abajo», la cual no significa «abajo los de arriba» sino «abajo los privilegios»; algo que ahora se entiende mejor porque al combatir la corrupción, la impunidad y el influyentismo, le ha ido bien a todos, a los de arriba y a los de abajo, aunque proporcionalmente se han beneficiado más los pobres, porque anteriormente ellos no recibían casi nada.

También aclaré que no era antirreligioso sino partidario del Estado laico, lo que significa garantizar la libertad a creyentes de todas las iglesias y a los no religiosos. Además, el 20 de noviembre de 2017, a seis meses de la elección, en el Auditorio Nacional, sostuve: «En este movimiento hay millones de católicos, millones de evangélicos de todas las denominaciones, lo puedo probar: somos 2 000 000 de militantes de Morena y en las encuestas están manifestando que van a votar por nosotros alrededor de 30 000 000 de mexicanos». Y así fue, el primero de julio de 2018 obtuvimos 31 000 000 de votos.

Durante la campaña hubo tres debates organizados por el INE sin la equidad necesaria porque este organismo estaba cooptado; controlado por nuestros adversarios del bloque conservador. El primer encuentro fue en la Ciudad de México y ahí todavía participó Margarita Zavala, esposa de Felipe Calderón, quien poco después declinó. En esa ocasión participamos, el candidato del PRI y del Verde, José Antonio Meade Kuribreña; Ricardo Anaya Cortés, de la Alianza PAN-PRD-Movimiento Ciudadano; el candidato independiente Jaime Rodríguez Calderón y yo, que representaba a Morena, PT, y al Partido Encuentro Social. En el primer debate, el 22 de abril de 2018, no hubo nada trascendente, al menos en lo relacionado con nosotros; solo destaco que Meade se me lanzó diciendo que yo tenía un departamento en Copilco que no había manifestado en mi declaración patrimonial, lo cual no era cierto, porque, aunque aparecía a mi nombre en el registro público de la propiedad, en realidad formó parte de la herencia que le tocó a mi hijo Andrés cuando se hizo el juicio testamentario al fallecer mi esposa Rocío.

El segundo debate sí fue entretenido, pues los del INE le habían permitido al candidato del PAN, PRD y Movimiento Ciudadano un formato en el que los participantes podíamos movernos de nuestro lugar, caminar hacia cualquier contrincante y enfrentarlo —como lo había hecho Trump a Hillary Clinton: ir sobre ella, encararla con frases fuertes, algo así como hacer presencia con un imponente lenguaje corporal—. De modo que cuando Ricardo Anaya vino hacia mí a querer hacer lo mismo mi reacción fue sacar mi cartera y protegerla con mis manos sobre el pecho, dando a entender que corría el riesgo de que me la robara; luego, en otro momento en que se me lanzó muy duro, se me ocurrió decirle, por sus antecedentes de deshonestidad y por falsario, «riqui, riquín, canallín», y así libré sus ataques sin daño alguno.

El tercer debate fue en Mérida, prácticamente de rutina, solo que allí sucedió algo muy importante que esfumó la poca posibilidad de triunfo que tenía Ricardo

Anaya, y que acabó con la unidad del bloque conservador en contra nuestra. En su desesperación o mal aconsejado —pensando que daría un campanazo y se produciría un gran viraje a su favor, por la mala fama pública del presidente—, Anaya sostuvo que, de ganar, metería a Peña a la cárcel por ladrón. Cuando escuché eso, me dije para mis adentros: «gracias, primo hermano»; ya explicaré el porqué de mi optimismo. En ese momento lo más importante fue la reacción de Meade, a quien tenía junto a mí, aunque su micrófono estaba cerrado como el de todos, con excepción del de Anaya porque era su turno al habla. Alcancé a escuchar la expresión de enojo del priista, quien, palabras más, palabras menos, le gritó a Anaya: «Tú eres el corrupto y a ti es al que se debe meter a la cárcel». Independientemente de lo político, confieso que me gustó la autenticidad y la muestra de lealtad de Meade hacia el presidente Peña. Además, seguramente él sabe cómo, en un principio, cuando las llamadas reformas estructurales y siendo Anaya presidente del PAN, se hicieron arreglos inconfesables entre ellos; una prueba es lo declarado por Emilio Lozoya, quien asegura, entre otras acusaciones que «Luis Videgaray Caso me instruyó recibir a Ricardo Anaya Cortés en las oficinas de Pemex y a Ernesto Cordero Arroyo, con quien desayuné en el hotel Four Seasons. En específico, Luis Videgaray Caso me instruyó a entregarle 6 800 000 pesos, a Ricardo Anaya Cortés, quien había estado insistiendo en reunirse conmigo. En dicha reunión él me comentó sus aspiraciones a ser gobernador de Querétaro y que odiaba a su contrincante, el senador Francisco Domínguez por corrupto, pero que él había negociado con Luis Videgaray Caso que se le apoyara en llegar a dicha gubernatura. El mensaje era claro. De tal modo, en la primera semana de agosto del 2014, el señor Norberto Gallardo, quien es miembro del Estado Mayor Presidencial y fungía como mi jefe de Escoltas y a quien me comprometo a presentar para que sea entrevistado, entregó el apoyo solicitado a un enlace designado por Anaya directamente en las instalaciones de la Cámara de Diputados».[50]

● ● ●

Al comienzo de la campaña, el bloque de empresarios vinculados al régimen que participaron en el fraude electoral de 2006 contra nosotros, confiados en su prepotencia, nos ignoraron pensando que fracasaríamos de nuevo; es más, estaban distanciados de Peña, pues aunque impulsaban las llamadas reformas estructurales y habían ambicionado la privatización del sector energético y de la educación, no les gustó la llamada reforma fiscal; sobre todo, la eliminación del régimen de consolidación fiscal que le permitía a los grandes corporativos evadir el pago de los impuestos; tampoco les convino el aumento de hasta 35% del Impuesto Sobre la Renta, el retiro del privilegio de no pagar impuestos en operaciones realizadas en la Bolsa de Valores y el pago de contribuciones por la extracción de minerales. Aunque, como ya vimos, mantenían el privilegio fiscal de la condonación de impuestos —que en los hechos les permitía no contribuir en nada a la Hacienda pública— se sintieron traicionados por Peña, les salió la arrogancia y el conservadurismo extremo, y empezaron a golpearlo en sus medios de manipulación como el periódico *Reforma* y en sus redes sociales, al extremo de convertirlo en el payaso de las cachetadas; al mismo tiempo, veían con buenos ojos la candidatura de Ricardo Anaya, postulado por el PAN y otros partidos paleros. Ese ningúneo a Peña les costó bastante, y más temprano que tarde, se les empezó a revertir.

Cuando era evidente nuestro crecimiento, estos potentados comenzaron a preocuparse y decidieron actuar para tratar de frenarnos. Tengo información de algunas de sus reuniones. Recuerdo de una que llevaron a cabo en mayo de 2018 en Punta Mita, en la costa de Nayarit, en el hotel Four Seasons, propiedad de Fernando Senderos, a la cual asistió como expositor un empresario de Venezuela llamado Lorenzo Mendoza para hablar sobre el chavismo, socio de su homólogo mexicano, Juan Gallardo Corona, quien fue hospedado en la casa de Alejandro Ramírez Magaña, el dueño de la cadena de Cinépolis, y en ese entonces, presidente del Consejo Mexicano de Negocios. Es curioso, pero en la reunión, el empresario venezolano dijo a los asistentes que no veía paralelismo entre la actuación del finado presidente Chávez y lo que yo pudiera representar. Claudio X. González padre le replicó molesto y reiteró la cantaleta de que yo era un peligro para ellos y para el país; creo que al final esto último fue lo que prevaleció y comenzaron con la guerra sucia; en ese entonces financiaron un sistema de ataques, llamado «Pejeleaks», que incluía escuchas telefónicas a mis familiares y allegados; volantes difamatorios, cartas y circulares en las que buscaban coaccionar el voto de los trabajadores. Por entonces produjeron también una serie sobre el populismo con cuatro capítulos; uno, sobre los orígenes y males del populismo; otro, con la aparición de Stalin y Hitler como populistas; el tercero, con Fidel Castro y Hugo Chávez; y, por último, el dirigido a mi persona; con entrevistas, a Cuauhtémoc Cárdenas, Lorenzo Meyer, entre otros, en contra mía, sacadas de contexto. En ese entonces, ni Televisa ni Azteca ni los productores o difusores de series en el extranjero aceptaron transmitir dicho bodrio, aun cuando ofrecían 80 millones de pesos. Es muy probable que en esta perversa estrategia haya participado Carlos Salinas, Claudio X. González, Liébano Sáenz, Héctor Aguilar Camín, Eduardo Medina Mora y un personaje siniestro de nombre Alejandro Quintero que había trabajado en Televisa, destacadamente, en el posicionamiento mediático de Peña, pero se había distanciado de los directivos de esa empresa, porque cobraba por fuera o recibía moches no ingresados ni, obviamente, reportados.

En vísperas de las elecciones de 2018, Krauze fue señalado como el cerebro de la llamada Operación Berlín, una estrategia mediática y electoral realizada entre 2017 y 2018 con el fin de desprestigiarme como candidato presidencial. Aunque el mismo Krauze se deslindó de esa maniobra de guerra sucia, hay testimonios que confirman su participación y la de directivos de su revista *Letras Libres*, así como el patrocinio de empresarios como Agustín Coppel Luken (Grupo Coppel), Alejandro Ramírez (Cinépolis) y Germán Larrea (Grupo México), entre otros.

Según mis fuentes, además de lo de Punta Mita, hubo otra reunión organizada por Roberto Hernández; en general, participaban en esos cónclaves: Claudio X. González, Carlos Slim, Eugenio Garza Herrera, Alberto Baillères, José Antonio Fernández, Daniel Servitje, Germán Larrea, Fernando Senderos, Valentín Diez Morodo y otros más. En uno de estos encuentros pasaron la charola para pagar la propaganda en mi contra y cada uno aportó 1 000 000 de dólares; pero destacó el desplante de Roberto Hernández, quien, muy excitado, exclamó: «¡Yo pongo cinco millones de dólares!».

En la medida que crecíamos en la campaña y no les resultaba ni la guerra sucia ni la adhesión de Fox y de otros impresentables, la desesperación del grupo de potentados los llevó con apuros a Los Pinos para advertirle al presidente Peña del grave peligro que representaba mi candidatura y la necesidad de unirse como lo habían hecho en 2006, cuando el PRI ayudó al PAN a cerrarnos el paso, o como en 2012, cuando el PAN ayudó al PRI para lo mismo, mediante el fraude y la imposición. En esa reunión le plantearon, todavía con un dejo de arrogancia y mostrando su más íntima y arraigada simpatía por el PAN, que el presidente les ayudara a convencer a Meade de que declinara a favor de Anaya; la respuesta de Peña fue que esperaran y que él no podía para entonces hacerle semejante planteamiento al candidato de su partido, puesto por él, por cierto, aunque recomendado por Videgaray, su compañero de generación en el ITAM. También, como es obvio, Peña veía encuestas y tenía que sopesar si valía la pena adoptar una decisión de esa complejidad solo para complacer a un grupo de mafiosos del sector privado a quienes les había dado todo y que al final lo habían traicionado o nunca habían abierto la boca para defenderlo.

Recuerdo en este punto el comportamiento de grupos de derecha en otros momentos de nuestra historia. No hablo solo de la tremenda traición que le costó la vida a Francisco I. Madero, sino de tiempos posteriores; es sabido que la mayoría de los empresarios de Monterrey siempre han presionado para sacar raja del Gobierno y, en especial, de la Hacienda pública. El gran escritor José Agustín, en uno de sus libros sobre la Tragicomedia Mexicana, relata que durante el cardenismo el Grupo Monterrey impulsó la creación del PAN, promovió la candidatura opositora de Juan Andreu Almazán; al llegar a la Presidencia, Manuel Ávila Camacho los aplacó concediéndoles importantes prebendas. José Agustín sostiene:

Después de algunos titubeos, los empresarios decidieron aprovechar la oportunidad. No tenía caso aferrarse a resentimientos ideológicos si el régimen ofrecía tan buenas condiciones. Atrás se quedó la pasión almazanista o las simpatías por el PAN. Muchos empeñosos y ambiciosos titanes de la industria habían surgido con los gobiernos de la Revolución y se movían muy bien dentro de tan peculiares aguas. Otros pasaron de los altos puestos políticos a negocios jugosos que los enriquecieron en poco tiempo. Y otros más, los de raigambre porfirista que sobrevivieron a la Revolución, también se integraron en la nueva política. Por ejemplo, los grandes jerarcas del Grupo Monterrey en enero de 1942 se reunieron con el presidente Ávila Camacho para manifestarle alegremente que abjuraban de sus aficiones oposicionistas pues habían comprobado que el nuevo gobierno en verdad «no caía en los errores del anterior». En realidad, todos los patrones obtuvieron facilidades enormes, que iban desde exención de impuestos, subsidios, créditos, aligeramiento de trámites hasta franca complicidad en muchos casos.[51]

Esto mismo se repite después del lamentable y reprochable asesinato de don Eugenio Garza Sada; en ese entonces, el presidente Luis Echeverría, con la intención de atemperar el efecto político de los acontecimientos y congraciarse con los empresarios de esa entidad, inventó el mecanismo de la consolidación fiscal, por el cual los empresarios podían repartir pérdidas en empresas fantasma y al final, demostrar en el papel que prácticamente no obtenían utilidades, y así evadir el pago de impuestos. El otro caso se registra cuando José López Portillo, con dinero del presupuesto público, rescató de la quiebra a la empresa Alfa, emblema de las industrias de Monterrey. En octubre de 1981, por instrucción presidencial, Banobras le otorgó a ese grupo industrial un crédito por 12 000 millones de pesos de ese entonces (más de 20 000 millones de los de ahora), de los cuales, 60% se debía pagar a una tasa de interés de mercado y el 40% restante, a una tasa preferencial y en condiciones muy favorables. Pero a pesar de esos apapachos y tratos especiales, los dueños del dinero siempre tacharon tanto a Echeverría como a López Portillo de populistas, demagogos y corruptos. De ahí que no es descabellado lo que me dijo, alguna ocasión, el presidente Peña sobre el carácter traicionero de la oligarquía económica.

Ciertamente, no todos son lo mismo y no a todos se les puede meter en el mismo costal. Me consta que en el terreno político Carlos Slim, el finado Alberto Baillères y otros han respetado la investidura presidencial, no se apasionan tanto por lo electoral y, aunque no estén de acuerdo con nosotros, actúan con prudencia. Más de la mitad de los que se lanzaron en esa ocasión en contra nuestra ya han cambiado su actitud; es más, en un acto de autenticidad inusitado, Eduardo Tricio me ofreció disculpas hace no mucho. Cosa distinta es el caso de otros importantes hombres de negocios y de empresarios de menos monta vinculados al PAN que actúan con demasiado fanatismo conservador.

Por ejemplo, en 2021, en la campaña federal intermedia por el Congreso, un hijo de Claudio X. González, cuyo padre siempre ha sido dirigente de la cúpula empresarial, promovió la integración de partidos y organizaciones de las clases media y alta en contra de nosotros, con la consigna dirigida a mi persona, según la cual «si no le quitamos la Cámara, perderemos el país». Ahora que escribo, me acuerdo de mi querido Carlos Monsiváis, quien seguramente en su columna «Por mi madre, bohemios» podría haber apuntado: «No es para tanto, mi buen». También recreo aquella anécdota de quien estaba en el paredón por órdenes de Villa y alcanzó a decirle: «Pero, mi general, ¿por qué me fusila? Si yo con unas nalgaditas tengo». Reitero que aunque no todos los grandes empresarios se metieron en la elección pasada, sí hubo casos de algunos de menor rango económico, pero con posturas muy conservadoras o movidos por el fanatismo que sí se lanzaron abiertamente contra nosotros; uno de ellos, por ejemplo, fue Gustavo A. de Hoyos Walther, quien presidió hasta hace poco la Confederación Patronal de la República Mexicana (Coparmex), organismo que actúa más como un sector del PAN que como una auténtica representación empresarial.

Un año antes de la elección de 2018, escribí el guion para un video que fue grabado con la siempre solidaria participación de Epigmenio Ibarra y que se titula *Esto soy;* es una obra semejante a la que produjo el también gran compañero y cineasta Luis Mandoki, llamada *Quién es el señor López*. En el guion para el documental de Epigmenio, sostuve:

> Nos corresponde, en este corto tiempo de menos de un año, convencer que nos mueve el amor al prójimo y no la ambición al dinero o la parafernalia del poder. Estamos informando, quitando miedos, porque la mafia que no quiere dejar de robar asusta diciendo que somos mesiánicos, populistas o autoritarios. Estamos persuadiendo que el cambio será ordenado y pacífico y en beneficio de todos. Con miras al 2018, nosotros haremos lo que nos corresponde, pero será el pueblo el que decida sobre su destino.
>
> Si llegamos a Palacio Nacional por voluntad de los mexicanos, consagraré seis años más de vida a trabajar con intensidad por mi patria, pero, con toda franqueza, como lo he dicho en otras ocasiones, si nos gana la mafia o la gente no se decide, yo no volvería a ser candidato a nada. Reitero: seguiré luchando por mis ideales hasta que muera, pero no actuaría como líder del movimiento ni permitiría que me consideraran dirigente moral. Eso me apena. Es mejor el relevo generacional. Afortunadamente, hay otros que tomarían la estafeta. Yo pasaría a ser un militante más, dedicado a otras actividades.

Ahora bien, ¿qué sería de mí si no ganamos la Presidencia? Me iré a vivir a la quinta «La Chingada». En ese encierro verde y lleno de vida animal y vegetal, trabajaría en labores de siembra y cuidado de plantas, escribiría y saldría a dar clases de historia a jóvenes de Tabasco y de Chiapas. Tendría que convertirme en maestro para enseñar y obtener ingresos, porque no soy rico; aunque repito, para no ofender a nadie, no todo el que tiene una fortuna es malvado. Además, de esa manera, dejaría sin argumento a los conservadores que tienen como una de sus obsesiones estar preguntando acerca de qué vivo, si no trabajo. Así, cuando menos, les podría estar diciendo que vivo del loro de Palenque.

En «La Chingada» siempre he tenido la quietud necesaria para el quehacer intelectual. Allí hice mi discurso del desafuero y he escrito borradores y varios de mis libros. Podría también jugar dominó con Beatriz y con mis hijos y practicar otra de mis pasiones, el beisbol. En fin, este es mi plan B, pero todo será como el pueblo mande y como Dios quiera.

Eso dije entonces y ahora sostengo que me retiraré de la política y me iré a Palenque, pero no a dar clases ni a participar en nada público; solo escribiría para publicar, pasando los años, sobre un tema que me apasiona: conocer a fondo cómo era el pensamiento predominante en las sociedades prehispánicas mesoamericanas y sus contrastes con las ideas traídas por los europeos.

• • •

Unos meses antes de las elecciones, como manteníamos una amplia ventaja en las encuestas, el grupo oligárquico, en su desesperación, volvió a visitar a Peña para decirle que contaban con sondeos según los cuales me ganaría el comediante Eugenio Derbez; una de mis gargantas profundas me contó que Peña respondió: «Señores, por favor, sean serios». También supe que intentaron convencer a Carlos Slim para participar como candidato único del PRIAN, ofreciéndole la declinación de Meade y Anaya; la veracidad de esta propuesta me la confirmó el propio Slim, quien no aceptó el desafío argumentando que él tenía otro oficio. Era y sigue siendo un hombre de negocios y, por cierto, nada tonto.

Por esos días, sin embargo, Slim trastabilló, porque en un acto armado para defender la construcción del aeropuerto en el lago de Texcoco dijo que yo estaba equivocado al no aceptar que se trataba de un buen negocio; con mucho respeto le contesté, que, si así pensaba, que invirtiera él, porque nosotros considerábamos que era buen negocio para políticos corruptos, constructores y desarrolladores inmobiliarios, pero mal negocio para la Hacienda pública y para los intereses de la mayoría del pueblo de México.

También por entonces se habló de otra reunión del grupo oligárquico con el presidente en la que le fueron a decir que Anaya declinaría en beneficio de Meade; sin embargo, al parecer el presidente Peña tampoco vio con entusiasmo esa iniciativa. Hay muchas otras versiones al respecto; se dice que quienes les abrían la puerta de Los Pinos eran Aurelio Nuño, Alejandro Quintero y Miguel Osorio Chong; este último se valía del yerno de Slim, Arturo Elías, que buscaba ser candidato a la gubernatura del Estado de México. A esta comedia de traiciones solo agrego que, aun siendo Videgaray el más cercano cómplice de Ricardo Anaya, fue el encargado, por órdenes de Peña, de investigar las propiedades de Anaya, hasta comprobarle que había comprado a precios muy bajos y con influyentismo unos terrenos en Querétaro en los que luego construyó unas bodegas en sociedad con su suegro. Téngase en cuenta que, como lo sostuvo en el debate, Anaya convirtió en su principal *spot* de campaña el dicho de que si ganaba la elección presidencial su primer acto de gobierno sería el de meter a la cárcel a Peña por corrupto.

• • •

Pero lo definitivo en nuestro triunfo fue la activa, consciente y decidida participación del pueblo; la gente estaba harta de la corrupción, de la impunidad y de la humillación de las élites y decidió darse la oportunidad para emprender juntos la Cuarta Transformación de la vida pública de México. Recuerdo que el cierre de campaña en el Estadio Azteca fue una gran fiesta. Allí sostuve que había entre la gente una alegría contagiosa y vibrante porque el ánimo de la sociedad y las encuestas indicaban que íbamos a ganar las elecciones del domingo próximo:

> Estamos a punto de comenzar la IV transformación en la historia de México y de convertir en realidad los sueños de muchos mexicanos de antes y de nuestro tiempo; lo que vamos a consumar viene de lejos y se ha fraguado con el esfuerzo y la fatiga de muchos compañeros, hombres y mujeres, de distintas clases sociales y corrientes de pensamiento que en su momento lucharon por las libertades, la justicia, la democracia y la defensa de la soberanía nacional.
>
> Recordamos con admiración y respeto a quienes han participado a lo largo de los años en movimientos sociales y políticos: campesinos, obreros, estudiantes, maestros, médicos, ferrocarrileros, y defensores de derechos humanos y de otras causas. Aquí destaco la participación de los jóvenes del 68 y de dirigentes como Valentín Campa, Demetrio Vallejo, Rubén Jaramillo, Othón Salazar, Alejandro Gascón Mercado, Heberto Castillo, Cuauhtémoc Cárdenas, Salvador Nava, Manuel Clouthier,

Porfirio Muñoz Ledo, Ifigenia Martínez y doña Rosario Ibarra de Piedra a quien rindo un homenaje. Les adelanto que el primero de julio voy a votar por ella.

Lo alcanzado en los últimos tiempos se lo debemos a muchos mexicanos de todas las regiones, culturas y clases sociales del país. En este día memorable recuerdo con cariño a José María Pérez Gay, Arnaldo Córdova, Luis Javier Garrido, Hugo Gutiérrez Vega, Julio Scherer García, Sergio Pitol, Carlos Monsiváis, Fernando del Paso y Carlos Payán y celebro que siga con vida y con el ánimo siempre joven Elenita Poniatowska.

Nunca olvidaremos a dirigentes sociales, campesinos, obreros, indígenas, amigas, amigos, gente sencilla y buena que empezó la lucha con nosotros y se nos adelantó, mujeres y hombres que fallecieron deseando ver este momento. Estoy seguro de que en la noche del domingo desde el cielo van a celebrar el triunfo que ellos ayudaron a construir.

La victoria del domingo se ha ido concretando con la abnegación de muchos; no surge de repente ni brota únicamente del malestar que provocó el antiguo régimen autoritario y corrupto que está llegando a su fin. Los frutos que ahora comenzarán a recogerse vienen también de la siembra de ideas, del trabajo y la perseverancia de dirigentes políticos de todos los niveles y regiones de México. Muy poco ha sido espontáneo o ha quedado al azar; con anticipación decidimos poner las ideas por delante, apostar a la vía pacífica y aplicar las premisas de que solo el pueblo puede salvar al pueblo y que solo el pueblo unido y organizado puede salvar a la nación.

El trabajo que se ha realizado en estos últimos años ha consistido en hacer conciencia sobre la necesidad de lograr, mediante la organización y la participación de los ciudadanos, un cambio verdadero. Poco a poco la ciudadanía ha ido cobrando conciencia de algo que no es necesariamente evidente: la existencia y el predominio de una mafia del poder; asimismo nuestro trabajo ha permitido extender la idea de que el problema central es la corrupción, que esa es la causa principal de la desigualdad social y económica, de la violencia y de otros males. Desde luego, para lograr esta revolución de las conciencias y la construcción de una voluntad colectiva como fuerza transformadora se requiere de un enorme trabajo educativo con la gente; demanda predicar con el ejemplo; exige temple, convicciones y perseverancia. Pero de que se puede se puede, nuestro movimiento es el mejor ejemplo: en poco tiempo hemos contribuido en forma decisiva a cambiar la mentalidad de amplios sectores de México; hemos puesto en evidencia las formas de manipulación y control del actual régimen y hemos dejado en claro que el PRI y el PAN representan lo mismo. Hoy la gente es más consciente de la existencia de un pequeño grupo que controla las instituciones, entiende mejor de cómo dominan y de su desmedida avaricia.

Pienso que, hasta ahora, esta ha sido la mayor aportación social y política de nuestro movimiento. Tengamos presente que no se puede cambiar lo que no se conoce y que lo que bien se comprende, difícilmente se olvida. Fruto de este trabajo de concientización es el despertar de muchos ciudadanos de clase media que antes hasta nos insultaban, y que ahora nos respetan y que votarán por nosotros; otro tanto ocurre con la mayoría de los jóvenes. Soy el candidato de más edad, pero los jóvenes, con su imaginación, rebeldía y talento, saben que representamos lo nuevo, la modernidad forjada desde abajo y para todos.

Con base en lo logrado buscaremos emprender una transformación pacífica y ordenada, sí, pero no por ello menos profunda que la Independencia, la Reforma y la Revolución; no hemos hecho todo este esfuerzo para meros cambios cosméticos, por encimita, y mucho menos para quedarnos con más de lo mismo. La Cuarta Transformación será pacífica pero radical, entendiendo que la palabra radical viene de raíz y que el propósito es arrancar de raíz el régimen corrupto de injusticias y de privilegios.[52]

En la noche del día de la elección, el primero de julio de 2018, se dieron a conocer los resultados. Ganamos la mayoría del Congreso, cinco de nueve gubernaturas y, con 31 000 000 de votos, 52% del total de los sufragios, obtuvimos el triunfo para la Presidencia de la República.

En mi primera intervención al conocerse los resultados manifesté:

Este es un día histórico y será una noche memorable.

Una mayoría importante de ciudadanos ha decidido iniciar la Cuarta Transformación de la vida pública de México.

Agradezco a todos los que votaron por nosotros y nos han dado su confianza para encabezar este proceso de cambio verdadero. Expreso mi respeto a quienes votaron por otros candidatos y partidos.

Llamo a todos los mexicanos a la reconciliación y a poner por encima de los intereses personales, por legítimos que sean, el interés general. Como afirmó Vicente Guerrero: «La patria es primero».

El nuevo proyecto de nación buscará establecer una auténtica democracia. No apostamos a construir una dictadura abierta ni encubierta.

Los cambios serán profundos, pero se darán con apego al orden legal establecido.

Habrá libertad empresarial; libertad de expresión, de asociación y de creencias; se garantizarán todas las libertades individuales y sociales, así como los derechos ciudadanos y políticos consagrados en nuestra Constitución.

En materia económica, se respetará la autonomía del Banco de México; el nuevo gobierno mantendrá disciplina financiera y fiscal; se reconocerán los compromisos contraídos con empresas y bancos nacionales y extranjeros.

Los contratos del sector energético suscritos con particulares serán revisados para prevenir actos de corrupción o ilegalidad. Si encontráramos anomalías que afecten el interés nacional, se acudirá al Congreso de la Unión, a tribunales nacionales e internacionales; es decir, siempre nos conduciremos por la vía legal. No actuaremos de manera arbitraria ni habrá confiscación o expropiación de bienes.

La transformación que llevaremos a cabo consistirá, básicamente, en desterrar la corrupción de nuestro país. No tendremos problema en lograr este propósito porque el pueblo de México es heredero de grandes civilizaciones y, por ello, es inteligente, honrado y trabajador. La corrupción no es un fenómeno cultural sino el resultado de un régimen político en decadencia. Estamos absolutamente seguros de que este mal es la causa principal de la desigualdad social y económica y de la violencia que padecemos. En consecuencia, erradicar la corrupción y la impunidad será la misión principal del nuevo gobierno. Bajo ninguna circunstancia, el próximo presidente de la república permitirá la corrupción ni la impunidad. Sobre aviso no hay engaño: sea quien sea, será castigado. Incluyo a compañeros de lucha, funcionarios, amigos y familiares. Un buen juez por la casa empieza.

Todo lo ahorrado por el combate a la corrupción y por abolir los privilegios, se destinará a impulsar el desarrollo del país. No habrá necesidad de aumentar impuestos en términos reales ni endeudar al país. Tampoco habrá gasolinazos. Bajará el gasto corriente y aumentará la inversión pública para impulsar actividades productivas y crear empleos. El propósito es fortalecer el mercado interno, tratar de producir en el país lo que consumimos y que el mexicano pueda trabajar y ser feliz donde nació, donde están sus familiares, sus costumbres, sus culturas; quien desee emigrar, que lo haga por gusto y no por necesidad.

El Estado dejará de ser un comité al servicio de una minoría y representará a todos los mexicanos: a ricos y pobres; a pobladores del campo y de la ciudad; a migrantes, a creyentes y no creyentes, a seres humanos de todas las corrientes de pensamiento y de todas las preferencias sexuales.

Escucharemos a todos, atenderemos a todos, respetaremos a todos, pero daremos preferencia a los más humildes y olvidados; en especial, a los pueblos indígenas de México.

Cambiará la estrategia fallida de combate a la inseguridad y a la violencia. Más que el uso de la fuerza, atenderemos las causas que originan la inseguridad y la violencia. Estoy convencido de que la forma más eficaz y más humana de enfrentar estos males exige, necesariamente, del combate a la desigualdad y a la pobreza. La paz y la tranquilidad son frutos de la justicia.

A partir de mañana, convocaré a representantes de derechos humanos, a líderes religiosos, a la ONU y a otros organismos nacionales e internacionales, para reunirnos las veces que sean necesarias y elaborar el plan de reconciliación y paz para México que aplicaremos desde el inicio del próximo gobierno. Me reuniré todos los días, desde muy temprano, con los miembros del gabinete de Seguridad Pública; es decir, habrá mando único, coordinación, perseverancia y profesionalismo.

Seremos amigos de todos los pueblos y gobiernos del mundo. En política exterior, se volverán a aplicar los principios de no intervención, de autodeterminación de los pueblos y de solución pacífica a las controversias.

Con el Gobierno de Estados Unidos de América buscaremos una relación de amistad y de cooperación para el desarrollo, siempre fincada en el respeto mutuo y en la defensa de nuestros paisanos migrantes que viven y trabajan honradamente en ese país.

Amigas y amigos:

Agradezco las muestras de solidaridad que he recibido de dirigentes y de organizaciones sociales, políticas y religiosas del mundo.

Ya hemos contestado las primeras llamadas de felicitación de jefes de Estado y de Gobierno de algunos países. A todos, nuestro sincero agradecimiento y respeto.

Debo reconocer el comportamiento respetuoso del presidente Enrique Peña Nieto en este proceso electoral. Muy diferente al trato que nos dieron los pasados titulares del Poder Ejecutivo.

Fue ejemplar la pluralidad y el profesionalismo de la prensa, la radio y la televisión. Los medios de información no fueron, como en otras ocasiones, correas de transmisión para la guerra sucia. También mi gratitud a las benditas redes sociales.

Amigas y amigos:

Reitero el compromiso de no traicionar la confianza que han depositado en mí millones de mexicanos. Voy a gobernar con rectitud y justicia. No les fallaré porque mantengo ideales y principios que es lo que estimo más importante en mi vida. Pero, también, confieso que tengo una ambición legítima: quiero pasar a la historia como un buen presidente de México. Deseo con toda mi alma poner en alto la grandeza de nuestra patria, ayudar a construir una sociedad mejor y conseguir la dicha y la felicidad de todos los mexicanos.[53]

Capítulo 18

EL GOBIERNO DE LA TRANSFORMACIÓN

Cuando tomé posesión del cargo de presidente de México, el 1.º de diciembre de 2018, dije en el Congreso de la Unión que por mandato del pueblo iniciábamos la Cuarta Transformación política de México; que podría parecer pretencioso o exagerado, pero que no se trataba de un simple cambio de gobierno sino de régimen político. Hemos llamado a este mandato popular y social la Cuarta Transformación porque, así como a nuestros antepasados les correspondió concebir modelos de sociedad para remplazar el orden colonial —el conservadurismo aliado a la intervención extranjera y el Porfiriato—, a nosotros nos tocaba construir lo que sigue tras la bancarrota neoliberal, que no es exclusiva de México, aunque en nuestro país sea más rotunda y evidente.

El modelo posneoliberal mexicano, sustentado en el concepto de economía moral, es también una respuesta a quienes, para justificar el neoliberalismo, esgrimían que no había otro camino posible, como si se tratara de un destino manifiesto o de una fatalidad. De modo que asumimos la responsabilidad de construir un nuevo ordenamiento político y de convivencia social, acompañado de un modelo viable de desarrollo económico. Casi al final del camino hemos demostrado que sin autoritarismo es posible un rumbo nacional distinto, que la modernidad puede ser forjada desde abajo y sin excluir a nadie y que el desarrollo no tiene por qué ser contrario a la justicia social. Pues bien, desde el inicio del nuevo gobierno democrático se empezó a llevar a cabo una transformación pacífica y ordenada, pero, al mismo tiempo, profunda y radical, porque nos propusimos acabar de raíz con la corrupción y la impunidad que impedían el renacimiento de México.

Si definimos en pocas palabras las tres grandes transformaciones de nuestra historia, podríamos resumir que en la Independencia se luchó por abolir la esclavitud y alcanzar la soberanía nacional; en la Reforma, por el predominio del poder civil y por la restauración de la República; y, en la Revolución, el pueblo y sus extraordinarios dirigentes lucharon por la justicia social y la democracia. Ahora, nosotros estamos decididos a convertir la honestidad y la fraternidad en forma de vida y de gobierno.

No se trata de un asunto retórico o propagandístico: es un hecho demostrable que la crisis de México se originó no solo por el fracaso del modelo económico neoliberal aplicado en los últimos 36 años, sino también por el predominio en ese periodo de la más inmunda corrupción pública y privada. En otras palabras, como lo hemos repetido durante años: nada ha dañado más a México que la deshonestidad de los gobernantes y de una pequeña minoría que ha lucrado con el influyentismo; esa es la causa principal de la desigualdad económica y social y, por extensión, de la inseguridad y de la violencia que padecemos. Por eso, cuando me pedían que expresara en una frase cuál sería el plan del nuevo gobierno, respondía: «acabar con la corrupción y con la impunidad».

Al contrario de lo que pudiera suponerse, esta nueva etapa la iniciamos sin perseguir a nadie, porque no apostamos a la simulación ni a las medidas espectaculares y escandalosas. Queremos regenerar de verdad la vida pública de México. Además, siendo honestos, como lo somos, si abrimos expedientes, dejaríamos de limitarnos a buscar chivos expiatorios, como se ha hecho siempre; tendríamos que empezar con los de mero arriba, tanto los del sector público como los del privado. No habría juzgados ni cárceles suficientes para procesarlos y castigarlos y, lo más grave, lo más serio, meteríamos al país en una dinámica de fractura, conflicto y confrontación, lo que nos llevaría a consumir tiempo, energía y recursos necesarios para emprender la regeneración verdadera y radical de la vida pública de México, la construcción de una nueva patria, la reactivación económica y la pacificación del país.

Estábamos ante un asunto político de Estado y como tal decidimos enfrentarlo. Durante la campaña electoral expuse con toda claridad mi postura al respecto: declaré que no es mi fuerte la venganza, y que, si bien no olvido, soy partidario del perdón y la indulgencia. Creo además que en el terreno de la justicia pueden castigarse los errores del pasado, pero que lo fundamental es evitar los delitos del porvenir. En consecuencia, propuse al pueblo de México poner un punto final a esa horrible historia de corrupción e impunidad y empezar de nuevo; en otras palabras, que no hubiera persecución a los funcionarios del pasado y que las autoridades encargadas desahogaran en libertad los asuntos pendientes y las denuncias que pudieran presentarse; que se castigara a los que resultaran responsables, pero que la Presidencia se abstuviera de solicitar en automático investigaciones en contra de los que ocuparon cargos públicos o hacían negocios al amparo del poder durante el periodo neoliberal. Instituciones y autoridades ahora independientes, como la Fiscalía General de la República, se encargan con absoluta libertad del desahogo de estos asuntos. Desde mi punto de vista, en las actuales circunstancias, la condena moral y política al régimen neoliberal, dejar en claro su manifiesto fracaso y su evidente corrupción, y hacer todo lo que podamos para abolirlo en los hechos, es más severo y eficaz que someter a procesos judiciales o a juicios sumarios a sus personeros, quienes a fin de cuentas no dejan de ser menores ante la esperanza de todo un pueblo y la fortaleza de una nación como la nuestra. De cualquier manera, como en todos los asuntos de trascendencia para la vida pública del país, sostuve que defendería con libertad y argumentos mi postura de poner el punto final; de pensar y trabajar hacia el porvenir, pero que la sociedad tendría la última palabra porque siempre se consultaría a los mexicanos.

También aclaré que, de aceptar mi propuesta de mantener al margen de este asunto al Poder Ejecutivo, tal determinación se aplicaría solo para los de antes y para los que ya se fueron, no para nosotros, quienes estaríamos obligados a poner en alto el ideal y la práctica de la honestidad. Por eso hemos promovido una ley para convertir la corrupción en delito grave porque, aunque parezca increíble, no lo era: la mayoría de los mexicanos ni siquiera sabía que, en 1994, durante el gobierno de Salinas de Gortari, se reformó el Código Penal para no considerar grave el robo de bienes públicos, lo cual otorgaba impunidad a corruptos, pues podían salir de la cárcel pagando una simple fianza. Durante 25 años, de manera por demás hipócrita, tanto el conservadurismo —padre de la que se autodenomina sociedad civil— como sus representantes del gobierno neoliberal se dedicaron a promover la creación de instituciones burocráticas, supuestamente autónomas, para combatir la llamada opacidad y el saqueo. Así surgieron el Instituto Nacional de Transparencia y la Fiscalía Anticorrupción, entre otros organismos pantallas o paleros; un fraude cínico, una farsa costosísima. Y todo ello, repito, cuando nadie hablaba de que la corrupción estaba permitida y tolerada por la ley. No cabe duda de que, como me dijo una vez Carlos Monsiváis, «la verdadera doctrina de la derecha es la hipocresía».

En cuanto a mi proceder como gobernante, con apego a mis convicciones y en uso de mis facultades, me comprometí a no robar y a impedir que alguien en mi gobierno se aprovechara de su cargo o posición para sustraer bienes del erario o hacer negocios al amparo del poder público. Dije que esto aplica para amigos, compañeros de lucha y familiares. Dejé en claro que si mis seres queridos, mi esposa o mis hijos cometían un delito, deberían ser juzgados como cualquier otro ciudadano y que solo respondía por mi hijo Jesús, por ser menor de edad. Incluso expedí un memorándum que a la letra dice:

> A los Secretarios del Gobierno Federal
> A los Directores de Empresas u Organismos Paraestatales
> A los Servidores Públicos en General
>
> Me dirijo a ustedes con la instrucción clara y precisa de no permitir, bajo ninguna circunstancia, la corrupción, el influyentismo, el amiguismo, el nepotismo, ninguna de esas lacras de la política del antiguo régimen.

Todos estamos obligados a honrar nuestra palabra y cumplir el compromiso de no mentir, no robar y no traicionar la confianza de los mexicanos.

En consecuencia, les reitero: no acepto, bajo ninguna circunstancia, que miembros de mi familia hagan gestiones, trámites o lleven a cabo negocios con el Gobierno en su beneficio o a favor de sus «recomendados».

Esto incluye a mi esposa, hijos, hermanos, hermana, primos, tíos, cuñados, nueras, concuños y demás miembros de mi familia cercana o distante.

Ustedes no tienen la obligación de escuchar propuestas indecorosas de nadie. Y en el caso de mis familiares, ni siquiera de recibirlos en sus oficinas o contestarles el teléfono. Nada de nada.

Solo me resta decirles que, de no cumplirse esta recomendación, se podría caer en actos de deshonestidad y en la esfera del derecho penal.

Desde hace años he promovido la reforma al artículo 108 de la Constitución para eliminar la impunidad y los fueros de los altos funcionarios públicos, empezando por el presidente de la república, quien ahora, según la iniciativa de ley que envié al Senado, puede ser juzgado como cualquier ciudadano por corrupción y otros delitos graves, aun estando en funciones. Un buen juez por la casa empieza. Desde el principio nos propusimos poner orden desde arriba porque la corrupción, reitero, se promueve y se practica fundamentalmente, desde lo alto hacia los niveles inferiores. Nada de que «el presidente no sabía» ni de que «lo engañaron»: debe quedar claro que todos los grandes negocios hechos al amparo del poder tenían el visto bueno del titular del Ejecutivo Federal. Afortunadamente, el gobernar con el ejemplo y con servidores públicos honestos nos ha evitado pasar vergüenzas y perder credibilidad. Han sido pocos los casos de corrupción y ninguno se ha tolerado; por ejemplo, el caso de la compra fraudulenta en Diconsa y Liconsa tiene en la cárcel a 13 funcionarios y traficantes de influencias, y aunque están prófugos 17 más, no se ha otorgado impunidad a nadie.

Con este criterio se ha combatido el robo de combustibles, la evasión fiscal, el lavado de dinero, el tráfico de armas y otros ilícitos que no podrían perpetrarse sin la complicidad entre infractores y funcionarios públicos. Al llegar al Gobierno enfrentamos el robo de combustible, llamado coloquialmente «huachicol». Este delito consiste en perforar ductos de gasolina para extraer grandes cantidades de combustible. Existían miles de tomas clandestinas, al grado de que este ilícito era un jugoso negocio de delincuentes y funcionarios. Al inicio de nuestro gobierno el robo ascendía a 80 000 barriles de gasolina al día, en promedio, equivalente a 800 carros-tanque diarios. En 2018 significó una pérdida de alrededor de 60 000 millones de pesos para Pemex. Pero nadie hacía nada por impedirlo. Por el contrario, durante los sexenios de Fox, Calderón y Peña, la Secretaría de Hacienda lo veía como algo normal e incluía la pérdida en la contabilidad pública. Nos tocó a nosotros decir basta y, aunque no fue fácil, logramos reducir de manera drástica esta actividad delictiva con el apoyo de la gente que resistió el sabotaje durante tres semanas —hubo rupturas premeditadas de tubos con el propósito de dejarnos sin abasto— con la participación de las Fuerzas Armadas y de los trabajadores petroleros que suprimieron las tomas clandestinas. En el tiempo que llevamos en el Gobierno, el robo de combustible ha disminuido en 94% y ha significado un ahorro de 307 191 millones de pesos. Como parte de la estrategia para acabar con el huachicol, se atendió la creación de fuentes de trabajo y otras medidas de bienestar para la gente que, por necesidad, era usada por los grupos criminales como escudo y protección a cambio de lo cual se les permitía recoger bidones de 20 litros de las tomas clandestinas. Lamento mucho que, en ese tiempo, en 2019, cuando se empezaba el plan contra este ilícito, 137 personas perdieran la vida en la explosión de una zanja hecha exprofeso en una toma clandestina en el municipio de Tlahuelilpan, Hidalgo. Esta lamentable desgracia me causó un profundo dolor y nunca he dejado de actuar contra la corrupción, que es un tremendo mal en todos los órdenes: en lo político, económico y social.

Otra acción fundamental en la lucha para erradicar la corrupción y la impunidad fue cancelar de las condonaciones de impuestos a grandes corporaciones empresariales y financieras. Este ofensivo privilegio significaba que los grandes contribuyentes no pagaran impuestos, pues existía la facultad discrecional de los altos funcionarios de Hacienda, con la aprobación del presidente, de condonar adeudos. Solo en los dos últimos sexenios, como ya vimos, 108 grandes contribuyentes se beneficiaron con condonaciones por 213 000 millones de pesos. En 2019 envié una iniciativa al Congreso y se reformó el artículo 28 de la Constitución, de modo que esta inmoralidad quedó prohibida. Por esta decisión ha sido mucho lo ingresado a la Hacienda pública. Sin exagerar, creo que hemos obtenido cerca de un billón de pesos por terminar con ese insultante privilegio fiscal. Téngase presente que en ingresos tributarios netos se pasó de tres billones 62 000 millones de pesos en 2018 a cuatro billones 514 748 millones de pesos en 2023, un incremento de 47.4% en términos nominales. Esta política, aunada al combate al robo de combustible, a las empresas factureras, a la corrupción en cualquiera de sus modalidades, con el importante añadido de la austeridad republicana, nos ha permitido liberar recursos para financiar los proyectos prioritarios de la nación sin incrementar ni crear nuevos impuestos.

La lucha contra la corrupción ha sido un tema central del debate público y de la conversación ciudadana en estos tiempos del nuevo gobierno, y los cambios promovidos van calando en la conciencia de los mexicanos. Según el Inegi, la percepción de corrupción en México era, en 2015, de 28.5%; en 2018, de 29.2% y en 2023 se había reducido a 22.2 por ciento.

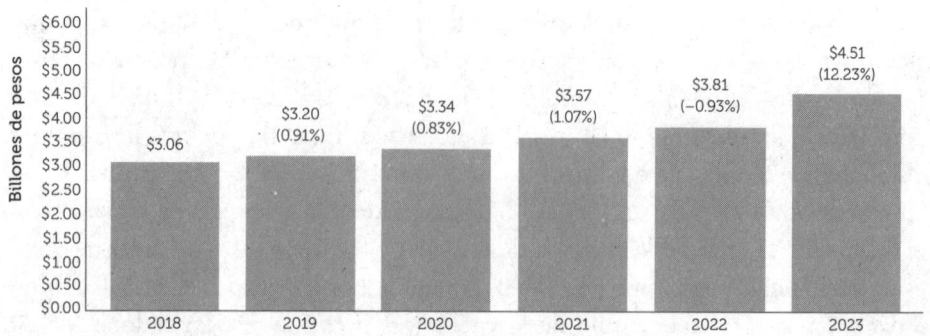

* Cifra correspondiente al periodo enero-diciembre (estimado).
Elaboración propia con datos del Servicio de Administración Tributaria (SAT).

Como lo he sostenido desde antes de llegar al Gobierno, lo nuestro no es la incongruencia o la simulación. Nuestro quehacer político va al fondo y por eso hemos enfrentado muchos obstáculos y resistencias, sobre todo, las relacionadas con la forma de pensar, pues durante un largo periodo, con el apoyo de una educación mercantilista y doctrinaria; con la manipulación ejercida por casi la totalidad de los medios de información, se introdujo en la mente de muchos la creencia en las supuestas bondades del modelo neoliberal; recordemos que el Porfiriato se impuso por 34 años y que el régimen neoliberal duró 36 años; en otras palabras, la influencia de la propaganda individualista, egoísta, utilitarista y pragmática afectó a más de una generación. Si el país no sucumbió por completo y logró subsistir, fue por la profunda y excepcional inteligencia y honestidad del pueblo mexicano; pero, aun así, ha costado mucho trabajo persuadir y convencer a quienes fueron formados en la escuela del afán de lucro, el aspiracionismo y el egoísmo individualista, y no con las enseñanzas del amor al prójimo, la moderación y la generosidad.

A pesar de todo, la transformación está en marcha y aunque la apuesta es seguir poniendo al descubierto la gran farsa neoliberal y auspiciando el cambio de mentalidad del pueblo —porque eso es lo más cercano a lo esencial y a lo irreversible—, también desterramos vicios y prácticas deshonestas en el manejo del Gobierno. Tengamos presente que durante el periodo neoliberal el propósito central de la administración pública era facilitar la entrega de bienes nacionales a particulares y para eso se creó una estructura administrativa onerosa, con una burocracia dorada, acorde a la política del pillaje con la excusa de evitar el monopolio del Estado y garantizar la libertad empresarial. Por ejemplo, se decidió que el trato a Pemex y a la CFE debería ser igual que el otorgado a Shell o a Iberdrola y se creó la Comisión Federal de Competencia Económica (Cofece), un organismo «autónomo», manejado por tecnócratas al servicio de las grandes corporaciones privadas. En pocas palabras, se buscó desaparecer el espíritu y la letra de los artículos de la Constitución que desde la Revolución Mexicana colocaban el interés público por encima del particular.

Obviamente, el Poder Judicial también estaba —y lamentablemente, sigue estando— alineado al propósito privatizador. Baste decir que apenas llevaba unas horas de aprobada la nueva Ley Eléctrica que promovimos, en beneficio público, cuando los jueces otorgaron amparos a grandes empresas y corporaciones beneficiarias de la llamada Reforma Energética, las cuales pagan una tarifa eléctrica menor que el hogar de una familia de nivel popular o de clase media.

Por esta razón llevamos a cabo una reforma administrativa que elimine todo este andamiaje dedicado a proteger negocios privados en detrimento de los negocios públicos. Un ejemplo claro fue la eliminación de 187 fideicomisos (de los cuales 91 eran del Consejo Nacional de Ciencia y Tecnología), instrumentos que se constituyeron para otorgar concesiones a grupos de intereses creados, tanto empresariales como académicos e intelectuales, defensores del régimen de corrupción y privilegios. Es un hecho demostrable que con becas, financiamiento para estudios y otros mecanismos se cooptaba a quienes defendían el pensamiento oficial. El entonces Conacyt, por ejemplo, entregaba dinero a investigadores deshonestos, al sector privado —que en el sexenio anterior recibieron casi 30 000 millones de pesos— y a organizaciones de la llamada sociedad civil que nunca han creado algo en beneficio del interés general. Una buena cantidad de los recursos públicos manejados por el Conacyt durante el neoliberalismo —casi 1 000 millones de pesos durante la administración pasada— se utilizó para construcciones faraónicas sin función económica o social alguna, solo para beneficio de funcionarios, seudocientíficos y contratistas que edificaron estos elefantes blancos que quedan como símbolos de corrupción de la época de la llevada y traída innovación tecnológica.

Ahora el Consejo Nacional de Humanidades, Ciencias y Tecnologías (Conahcyt) ha hecho muchas cosas a favor del desarrollo de México, por ejemplo, una vez iniciada la pandemia de COVID-19, y en medio de las dificultades para conseguir ventiladores para atender a pacientes graves, el Conahcyt, con la empresa Dydetec, diseñó y desarrolló un ventilador denominado Gätsi (suspiro, en lengua otomí) y otro con uno de sus Centros Públicos de Investigación denominado Ehécatl 4T (dios del viento, en náhuatl); se fabricaron 1 130 equipos que han atendido a más de 33 656 pacientes en 92 hospitales públicos del país de 24 estados de la república, representando, hasta el primer trimestre de 2023, más de 1 517 631 horas de uso, en riesgo por COVID-19 en 81 hospitales públicos del país. Este logro nos ha permitido no depender del exterior para contar con este importante equipo médico. Lo mismo sucede en el caso de la vacuna Patria, que se desarrolló en colaboración con la empresa Avimex y que ya ha demostrado su efectividad. Además, el nuevo Conahcyt busca opciones para sustituir el glifosato y otros agroquímicos; se estudian los daños que puede ocasionar a la salud el maíz transgénico; trabaja en la creación de nueva tecnología para separar las arcillas del litio de Sonora —lo cual nos permitirá contar con este mineral para la fabricación de baterías y otros bienes indispensables para la futura industrialización del país—. Aquí recuerdo que, en aras del interés público, llevamos a cabo la nacionalización del litio.

Por otra parte, solo con la eliminación de los 187 fideicomisos, entre el año pasado y el actual nos ahorraremos alrededor de 136 000 millones de pesos, dinero que se ha destinado directamente al desarrollo y al bienestar de los más pobres del país. También revisamos y renegociamos contratos abusivos; se han hecho a un lado los Pidiregas y las llamadas asociaciones público-privadas, las cuales eran onerosas y perjudiciales para el erario. Es extensa y fraudulenta a simple vista la lista de operaciones de compra y contratos de servicios manchados de corrupción, así como los convenios leoninos otorgados en el periodo neoliberal. Para no extenderme mucho, solo expondré qué sucedía y cómo hemos procurado resolver, en la medida de lo posible, esta nefasta herencia.

• • •

En la actualidad, 1 232 000 mexicanas y mexicanos reciben todos los días por parte del Gobierno los medicamentos recetados por el médico. Esto no siempre fue así. Antes la salud se veía como una mercancía y las medicinas como un medio para enriquecer a unos cuantos. Era un jugoso negocio de traficantes de influencias, distribuidores y políticos corruptos. Entre 2012 y 2018, solo diez empresas acapararon 79.6% del gasto en medicamentos, un total de 241 000 millones de pesos, repito, diez empresas. La cantidad equivale al presupuesto de cinco años de la Universidad Nacional Autónoma de México (UNAM) o al presupuesto de un año de los estados de Guerrero, Oaxaca, Chiapas y Tabasco juntos. De ese puñado de empresas, tres obtuvieron la mitad de todos los contratos y una de ellas, Grupo Fármacos Especializados, S.A. de C.V. se llevó entre 2013 y 2018 35% de las compras, con un monto de 106 803 millones de pesos. Dicho sea de paso, esa empresa fue inhabilitada el 18 de julio de 2019 por la Secretaría de la Función Pública (SFP) a causa de varias irregularidades. La mayoría de estas empresas no producía medicamentos: eran meras distribuidoras, agentes concentradores sin registros sanitarios que se dedicaban, por sus poderosas influencias, a ser intermediarios predilectos en las compras gubernamentales. Es decir, su infraestructura, por así decirlo, consistía en «conectes», relaciones políticas y la inclusión en su nómina de exfuncionarios que «sabían cómo» lograr grandes contratos. Eran tiempos en los que los gobiernos hablaban mucho de competencia económica; incluso, como hemos visto, se crearon organismos autónomos para evitar los monopolios, pero ocurría exactamente lo contrario a la vista de todos.

Por eso, el primero de diciembre de 2018, en el Zócalo de la Ciudad de México, hicimos el compromiso de garantizar atención médica de calidad y medicamentos gratuitos. ¿Cómo se planteó hacerlo? Obviamente, cambiando el modelo lucrativo por uno de dimensión social. El reto no era sencillo, pues, al inicio de la administración, el sistema de salud estaba fragmentado, con 32 modelos de abasto distintos que operaban de manera descoordinada e ineficiente. La compra de medicamentos se basaba en históricos y presupuestos disponibles en cada entidad, no en necesidades reales ni en la salud de los mexicanos. Además, no existía un sistema digital para el control de inventarios, lo que resultaba en un bajo índice de recetas surtidas y generaba elevados gastos de bolsillo para los pacientes.

Desde que inició el gobierno comenzamos con la implementación de un nuevo modelo de adquisición de medicamentos, el de la triple optimización, que consta de tres elementos. Primero, una mejor planeación basada en la detección de las necesidades reales de la gente a partir de la decisión de los expertos en medicina y no de los proveedores. Segundo, una homologación de los tratamientos, los mismos medicamentos para todos sin importar la institución de salud que los provea, y tercero, la construcción de un Compendio Nacional de Insumos para la Salud que se actualiza cada dos años con la demanda agregada del sector; de este modo las compras consolidadas garantizan las mejores condiciones de precio y calidad.

Para la compra consolidada bianual 2023-2024 de la Secretaría de Salud, se hizo la planeación de acuerdo con este nuevo modelo y tomando en cuenta la experiencia de años anteriores: se realizaron 17 mesas de trabajo especializadas por grupo terapéutico. Los expertos técnicos de las instituciones que conforman el Sistema Nacional de Salud determinaron las claves objeto de la demanda consolidada a partir del análisis de las innovaciones terapéuticas y la depuración y optimización de insumos.

Como resultado de este proceso se conformó un Catálogo de 2 027 claves (1 321 de medicamentos; 651 de materiales de curación y 55 de vacunas) y se estableció la necesidad de contar con más de 4 187 000 000 de piezas.

Se continuó con la misma lógica de realizar procesos transparentes, obtener ahorros y buscar las mejores condiciones por todo el mundo sin recurrir a los de siempre. En ese sentido, se lograron los objetivos una vez más, un ahorro estimado de 55 100 millones de pesos, que representa 25% del presupuesto total destinado anteriormente a la compra de medicamentos; y se adjudicó a más de 251 proveedores.

Ante el aumento en la prestación de servicios de salud luego de la pandemia y la implementación del IMSS Bienestar en 23 entidades federativas en donde se fortalece la provisión de salud en los estados que entran al proceso de federalización, los beneficios de este nuevo mecanismo de compra, además de la garantía de abasto suficiente, permiten otorgar medicamentos gratuitos para todos en cumplimiento del artículo cuarto constitucional; se disminuye el gasto de bolsillo y se fortalece la economía popular, pues aminora los compromisos de pago de los hogares, se propicia una mayor igualdad entre regiones y aumenta el ahorro entre los segmentos de población con menores ingresos.

Además, se garantiza el abasto de medicamentos al tener acceso al mercado internacional, así como la continuidad, la seguridad, la transparencia y la estabilidad en la compra de medicamentos de manera multianual hasta 2024. De igual forma, se logra una mejor calidad de los medicamentos, pues comprar el mejor medicamento disponible en el mundo conlleva un mayor apego terapéutico, menores efectos secundarios, menores recaídas ante la enfermedad y más calidad de vida para los pacientes.

En suma, el abasto de medicamentos representa el mayor reto de cualquier sistema de salud en el mundo, pero nosotros hemos logrado recuperar la soberanía del estado mexicano en algo tan crucial como la salud.

Para fortalecer aún más el proceso de transformación y partiendo de poner en el centro las necesidades de la gente, decidimos establecer una medida más para garantizar el abasto: una Megafarmacia y un Centro Federal de Almacenamiento y Distribución de medicamentos e insumos (Cefedis) con todos los medicamentos necesarios para cubrir cualquier faltante que se pueda presentar en el futuro. Esto garantizará el abasto de medicamentos a 20 000 unidades en todo el país que estarán enlazadas con la Megafarmacia y pondrá fin de una vez por todas a la corrupción que existía en la distribución de medicamentos.

La Megafarmacia está ubicada en un lugar estratégico: Huehuetoca, Estado de México, cerca del aeropuerto Felipe Ángeles y del aeropuerto de la Ciudad de México, conectada con el Arco Norte y con el Circuito Exterior Mexiquense. Cuenta con dos inmensas naves certificadas por Cofepris con capacidades únicas: 94 546 metros cuadrados, 98 andenes de recibo, 97 andenes de embarque, 102 323 posiciones (espacios de almacenamiento) y una capacidad de almacenar más de 286 000 000 de piezas de medicamentos, lo que equivale a tener en un solo lugar el total de lo que consume todo el sector salud del país en un mes.

La Megafarmacia contará con un sistema de comunicación a nivel nacional que permita identificar las necesidades reales de insumos médicos y un sistema de transporte para distribuirlos de inmediato. Así, las medicinas podrán llegar, de manera gratuita, hasta los pueblos más apartados de nuestro territorio. No importa si los medicamentos son caros o difíciles de conseguir, este sistema permitirá que puedan contar con ellos en cualquier parte del país.

La Megafarmacia opera con un centro de atención, al cual la gente puede llamar cuando la receta es rechazada. Se identifica si la receta es válida y está vigente, y entonces se revisa si el medicamento está en la unidad médica, en un centro de salud o en un hospital. Si no se tiene el medicamento en la unidad o en alguna unidad cercana, la Megafarmacia, que estará operando los 365 días del año y las 24 horas del día, emite la orden para que salga el medicamento por tierra o por aire en el aeropuerto Felipe Ángeles si es necesario para que por avión llegue a donde se necesita porque lo que buscamos es surtir 100% de las recetas y de los medicamentos en menos de 48 horas. Además, la compra del inmueble fue a un costo menor al establecido en el avalúo realizado por el Indaabin: el avalúo fue de 2 365 823 000 pesos; sin embargo, el acuerdo final fue una transacción por 1 400 millones de pesos, es decir, tuvimos un ahorro de 956 823 000 pesos. Una Megafarmacia como megasolución a la megacorrupción que imperó en la peor infamia del periodo neoliberal: comercializar con la salud del pueblo de México.

Vamos avanzando mucho en la reconstrucción del sistema de salud y hoy podemos decir que hemos desterrado las prácticas corruptas del pasado y hemos consolidado un nuevo modelo que garantizará el abasto de medicinas gratuitas y de mejor calidad en cada rincón del país.

Como el negocio de las medicinas era muy lucrativo y estaba en manos de seudoempresarios y políticos corruptos —hasta dueños y empleados de medios se beneficiaban—, padecimos por mucho tiempo de la más intensa e inmoral campaña por el desabasto de medicamentos, utilizando como buitres hasta el sufrimiento de niños y familiares con cáncer. Algo verdaderamente triste y penoso, pero al final vencimos a los mafiosos que se valen de todo cuando se trata de su desmesurada ambición por el dinero.

• • •

Otro entuerto que hemos podido enderezar, así sea de manera parcial, es el de los famosos y fraudulentos gasoductos. Cuando recibimos el Gobierno se encontró, como en otros ámbitos, que uno de los principales problemas de la CFE era la terminación de siete gasoductos contratados en la administración anterior, pero que por diversos problemas no se habían concluido. Al realizar el análisis de los contratos se descubrió que la decisión y el acuerdo tomados por la administración saliente estaban repletos de elementos ruinosos para la Hacienda pública y que se trataba de contratos *leoninos*, como se fue haciendo costumbre en el periodo neoliberal.

Los siete gasoductos fueron anclados a la CFE con el argumento de que esta requería gas para la construcción de 14 centrales de ciclo combinado. Sin embargo, esas centrales nunca se construyeron, por lo que la CFE debía pagar por gasoductos que no podían ser usados. Entre otros abusos, las tarifas por el transporte de gas desde Texas eran excesivas y por si fuese poco, los funcionarios del gobierno de Peña Nieto aceptaron que la Comisión Federal de Electricidad pagara la totalidad de los gasoductos (incluyendo su financiamiento), pero al terminar el contrato el gasoducto se quedaba en manos de los privados y con posibilidades de explotarlo 25 años más —la vida útil de un gasoducto es de al menos cincuenta años.

Una vez terminado el análisis de estos contratos leoninos (buenos para particulares, malos para el pueblo y la nación), entre febrero y marzo de 2019, me dediqué a informar y a denunciar en las mañaneras los abusos que acarreaban. En forma paralela, convoqué a las empresas privadas para buscar una renegociación de las condiciones contractuales y llegar a un acuerdo, puesto que el gas es necesario para generar energía; buscamos siempre el arreglo y recurrir a los procesos legales solo como última instancia, ya que además de tardados, se dirimen en tribunales nacionales o extranjeros de poca o nula honestidad y en ellos la justicia es casi siempre relegada ante el derecho individual o empresarial.

A este llamado acudieron el Consejo Coordinador Empresarial y el Consejo Mexicano de Negocios ofreciendo su mediación con las empresas propietarias de los gasoductos para llegar a un acuerdo, pero solicitaban que el director general de la CFE no estuviera dentro de las negociaciones. Respondimos que era inadmisible prescindir del director general. Así, nos reunimos en Palacio Nacional con la participación, como observadores, de Carlos Salazar Lomelí, presidente del Consejo Coordinador Empresarial y Antonio del Valle Perochena presidente del Consejo Mexicano de Negocios; el 8 de julio de 2019 se dio inicio formal a las negociaciones con la participación del director general de la CFE, Manuel Bartlett Díaz; el director general de las filiales CFEnergía y CFE Internacional, Miguel Reyes, y el coordinador de Administración y Servicios de la CFE, Miguel Alejandro López. Por parte de las empresas participaron Gerardo Kuri (Carso Energy), Tania Ortiz Mena y Carlos Ruiz Sacristán (IEnova), Robert Jones (TC Energía) y Fernando y Manuel Calvillo (Fermaca).

Con respeto, pero también con firmeza, luego de casi dos meses de negociaciones se logró lo siguiente:

- La reducción de tarifas de transporte de gas para la CFE es de 4 342 millones de dólares, lo que representa ahorros anuales de 180 000 millones de dó-

lares (3 500 millones de pesos a un tipo de cambio de 19 pesos por dólar). El ahorro total obtenido equivale a la construcción de cinco centrales de generación de más de 1 000 megawatts con tecnología de punta.
- La tarifa promedio se redujo en 27%, al pasar de 33 a 24 centavos de dólar por gigajoule (6.5 a 4.7 pesos por GJ).
- El acuerdo permitirá a CFE comercializar a través de sus filiales CFEnergía y CFE Internacional alrededor de 8 200 000 000 de pies cúbicos diarios, de los cuales 63% serán para las plantas generadoras de electricidad de la propia CFE. El excedente que resultó se está colocando en la industria nacional y mediante convenios como los celebrados con la empresa estadounidense New Fortress y México Pacific Limited, que están instalando plantas de licuefacción en las costas de nuestro país para exportar gas a Europa y Asia.

Finalmente, es importante señalar que aun con este acuerdo, la mala decisión de construir los gasoductos sin tener necesidad, pues no se cuenta con las plantas termoeléctricas que consuman el gas adquirido, la Comisión Federal deberá seguir apuntalada por el Gobierno de México en razón de que el valor de estos contratos implican un costo financiero para esta empresa pública equivalente a un monto a pagar en 25 años de 86 500 millones de dólares; es decir, el daño de la política neoliberal o de pillaje implicó, solo en este caso, un desfalco muy cercano a una quiebra financiera de la CFE. Por esto y muchas otras razones, ha sido urgente e indispensable modificar la política y continuar insistiendo en cancelar las reformas privatizadoras para rescatar la estratégica industria eléctrica nacional por el bien de consumidores domésticos, de empresarios y del desarrollo nacional.

•••

Ahora les cuento la historia de las cárceles de lujo y las jugosas ganancias privadas. Recién nombrada y recuperada de una convalecencia por COVID-19, la secretaria de Seguridad y Protección Ciudadana, Rosa Icela Rodríguez, se presentó por vez primera a una reunión del Gabinete de Seguridad a las seis de la mañana del 30 de diciembre de 2020 y recibió la primera instrucción de su nuevo encargo: hacer un estudio y meterse a fondo en el tema de los contratos de prestación de servicios (CPS) de ocho centros penitenciarios federales suscritos en 2010 durante el gobierno de Felipe Calderón, cuando Genaro García Luna era titular de Seguridad Pública.

Ese mismo día, la primera mujer al frente de la seguridad pública del país comenzó la búsqueda de información en el órgano desconcentrado de Prevención y Readaptación Social (PyRs), donde se topó con pared. En la siguiente reunión de gabinete, su primer reporte consistió en sostener que tardaría varios días en dar resultados porque el área administrativa del sistema penitenciario se negó a proporcionar los contratos, aduciendo que se trataba de un asunto de *seguridad nacional*.

El argumento causó risa a todos los presentes y se repitió la instrucción de que tuviera los resultados de la investigación lo más pronto posible, para lo que habría de hacer valer su autoridad como secretaria de Seguridad y Protección Ciudadana; ella se comprometió a cumplir a la brevedad. Ahí mismo se acordó que la Secretaría de Hacienda suspendiera los pagos establecidos en los contratos hasta que concluyera la revisión. Tras jalar varias cuerdas y pegar un par de gritos, la secretaria de Seguridad obtuvo la información en PyRs y encabezó un equipo de técnicos y abogados que se consagró al análisis de las más de 56 000 fojas que conformaban los ocho contratos con sus correspondientes anexos.

La investigación interna sobre este negocio millonario duró varios días y noches, hasta que se culminó en un resumen ejecutivo con los antecedentes del caso, el número de personas privadas de la libertad que el Gobierno federal tiene que mantener en cada penal, el monto de los recursos pagados durante estos años a los contratistas, el costo total pendiente por erogar proyectado a veinte o 22 años y las cláusulas leoninas de los contratos. Tras días de desvelo por la investigación, la mañana del miércoles 13 de enero de 2021, la orden del día del Gabinete de Seguridad consideraba la presentación de los hallazgos en los CPS de los ocho penales. Ahí estaban la secretaria de Gobernación, el consejero jurídico, los titulares de Defensa, Marina, Seguridad y Protección Ciudadana y Relaciones Exteriores, el coordinador de asesores y otros servidores públicos. Ahí, Rosa Icela Rodríguez dio el detalle de lo encontrado.

En resumen, los CPS de los ocho reclusorios privatizados representaban 288 000 millones de pesos que el Gobierno federal debía pagar en al menos veinte años de prestación de servicios de las empresas particulares. Anualizada, semejante carga significaba 15 562 904 661 pesos, es decir, 67% del total de los recursos ejercidos por el organismo penitenciario federal en 2020. Además, al finalizar el periodo de vigencia, los empresarios de dichos contratos serían beneficiados con la propiedad de los centros penitenciarios, como lo establecía la cláusula novena; repito, al finalizar el periodo de vigencia de los contratos, las edificaciones, en lugar de volverse parte de los bienes del Gobierno, seguirían en manos de los privados. Eran, en definitiva, contratos jugosos para ellos y de grave afectación a las finanzas públicas.

El contrato de los centros penitenciarios de Sonora y Guanajuato fue adjudicado a Pápagos Servicios para la Infraestructura, entonces subsidiaria de ICA. Poco tiempo después Exi Quantum, S. A. de C. V., creada por Quantum, que dirige Andrés Alija Guerrero, adquirió la participación; GIA, S. A. de C. V., de Hipólito Gerard Rivero, excuñado de Carlos Salinas de Gortari, opera el centro penitenciario de Oaxaca; Prodemex, S. A. de C. V., de Olegario Vázquez Aldir, tiene los de Durango y Michoacán, mientras que las empresas Homex y Arendal consiguieron los contratos de Morelos y Chiapas, respectivamente, que pasaron a manos de IDEAL Carso, actualmente Grupo Financiero Inbursa, del cual es presidente Marco Antonio Slim Domit. En el caso del penal de Coahuila, la empresa Tradeco fue la beneficiaria, aunque posteriormente transfirió el contrato a BlackRock, S. A. de C. V., cuyo director general en México es Sergio Méndez.

Durante los primeros años de vigencia de los contratos se pagaron 86 419 millones de pesos de recursos públicos a empresas vinculadas a políticos para la construcción y operación de los centros penitenciarios ubicados en Sonora, Guanajuato, Oaxaca, Durango, Chiapas, Morelos, Michoacán y Coahuila. El gasto era muy alto debido a que en los contratos no se establecieron pagos conforme a la población penitenciaria real atendida; por ejemplo, cuando llegamos al Gobierno, el primero de diciembre de 2018, solo había 9 062 reclusos en los ocho CPS, 44.9% de su capacidad, pero el Gobierno federal erogaba el equivalente a 100% de ocupación. Si se considera que ese año se pagaron 14 145 millones de pesos con impuesto al valor agregado (IVA) por ese concepto, entonces el costo anual de la manutención de cada persona interna era de 1 560 914 pesos, en promedio, lo que significaba pagar por cada una un promedio de 4 336 pesos diarios; como una tarifa de un hotel de cinco estrellas por cada recluso.

Es del todo inverosímil que la manutención de un preso pueda ser, en promedio, superior a 1 500 000 de pesos y que esto no incluya el gasto en seguridad de los centros penitenciarios, pero así eran los negocios realizados durante el periodo neoliberal. En la actualidad los reclusorios están ocupados por 20 881 personas y su capacidad total es de 28 520. Por si fuese poco, los ocho contratos se otorgaron por adjudicación directa.

Ya se había perdido mucho tiempo y el tema debía darse a conocer lo más pronto posible; por eso, en la mañana del 13 de enero se informó sobre este asunto que era, a todas luces, un atraco de recursos a la población mexicana. Después de tener toda la información a la vista, el abuso quedó exhibido y se dio la instrucción de que se hablara con los empresarios para tratar de llegar a un acuerdo en beneficio de la Hacienda pública o de lo contrario, elaborar una denuncia jurídica para cancelar los contratos y dar fin a la afectación de las finanzas gubernamentales. Los siguientes días se llevaron a cabo las pláticas con los representantes de las empresas privadas. Como resultado de ese acercamiento y diálogo, que duró varias semanas, se logró un ahorro de 15%, es decir, alrededor de 41 493 millones de pesos, menos de los montos originalmente pactados en los contratos, y se consiguió además que los centros penitenciarios sean propiedad del Gobierno al término de los 22 años establecidos como vigencia. Solo en esta administración el monto del ahorro será de alrededor de 10 782 millones de pesos.

Las investigaciones del caso continúan, ya que a través de los mismos empresarios fue posible saber que el negocio no solo eran los costos millonarios establecidos en los CPS, sino que hicieron el compromiso —no estipulado por escrito— de comprarle a un solo proveedor todo lo que requirieran, ya fueran alimentos, vestuario, vehículos u otros bienes. El 9 de abril de 2021, la Secretaría de Seguridad y Protección Ciudadana (SSPC) formuló una denuncia ante la FGR en contra de quienes resultaran responsables por el delito de uso indebido de atribuciones y facultades en la contratación del servicio integral de capacidad penitenciaria para la construcción y operación de los ocho penales federales.

Últimamente, luego de años de construcción y de ser inaugurado por Calderón y García Luna, por fin Manuel Arroyo dueño de la empresa Grupo Multimedia Lauman y también propietario del periódico *El Financiero*, poseedor de uno de esos contratos leoninos, aceptó la propuesta que le hicimos de no otorgar ningún pago hasta que en realidad el reclusorio esté terminado, además de analizar con justicia los términos del contrato vigente.

• • •

En esta apretada síntesis incluyo los contratos de mantenimiento de carreteras entregados en el último año del anterior sexenio, cuyos concesionarios aceptaron disminuir en 1 000 millones anuales sus cobros al Gobierno, recursos que estamos entregando a las autoridades municipales de la Montaña de Guerrero, una de las regiones más pobres de México, para hacer sus caminos de concreto. También estamos corrigiendo los grandes abusos en la contratación por parte de la Secretaría de Salud, el ISSSTE y el IMSS, de hospitales construidos por empresas —siempre las mismas— a las que había que pagarles en 25 años, 140 000 millones, cuando los nosocomios valen como máximo, según avalúos, 6 000 millones entre todos.

• • •

La austeridad nuestra se inspira en el criterio del presidente Benito Juárez, quien sostenía: «Bajo el sistema federativo, los funcionarios públicos no pueden disponer de las rentas sin responsabilidad; no pueden gobernar a impulsos de una voluntad caprichosa, sino con sujeción a las leyes; no pueden improvisar fortunas ni entregarse al ocio y a la disipación, sino consagrarse asiduamente al trabajo, resignándose a vivir en la honrosa medianía que proporciona la retribución que la ley haya señalado».

Los lujos, los dispendios y la opulencia que caracterizaban el ejercicio del poder han llegado a su fin. Nuestro gobierno ha eliminado los privilegios y prebendas que disfrutaban los funcionarios de alto nivel. Había servidores públicos que ganaban hasta 700 000 pesos mensuales, mientras los trabajadores de base recibían 8 000 pesos mensuales en promedio. Esto se terminó parcialmente cuando se aprobó una reforma al artículo 127 de la Constitución para que nadie pueda ganar más que el presidente de la república, es decir, más de 129 241 pesos mensuales, sin compensaciones; en mi caso, me reduje el sueldo a menos de la mitad de lo que recibía mi predecesor. Como es natural, ha habido resistencias de quienes abusan de los cargos y en algunos casos, sobre todo en las instancias autónomas, se recurrió a juicios de amparo o a otras chicanadas seudolegales, como el caso vergonzoso de los ministros de la Corte que dan el mal ejemplo en el Poder Judicial, pues sumando todas sus canonjías ganan 700 000 pesos mensuales, y abusando o mal interpretando su autonomía, sostienen dos fideicomisos para esos fines de 20 000 millones de pesos, los cuales, aun cuando ya fueron cancelados por el Congreso, siguen vigentes y no se ha podido devolver ese dinero a la Tesorería de la Federación porque los mismos integrantes del Poder Judicial interpusieron amparos al por mayor y el ministro Javier Laynez resolvió improcedente lo aprobado por el Congreso y están violando la Constitución y actuando descaradamente como juez y parte.

El aparato gubernamental, tal y como se recibió el 1.° de diciembre de 2018, estaba plagado de instituciones improductivas, de duplicidad de funciones, y de oficinas y partidas presupuestales sin propósito ni resultados. En apego al marco legal, el Gobierno federal ha eliminado los despachos inútiles, ha concentrado funciones y tareas de las dependencias, y ha reorientado los presupuestos dispersos a los programas significativos y de alto impacto social y económico. Por ejemplo, todas las compras gubernamentales, que equivalen a un billón de pesos, hoy se hacen de manera consolidada y bajo la coordinación de la Oficialía Mayor de la Secretaría de Hacienda y Crédito Público. Calculamos que en estos años el ahorro por evitar la corrupción en la adquisición de bienes a proveedores alcanzará la cifra de 500 000 millones de pesos.

También se puso fin a la contratación generalizada e indiscriminada de personal de confianza y a la asignación perjudicial de oficinas, vehículos, mobiliario, equipos de comunicación y viáticos; por ejemplo, se cerraron 51 oficinas de supuesta promoción del país en el extranjero llamadas ProMéxico, que existían en las principales ciudades del mundo. Algo hasta ridículo, porque en ninguna parte existen oficinas Pro-Alemania, Pro-Canadá, Pro-Francia, etc. De igual manera, se eliminó el pago con cargo al erario de seguros de gastos médicos y la caja de ahorro especial para altos funcionarios; se suprimieron los presupuestos para fiestas y banquetes y los viajes sin sentido al extranjero. Únicamente los titulares de las secretarías de Estado pueden disponer de vehículo y chofer; no hay asesores y solo se asignó escoltas a aquellos funcionarios que, por la naturaleza de su trabajo, requieren de medidas de seguridad.

Como dijimos, ya no existe el Estado Mayor Presidencial, el actual presidente cuenta con una ayudantía de veinte civiles y, como lo he dicho muchas veces, lo cuida la gente. Además, el que lucha por la justicia no tiene nada que temer.

El presidente y todos los servidores públicos tienen prohibido viajar en aviones y helicópteros privados. El lujoso avión presidencial se vendió y los 1 658 700 000 pesos —alrededor de 92 100 000 dólares— que se recibieron fueron destinados a dos hospitales que se están construyendo en Tuxtepec, Oaxaca, y Tlapa, Guerrero. Asimismo, se vendieron diez aviones más cinco helicópteros de uso supuestamente ejecutivo, aeronaves que estaban al servicio de altos funcionarios. Aunque parezca increíble, los anteriores gobernantes usaban aviones y helicópteros oficiales hasta para ir de compras o a jugar golf. El Estado Mayor Presidencial tuvo en 2018 una partida presupuestal que preveía 2 000 millones de pesos solo para gastos de operación. Para colmo, esos recursos se consideraban «erogaciones para la seguridad nacional», y esta excusa los eximía de la obligación de comprobar los gastos en lo específico y les permitía hacerlo bajo el rubro de estimaciones generales. Así, por ejemplo, los encargados de manejar estas partidas dejaron facturas en la contabilidad interna según las cuales en el último viaje del presidente Peña —efectuado el 30 de noviembre de 2018 rumbo a la cumbre del G-20 en Buenos Aires, Argentina— se erogaron 400 152 pesos en la compra de agua de tocador; 205 784 pesos en papel sanitario; 47 258 pesos en rastrillos para afeitar; 16 208 pesos en cortaúñas; 70 435 pesos en gel fijador para cabello y siete millones de pesos en servicio de internet. Obviamente, todos estos gastos fueron groseramente inflados para encubrir hurtos al erario. Para resumir, ese año, la Presidencia ejerció un presupuesto de 3 600 millones de pesos en tanto que nosotros, en 2023, ejercimos 600 millones, es decir, seis veces menos. Desde que llegamos al Gobierno no hemos comprado ni un vehículo nuevo para funcionarios; en fin, nos apegamos a lo que siempre dijimos: no debe haber Gobierno rico con pueblo pobre. Esto es, en los hechos, la austeridad republicana.

Hemos demostrado que el no permitir la corrupción y hacer un gobierno austero ayuda a liberar fondos para el desarrollo. Esta decisión fundamental del Gobierno es moralmente indispensable y constituye una fuente adicional de ingresos para fortalecer la Hacienda pública. En 1916, cuando el general revolucionario Francisco J. Múgica entregó el Gobierno del estado de Tabasco, informó que a pesar de haber recibido vacías las arcas públicas, construyó en apenas un año escuelas, caminos y otras obras, y hasta dejó dinero en caja; señaló que lo había logrado por «la simple moralidad» y gracias a «algunas pequeñas reformas».

Con esta fórmula de combatir la corrupción y gobernar sin lujo ni frivolidad, hemos podido cumplir los compromisos de no endeudar al país, no aumentar impuestos, no subir los precios de los combustibles y, lo más importante, esta nueva política económica, fincada en la moralidad, nos ha permitido incrementar la inversión pública para construir importantes obras y crear muchos empleos, así como financiar Programas para el Bienestar de nuestro pueblo, en especial para los más pobres y marginados.

•••

Por primera vez en tres décadas se elaboró un verdadero Plan Nacional de Desarrollo, completamente distinto a los aprobados durante el periodo neoliberal. El nuestro tiene como propósitos orientar el desarrollo al conjunto del país, no a una cúpula de intereses particulares, atender las demandas del pueblo y desterrar la corrupción y la impunidad. Las políticas gubernamentales ya no están sometidas a las recetas impuestas desde el extranjero y aunque no se han promovido reformas constitucionales en materia energética ni en explotación de recursos naturales, se ha cumplido el compromiso de no otorgar más concesiones ni contratos a particulares para la extracción de petróleo, generación de electricidad, minería, manejo de aguas y otras actividades estratégicas de dominio exclusivo de la nación.

Estamos poniendo en práctica el mandato constitucional que otorga al Estado la responsabilidad de promover y encauzar el desarrollo económico nacional. Es obvio que no puede distribuirse una riqueza inexistente y no puede repartirse lo que no se tiene. Pero tampoco puede sostenerse con honestidad que, si se acumula capital en unas cuantas manos, se va a beneficiar a todos como por contagio o arte de magia. A diferencia de ese sofisma neoliberal, según el cual «si llueve fuerte arriba, gotea abajo», ahora nosotros destinamos los apoyos para el bienestar empezando por la base de la pirámide social y de allí hacia su cúspide. En consecuencia, creo importante dar a conocer la estrategia de atención preferente a la población mayoritaria que además nos permitió sacar a flote la economía y superar la crisis en beneficio de todos.

Nuestra estrategia económica se inspira en el pensamiento lógico y eficaz de los magonistas de mejorar los ingresos de las mayorías para fortalecer el mercado interno e impulsar con ello la prosperidad de las actividades productivas del país. Atendemos a los pobres por convicción y por humanismo, pero también lo hacemos porque si destinamos recursos a los menos favorecidos habremos de lograr una más rápida reactivación de la economía para salir de la crisis. Posiblemente quienes lean este libro podrán encontrar un eco de su propia experiencia en lo que señalaban Ricardo Flores Magón, Juan Sarabia y otros revolucionarios en el Plan Liberal de 1906:

> Cuando el pueblo es demasiado pobre, cuando sus recursos apenas le alcanzan para mal comer, consume solo artículos de primera necesidad, y aun estos en pequeña escala […] Cuando los millones de parias que hoy vegetan en el hambre y desnudez coman menos mal, usen ropa y calzado y dejen de tener petate por todo ajuar, la demanda de mil géneros que hoy es insignificante aumentará en proporciones colosales y la industria, la agricultura, el comercio, todo será materialmente empujado a desarrollarse en una escala que jamás se alcanzaría mientras subsistieran las actuales condiciones de miseria general.[54]

El pacto funcionó: el pacto entre el pueblo y su gobierno se ha sellado bajo el principio de atender y respetar a todos, pero dar atención especial a los pobres y necesitados. Actualmente, por menos uno de los Programas para el Bienestar llega de manera directa a 30 000 000 de hogares, es decir, una porción, por pequeña que sea, del presupuesto nacional; los 5 000 000 de hogares restantes, que viven en mejores condiciones, también se han beneficiado porque nuestra política económica ha mejorado el poder adquisitivo de las familias y ha fortalecido el mercado interno; se han podido hacer negocios lícitos con ganancias razonables; no se ha aumentado el precio de los combustibles en términos reales; no saben cuánto celebro que un cilindro de gas de 20 kilos —esos que más emplean los pobres— cueste ahora alrededor de 350 pesos. En el tiempo que llevamos en el Gobierno tampoco ha aumentado en términos reales el precio de la electricidad; no se han incrementado los impuestos ni se han creado impuestos nuevos; algo que es muy valioso: hay justicia y tranquilidad social, y se avanza hacia la erradicación de la violencia. Estamos logrando este ideal entre todos y con la nueva estrategia de enfrentar el mal haciendo el bien.

En el México de hoy —como nunca había sucedido— hay 22 024 386 trabajadores inscritos en el Seguro Social que reciben en promedio —como tampoco se había logrado— 16 360 pesos mensuales; el aumento de la inversión pública y de la inversión extranjera han impulsado la creación de empleos; hay obreros de la construcción que están ganando hasta 60 000 pesos al mes.

Somos el tercer país del mundo con menos desempleo solo por debajo de Japón y Corea del Sur. Uno de los beneficios que la reforma laboral aportó a los trabajadores fue el incremento en el reparto de utilidades que en 2020 fue de 87 000 millones de pesos; en 2021, de 183 000 millones y, en 2022, de 214 000 millones de pesos.

Luego de la pandemia, nuestra economía ha crecido en más de 3% anual, aunque en 2020 el PIB cayó en 8.8%, como no había sucedido desde los años treinta del siglo pasado. Las medidas que tomamos de apoyar a la gente de abajo y no caer en una crisis de consumo nos permitió recuperarnos más rápido que otros países y terminaremos con un crecimiento promedio anual de 1.3%, toda una hazaña, si se considera el gran daño causado a la economía por factores externos como la pandemia y el agravamiento de la crisis mundial por la guerra entre Rusia y Ucrania.

El peso es la moneda que más se ha fortalecido en el mundo en relación con el dólar; está llegando inversión extranjera como nunca; las remesas que mandan nuestros paisanos migrantes a sus familias este año superarán los 63 000 millones de dólares, cifra récord que alivia a 12 000 000 de familias, sobre todo de las comunidades más pobres y marginadas del país. Agradezco a nuestros paisanos por su enorme ayuda en los momentos más difíciles de la pandemia; como me decía un migrante con mucho orgullo, «no olvide, presidente que nosotros nos fuimos de México, pero México nunca se ha ido de nosotros».

Durante los primeros diez meses de 2023 fuimos el principal socio comercial de Estados Unidos; el índice de la Bolsa de Valores ha crecido en 38%; las reservas del Banco de México suman 211 509 millones de dólares; la deuda pública, a pesar de la crisis mundial por la pandemia y la guerra en Ucrania, prácticamente no ha crecido en relación con el Producto Interno Bruto: la recibimos en el 2018, en 43.6 y hoy está en 47.2, porque sencillamente no hemos contratado créditos adicionales. No se ha endeudado al país.

Según un dicho campesino choco-jarocho que escuché hace muchos años, «cuando la milpa se da bien, alcanza hasta para el pájaro», digo esto porque no solo han mejorado los ingresos de los de abajo; el año pasado (2022), los banqueros obtuvieron utilidades por 237 000 millones de pesos, cifra récord en la historia del país.

¿Cuál ha sido la clave para lograr los siguientes resultados? (Véase gráficas pp. 390-416). En breve: el no permitir la corrupción. En campaña me preguntaban: «¿Cuál es el proyecto?» —porque eran muy exigentes con nosotros—, «Pero ¿qué van a hacer?», y algunos me apuraban: «Dígalo rápido, usted que ni siquiera habla de corrido, dígalo lo que tarde parado en un solo pie». Yo contestaba: nuestro plan es acabar con la corrupción. En eso ha consistido fundamentalmente el éxito del gobierno de la Cuarta Transformación. A diferencia de antes, ahora no hay privilegios fiscales para las grandes corporaciones económicas y financieras que no pagaban impuestos; ahora se combate el huachicol; no se entrega dinero a manos llenas a líderes de organizaciones sociales o de la llamada sociedad civil; no se otorgan contratos leoninos a traficantes de influencias; la austeridad republicana es una realidad; no se derrocha el presupuesto, que es dinero del pueblo.

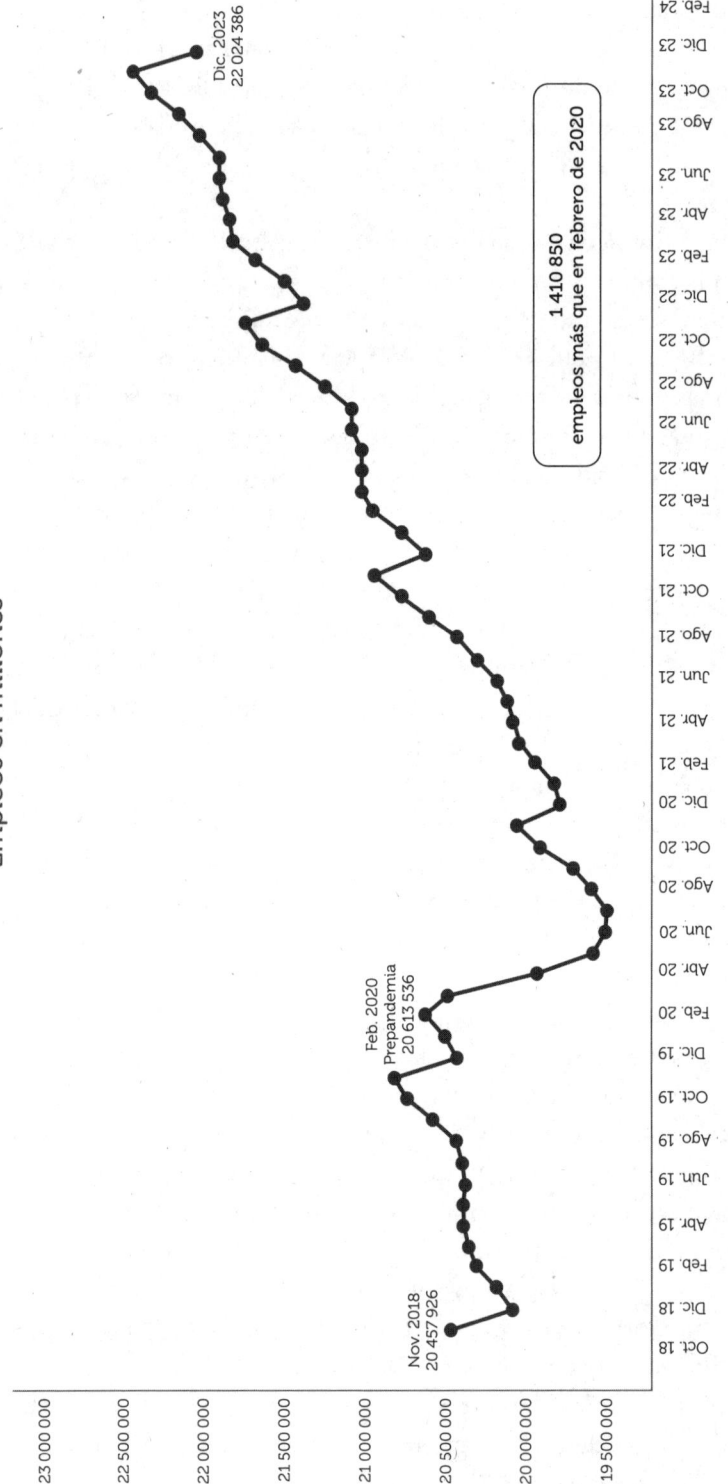

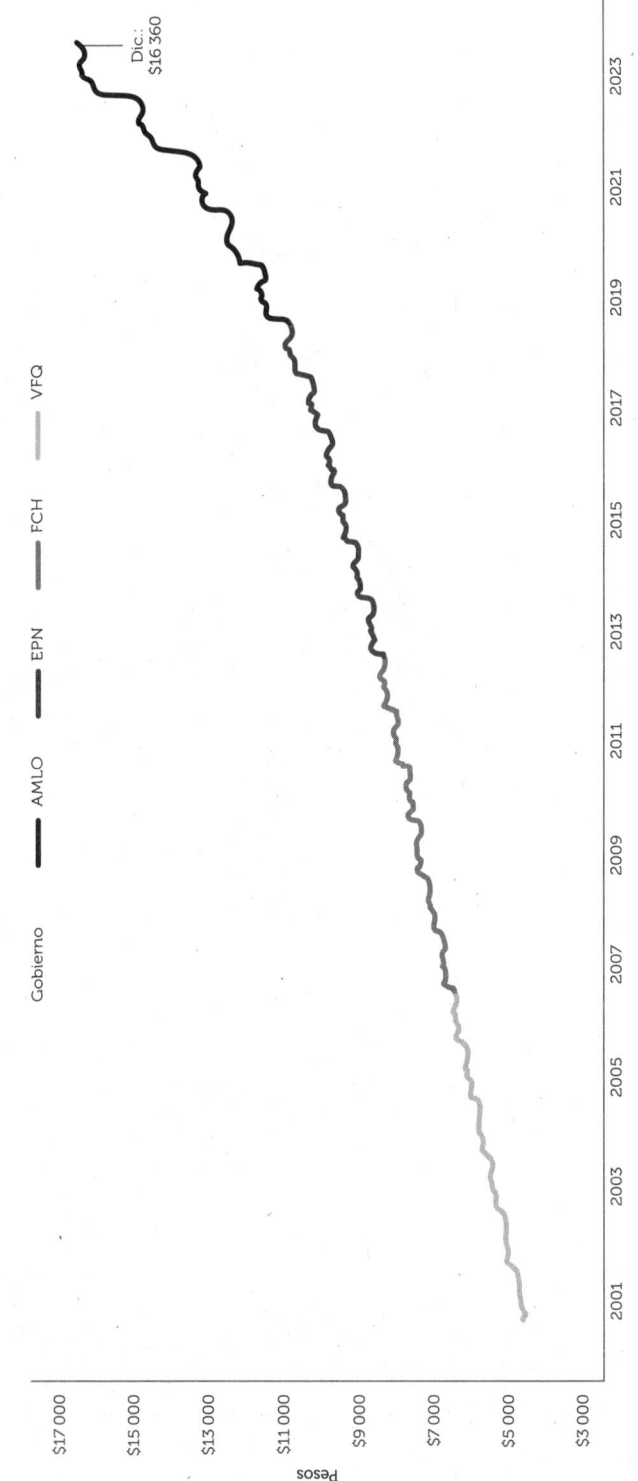

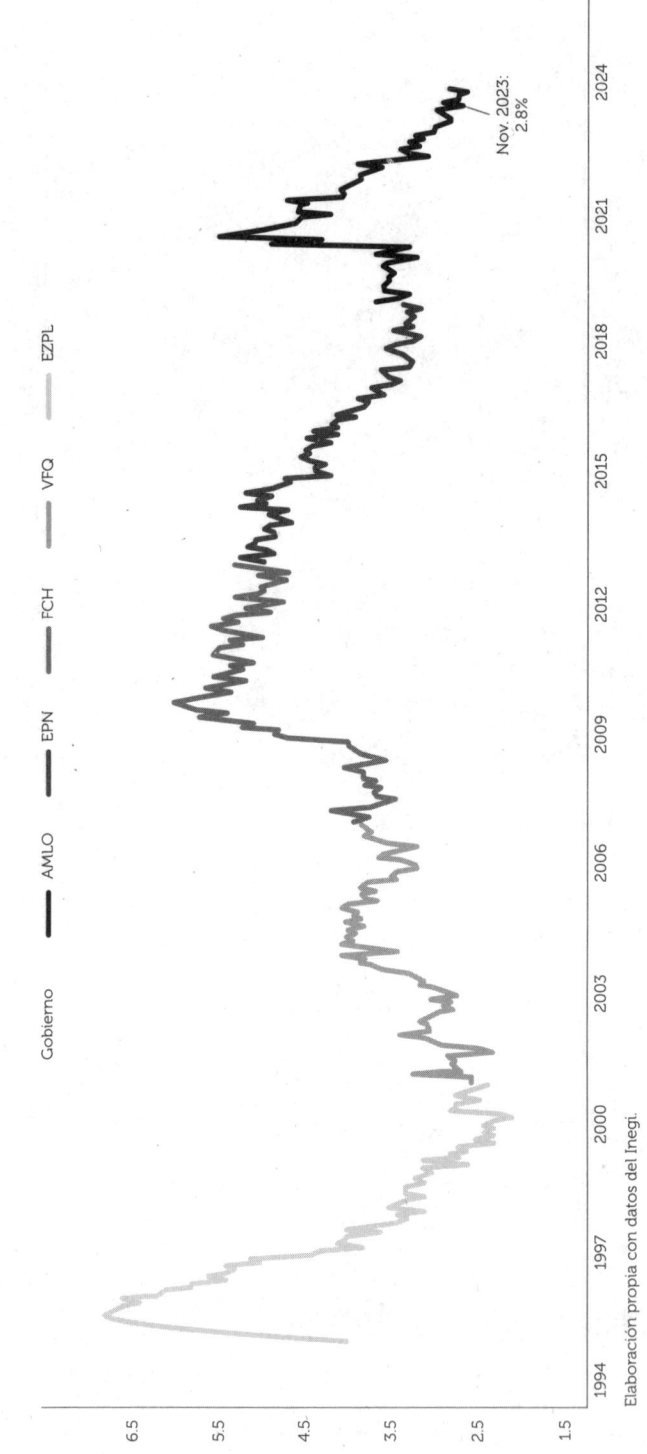

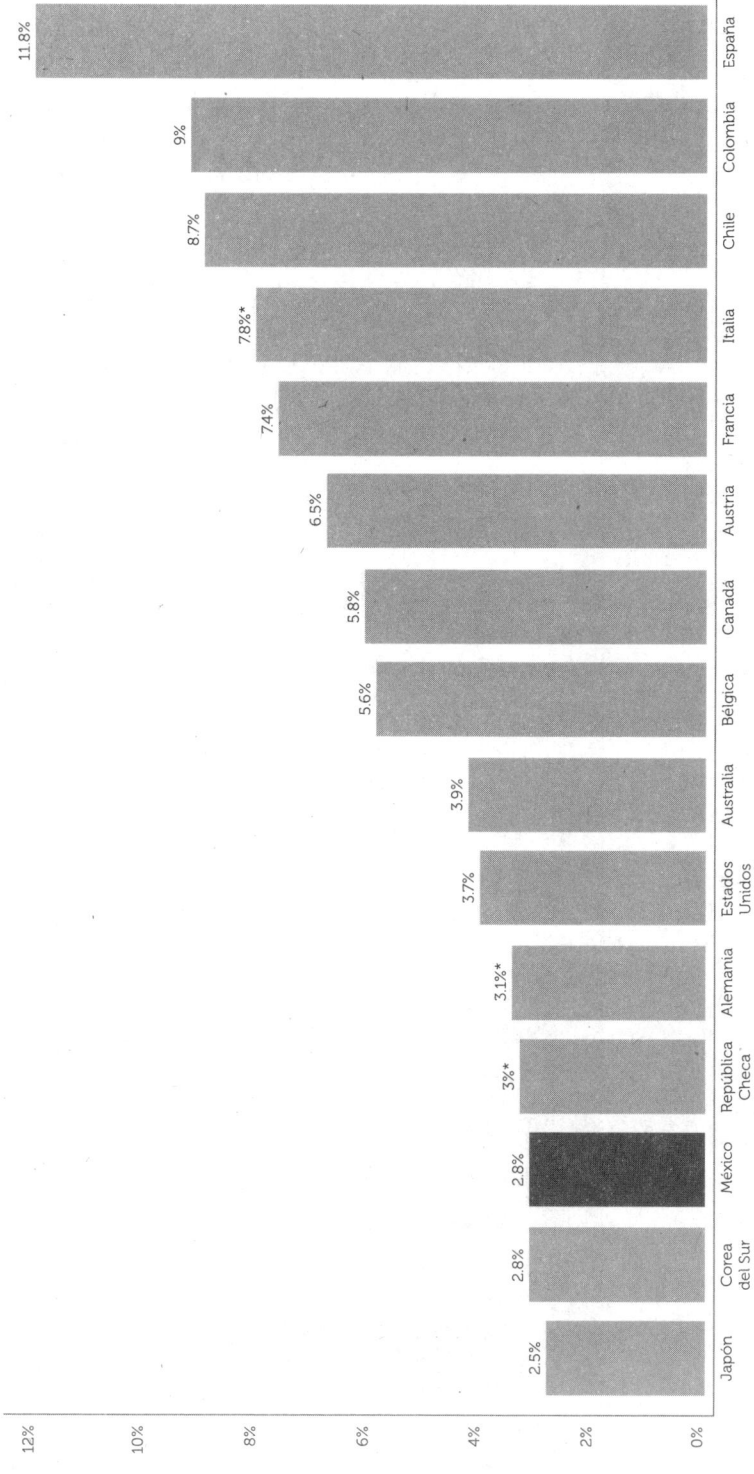

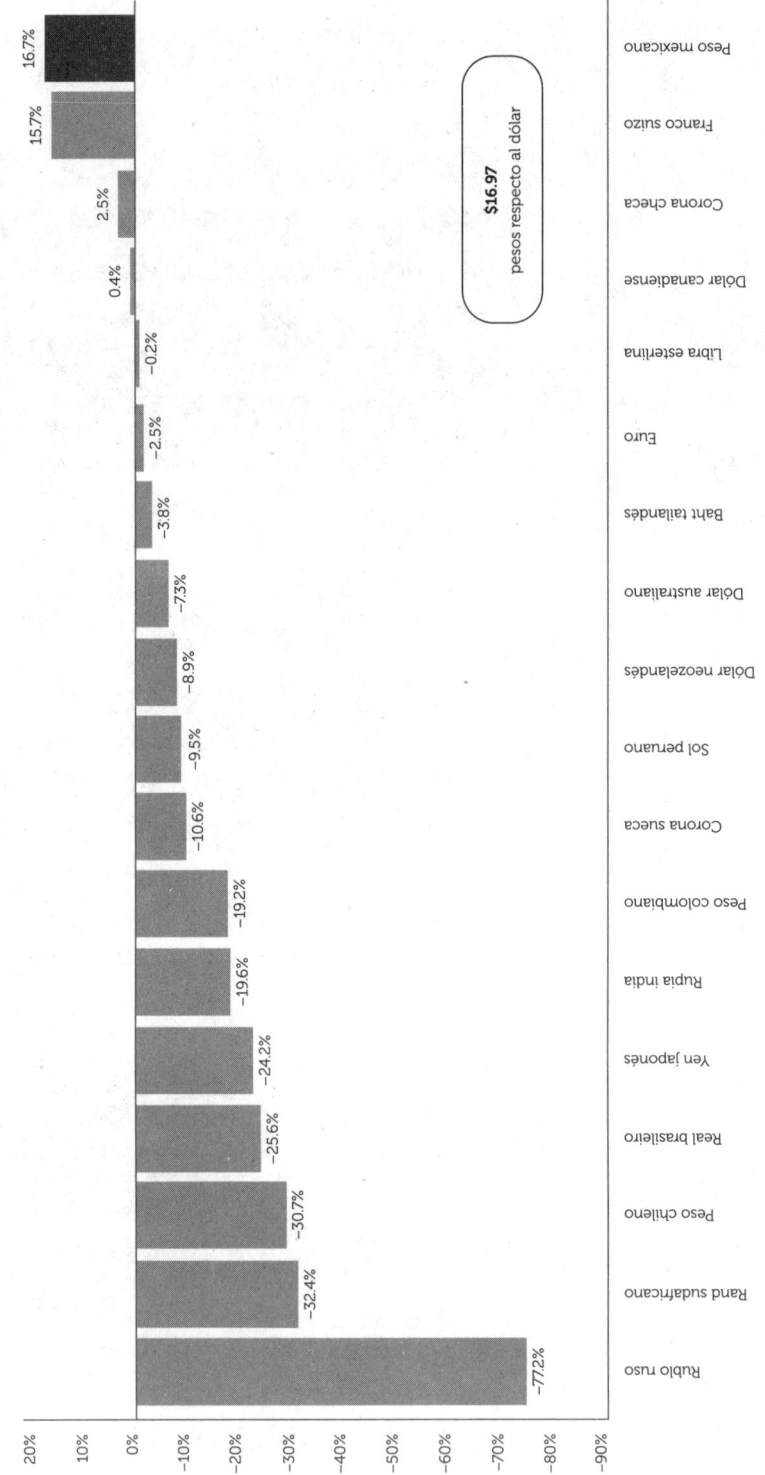

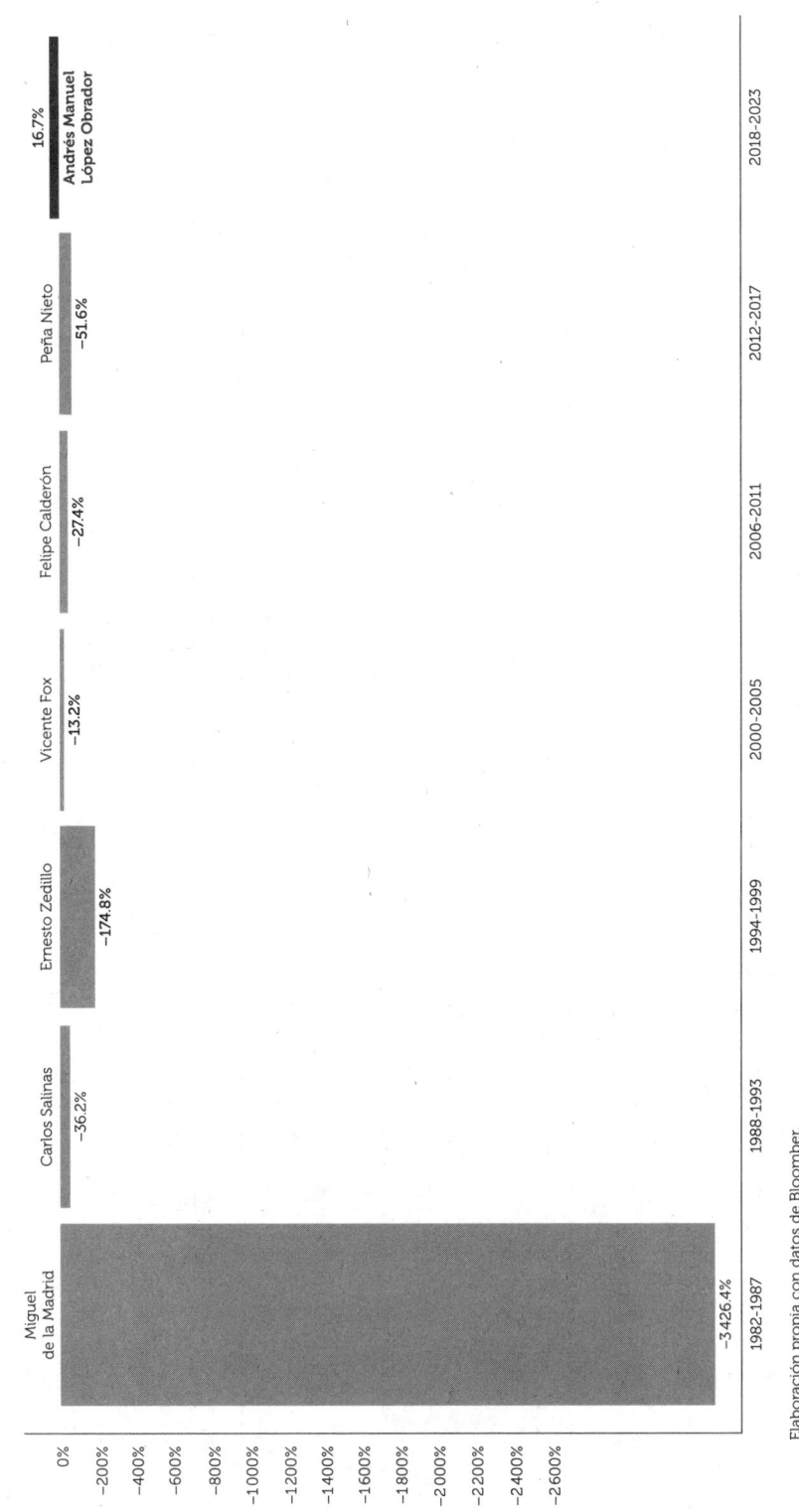

	Remesas por mes (millones de dólares)		
Mes	2022	2023	Var. %
Enero	$3 918	$4 427	13%
Febrero	$3 911	$4 360	11%
Marzo	$4 692	$5 187	11%
Abril	$4 708	$5 003	6%
Mayo	$5 142	$5 697	11%
Junio	$5 144	$5 575	8%
Julio	$5 301	$5 663	7%
Agosto	$5 124	$5 559	8%
Septiembre	$5 037	$5 606	11%
Octubre	$5 361	$5 812	8%
Noviembre	$4 818	$4 908	2%
Diciembre	$5 353	$5 410*	1%
Total	$58 510	$63 206	8 (var 12 meses)

Elaboración con datos del Banco de México y estimaciones propias.
* Estimación propia.

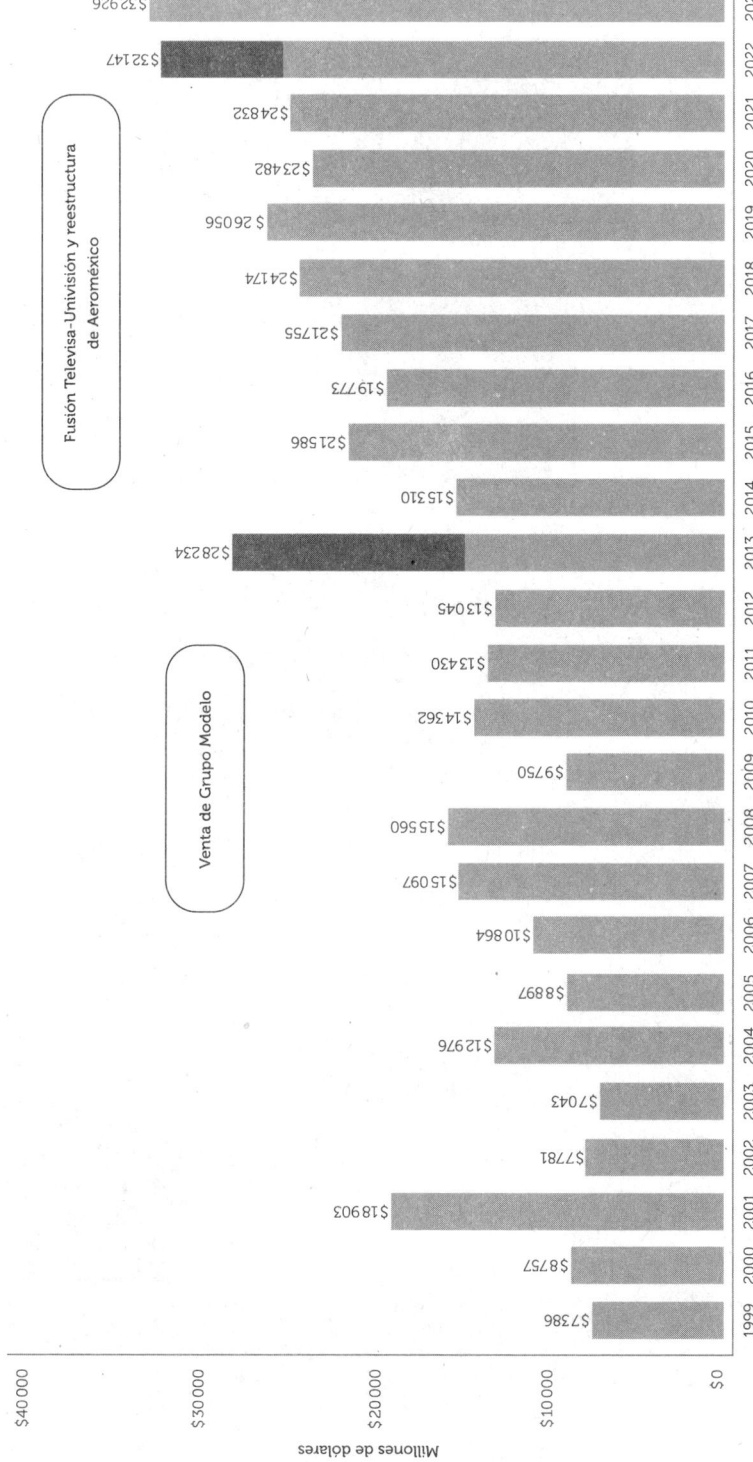

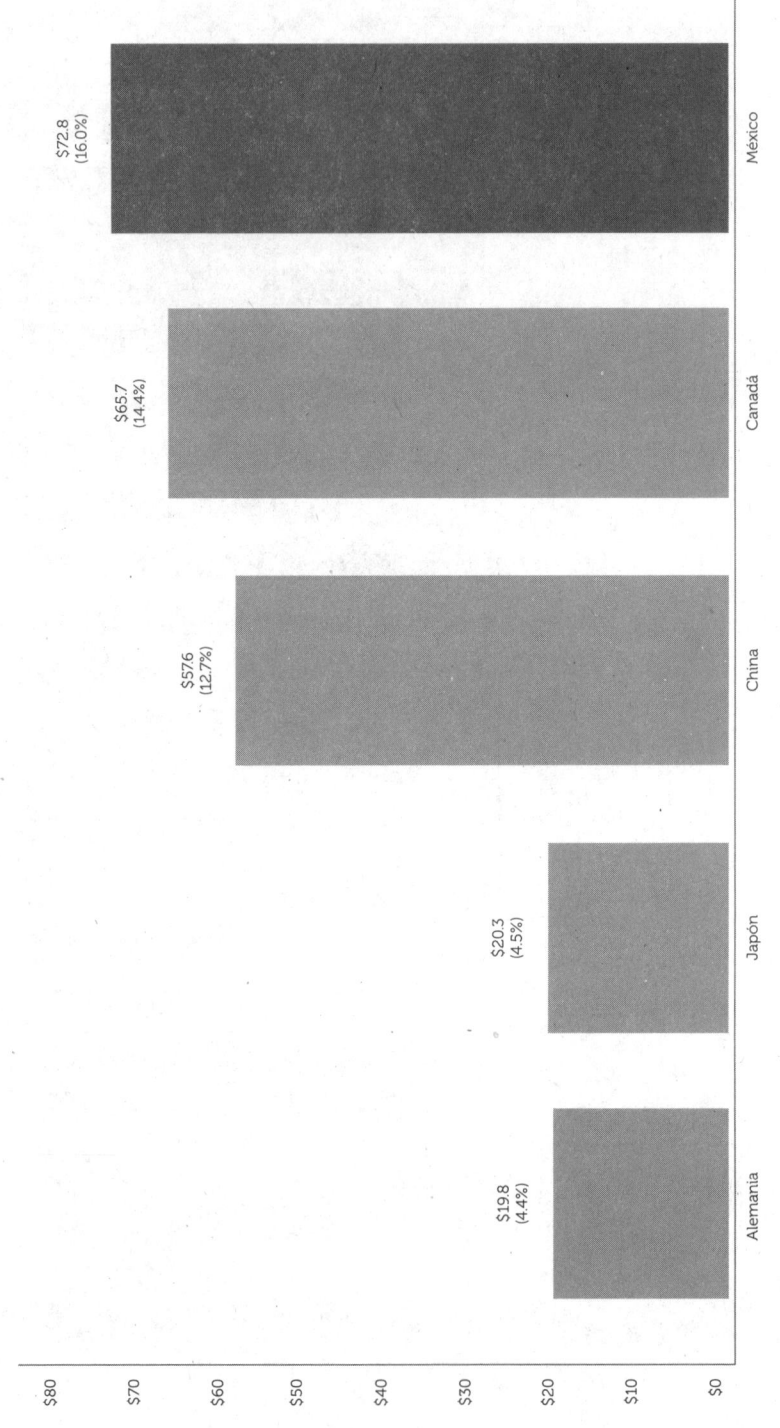

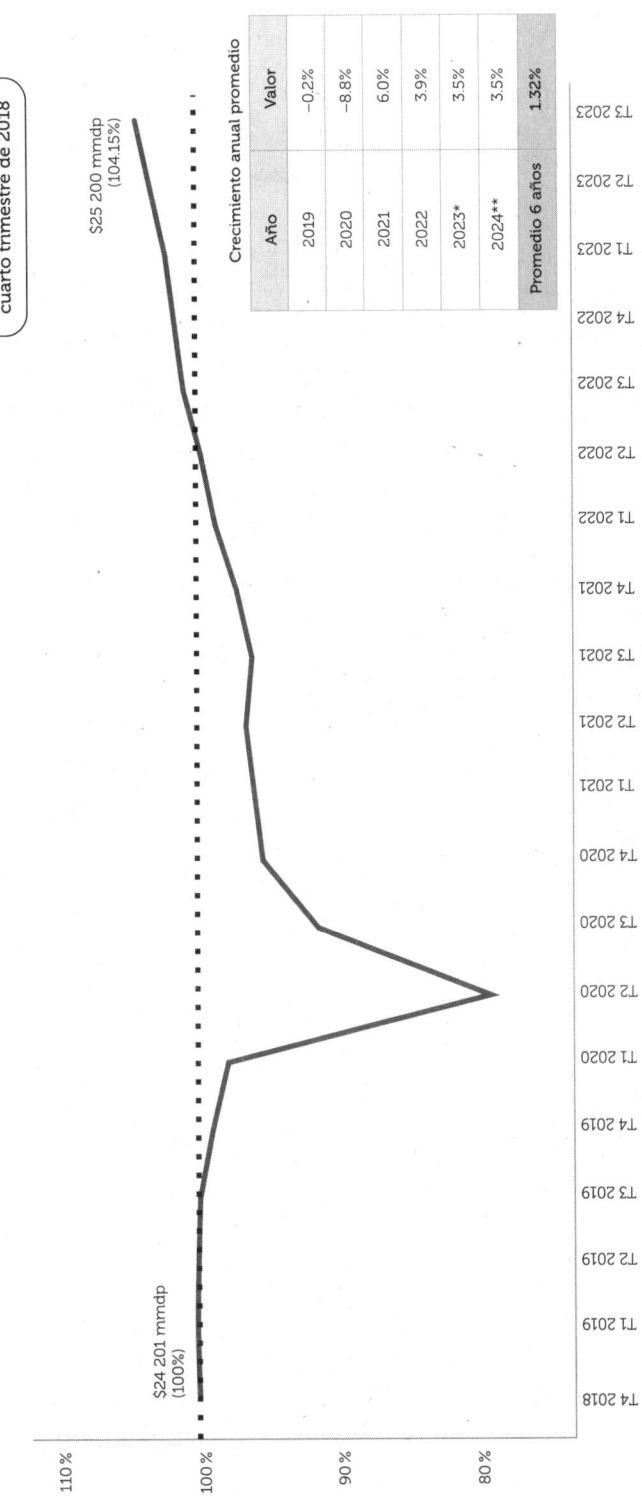

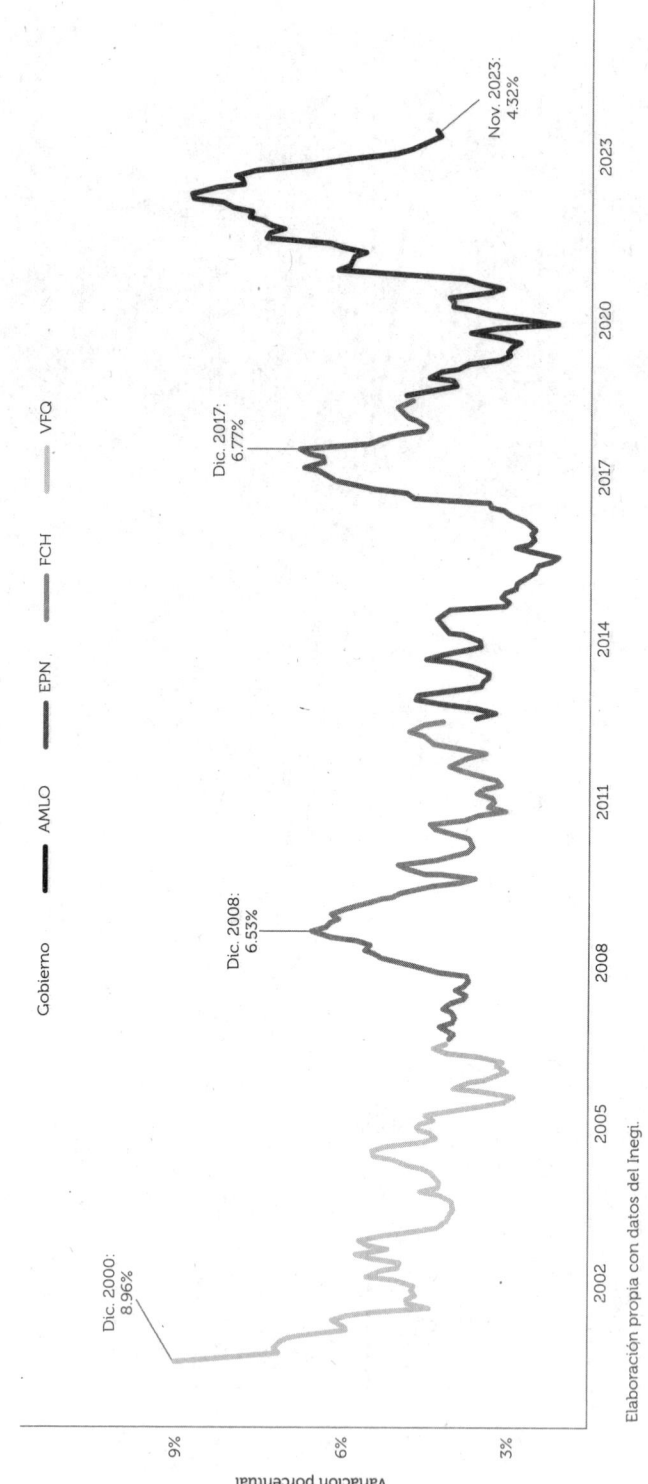

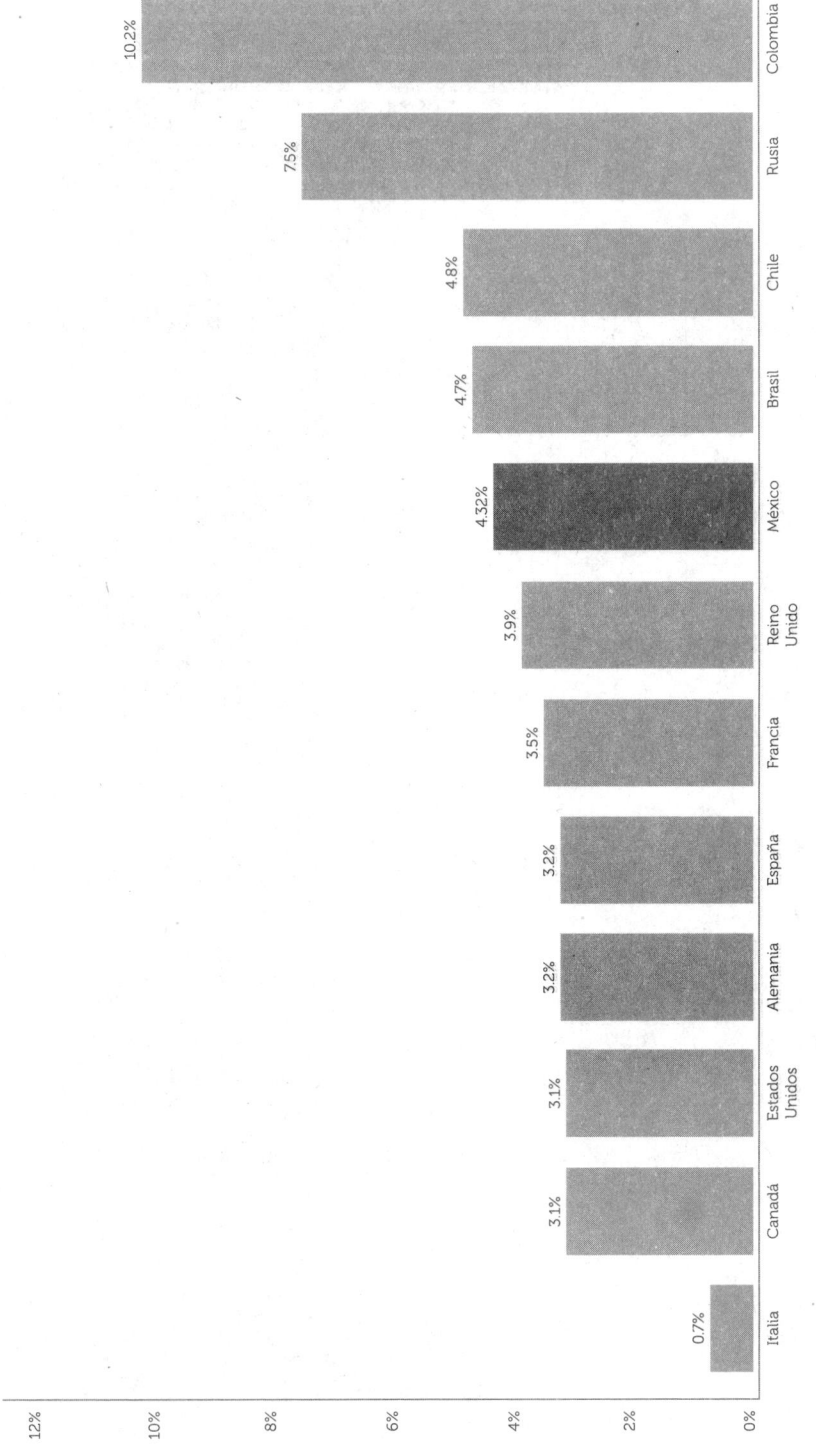

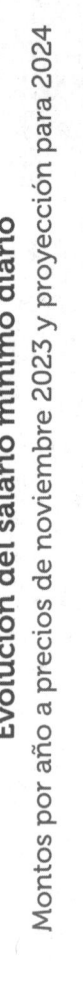

Evolución del salario mínimo diario

Montos por año a precios de noviembre 2023 y proyección para 2024

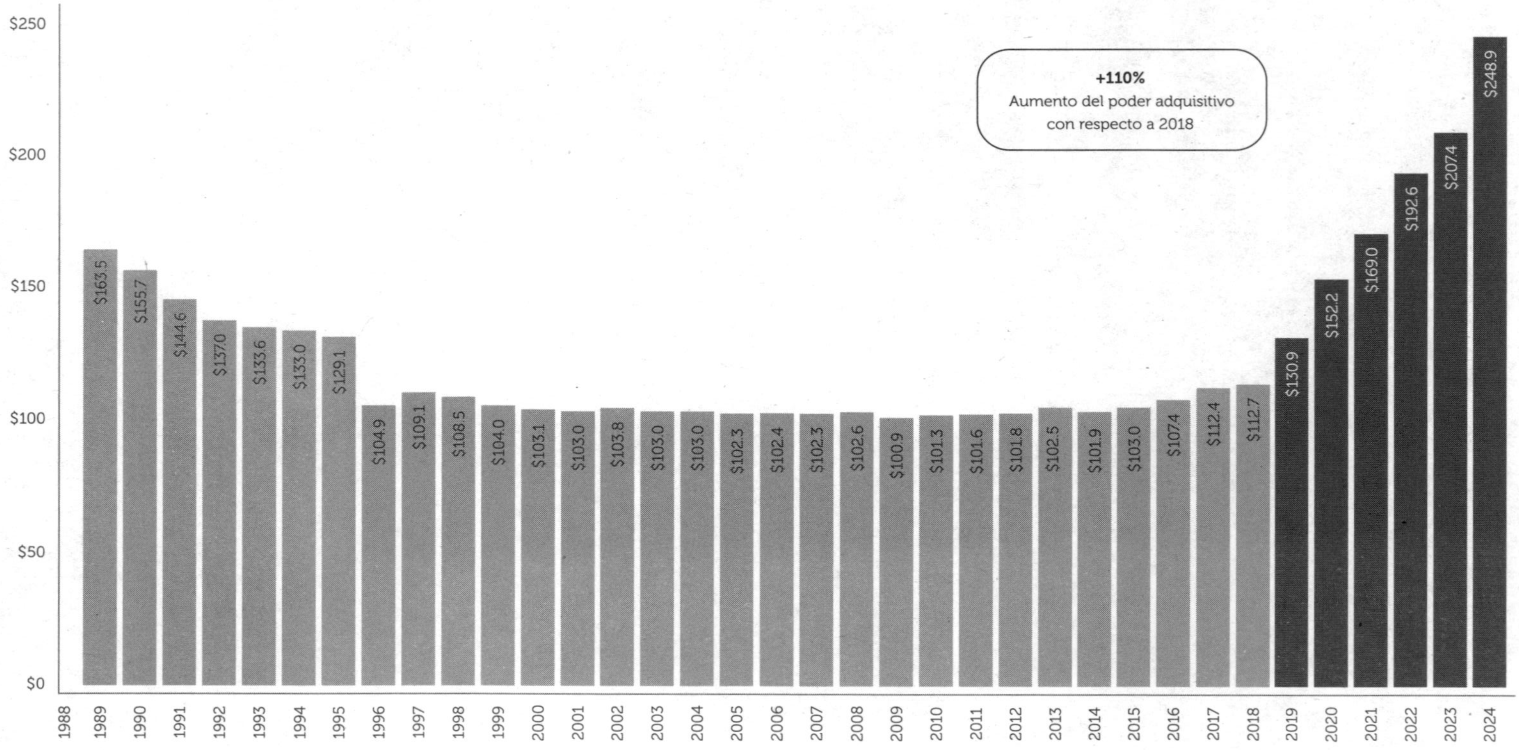

+110%
Aumento del poder adquisitivo con respecto a 2018

2024	$248.9
2023	$207.4
2022	$192.6
2021	$169.0
2020	$152.2
2019	$130.9
2018	$112.7
2017	$112.4
2016	$107.4
2015	$103.0
2014	$101.9
2013	$102.5
2012	$101.8
2011	$101.6
2010	$101.3
2009	$100.9
2008	$102.6
2007	$102.3
2006	$102.4
2005	$102.3
2004	$103.0
2003	$103.0
2002	$103.8
2001	$103.0
2000	$103.1
1999	$104.0
1998	$108.5
1997	$109.1
1996	$104.9
1995	$129.1
1994	$133.0
1993	$135.6
1992	$137.0
1991	$144.6
1990	$155.7
1989	$163.5
1988	

Elaboración propia con datos de la SHCP y Conasami.

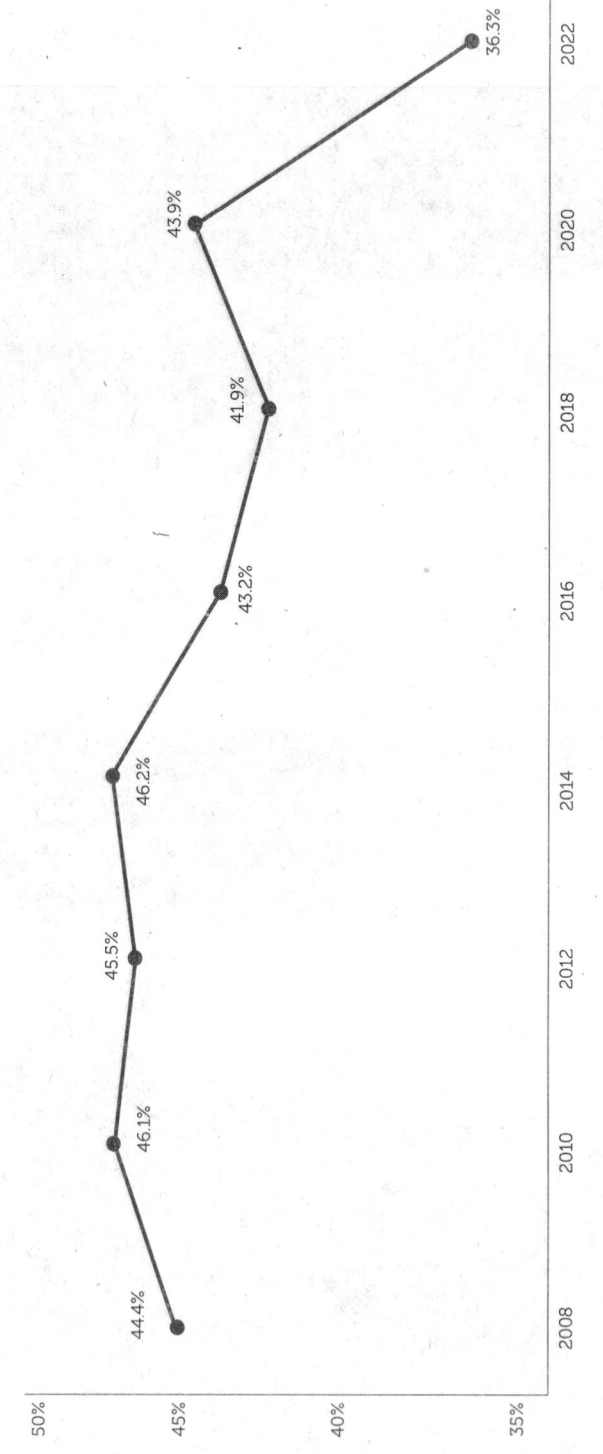

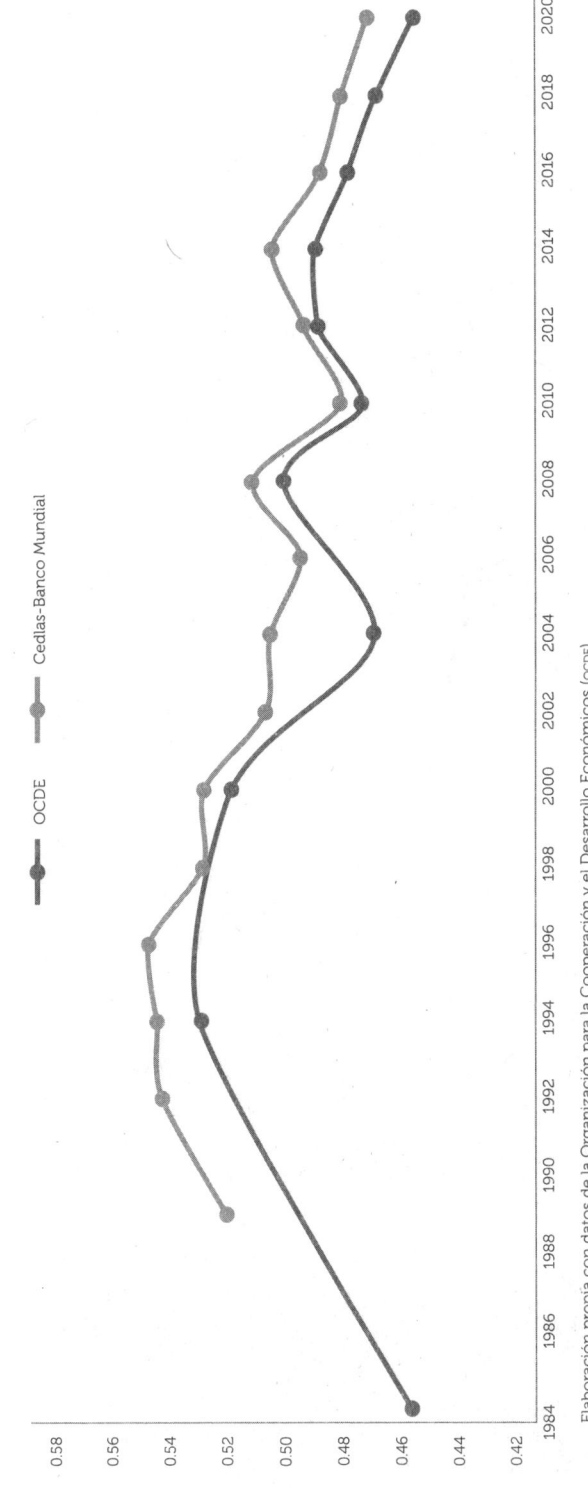

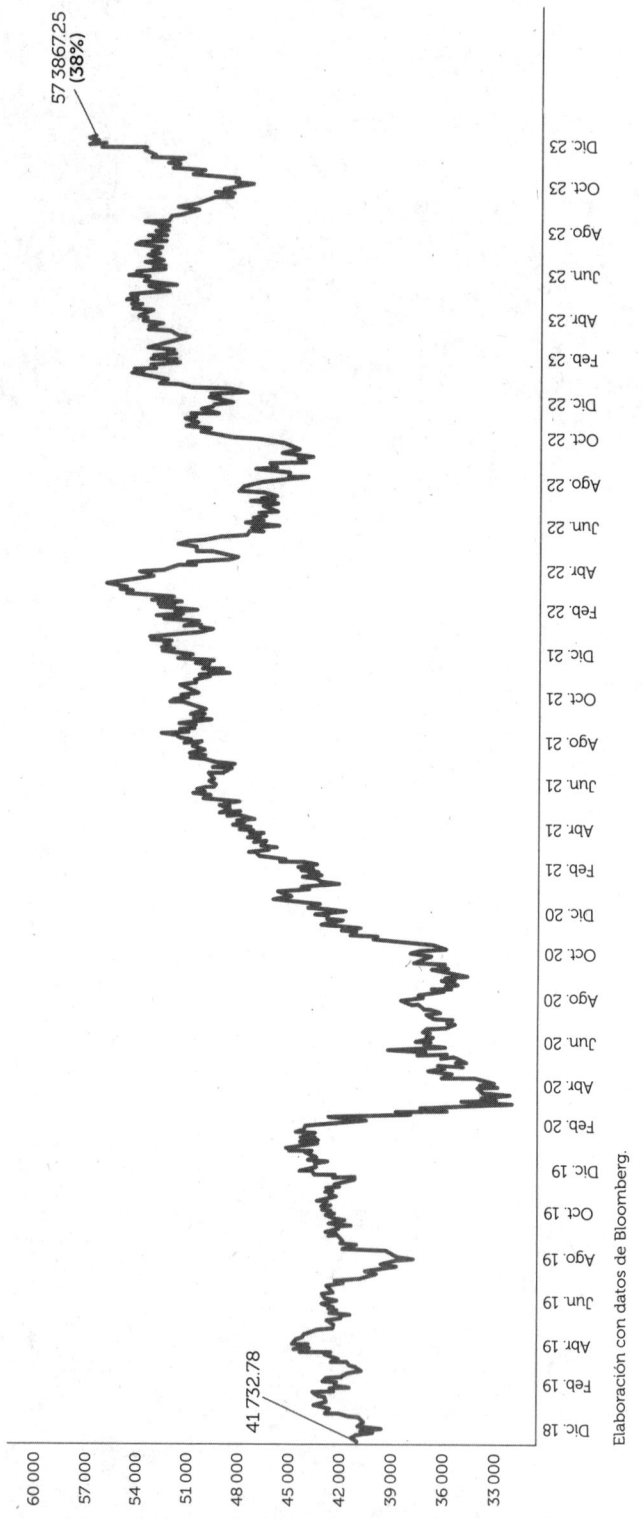

Comportamiento de la Bolsa Mexicana de Valores (BMV)
Valores del IPC (^MXX) del 30 de noviembre de 2018 al 29 de diciembre de 2023

Elaboración con datos de Bloomberg.

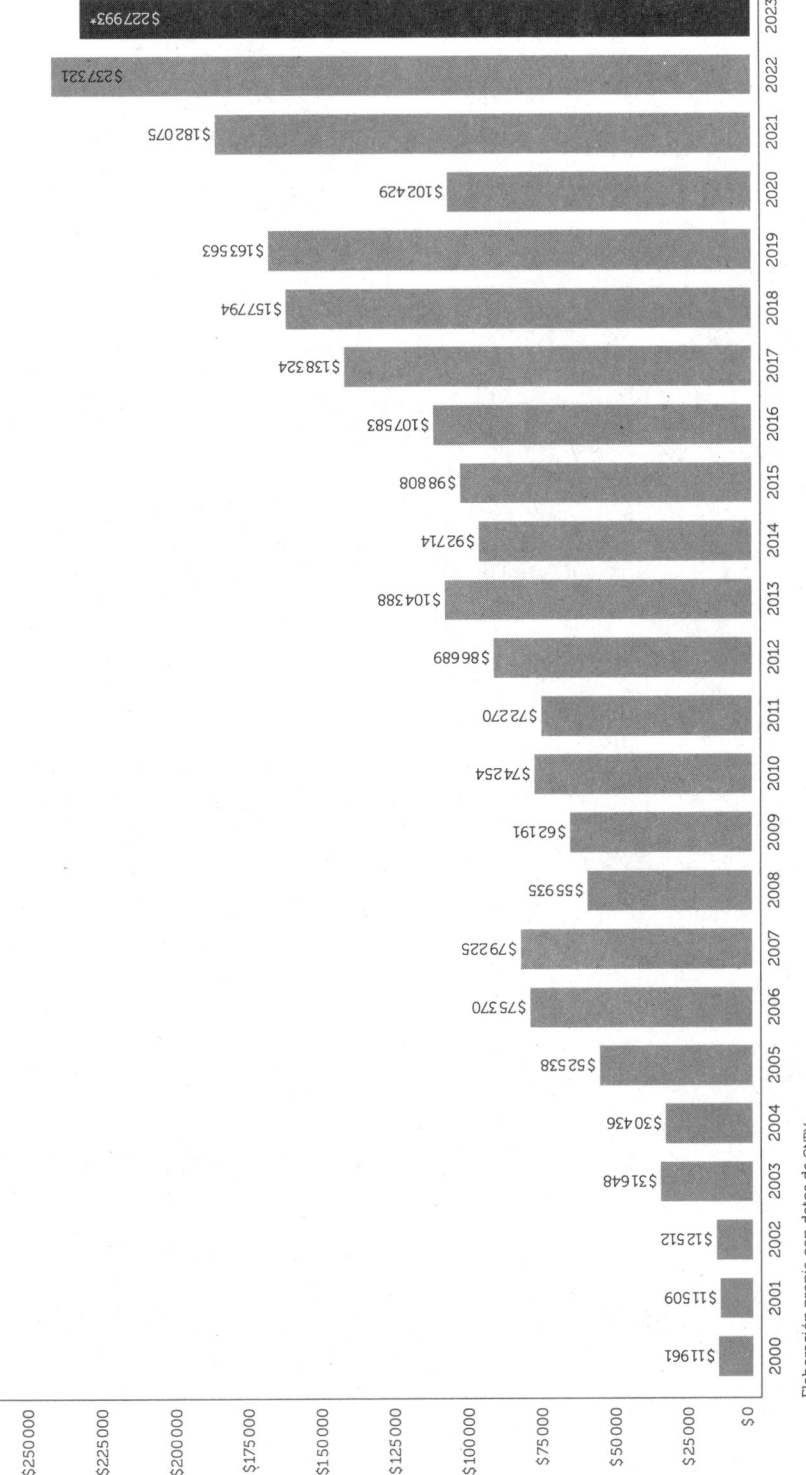

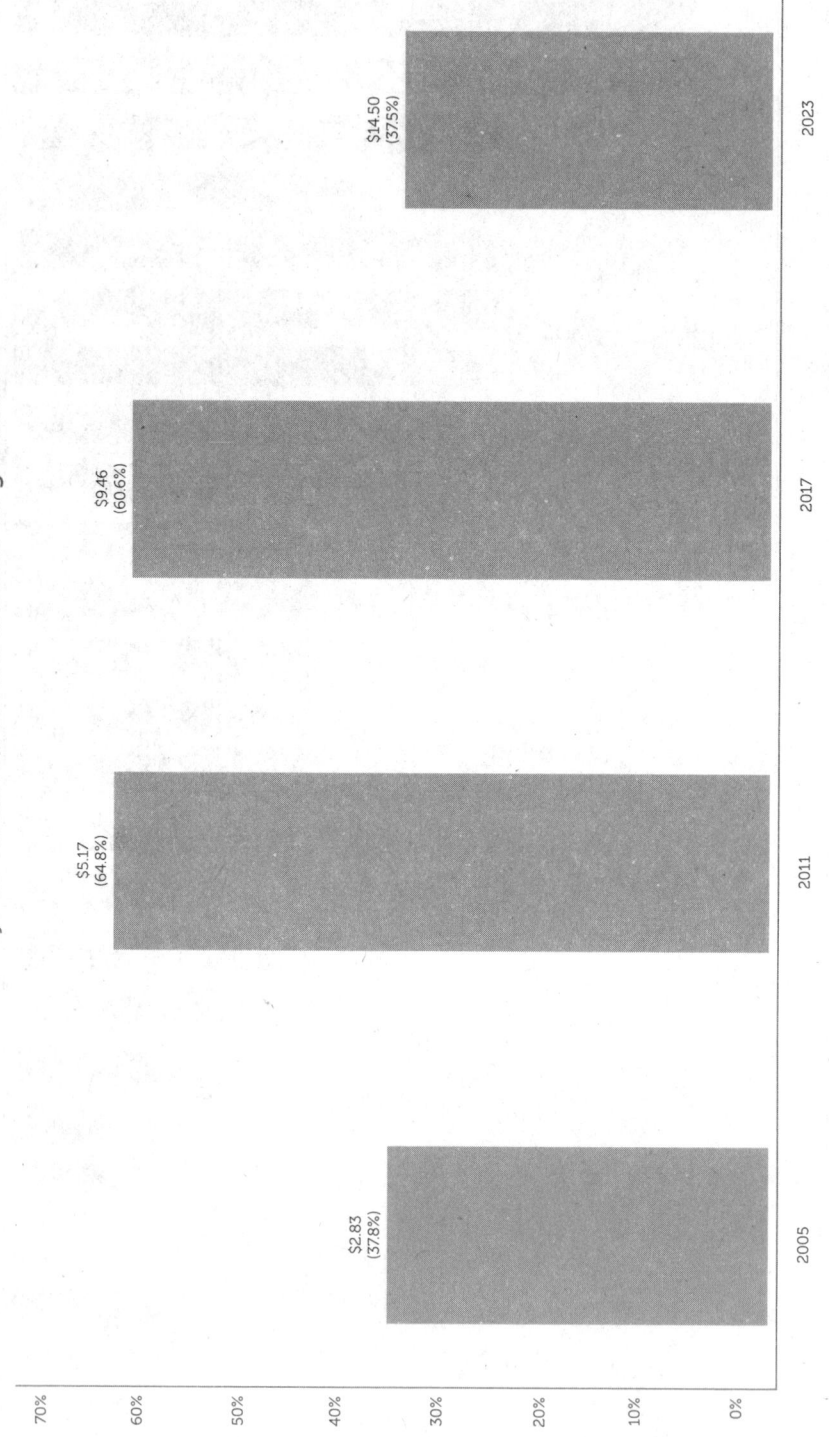

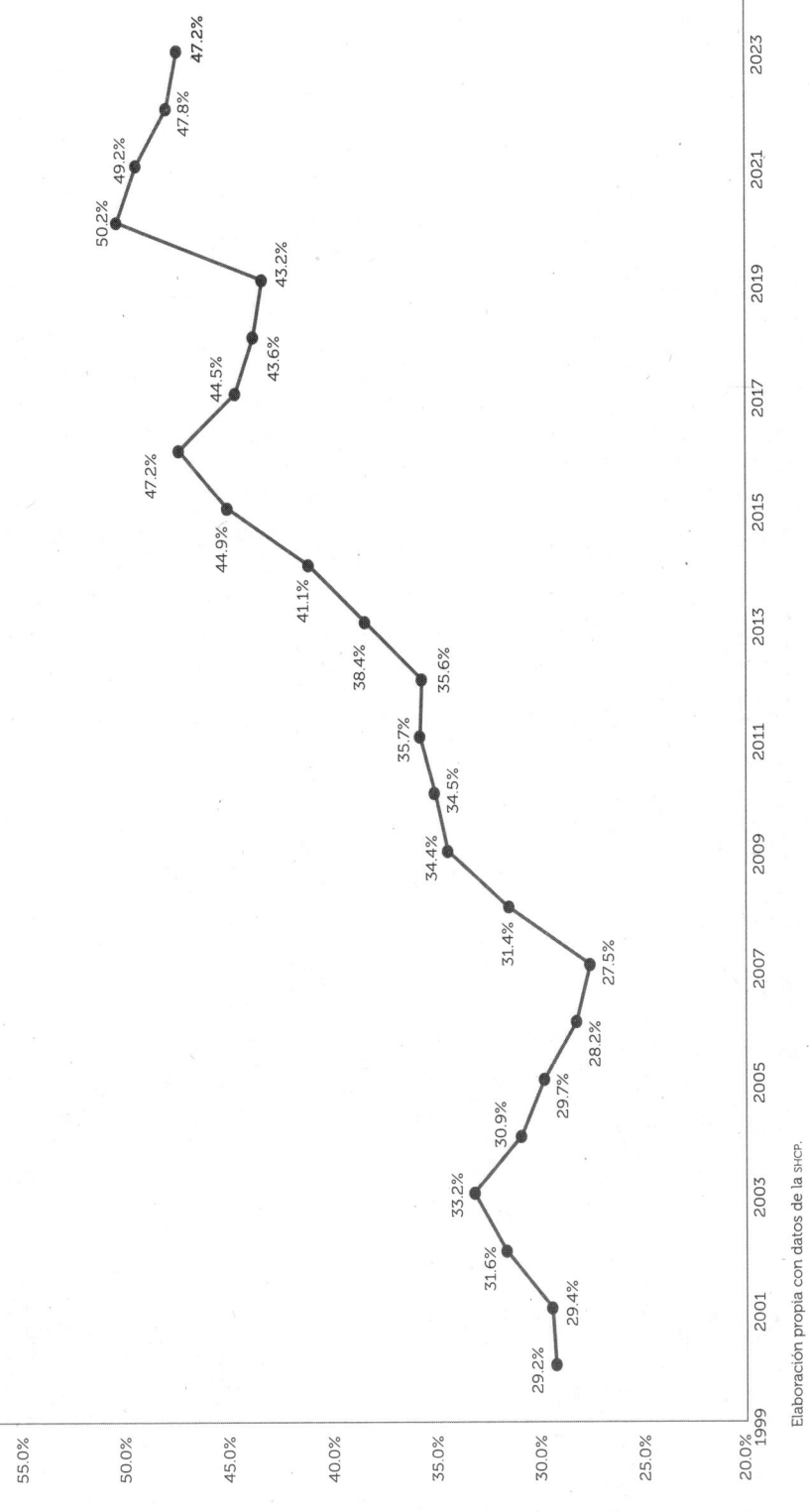

Reservas Internacionales del Banco de México
Millones de dólares

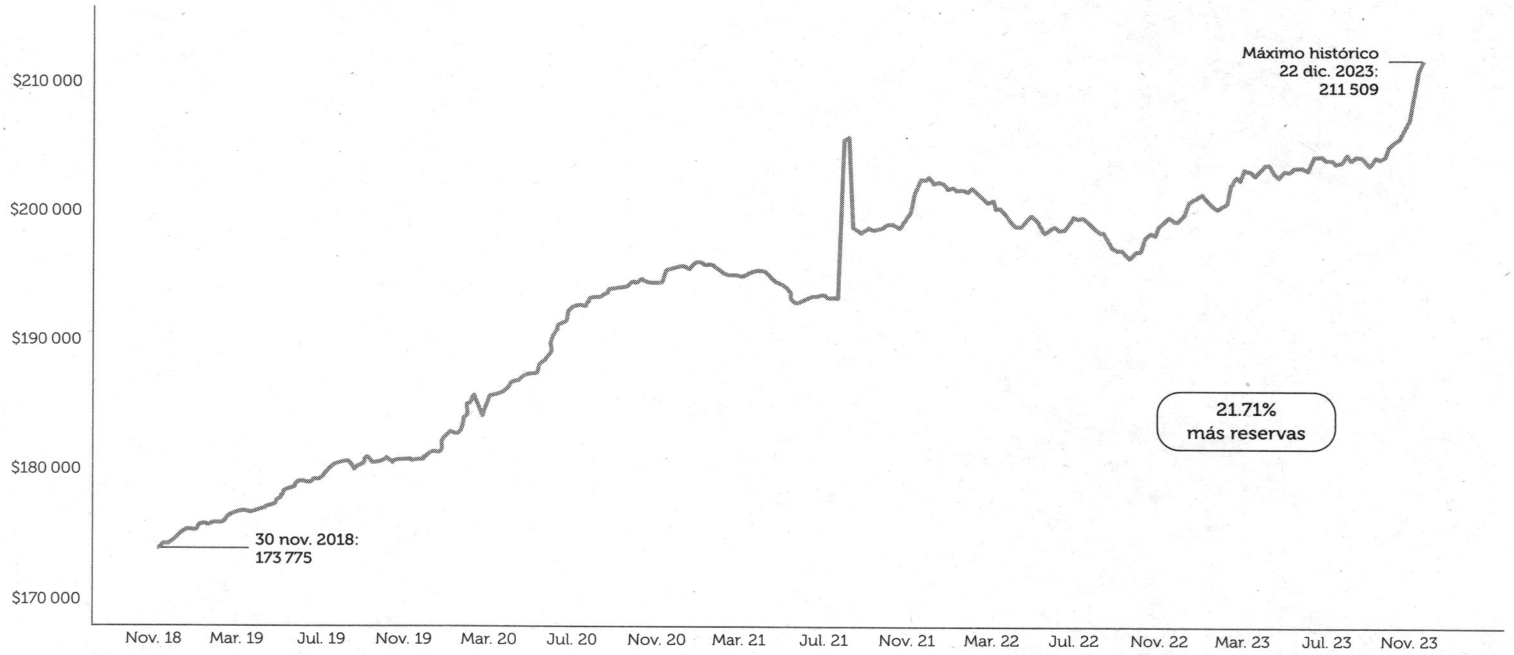

Máximo histórico
22 dic. 2023:
211 509

21.71%
más reservas

30 nov. 2018:
173 775

Elaboración con datos de Banxico.
Variación porcentual calculada con respecto a noviembre de 2018.

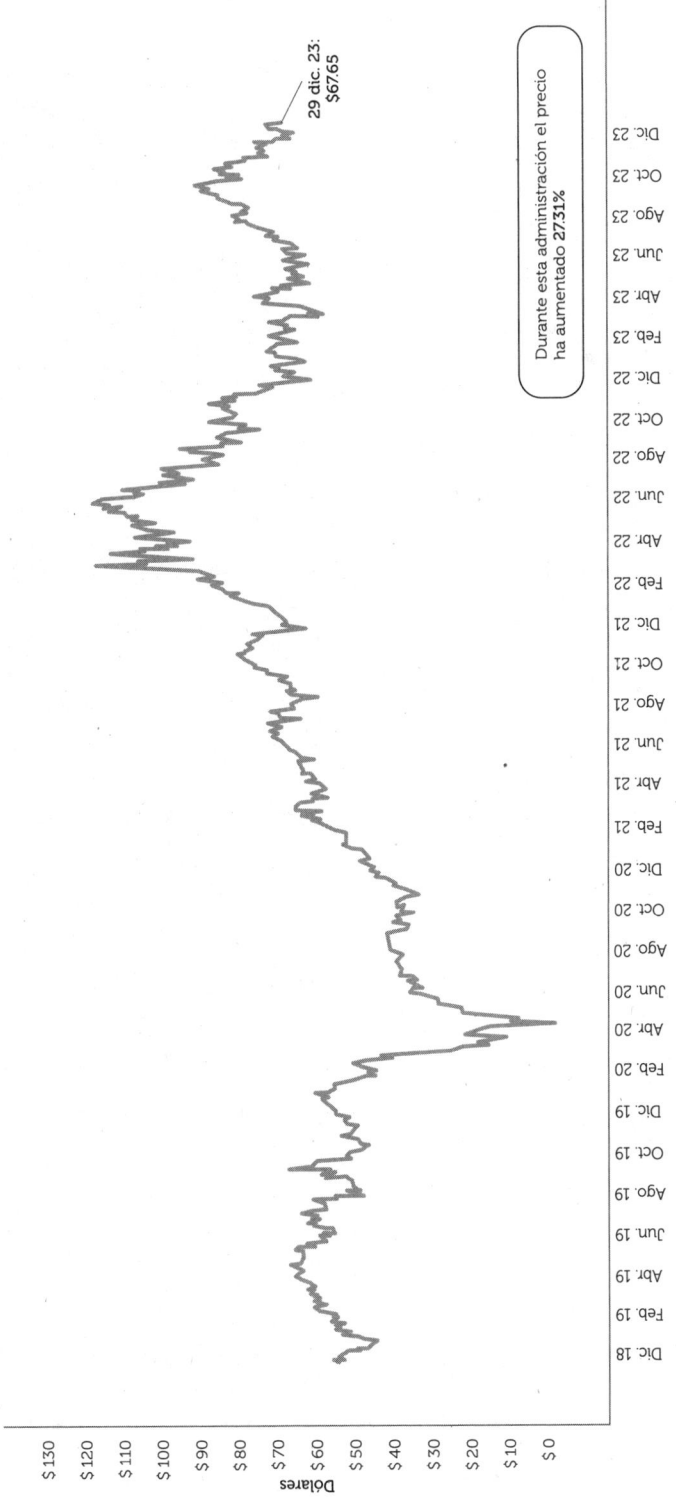

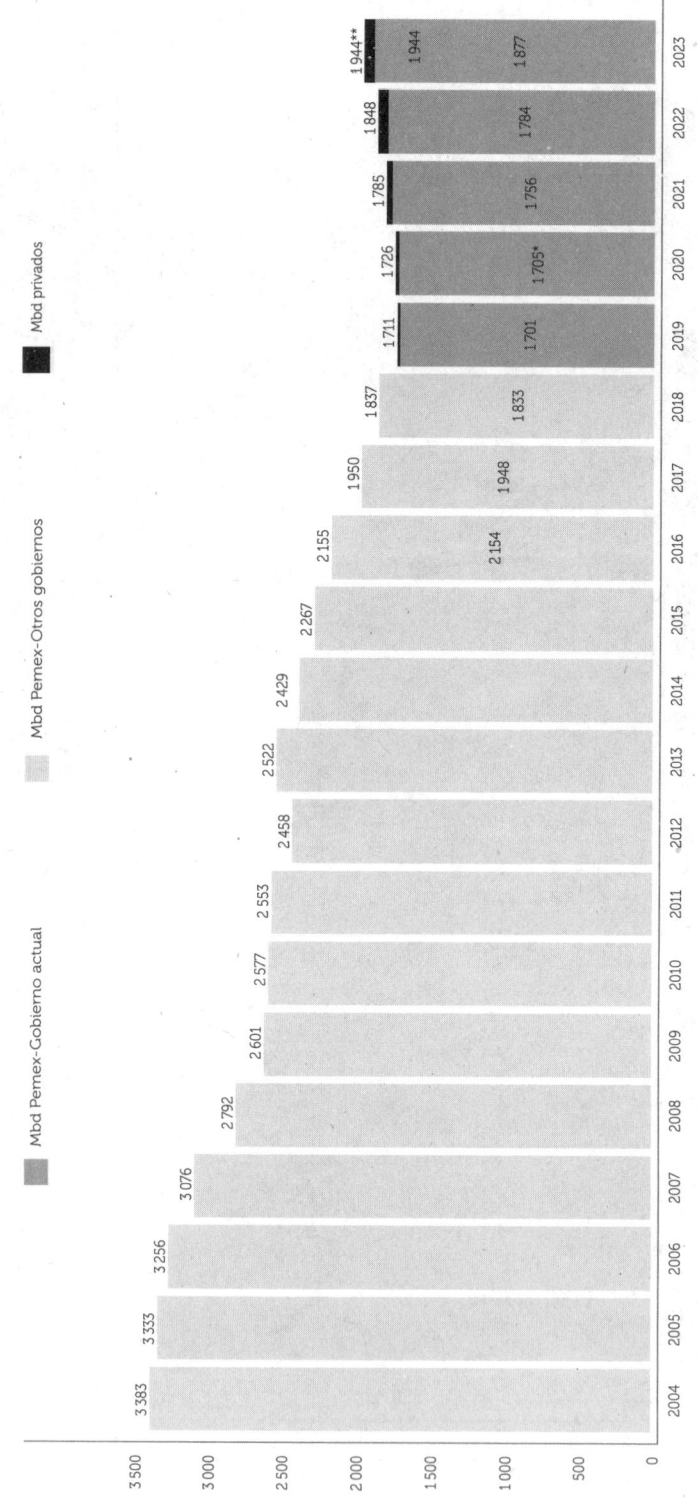

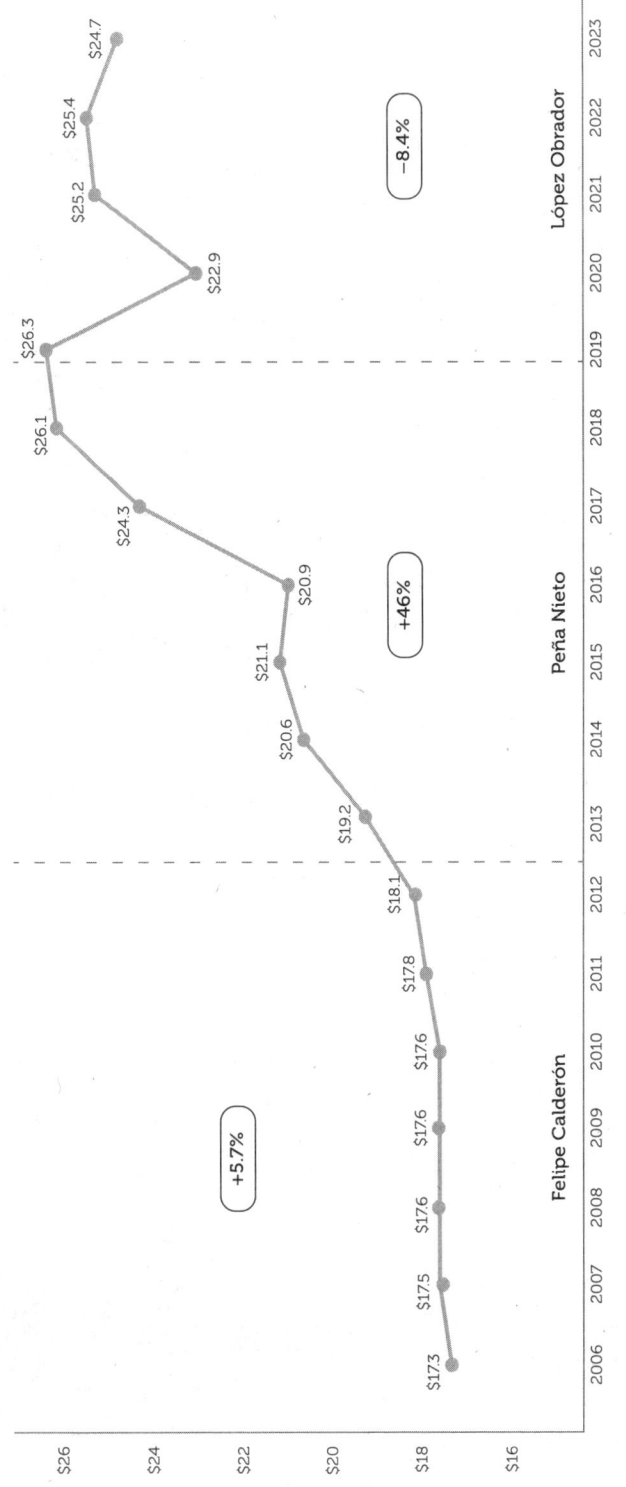

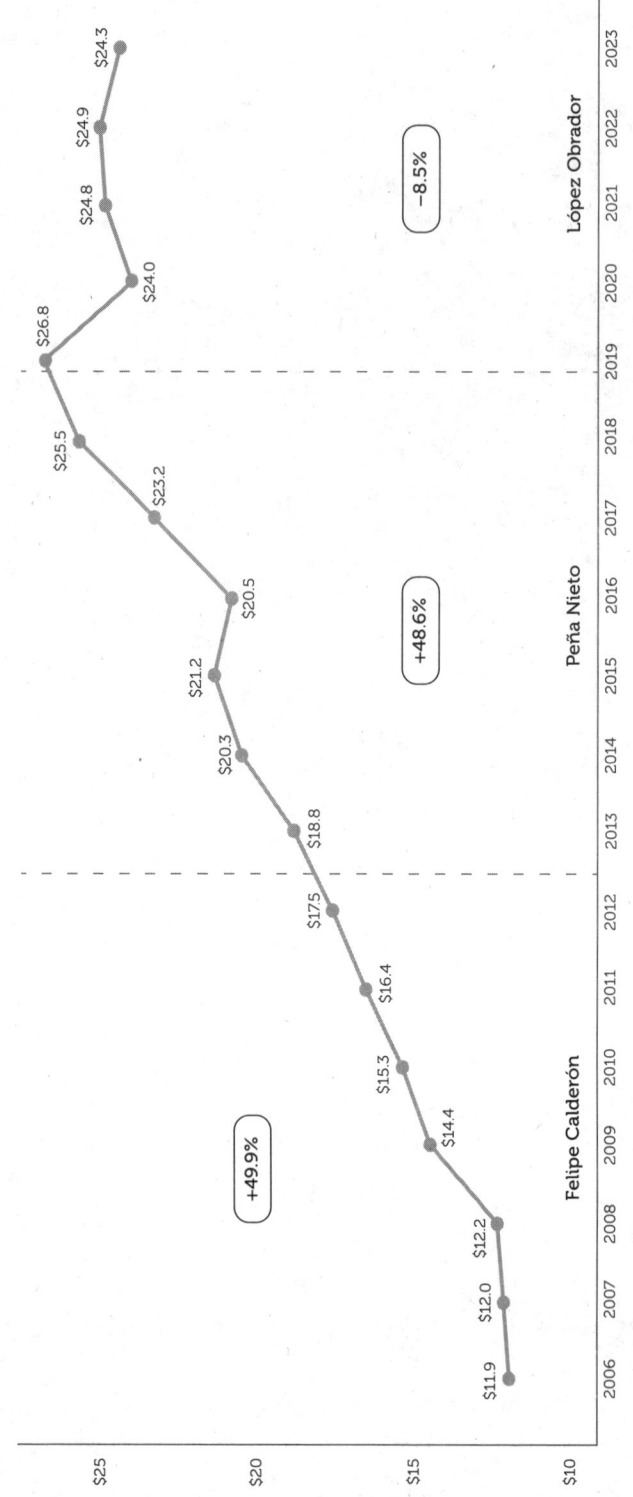

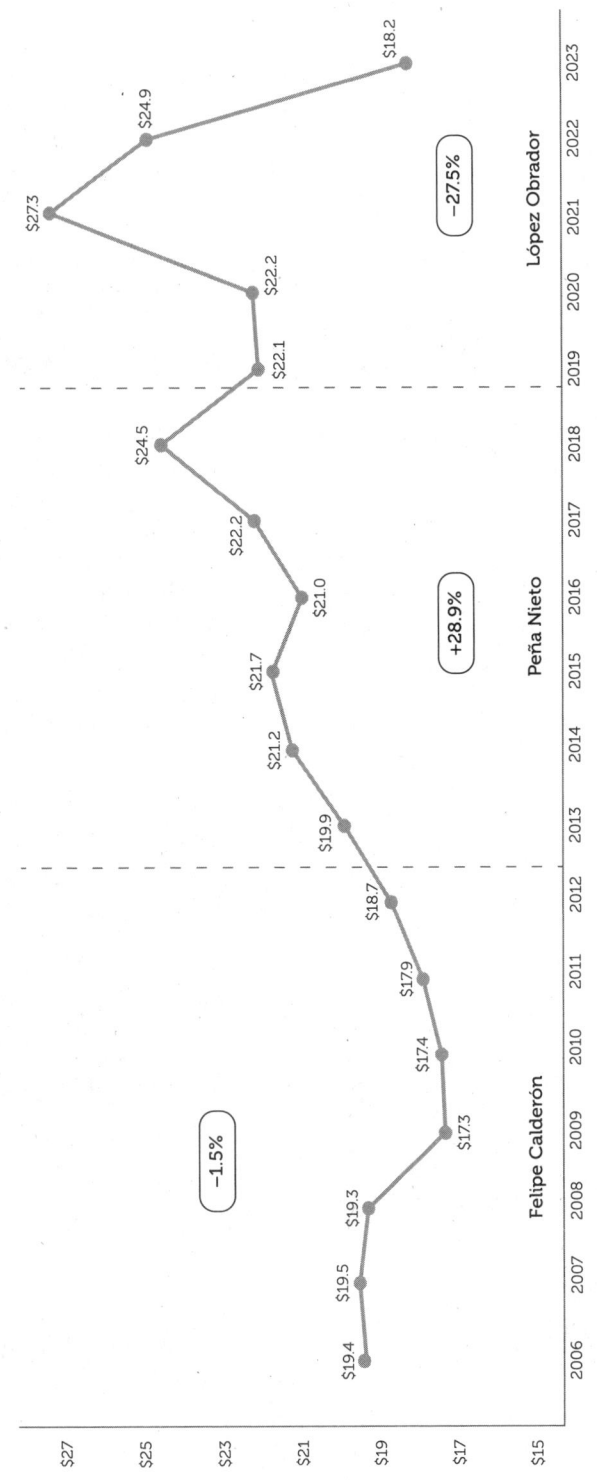

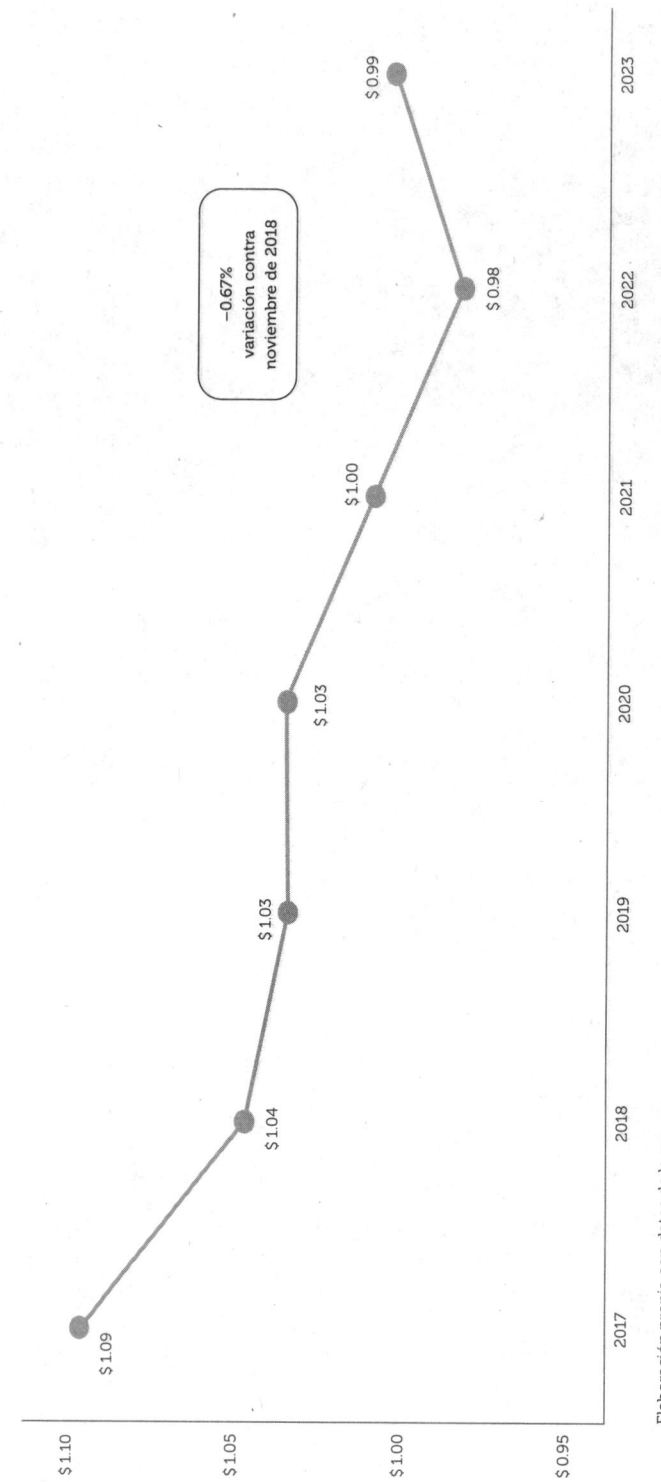

Evolución del precio de la tarifa doméstica de consumo básico (kWh)
Promedio anual a diciembre de 2023-precios de noviembre 2023

Luego de mucho tiempo sin destinar recursos a la inversión pública, ahora, con este financiamiento, hemos reactivado la industria de la construcción con el consecuente fortalecimiento del mercado interno y la creación de empleos. En 2018, cuando llegamos al Gobierno, la inversión pública fue de 500 000 millones de pesos; en 2023 sumó un billón de pesos, el doble.

Sin corrupción, con eficiencia y austeridad, el presupuesto nos ha alcanzado para la construcción de obras e impulsar el desarrollo del país: terminamos, están en proceso o estamos por concluir, 53 caminos rurales con 1 752 kilómetros y 417 caminos artesanales con una extensión total de 4 144 kilómetros, construidos con las manos de mujeres y hombres de las comunidades y de los pueblos del México profundo; construimos o estamos por terminar, carreteras libres de peaje que suman 1 056 kilómetros; destacan la inauguración de la carretera Oaxaca-Puerto Escondido; la de Oaxaca al Istmo y el circuito de Guadalajara-Tepic-Compostela. Desde el año pasado funciona el magno Aeropuerto Internacional Felipe Ángeles; rehabilitamos el de Chetumal, el de Tuxtla, y se da mantenimiento permanente al aeropuerto Benito Juárez de la Ciudad de México.

Ya entró en operación el nuevo Aeropuerto Internacional de Tulum «Felipe Carrillo Puerto», en Quintana Roo, así como el tramo del Tren Maya de Palenque a Cancún (892 kilómetros); estamos a punto de empezar a operar de Cancún a Escárcega, para terminar esta gran obra con 34 estaciones que comunicarán a 41 pueblos. Este emblemático tren permitirá transportar con rapidez y seguridad a pasajeros regionales; turistas nacionales y extranjeros por cinco estados del sureste, en una espléndida y mística región de bellas playas, selva tropical, flora y fauna nativa y majestuosas ciudades del México prehispánico. Hoy por hoy, esta obra de 1 554 kilómetros es la más importante del mundo; no solo en lo constructivo, sino también por su dimensión ecológica, turística y cultural. Estamos por iniciar la operación del ferrocarril de Palenque a Coatzacoalcos; ya inauguramos el tren de pasajeros, de este puerto al de Salina Cruz y estamos rehabilitando la vía y estaciones de Ixtepec a Ciudad Hidalgo, Chiapas, en los límites con Guatemala. Se modernizan los puertos de Coatzacoalcos, Veracruz; Salina Cruz, Oaxaca y Puerto Chiapas; también el de Guaymas, Sonora; en el Istmo hemos licitado seis de diez parques industriales de 300 hectáreas cada uno, con facilidades fiscales y suministro de agua, luz y gas para la instalación de empresas y creación de empleos.

Durante mi gobierno, y esto es un orgullo compartido con ustedes, no solo hemos rescatado a Pemex y a la Comisión Federal de Electricidad, sino que también han vuelto los trenes de pasajeros. Al final de mi mandato dejaremos cerca de 3 000 kilómetros de líneas férreas funcionando. Estamos por inaugurar el Tren Suburbano del Aeropuerto Felipe Ángeles hacia la estación de Buenavista del centro de la Ciudad de México. También entrará en operación el tren El Insurgente de Toluca a Observatorio; ya funciona la Línea 3 de Guadalajara; se trabaja en el tren de Tlajomulco, Jalisco y está por iniciar el proyecto del Metropolitano de Monterrey, Nuevo León. Estas dos últimas obras se realizan con aportaciones del presupuesto federal y de los Gobiernos de esos estados.

Antes de irnos lograremos la autosuficiencia energética. Ya paramos la caída de 15 años consecutivos en la producción de petróleo —que iba en picada—. Cuando asumimos la Presidencia solo se extraían 1 700 000 barriles diarios y de continuar con esa tendencia hoy estaríamos importando petróleo crudo del extranjero; ahora ya se producen 1 000 900 barriles diarios; las seis refinerías que heredamos han sido reparadas y recibido mantenimiento con una inversión de 70 000 millones de pesos; por ello, han aumentado su producción de 38 a 60%; la refinería Deer Park que compramos en Texas ya se pagó y procesa 340 000 barriles diarios; está funcionando la nueva refinería de Dos Bocas, produciendo 290 000 barriles diarios de combustibles.

Terminamos la planta coquizadora de Tula y en julio del 2024 se va a inaugurar la de Salina Cruz, ambas con una inversión de 6 500 millones de dólares y con una capacidad de convertir combustóleo en 160 000 barriles diarios de otros petrolíferos de mejor calidad y menos contaminantes. Es decir, el plan es que el año próximo no compremos gasolinas ni diésel en el extranjero y que se procese aquí todo el petróleo crudo para darle valor agregado a nuestra materia prima, mantener precios bajos en los combustibles en beneficio de los consumidores y lo más importante: ser cada vez más libres, más independientes, más soberanos.

El programa de ampliación de la Comisión Federal de Electricidad incluye la construcción de 12 plantas de ciclo combinado, una central solar y la modernización de veinte hidroeléctricas, con una inversión de 9 500 millones de dólares; así, la CFE ha pasado de producir 38% de la demanda nacional a 51%, porque compramos 13 plantas de generación de energía eléctrica a la empresa española Iberdrola en 6 000 millones de dólares, con lo cual se llevó a cabo una nueva nacionalización de la industria eléctrica; esto nos permitirá —que se oiga bien y que se oiga lejos— que a finales de 2024 la Comisión Federal de Electricidad, empresa pública que neoporfiristas y corruptos estaban empeñados en destruir, quedará fortalecida con una capacidad de generación de energía eléctrica de 60% del total del consumo nacional, garantizando este servicio a todos los hogares de México sin que ello signifique un incremento de las tarifas en términos reales.

También hemos avanzado en el objetivo de alcanzar la autosuficiencia alimentaria con el propósito de producir en México lo que consumimos, en especial, los alimentos básicos. Con este objetivo terminamos de construir la presa de Santa María, en el municipio del Rosario, Sinaloa. Dejaremos en operación cuatro distritos de riego, en Sonora, Sinaloa y Nayarit, para aumentar las tierras de riego en

100 000 nuevas hectáreas. Un dato: en todo el periodo neoliberal, es decir, desde Miguel de la Madrid hasta Enrique Peña Nieto, solo se introdujo riego en 22 066 hectáreas, casi cinco veces menos que lo que realizaremos en nuestro gobierno.

También terminamos los acueductos de la presa Picachos a Mazatlán; el Cuchillo II, en Monterrey, para agua potable en Nuevo León; en Macuspana, Tabasco; y en Calakmul, Campeche. De igual forma, antes de concluir nuestro gobierno estarán funcionando el de Zapotillo a Guadalajara; el de los pueblos Yaquis; el de Concordia, Sinaloa; y el denominado Agua Saludable para la Laguna, en beneficio de nueve municipios de Durango y Coahuila.

El presupuesto nos ha alcanzado para otorgar apoyos económicos directos a 2 000 000 de pequeños productores agrícolas; a 200 000 pescadores. Estamos entregando de manera gratuita 1 000 000 de toneladas de fertilizantes por año a todos los pequeños y medianos productores del país; continuamos manteniendo precios de garantía para el maíz, el frijol, el trigo harinero y la leche; compramos a productores pequeños y medianos, a precios justos, 2 000 000 de toneladas de maíz, 10 000 toneladas de frijol, 22 000 toneladas de trigo y 277 000 000 de litros de leche. Asimismo, continuamos distribuyendo en tiendas Diconsa y lecherías de Liconsa alimentos y mercancías a precios bajos en comunidades y colonias populares.

Agradezco el apoyo de los directivos de las grandes tiendas departamentales, como Walmart, Soriana y Chedraui, con quienes nos pusimos en contacto para contener los precios de la canasta básica, los cuales se incrementaron a raíz de la guerra entre Rusia y Ucrania; ellos aceptaron vender una canasta básica de 24 productos en 1 039 pesos y han mantenido, e incluso disminuido, ese precio, con lo cual nos han ayudado a que la inflación vaya a la baja.

Sembrando Vida es el mejor programa de reforestación del mundo. Con él se beneficia a 445 000 comuneros, ejidatarios y pequeños propietarios que cultivan sus parcelas con árboles frutales y maderables; ya son 1 118 000 hectáreas sembradas con 1 084 000 000 de árboles, con una inversión anual de 37 000 millones de pesos; todos estos apoyos han significado que en nuestro gobierno la producción de alimentos (agrícolas, ganaderos, pesqueros) pasó de 286 000 000 de toneladas en 2018 a 297 600 000 toneladas en 2022, y se estima que en el 2023, llegará a 301 300 000 toneladas; es decir, vamos a seguir produciendo cada vez más en el medio rural y con una gran satisfacción que posiblemente haga la diferencia: ahora están comiendo los que nos dan de comer.

•••

Como se acabó el bandidaje oficial y el despilfarro, ahora el presupuesto nos alcanza para entregar pensiones a 12 101 000 adultos mayores. Esas pensiones son ya derecho constitucional, de modo que perdurará independientemente de quiénes gobiernen. Desde enero de este año, la pensión aumentó en 25%; ahora es de 6 000 pesos bimestrales. También se otorgan apoyos a 1 482 000 niñas, niños y jóvenes con discapacidad en todo el país. Gracias a convenios entre la federación y los Gobiernos locales, esa pensión es ya universal en 22 entidades: Baja California, Baja California Sur, Campeche, Chiapas, Colima, Ciudad de México, Estado de México, Guerrero, Hidalgo, Michoacán, Morelos, Nayarit, Oaxaca, Puebla, Quintana Roo, San Luis Potosí, Sinaloa, Sonora, Tlaxcala, Tamaulipas, Veracruz y Zacatecas; establecimos con estos estados un convenio en virtud del cual el Gobierno federal aporta 50% y el local, la otra mitad. Asimismo, hemos seguido entregando pensiones a 240 000 hijas e hijos de madres solteras.

Es motivo de orgullo que a los jóvenes, antes calificados de manera despectiva como ninis (que ni estudian ni trabajan), ahora se les ofrece la oportunidad de trabajar durante un año como aprendices en talleres, restaurantes, tiendas, empresas y otras actividades productivas; mientras se capacitan reciben el equivalente a un salario mínimo. Agrego que hasta hoy han pasado por el programa de Jóvenes Construyendo el Futuro, 2 853 561 muchachos y muchachas; la mitad han sido contratados de forma definitiva en las empresas, talleres o en las organizaciones en las que se capacitaron. Un dato: en los cinco sexenios anteriores se destinó a los jóvenes 6 700 millones de pesos; en el nuestro, en cinco años se han invertido solo en este programa 111 000 millones de pesos.

Asimismo, es muy satisfactorio poder informar que estamos otorgando 12 000 000 de becas, cada año, desde preescolar hasta posgrado, con una inversión histórica de 84 000 millones de pesos en 2023, y un total de 362 000 millones de pesos de 2019 a 2023. Además, en 2024, las becas de preescolar, primaria y secundaria pasarán de 5 660 000 a 7 600 000, beneficiando a todos los estudiantes de las localidades de alta y muy alta marginación. También hemos entregado presupuesto público a sociedades de madres y padres de familia para el mantenimiento de 132 000 escuelas públicas. Están funcionando 200 universidades públicas del sistema Benito Juárez, ubicadas en regiones marginadas de 31 estados, con 1 503 maestros y maestras y 59 186 alumnos. Se concluyeron los nuevos contenidos de los libros de texto gratuito con fundamentos científicos y con dimensión humanista. Ya se entregaron 150 000 000 de ejemplares de libros de texto de preescolar, primaria y secundaria, así como 1 226 800 libros de guías para maestras y maestros. Hemos basificado a 907 000 trabajadores de la educación y se aumentaron los salarios de las maestras y de los maestros; ningún educador gana ahora menos de 16 000 pesos mensuales.

Estamos comprometidos en convertir en realidad el derecho a la salud. Ya está en proceso el Plan IMSS-Bienestar para garantizar sin distingos, atención de calidad con médicos generales, enfermeras, especialistas, medicamentos, estudios e intervenciones quirúrgicas, todo ello de manera gratuita. Vamos a cumplir el compromiso de basificar a todos los trabajadores del sector salud. Estamos contratando a médicos jubilados del IMSS y de otras instituciones y agradecemos de todo corazón al pueblo y al Gobierno hermano de Cuba porque nos han enviado 797 médicos especialistas. Hoy el abasto de medicamentos es de 97% en 23 estados donde ya se ha federalizado el sistema de salud. Seguimos equipando hospitales y pronto contaremos con todo el personal médico para atender a pacientes 24 horas al día y 365 días al año. Antes de que termine mi mandato, el sistema de salud pública va a ser uno de los mejores del mundo.

Hemos puesto siempre la salud del pueblo por encima de los intereses mercantiles; tenemos una campaña permanente contra el consumo de drogas; seguiremos impidiendo la venta de vapeadores; no hemos permitido la importación del maíz transgénico ni la explotación energética mediante el *fracking*; no hemos otorgado ninguna concesión para explotar minas a cielo abierto y cuidamos el medio ambiente; en las obras del Tren Maya, por ejemplo, se han construido 464 pasos de fauna, algo que nunca se había hecho en el país.

Seguimos recuperando piezas arqueológicas robadas o trasladadas al extranjero. Se han rescatado documentos históricos, archivos y bibliotecas. La labor editorial continúa su marcha: solo el Fondo de Cultura Económica ha producido 15 650 000 libros y agradezco a quienes organizan y llevan a cabo los Fandangos por la Lectura, entre otros y otras, a Beatriz, mi esposa y compañera. Un distintivo excepcional del fomento al arte y a la cultura ha sido la formación de miles de niñas y niños que integran los Semilleros Creativos. Se trata de jóvenes de las distintas regiones del país que reciben conocimientos de grandes maestras y maestros, sobre danza, pintura, música y otras disciplinas que exponen en plazas públicas y teatros al aire libre.

Aquí destaco el rescate del lago de Texcoco y la recuperación para beneficio colectivo de los bellos terrenos de Fonatur ubicados en sierras y costas del país. Agrego que durante nuestra administración se ha logrado el aumento de 32 kilómetros de playas públicas, y en el último año aumentaremos 50 kilómetros más que tenía el Fonatur. Destaco la ampliación del área protegida en Calakmul, que ahora llega a 1 500 000 hectáreas y que es la reserva de flora y fauna tropical más grande en el continente, después del Amazonas. Hemos declarado 21 áreas naturales protegidas (ANP) en 767 000 hectáreas de reservas naturales y están en proceso 22 ANP más para sumar 4 000 000 de hectáreas en total en esta administración, con lo cual superaremos lo dispuesto y ejecutado en el sexenio del general Lázaro Cárdenas. También fomentamos el deporte, apoyando con becas a nuestros atletas; por cierto, ocuparon el primer lugar en 2023 en los Juegos Centroamericanos y el tercer lugar en los recientes Juegos Panamericanos celebrados en Chile. Asimismo, la Selección Mexicana de Beisbol ocupó el tercer sitio en el campeonato mundial de ese deporte, solo superada por Estados Unidos y Japón. También hemos apoyado siete escuelas de formación de jóvenes en actividades deportivas: funcionan una de atletismo, otra de box y cinco de beisbol.

∴

Las políticas de desarrollo urbano y de vivienda durante esta administración merecen destacarse por su amplitud y contraste con lo hecho en el pasado. Se han construido más de 1 000 obras de infraestructura y espacio público en las colonias más populares y marginadas —en más de 160 municipios de 26 entidades federativas— que van desde malecones, parques, plazas públicas, centros culturales, comunitarios y de salud, escuelas, mercados y espacios deportivos hasta drenajes y pavimentación de calles. Asimismo, se ha seguido una política de construcción de vivienda social para la gente más necesitada y se han producido instrumentos de planeación fundamentales para que el crecimiento urbano sea más ordenado y beneficie a los sectores más desfavorecidos.

Hemos trabajado para mejorar las condiciones de comunidades afectadas por los sismos del 7 y el 19 de septiembre de 2017, y el del 19 de septiembre de 2018. Rehabilitamos 63 000 viviendas, 171 centros de salud, más de 5 700 escuelas, y 2 972 templos, sitios y bienes, con una inversión mayor a 35 500 millones de pesos.

Una estrategia fundamental ha sido impulsar la autoproducción de vivienda, reconociendo que la mayoría de los hogares en México se han construido así. Por eso se establecieron apoyos directos, sin intermediarios, para que las familias puedan construir, ampliar o mejorar sus viviendas por su cuenta, con acceso a asistencia técnica. Hasta la fecha hemos entregado recursos en efectivo, no créditos, para construir, ampliar o reconstruir viviendas de 372 000 familias pobres. Otro cambio de suma importancia es que el Infonavit ha logrado recuperar su vocación social. A partir de una reforma legal de gran calado, se reconoció el derecho de los trabajadores a recibir créditos más baratos y flexibles para lo que más les convenga: adquirir un terreno, hacer una mejora o ampliación a su vivienda, construir en un espacio propio o refinanciar créditos pasados otorgados tanto por el Instituto como por las instituciones bancarias. Además, ahora pueden solicitar más de un solo crédito; convertir créditos vigentes a pesos para desvincularlos del salario mínimo o la inflación y evitar aumentos anuales.

Disminuimos las tasas de interés, hemos reducido deudas impagables y aumentado la edad máxima para solicitar apoyos. En relación con las tasas, ahora el Infonavit puede prestar hasta 3% a quienes ganan menos y tiene una tasa promedio de 8.3%, mucho menor a la tasa promedio bancaria, 11.3%, e incluso a la tasa mínima de cualquier banco. Más aun, se permite la liquidación anticipada de créditos de administraciones anteriores y se detuvieron los juicios masivos, los desalojos y las subastas de vivienda recuperada, promoviendo en todo momento la mediación como una alternativa posible. En suma, en cinco años, el Infonavit ha otorgado 2 300 000 nuevos créditos para vivienda, terrenos o mejoramientos y ha reestructurado un total de 4 800 000 créditos anteriores para aligerar la deuda de las familias. En conjunto, esta cifra representa un aumento de 25% de las acciones hechas en el mismo periodo del sexenio pasado.

El Fovissste, por su parte, ha procurado un sistema de financiamiento con esquemas crediticios más accesibles y competitivos para las y los trabajadores del Estado. Así, a diciembre de 2023 había beneficiado a más de 237 000 familias con una inversión de 180 000 millones de pesos. A diciembre de 2023, la Sociedad Hipotecaria Federal (SHF) dio apoyos por un monto total de 6 764 millones de pesos para que más de 294 000 familias pudieran autoconstruir su vivienda. Ahora se ofrecen apoyos enfocados principalmente a atender el segmento popular de la población.

Gracias a todos estos cambios, durante los cuatro primeros años de nuestra administración —según cifras del Inegi, de 2023— alrededor de 3 000 000 de personas ya no viven en rezago habitacional y esperamos que al finalizar el sexenio ese número supere los 4 000 000. Además, los indicadores de pobreza señalan que casi 2 000 000 de personas mejoraron la calidad y espacios de su vivienda y que casi 1 500 000 ahora tienen, por primera vez, los servicios básicos.

Asimismo, se definió y publicó la Estrategia Nacional de Ordenamiento Territorial, la primera en la historia de México, con una visión a veinte años que promueve un desarrollo urbano ordenado. En los gobiernos anteriores solamente se realizaron tres programas de desarrollo urbano en contraste, hoy, en materia de ordenamiento territorial se construye un marco normativo como nunca antes. Al finalizar la administración tendremos alrededor de 350 nuevos instrumentos municipales, metropolitanos, estatales y regionales de planeación.

Sobre los asuntos agrarios, hemos entregado, como ya no se hacía, tierras a familias indígenas y campesinas; se han restituido terrenos comunales como las 45 947 hectáreas devueltas a los pueblos yaquis. Asimismo, está muy avanzada la nueva sede del Archivo General Agrario en la Avenida Juárez, en el centro de la Ciudad de México —el segundo archivo más importante del país y uno de los más significativos de toda América Latina— donde se ordenarán y albergarán, en una misma sede, más de 170 000 000 de documentos. Se trata de una construcción de casi 35 500 metros cuadrados que incluye, además, un museo, una biblioteca, un jardín botánico, una plaza pública y oficinas del Registro Agrario Nacional. Será un espacio público de gran valor para la memoria nacional y al mismo tiempo, un instrumento de justicia social, pues mejorará enormemente la atención de los más de 5 000 000 de sujetos agrarios del país.

•••

La antigua Residencia Oficial de Los Pinos se ha integrado al Bosque de Chapultepec que, ahora, con los terrenos donados por la Secretaría de la Defensa Nacional, llega hasta el antiguo pueblo de Santa Fe, fundado por tata Vasco de Quiroga. En esta extensa superficie de 800 hectáreas hay espacio suficiente para el disfrute de la naturaleza, la recreación de la historia, la cultura y el arte, así como para la práctica del deporte. Lo mismo estamos haciendo con el rescate de tierras y el emblemático lago de Texcoco.

Ya cuentan con Internet para el Bienestar 116 264 comunidades y se atiende con todos los operadores nacionales y regionales de este servicio a 119 000 000 de habitantes; estamos instalando fibra óptica y 12 629 antenas de telecomunicaciones en todo el territorio nacional para alcanzar la meta de que en marzo de 2024 este medio de comunicación esté al alcance de 95% de los mexicanos. Este nuevo despliegue de infraestructura en telecomunicaciones propias del Gobierno de México no tiene precedentes en años anteriores; los grandes proyectos de telecomunicaciones del Estado se remontan a la red de Teléfonos de México, adquirida por el Gobierno en 1947 y privatizada por Salinas en 1990, y la red de Telégrafos nacionalizada por el presidente Benito Juárez en 1867. Aun así, en ninguno de estos casos, se tuvo un despliegue tan extenso que llegara a lugares donde nunca había existido comunicación y en un tiempo tan corto como el que se está haciendo ahora.

•••

En materia de seguridad pública ha funcionado bien nuestra estrategia de atender las causas de la violencia con el criterio de que la paz es fruto de la justicia. Los delitos del fuero federal se han reducido en 29.8%; el homicidio, en 20%; el robo, en 25.9%; el feminicidio, en 28.7%; el robo de vehículo, en 47.1%, y el secuestro, en 77.6 por ciento (véase gráficas, pp. 425-430).

La Guardia Nacional, con apenas cuatro años de existencia, cuenta con 128 000 elementos bien formados, disciplinados y entregados a garantizar la paz y la seguridad pública, siempre con la guía de la Secretaría de la Defensa Nacional. La percepción en materia de inseguridad, según la última encuesta trimestral de septiembre del Inegi es la mejor o menos mala de los últimos diez años. En 2013 era de 68%, en 2018 de 74.9% y en 2023, de 61.4 por ciento.

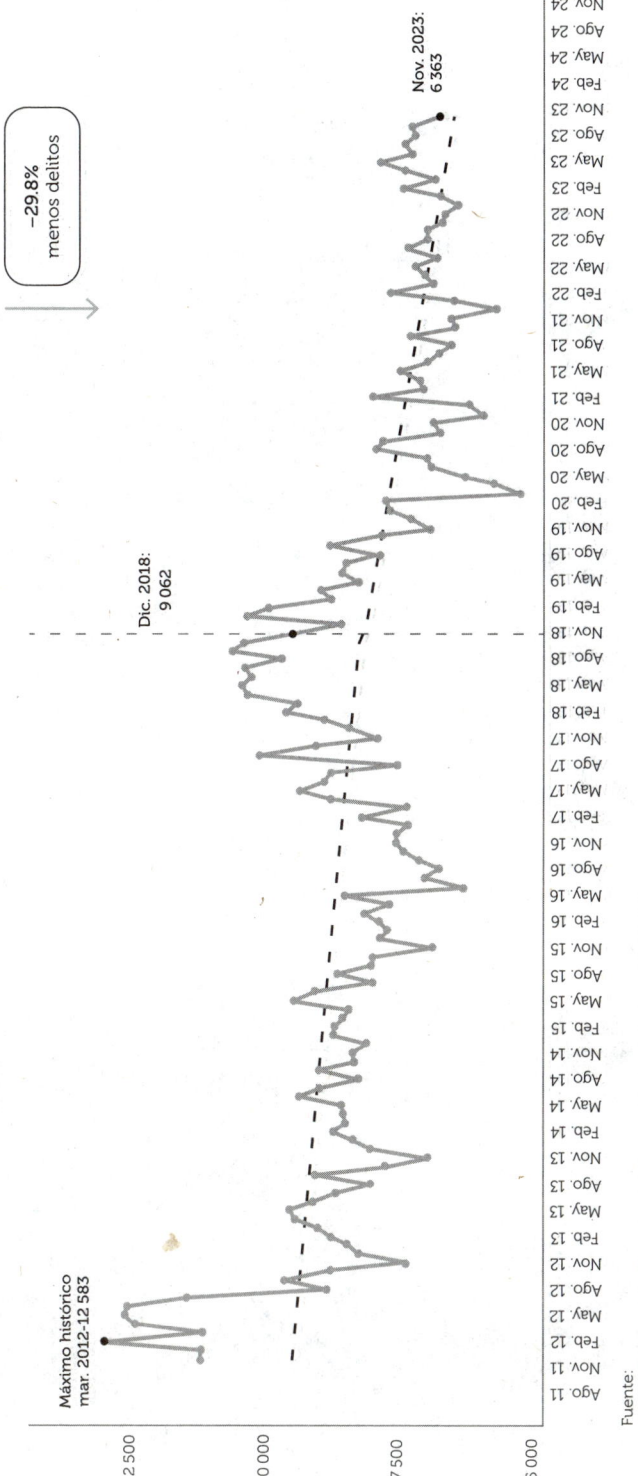

Comparativa de homicidios
1990-2023

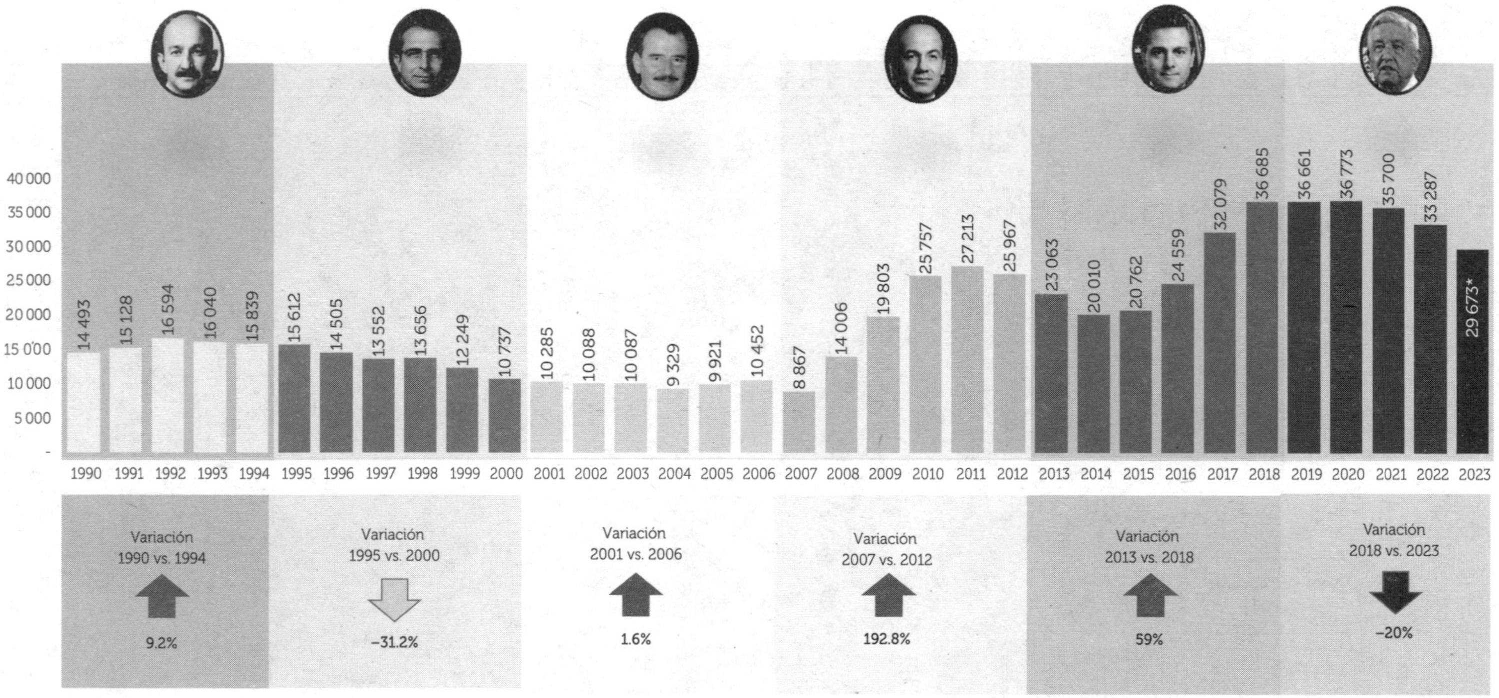
40 000
35 000
30 000
25 000
20 000
15 000
10 000
5 000
-
1990 14 493
1991 15 128
1992 16 594
1993 16 040
1994 15 839
1995 15 612
1996 14 505
1997 13 552
1998 13 656
1999 12 249
2000 10 737
2001 10 285
2002 10 088
2003 10 087
2004 9 329
2005 9 921
2006 10 452
2007 8 867
2008 14 006
2009 19 803
2010 25 757
2011 27 213
2012 25 967
2013 23 063
2014 20 010
2015 20 762
2016 24 559
2017 32 079
2018 36 685
2019 36 661
2020 36 773
2021 35 700
2022 33 287
2023 29 673*
Variación 1990 vs. 1994 9.2%
Variación 1995 vs. 2000 −31.2%
Variación 2001 vs. 2006 1.6%
Variación 2007 vs. 2012 192.8%
Variación 2013 vs. 2018 59%
Variación 2018 vs. 2023 −20%

Nota: De 1990 a 2022 se tomaron los registros de defunciones por homicidio del Inegi. Para 2023 se usaron los datos de enero-noviembre del Sesnsp, y *proyección al mes de diciembre de 2023 (datos horizontales dentro de la barra correspondiente 2023). La variación 2018 vs. 2023 considera el promedio diario de homicidio en lo que va de 2023, según cifras del SESNSP y se contrasta con datos del Inegi en 2018.

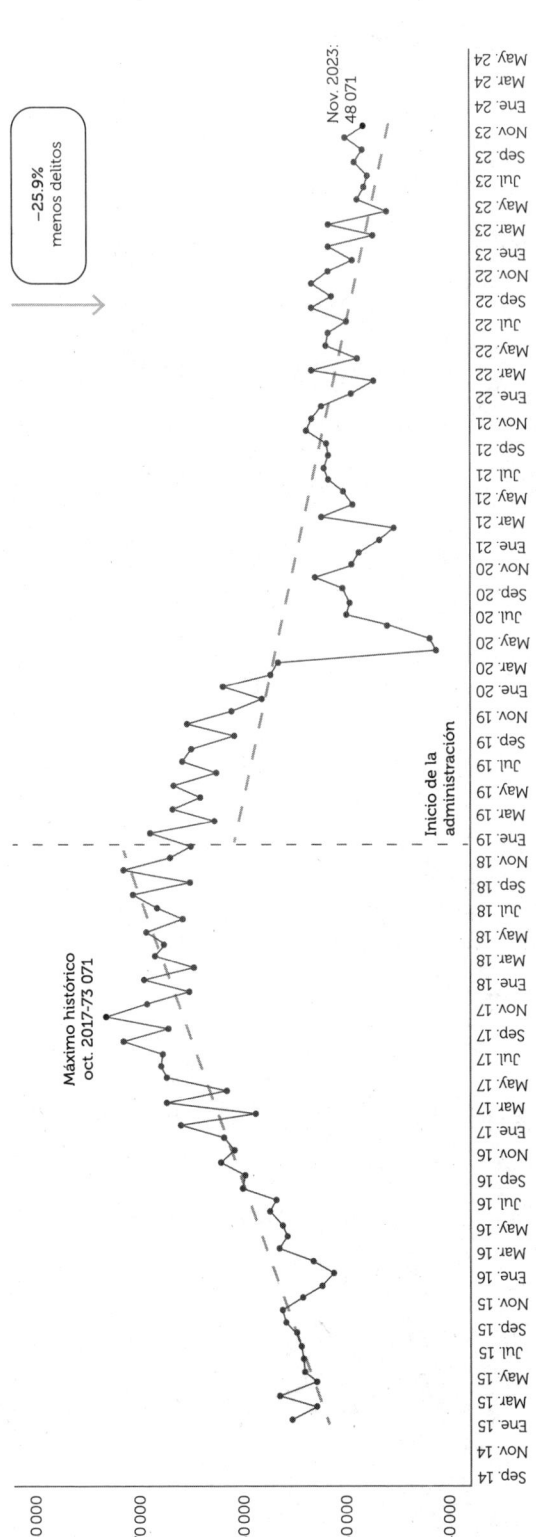

Robo de vehículo automotor
Delitos

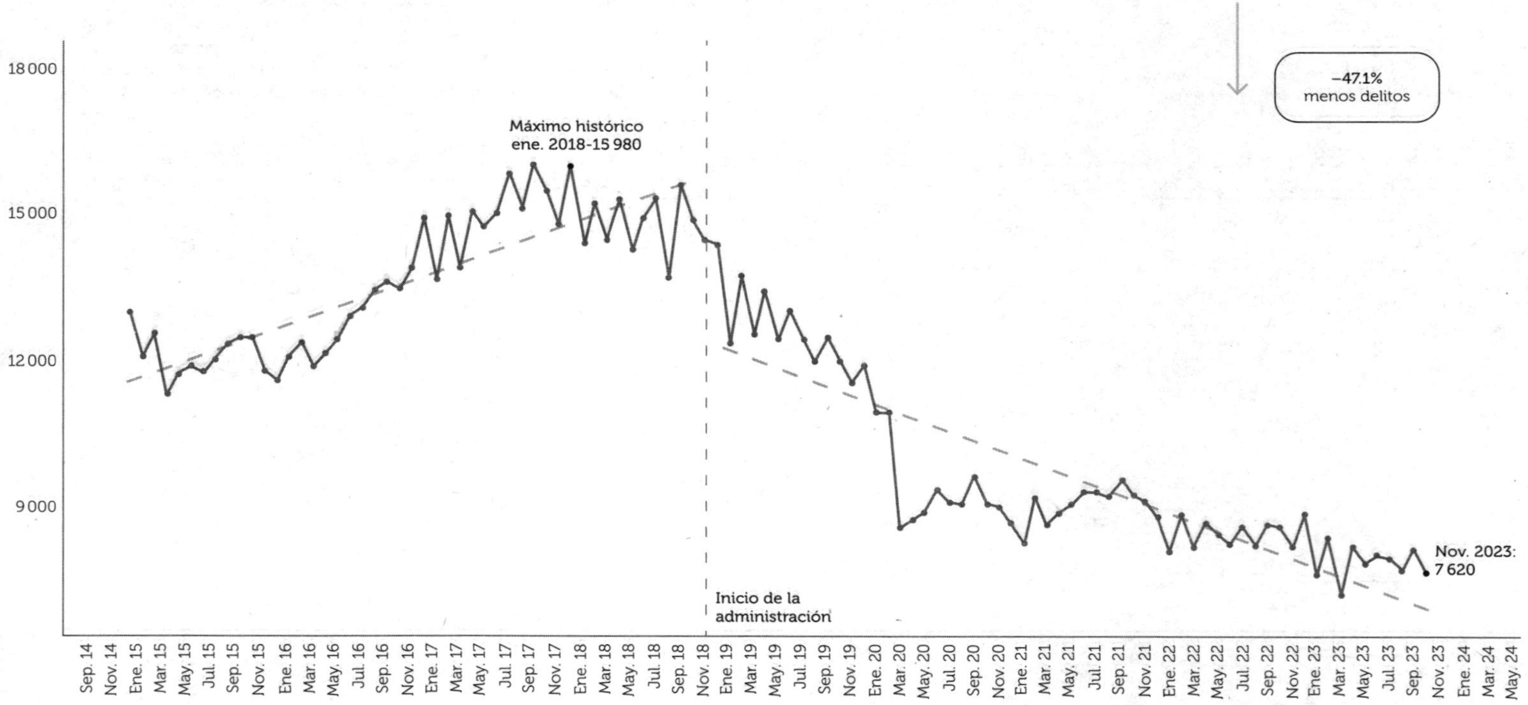

-47.1% menos delitos

Máximo histórico ene. 2018-15 980

Inicio de la administración

Nov. 2023: 7 620

Variación porcentual entre noviembre de 2023 y el inicio de la administración (diciembre de 2018).

Fuente:
Sesnsp Secretariado Ejecutivo del Sistema Nacional de Seguridad Pública. Información actualizada a: noviembre de 2023.

Secuestro
Delitos

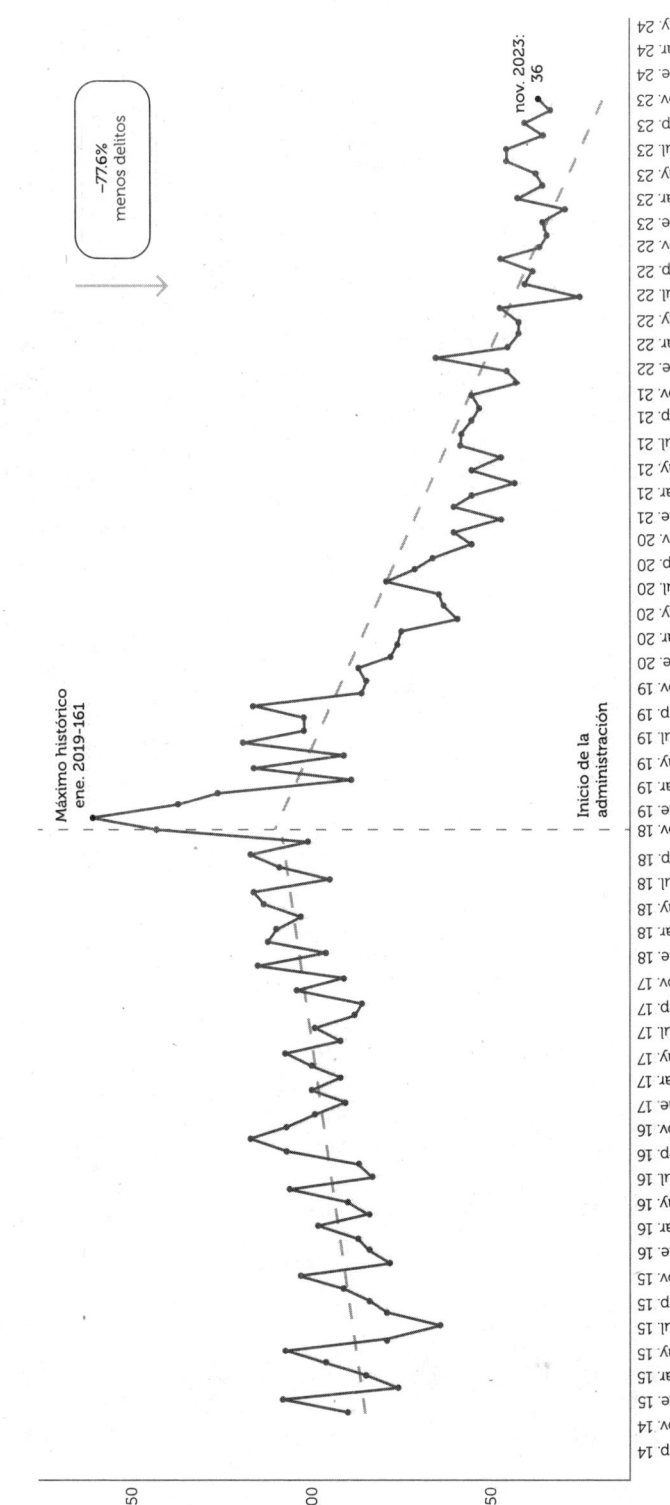

Fuente:
Sesnsp Secretariado Ejecutivo del Sistema Nacional de Seguridad Pública. Información actualizada a: noviembre de 2023.

Variación porcentual entre noviembre de 2023 y el máximo histórico de incidencia registrado (enero de 2019).

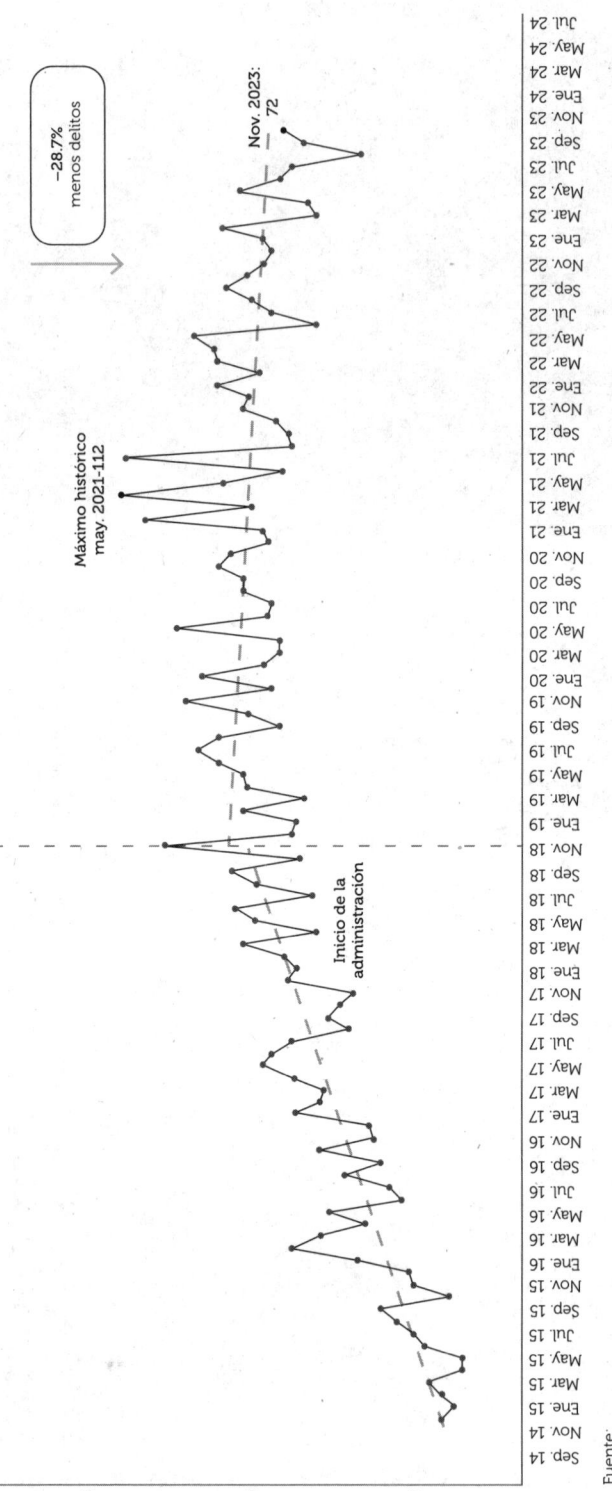

Fuente:
Sesnsp Secretariado Ejecutivo del Sistema Nacional de Seguridad Pública.
Información actualizada a: noviembre, 2023.

Las secretarías de Defensa y de Marina han sido nuestros grandes apoyos, no solo en materia de seguridad pública, sino también en labores de protección civil, control de aduanas, cuidado de puertos, aeropuertos e instalaciones estratégicas como las de Pemex y la Comisión Federal de Electricidad. También nos han apoyado en la construcción de 2 750 sucursales del Banco del Bienestar; en la construcción de dos aeropuertos internacionales, en la remodelación y operación de otros; en la edificación de hospitales; en la distribución y aplicación de vacunas; en la construcción de 354 cuarteles, canales y distritos de riego; acueductos; caminos; limpieza de playas, desazolve de ríos, parques ecológicos, hoteles, muelles; construcción de vías férreas en el Tren Maya y en el ferrocarril del Istmo y del sureste, así como en la operación de la nueva línea aérea, Mexicana de Aviación; y como dejó de ser prisión la Isla María Madre, ahora es un espacio histórico, ecológico, turístico y cultural, cuidado y administrado por la Secretaría de Marina; en fin, en vez de militarizar al país como sostienen nuestros opositores, estamos dejando de manifiesto que los marinos y los soldados son pueblo uniformado, además de trabajadores leales, entregados y patriotas.

Para tener una idea de lo importante que ha sido el apoyo de las Fuerzas Armadas durante mi gobierno, les comparto lo que ha realizado solo la Secretaría de la Defensa del 1.º de diciembre de 2018 hasta el 31 de diciembre de 2023.

Catálogo de obras
    I. Obras prioritarias del Gobierno federal.
    A. Aeropuertos y proyectos Tren Maya.

Cantidad	*Estado*	*Proyecto*
2	Estado de México	Arpto. Internacional «Felipe Ángeles», Santa Lucía, Méx.
	Quintana Roo	Arpto. Internacional «Felipe Carrillo Puerto», Tulum, Q. Roo
4	Campeche y Quintana Roo	Tramo 5 Sur (Playa del Carmen-Tulum, Q. Roo)
		Tramo 5 Norte (Cancún-Playa del Carmen, Q. Roo)
		Tramo 6 (Tulum-Chetumal, Q. Roo)
		Tramo 7 (Chetumal, Q. Roo-Escárcega, Camp.)
8	Yucatán, Campeche, Chiapas y Quintana Roo	6 hoteles y 2 parques
4	Yucatán, Chiapas y Quintana Roo	Corporativos de la Empresa de Participación Estatal Mayoritaria
18	Subtotal	

B. Sucursales del Banco del Bienestar.

Cantidad	Estado	Proyecto
2 750	Toda la República Mexicana	Bancos del Bienestar
2 750	Subtotal	

C. Instalaciones para la Guardia Nacional.

Cantidad	Estado	Proyecto
353	Toda la República Mexicana	Instalaciones de la Guardia Nacional concluidas
67		Instalaciones de la Guardia Nacional en ejecución
137		Instalaciones de la Guardia Nacional pendientes por iniciar
53	Chiapas, Yucatán, Campeche y Q. Roo	Instalaciones de la Guardia Nacional para la seguridad del «Tren Maya»
33 (250 elementos cada una)	Guerrero	Instalaciones de la Guardia Nacional para Acapulco
28 (60 elementos cada una)		
671	Subtotal	

D. Otros proyectos (Convenio con la Conagua e IMSS).

Cantidad	Estado	Proyecto
2	Campeche	Acueducto Xpujil (98 km)
	Nayarit	Distrito de Riego Alejandro Gascón Mercado (516 km)
5	Puebla, Oaxaca, Guerrero, Yucatán y CDMX	Hospitales del IMSS
7	Subtotal	

E. Proyectos en beneficio de la Agencia Nacional de Aduanas de México (ANAM).

Cantidad	Estado	Proyecto
5	Baja California	Viaducto elevado de Tijuana
		Nuevo Cruce Mesa-Otay II, Tijuana
	Sonora	Reubicación Vías Férreas Nogales
	Coahuila	47/a. Zona Militar (Piedras Negras)
	Tamaulipas	16/o. Regimiento de Caballería Motorizado e instalaciones de la Agencia Nacional de Aduanas de México en Nuevo Laredo, Tamps.
50	Sonora, Chihuahua, Coahuila, Baja California y Tamaulipas	Secciones aduaneras
12	Chiapas y Quintana Roo	Secciones aduaneras
67	Subtotal	

F. Viveros forestales.

Cantidad	Estado	Proyecto
3	Veracruz	Vivero forestal
2	Tabasco	
1	Quintana Roo	
1	Chiapas	
7	Subtotal	

G. Instalaciones COVID.

Cantidad	Estado	Proyecto
84	Toda la República Mexicana	Reconversión de instalaciones militares a instalaciones de terapia intensiva para atender la emergencia COVID-19
32		Adecuación de hospitales Insabi para atender la emergencia COVID-19
116	Subtotal	

Resumen de Proyectos del Gobierno federal

Cantidad de obras
3 636

II. Obras en convenio con los estados, empresas productivas del estado e iniciativa privada.

Cantidad	Estado	Proyecto
1	Nuevo León	Construcción del Acueducto «El Cuchillo II»
1	Estado de México	Trolebús (Chalco-Santa Marta)
2	Estado de México y Zacatecas	Construcción de los Centros Regionales de Desarrollo Espacial en Atlacomulco, Méx., y Zacatecas (en convenio con la AEM)
1	Ciudad de México	Construcción del Hospital de Cuajimalpa, CDMX
1	Ciudad de México	Construcción del Hospital de Topilejo, CDMX
1	Nuevo León	Construcción de un Regimiento de Caballería Motorizado en Cerralvo, N. L.
1	Sonora	Construcción de un Regimiento de Caballería Motorizado en Caborca, Son.
1	Quintana Roo	Remodelación y modernización del Arpto. Internacional de Chetumal, Q. Roo
9	Total	

A diferencia de lo que sucedía en los gobiernos neoliberales, ahora no se reprime al pueblo, no se ordenan masacres, no hay tortura, no se tolera la violación de los derechos humanos y tampoco existe un narcoestado como el que padecimos antes.

Aquí considero oportuno agradecer a todos los servidores públicos que me han acompañado en esta travesía para lograr una sociedad mejor, más justa, más libre, más democrática, más independiente. La dirección y puesta en práctica de las acciones para transformar a México, la hemos llevado a cabo juntos, con mujeres y hombres, verdaderos, como decía Morelos, «siervos de la nación», honestos y conscientes.

Una vez, cuando empezábamos nuestro movimiento, en un acto en Querétaro, un maestro mayor que fue compañero de lucha de José Revueltas, tomó la palabra y lleno de sentimientos hizo referencia a un ensayo que Revueltas tituló: «Un proletariado sin cabeza»; aunque el autor ya había fallecido, el maestro queretano le habló, lo invocó y dijo: «Maestro, le doy la noticia, de que ya no va a haber en México un proletariado sin cabeza, ya hay una dirección horizontal, colectiva y fraterna».

∙ ∙ ∙

Los gobiernos neoliberales buscaron liquidar los principios históricos de la política exterior mexicana, principios que hunden sus raíces en la historia nacional y que durante el siglo XIX y buena parte del XX colocaron al país como punto de referencia y ejemplo de buena diplomacia ante la comunidad internacional. En este sexenio, el Gobierno ha recuperado la tradición diplomática del Estado mexicano, que tan positiva resultó para nuestro país y para el mundo, y que está expresada en la Carta Magna en los siguientes principios normativos: el respeto a la autodeterminación de los pueblos; la no intervención; la solución pacífica de controversias; la proscripción de la amenaza o el uso de la fuerza en las relaciones internacionales; la igualdad jurídica de los Estados; la cooperación internacional para el desarrollo; el respeto, protección y promoción de los derechos humanos y la lucha por la paz y la seguridad internacionales.

El gran prestigio de la política exterior de México lo heredamos del presidente Benito Juárez, se refrendó con el presidente Lázaro Cárdenas —sobre todo, con la protección y el asilo a perseguidos del mundo de diversas culturas e ideologías— y esa política consecuente se manifestó en importantes decisiones de los gobiernos posrevolucionarios que distinguieron a nuestro país en el concierto de las naciones, en especial por sus actos humanitarios y de solidaridad. Es motivo de orgullo el poder decir que fuimos los únicos que votamos en contra de la expulsión de Cuba de la Organización de Estados Americanos (OEA); en 1973, mostramos con palabras y con hechos nuestro apoyo a los defensores de la democracia en Chile, víctimas de un golpe de Estado que causó la muerte del estadista presidente Salvador Allende. Pero en esos tiempos funestos hubo también golpes de Estado en otros países latinoamericanos y México abrió sus puertas a muchos perseguidos por las dictaduras de Bolivia, Uruguay, Argentina, Guatemala, El Salvador, Nicaragua y otros países.

No deben olvidarse, entre otras acciones dignas y memorables de nuestra política exterior, la Declaración Franco-Mexicana sobre El Salvador, que desde 1981 buscó conducir hacia cauces pacíficos el conflicto armado en ese país; la política de refugio a más de 46 000 campesinos guatemaltecos —indígenas, en su gran mayoría— que huían del genocidio perpetrado por las dictaduras militares, o el papel central de México en la creación del Grupo Contadora para hacer valer la soberanía de Nicaragua y contrarrestar la intervención extranjera en ese país. A esos y otros capítulos de gran trascendencia en la historia de nuestra prestigiada diplomacia debe sumarse la actuación de distinguidos miembros del servicio exterior como Matías Romero Avendaño, Genaro Estrada Félix, Gilberto Bosques Saldívar, Alfonso García Robles, Gonzalo Martínez Corbalá, Jorge Castañeda y Álvarez de la Rosa, Bernardo Sepúlveda y María Teresa Mercado Pérez.

Ha sido tan destacada la labor de México en el terreno del internacionalismo solidario que parecen insignificantes los desfiguros del «comes y te vas», de Fox; la vergonzosa violación de nuestra soberanía que fue la obsecuencia ante el operativo Rápido y Furioso o la precipitada expulsión de nuestro país del embajador de Corea del Norte solo para congraciarnos con el Gobierno de Estados Unidos, y otras pifias cometidas sobre todo en el periodo neoliberal, en el cual la economía cuantitativa se elevó a rango supremo y se le supeditó todo lo demás: la política, lo social, la cultura y la diplomacia. En nuestro tiempo, sin apartarnos de los principios constitucionales y de la tradición de independencia de la política exterior de México, hemos logrado mantener buenas relaciones con todos los pueblos y gobiernos del mundo. Es motivo de orgullo exponer como un ejemplo de independencia y solidaridad la operación de rescate y protección del expresidente Evo Morales tras el golpe de Estado de 2019 en Bolivia. Además, es muy honroso estar defendiendo a presos políticos, víctimas del clasismo y de la intolerancia que padecen tanto el expresidente de Perú, Pedro Castillo como el periodista Julian Assange.

Al mismo tiempo, han sido eficaces las relaciones que pudimos establecer con el expresidente Donald Trump durante dos años y la extraordinaria labor de cooperación con el gobierno del actual presidente Joseph Biden. Nuestro gobierno ofrece amistad y respeto a todas las naciones del mundo y, particularmente, a los países hermanos de América Latina y el Caribe. La política exterior de México ratifica su pertenencia histórica y cultural a dichas regiones e impulsa con énfasis los intercambios económicos, culturales, científicos, tecnológicos y deportivos que abonen a la causa de la integración latinoamericana. Esta disposición está siendo especialmente marcada hacia las naciones centroamericanas y del Caribe, con las cuales hay estrechos vínculos por vecindad, cercanía, cultura e historia compartida.

La pertenencia de México a la región de Norteamérica, junto con Estados Unidos y Canadá es, por otra parte, una realidad histórica, política y económica insoslayable. La relación con el primero de esos países, con el que compartimos más de 3 000 kilómetros de frontera, está marcada por una compleja historia de invasiones, despojo territorial e intervenciones, pero también por un intenso intercambio económico, cultural y demográfico. Nuestra pertenencia al Tratado entre México, Estados Unidos y Canadá (T-MEC, sucesor del Tratado de Libre Comercio de América del Norte, TLCAN), la compleja relación fronteriza y la presencia de unos 40 000 000 de mexicanos en territorio estadounidense y de más de 120 000 en Canadá, así como la residencia en nuestro país de cerca de 1 500 000 ciudadanos de Estados Unidos, colocan la relación con esas naciones como la prioridad de la política exterior.

El Ejecutivo Federal busca que la relación bilateral con Estados Unidos se conduzca con apego al respeto mutuo, la cooperación para el desarrollo y la solución negociada a problemas comunes, entre los cuales los más significativos son sin duda los fenómenos migratorios de sur a norte, las situaciones adversas que enfrentan millones de mexicanos que viven en el país vecino, las expresiones de la delincuencia transnacional —el tráfico de personas, armas, drogas ilícitas y divisas—, así como los asuntos específicamente fronterizos y limítrofes, como las aguas fluviales compartidas.

Tanto con el presidente Trump como con el presidente Biden hemos llevado buenas relaciones. Con el primero, se logró la renovación del tratado comercial y aunque nos confrontamos en una ocasión por la amenaza de establecer de manera unilateral medidas arancelarias a exportaciones de nuestro país por el fenómeno migratorio, al final se llegó a un acuerdo en beneficio de ambas naciones; en especial, debo agradecerle que siempre fue respetuoso de nuestra soberanía. En el caso del presidente Biden, he dejado de manifiesto su amistad en varias ocasiones; les comparto una de las dos últimas cartas que le envié:

Ciudad de México, 8 de agosto de 2023

Joseph Biden,
Presidente de los Estados Unidos de América
Presente

Amigo,
Como siempre es un gusto enorme saludarle y reconocer sus buenas decisiones en beneficio de su querido pueblo. Le envío esta carta con Alicia Bárcena Ibarra, nueva secretaria de Relaciones Exteriores de México. Una mujer honesta, de mi absoluta confianza y experta en el manejo de la política exterior.

Como usted sabe, nuestras relaciones marchan por buen camino. El Tratado Comercial de América del Norte nos ayuda mutuamente; asimismo, con la intervención de Antony Blinken, secretario de Estado y Jake Sullivan, asesor de Seguridad Nacional, y de los servidores públicos del Gabinete de Seguridad de nuestro gobierno hemos avanzado en la agenda acordada en el marco del *Entendimiento Bicentenario sobre Seguridad, Salud Pública y Comunidades Seguras entre México y Estados Unidos*. En el mismo sentido quiero destacar los logros que hemos obtenido con la valiosísima y constante participación de Elizabeth Sherwood-Randall en materia de migración con dimensión humanitaria, control de drogas, en particular, del fentanilo y de armas.

No puedo dejar de reconocer la importancia que han tenido dos de sus iniciativas. El abrir por primera vez un canal formal para la migración que ha permitido ingresar legalmente a Estados Unidos a hermanos cubanos, haitianos, venezolanos y nicaragüenses. Además, usted es el primer presidente en décadas que no hace publicidad construyendo muros en nuestra frontera ni mucho menos actúa de manera irresponsable e inhumana como lo hace el gobernador de Texas al colocar boyas con alambre de púas en el río Bravo, violando, incluso, nuestra soberanía. Usted es otra cosa, presidente, por eso cuente con nosotros. Vamos a seguir trabajando juntos por el bien de nuestros pueblos.

También le informo que recibí su invitación para asistir del 15 al 17 de noviembre a San Francisco, California, a la reunión de Cooperación Económica Asia-Pacífico. Allá nos volveremos a encontrar.

No obstante, me gustaría, si su agenda se lo permite, que antes pueda estar en México, pues, además de conversar sobre asuntos de interés público y saludarnos como amigos, podríamos ver, por ejemplo, cómo en Altamira, Tamaulipas, la compañía New Fortress de Estados Unidos y la Comisión Federal de Electricidad, empresa pública de nuestro país, están instalando una planta de licuefacción en el Golfo de México, para exportar gas a Europa; o que nos acompañe al puerto de Salina Cruz, Oaxaca, en el Pacífico, donde un fondo de inversión de la empresa danesa, Copenhagen Infrastructure Partners, está por iniciar la construcción de una planta de hidrógeno verde para abastecer a barcos con este combustible limpio y evitar que transiten por los mares del mundo contaminando por la gran cantidad de hidrocarburos que consumen; o también sería muy interesante que conociera algún sitio arqueológico de la gran civilización maya en el sureste que resume la historia, la cultura y el arte de nuestra América y que ahora se expondrá al mundo con la construcción de 1 550 kilómetros de trenes modernos de pasajeros de nuestro país y turistas, que además podrán apreciar la exuberante selva tropical con su fauna nativa y el hermoso litoral del mar Caribe y sus lagunas de hasta siete colores.

En fin, usted y nuestra amiga Jill, siempre serán bienvenidos a México.

Saludos afectuosos de mi parte y de Beatriz.

Los gobernantes del ciclo neoliberal pretendieron hacerle creer al país que la emigración de mexicanos hacia Estados Unidos —la mayor parte de ellos, sin documentos de residencia— era un fenómeno natural e inevitable y omitieron el hecho de que la salida de poblaciones enteras de sus lugares de origen era consecuencia de las políticas económicas aplicadas por los propios gobernantes, políticas que se tradujeron en la destrucción de la industria nacional, el abandono del campo, la proliferación de la pobreza, el desempleo y la marginación, el desmantelamiento de los mecanismos de redistribución y de movilidad social y la agudización de la inseguridad y la violencia. Estos factores detonaron el éxodo de mexicanas y mexicanos hacia el norte en busca de trabajo, seguridad y horizontes de vida. Aunque no haya sido descrito así, fue una catástrofe humanitaria en toda regla.

Pero, lejos de preocuparse por resolver las causas profundas del fenómeno migratorio, el régimen oligárquico incluso lo alentó de manera explícita; por ejemplo, el expresidente Vicente Fox y su equipo consideraban mejor que la gente se fuera a Estados Unidos y hasta propusieron un programa de capacitación para jardineros, enfermeros y especialistas en atender a adultos mayores, con el cálculo de que en Estados Unidos cada vez habrá más demanda de este tipo de trabajadores debido al envejecimiento de la población.

Contrario a este pensamiento, nosotros impulsamos el apoyo al campo, la creación de empleos y garantizar el bienestar de los mexicanos para que no se vean obligados a emigrar; evitar la desintegración familiar y que puedan ser felices en sus comunidades de origen, con sus costumbres y tradiciones. Esta misma estrategia de ayudar a la gente en sus lugares de origen la hemos implementado con nuestro plan de cooperación para el desarrollo en países de Centroamérica y el Caribe, donde se aplican con recursos de nuestro presupuesto y con gran éxito los programas Sembrando Vida y Jóvenes Construyendo el Futuro.

En cuanto al narcotráfico, también hemos insistido en atender las causas, y aunque cooperamos con el Gobierno de Estados Unidos para evitar la llegada a ese país de fentanilo y otras drogas dañinas para su población, sobre todo para los jóvenes, de igual manera en forma respetuosa les sugerimos que busquen reducir el consumo de narcóticos, pues es indispensable ir al fondo y enfrentar el origen de las adicciones. En nuestro caso, seguimos la política de atender a los jóvenes, evitar la desintegración familiar y fortalecer valores culturales, morales y espirituales; el propósito es dar a las personas motivos sustanciales para vivir y ser felices sin caer en la frustración, el desánimo y el vacío que piensan equivocadamente llenar con el escape transitorio y fatal hacia las drogas.

En el terrible y doloroso caso del consumo de fentanilo, que ocasiona el fallecimiento de casi 100 000 personas al año —principalmente jóvenes— en el país vecino, lo más importante debe ser revisar y cambiar el modelo de vida individualista, materialista, la temprana salida de la casa de los adolescentes (con la soledad y el desamor que ello implica). También es necesario actuar en consecuencia con lo que sostenía John Kenneth Galbraith en el sentido de que «la delincuencia y la convulsión social en nuestras grandes ciudades son producto de la pobreza y de una estructura de clases corrupta [...] que ignora o menosprecia a los pobres. La solución actualmente aceptada son las medidas policiales, el confinamiento de los individuos de tendencias criminales y la lucha, cara y fútil, contra el narcotráfico. A un plazo más largo o más allá de cualquier plazo, la solución más humanitaria y muy probablemente la menos cara es acabar con la pobreza que induce al desorden social».[55]

Aplicamos con el Gobierno de Estados Unidos una política de buena vecindad; los tiempos han cambiado y a pesar de los grandes agravios históricos que padecimos por la prepotencia estadounidense, también hemos convivido en armonía y cooperación por largos periodos; más ahora, cuando nuestros pueblos se han hermanado y compenetrado por las migraciones, y nuestras economías se han integrado y se han vuelto no solo complementarias, sino inseparables. Si hay respeto a nuestra soberanía y si, como lo ha dicho el presidente Biden nuestra relación siempre se dará en pie de igualdad, quedará obsoleta la expresión atribuida a Porfirio Díaz: «pobre México, tan lejos de Dios y tan cerca de Estados Unidos»; habrá que sustituirla, entonces, por una que diga: Bendito México, tan cerca de Dios y no tan lejos de Estados Unidos.

•••

Transitamos hacia una verdadera democracia y se acabará la vergonzosa costumbre de los fraudes electorales. Las elecciones ahora son limpias y libres, y quien utilice recursos públicos o privados para comprar votos y traficar con la pobreza de la gente o quien desvíe el presupuesto público para favorecer a candidatos o partidos irá a la cárcel sin derecho a fianza, porque cualquier violación de la autoridad o de un particular a los derechos políticos de los ciudadanos se ha convertido en delito grave. Pero no solo se ha mejorado y se ha hecho efectiva la democracia representativa; también se pone en práctica la democracia participativa.

El sentido primigenio y máximo de un régimen democrático es el gobierno del pueblo. La Constitución de nuestro país estableció un sistema político representativo conformado por funcionarios electos a quienes la sociedad entrega un mandato temporal que debe renovarse periódicamente por medio de elecciones. Pero la falta de tradición democrática y la pérdida de ideales y principios del grupo gobernante conformó una clase política separada del pueblo que acabó operando en función de sus propios intereses.

El divorcio creciente entre el poder oligárquico y el pueblo generó una percepción social de la política como una actividad intrínsecamente corrupta e inmoral. La población terminó por desconfiar de su propia capacidad de influir en las decisiones nacionales y hasta de la posibilidad de cambiar el rumbo del país por medio de la participación electoral. La superación de ese estado de impotencia, abatimiento y desinterés fue resultado de un trabajo de décadas de información y organización social, del surgimiento de movimientos sociales y de la ruptura del monopolio informativo de los medios de comunicación. A los escasos espacios noticiosos y publicaciones veraces se sumó la aparición de las redes sociales, las cuales hicieron posible la circulación de información independiente del poder oligárquico y de las verdades oficiales. Se logró, así, difundir entre grandes sectores la idea de que la postración nacional era resultado de un ejercicio perverso y distorsionado del poder público, que el país no tenía que estar condenado a vivir para siempre en el desastre neoliberal y que la sociedad podía ser protagonista de una gran transformación si se organizaba para la participación electoral y para contrarrestar las innumerables prácticas del fraude.

Esa revolución de las conciencias permitió derrotar al régimen oligárquico en los comicios del 1.º de julio de 2018 e imprimir una nueva dirección al país. Hoy, la mayoría de la sociedad mexicana está informada de las realidades políticas y mantiene una vigilancia constante sobre el quehacer gubernamental e institucional. Este cambio trascendente se conduce a una forma superior de ejercicio del poder: la democracia participativa.

No es suficiente que la ciudadanía esté informada y atenta; debe, además participar e involucrarse en las decisiones relevantes de quienes la representan en la función pública; debe borrarse para siempre la separación entre el pueblo y el Gobierno. El principio constitucional que señala «el derecho del pueblo de cambiar en todo tiempo la forma de su gobierno», no ha tenido, en la práctica, ninguna posibilidad de concretarse. Por ello, consideramos necesario establecer un mecanismo revocatorio como una manera efectiva de control de los mandantes sobre los mandatarios; de corrección de ineficiencias, malas prácticas y actitudes en el ejercicio gubernamental. En consecuencia, ha sido aprobada la reforma constitucional en el Congreso de la Unión que, como ya vimos, establece y permite la práctica de la revocación del mandato.

También se eliminaron las trabas legales para la aplicación del método de la consulta popular. Para vivir en una sociedad consciente de sus deberes y derechos no basta con la posibilidad de elegir a los funcionarios; la sociedad también debe incidir en sus determinaciones. Por tal motivo, el Gobierno federal ha sometido a consulta las decisiones estratégicas de interés nacional y, de igual forma, recaba el sentir de las poblaciones en asuntos de interés regional o local y somete a veredicto de las comunidades las acciones gubernamentales que las afecten o involucren, acatando así las disposiciones contenidas en varios artículos de la Constitución y en tratados internacionales de los que México es signatario, como el Convenio 169 de la Organización Internacional del Trabajo.

Antes de tomar decisiones, los gobernantes deben escuchar a la población y actuar en consecuencia. Los servidores públicos de todos los niveles están obligados a servir, no a servirse; a ser representantes de la voluntad popular, no como sus usurpadores; a acordar, no a imponer; a recurrir siempre a la razón, no a la fuerza, y a tener siempre presente el carácter temporal de su función y no aferrarse a puestos y cargos. Además, por mis convicciones, mantengo vivos los ideales maderistas del «sufragio efectivo» y la «no reelección».

El propósito general de este gobierno es priorizar las libertades por sobre las prohibiciones, impulsar los comportamientos éticos más que las sanciones y respetar escrupulosamente la libertad de elección de todos los ciudadanos en todos los aspectos; particularmente, en lo que se refiere a posturas políticas e ideológicas, creencias religiosas y preferencias sexuales. A la observancia de tales libertades debe añadirse, por supuesto, el más escrupuloso respeto a la libertad de expresión.

La relación con los medios de comunicación siempre tendrá como distintivo la más completa libertad y el derecho a disentir. Atrás han quedado las componendas entre empresas informativas y Gobierno. Hoy las autoridades federales no persiguen ni censuran a nadie, a diferencia de lo que ocurría en los gobiernos neoliberales. Sostenemos, como decían los liberales de la Reforma, que «la prensa se regula con la prensa». Nosotros, que padecimos tanto del poder y del hampa del periodismo, seríamos incongruentes y pareceríamos vengativos si actuáramos igual. Nada de eso se repitió, nunca más casos como los de José Gutiérrez Vivó o Carmen Aristegui. El derecho a la información es una realidad. De lunes a viernes, desde las siete de la mañana, hay conferencias de prensa en las que respondemos preguntas de reporteros y analistas de los medios. Termino este tema reconociendo el papel tan destacado que tuvieron y siguen teniendo en la transformación de México las benditas redes sociales.

•••

En el presente sexenio impulsamos la búsqueda de la igualdad como principio rector: la igualdad efectiva de derechos entre mujeres y hombres, entre indígenas y mestizos, entre jóvenes y adultos; buscamos erradicar las prácticas discriminatorias que han perpetuado la opresión de sectores poblacionales enteros. El paradigma que estamos construyendo se basa en la convicción de que es más fuerte la generosidad que el egoísmo, más poderosa la empatía que el odio, más eficiente la colaboración que la competencia, más constructiva la libertad que la prohibición y más fructífera la confianza que la desconfianza. Tenemos la certeza de que los principios éticos y vanguardistas de nuestro pueblo son las claves del nuevo pacto social y del modelo de desarrollo para el México que está renaciendo tras la larga y oscura noche del neoliberalismo.

•••

Claro que el proceso de transformación en marcha ha provocado una fuerte y airada ofensiva de los grupos económicos y políticos de la élite del poder en México y de sus allegados, voceros, medios de manipulación —que no de información—, de integrantes de la academia y de la intelectualidad oportunista y acomodaticia. Sin embargo, hemos enfrentado la gran lanzada del bloque conservador y reaccionario con el respaldo de la mayoría del pueblo, que ha tomado conciencia y ha dicho basta de corrupción, injusticias y humillaciones.

Consideramos que nuestro proceso constituye otra enseñanza política de aplicación universal; podemos afirmar sin arrogancia que en un auténtico proceso de transformación nada se logra con moderación y medias tintas. Los publicistas del periodo neoliberal, además del *Photoshop*, la risa fingida, el *teleprompter*, el peinado engominado y la falsedad en la imagen, siempre recomiendan correrse al centro, es decir, buscar quedar bien con todos; pues no, eso es un error: el noble oficio de la política exige autenticidad y definiciones. Ser de izquierda es anclarnos en nuestros ideales y principios. Si somos auténticos, si hablamos con la verdad y nos pronunciamos por los pobres y la justicia, mantendremos identidad y ello puede significar simpatía no solo de los de abajo, sino también de la gente lúcida y humana de las clases medias y alta, y con eso basta para enfrentar a las fuerzas conservadoras. En cambio, si nos desdibujamos, iremos sin remedio hacia el fracaso. La política es un imperativo ético. El político debe, por convicción, representar algo y a alguien; es decir, tener una causa y tomar partido por una persona, clase, estrato o sector, sin que ello lo lleve a excluir, ignorar, atropellar o faltar el respeto a quienes no piensan como él.

Es un hecho que nosotros hemos podido avanzar porque nos funciona la alianza con el pueblo. En nuestro caso, si no estuviéramos respaldados por la mayoría de los mexicanos, y en especial por los pobres, ya nos habrían derrotado los conservadores o habríamos tenido que rectificar y someternos a sus caprichos e intereses para convertirnos en simples adornos, floreros, títeres o peleles de esos que se habían acostumbrado a robar y a detentar el poder económico y político en México.

Sin el apoyo del pueblo tampoco habríamos resistido la intensa campaña en contra nuestra emprendida desde los medios informativos convencionales y las redes sociales, ni una guerra sucia tan intensa y estridente como la que padeció Francisco I. Madero, Apóstol de la Democracia.

Debe servir de lección la forma de cómo en estos tiempos nuestros adversarios se agruparon para enfrentarnos; comenzó como una fiesta de disfraces que terminó cuando todos se quitaron la máscara y mostraron sus rostros verdaderos: exhaustos, opacos y siniestros; los únicos que han actuado a la altura de las circunstancias son los más pobres y la gente más despierta y fraterna de las clases medias.

Se ha reafirmado que en general los pobres son más sinceros, leales, menos exigentes y que no requieren de muchas explicaciones; son humildes, no se creen sabiondos, están próximos a sus emociones y sentimientos, y a la vez tienen un instinto certero para distinguir entre quienes de verdad los quieren y respetan, y quienes tratan de engañarlos, aunque los desprecien. El mejor ejemplo contemporáneo de esto que digo es el de los pueblos indígenas de Bolivia que, como ya vimos, soportaron en silencio la rebelión criolla contra el gobierno del presidente Evo Morales, pero que en las elecciones votaron de nuevo por el candidato del mismo movimiento popular y pluricultural de aquel país.

José Martí, en su memorable texto *Nuestra América*, aconsejaba: «Con los oprimidos había que hacer causa en común, para afianzar el sistema opuesto a los intereses y hábitos de mando de los opresores».[56] Otro gran poeta, Antonio Machado, en una carta enviada a un amigo soviético en la época de la guerra civil española, le comenta: «en España lo mejor es el pueblo. Por eso la heroica y abnegada defensa de Madrid, que ha asombrado al mundo, a mí me conmueve, pero no me sorprende. Siempre ha sido lo mismo. En los trances duros, los señoritos —nuestros barinas— invocan la patria y la venden; el pueblo no la nombra siquiera, pero la compra con su sangre y la salva. En España, no hay modo de ser persona bien nacida sin amar al pueblo».[57]

En nuestra historia han sido también los pobres los que nos han sacado a flote. Los mayas chontales de Tabasco fueron los primeros en respaldarnos cuando en tiempos de mayor ceguera política comenzamos el movimiento hacia la justicia y la verdadera democracia. Cuando ganamos la Jefatura de Gobierno de la Ciudad de México, los que más votaron por nosotros fueron los habitantes de Iztapalapa; en el desafuero sucedió lo mismo; después de la guerra sucia y de los fraudes electorales de 2006 y 2012, los de abajo no se deprimieron, y no claudicaron; en 2018, aunque obtuvimos por primera vez una copiosa votación de la clase media, la gran mayoría de los 31 000 000 de ciudadanos que me eligieron como presidente pertenecía a las clases populares; y hace poco, en 2021, en las elecciones intermedias, cuando el bloque conservador quería quitarnos la mayoría en la Cámara de Diputados, fueron los pobres los que más votaron a favor de la transformación. Esto último es admirable y esencial: casi todos los mexicanos, incluidos los de abajo, saben de la corrupción que imperaba en el país, pero nunca había estado tan exhibida como ahora. Los pobres tienen una conciencia mayor de ello, acaso porque fueron los primeros en beneficiarse con el manejo honrado y equitativo del presupuesto y eso los concientizó como nunca, pues jamás habían recibido casi nada de lo que por derecho y justicia les corresponde. A ellos no hay que convencerlos de que una minoría gobernaba para robar y mantener el privilegio de mandar, sometiendo y ningúneando a los olvidados y humillados de siempre. Por eso no le alcanzó a la alianza opositora, conservadora y corrupta, para ser mayoría en la Cámara de Diputados, que tiene como facultad exclusiva e importantísima para el funcionamiento del Gobierno, la aprobación del presupuesto; aquí resulta pertinente preguntarnos: ¿acaso los pobres son tontos o no se enteraron que apenas unos meses atrás de esa elección, en esa misma cámara, los conservadores votaron en contra de que se elevaran a rango constitucional y se convirtieran en derechos universales las pensiones de adultos mayores y de niñas y niños con discapacidad, las becas para estudiantes de familias pobres y la gratuidad de la atención médica y los medicamentos? No, los masoquistas son otros y tonto es el que piensa que el pueblo es tonto.

Al margen de las convicciones, en lo estrictamente político —que no politiquero— hay quienes sostienen que, si los pobres ascienden en la escala social y se convierten en clase media, van a comportarse como pequeños burgueses, como ladinos, desclasados y aspiracionistas; puede que esto haya sucedido en alguna parte, pero seguramente es la excepción, no la regla, porque como he sostenido, los pobres no suelen traicionar. Con todo, la lucha por la consecución del bienestar para ellos y para toda la población no se refiere solo a lo material sino también al bienestar del alma. Por ello, nuestro ideal es sacar de la pobreza a millones de mexicanos y convertirlos en ciudadanos de clase media, pero con una mentalidad humanista ajena al egoísmo y el individualismo.

A unos meses de que concluya mi mandato, puedo demostrar que con un pueblo digno y trabajador; con un gobierno honesto y austero es posible vivir en una sociedad mejor, más justa, más libre, más fraterna e igualitaria. Además, hemos reafirmado nuestra hipótesis de que la corrupción era la causa principal de la desigualdad económica y social, lo que impedía el progreso con justicia en nuestro gran país. Lo más importante y sublime: hemos podido convertir un sueño en realidad. Entre todos y desde abajo hemos logrado reducir la pobreza y la desigualdad, algo que no ocurría en México desde hacía más de cuarenta años. Tanto la información dada a conocer por el Inegi, como la del Coneval coinciden en que de 2018 a 2022 la reducción de la tasa de pobreza fue de 5.6 puntos porcentuales, al pasar de 41.9 a 36.3%. Esto significó que a pesar de la caída mundial de la economía por la pandemia y por la guerra de Rusia y Ucrania, las políticas públicas de nuestro gobierno lograron que salieran de la pobreza 5 000 000 de personas. Pero, además, en cuatro años, de 2018 a 2022, la desigualdad de ingresos entre los hogares más ricos y los más pobres se redujo de 18 a 15 veces. Ahora bien, si comparamos la desigualdad de ingresos por persona entre el año 2010, en que gobernaba Calderón y el 2022, esta se redujo de 36 a 17 veces.

Quiero subrayar que aun cuando de 2018 a 2022 disminuyeron la pobreza y la desigualdad en prácticamente todas las entidades de la república, los más beneficiados han sido los estados del sur y del sureste; Chiapas ocupó el primer lugar en el país en cuanto a disminución de la pobreza con 10.6%; en Tabasco se redujo en 9.9%; en Hidalgo, 8.9%; en Veracruz, 8.5%; en Guerrero, 7.5%; en Oaxaca, 5.9%; en Yucatán, 5.2%; en Puebla, 4%; Campeche, 3.9% y en Quintana Roo, 3.2 por ciento.

Además de factores como el incremento salarial y el aumento de las remesas, en estos estados con mayor marginación mejoraron las condiciones de vida y de trabajo porque recibieron más recursos del presupuesto mediante los Programas para el Bienestar y, al mismo tiempo, fueron los más beneficiados por la inversión pública destinada a la creación de infraestructura, comunicaciones y obras para el sector energético.

En el tiempo que nos falta para terminar nuestro mandato seguiremos con la misma estrategia; atendiendo a todos y respetando a todos, pero dándole preferencia a los más pobres y necesitados. Seguiremos caminando hacia los bellos ideales de la democracia verdadera, la justicia, la igualdad, la libertad, la fraternidad y la soberanía. Nada de corrupción, extravagancias, autoritarismo, clasismo, racismo ni discriminación. ¡Democracia, sí! ¡Oligarquía, no! ¡Honestidad, sí! ¡Corrupción, no! ¡Pobreza y desigualdad, no! ¡Justicia y fraternidad, sí!

Capítulo 19

EL HUMANISMO MEXICANO

La política es, entre otras cosas, pensamiento y acción; y aun cuando lo fundamental son los hechos, no deja de importar cómo definir, en el terreno teórico, el modelo de gobierno que estamos aplicando. Mi propuesta ha sido llamarle Humanismo Mexicano, no solo por la frase atribuida al literato romano Publio Terencio, de que nada humano nos es ajeno, sino porque, nutriéndose de ideas universales, lo esencial de nuestro proyecto proviene de nuestras culturas milenarias impregnadas de nobleza y de nuestra excepcional y fecunda historia política.

La herencia cultural

Comienzo por recordar que la grandeza, en todos los órdenes en nuestro país, tiene raíces culturales profundas y es lo que nutre el Humanismo Mexicano, lo que nos da la identidad que poseemos como sociedad honesta, trabajadora y fraterna. Esa idiosincrasia, esa manera de pensar y de ser, viene de lejos y se ha conservado contra viento y marea, es lo que siempre nos pone a salvo ante cualquier calamidad o desdicha. Por eso emprendimos el rescate y la exaltación del conocimiento ancestral y de los valores culturales heredados de las antiguas civilizaciones que florecieron en nuestro territorio.

Es una gran mentira afirmar que los invasores europeos trajeron la civilización a una región del mundo en la que la civilización existía desde muchos siglos atrás y, de ello, son pruebas irrefutables las grandes culturas como la madre, la olmeca, también la teotihuacana y otras. Por eso impulsamos la recuperación de la memoria y del patrimonio histórico y, al mismo tiempo, se aplican planes de justicia a pueblos y comunidades indígenas, porque no se trata solo de venerar a los indígenas del pasado, sino hacerle justicia a los de nuestro tiempo, por eso es el Plan de Justicia al pueblo yaqui, mayo, otomí, maya, seri, chontal, a todos los pueblos originarios de México y a los pueblos y comunidades afromexicanas.

Una vez comprendido que México no nació ayer con la invasión europea ni siquiera con la fundación en 1325 de la gran Tenochtitlan, no podemos soslayar el hecho de que, a partir de entonces, en apenas 200 años, los mexicas promovieron un impresionante desarrollo político y cultural, como tampoco podemos omitir que desde muchos siglos atrás florecieron en nuestro territorio grandes civilizaciones.

Recordemos que hace quinientos años llegaron los españoles y hace setecientos se asentaron los mexicas en la actual capital de la república, pero la ciudad de Calakmul en la región maya tiene pinturas, murales, esculturas y arte de exquisita calidad y belleza desde hace 2 300 años; según los arqueólogos, las cabezas colosales de la cultura olmeca fueron esculpidas hace 3 000 años; y las pinturas rupestres de Baja California Sur son de hace 10 000 años. A ello debemos agregar que no solo se trata de vestigios materiales, sino que este patrimonio debe concebirse acompañado de un gran desarrollo en la ciencia; es decir, en el conocimiento de las matemáticas, las ingenierías, la medicina, la astronomía y, todo ello, recubierto en lo místico, espiritual, ético, humanístico y político.

No es mi propósito, por ahora, ahondar en este fascinante y complejo estudio sobre el análisis y la reflexión del México profundo, porque además de falta de tiempo son pocas las fuentes fundamentales para la investigación, no muchos los relatos orales transmitidos de generación en generación, o escasos los trabajos de traducción de códices o glifos como el realizado en la arqueología maya por el gran lingüista y epigrafista ruso, Yuri Knórozov. Más bien mi intención es exponer, de acuerdo con mi experiencia adquirida en comunidades indígenas, algunos fundamentos básicos que vienen de lejos y siguen vigentes hasta nuestros días. De modo que escribiré sobre cuatro de estos preceptos o elementos que considero, nos han dado identidad y forman parte de la gran reserva de valores que poseemos y nos han protegido y salvado en el transcurrir del tiempo de infortunios y calamidades.

•••

En primer término, aunque se ha impuesto el individualismo, creo que mucho ha quedado de la antigua concepción comunitaria en la explotación de la tierra. ¿Cómo era y sigue siendo en algunas partes el manejo y el usufructo de la tierra? En los remotos orígenes y por siglos, en México no existió la propiedad privada. La tierra era comunal. El derecho sobre la tierra se limitaba al tiempo necesario para la producción de autoconsumo y para obtener un excedente que se destinaba a cumplir con las exigencias de las autoridades civiles o religiosas. Esto implicaba que, una vez levantada la cosecha, la tierra volvía a ser de uso común. En otras palabras, si un miembro de la comunidad requería sembrar maíz, escogía un acahual o monte alto que consideraba le produciría lo suficiente para cubrir las necesidades familiares y lo que requería para poder cumplir con los deberes ante las autoridades superiores, básicamente el tributo en especie pagado por los campesinos y comunidades, el cual era convertido en mercancía por los jefes o mandones y destinado al intercambio con productos de otros pueblos. Asimismo, los árboles frutales se consideraban propiedad de quien los había plantado, aun cuando no fuese el dueño de la tierra.

La agricultura indígena se acompañaba de tecnología tradicional basada en la rotación de terrenos y en la asociación de cultivos. De esta forma, aunque la tierra apta para la agricultura era escasa, podían obtenerse buenas cosechas que, junto con la crianza de animales de patio, la pesca, la caza y las artesanías, garantizaban la manutención de los miembros de la comunidad.

Esta forma del indígena de relacionarse con la tierra no era concebida o aceptada por quienes empezaron a propagar la idea de la propiedad privada, prevaleciente en Europa y extendida con la llegada de los invasores españoles. Aunque el despojo de las tierras comunales siempre se practicó durante la Colonia, fue después de la Independencia política de México y, en especial, durante el Porfiriato (1876-1911), cuando este injusto proceder se intensificó bajo la máxima de que las tierras de las comunidades indígenas se consideraban tierras nacionales o baldías.

No olvidemos que, en casi todo el periodo porfirista, el ejército reprimió a indígenas que defendían sus tierras comunales y se negaban a convertirse en peones de minas y haciendas. En 1895, Porfirio Díaz mandó desalojar a los totonacas de sus comunidades cercanas a Papantla, Veracruz, con la intención de hacer valer una adjudicación de supuestos terrenos nacionales a favor de su suegro Manuel Romero Rubio. Este operativo consistió en el envío de soldados de línea que, según John Kenneth Turner, mataron a unos 400 indígenas, incluyendo mujeres y niños.[58] Así o más terrible fue la represión que sufrieron los rarámuris de Tomóchic y Temósachic en Chihuahua, en 1891 y 1892, al ser despojados de sus tierras.[59] De igual manera, durante muchos años se mantuvo una cruel guerra de exterminio contra los yaquis, mayos y seris en Sonora, y contra los mayas de la península de Yucatán. Con justificaciones racistas, todos fueron tratados con brutalidad. Para las élites simplemente constituían un obstáculo que impedía la modernización del país. «De hacerles justicia a los yaquis, comentó un veterano de esa guerra, se perjudicaba el progreso material de la nación. Cometiendo una injusticia se favorecía este. El Gobierno optó por lo segundo».[60]

Por eso fueron considerados como enemigos a los que había que someter o destruir. En casi todos sus informes, sin ningún recato, Porfirio Díaz rendía cuentas de este penoso asunto. Por ejemplo, en abril y septiembre de 1900, habla de la rebelión de los yaquis, mayos y mayas, expresa que han sido redobladas las medidas militares. El diputado Justino Fernández que contesta el último informe de ese año, asegura que pronto terminará la insensata rebelión indígena, dada «la severa represión que se le ha aplicado».[61] En 1901, Díaz informa que estaba a punto de aplastar la rebelión de los mayas de Yucatán; al año siguiente, los considera «sin iniciativa para combatir» y los tacha de «grupos errantes» que resisten en la selva sin someterse. En 1903, informa que el estado de Campeche, donde también se habían rebelado los mayas, estaba prácticamente en paz. En cuanto a los yaquis de Sonora, en 1902 dice que siguen resistiendo a pesar de la represión del ejército federal. Un año después afirma que prácticamente los ha sometido. Por último, en 1904, declara formalmente concluidas las interminables campañas de pacificación de Sonora y Yucatán.[62] En la celebración del 2 de abril de ese año se otorga a Porfirio Díaz «el gran cordón militar… por haber concebido y llevado a buen término la campaña contra los indios salvajes de Yucatán».[63]

Es importante dejar en claro que las guerras de exterminio contra la población indígena tenían como propósito central el despojo de sus tierras. Así lo expresa el mismo Porfirio Díaz cuando, en 1902, justifica la creación del territorio federal de Quintana Roo sobre una extensa porción del estado de Yucatán, diciendo que esa «espaciosa zona del suelo mexicano, conquistada palmo a palmo a las tribus rebeldes que de ella se habían adueñado», será entregada a la «benéfica influencia… de los capitales».[64]

Las llamadas campañas contra los mayas, mayos y yaquis fueron en realidad una segunda conquista, no menos brutal que la de 1521. Una vez más, los bárbaros eran quienes con el uso de la fuerza despojaban y trataban como extraños a los dueños originarios de las tierras, mediante una guerra cruel y dispareja, para la cual el régimen adquirió las más sofisticadas armas de la época. Además de un número indeterminado de cañones, se compraron 42 000 fusiles y 9 000 carabinas *Maüsser*, un armamento muy superior «en todos sentidos al que antes era reglamentario».[65] Este era utilizado por soldados, en su mayoría indígenas, para masacrar, por órdenes superiores, a sus hermanos del mismo origen y cultura. En la obra *El Porfiriato, La Vida Social* se afirma, sin considerar la represión de los mayas, que «el Gobierno federal empleó en esta campaña 4 800 soldados contra los yaquis y 3 000 contra los mayos, o sea, la cuarta parte del ejército».[66] En cuanto a los asesinatos, aunque ningún autor llega a precisar un número exacto, el mismo Luis E. Torres, despiadado gobernador sonorense, reconoció públicamente que habían muerto en campaña 15 000 yaquis y 200 soldados.[67] Más otros muchos hombres, mujeres y niños que fallecieron en las deportaciones y por las condiciones de esclavitud a las que eran sometidos en el sureste del país. En fin, esta guerra de exterminio no solo es la más inhumana prueba del carácter dictatorial del régimen porfirista, sino uno de los capítulos más vergonzosos de nuestra historia patria.

No es exagerado sostener que la lucha entre los defensores de los bienes comunales y los partidarios de la propiedad privada es como la esencia de la historia de México. Inclusive, estas dos y contrapuestas visiones sobre la importancia de la tierra, mucho tuvieron que ver en el lamentable distanciamiento entre Francisco I. Madero y Emiliano Zapata; y digo lamentable porque Madero era un hombre de verdad sincero, que si además de enarbolar la causa de la libertad hubiera hecho lo mismo en favor de la lucha zapatista por la tierra, posiblemente habría triunfado en su auténtico afán democrático, porque de ello dependía contar con la base social que necesitaba para enfrentar a oligarcas, militares y otros rufianes del antiguo régimen porfirista que terminaron por sacrificarlo, causando mucho dolor, derramamiento de sangre y dejando en suspenso, por más de un siglo, el anhelado ideal del sufragio efectivo.

La ruptura de Madero con Zapata no solo debe verse como un acto de traición. Es cierto que Madero falló al no cumplir de inmediato la promesa del Plan de San Luis de restituir las tierras despojadas a las comunidades durante el Porfiriato, pero este incumplimiento no significó que se hubiera entregado a los hacendados del antiguo régimen, más bien tenía una concepción distinta del problema político en lo general y de la cuestión agraria en lo particular. Si acaso su error, como lo hemos dicho en otras ocasiones, era pensar que «si tenemos libertad, todos nuestros problemas están resueltos» y mantener a todo trance la creencia de poder «unir a todos los mexicanos bajo la santa bandera de la libertad».

El 10 de marzo de 1912, en un manifiesto, recalca que «la libertad, servirá de base para conquistar los demás bienes, pues el pueblo ya no tendrá trabas que le impidan labrar por su propia ventura y prosperidad».[68] Luego empieza a reiterar que «el grito que hizo despertar al pueblo mexicano fue el de libertad y no el de tierras como pretenden algunos descarriados hacerlo ahora. Si al grito de libertad se levantó la república entera, fue porque significaba la realización de grandes anhelos del pueblo mexicano; el grito de tierras significa rapiña y robo, puesto que la única manera como pueden conquistarse tierras, con las armas en la mano, no ha despertado en el pueblo mexicano, sino desprecio para los que lo han lanzado».[69] Sin embargo, la falta de solución al problema agrario, haya sido o no una promesa del Plan de San Luis, era una demanda que unió a muchos campesinos en la lucha armada y obligó a Madero a suspender las garantías en los estados de Morelos, Guerrero, México y Puebla, donde había que enfrentar, como él mismo decía, «los fermentos anárquicos que lamentablemente prosperan allí, "bajo la forma del comunismo agrario"».[70]

Este criterio demostraba el rotundo desconocimiento de Madero sobre la importancia que tenía para los pueblos originarios la tierra comunal. No sabía y nunca entendió, que esa forma de tenencia era parte de la cultura de los pueblos del centro y sur del país desde la época prehispánica. A lo largo de toda la historia de México, ni los conquistadores ni Juárez con las leyes contra las corporaciones y a favor de la propiedad individual ni Porfirio Díaz con sus legislaciones sobre terrenos nacionales y baldíos, pudieron impedir que, en Oaxaca, hasta el día de hoy,

80% del territorio sea comunal; con el añadido de que, en buena medida, gracias a ello, el pueblo oaxaqueño es, en la actualidad, uno de los más cultos del mundo.

•••

El otro elemento que influye hasta nuestros días en el temple de los mexicanos se relaciona con el antiguo principio de la ayuda mutua. El trabajo en la agricultura, sobre todo, en la siembra y cosecha, así como en la construcción de viviendas, obras y servicios públicos, se desarrollaba bajo el acuerdo de la ayuda mutua, conocido actualmente como la mano, que consiste en invitar a otros miembros de la comunidad a la labor, con el compromiso de devolver la mano cuando fuese requerida. Este principio característico del mundo indígena pone de manifiesto la importancia del trabajo colectivo y de la solidaridad entre los miembros de la comunidad. Esta práctica resultaba también incomprensible para los colonizadores y descendientes partidarios del trabajo individual y asalariado. Durante la Colonia cuando se hacía referencia al trabajo solidario o al tequio, en muchas ocasiones españoles o criollos lo describían de manera despectiva, por ejemplo, expresaban: «Una multitud de indios que podrían estar trabajando en las fincas que tanto carecen de ellos, ocupados cuarenta en una cosa que pueden hacer dos».[71]

A pesar de este pensamiento y del avance de las relaciones estrictamente salariales, la ayuda mutua continuó existiendo y todavía prevalece en algunos pueblos indígenas, sobre todo, en Oaxaca, donde este modo de organización social se practica en lo personal y comunitario. Allí, por ejemplo, los miembros de la comunidad mantienen sus creencias religiosas y, al mismo tiempo, desempeñan cargos de Gobierno sin recibir salario o sueldo, motivados por el principio moral de que se debe servir a los demás, a la colectividad. La ayuda mutua nos ha dejado como legado el ser muy fraternos; muy humanos en todos los órdenes. Los ejemplos son muchos: la solidaridad de la gente en casos de terremotos, inundaciones, epidemias y otras tragedias; el apoyo de los migrantes que trabajan en Estados Unidos a sus familiares en México; la bondad hacia el pobre; inclusive, la actitud de los revolucionarios como el coronel Cándido Donato Padua, quien, en 1910, antes del llamado de Madero a tomar las armas contra la dictadura, liberó a 25 hombres, 14 mujeres y un gran número de niños yaquis deportados que permanecían como esclavos en una hacienda azucarera del sur de Veracruz; frente a la disyuntiva de solo salvar a los hombres y dejar a las mujeres y a los niños —porque no había espacio en la lancha en la que se transportaba el grupo guerrillero— cuando los indígenas de Sonora «le rogaron que se permitiera a las mujeres acompañarlos, explicando que si se les abandonaba en la finca, serían objeto de la furia de los capataces, el coronel accedió y todo el grupo se puso en marcha. Revolucionarios y prófugos ocuparon la nave en que habían llegado los rebeldes, y un viejo lanchón. Pero al día siguiente, hubo la necesidad de abandonar las embarcaciones y emprender el camino a pie».[72] Así eran estos revolucionarios, puro corazón, por cierto, olvidados y muchos ni siquiera conocidos, entrañables héroes anónimos.

• • •

El otro distintivo que caracterizó al México prehispánico y que perdura hasta la actualidad es el espíritu libertario de nuestro pueblo. Así como durante siglos no existió la propiedad privada ni el trabajo asalariado, tampoco imperó durante mucho tiempo la esclavitud, puede ser cierto que en las guerras entre culturas o en los conflictos internos, los vencidos se convertían en vasallos, como se muestra en los murales de Bonampak y en otras pinturas o esculturas, pero de eso a los sacrificios humanos inventados por los conquistadores hay mucha diferencia. Esto último fue la leyenda que crearon los invasores para justificar la opresión y el saqueo que impusieron con la cruz y la espada, en aras de la supuesta civilización.

Por lo general, en la antigüedad prehispánica, la estructura política de dominación se sustentaba en medidas coercitivas, pero también en creencias y consensos entre la clase gobernante compuesta por caciques, sacerdotes, guerreros, comerciantes y el pueblo raso; el cual podía vivir en libertad siempre y cuando cumpliera con el pago de tributos asignados por quienes detentaban el poder. Este sistema era tan eficaz que fue adoptado por los conquistadores, quienes únicamente sustituyeron en la cobranza de tributos a los antiguos caciques nativos por los llamados encomenderos españoles.

El punto es que la esclavitud aparece realmente con la llegada de los europeos. En Puebla, antes de tomar Tenochtitlan, Hernán Cortés convierte en esclavos a quienes se resistían a someterse y sumarse a su ejército. Al principio de la ocupación de los pueblos originarios por los españoles los excesos en el cobro de tributo y en la sobreexplotación se extendieron por todas partes.

En los libros del Chilam Balam se expresaba que «tendréis exceso de dolor y exceso de miseria por el tributo reunido con violencia y antes que nada entregado con rapidez. Diferente tributo mañana y pasado mañana daréis».[73] Aunque presagiaban: «al terminar la codicia, cuando ocurra el despoblamiento, cuando sea la ruina, la destrucción de los pueblos por el colmo de la codicia».[74] «Justas y obedecidas serán las órdenes de los Señores legítimos para alegría del mundo».[75]

Sin embargo, los excesos, como el reparto de indígenas y la esclavitud, que fueron contrarios al sistema de encomienda con libertad para los pueblos originarios, no pudieron establecerse en definitiva durante la Colonia; no obstante, es pertinente aclarar que la sobreexplotación no se detuvo por causas humanitarias, aun cuando había clérigos como Fray Bartolomé de las Casas que se convirtió en auténtico defensor de los indígenas, sino fundamentalmente por el despoblamiento provocado por las terribles enfermedades traídas por los conquistadores como la viruela, que se convertían en epidemias y los curanderos no sabían cómo enfrentarlas y los europeos tardaron tres siglos en descubrir la vacuna para prevenirla; en consecuencia, al disminuir la población se redujo lo obtenido mediante el tributo; empezó a escasear la fuerza de trabajo y comenzó lo que se conocería por mucho tiempo como la *falta de brazos*.

En una de las cartas de Fray Bartolomé de las Casas, el rey de España, le dice:

> Si vuestra Majestad no quitase los indios a los españoles, sin ninguna duda todos los indios perecerán en breves días; y aquellas tierras y pueblos quedarán, cuan grandes como ellas son, vacías y yermas de sus pobladores naturales; y no podrán de los mismos españoles quedar sino muy pocos y brevísimos pueblos, ni habrá casi población de ellos, porque los que tuvieren algo, viendo que ya no pueden haber más, muertos los indios, luego se vendrán a Castilla; porque no está hombre allá con voluntad de poblar la tierra, sino de disfrutarla mientras duran los indios[76] [...] Pierde Vuestra Majestad y su real Corona infinito número de vasallos que le matan [...]: pierde tesoros y riquezas grandes que justamente podrían haber[77] [...]. No conviene a la seguridad del estado de Vuestra Majestad que en la tierra firme de las Indias haya ningún gran señor, ni tenga jurisdicción alguna sobre los indios, sino Vuestra Majestad[78] [...]. Sabiendo los indios que son de Vuestra Majestad, y que han de estar seguros en sus casas [...] salirse han de los montes a los llanos y rasos a hacer sus poblaciones juntas, donde aparecerá infinita gente que está escondida por miedo de las vejaciones y malos tratamientos de los españoles [...].[79]

Téngase en cuenta que a la llegada de los españoles se calcula que en el actual territorio nacional vivían 11 000 000 de habitantes aproximadamente y tres siglos después, cuando México obtiene su independencia solo había 6 100 000 personas.

Incluso, esta realidad condujo a que, desde el principio de la Colonia, la esclavitud fuera prohibida por la monarquía española. En 1542 se aprobaron las conocidas Leyes de Indias, en las cuales se estableció que los indígenas debían ser considerados como vasallos libres.

Por ejemplo, en 1587, en una carta enviada por el virrey de la Nueva España, Álvaro Manrique de Zúñiga, al alcalde mayor de la Provincia de Tabasco, se lee:

> sepades que ante el Presidente e Oidores de la Nuestra Audiencia y Cancillería que reside en la Ciudad de México de la Nueva España, pareció la parte de los indios de la provincia de Tabasco, e por petición que ante nos presentó, nos hizo relación diciendo

que los dichos indios eran apremiados de vos el dicho alcalde mayor y de otros jueces de esa dicha provincia para que diesen servicio de indios para que sirviesen a sus encomenderos y otras personas, de que los dichos indios eran vejados y molestados, porque no tan solamente de los dichos pueblos comarcanos a la dicha villa, pero de otros muchos pueblos que están treinta, e cuarenta e cincuenta leguas y van a hacer el dicho servicio a los dichos españoles, y por venir de tan lejos caminos se morían muchos de ellos y si no se remediaba, la dicha provincia se despoblaría y acabarían todos... mandamos que aquí adelante no consintáis, permitáis, ni deis lugar a que los indios de los pueblos de esas provincias, ni algunos de ellos sean compelidos a que hagan los dichos servicios personales a los dichos encomenderos.[80]

Sin embargo, la esclavitud no desapareció del todo durante la Colonia; siempre en defensa de su libertad, el indígena enfrentó las prácticas del enganche y otros trucos que las autoridades aplicaban en favor de los hacendados que demandaban mano de obra, sobre todo, en épocas de auge productivo y comercial. En todo el periodo colonial, la comunidad y la hacienda fueron unidades agrarias distintas y antagónicas. La hacienda pretendía absorber a la comunidad mediante la expansión territorial y el enganche de sus miembros. A su vez, la comunidad resistía la presión defendiendo su tierra y mediante la protección derivada de sus instituciones de ayuda mutua, es decir, el trabajo colectivo y la solidaridad social. En este sentido, la tierra tenía para el indígena una doble función: era el principal medio de subsistencia y, a la vez, el elemento que permitía la autonomía en relación con el trabajo servil de la hacienda.

Los indígenas preferían las penalidades y pobreza de su vida de subsistencia antes que perder la libertad y someterse a la hacienda. Esta actitud resultaba inexplicable para los hacendados, quienes, ante la imposibilidad de dominarlos por la fuerza, tachaban al indígena de flojo e indolente. Pero el indígena no cambiaba por nada su libertad, prefería vivir en lo más agreste de las montañas, en la selva, en los pantanos, en las islas, en las llamadas zonas de refugio, que aceptar ser esclavo.

Aunque pueda resultar exagerado, el asedio para convertir al indígena en peón de las haciendas creció a partir de la consumación de la Independencia en 1821; desde entonces los indígenas dejaron de pagar tributo a los encomenderos españoles, pero siguieron padeciendo las presiones ejercidas por los hacendados que ambicionaban sus tierras y sus brazos. Desde la primera república federal iniciada en 1824, hasta el derrocamiento del presidente Sebastián Lerdo de Tejada en 1876, por el entonces antirreeleccionista Porfirio Díaz y sus huestes, la situación de marginación de las comunidades indígenas no mejoró prácticamente en nada; es más, durante todo el siglo XIX, la población mayoritaria, formada por indígenas y peones, fue siempre considerada como inferior por naturaleza, no apta para la libertad, y sin otro destino que servir como carne de cañón en las luchas entre minorías liberales o conservadoras. A pesar de las diferencias, tanto las llamadas fuerzas del progreso como las de la reacción tenían poco interés en cambiar la estructura social impuesta durante el virreinato.

Reitero, luego de la Independencia, las comunidades siguieron resistiendo la presión de quienes buscaban quedarse con sus tierras y convertir a sus miembros en peones. Inclusive, al indígena libre lo trataban como vago. En Tabasco, y es posible que en otras partes del país, con el apoyo de las autoridades, se aprobó un reglamento agrario que obligaba a los trabajadores a obedecer a sus amos, mayordomos, caporales, caudillos o capataces, y en otorgar a estos facultades para mandar, ordenar y dirigir todos los trabajos de las explotaciones de cacao, caña o ganado. Este reglamento autorizaba a los hacendados a corregir a los peones en sus *delitos domésticos* de la siguiente forma:

> Los que desobedezcan los justos mandatos [...] con el depravado fin de arruinar las labores [...] son delincuentes, porque en el mismo hecho arruinan unas labores que, puede decirse, son las columnas que sostienen al estado; por tal delito podrá castigárseles condenándolos a trabajar tres días con un grillete para cerrar la puerta [...] resarciendo además, el perjuicio que resulte de su inobediencia [...] Los que, por vender el machete, hacha o instrumento de la propiedad del amo quiten un brazo a las labores cuantas veces esto hicieren, serán castigados por la primera vez con hacerlos trabajar tres días con grillete, o dándole doce chillillazos [fuetazos], y doble si reincidieren, cargándoseles, en el segundo caso lo que hubiesen vendido.
>
> Los que estando adeudados en una labor, se huyan de ella, cometen alzamiento de bienes, y deben reputarse como ladrones famosos: para cerrar la puerta de este desorden tan perjudicial, y evitar su repetición, luego que sean habidos, se les castigará semejante delito, haciéndolos trabajar un mes con grilletes y dormir de noche en el cepo, o encerrados en un cuarto, y si reincidiesen será doble el castigo. Los que atrevidamente pusiesen las manos en los capataces que los comandan, principalmente si fuera en el campo al tiempo de arreglar los trabajos, serán juzgados por la autoridad pública con arreglo a las leyes, quien siendo posible, mandará a ejecutar el castigo en la misma hacienda para escarmiento de los demás.[81]

Incluso en Tabasco, en 1829, se expidió un decreto que instituyó «un tribunal para inspeccionar y calificar la conducta de los que se sospechen ser vagos». Y se reputaba como vago «a los que sin oficio, hacienda o renta viven sin saber que les venga la subsistencia de medios lícitos y honestos».[82]

En 1851, la ley constitucional para el gobierno de los pueblos del estado, en su artículo tercero, otorgaba facultades al gobernador para enviar a los reputados como vagos a las haciendas, «por el tiempo necesario a su corrección».[83] Más aún, durante el gobierno francotraidor, el prefecto político de Tabasco, Eduardo González Arévalo, con el pretexto de la vagancia y la embriaguez, dictó un decreto en el cual se facultaba a los hacendados para pedir a las autoridades de los pueblos a todos los indígenas que necesitaran en sus propiedades.

Es más, en 1864, cuando ya era gobernador de Tabasco el coronel Gregorio Méndez Magaña, héroe de la lucha contra los franceses, fue promulgada una nueva Ley Agraria. Algunas de sus disposiciones establecían que:

Ningún mozo debe salir de la finca sin permiso escrito del amo o mayordomo.
    La embriaguez se castiga con arresto, la falta de respeto con hacer trabajar al mozo en beneficio del amo.
    La venta de instrumentos de labranza con tres horas de trabajo a beneficio del amo.
    Además, eran obligaciones de los propietarios, entre otras:
    Evitar desórdenes y escándalos en la finca y no hacer trabajar al mozo más que desde las cinco de la mañana hasta las seis de la tarde.[84]

Esta ley fue derogada dos años después de su promulgación, dejando la relación entre amos y sirvientes sujeta a «las prescripciones del derecho común». Sin embargo, es importante destacar que contravenía abiertamente lo dispuesto en la Constitución de 1857, según la cual, nadie podía ser obligado a prestar trabajos personales sin justa retribución ni pleno consentimiento; además, garantizaba a todos los hombres el derecho a entrar y salir de la república, viajar por su territorio y mudar de residencia sin necesidad de carta de seguridad, pasaporte, salvoconducto u otro requisito semejante, y señalaba asimismo que a nadie se podía castigar con prisión por deudas de carácter puramente civil.

No obstante, cuando más se intensificó la conversión del indígena libre en peón acasillado, fue durante el auge porfirista de la producción agrícola, forestal, minera o de extracción de riquezas y crecimiento del comercio exterior. En otras palabras, cuando el llamado progreso porfirista demandó más fuerza de trabajo, mediante mecanismos como el enganche y el endeudamiento, se reimplantó la esclavitud. Es real y demostrable que en el Porfiriato trabajar como peón en una hacienda era sinónimo de esclavitud. El peón era propiedad del hacendado. El mecanismo más usual del hacendado, para ejercer un dominio absoluto sobre el peón, era el endeudamiento. El salario siempre resultaba insuficiente y el peón se veía obligado a endeudarse de por vida. Por ejemplo, en 1886, el jefe político de Jonuta, Tabasco, informó a la Secretaría de Fomento del Gobierno federal: «Los sirvientes de campo están sumidos en una especie de esclavitud constituida por una deuda de 300, 400, 500 y aún más pesos que debe cada uno, y por la ley que rige estos contratos y permite el confinamiento forzado del sirviente, quien, si por esta causa quiere cambiar de amo, disfruta solo de tres días de plazo por cada 100 pesos para buscar quién pague por él».[85]

La hacienda era una unidad autónoma, donde regía la voluntad del amo. Este disponía de amplias facultades que le permitían actuar en sus vastos dominios como jefe absoluto, en una novela de la época del escritor Arcadio Zentella aparece este diálogo entre un peón y su pretendida...

—¿Me querés, Casilda?
—Quin sabe si quiere el amo.[86]

Había el prepotente derecho de pernada y solía pasar que las venganzas por esas graves ofensas se resolvían a machetazos. Los mayordomos y capataces, actuando como policías, se encargaban de evitar que los peones huyeran y cuando unos se escapaban salían a buscarlos como si fueran fugitivos. En las haciendas había cárceles, cepos y grilletes para castigar la «inobediencia y otros delitos», cometidos por el peón. Desde luego, era común azotar a los peones. Esta forma de castigo se practicaba en casi todo el país, pero como costumbre y con mayor frecuencia, en los estados de Oaxaca, Tabasco, Campeche, Yucatán y Chiapas.[87] Sobre este mismo tema, es memorable y dolorosa la historia que relata Turner sobre la forma despiadada en que se trataba a los indígenas yaquis deportados de Sonora a las haciendas henequeras de Yucatán.

No vi en Yucatán otros castigos peores que los azotes; pero supe de ellos. Me contaron de hombres a quienes se había colgado de los dedos de las manos o de los pies para azotarlos; de otros a quienes se les encerraba en antros oscuros como mazmorras, o se hacía que les cayeran gotas de agua en la palma de la mano hasta que gritaban.
El castigo a las mujeres, en casos extremos, consistía en ofender su pudor. Conocí las oscuras mazmorras y en todas partes vi las cárceles dormitorios, los guardias armados y los vigilantes nocturnos que patrullaban los alrededores de la finca mientras los esclavos dormían.
También oí que algunos agricultores tenían especial placer en ver cintarear a sus esclavos. Por ejemplo, hablando de uno de los más ricos terratenientes de Yucatán, un profesionista me dijo: —Un pasatiempo favorito de X consistía en montar en su caballo y presenciar la «limpia» (el castigo) de sus esclavos. Encendía su cigarro y cuando expulsaba la primera bocanada de humo el látigo mojado caía sobre las desnudas espaldas de la víctima. Seguía fumando tranquilamente, muy contento, al mismo tiempo que los golpes caían uno tras otro.

Cuando, por fin, le aburría la diversión, tiraba el cigarro y el hombre del látigo dejaba de golpear, ya que el final del cigarro era la señal para que acabasen los azotes.[88]

El caso Tabasco es típico de cómo el crecimiento económico porfirista más que bienestar produjo sometimiento y esclavitud. En esta porción del territorio nacional, la más tropical de México, luego de siglos de inmovilismo, se experimentó un rápido crecimiento económico. El extraordinario desarrollo del comercio internacional creó la necesidad de construir embarcaciones, con capacidad de transportar grandes volúmenes de mercancías. Ante esta demanda, Tabasco tenía algo que ofrecer: en sus selvas y en las de Chiapas abundaba la caoba, madera muy resistente a los efectos del agua, fácil de trabajar y buena para flotar. Además, la finura de la madera de este majestuoso árbol tropical pronto también fue codiciada por los ebanistas de Europa y Estados Unidos para la fabricación de escritorios y otros muebles de gran lujo. Así, el auge llegó a Tabasco. Lo único que faltaba eran brazos. Por eso el gobernador porfirista, Abraham Bandala, ordenó a los jefes políticos de los municipios que aplicaran «con toda exactitud y sin disimulo ni consideración de ninguna clase, las disposiciones legales contra la vagancia y la mendicidad».[89]

A partir de entonces se puso en vigor la práctica del enganche para el trabajo en las monterías; hacían falta mayordomos, monteadores para explorar en la selva los árboles de caoba; labradores o hacheros para tumbarlos; arrieros de bueyes o boyeros para arrastrar las trozas hacia los ríos; gañanes para cuidar a los bueyes y balseros de los ríos para conducir la madera hasta los puertos. El enganche consistía en adelantar al trabajador alguna cantidad de dinero y ofrecer condiciones de salarios y alimentación que luego no se cumplían. Pero una vez endeudado, el trabajador no podía salir de la montería y «era obligado a seguir trabajando [...] por la mitad de la paga del primer año».[90] Además, los jefes políticos tenían instrucciones de tomar prisioneros a los trabajadores endeudados que huían y de regresarlos. José Coffin describe el infierno de las monterías, al narrar la vida del más importante revolucionario del estado, el general Ignacio Gutiérrez Gómez, quien había trabajado en ellas. Por ejemplo, del gañán dice:

> En la montería no hay perro, no hay buey, tan maltratado como el gañán. En cada pulgada de su cuerpo presenta espinas, estacadas, latigazos, cornadas y patadas. Los mayordomos, los boyeros y hasta las mujeres lo ofenden y le pegan por ser generalmente un muchacho débil e indefenso. El lodo es su elemento, pues en él anda, come, bebe y sufre 18 o 20 horas de cada día, sin derecho a los domingos ni a ningún otro día de reposo o de fiesta. Le curan sus calenturas echándolo al agua. Su error o descuido lo expía recibiendo 25 o 50 azotes atado a cualquier tronco de árbol o

poste. La peor desgracia para un gañán es la pérdida de un buey, pues muchas veces es el primer eslabón de la cadena de esclavos que arrastrará toda la vida, pues después de consabido castigo se le carga a la cuenta (el valor de la res) a un precio fabuloso.[91]

El comercio de la madera atrajo a extranjeros de todas partes del mundo, pero principalmente a españoles. De 1877 a 1910, la población de Tabasco pasó de 83 707 a 187 574 habitantes. En ese tiempo se constituyeron dos nuevos municipios en la región maderera de los Ríos: Montecristo —hoy Emiliano Zapata— y Tenosique. La economía despertó por la euforia de la caoba. Miles y miles de trozas de madera, que llegaban hasta más de dos metros de diámetro, viajaban por los ríos desde la Selva Lacandona hasta las costas tabasqueñas, para encontrarse con embarcaciones que las transportaban a Europa y Estados Unidos. Solo en 1909 se exportaron 35 425 toneladas con valor de 1 484 000 pesos. En Tabasco, tres familias básicamente (Bulnes, Romano y Valenzuela) erigieron el imperio de la caoba. Las tres eran dueñas de todo: vidas, tierras, embarcaciones, comercios, y poseían la única institución bancaria del estado. Un solo hombre, Policarpo Valenzuela, era dueño de 720 000 hectáreas, la tercera parte de las tierras de la entidad. De esta manera, a la sombra de la caoba y a costa de los sufrimientos de los peones de las monterías, Tabasco se colocó a la altura del resto del país. Había alumbrado eléctrico, tranvías en la capital, teléfonos, embarcaciones con camarotes y cocina, influencia francesa, conciertos de piano y violín y se construyó el palacio de Gobierno entre otras mejoras materiales. Pero nada, absolutamente nada, justificaba el sufrimiento que padecieron los peones de las fincas rústicas y de las monterías.

Aunque Porfirio Díaz y sus seguidores pensaban distinto. Para ellos el progreso estaba por encima de la justicia y de la libertad. Siempre, ante las quejas de maltrato a los peones, respondían que «el Gobierno, por desgracia, nada podía hacer, porque tras la primera intervención vendrá otra, hasta verse forzada a inmiscuirse en toda la economía nacional».[92] En una ocasión, en 1889, Simón Parra, un vecino de San Juan Bautista —antiguo nombre de Villahermosa—, le escribió a Díaz sobre el asunto, y la respuesta fue que «no hiciera esfuerzo alguno exagerado para evitar el actual orden de cosas establecido, porque se trata de defectos de forma en nuestro modo de ser, que NO PUEDEN NI DEBEN CORREGIRSE DE UN DÍA A OTRO. No hay nada más horripilante en nuestra organización social, que el sistema de reclutamiento en el ejército; y, sin embargo, tenemos que pasar por la vergüenza que causa».[93] Porfirio Díaz creía, como muchos otros, que la esclavitud era un mal necesario. El pensamiento retrógrado de la época se expresa con claridad en la postura que asume *El Universal*, el periódico nacional de mayor circulación en los años noventa del siglo XIX, al sostener sin recato alguno «que la esclavitud era una forma de progreso económico, aunque pareciera una blasfemia a la metafísica»; Yucatán le parecía el mejor ejemplo porque «el progreso del henequén se debía a la esclavitud de los mayas».[94]

El régimen porfirista cimentó en un sector de la sociedad, reducido pero influyente, un pensamiento racista e inhumano, adoctrinó a gente que de tanto ambicionar no solo se les endureció el corazón, sino que se les quitó la sensibilidad para advertir que la dictadura y el desprecio por los de abajo, llevaría a la rebelión de los peones, de los esclavos. Pocos fueron los que así lo avizoraron. Uno de ellos, John Kenneth Turner, periodista estadounidense, en su libro *México Bárbaro*, en vísperas del jolgorio porfirista del centenario, acertó al decir: «En México existe hoy un movimiento nacional para abolir la esclavitud y la autocracia de Díaz [...] Bajo el bárbaro gobierno mexicano actual, no hay esperanza de reformas, excepto por medio de la revolución armada. Esta revolución, en manos de los elementos más preparados y más progresistas, constituye una robusta probabilidad del futuro inmediato».[95]

En efecto, la Revolución Mexicana tuvo dos grandes demandas: la democracia y la justicia, pero esta última fue la que motivó a las mayorías a participar en la transformación; los de abajo exigían tierra y libertad. Entre ellos los peones, esclavizados fueron los más activos en luchar contra la opresión. El historiador, Alfonso Taracena cuenta que, en febrero de 1911, cuando Francisco I. Madero entra al país por Chihuahua, y se pone al frente de los revolucionarios, se produce una impresionante rebelión de los peones de las haciendas. «Toda la República está envuelta en el fuego de la Revolución. Los caciques de los pueblos y los amos y mayordomos de las haciendas se ponen a salvo ante la furia de la peonada».[96]

Pero aun con el triunfo del maderismo, la esclavitud en las haciendas es abolida, hasta 1914, luego que una pandilla de rufianes asesinara al presidente y al vicepresidente de la república y la rebelión cundiera con más fuerza por todo el país. El gobierno de Carranza, acicateado por las demandas sociales enarboladas por Villa y Zapata y por la fuerza político-militar de estos movimientos, atendió los anhelos de libertad y se apresuró a garantizar los derechos agrarios y laborales.

De modo que, en Tabasco, el 19 de septiembre de 1914, los revolucionarios declararon abolidas las deudas de los peones del campo y el sistema de servidumbre y este decreto formó parte de otros que antes o después se aprobaron en toda la república. En Puebla y Tlaxcala, por ejemplo, el general Pablo González, comandante en jefe del cuerpo del ejército constitucionalista del noreste, abolió las deudas de los peones en ambas entidades mediante el decreto del 3 de septiembre de 1914; en Yucatán hizo lo mismo, el 11 de septiembre, Eleuterio Ávila, gobernador provisional y comandante militar de ese estado; así también procedieron el 19 y 30 de octubre del mismo año los gobernadores de Veracruz y Chiapas, Cándido Aguilar y Jesús Agustín Castro; este último expresó en los considerandos de la Ley de Obreros que «de hoy en adelante las hordas esclavizadas desde la Conquista, asumen en el estado de Chiapas la actitud que corresponde a los hombres libres». Obviamente, esto no sucedió así de inmediato, llevó tiempo, por razones de índole política y social; me consta que todavía en la década de 1960, hace apenas 60 años, había peones acasillados en las haciendas de Chiapas e indígenas que se alquilaban para cargar con mecapal, sobre sus espaldas, a caciques y ladinos.

Lo fundamental, desde luego, no es el tiempo que tomó convertir estas leyes en realidad, ni en qué circunstancias se aprobaron, ni determinar quién lo ordenó o lo hizo primero; lo que no debe olvidarse es que se trató de la primera decisión a favor de los de abajo, luego de una eternidad de injusticias y sufrimientos.

•••

Por último, otro más de los preceptos o elementos buenos que heredamos de los primeros pobladores del México prehispánico es la innata inclinación hacia la honestidad, que sigue siendo la mayor riqueza de nuestro país. La corrupción es un fenómeno relativamente nuevo, iniciado con la invasión extranjera y fomentado por la codicia y el lucro que acompañan casi siempre al afán de avaricia, superioridad, mando y dominio.

Aun si tomamos en cuenta que es poco el conocimiento del México prehispánico, no existen indicios de que este vicio —el robo en todas sus dimensiones— haya sido algo sobresaliente en el mundo indígena; ni los soldados o testigos de vista del inicio de la Conquista ni los primeros misioneros católicos, abordan el tema, como sí lo hicieron para justificar la invasión y el sometimiento, hablando de la barbarie, los sacrificios humanos, las idolatrías, la presencia del diablo en América; más bien, en los libros del Chilam Balam se constata con extrañeza la desmedida ambición de *los codiciosos Señores, los codiciosos gobernantes, los codiciosos usurpadores,* asimismo se advierte que habría «mucha miseria en los años del imperio de la codicia, gran sufrimiento que terminará con la dispersión y la ruina de los pueblos».[97]

Es incuestionable que los conquistadores fueron movidos por la ambición al dinero. Ellos protagonizaron la primera fiebre del oro en América. Existe el testimonio según el cual, una vez vencidos los mexicas de la gran Tenochtitlan, los españoles tomaron preso a Cuauhtémoc y a otros nobles, quienes «fueron sometidos a interrogatorios por Cortés, quien deseaba saber el destino del oro que guardaban los mexicas. Aunque recibió una canoa llena de toda clase de objetos de ese metal, Cortés no quedó satisfecho y sometió a tortura a sus prisioneros, entre ellos al propio Cuauhtémoc. Al *tlatoani* le quemaron los pies buscando que revelara el paradero del resto del oro. De acuerdo con Francisco Gómara, quien hizo una historia basada en los testimonios de los mismos conquistadores, uno de los principales, que era torturado junto con Cuauhtémoc, le solicitó que dijera algo, a eso Cuauhtémoc "lo miró con ira y lo trató vilísimamente como muelle de poco esfuerzo, preguntándole si estaba él en algún deleite o baño"».[98]

El gran escritor uruguayo, Eduardo Galeano, en su libro memorable *Las venas abiertas de América Latina*, relata de manera magistral la codicia por el oro.

> A tiros de arcabuz, golpes de espada y soplos de peste, avanzaban los implacables y escasos conquistadores de América. Lo contaron las voces de los vencidos. Después de la matanza de Cholula, Moctezuma envió nuevos emisarios al encuentro de Hernán Cortés, quien avanzó rumbo al valle de México. Los enviados regalaron a los españoles collares de oro y banderas de plumas de quetzal. Los españoles «estaban deleitándose. Como si fueran monos levantaban el oro, como que se sentaban en ademán de gusto, como que se les renovaba y se les iluminaba el corazón. Como que cierto es que eso anhelan con gran sed. Se les ensancha el cuerpo por eso, tienen hambre furiosa de eso. Como unos puercos hambrientos ansían el oro», dice el texto náhuatl preservado en el Códice Florentino.
>
> [...]
>
> Y finalmente Cortés, que había perdido Tenochtitlan, la reconquistó en 1521. «Y ya no teníamos escudos, ya no teníamos macanas, y nada teníamos que comer, ya nada comimos». La ciudad, devastada, incendiada y cubierta de cadáveres, cayó. «Y toda la noche llovió sobre nosotros». La horca y el tormento no fueron suficientes: los tesoros arrebatados no colmaban nunca las exigencias de la imaginación, y durante largos años excavaron los españoles el fondo del lago de México en busca del oro y los objetos preciosos presuntamente escondidos por los indios. (Miguel León Portilla, *El reverso de la Conquista. Relaciones aztecas, mayas e incas*, México, 1964).[99]

Ya vimos también cómo el tesoro de Moctezuma se repartió a los soldados, luego de que una buena parte del oro había sido robado por Cortés y sus allegados. El Palacio Nacional se ha incendiado tres veces, una de manera accidental, en 1872, un mes después de la muerte de Juárez y muy cerca de donde fueron sus aposentos; las otras dos sucedieron durante la Colonia y por motivos de corrupción. La primera, como ya lo escribimos se registró en 1624, cuando las huestes del arzobispo acusado de corrupción tomaron por asalto el Palacio para expulsar al virrey. La otra toma y quema del Palacio se produjo en 1692, a causa del «descontento y amotinamiento de más de 10 000 personas en la Plaza Mayor, ya que se pensaba que la situación de hambruna se debía a las malas gestiones del virrey Gaspar de la Cerda y Mendoza, conde de Galve. En la plaza se escuchaba a gritos *"¡Muera el Virrey! ¡Muera la Virreina! ¡Muera el Corregidor! ¡Mueran los españoles! ¡Muera el mal gobierno!"* y varias personas de la rebelión comenzaron a entrar al Palacio para saquearlo y seguir prendiendo fuego al inmueble».[100] Debo agregar que otro virrey, poco antes del inicio del movimiento de Independencia fue depuesto por la Corona Española y se descubrió que guardaba en su recámara un tesoro de miles de onzas de oro.

Esa hambre y sed por el oro es indudable que la trajeron consigo los europeos; pero persistió y la trataron de imponer como forma de vida durante el México independiente y en los largos tramos de dominación de la oligarquía criolla y de las élites extranjeras; sin embargo, la portentosa tradición cultural indígena logró detener ese afán de lucro y aún sigue vigente la decencia, el recto proceder y la honestidad de nuestro pueblo.

La dignidad del mexicano ha prevalecido por los siglos de los siglos. Hasta hace poco, en los pueblos originarios ni siquiera se conocía la palabra ni el significado del robo. En la misma milpa se guardaba el maíz en trojes y nadie se atrevía a tocarlo. Aquí vuelvo a contar que hace como diez años, un joven compañero de Morena olvidó su cartera en el revistero de un avión comercial y días después recibió la llamada de un campesino migrante desde un lugar de California para informarle que él había encontrado su cartera con sus documentos y dinero. El campesino migrante, originario de una comunidad de Veracruz, le preguntó sobre cuánto llevaba en la cartera y una vez aclarado el asunto se la envió a su domicilio. Mi joven compañero le preguntó al migrante, que apenas hablaba bien el español, por qué lo hacía. Le contestó que sus padres le habían enseñado a hacer el bien sin mirar a quién y que si actuaba así tendría una recompensa mayor.

En fin, en los pueblos del México profundo se conserva aún la esencia de la civilización mesoamericana y existe una reserva de valores culturales, morales y espirituales que nos alimentan y nutren, que nos dan fortaleza para enfrentar cualquier tipo de adversidad, levantarnos y renacer, como si se cumpliera por siempre la profecía de los memoriales de Culhuacán, según la cual «mientras exista el mundo no acabará la gloria ni la fama de Meshico Tenochtitlan».

• • •

La herencia política

Pero, también, en buena medida de este pasado excepcional ha surgido la fecunda historia política de México con sus admirables próceres y excepcionales patriotas. José Martí decía: «Injertarse en nuestras repúblicas el mundo; pero el tronco ha de ser el de nuestras repúblicas». Es cierto que Miguel Hidalgo era criollo y se había formado con las ideas de la Ilustración surgidas en Europa, pero su origen mexicano y, sobre todo, la convivencia con el pueblo raso, lo llevó a defender causas profundamente justas y arriesgadas que le costaron la vida. Este cura rebelde y bueno, es el Padre de nuestra Patria. Por esas singularidades de nuestra historia, la fecha que más celebra el pueblo de México es la del inicio, la del Grito y no la de la consumación de la Independencia nacional. A los mexicanos nos importa más el precursor, el cura Hidalgo, que Iturbide, el consumador, porque el cura era defensor del pueblo raso y el general realista representaba a la élite, a los de arriba, y solo buscaba ponerse la diadema imperial. Hidalgo fue otra cosa. A él le tocó junto con Allende, Aldama, Jiménez y otros dirigentes populares enfrentar a la oligarquía dominante y proclamar la abolición de la esclavitud.

El pensamiento de Hidalgo era subversivo. Nada en su personalidad lo distanciaba de ser un revolucionario y no se andaba por las ramas. Por ejemplo, en una de sus cartas al intendente Juan Antonio Riaño, escribía: «No hay remedio, señor intendente: el movimiento actual es grande, y mucho más cuando se trata de recobrar derechos santos, concedidos por Dios a los mexicanos, usurpados por unos conquistadores crueles, bastardos e injustos, que auxiliados de la ignorancia de los naturales, y acumulando pretextos santos y venerables, pasaron a usurparles sus costumbres y propiedad y vilmente, de hombres libres, convertirlos a la degradante condición de esclavos».[101] Al mismo tiempo, Hidalgo era un hombre profundamente humano, un auténtico cristiano. Así lo demuestra el hecho de que, para evitar el degüello de miles de oponentes realistas, pero también de inocentes, prefirió quedarse en el cerro de Las Cruces y no tomar la Ciudad de México, que estaba prácticamente rendida. Sin embargo, sus adversarios nunca le perdonaron la osadía de querer igualar a los pobres con las clases más favorecidas. Baste recordar el juicio en que lo excomulgan y la manera en que lo asesinan, le cortan la cabeza y la exhiben como escarmiento por más de diez años en la plaza principal de Guanajuato.

Ningún dirigente en la historia de México ha recibido más insultos que el cura Hidalgo. Paco Ignacio Taibo hace un recuento de todos los improperios: «endurecida alma, escolástico sombrío, monstruo, taimado, corazón fementido, rencoroso, padre de gentes feroces, Cura Sila, entraña sin entrañas, villano, hipócrita, refinado, tirano de tu tierra, pachá, locura, imprudentísimo bachiller, caco, malo, malísimo, perversísimo, ignorantísimo bachiller Costilla, excelentísimo pícaro, homicida, execrable majadero, badulaque, borriquísimo, primogénito de Satanás, malditísimo ladrón, liberticida, insecto venenoso, energúmeno, archiloco americano».[102]

Por si fuese poco, en el juicio de excomunión lo llaman demagogo, «desnaturalizado y frenético». Él se defendía respondiendo que actuaba con apego a su conciencia y es célebre la frase que dirige a sus acusadores: «Abrid los ojos americanos, no os dejéis seducir de nuestros enemigos: ellos no son católicos sino por política: su Dios es el dinero y las conminaciones solo tienen por objeto la opresión. ¿Creéis acaso que no puede ser verdadero católico el que no esté sujeto al déspota español?».[103] En fin, si Hidalgo no hubiera sido auténtico, como lo era, no lo hubieran sacrificado con tanta saña como lo hicieron con Jesús Cristo.

El cura Miguel Hidalgo y Costilla, en sus últimas horas, dio muestra de un temple excepcional y de una serenidad conmovedora, y hasta tuvo el gesto de una insólita amabilidad de componer unas décimas de agradecimiento a sus carceleros por el buen trato que le brindaron. Una de ellas dedicada al cabo Manuel Ortega, dice así:

> Ortega, tu crianza fina,
> tu índole y estilo amable
> siempre te harán apreciable
> aún con gente peregrina.
> Tiene protección divina
> La piedad que has ejercido
> Con un pobre desvalido
> Que mañana va a morir,
> Y no puede retribuir
> ningún favor recibido.[104]

Lo que le permitió al Padre de la Patria enfrentar la muerte con aplomo y tranquilidad fue la paz con su conciencia, la certeza de que, con fidelidad a sus principios y valores, había hecho lo correcto y lo que era necesario para el bien del pueblo al que se debía. Cuando lo iban a fusilar, el 30 de julio de 1811, a cuatro metros de distancia, los soldados temblaban, le dieron varios tiros sin matarlo y el sargento del pelotón tuvo que ordenar a dos de ellos que le pusieran las bocas de los fusiles directamente en el corazón. Nosotros, los mexicanos, debemos sentirnos orgullosos por este héroe santo y muchos otros, porque aquí, como en ninguna otra parte, el movimiento independentista no se inició por simples reacomodos en las cúpulas del poder ni se gestó únicamente por un sentimiento nacionalista, sino que fue fruto de un anhelo de justicia y de libertad. Por ello, el grito de libertad y justicia va antes que el de la independencia política.

• • •

El otro fruto de este pueblo es José María Morelos y Pavón, el cura michoacano a quien Hidalgo nombra, el 20 de octubre de 1810, jefe insurgente en el sur de México. Luego del fusilamiento de Hidalgo, el también sacerdote, político y militar, José María Morelos, ocupó la dirección del movimiento de Independencia Nacional hasta que fue asesinado el 22 de diciembre de 1815, en el pueblo de Ecatepec del Estado de México.

La vida de José María Morelos y Pavón es uno de esos acontecimientos históricos irrepetibles: en su infancia y juventud fue arriero; más tarde, seminarista, cura, libertario, demócrata, patriota, legislador y estadista. Siempre se le recuerda como militar, atrincherado en el sitio de Cuautla, en donde surgió la cariñosa copla popular: «Por un cabo doy dos reales, / por un sargento, un doblón; / por mi general Morelos / doy todo mi corazón».[105]

El maestro Carlos Pellicer lo describía así:

> Imaginad:
> una espada
> en medio de un jardín.
> Eso es Morelos
> Imaginad:
> Una pedrada
> sobre la alfombra de una triste fiesta.
> Eso es Morelos
> Imaginad:
> Una llamarada
> en almacén logrado por avaricia y robo.
> Eso es Morelos.[106]

Lo que más admiro de este auténtico Siervo de la Nación, es su fervor por el pueblo y la forma en que busca reivindicarlo. El documento que da a conocer en Chilpancingo, Guerrero, en 1813, conocido como *Sentimientos de la Nación*, es un texto fundacional en el que se recoge y expresa —en pocas palabras, con sencillez y buena prosa—, un tratado de humanismo aún vigente por su relevante dimensión social. Los 23 puntos dictados por Morelos son de gran profundidad en el terreno de la democracia y de la legalidad, pero hay cuatro de estos postulados que me parecen de una excepcional trascendencia histórica y humana. Decía Morelos: «Que se modere la indigencia y la opulencia».[107] No encuentro una fórmula más clara para tratar el añejo problema de la desigualdad económica y social en nuestro país.

Aunque parezca increíble y nos sorprenda, en los tiempos del neoliberalismo, hasta hace poco, la desigualdad se volvió aún más extrema y ofensiva. Por eso, el combatirla con una mejor distribución de la riqueza, del ingreso y del presupuesto, es hoy una de nuestras mayores y más importantes tareas, y avanzar para lograrlo es nuestro principal motivo de orgullo.

Pensaba Morelos: «Que se eleve el salario del peón». Fíjense, cómo lo elabora. Son unas cuántas palabras. ¿Acaso no es también lo suficientemente clara esta demanda? Partamos de la base de que durante el periodo neoliberal al que he hecho referencia en infinidad de ocasiones y que afortunadamente en nuestro país ya se acabó con esa pesadilla, el empobrecimiento del pueblo se hizo acompañar con una pérdida sistemática y permanente del poder adquisitivo del salario.

Pedía Morelos: «Que se eduque al hijo del campesino y del barretero igual que al hijo del más rico hacendado». Este principio básico tiene que ver con la educación pública que estuvo en riesgo durante el periodo neoliberal, cuando la educación se dejó al libre mercado como si se tratara de una mercancía, de modo que la enseñanza gratuita se limitara por la vía presupuestal y el estudio quedó como un privilegio para quienes tenían capacidad de pagar colegiaturas en escuelas privadas. En esencia, la mal llamada reforma educativa era eso: que la enseñanza no fuese un derecho, sino un privilegio. Ahora, guiados por el anhelo de Morelos, estamos ocupándonos de cuatro acciones básicas: tratar a las maestras y maestros con dignidad y no regatearles sus derechos laborales; nunca más desprestigiar al magisterio nacional. Mejorar los planteles educativos mediante el programa *La Escuela es Nuestra*; reformar los contenidos educativos de los libros de texto para devolverles el civismo, la ética, la historia y el humanismo, sin menoscabo de las matemáticas, la química, la física y otras disciplinas de las ciencias naturales; convertir en derecho constitucional, como ya se estableció, el que estudiantes de familias pobres puedan obtener becas para terminar sus estudios.

Exigía Morelos: «Que existan tribunales que protejan al débil de los abusos que comete el fuerte». Esto exige acabar con la impunidad y que se deje de castigar exclusivamente a quienes no tienen con qué comprar su inocencia. La Cuarta Transformación implica, como se demuestra en los hechos y es sabido, abolir el régimen de privilegios que prevalecía, reducir la desigualdad, la pobreza y la violencia, así como desterrar la corrupción, tanto en el sector público como en el privado.

Aunque estos son para mí los postulados más precisos y vigentes, hay en los *Sentimientos de la Nación* otros puntos de gran trascendencia. Por ejemplo, el que declara «libre e independiente de España a América también de cualquier otra nación, gobierno o monarquía». El que establece que «la soberanía dimana inmediatamente del pueblo», el cual solo quiere depositarla en sus representaciones. Somos una república. El que divide los poderes en Ejecutivo, Legislativo y Judicial; el postulado de que el gobierno liberal debe sustituir al tiránico; el reclamo de leyes generales que valgan para todos y, por tanto, la tácita abolición de los fueros que privilegiaban a religiosos y militares.

El punto 15 proscribe para siempre la esclavitud y la distinción de castas. Cito textualmente: «Quedando todos iguales y solo distinguirá a un americano de otro el vicio y la virtud». Pide a continuación que se acabe la infinidad de tributos e imposiciones, teniendo por todo impuesto 5% de las ganancias de cada individuo, y algo visionario de este cura profundamente humano y precursor de la justicia: la declaratoria de la prohibición de la tortura.

•••

En la historia de México hay algo que en realidad es único en el mundo. Me refiero a las reformas promovidas por Benito Juárez García y los liberales para separar antes que en otras partes el poder civil del poder clerical o eclesiástico. Primero quiero hablar de Juárez, el hombre, y luego de su obra; empiezo por contar que, en 1855, cuando los liberales encabezados por Juan N. Álvarez preparaban en Acapulco una insurrección contra la dictadura de Santa Anna, se presentó ante ellos un hombre sucio y en harapos con las siguientes palabras: «Sabiendo que aquí se pelea por la libertad, he venido a ver en qué puedo ser útil».[108] Sin mayores averiguaciones, los conjurados le dieron ropa y calzado y, puesto que sabía leer y escribir, lo nombraron escribiente bajo la autoridad del coronel Diego Álvarez, hijo del principal dirigente.

Pocos días después, el individuo recibió una carta a su nombre: «Licenciado Benito Juárez». Sorprendido, el coronel Álvarez se dirigió a él: «¿Y por qué no nos lo había dicho?».

«¿Para qué?», contestó Juárez. «¿Qué tiene de particular?».[109]

El que unos años después sería el mejor presidente de México llegó en ese estado lamentable tras dos años de pobreza, persecución y exilio. Estuvo preso en San Juan de Ulúa, fue desterrado a Cuba, trabajó en una fábrica de puros en La Habana, viajó después a Nueva Orleáns en busca de apoyo para la causa de la libertad y cuando supo que en Ayutla, Guerrero, se gestaba una revolución liberal, partió hacia Panamá para cruzar el continente y embarcarse hacia Acapulco.

Y sí, para entonces ya había sido gobernador de Oaxaca, un gran gobernador: durante su gestión reorganizó la Guardia Nacional, duplicó el número de escuelas en la entidad, construyó caminos, fundó el puerto de Huatulco, llevó a cabo el levantamiento de la carta geográfica del estado y del plano de su capital y manejó las finanzas públicas con honestidad y austeridad inflexibles, lo que le permitió dejar ahorros, un superávit en la hacienda pública.

Ningún gobernante ha sido más ajeno que Juárez a las tentaciones de la soberbia, la arbitrariedad y los extravíos del poder, y eso he querido ilustrar con la anécdota que les platiqué antes: él no llegó al cuartel de los liberales de Ayutla aspirando a un trato especial por sus méritos, que ya eran bastantes, sino ser útil a una causa sin importarle el rango o el cargo.

En cualquier tiempo, pero más en época de transformación, es imprescindible recurrir a la sabiduría y experiencia del presidente Juárez. Sus frases son grandes consejos. Cuando los liberales estaban enfrentando a los conservadores en la Guerra de Reforma, Juárez, lleno de optimismo, decía: «Es imposible, moralmente hablando, que la reacción triunfe».[110] Y también recomendaba que al retrógrada «que no quiere oír es preciso hablarle recio y seguido».[111]

Cómo olvidar que cuando los conservadores resultaron derrotados en la Guerra de Reforma y trajeron del extranjero al príncipe Maximiliano para tratar de imponer, con el ejército francés, una monarquía espuria en nuestro país, Juárez no dejó de alentar al pueblo en defensa de la patria y reafirmaba que México era «tan libre, tan soberano, tan independiente, como los más poderosos de la tierra».[112] «Que el enemigo nos venza y nos robe, si tal es nuestro destino; pero nosotros no debemos legalizar un atentado entregándole voluntariamente lo que nos exige por la fuerza. Si la Francia, los Estados Unidos o cualquiera otra nación se apodera de algún punto de nuestro territorio y por nuestra debilidad no podemos arrojarlo de él, dejemos siquiera vivo nuestro derecho, para que las generaciones que nos sucedan lo recobren. Malo sería dejarnos desarmar por una fuerza superior; pero sería pésimo desarmar a nuestros hijos privándolos de un buen derecho que, más valientes, más patriotas y más sufridos que nosotros, lo harían valer y sabrían reivindicarlo algún día».[113]

Y aun cuando en esa época los liberales no consideraban tan relevante la necesidad de la intervención del Gobierno en beneficio de los pobres, como sucedería a partir de la Revolución Mexicana, el presidente Juárez sí sabía que poco podían esperar los humildes de los potentados; en 1865, afirmaba: «Los ricos y los poderosos ni sienten, ni menos procuran remediar las desgracias de los pobres […] Podrá suceder que alguna vez los poderosos se convengan en levantar la mano sobre un pueblo pobre, oprimido, pero eso lo harán por su interés y conveniencia. Eso será una eventualidad que nunca debe servir de esperanza segura al débil».[114]

Juárez siempre mantuvo la convicción de que estaba sirviendo a la patria y esa inquebrantable fe en la causa que sostenía lo hacía inmune a todos los ataques. «Ignoraba el desaliento».[115] Decían sus adversarios que era un «general mediocre en el campo de batalla, mal jinete, mal tirador».[116] Sin embargo, le reconocían «el genio de la adivinación. Pensaba en todo, lo prevenía todo. En su lucha por la libertad y la república que duraba ya treinta años, jamás había cedido, renunciado ni pactado».[117] El gran novelista mexicano, Fernando del Paso en su obra *Noticias del Imperio*, imagina un diálogo en el cual Juárez le dice a su secretario:

—Yo lo único que sé montar bien es mula, Señor Secretario. Pero después de todo, las mulas saben andar mejor que los caballos por caminos muy difíciles sin desbarrancarse, ¿no es cierto?

—Así es, Don Benito.

[Y el presidente continuaba con su reflexión].

—A veces, cuando pienso en todos esos libertadores de nuestra América: Bolívar, O'Higgins, San Martín o hasta el propio Cura Morelos, me digo: todos ésos fueron próceres a caballo. Pero si tú pasas un día a la historia, Benito Pablo, vas a ser un prócer a mula…

—Pero como usted ha dicho, Don Benito, las mulas llegan más lejos.

—No, es usted quien lo ha dicho, Señor Secretario: las mulas *llegamos* más lejos.

—Perdón, don Benito, yo no quise…

—Usted no me replique. Así es: las mulas llegamos más lejos…[118]

También es indispensable recrear los difíciles acontecimientos que vivieron el pueblo de México y el gobierno de Juárez durante la Guerra de Reforma y en la lucha contra la Intervención y el Imperio. Juárez fue reformador e internacionalista y su obra trasciende fronteras. Su pensamiento liberal y su acción transformadora es realmente ejemplar. Sabía con claridad que México necesitaba un nuevo Estado, que era indispensable crear un Estado nacional y una república laica; que resultaba imprescindible separar el poder público del clerical y abolir los privilegios detentados por siglos en beneficio de una minoría prepotente y conservadora.

Con esta firme convicción, en plena guerra contra los potentados y en momentos difíciles para el movimiento liberal, Juárez se lanza hacia adelante desde Veracruz, una de las varias sedes de su gobierno itinerante, y con determinación y sin medias tintas proclama las históricas Leyes de Reforma, las cuales establecieron la separación entre la Iglesia y el Estado, y permitieron expropiar a la jerarquía eclesiástica buena parte de su cuantiosa riqueza, sobre todo, las grandes extensiones de tierra que detentaba. En 1859, en el Manifiesto a la Nación, en el que Juárez explica el porqué de estas medidas, opina que el clero puede consagrarse «exclusivamente, como es debido, al ejercicio de su sagrado ministerio, [pues Juárez] cree también indispensable proteger en la República, con toda su autoridad, la libertad religiosa, por ser esta necesaria para su prosperidad y engrandecimiento»[119] de nuestro país.

Juárez sabía que su apuesta corría el riesgo de ser interpretada como un agravio a las creencias del pueblo. Por eso procuró diferenciar lo anticlerical de lo antirreligioso. Para decirlo con más claridad, Juárez era anticlerical pero no antirreligioso. Su lucha era contra el clero, una corporación que acaparaba más que nadie los bienes materiales del país, mantenía sometidas las conciencias y era dueña, en los hechos, del poder público. La religiosidad y la libertad de creencia, según los principios de Juárez debían quedar a salvo, mantenerse inalterables. El propio

Juárez, que conocía muy bien los sentimientos de la gente, los sentimientos de los de abajo, se esmeraba en utilizar en sus discursos expresiones místicas y religiosas; antes de proclamar las Leyes de Reforma, siendo gobernador de Oaxaca, al jurar la Constitución de 1857, expresó que con la Constitución: «triunfaremos, porque defendemos los intereses de la sociedad y porque [...] Dios protege la santa causa de la libertad».[120] Más tarde expresaba: «Dios es el caudillo de las conquistas de la civilización».[121]

Una vez separada la iglesia del Estado y cumplida la frase bíblica de que «a Dios lo que es de Dios y al César lo que es del César», Juárez seguía pronunciando frases religiosas. Por ejemplo, decía: «existe la voluntad, que vence obstáculos; existe el patriotismo, que hace milagros».[122] Y a partir de la invasión francesa, pedía «a Dios que el triunfo de México sirviera para asegurar la Independencia y respetabilidad de las repúblicas hermanas».[123]

Juárez y sus cercanos acompañantes, hombres que parecían gigantes, entendieron muy bien cuál debía ser el mensaje al pueblo, para evitar confusiones y que no se le manipulara; hasta el mismo Ignacio Ramírez, el Nigromante, uno de los anticlericales más definidos del círculo selecto de liberales que fueron excomulgados por el papa, llegó a sostener que él se hincaba donde se hincaba el pueblo.

Con esa prudencia, sabiduría y con una estrategia política magistral que consistió en despertar la ambición de los propietarios privados que se cambiaron de partido, de bando, por el interés de quedarse con los bienes o tierras acaparadas por el clero; en otras palabras, al ponerse al mercado las grandes extensiones de terrenos que poseía la Iglesia, se despertó la ambición de hacendados y aspirantes a latifundistas que se convirtieron en liberales, y esto ayudó mucho a la causa de la Reforma. Esto fue decisivo para consumar el milagro del triunfo de los progresistas contra los conservadores, un logro como ningún otro en el mundo. Una excepcional hazaña: un puñado de juaristas venció a un poderoso y omnímodo adversario.

No obstante, derrotados los conservadores, como ya dijimos, acudieron al extranjero a buscar auxilio para su causa; es decir, incapaces de ganar por la vía electoral o por la fuerza de las armas, un grupo de reaccionarios de nuestro país apelaron al monarca francés Napoleón III y le ofrecieron el trono de México a Maximiliano de Habsburgo. Fue así como nos invadieron cerca de 30 000 soldados franceses del entonces ejército más poderoso del mundo. Este enorme agravio hizo resurgir el más puro y leal heroísmo del pueblo de México. En esos momentos, en todas las regiones del país, en todas partes del territorio, se escuchaba la consigna de que no había término medio entre ser mexicano y traidor.

Es célebre el exhorto del general Ignacio Zaragoza previo a la Batalla de Puebla del 5 de mayo de 1862, a los mexicanos que se preparaban para defender al país de los invasores franceses, les decía Zaragoza: «Tenemos ante nosotros al mejor ejército del mundo, pero vamos a triunfar porque ustedes son los mejores hijos de la patria». Y así fue. Es también célebre un telegrama en el que Ignacio Zaragoza le informa al ministro de Guerra que «las armas nacionales se han cubierto de gloria».[124]

Esta batalla y otras, como el heroico sitio de Puebla, permitieron a Juárez ganar tiempo y preparar la retirada al norte para mantener en alto la dignidad de la república. A mediados de 1863, ante la imposibilidad de defender la Ciudad de México, la capital de la república, Juárez salió acompañado por los integrantes de su gabinete y un pequeño equipo de Gobierno, resguardado apenas por un piquete de medio centenar de efectivos. En el sencillo carruaje del mandatario viajaban los integrantes de su familia, empezando por su esposa Margarita, que estaba embarazada, y en otros carros iban los archivos de la república, indispensables para que el Gobierno siguiera funcionando.

Pero la carga más valiosa de esa pequeña caravana era intangible: era la dignidad nacional. Fue la dignidad la que convirtió la huida en resistencia; la debilidad material en fortaleza moral y la inferioridad en medios militares en la superioridad de la razón. Fue la dignidad la que convirtió en un ejemplo mundial la lucha del pueblo de México por su territorio, por sus instituciones republicanas, por su autodeterminación y por su soberanía. No es metafórico decir que el pequeño grupo que peregrinó por Dolores Hidalgo, Guanajuato; San Luis Potosí; Monterrey; Saltillo; Santa Rosa (hoy Gómez Palacio, Durango); la capital de Chihuahua y acabó literalmente orillado en Paso del Norte, hoy Ciudad Juárez, llevaba consigo a la república.

Todas las esperanzas de México las encarnaba un presidente indomable que, ante traiciones, vacilaciones o propuestas de negociaciones indecorosas, llegó a contestarle en una carta a Maximiliano lo siguiente: Es dado al hombre, Señor, atacar los derechos ajenos, apoderarse de sus bienes, atentar contra la vida de los que defienden su nacionalidad, hacer de sus virtudes un crimen, y de los vicios propios una virtud... Pero hay una cosa —le decía el presidente—, hay una cosa que está fuera del alcance de la perversidad, y es el fallo tremendo de la historia. Ella nos juzgará.

A la postre, el Imperio acabó por derrumbarse debido a diversos factores internos y externos. El más importante de ellos fue sin duda el tesón del gobierno juarista y la resistencia de la población mexicana en el terreno. Un novelista francés, George Delamare, reconocía que los partidarios de Juárez luchaban, lo cito textualmente: «a la manera de las avispas, que atacan, pican, echan a volar al primer movimiento de la víctima, y vuelven una y otra vez...». Y pronosticaba: «... Mala guerra para los franceses».[125] Pero del mismo modo pesó que en el continente americano el panorama previo a la invasión francesa también había cambiado. En abril de 1865, el gobierno del presidente Abraham Lincoln logró la derrota definitiva de los esclavistas sureños y con ello ganó la guerra civil en la que había estado sumido Estados Unidos durante cuatro años y no podíamos pasar por alto que aún en plena Guerra de Secesión, Lincoln apoyó al gobierno de Benito Juárez en su lucha contra los invasores franceses, dio refugio y protección a su familia y negó el reconocimiento al régimen imperial de Maximiliano.

Desde mucho antes, en 1847, en sus tiempos de congresista, Lincoln dio prueba de su grandeza moral al condenar la invasión de Estados Unidos a México y el subsecuente despojo territorial; Lincoln criticó al presidente James Polk de haber emprendido, con el apoyo de la Cámara de Representantes, una agresión injusta basada en mentiras. El representante por Illinois sufrió graves consecuencias políticas por su honestidad: acusado por Polk y sus partidarios de colaborar con un *enemigo*, Lincoln perdió la elección al senado y su partido se quedó sin la mayoría en la Cámara de Representantes. No obstante, para fortuna nuestra, ya como presidente, Lincoln, desde los inicios de su mandato recibió en su residencia al embajador mexicano, Matías Romero, con quien acabaría forjando una cercana amistad. El presidente Benito Juárez y el presidente Abraham Lincoln, gigantes de la historia, abrazaron causas simultáneas y semejantes por la integridad de sus respectivos países, por la defensa de la legalidad y la justicia, y por la dignidad de los seres humanos. Siendo ambos partidarios de la paz, tuvieron que escoger la guerra como el mal menor; ambos enfrentaron situaciones críticas y entrelazadas y las superaron con la fuerza enorme del apego a los principios, sin los cuales, como decía Juárez, «los hombres no son nada». En fin, Benito Juárez García era un político excepcional, tenía muchas virtudes, era honesto, austero, patriota, y sin duda perseverante; no en vano Víctor Hugo le escribe reconociendo que México se había salvado por un principio y por un hombre: «el principio es la república, el hombre es usted».[126]

∴

Otro fruto de la tierra y de la cultura de Oaxaca es también el admirable luchador social, Ricardo Flores Magón. Nadie como él, en circunstancias tan difíciles, ha demostrado que se puede mantener la firmeza en las convicciones. Era un hombre enérgico, pero fiel a sus ideas. Es fácil tacharlo de sectario e intransigente, pero es difícil ignorar su congruencia. En vísperas de su muerte, desde la cárcel, explica a su amigo Nicolás Bernal, por qué no puede pedir perdón para ser liberado como se lo habían sugerido las autoridades estadounidenses:

> me pudriré y moriré dentro de estas horrendas paredes que me separan del resto del mundo, porque no voy a pedir perdón ¡no lo haré! En mis 29 años de lucha por

la libertad lo he perdido todo, y toda oportunidad para hacerme rico y famoso; he consumido muchos años de mi vida en las prisiones; he experimentado el sendero del vagabundo y del paria; me he visto desfallecido de hambre; mi vida ha estado en peligro muchas veces; he perdido mi salud; en fin, he perdido todo, menos una cosa, una sola cosa que fomento, mimo y conservo casi con un celo fanático y esa cosa es mi honra como luchador [...]

Pedir perdón significaría que estoy arrepentido de haberme atrevido a derrocar al capitalismo para poner en su lugar un sistema basado en la libre asociación de los trabajadores para consumir y producir, y no estoy arrepentido de ello. Pedir perdón significaría que abdico de mis ideas anarquistas; y no me retracto; afirmo, afirmo que si la especie humana llega alguna vez a gozar de verdadera fraternidad y libertad y justicia social, deberá ser por medio del anarquismo. Así pues, mi querido Nicolás, estoy condenado a cegar y a morir en la prisión; más prefiero esto que volver la espalda a los trabajadores, y tener las puertas de la prisión abiertas al precio de mi vergüenza. No sobreviviré a mi cautiverio, pues ya estoy viejo; pero cuando muera, mis amigos quizá inscriban en mi tumba: «aquí yace un soñador» y mis enemigos: «Aquí yace un loco». Pero no habrá nadie que se atreva a estampar esta inscripción: «Aquí yace un cobarde y traidor a sus ideas».[127]

En la noche del 20 de noviembre de 1922, a unas horas de dejar la prisión, en virtud de un indulto solicitado por el presidente Álvaro Obregón y concedido por el presidente de Estados Unidos, «mientras dormía, unas manos gigantescas, a través de los barrotes de la celda lo tomaron por el cuello. Hubo una breve, salvaje lucha y Ricardo murió estrangulado».[128] Desde luego, el parte oficial fue otro: el director de la cárcel declaró «que Ricardo había muerto de un ataque al corazón, incapaz de resistir la alegría de haber sido liberado».[129] Su funeral fue muy parecido al del expresidente Sebastián Lerdo de Tejada. El cuerpo fue embalsamado en Los Ángeles y la Alianza de Ferrocarrileros lo trasladó hasta la Ciudad de México. En todas las estaciones de importancia —Chihuahua, Torreón, Aguascalientes, Querétaro— bajaban el cuerpo. Era después de todo una de las escasas oportunidades que tenía el pueblo de rendir homenaje a uno de sus héroes auténticos.

Madero fue enterrado clandestinamente por sus asesinos y Huerta prohibió la manifestación de duelo; Villa y Zapata caerían abatidos a traición y se irían a la tumba sin recibir el homenaje al que su grandeza los hizo merecedores; el mismo Carranza sería sepultado de un modo discreto, rodeado de espías y polizontes. Pero Ricardo Flores Magón, después de 25 años de ausencia, volvió a su patria muerto, cuando su recuerdo estaba más vivo que nunca. Las mujeres lloraban al paso del féretro. Muchos trabajadores y campesinos llevaban flores y lazos negros. Al llegar a la Ciudad de México fue velado en el salón principal de la Alianza de

Ferrocarrileros. Sus restos se encuentran en el Panteón Civil de Dolores en la Rotonda de las Personas Ilustres y sus ideales permanecen más vivos que nunca.

•••

Ahora bien, el mejor ejemplo de humanismo y bondad lo encontramos en Francisco I. Madero. Él, al igual que Simón Bolívar, pertenecía a una familia rica, de alcurnia, pero igual que el Libertador, además de su buen corazón, fue tomando conciencia de la realidad, gracias a la educación y de la mano de sus maestros. Los dos coincidían en el principio, según el cual, para ser justos es necesario ser libres. Uno de los bolivarianos más auténticos, el maestro Carlos Pellicer, decía que «los sentimientos de justicia son hijos de la libertad, pues nunca siendo esclavos podremos ser justos». La vida y obra de Madero es enseñanza pura en el ejercicio del noble oficio de la política. En Madero hay ideales, así como emotivas y trágicas lecciones. La trayectoria política de Madero es excepcional y virtuosa. De joven se formó en la escuela de Altos Estudios Comerciales, en Francia y en la Universidad de California, en Berkeley. Como lo muestran sus escritos y su correspondencia, tenía buena preparación intelectual y conocimiento en la historia de las ideas políticas. En Francia se empapó del pensamiento y la actuación de los revolucionarios de finales del siglo XVIII y de los importantes acontecimientos del siglo XIX, y por otra parte asimiló y se convirtió en practicante de la corriente espírita que, en ese entonces, era una doctrina de valor filosófico. Esto último, aunque fue usado en su contra con extrema simplificación, le sirvió para afianzar sus convicciones, al grado de que, mediante estas prácticas, llegó a la íntima conclusión de que debía arriesgar hasta su vida por la causa de la libertad. Debe tomarse en cuenta que, por lo general, un luchador social o político que busca transformar una realidad de injusticia y opresión siempre es movido por ideales y principios, por una doctrina o simplemente por una creencia. Nadie podría hacer algo verdaderamente trascendente por puro pragmatismo, sin poseer alguna de estas virtudes o valores.

Madero dio pruebas de ser un excepcional empresario con inquietudes políticas libertarias, desde que regresó de Francia, en 1902. Friedrich Katz, riguroso historiador de la Revolución Mexicana, sostenía que, al hacerse cargo, en 1903, de una hacienda de su padre en San Pedro de las Colonias, Coahuila, «combinaba [...] un enfoque económico práctico con ideas explícitamente filantrópicas. Comenzó por aumentar los salarios de sus trabajadores agrícolas, los sometió a exámenes médicos periódicos e introdujo la educación obligatoria de manera que el nivel de vida que se gozaba en su hacienda era muy superior al que prevalecía en las haciendas vecinas. Madero combinó esta actitud hacia sus trabajadores con la introducción de métodos de cultivo nuevos y más productivos, lo cual muy pronto incrementó en forma notable sus ganancias e hizo de su hacienda una especie de empresa modelo, tanto en términos sociales como económicos».[130] Al margen de los negocios, en 1905 actúa como presidente del Club Democrático Benito Juárez en Coahuila, contra la reelección del gobernador Miguel Cárdenas; luego de esa elección fraudulenta, lanza un manifiesto a la nación denunciando que la soberanía del estado de Coahuila es un simple mito y llama a los ciudadanos a no claudicar ante la imposición antidemocrática. Un poco antes, a finales de 1904 y gracias a la intermediación de Camilo Arriaga había prestado 2 000 dólares para ayudar a que volviera a imprimirse, ahora en San Antonio, Texas, el periódico *Regeneración*. Ricardo Flores Magón le agradeció el servicio prestado a la causa, porque «si no hubiera sido por usted, dada nuestra situación difícil en San Antonio, hubiéramos ido al desastre, a la derrota y a la anulación completa de nuestras labores».[131] Luego las relaciones entre los dos se deterioran, porque uno se ubica en la línea moderada y el otro en la más radical, pero aun con las fuertes acusaciones que intercambiaron después de la ruptura, siempre lucharon y supieron, como pocos, que era posible derrocar al todopoderoso régimen dictatorial de Porfirio Díaz, y eso tal vez exacerbaba la rivalidad.

Durante la segunda mitad de 1908, Madero se ocupó en escribir, en San Pedro de las Colonias, Coahuila, su libro *La sucesión presidencial en 1910*, cuyo subtítulo es *El Partido Nacional Democrático*, que aparece en diciembre de ese año. El libro, como afirma Daniel Cosío Villegas, es el mejor análisis crítico del régimen porfirista, desde la aparición, en 1892, de *La cuestión presidencial en 1876*, escrito por José María Iglesias. Desde luego, esta opinión no la compartieron los intelectuales de su época, y muchos en la actualidad le escatiman valor literario y científico. Unos por negarse a reconocer en Madero a un hombre de ideas, otros por no entender que una cosa es el análisis académico de la realidad, y otra muy distinta es el oficio del político que quiere hacer historia y debe, al mismo tiempo, ser claro y mantener el equilibrio entre eficacia y principios. A sus contemporáneos les pareció que Madero ni siquiera estaba dotado de conocimientos para escribir un libro, empezando por su abuelo, don Evaristo Madero, quien duda de que su nieto lo haya escrito «pues lo considera incapaz de semejante proeza»;[132] los especialistas posteriores no solo lo encuentran mal organizado y sin rigor metodológico, sino que lo califican de superficial por no tratar el problema social a fondo. Lo cierto es que aún prevalece el prejuicio de que Madero, miembro de una familia rica, empresario y agricultor norteño, no podía aspirar a escribir más que cartas personales. A don Agustín Yáñez, no obstante, le «conmueve advertir el esfuerzo de un hombre hasta entonces consagrado a cuidados agrícolas y mercantiles, ajeno a los secretos de la expresión, que lucha por hallar formas exactas para hablar al pueblo sin exacerbar a los poderosos ni ahuyentar a los asustadizos [...] Todo esto lo induce a buscar las palabras, los giros y los matices expresivos más ajustados a sus propósitos; a suprimir o atenuar exabruptos irreparables o inconducentes; a [...] obtener que la exposición de su pensamiento sea clara, accesible al lector medio, sin mengua de la emoción que la impulsa».[133]

Además de estar bien escrito, el contenido del libro es de primer orden. Repasa los males de la nación, cuestiona las injustas guerras de Tomóchic y valle del Yaqui; sostiene que las huelgas de Cananea y Río Blanco tuvieron su origen porque Porfirio Díaz recibía apoyo de los capitalistas; critica la falta de libertades, la política exterior, el estancamiento de la educación y de las actividades agrícolas, mineras e industriales, y el mal manejo de la hacienda pública. Señala que el progreso material se había logrado con una enorme deuda, con «un pasivo aterrador»; cuestiona a Ramón Corral, aspirante a la vicepresidencia de la república, entre otras cosas, por su responsabilidad en «la inicua guerra del Yaqui» y por su nula vocación democrática, inclinado a ser más partidario de sus allegados que del pueblo; a Bernardo Reyes, el otro candidato a la vicepresidencia, lo considera «profundamente imbuido en las prácticas absolutistas» y asegura que con él en lugar de Díaz habría en México un régimen del sable «más fiero y pesado»[134] que el porfirista.

Al posicionarse como líder indiscutible del movimiento antirreeleccionista, Madero garantiza que en la primera etapa del proceso revolucionario para regenerar a México no hubiera traiciones que frustraran el propósito central de derrocar al régimen. Él podría tener, como a la postre se vio, la obstinación de creer que bastaba dar libertad al pueblo para que se resolvieran los grandes problemas nacionales, pero esta concepción ingenua en nada le resta el mérito de haber sido un hombre honesto y de firmes convicciones democráticas, capaz de resistir las tentaciones del poder. A diferencia de otros políticos opositores, que no dejaban de insistir en llegar a un acuerdo con Díaz y no para lograr la transición ordenada que convenía al país sino para sacar provecho personal, es decir, para ocupar cargos públicos, Madero jamás titubeó ni dio muestras de flaqueza, como las que acecharon a algunos dirigentes distinguidos del movimiento antirreeleccionista: Palavicini, Vázquez Gómez, Toribio Esquivel Obregón, entre otros.

Por eso era imprescindible Madero, ese pequeño burgués, vegetariano, homeópata, abstemio, espiritista, lleno de determinación, aplomo y gran vocación democrática. El 15 de abril de 1910, a la convención del Partido Antirreeleccionista, doscientos delegados de todo el país eligen de manera democrática a Francisco I. Madero como candidato a la Presidencia y a Francisco Vázquez Gómez a la vicepresidencia. Llama la atención que en su crónica de lo sucedido y después de explicar las características de los posibles candidatos, Roque Estrada viera a Ezequiel Obregón como «el más intelectual, el más observador, el más prestigiado y el de más intensa cultura», aunque sin dinamismo; mientras Madero le parecía un verdadero hombre de acción que, sin embargo «exhibíase sentimental, no cerebral; el hombre guiado más por las emociones que por las ideas».[135] Poco después, también de manera peyorativa, el abuelo de Madero, Evaristo, se disculpaba con Porfirio Díaz, porque a su nieto Francisco se le había metido en la cabeza involucrarse en la alta política, «aconsejado por los espíritus —pues es espiritista, con lo cual queda dicho todo—, causándonos a todos miles de molestias y contrariedades sin cuento».[136] Pues bien, este personaje incomprendido por propios y extraños, se dispuso a desempeñar el papel de David que enfrentó a Goliat.

Luego de su entrevista con Díaz, Madero comprende que no quedaba de otra más que derrocarlo. En una carta que escribe a su mamá a San Antonio Texas, fechada el 18 de abril de 1910, le cuenta: «Con el general Díaz tuve una entrevista el sábado en la noche [...] La impresión que me causó el Gral. Díaz es que está verdaderamente decrépito, que tiene muy poca vitalidad [...] De la cuestión política comprendí que no se puede hacer nada con él, que está empeñado en seguir adelante su programa. Yo le dije que, por mi parte, nosotros seguiríamos igualmente el nuestro. Se trató igualmente de la orden de aprehensión contra mí y me dijo que tuviera confianza en la Suprema Corte, a lo cual le contesté con una franca carcajada, diciéndole que no tenía ninguna confianza en la Corte. Parece que quiso varias veces asumir una actitud imponente y seria, pero nunca logró hacerlo, pues comprendió que conmigo no daban resultado esas bromitas [...] Te aseguro que desde la entrevista que tuve con él se han multiplicado mis esperanzas de triunfo».[137]

Debe entenderse que las «esperanzas de triunfo», expresadas por Madero, no se limitaban únicamente a ganar las elecciones, sino a perseverar hasta cambiar al régimen. Sabía que iba a ser muy difícil doblegar a Díaz por la vía electoral. Sin embargo, no descartaba otras opciones, tan es así que su partido tomó por anticipado la decisión de integrar un grupo encabezado por Roque Estrada para recabar pruebas de anomalías que sustentaran un posterior juicio de nulidad de las elecciones. Además, desde su discurso de aceptación de la candidatura, Madero dejó claro que reconocería el resultado de las elecciones si se respetaba el voto popular, pero también advirtió que «si el general Díaz, deseando burlar el voto popular, permite el fraude y quiere apoyar ese fraude con la fuerza, entonces, señores, estoy convencido de que la fuerza será repelida por la fuerza, por el pueblo resuelto ya a hacer respetar su soberanía y ansioso de ser gobernado por la Ley».[138]

Como era de esperarse, en esta última etapa se desata la represión. Apenas Madero inicia su gira electoral es detenido junto con Roque Estrada en Monterrey y conducido a la cárcel de San Luis Potosí. Al mismo tiempo otras prisiones del país se llenaron de antirreeleccionistas. Se calcula que llegó a haber entre 5 000 y 60 000 detenidos. De este modo se realizan las elecciones primarias y secundarias con «todas las de la ley», y Díaz y Corral son declarados triunfadores para ocupar los cargos de presidente y vicepresidente de la república. En consecuencia, el primero de septiembre de 1910 se presenta ante la Cámara de Diputados la solicitud de nulidad de las elecciones, y se anexan como pruebas ciento noventa documentos de un expediente de seiscientas páginas de extensión. La demanda, por supuesto, es rechazada sin que los legisladores usaran el famoso estribillo de que no podían admitirla «por ser notoriamente improcedente».[139] Así las cosas, no había más que llamar a la rebelión. Pero entre tanto, se celebraban los ostentosos festejos de septiembre para conmemorar el centenario de la Independencia y, como si nada pasara, la aristocracia porfirista se dedicó a solazarse con las recepciones a las misiones extranjeras y con los desfiles, banquetes y bailes de exhibición de modas y alhajas. Quitados de la pena, nadie presentía la tormenta.

En la víspera del estallido, Karl Bünz, embajador de Alemania en México, informaba a su Gobierno que de acuerdo con «la opinión de la prensa y de la opinión pública [...] una revolución general está fuera de toda posibilidad».[140] Esta sordera y ceguera de la élite no se padecía abajo; era una enajenación propia de quienes detentan o se benefician del poder absoluto; la gente del pueblo pensaba y sentía de otra manera; además su aguda sensibilidad de presagiar siempre lo que se avecina, estaba atenta e interesada en la convocatoria para participar en la lucha de liberación y no solo se trataba de los más pobres sino también en las clases medias en donde el malestar era evidente.

El 22 de julio de 1910, luego de 45 días de encierro, Madero y Roque Estrada obtienen la libertad bajo fianza y después, en la madrugada del 6 de octubre, se escapan rumbo a Laredo y llegan a San Antonio, Texas. Allí se les unieron sus familiares y lo esperaban Sánchez Azcona, González Garza, Aquiles Serdán y otros partidarios. En San Antonio se redactó el Plan de San Luis Potosí que convoca al pueblo a tomar las armas para derrocar a la dictadura. Con esta acción, Madero reafirmaba no solo sus convicciones democráticas, sino su indiscutible valor como dirigente. Sabía que ponía en riesgo su vida y la de muchos otros, que seguramente era lo que más le pesaba, pero estaba seguro de que ese era el único camino para conquistar la anhelada libertad que engrandeciera a la patria.

El plan lo explicaba así: «México está gobernado por una tiranía que ha pretendido justificarse a sí misma con los beneficios de la paz y de la prosperidad material; pero esa paz no descansa en el derecho, sino en la fuerza, y esa prosperidad solo beneficia a una minoría, no al pueblo ni a la nación. Todas las grandes disposiciones constitucionales son ficticias: ni los poderes son iguales e independientes, ni los estados soberanos en su régimen interior, ni libres los municipios».[141] Asimismo, hace referencia a las giras por el país que en total comprendieron visitas a 22 de los 27 estados de la república, en los que se celebraron innumerables actos públicos. «Mis giras fueron verdaderas marchas triunfales, pues por doquiera el pueblo, electrizado con las palabras mágicas de "Sufragio Efectivo. No Reelección", daba pruebas de su inquebrantable resolución de obtener el triunfo de tan salvadores principios».[142]

Como la respuesta de la dictadura fue perseguir y encarcelar a los líderes del movimiento antirreeleccionista e impedir la democracia, el plan deduce que solo quedaba el recurso de «arrojar del poder a los audaces usurpadores que por todo título de legalidad ostentan un fraude escandaloso e inmoral», y decide «designar el domingo 20 de noviembre para que, de las seis de la tarde en adelante, todas las poblaciones de la República se levanten en armas».[143]

Se ha dicho que el plan es pobre en cuanto a compromisos para remediar la grave situación económica y social del país, y que solo el tercer párrafo del artículo tercero habla de que serán restituidas las tierras despojadas a sus legítimos dueños, lo cual alentó a los campesinos de Morelos y a otros más en todo el país a secundar el movimiento revolucionario; pero más allá de esta acertada observación, no debe regatearse a Madero el mérito de haberse decidido a llamar al pueblo a tomar las armas para derrocar a la dictadura, ni de hacerlo en el momento preciso, cuando la gente lo deseaba y el régimen se encontraba en plena decadencia.

La noticia corrió como pólvora. En casi todo el país, debido a las condiciones de opresión que prevalecían, comenzaron los preparativos para formar parte de la revolución. Sobre quiénes fueron los primeros en echarla a andar es cuestión del enfoque que se le quiera dar, considerando que, desde antes del 20 de noviembre de 1910, había grupos de alzados en varias regiones del país, vinculados al magonismo y al maderismo. Tampoco puede olvidarse el lamentable sacrificio de la familia Serdán en la ciudad de Puebla. El 18 de noviembre, dos días antes del señalado por Madero para el levantamiento general, la policía del repugnante gobernador de Puebla, Mucio Martínez, tomó por asalto la casa de Aquiles Serdán, con un saldo de 20 maderistas muertos, cuatro heridos y siete prisioneros.

> Al día siguiente en la madrugada, al salir Aquiles Serdán de un escondite cavado en el piso de la sala, fue asesinado por el soldado que estaba de guardia en la habitación. Así en la lucha heroica en el centro del país comenzó de hecho la Revolución Mexicana, que transformaría profundamente en breve plazo la fisonomía de la nación en múltiples aspectos de su vida social.[144]

La crisis al interior del régimen era notoria y patética. Limantour, desde París, el 23 de noviembre, escribe a Díaz sorprendido por las noticias de los periódicos franceses acerca del estallido de la Revolución. Posteriormente, el 27 de diciembre, le informa a Porfirio Díaz que compró a toda prisa, como se lo pidieron, «cartuchos para la fusilería del ejército», ya que era indispensable derrotar pronto a los revolucionarios de Chihuahua porque de lo contrario sería inevitable la catástrofe financiera por la pérdida de confianza de los bancos extranjeros. Al final de esa carta, Limantour, sin proponérselo, acepta su total desapego de la realidad, como suele pasar con casi todos aquellos que viven en el mundillo de las finanzas. Confiesa: «Es para mí un misterio insondable la causa determinante del éxito relativo obtenido por los descontentos, y por más que procuro explicarme lo que pasa, no logro darme ninguna respuesta satisfactoria».[145] La respuesta que buscaba Limantour, estaba en parte en su misma carta, en la cual se quejaba ante Díaz de que, en su ausencia, Joaquín Casasús había conseguido una concesión ferrocarrilera en favor de la empresa norteamericana del South Pacific. Pero esto no lo alcanzaba a comprender Limantour, pues en su mentalidad el Gobierno no estaba para procurar la justicia, sino para facilitar a los hombres de negocios hacer riquezas como fuera, incluidas las prácticas de corrupción, sin importar que estas produjeran desigualdad, descontentos e *inexplicables* conflictos sociales.

El 14 de febrero de 1911, Madero entra al país por Chihuahua; se pone al frente de los revolucionarios y luego de fracasar en Casas Grandes, monta el cerco para la toma de Ciudad Juárez, con el apoyo militar de Pascual Orozco y Francisco Villa. Estos acontecimientos causaron gran impacto en la opinión pública y la revolución maderista cundió por todo el país.

Entre tanto, desesperado, sin fuerza y de manera por demás tardía, Porfirio Díaz hacía concesiones que en vez de apagar el fuego lo atizaban más porque con ellas mostraba signos evidentes de debilidad. Cede, por ejemplo, al sustituir al influyente gobernador de Chihuahua, Alberto Terrazas, y quita, además de a Mucio Martínez, al gobernador de Yucatán, Enrique Muñoz Aristegui. El 24 de marzo de 1911 cambia al gabinete: pone a Francisco León de la Barra en Relaciones; a Miguel Macedo en Gobernación; a Demetrio Sodi en Justicia; a Jorge Vera Estañol en Instrucción Pública; a Manuel Marroquín y Rivera en Fomento; a Norberto Domínguez en Comunicaciones; y en Hacienda y Guerra deja a los mismos: Limantour y González Cosío. En su informe del primero de abril, el otrora intransigente, recio e implacable dictador, ofreció enviar a las cámaras un proyecto de ley para hacer efectivo el sufragio y establecer el principio de la no reelección. Inclusive, hace el compromiso de fraccionar los latifundios. Pero nada le funcionó. Nunca más volvería a engañar. Sitiada Ciudad Juárez, se firma un armisticio para negociar la paz. Díaz nombra como su representante a Francisco Carbajal, magistrado de la Suprema Corte y Madero a Francisco Vázquez Gómez, a Pino Suárez y a su padre. El tema central era la renuncia de Díaz y de Corral, pero cuando se desvanece la posibilidad de alcanzar un acuerdo, el 7 de mayo Porfirio Díaz lanza un manifiesto al pueblo de México, explicando, entre cosas, que:

el fracaso de las negociaciones de paz traerá consigo la recrudescencia de la actividad revolucionaria. El Gobierno, por su parte, redoblará sus esfuerzos contando con la lealtad de nuestro heroico ejército para sojuzgar la rebelión y someterla al orden; pero para conjurar pronta y eficazmente los inminentes peligros que amenazan nuestro régimen social y nuestra autonomía nacional, el Gobierno necesita del patriotismo y del esfuerzo generoso del pueblo mexicano: con él cuenta y con él está seguro de salvar a la patria.[146]

El 8 de mayo se reanuda la batalla en Ciudad Juárez, y dos días después, el 10 de mayo, el general Juan N. Navarro, defensor de la plaza, se rinde ante los revolucionarios. Sin perder tiempo, en su carácter de presidente provisional, de conformidad con lo señalado por el Plan de San Luis, Madero forma un «consejo de Estado» o gabinete, con Francisco Vázquez Gómez en Relaciones; Federico González Garza en Gobernación; Gustavo A. Madero en Hacienda; José María Pino Suárez en Justicia; Manuel Bonilla en Comunicaciones; y Venustiano Carranza en Guerra y Marina. Pero en esos días, Madero tiene su primera discrepancia con Pascual Orozco quien, junto con Villa, quería fusilar al general Juan N. Navarro, argumentando que este jefe militar había sido cruel con los revolucionarios y había pasado por las armas a muchos prisioneros. Madero se opone y protege a Navarro. «El disgusto fue tal que Orozco y otros jefes iniciaron un movimiento de rebeldía en contra de Madero. Este, al saberlo, se dirigió al lugar en que se encontraban los presuntos sublevados; le habló a la tropa en elocuente discurso y el peligro fue conjurado».[147]

La toma de Ciudad Juárez desató con más fuerza la revolución en el país. Casi todas las capitales y las ciudades importantes fueron ocupadas por diversos grupos adheridos al maderismo. El 21 de mayo, en la noche, frente a la aduana de Ciudad Juárez, se firmó el convenio de paz que incluía el compromiso de renuncia de Díaz y Corral; el nombramiento de Francisco León de la Barra, secretario de Relaciones, como presidente interino; la expedición de la convocatoria a elecciones generales en los términos previstos en la Constitución; el cese de hostilidades y el acuerdo de que las tropas revolucionarias sean «licenciadas a medida que en cada estado se vayan dando los pasos necesarios para restablecer y garantizar la paz y el orden público».[148] El convenio, como suele ocurrir en estas negociaciones, no satisfizo a todos; por el lado de los revolucionarios se habló de una transacción y es entonces que se atribuye a Carranza la frase «revolución que transa, revolución perdida». Según el historiador Javier García Diego, «los principales grupos alzados se mostraron inconformes con los Tratados de Ciudad Juárez y sus secuelas: Pascual Orozco y sus seguidores fueron relegados una vez obtenido el triunfo militar, por lo que consideraron insuficientes los beneficios logrados; a su vez, Emiliano

Zapata y los alzados en Morelos se negaron a disolverse o a organizarse como "rurales" y a entregar sus armas antes de que les devolvieran las tierras consideradas como usurpadas por los hacendados, actitud que los enfrentó al gobierno interino de León de la Barra, y a Madero en su función de mediador».[149]

El 25 de mayo, Porfirio Díaz renuncia a la Presidencia, que había ocupado durante treinta años. El viejo dictador, ahora en calidad de expresidente, salió de la Ciudad de México el mismo 25 en la noche rumbo al puerto de Veracruz; la escolta que custodió el tren estaba al mando del general Victoriano Huerta, y el día 27 embarca en el *Ipiranga* rumbo a Europa. Mientras tanto, Madero viaja de Ciudad Juárez a la capital y en todo el trayecto es aclamado por el pueblo, mas no tanto como el 7 de junio de 1911, cuando hace su entrada triunfal en la Ciudad de México, donde lo esperaban alrededor de 100 000 personas. La recepción fue espléndida, muy parecida a la que se le tributó al presidente Juárez el 15 de julio de 1867, una vez consumada la victoria de la república sobre el Imperio y del liberalismo sobre la reacción conservadora. Dos memorables momentos en la historia de México.

La revolución maderista fue verdaderamente eficaz. En solo seis meses, a partir del 20 de noviembre de 1910, cuando se llamó al pueblo a tomar las armas, se consumó el derrocamiento de Porfirio Díaz. Hubo pérdida de vidas humanas, «catorce mil hombres muertos en los campos de la Revolución»,[150] según estimó Luis Cabrera, en septiembre de 1912. Pero este saldo, por siempre lamentable, resultaría menor al que se registró en las etapas posteriores, de mucha mayor violencia. Además, el dinero utilizado fue relativamente poco. Desde los primeros días del triunfo, la revolución fue auditada en forma rigurosa como ninguna otra en el mundo. Costó 642 195 pesos, de los cuales 358 000 se destinaron a la compra de armas, municiones y equipos. El monto total fue reconocido por el gobierno interino que, respetando el acuerdo del 31 de mayo de 1911, se lo entregó a Gustavo A. Madero, quien procedió a devolverlo a los aportantes. Nunca se pudo comprobar que la revolución maderista recibiera fondos de empresas de Estados Unidos, en especial de la Standard Oil Company, como denunciaron sus adversarios. En suma, la libertad se había conquistado sin muchos problemas. Los daños a las actividades productivas fueron mínimos; se respetaron la vida y los intereses de los extranjeros, no hubo fuga de capitales ni se debilitó la hacienda pública. Un mes después de la entrada de Francisco I. Madero a la Ciudad de México, se informa que «el corte de caja practicado en la Tesorería General arroja una existencia de $63 070 000.00 [sesenta y tres millones setenta mil pesos] cubiertos los gastos extraordinarios».[151]

Sin embargo, el trabajo para desmontar al viejo régimen y cumplir con las demandas de democracia y justicia estaba aún por comenzar. Es famosa la carta abierta del 27 de abril de 1911, de Luis Cabrera a Madero, recomendándole ir al fondo. La metáfora que utiliza es cruda y dramática: «Las revoluciones son siempre operaciones dolorosísimas para el cuerpo social; pero el cirujano tiene ante todo el deber de no cerrar la herida antes de haber limpiado la gangrena. La operación, necesaria o no, ha comenzado; usted abrió la herida y usted está obligado a cerrarla; pero hay de usted, si acobardado ante la vista de la sangre o conmovido por los gemidos de dolor de nuestra patria cerrara precipitadamente la herida sin haberla desinfectado y sin haber arrancado el mal que se propuso usted extirpar; el sacrificio habría sido inútil y la historia maldeciría el nombre de usted, no tanto por haber abierto la herida, sino porque la patria seguiría sufriendo los mismos males que ya daba por curados y continuaría además expuesta a recaídas cada vez más peligrosas, y amenazada de nuevas operaciones cada vez más agotantes y cada vez más dolorosas».[152]

Aun cuando el tiempo le dio la razón al licenciado Blas Urrea —seudónimo de Cabrera—, en el sentido de que las rebeliones armadas se sucedieron una tras otra y nunca dejó «de correr la sangre», la maldición no recayó en Madero. Al contrario, y no solo por su sacrificio, sino por su proceder limpio y transparente como ser humano y hombre público, Madero ha sido juzgado por el tribunal de la historia y colocado en el lugar que le corresponde entre los grandes héroes de México. Ya desde la campaña electoral, su principal ofrecimiento al pueblo de México fue hacer efectivo el derecho a la libertad, y en eso cumplió con creces. Como dirigente y mandatario, siempre luchó por alcanzar ese ideal que, según sus convicciones, traería aparejada la prosperidad y la paz. Es cierto, cometió errores y no supo entender y enfrentar el problema agrario, pero más allá de sus fallas, se adelantó como nadie a su época, fue un visionario genial, un idealista extraordinario, víctima del atraso cívico del país y de la enorme dificultad que entrañaba derrumbar a un régimen tan impenetrable y pervertido como el de Porfirio Díaz para construir una república democrática.

●●●

A diferencia de Madero, la vida de Emiliano Zapata está más vinculada a la tierra y a las enseñanzas que se obtienen en los antiguos pueblos de México. La historia del movimiento zapatista, aunque ha sido motivo de varios trabajos de investigación y de exhaustivas tesis como la del historiador John Womack, podría resumirse solo contando lo sucedido en Anenecuilco, el pueblo natal de Zapata, uno de los muchos que padecieron la invasión de sus tierras por parte de hacendados porfiristas. En aquellos tiempos, antes de la Revolución, en Anenecuilco, municipio de Ayala del estado de Morelos, coexistían siempre en conflicto el pueblo que defendía sus tierras y su libertad, y la gente de la hacienda fundamentalmente cañera llamada el hospital de la aristocrática familia Escandón de la Ciudad de México.

Estos hacendados, por prepotencia e influyentismo se habían acostumbrado a invadir cada vez más las tierras que desde los tiempos de la Colonia pertenecían al pueblo como se demostraba con títulos y planos de siglos atrás. Hasta que llegó el día en que las autoridades de Anenecuilco, cansados de tantos trámites convocaron a una asamblea general para decidir qué hacer, pues iban a Cuernavaca y como el gobernador era un empleado de los hacendados, los escritos que llevaban pidiendo justicia el gobernador se los remitía a los hacendados. En una ocasión, el dueño de la Hacienda «El Hospital» le contestó al gobernador de manera ofensiva expresando: «Dígales a los de Anenecuilco que, si quieren sembrar, que siembren en maceta».

Todo esto pasaba en ese entonces y por eso se convocó a esa asamblea fuera de lo normal, extraordinaria, porque la costumbre era que se tocaran las campanas para llamar a las juntas. En esa ocasión se hizo de boca en boca, en sigilo, para tomar una decisión muy importante, una decisión trascendente.

Se reunieron e informaron los representantes mayores. Le dijeron al pueblo: «Ya no podemos. Necesitamos sangre nueva, necesitamos otra directiva, con jóvenes». Y ahí, en esa asamblea, se eligió a un joven como representante del pueblo, a Emiliano Zapata, que hablaba poco. Lo único que dijo fue: «¿Me van a apoyar?», le respondieron en la asamblea: «Sí, nada más fájate los pantalones».

¿Qué hizo Zapata? Fue una vez, dos veces, a hacer gestiones. Presentó sus escritos, se dio cuenta que así no se iba a lograr nada; organizó a los campesinos y decidieron quitar las cercas y rescatar la tierra que les correspondían. Y ahí comenzó el movimiento revolucionario, para restituir las tierras que las haciendas les habían arrebatado a los pueblos de Morelos y a los pueblos de todo México. Así se reafirmó una enseñanza mayor: no al abuso, no a la prepotencia, sí a la justicia.

Aquí agrego un hecho histórico que demuestra cómo Zapata, al igual que muchos mexicanos, encarnaba la honestidad, heredada de nuestros antepasados, a la que he venido haciendo referencia en este texto. Resulta que, al inicio de la Revolución, Zapata y Madero, no solo fueron aliados, sino buenos amigos; algo que se arruinó relativamente pronto por la insidia, mala fe y los intereses de los políticos y militares del antiguo régimen, quienes terminaron por imponer su máxima de que Madero «no debía parlamentar con bandidos». La anécdota trata de cómo el 8 de junio de 1911, al día siguiente de su entrada triunfal a la Ciudad de México, Madero invitó a su casa a Zapata, lo escuchó y de manera espontánea «le ofrece gestionar se le dé un rancho como premio a sus afanes en favor del triunfo, pero

Zapata explica con sencillez que no entró a la revolución para hacerse hacendado».[153] Tres días después, Madero va a Cuernavaca y en el recorrido de la estación del ferrocarril al Palacio de Cortés, Zapata marcha a pie a lado de su coche.[154] Luego, y aun con la hostilidad del gobierno interino contra Zapata, este y Madero mantienen una relación de respeto mutuo. Madero le escribe a Zapata el 7 de agosto diciéndole que «las aguas de Tehuacán son magníficas para los dolores reumáticos de que el jefe suriano se queja, y que sería conveniente se fuera a pasar con él una temporadita».[155] El 15 de septiembre, Francisco Figueroa, gobernador de Guerrero, le informa a Madero que Zapata y Almazán andan «cometiendo atroces depredaciones», y en respuesta, Madero le dice que «Zapata se sublevó por una falsa creencia y que sería fácil disuadirlo», pero en su opinión «Almazán, se levantó en armas porque es díscolo y ambicioso».[156]

Es más, el 24 de septiembre, en plena persecución de Huerta contra Zapata, en Tehuitzingo, Puebla, el caudillo del sur se reúne con varios de sus jefes y «acuerdan seguir luchando con las armas a los gritos de ¡Abajo el mal gobierno!, ¡Viva Madero, caudillo de la Revolución!, ¡Viva Zapata!».[157] Unos días antes de tomar posesión como titular del Poder Ejecutivo, el 26 de octubre, desde Parras, Coahuila, Madero dice que Zapata se someterá cuando él ocupe la Presidencia porque llevará «a cabo las reformas sociales que le comunicó en Cuautla».[158] Este entendido también lo albergaba Zapata. Con esa creencia, el día de la toma de posesión de Madero le envía una carta para felicitarlo «deseándole que el Ser supremo le conceda realizar los nobles propósitos en bien de la paz y de la prosperidad de nuestra querida patria».[159]

Pero todo quedó en buenos deseos. El 11 de noviembre, en Villa Ayala, Zapata presenta a Gabriel Robles, enviado de Madero, las condiciones para deponer las armas y pacificar el estado: sustitución del gobernador Ambrosio Figueroa por uno que designarían los principales jefes zapatistas; salida de «los colorados» de Federico Morales; «expedición de una ley agraria; evacuación de las tropas federales en un término de cuarenta y cinco días como máximo y la permanencia en Morelos de quinientos zapatistas armados a las órdenes de Raúl Madero o de Eufemio Zapata».[160] Al día siguiente, Madero, con el mismo intermediario, envía una carta a Zapata pidiéndole su rendición «con la promesa de indultar a sus soldados y proporcionarle pasaporte para que radique temporalmente fuera del Estado».[161] Horas después, fuerzas federales cercan Villa de Ayala para capturarlo, pero luego de un tiroteo a la sombra de la noche el caudillo del sur escapa, no sin antes anunciar a Madero que «muy pronto lo verá colgado por los científicos en el árbol más alto de Chapultepec».[162]

Poco más tarde, Madero concede una entrevista a *El Heraldo Mexicano* y asume su responsabilidad: dice que se le notificó a Zapata y a sus correligionarios «que les sería perdonado el delito de rebelión, pero se les juzgará conforme a la ley por los crímenes del orden común que hubieran cometido. Rehusaron rendirse en estas condiciones, y en tal virtud las tropas federales y las fuerzas rurales que se hallan en el campo de operaciones recibieron orden de proseguir la campaña, hasta aniquilar a los rebeldes. Cuando fui a Cuautla, opinaba que los trastornos se arreglarían con facilidad, puesto que muchos de los alzados lo eran por una mala inteligencia o apreciación de las condiciones existentes en aquel tiempo; pero no siendo ya posible llegar a una solución pacífica, el gobierno de mi cargo ha decidido no volver a entrar en arreglos».[163] Con esta mala decisión, Madero se aleja de la política de conciliación y se entrega, consciente o no, a los brazos de los militares porfiristas.

En la conspiración, el golpe y el asesinato del presidente Madero y del vicepresidente Pino Suárez, el 23 de febrero de 1913, además de los oligarcas del antiguo régimen porfirista y del general Huerta y sus chacales, participó siempre con un actitud destacada e influyente el representante del Gobierno de Estados Unidos de nuestro país, Henry Wilson, a quien nunca se debe olvidar por ser el embajador más siniestro que se haya padecido en México en doscientos años de relaciones diplomáticas entre nuestros países. El asesinato del Apóstol de la Democracia lo traman los generales Huerta, Blanquet, Mondragón y Félix Díaz. Ellos se encargan de escoger al autor material del crimen, y la decisión recae en el mayor de rurales Francisco Cárdenas, que había operado contra las fuerzas magonistas encabezadas por Santana Rodríguez (Santanón) en el sur de Veracruz en 1910[164] y combatido, en 1912, a los rebeldes zapatistas de Ixtapan de la Sal en el Estado de México.[165] Francisco Cárdenas, agrega Taracena, pidió que la orden se la diera directamente Huerta, por lo que fue conducido ante él, quien le ofreció una copa de coñac.

El 22 de febrero, por la noche, luego de cuatro días de cautiverio en la intendencia del Palacio, Madero y Pino Suárez son despertados para ser trasladados a la penitenciaría, se visten apresuradamente y se despiden de Ángeles, con un «adiós, mi general». «Madero, Cárdenas y el cabo segundo de rurales Francisco Ugalde, suben al [automóvil marca] "Protos" tripulado por Romero; y Pino Suárez, el mayor de artillería Agustín Figueras y el cabo de rurales Rafael Pimienta, al "Packard" de Ricardo Hoyos».[166] Al llegar a la esquina oriente de la penitenciaria, Cárdenas le ordena a Madero que baje del auto y allí «le dispara dos tiros en la nuca en tanto que Figueroa y Pimienta, tomando la detonación como señal, acribillan al licenciado Pino Suárez».[167]

Con estos cobardes asesinatos inicia lo que, unos días antes, le había confesado José María Pino Suárez al embajador de Cuba, Manuel Márquez Sterling, quien los acompañó una noche en lo que ahora se ha convertido en un memorial y le llamamos la Intendencia de la Traición: «yo no creo, como el señor Madero, que el pueblo derroque a los traidores, para rescatar a su legítimo mandatario. Lo que el pueblo no consentirá es que nos fusilen. Carece de la educación cívica necesaria para lo primero. Le sobra coraje y pujanza para lo segundo».[168] Lamentablemente la profecía se cumplió: El fuego de la revolución envolvió a todo el país y tardó años causando destrucción y desgracias.

• • •

De ese fuego revolucionario resurge el famoso e intrépido guerrillero, Francisco Villa, quien había nacido en San Juan del Río, Durango, en un lugar ahora conocido como La Coyotada; desde su infancia y adolescencia padeció de las infamias cometidas por los hacendados de la época y eso lo llevó a la rebeldía contra ellos y el régimen porfirista. Su primera aparición de importancia en la Revolución se registra como ya vimos, cuando secunda a Francisco I. Madero, junto con Pascual Orozco para triunfar en la célebre batalla de Ciudad Juárez, que conduce a la renuncia de Porfirio Díaz y al inicio del derrumbe del régimen dictatorial. Más tarde, cuando Pascual Orozco traiciona al presidente Madero y se levanta en armas, Villa participa bajo las órdenes de Victoriano Huerta para sofocar la rebelión en Chihuahua. Y es entonces cuando surgen las diferencias de Pancho Villa con Victoriano Huerta, a quien Madero había ascendido a General de División por su liderazgo y arrojo militar. Como resultado de esta rivalidad, el 4 de junio Huerta acusa a Villa de insubordinación y notifica a Madero que ha ordenado su fusilamiento; por fortuna, gracias a la intervención de Raúl Madero y del general Guillermo Rubio Navarrete, se dispuso que se le enviara como prisionero a la Ciudad de México. Taracena sostiene que, al día siguiente de la llegada de Villa a la capital del país, recibió en la penitenciaría de Tlatelolco la visita de Juan Sánchez Azcona, secretario particular del presidente, quien lo llevó al castillo de Chapultepec para que se entrevistara con Madero.[169]

Meses más tarde, el 26 de diciembre de 1912, Villa escapa de esa prisión militar en «un automóvil que lo conduce fuera de la ciudad. Va vestido con sombrero de bola, rasurado el bigote y envuelto en capa española».[170] El escritor y revolucionario costarricense, Rogelio Fernández Güell, que acompañó a Madero en la lucha por la democracia en México, escribe sobre este episodio lo siguiente:

> Madero no podía poner en libertad a Villa, por consideración al jefe de la campaña del Norte, ni podía dejarlo en poder de este, por temor de que le fusilara. Así, ordenó que el preso fuera conducido a México e internado en la prisión de Santiago.[171]

En el texto original aparece a pie de página lo siguiente:

> ¡Qué pensamientos más sombríos debieron agitar el alma de Villa, cuando penetró las oscuras bóvedas y sintió tras sí cerrarse como una losa la pesada puerta de la prisión!
>
> Sobre el escritorio del presidente Madero, vi una vez una carta escrita en toscos y gruesos caracteres. Era de Villa, y en ella el infeliz guerrillero recordaba al presidente sus muchos desinteresados servicios y le describía con sombríos colores su estancia en la prisión, rogándole que, pues ningún delito había cometido, lo pusiera en libertad.
>
> ¡Nadie hubiera podido prever, leyendo esta carta, el brillante porvenir de Villa y la infortunada suerte de aquél de cuyas manos pendía en aquellos momentos su vida!
>
> Es evidente que amigos del Gobierno le proporcionaron a Villa los medios de fugarse de la prisión, y este era uno de los motivos de odio que Huerta en el fondo de su alma profesaba al magnánimo Madero.

Villa siempre le tuvo un profundo afecto a Madero, por eso al ser asesinado el presidente y el vicepresidente en el golpe huertista, Villa se manifiesta sin titubeos contra el usurpador. El 29 de septiembre de 1913 constituye y empieza a comandar la popular y legendaria, División del Norte. Este impresionante ejército de masas conformado por agraristas, jornaleros, rancheros, vaqueros, artesanos, obreros, mineros, maestros, arrieros, entre otros, barrían en el camino con cuanto se le ponía por delante.

Al frente de la División del Norte, Villa tomó Chihuahua en la lucha contra el huertismo y por cuatro semanas se desempeñó como gobernador del estado con más territorio de nuestra república. Recuerdo que el gran historiador Friedrich Katz, en una de las ocasiones que platicamos, me insistió mucho en que yo debía conocer a fondo lo realizado por Villa como gobernador de Chihuahua, le fascinaba contar lo que dejó escrito en su obra sobre el Centauro del Norte.

> En las primeras semanas después de tomar posesión Villa elaboró y puso en práctica, con la colaboración de Silvestre Terrazas, una política que transformó a Chihuahua y le permitió resolver, por lo menos a corto plazo, algunas de sus dificultades más inmediatas, ganarse el apoyo de las clases baja y media y, al mismo tiempo, obtener los medios necesarios para transformar a la División del Norte en el mejor disciplinado y mejor equipado de todos los ejércitos revolucionarios.[172]

Y continúa narrando Katz:

La piedra de toque de la estrategia de Villa fue un decreto promulgado en diciembre de 1913, que representaba una ruptura radical con la vía seguida por Madero y Abraham González. Ellos habían intentado eliminar el poder político de Terrazas y Creel, erosionando apenas su poderío económico, quitándoles algunas de sus prerrogativas y aumentando sus impuestos. Esa estrategia había fallado en dos sentidos: les había alienado la simpatía tanto de las clases bajas, que consideraban que no iban suficientemente lejos, como de la oligarquía, que resentía las pérdidas, así fueran limitadas. El decreto de Villa, en cambio, era un acto de cirugía radical: ordenaba la confiscación de las tierras y demás propiedades pertenecientes a los terratenientes mexicanos más ricos y poderosos de Chihuahua, entre los cuales destacaban las familias Terrazas, Creel, Cuilty y Falomir.[173] En cambio, no mencionaban las propiedades de los extranjeros. Villa no solo se negó a confiscarlas o a aumentar sus impuestos si no que las protegió (con la excepción significativa de las propiedades de los españoles y los chinos) por todos los medios.[174]

Y sobre los resultados Katz afirma que:

El decreto de Villa le ganó también el apoyo de los pobres urbanos, dado que gran parte de los rendimientos de las haciendas confiscadas se redistribuyó entre ellos en forma de alimentos subsidiados o de dádivas directas.

Por decreto también, Villa redujo drásticamente el precio de la carne. «El precio de la carne en Chihuahua queda fijado en quince centavos de peso por kilogramo, en vez de peso que se cobraba bajo el Gobierno federal», según *El Paso Times*. «El Gobierno está manejando el mercado de la carne y cada día se envía a un destacamento de soldados a uno de los ranchos de los Terrazas, donde reúnen un rebaño y lo llevan a la ciudad para matarlo. La carne se reparte a los diversos mercados de la ciudad».[175]

[...]

Las medidas de Villa también beneficiaban a los pobres y a los desempleados en otra forma: gracias a los recursos de que disponía para pagarles y equiparlos, miles de chihuahuenses se unieron a su ejército. Como resultado, a pesar de que muchas empresas habían cerrado debido al torbellino revolucionario, el desempleo se redujo drásticamente. La redistribución tuvo un tremendo impacto psicológico sobre los pobres de Chihuahua. Era la primera vez en la historia, hasta donde podían recordar, que un Gobierno les daba algo.

Durante las pocas semanas en que fue gobernador de Chihuahua, la popularidad de Villa alcanzó nuevas cotas. De hecho, ningún otro dirigente de la revolución con la posible excepción de Madero en los días que siguieron a su victoria tendría nunca el prestigio y el carisma que él logró en ese tiempo. Más que ningún otro líder, se había convertido en una leyenda viva. Esto de ningún modo era el simple resultado de una respuesta racional a las disposiciones que dictaba. En el pensamiento popular, Villa se adecuaba a una serie de tradiciones e imágenes profundamente arraigadas, algunas de ellas características de todo el país, otras propias de sus clases bajas.[176]

Sobre si Villa fue bueno o malo, bandido social, revolucionario, o temido y cruel, posiblemente fue todo eso, pero no debemos olvidar que las revoluciones, aun con sus nobles fines, siempre han acarreado excesos y actos irracionales e inhumanos. Es cosa de recordar lo que sostiene el gran escritor Ernest Hemingway en su novela *Por quién doblan las campanas*, sobre los juicios sumarios y las *fusilatas* en ambos frentes durante la Guerra Civil Española. Por ejemplo, para imaginar cómo eran los enfrentamientos entre los revolucionarios mexicanos, baste leer la sentencia anexa de cómo Carranza ordena eliminar a Villa (véase p. 493); por cierto, este juicio sumario ocurre dos meses antes de que el Centauro del Norte tomara por asalto Columbus, Estados Unidos y el Gobierno de ese país ordenara al general John J. Pershing que lo persiguiera con su tropa por todo el territorio mexicano.

Raúl Herrera Márquez cuenta en una buena novela, *La sangre al río*, cómo su bisabuelo, abuelo y tíos abuelos, entre los que se encontraba el famoso revolucionario Maclovio Herrera, miembros de una numerosa familia de Parral, Chihuahua, enfrentaron a Francisco Villa, con quien mantuvieron al principio cierta cercanía y, posteriormente, se enemistaron hasta el extremo de la confrontación violenta. Este cineasta y gran escritor da a conocer que su tío abuelo, Jesús Herrera, recibió en Torreón, el lunes 21 de abril de 1919, la noticia sobre el asesinato de su padre y sus hermanos:

—Los agarró Villa en el cerro. Mandó una nota firmada donde prometía respetar las vidas de todos, pero a tu papá y a tus hermanos los separó, se veía que iba contra ellos.

(Lo hizo con premeditación. Lo tengo que matar).

—A tu papá le echó el caballo encima y lo arrastró.

(¡A mi bendito padre anciano! Lo tengo que matar).

—Ahí en el cerro los mandó amarrar. A punta de mentadas los bajaron y se los llevaron a encerrar.

(¡Lo hizo con alevosía! Lo tengo que matar).

—Hoy temprano se los llevó a pie hasta el panteón. Los tres estuvieron muy enteros hasta lo último; en ningún momento se les notó que se quebraran. Junto al panteón, Villa se bajó de su caballo, y tu papá le echó en cara su cobardía. Lo retó a desatarlos y a batirse en duelo; le dijo: «Con cualquiera de mis hijos o conmigo, que estoy viejo». En vez de contestarle, Villa intentó que tus hermanos dejaran solo a su padre; le dijo: «Ustedes dos váyanse». Se encabronó porque ellos le contestaron

PRIMER JEFE.

VENUSTIANO CARRANZA, Primer Jefe del Ejército Constitucionalista y Encargado del Poder Ejecutivo de la Unión, en uso de las facultades extraordinarias de que se encuentra investido, y considerando: que la frecuencia con que están repitiéndose atentados por gavillas de bandidos que han quedado dispersas en diversos lugares del país, después, de que el Ejército Constitucionalista aniquiló a la reacción armada, reclama enérgicas medidas de represión y un severo castigo para los responsables de tales crímenes, y en vista de que el último atentado que cometieron en un punto distante ocho kilómetros al Oeste de Santa Isabel, del Estado de Chihuahua, los foragidos que capitanean los cabecillas Rafael Castro y Pablo López, pertenecientes a las fuerzas de Francisco Villa, de quien reciben órdenes, asaltando un tren de pasajeros y dando muerte a diez y ocho ciudadanos norteamericanos; según el precedente establecido por el Gobierno Constitucionalista en casos análogos registrados anteriormente, he tenido a bien expedir el siguiente

DECRETO.

Art. I.- Queda fuera de la Ley el cabecilla reaccionario ex-general Francisco Villa.

Art. II.- Quedan fuera de la Ley los cabecillas reaccionarios ex-General Rafael Castro y ex-Coronel Pablo López.

Art. III.- Cualquier ciudadano de la República puede aprehender a los cabecillas Francisco Villa, Rafael Castro y Pablo López, y ejecutarlos sin formación de causa, levantando una acta en que se haga constar su identificación y fusilamiento.

CONSTITUCION Y REFORMAS.

Dado en la Ciudad de Querétaro, a los catorce días del mes de enero de mil novecientos diez y seis.

Al C. Secretario de Gobernación.

(Documento 14 enero 1916)

que le cambiaban sus vidas por la de su padre. Entonces le gritó al asesino ese que le dicen el Ruñis: «¡Carmel, tráeme un bote de petróleo!».

(¡Hijo de la chingada! ¡Lo voy a matar!).

—Melchor le dijo que era un cobarde hijo de puta, que solo se ponía con la gente cuando se la tenían amarrada. Villa ni le contestó: solo le gritó al Ruñis que se apurara con el petróleo o le iba mal.

(¡Te voy a matar!).

—Cuando tu papá vio que los iba a quemar, le dijo: «¡Bébete mi sangre; a lo mejor así te vuelves hombre! A los hombres de palabra se les respeta, y a los bandidos como tú...». Y le escupió en la cara. Villa sacó la pistola y le dijo: «¡Viejo jijo! ¡Para que le duela más, antes de morirse va a ver cómo trueno a sus hijos!».

(¡Te voy a matar!).

—Empezó por Melchor. Le dio un tiro en la frente, mientras tu papá y Zeferino lo seguían insultando y echándole en cara su cobardía.

(¡Mi hermano menor; apenas iba a cumplir treinta y tres años! ¡Dejas a su viuda con cuatro criaturas y le matas otro hijo a mi madre! ¡Te voy a matar!).

—Luego a Zeferino; también un tiro en la frente. Tu papá lo siguió insultando.

(¡Mi hermano, el más bueno! ¡Dejas una vida sola! ¡Otro hijo muerto a mi madre! ¡Te voy a matar, fiera desgraciada!).

—Por último a tu papá. También le dio un tiro en la frente. Luego colgó los cuerpos de unos mezquites en el terreno de junto al panteón.

(¡Te voy a matar! ¡Mi hermano Maclovio murió por culpa de tu ambición! ¡Colgaste y vejaste el cadáver de mi hermano Luis! ¡Mi hermano Concepción murió a causa de un ataque tuyo! ¡Llenaste mi familia de viudas y huérfanos! ¡Mis hijos no podrán estar seguros mientras vivas!). ¡Por Dios, por mi padre muerto, por el recuerdo de mis hermanos, por mi madre y mis hermanas destrozadas, por mis hijos, por las viudas, por los huérfanos, por mi tierra, por mi vergüenza de hijo mayor, como que me llamo Jesús Herrera Cano juro, bestia maldita, que me lleve lo que me lleve y me cueste lo que me cueste, te voy a matar![177]

La otra escena deja al descubierto algo casi desconocido sobre la autoría intelectual del asesinato de Villa. Raúl Herrera Márquez narra lo siguiente:

—Mi general, le vengo a informar que voy a matar a Francisco Villa.

Un ligero sobresalto en la mirada del presidente Álvaro Obregón delata su sorpresa. Después de intercambiar con él palabras insustanciales acerca del clima y la economía en Torreón, desde donde viajó a la Ciudad de México, Jesús Herrera se ha dejado de rodeos. Las puertas de Palacio Nacional se abrieron para él gracias a la cercanía que sus hermanos, los difuntos generales Luis y Maclovio Herrera, tuvieron con Obregón. El presidente mantiene una expresión serena solo traicionada por la pérdida de la sonrisa, por su silencio y por el tamborileo de sus dedos sobre unos documentos que descansan en el escritorio.

—No le vengo a pedir permiso, general —continúa Jesús, sin dejarse intimidar por el silencio y la actitud inquisitiva del presidente—; le vengo a avisar. Esa fiera se ha ensañado con mi familia. De los hombres solo quedo yo, y ya ha intentado matarme. Hace apenas unos días me mandó dos asesinos a Torreón. Gracias a Dios, un pariente lejano que andaba en Canutillo por negocios se dio cuenta de los movimientos y me previno. La policía agarró a los matones cuando entraban armados en mis oficinas; llevaban mi nombre anotado. Mi general, usted conoce a Villa tan bien como yo: no va a parar hasta verme muerto y es muy capaz de seguirse con las mujeres y los niños; acuérdese de que prometió acabar con todos nosotros. No voy a quedarme con los brazos cruzados. Tengo que hacer todo lo que esté en mis manos por impedir más tragedias en mi familia; de otro modo, no sería digno de llamarme hijo de mis padres.

—Bueno, don Jesús —rompe su silencio el presidente—, ¿vino desde Torreón para decirme esto? ¿Por qué?

—Mire, general —continúa Herrera recargando los antebrazos sobre el escritorio después de pasar su sombrero a la silla de junto—: yo ya tengo todo planeado y me falta poco para acabar de conseguir a la gente que se va a encargar, pero necesito pedirle un favor en memoria de mis hermanos, que en paz descansen.

—Usted sabe que a los generales y a su señor padre siempre les guardé un particular aprecio —responde Obregón, mostrando una cautela inusual en su abierto carácter norteño.

—Como le digo, tengo todo preparado —prosigue Herrera—, pero necesito asegurarme de que mi gente pueda actuar con libertad. Acuartéleme la tropa en Parral, o si se puede, mándela fuera de la ciudad. También le quiero pedir inmunidad. No soy el único que tiene interés en este asunto; hay muchos que participamos. Todos somos hombres comunes y corrientes. Somos gente pacífica, pero no hay uno entre nosotros con quien no tenga Villa cuentas pendientes: al que no ha tratado de asesinar, le ha matado familiares o lo ha despojado. Todos vivimos bajo amenaza; en esto hay mucho de defensa propia; no sería justo que saliéramos perjudicados por protegernos.

—Mire, don Jesús —expresa por fin Obregón—, a este país lo que le urge es pacificarse. El Gobierno no quiere participar en más actos de violencia.

—Con el estómago hecho nudo, Jesús se esfuerza por evitar que la decepción se le note en la cara.

—No dejo de ver que México ha pasado por tiempos muy difíciles —continúa el presidente—. Hay muchos que con todo derecho se sienten agraviados, y es natural que quieran hacer justicia por propia mano, pero en mi posición no puedo suscribir los planes de usted, ¡imagínese! A todo esto —inquiere, cambiando el tono de voz—, ¿cómo están su señora madre y sus hermanas? No me ha dicho nada de ellas.

—Mi madre, decayendo, general —responde Jesús, replegándose a su respaldo y desviando la mirada con incomodidad—. Ya está anciana, y tantas muertes la han destrozado. Mis hermanas, luchando por sobreponerse a la pena para poder seguir adelante con sus vidas.

Obregón se pone de pie, rodea su escritorio y se dirige lentamente a la puerta en señal de que la entrevista ha terminado. Jesús recoge su sombrero y va tras él.

—Deles muchos saludos de mi parte, don Jesús. Sé bien lo mucho que han sufrido ustedes, y no he olvidado que allá en Chihuahua el general don Luis y yo intercambiamos promesas de ver uno por la familia del otro en el caso de que cualquiera de los dos muriera. Recuerdo la expresión de confusión del mayorcito cuando su papá me lo presentó —agrega sonriendo con la mano en el picaporte y la mirada baja—; se llamaba igual que el general. —Extendió la mano para saludarme sin darse cuenta de que me falta el brazo derecho y se sorprendió cuando se la tomé con el izquierdo; en ese momento notó mi muñón y casi como un reflejo volteó a verle a su papá la mano donde le faltaban dedos—. Mi promesa de entonces fue auténtica —concluye, levantando los ojos para clavarlos en los de su interlocutor—: en lo que esté a mi alcance, ni a usted ni a los suyos les va a pasar nada.

Jesús siente el golpeteo acelerado de su corazón. Más claro, ni el agua.

—Le agradezco mucho su comprensión, mi general.

—Por allá en Torreón lo va a buscar un hombre de mis confianzas. Por conducto de él, manténgame informado de sus negocios, de sus necesidades… en fin, de todas sus actividades. De sus planes.

Veintiséis de marzo de mil novecientos veintitrés. Es un hecho: Jesús Herrera tiene el camino abierto para acabar con Villa.[178]

Aquí subrayo que todas las guerras son irracionales y crueles, y aunque no siempre las revoluciones han sido deseadas por los dirigentes, sino que obedecen a una serie de complejas circunstancias, nosotros debemos de agradecer a la vida, el poder transformar con intensidad y hondura sin que se haya desatado la odiosa violencia.

Además, a Villa, entre otras cosas, le debemos la hazaña o la osadía de atacar Columbus, Nuevo México de Estados Unidos de América, para impedir lo que consideraba actos de traición a la patria. El historiador Pedro Salmerón sostiene que, desde entonces, en 1916, Villa se convirtió en un símbolo de la resistencia contra el Imperialismo. Un ejército estadounidense entró a México para cazar a Villa. Nunca pudieron agarrarlo: el jefe de la expedición imperialista escribió:

«Vagos rumores y afirmaciones positivas de los nativos indicaban que Villa había partido en casi cualquier dirección y hablaban de su presencia en varios lugares al mismo tiempo». La imaginación popular redujo este hecho a una frase: «Villa está en todas partes y en ninguna». El propio Villa resumió sobre ese general: «Ese Pershing vino aquí como un águila y se fue como una gallina mojada». El fracaso de esa expedición fue uno de los temas que hizo que los mandos políticos militares entendieran, más de diez años después, que a Estados Unidos no le convenía una guerra contra México bajo ninguna circunstancia. Y aunque solo fuera por eso hay que honrar la memoria de Pancho Villa.[179]

•••

Aun cuando hay muchos otros revolucionarios que admiro y respeto, como a los generales, Francisco J. Múgica y Felipe Ángeles, al igual que dirigentes de la talla de Catarino Garza, Práxedis Guerrero, Juan Sarabia, Felipe Carrillo Puerto, así como a un gran número de heroínas y héroes anónimos, cierro esta galería de hombres ejemplares rememorando al mejor presidente de México del siglo xx, el general Lázaro Cárdenas del Río.

A diferencia de Francisco I. Madero, quien para consumar su bello ideal democrático no pudo o no consideró indispensable reforzar sus vínculos con el pueblo, en especial con los campesinos zapatistas, el general Lázaro Cárdenas no dudó en apoyarse en los de abajo para hacer realidad su obra transformadora. La estrategia del general puede resumirse en tres importantes y consecutivas acciones: primero, entregó la tierra a los campesinos y ayudó a los obreros; luego, impulsó la organización de las masas y, finalmente, con esa base social pudo llevar a cabo la expropiación del petróleo y otros bienes de la nación que Porfirio Díaz había entregado a particulares, fundamentalmente extranjeros.

En la estrategia cardenista lo primero fue la atención a las demandas económicas y sociales de campesinos y obreros. El presidente sabía que la única manera de contar con el pueblo era actuar decididamente en favor de sus causas. En consecuencia, desde el inicio de su gobierno se puso en marcha el reparto agrario. Los campesinos se movilizaron en todo el país, solicitando que se les dotara de tierras mediante la expropiación de latifundios o por la vía de la titulación de terrenos nacionales.

En poco tiempo, la entrega de las tierras a los campesinos transformó la estructura agraria existente. La trascendencia revolucionaria del reparto agrario cardenista puede medirse con un relevante dato: en los primeros tres años de gobierno se entregaron 9 764 000 hectáreas a 565 216 campesinos, lo que superó con mucho la cantidad de tierras repartidas desde la Revolución. Al finalizar el sexenio se habían constituido 10 651 ejidos con un total de 18 052 000 hectáreas en beneficio de más de 1 000 000 de indígenas, peones y jornaleros del medio rural.

Es indudable que los campesinos vieron en Cárdenas a un fiel representante de la causa revolucionaria. La reforma agraria aseguró la fidelidad de mucha gente al gobierno cardenista y, desde entonces, se concertó la alianza entre los campesinos y el Estado. Por otra parte, durante el cardenismo, los obreros sintieron garantizados sus derechos laborales. Con estricto apego a la ley, Cárdenas respetó la lucha económica de trabajadores por mejores salarios y condiciones laborales. Su acción en este terreno consistió en hacer realidad la letra del artículo 123 de la Constitución. Desde el inicio del gobierno, el movimiento obrero comenzó a desplegar una intensa actividad orientada a conquistar sus reivindicaciones fundamentales, incluso se pudo ejercer con plena libertad el derecho de huelga. Para mediados del sexenio, campesinos y obreros identificaban a Cárdenas como el defensor de sus intereses. La primera parte de la estrategia cardenista había resultado favorable: el acercamiento y la solidaridad del mandatario con los grupos sociales más desprotegidos produjo la adhesión de las mayorías a la política gubernamental.

La organización política de obreros y campesinos, como segundo eslabón de la estrategia cardenista, se desarrolló con intensidad y entusiasmo. Primero se integraron la mayor parte de los sindicatos nacionales; la Confederación de Trabajadores de México (CTM) se constituyó el 24 de febrero de 1936; aunque la declaración de principios de la organización establecía que «el proletariado de México luchará fundamentalmente por la total abolición del régimen capitalista», sus dirigentes aceptaron la propuesta del presidente y coincidieron en la necesidad de alcanzar primero la liberación política y económica del país. Bajo estos principios, el movimiento obrero apoyó decididamente al Gobierno en su lucha por la soberanía nacional. Por su parte, desde el 9 de julio de 1935, el presidente Cárdenas recomendó iniciar la organización de los campesinos de México. Con ese propósito se crearon las ligas de comunidades agrarias en todos los estados del país y la integración de ellas con los sindicatos de asalariados rurales dio como resultado la constitución de la Confederación Nacional Campesina (CNC). La organización y la movilización política de las masas permitió avanzar en el propósito de hacer valer la independencia económica del país; de esta manera, con la expropiación de los ferrocarriles y de las empresas petroleras, se devolvieron a la nación bienes y recursos que desde el Porfiriato se encontraban en manos de extranjeros.

Esta estrategia no habría podido tener éxito sin las cualidades excepcionales de un hombre noble y justo como el general Lázaro Cárdenas. La política no solo es racionalidad; también, como otras actividades de la vida, necesita de mística y de convicciones. Los procesos políticos son más complejos de lo que suponen los intelectuales racionalistas: intervienen factores como la suerte, la genialidad de los dirigentes y los sentimientos del pueblo. El general Cárdenas, a diferencia de políticos arribistas o de la élite, profesaba un sincero y profundo amor al pueblo. Así como no hay nadie con la vocación democrática de Madero, tampoco ha existido en México un presidente tan cercano a los humildes como el general Cárdenas ni tan convencido de la causa de la justicia social.

Además de ser un auténtico humanista y de poseer otras virtudes, el general Cárdenas supo manejar con precisión los tiempos, asunto que en política suele resultar esencial y definitorio. Unos días antes de anunciar la Expropiación Petrolera, anotó que, sobre la carretera, en las cercanías de Cuernavaca, caminó y platicó durante más de una hora con su maestro, amigo, compañero y paisano, el general Francisco J. Múgica. Lo cito: «Hicimos consideraciones de las circunstancias que podrían presentarse si Gobiernos como los de Inglaterra y Estados Unidos, interesados en respaldar a las empresas petroleras, presionaban al Gobierno de México con medidas violentas; pero tomamos también en cuenta que se presenta ya la amenaza de una nueva guerra mundial con las provocaciones que desarrolla el imperialismo nazi-fascista, y que esto los detendría de agredir a México, en el caso de decretar la expropiación». Entre otras razones y aprovechando esa circunstancia, el 18 de marzo de 1938, se lleva a cabo la Expropiación Petrolera. Ese día, a las ocho de la noche, el general Cárdenas comunica a su gabinete sobre esta decisión histórica, y dos horas después, da a conocer por radio a toda la nación el paso dado por el Gobierno en defensa de su soberanía, reintegrando a su dominio la riqueza petrolera que, según lo escribió él mismo, «el capital imperialista ha venido aprovechando para mantener al país dentro de una situación humillante».

El decreto expropiatorio establece en cuatro artículos que formarán parte del patrimonio nacional la maquinaria, las instalaciones y otros muebles e inmuebles de las compañías petroleras extranjeras, a las cuales se les pagaría la indemnización de conformidad con el artículo 27 de la Constitución y de la ley en la materia.

La expropiación del petróleo fue apoyada por la mayoría del pueblo. En las fotos de la época se advierte la presencia mayoritaria de gente humilde: hombres y mujeres indígenas, campesinos, obreros, maestros, empleados e integrantes de la clase media baja. Fue el pueblo raso el que apoyó y cooperó con el Gobierno para el pago de las indemnizaciones a las compañías petroleras extranjeras. Cómo olvidar que tantas mujeres pobres donaron para este efecto chivos y guajolotes, y se deshicieron hasta de las humildes alhajas que poseían.

Por esos días, desde la ciudad de Oakland, California, el trabajador migrante Cástulo Prado compuso la letra y la música del «Corrido del petróleo» y se lo envió al presidente con la recomendación de que el Gobierno destinara las posibles regalías de la obra al pago de las indemnizaciones. Una de sus estrofas reza así:

> Lázaro Cárdenas dice,
> sereno y despreocupado:
> Al transcurso de diez años
> todo quedara pagado.
> Tengo un pueblo mexicano
> que no me queda ni duda;
> desde el más niño al más viejo,
> todos me ofrecen su ayuda.
> En la mujer mexicana
> hay patriotismo y orgullo;
> se deshace de sus joyas
> para ofrecerlas al cuño.

Además de este masivo y contundente respaldo popular, el gobierno de Cárdenas contaba con otra circunstancia favorable. En ese tiempo gobernaba Estados Unidos Franklin Delano Roosevelt, un gran estadista, uno de los mejores presidentes que ha tenido ese país en toda su historia. Recordemos que cuando llegó a la Casa Blanca, el 4 de marzo de 1933, Estados Unidos padecía una de las peores crisis de su historia y que como presidente, Roosevelt supo enfrentarla con éxito y muy pronto le devolvió la esperanza a su pueblo, lo cual lo convirtió en uno de los más grandes estadistas del siglo xx.

En cuanto a su política exterior, en un discurso memorable, el 6 de enero de 1941, expuso al mundo cuatro libertades fundamentales: el derecho a la libertad de palabra; el derecho a la libertad de cultos; el derecho a vivir libres de miseria; y el derecho a vivir libres de temor.

La presidencia de Roosevelt aplicó la política de buena vecindad con los países del continente americano. En ese entonces se definieron los principios de cooperación económica y política; se reconoció la soberanía de Cuba y Panamá; y se ordenó la retirada militar estadounidense de Nicaragua y Haití. No es casual que Pablo Neruda lo llamara «un titán de las luchas, de las libertades, un presidente gigantesco».

La autenticidad de su política de buena vecindad tuvo su mejor ejemplo en el respeto a la soberanía de nuestro país. Durante los tres periodos presidenciales de Roosevelt las relaciones entre México y Estados Unidos fueron excepcionalmente buenas. En los días posteriores a la Expropiación Petrolera, en una carta, el general Cárdenas le reconoce: «Mi gobierno considera que la actitud asumida por los Estados Unidos de Norteamérica, en el caso de la expropiación de las compañías petroleras, viene a afirmar una vez más, la soberanía de los pueblos de este continente, que con tanto empeño ha venido sosteniendo el estadista del país más poderoso de América, el excelentísimo señor Presidente Roosevelt».[180]

Cástulo Prado, el poeta popular, también dejó testimonio de la rectitud, la altura y el respeto con que se comportó el presidente del país vecino. Los versos de Cástulo, decían:

> Los millonarios pedían
> que fuera la intervención.
> A los Estados Unidos
> fueron a poner su queja
> para que de allí vinieran
> a proteger sus empresas.
> Roosevelt les dice: «Señores,
> yo aquí nada puedo hacer;
> el Gobierno mexicano
> ha cumplido su deber».

En los buenos resultados de esta política tuvo mucho que ver el embajador de Estados Unidos en México, Josephus Daniels, quien actuó con sabiduría y habilidad en los años más difíciles de las relaciones entre los dos países. Su postura acerca del conflicto petrolero se resume cuando sostiene que el presidente Cárdenas tenía razón al promover que la riqueza del subsuelo se convirtiera en parte de la economía mexicana y que la crisis petrolera se debía a la negativa sistemática de las empresas extranjeras a modificar su visión pues «Consideran [señalaba] que los mexicanos nacieron para enriquecer a extranjeros, y que Dios puso importantes recursos naturales en el subsuelo de México para aumentar las fortunas que se encuentran en los cofres de los explotadores y concesionarios».[181]

Pero las empresas no fueron tan conscientes y respetuosas como los políticos y funcionarios del Gobierno de Estados Unidos. La nacionalización tuvo que abrirse paso enfrentando el boicot, las presiones y los actos de sabotaje promovidos y financiados por las compañías petroleras extranjeras. En nuestro país, la Expropiación Petrolera causó un profundo malestar entre los ricos de la época, en sectores de clase media y en la mayoría de los medios de comunicación.

Es interesante destacar que históricamente la derecha siempre se reagrupa cuando se pretende llevar a cabo un cambio democrático y se torna de plano intolerante y hasta violenta cuando se trata de reivindicaciones sociales a favor del pueblo y del dominio de la nación. Recordemos que el derrocamiento de Madero contó con la intervención del embajador estadounidense, pero fue llevado a cabo por grupos internos de la derecha que previamente habían promovido una campaña de odio y desprestigio consistente en ridiculizar al mandatario en los periódicos, hasta el punto de tratarlo de loco y espiritista.

Lo mismo sucedió cuando la expropiación que, aunque no afectaba de manera directa a intereses privados nacionales, sirvió para aglutinar todo el descontento de los grupos contrarios a la política agraria, laboral y educativa del general Cárdenas. En este ambiente se funda, el 17 de septiembre de 1939, el Partido Acción Nacional, que nace criticando la Expropiación Petrolera. En 1940 toda esta reacción se manifestó con mucha fuerza en la elección presidencial. Era tal la oposición de derecha, que el general Cárdenas tuvo que actuar con cautela y posiblemente eso influyó para que apoyara la candidatura de Manuel Ávila Camacho y no la del general Francisco J. Múgica, con quien tenía más afinidad ideológica y el cual representaba una mayor certeza de continuar y profundizar la política social y nacionalista.

Siempre se ha hablado de que el general no optó por Múgica ante el riesgo de una intervención extranjera. Sin embargo, como hemos visto, en ese entonces gobernaba Roosevelt, que había demostrado su respeto a la soberanía nacional y que estaba por estallar la Segunda Guerra Mundial, situación que contribuía a disipar la amenaza de intervención estadounidense. Desde mi punto de vista, lo que más influyó a la hora de la decisión sucesoria fue la circunstancia política interna; es decir, la beligerancia de los grupos de derecha. Recuérdese que aun optando por la candidatura de Manuel Ávila Camacho que sostenía posturas moderadas, de todas maneras, la elección presidencial fue muy complicada y violenta.

El candidato opositor, Juan Andreu Almazán, contaba con el apoyo de importantes grupos de derecha y del ejército; incluso el PAN, que no presentó candidato a la Presidencia, lo apoyó abiertamente. Al final de la jornada electoral se reportaron treinta muertos y 127 heridos. Sin embargo, poco después, Almazán claudicó y sus partidarios, empresarios y políticos de derecha, se entendieron y pactaron por concesiones y prebendas con el nuevo gobierno de Ávila Camacho. A partir de entonces se empezó a abandonar el auténtico ideal revolucionario y las acciones en beneficio del pueblo, aunque debe admitirse que esa alianza entre el poder político y el económico tal vez evitó la guerra civil y mantuvo la paz social. Si con Porfirio Díaz imperaba la paz de los sepulcros; luego del gobierno del presidente Cárdenas se instauró la paz de las componendas y la corrupción.

●●●

En fin, el Humanismo Mexicano se sostiene en perfecto equilibrio en dos pies, uno es el de la gran herencia cultural prehispánica que nos alimenta de virtudes excepcionales como la fraternidad, la libertad, la justicia y la honestidad; y el otro, es el de la política con dimensión social y carácter público que llevaron a la práctica como en pocos lugares del mundo, nuestros próceres, abnegados y ejemplares.

En esta breve historia hay enseñanzas mayores; la principal es que solo con el apoyo de las mayorías se puede llevar a cabo una transformación popular para hacer valer la justicia y enfrentar a los reaccionarios que se oponen a perder privilegios. Por eso, hoy de nuevo exclamamos a los cuatro vientos: nada de zigzaguear, sigamos anclados en nuestros principios, reafirmemos la decisión y el rumbo que hemos tomado desde que inició el gobierno. No a las medias tintas. No aceptaremos nunca que en México se imponga una minoría a costa de la humillación y el empobrecimiento de las mayorías.

El Humanismo Mexicano que postulamos se acompaña de la economía moral, pues sostenemos que el progreso sin justicia es retroceso. Nuestra tesis es que no basta el crecimiento económico, sino que es indispensable la justicia. En la nueva política económica, moral y social que hemos aplicado desde el principio de nuestro gobierno, se ha desechado la obsesión tecnocrática de medirlo todo en función de indicadores de crecimiento que no necesariamente reflejan las realidades sociales. Nosotros consideramos que lo fundamental no es cuantitativo sino cualitativo; es decir, la distribución equitativa del ingreso y de la riqueza. El fin último de un Estado es crear las condiciones para que la gente pueda vivir feliz y libre de miserias y temores. Asimismo, más allá del simple crecimiento económico, es fundamental desterrar la corrupción y los privilegios para destinar todo lo obtenido y ahorrado en beneficio de la mayoría del pueblo y de manera específica, en beneficio de los más pobres y marginados.

La estrategia central del Gobierno en el terreno de la política social descansa en respetar, atender y escuchar a todas y a todos, pero otorgando preferencia a los pobres y humillados. Siempre dijimos —ese fue mi lema de campaña por la Jefatura de Gobierno de la Ciudad de México en el año 2000— que «por el bien de todos, primero los pobres». Esta frase debe ser la esencia de la actividad política porque es sinónimo de humanismo y una forma distinta de entender el poder, cuyo ejercicio, como lo he dicho muchas veces, solo es puro y virtuoso cuando se pone al servicio de los demás.

Pero atender a los más pobres es también, por si fuese poco, ir a la segura para contar con el apoyo de muchos cuando se busca transformar una realidad de opresión y alcanzar el ideal de vivir en una sociedad mejor, más justa, igualitaria y fraterna. ¿Quién defiende realmente a un gobierno democrático? El pueblo, básicamente el pueblo. Ricardo Flores Magón dejó muchas enseñanzas y tenía una frase que me gusta mucho y la repito, la repito y la seguiré repitiendo, decía: «Solo el pueblo puede salvar al pueblo» y otro oaxaqueño, el presidente más grande que ha tenido México, el mejor presidente en toda la historia, Benito Juárez, un indígena zapoteco, decía: «Con el pueblo, todo; sin el pueblo, nada». Nunca olvidemos que quien respalda la Cuarta Transformación es el pueblo. Por eso, jamás debemos traicionarlo.

Algo básico y esencial, sobre todo para los jóvenes, nada se logra sin amor al pueblo, quizá en otros tiempos se podía fingir, simular y pedir votos en campaña, abrazar a la gente y luego, al llegar al cargo, olvidarse del pueblo. A lo mejor en otros tiempos, ahora ya no. El consejo para los jóvenes es que, si quieren dedicarse al noble oficio de la política, no olviden que lo principal es tenerle amor al pueblo, querer al pueblo, cultivar un profundo amor al pueblo, nada se logra sin amar al pueblo; el presidente Lázaro Cárdenas decía en 1937 que le mortificaba «conocer el verdadero fondo moral de muchos servidores públicos al observar en sus semblantes el disgusto que les causaba la demanda de auxilio o de justicia de la gente pobre. Entonces pienso más en la tragedia interminable de nuestro propio pueblo».[182] Pues bien, sin ese sincero sentimiento, nada bueno se puede hacer en la vida y menos en la política que, contrario a lo que se suele pensar, es uno de los oficios más nobles y de la más alta jerarquía espiritual.

La auténtica política es profundamente humana en su fundamento, en su esencia y, sobre todo, cuando se practica en bien de los demás y en especial de los pobres. Termino sosteniendo que estoy convencido de que contaremos con el apoyo del pueblo para consolidar la primera etapa de la transformación de nuestro país. Está asegurada la continuidad con cambio. No hay nada que temer. Eso sí, tenemos que mantenernos unidos, mirando siempre hacia el porvenir y la felicidad de nuestros semejantes; trabajando desde abajo y con la gente y sin descuidar la estrategia que llamamos acertadamente la revolución de las conciencias para continuar hacia el cambio de mentalidad, para seguir politizando a nuestro pueblo y, de esa manera, con un pueblo cada vez más consciente vamos a seguir contrarrestando la guerra sucia, las campañas de calumnias y los intentos de manipulación con el uso de sus medios de información y sus voceros, porque no les queda de otra a nuestros adversarios del bloque conservador y corrupto.

Pero al mismo tiempo, debemos tener fe en la sabiduría y en la lealtad del pueblo. El pueblo no traiciona. Estamos constatando que la idea y la práctica de exaltar el Humanismo Mexicano es eléctrica y está llegando a la conciencia de millones de personas; en eso baso mi optimismo y aun cuando en política es más peligroso subestimar la fuerza de los adversarios que sobreestimarla, sostengo que hagan lo que hagan, no regresarán al poder los oligarcas, continuará prevaleciendo, en nuestro querido México, una auténtica, una verdadera democracia.

Capítulo 20

MI DIARIO DE LOS ÚLTIMOS MESES DE 2023 Y EL ADIÓS

Un día después de las elecciones de Coahuila y del Estado de México, el 4 de junio de 2023, comenzamos el proceso de elección del nuevo dirigente del movimiento de transformación. A las ocho de la noche del lunes 5 de junio me reuní en una cena con todas las gobernadoras y gobernadores surgidos de nuestro movimiento, con el presidente y la secretaria general de Morena, así como con los cuatro morenistas que aspiraban a relevarme en la dirigencia: Marcelo Ebrard, Adán López Hernández, Ricardo Monreal y Claudia Sheinbaum. Les di a conocer una propuesta inspirada en el ideal democrático que busca la superación final de viejas y aberrantes prácticas como el autoritarismo, la imposición, los pactos tras bambalinas, en la oscuridad y la intromisión de la figura presidencial mediante los arcaicos rituales del *tapado*, el *dedazo* y el *destape*.

Recuerdo que ese mismo día celebramos el triunfo de la maestra Delfina Gómez Álvarez a la gubernatura del Estado de México. Aunque la alianza derechista había ganado en Coahuila, los conservadores y asociados estaban desencajados con su derrota en el Estado de México. Se culpaban unos a otros y acusaban al gobernador Alfredo del Mazo de traidor. Algunas finísimas personas como Javier Lozano le mentaron la madre en Twitter; Pedro Ferriz lo responsabilizó de entregar la plaza, sin comillas; y desde luego, se reprochaba al pueblo por su ignorancia, con el clasismo que los distingue. Una de estas personas, Denise Dresser, doctora en Ciencias Políticas y coordinadora de esa área en el ITAM, además de destacada comentarista del programa de Carmen Aristegui y, obviamente, columnista del periódico *Reforma*, no tuvo empacho en escribir en su plataforma digital: «La narrativa identitaria/polarizadora del presidente se impone en Edomex, donde gana su candidata a pesar de ser maloliente». Llamarle maloliente a la maestra Delfina es muy propio de estos seudointelectuales que por más grados académicos que presuman, más exhiben su ignorancia y su vulgaridad.

Siendo presidente del Instituto Nacional Electoral, Lorenzo Córdova, en una plática con Edmundo Jacobo Molina —secretario general del INE— se burló de un campesino de Guanajuato en estos términos:

> Había uno, no ma..., no te voy a mentir, te lo voy a decir cómo hablaba ese ca...: «Yo jefe, gran nación chichimeca, vengo Guanajuato. Yo decir aquí o diputados para nosotros, o yo no permitir sus elecciones». [Y riéndose]: Yo no sé si sea cierto que hable así ese ca..., pero no ma..., o vio mucho Llanero Solitario, con eso de toros, ca..., no ma..., solo le faltó decir «yo gran jefe toro sentado, líder gran nación Chichimeca», no ma..., no ma..., está de pánico ca..., o acabamos muy divertidos o acabamos en el psiquiatra de aquí, ca....

Ciro Murayama, otro destacado integrante de la mafia de Córdova en el INE, sostuvo en una ocasión que «el pueblo no existe». El escritor preferido de algunos lectores muy conservadores de la clase media, Francisco Martín Moreno, dijo «si se pudiera regresar a la época de la Inquisición, yo quemaba vivo a cada uno de los morenistas en el Zócalo capitalino».

Pero lo más representativo de este pensamiento clasista y racista lo expuso Guillermo Sheridan, un intelectual de gran fama del equipo de Enrique Krauze, quien, en una de las múltiples ocasiones en las que expresé mi profundo amor y mi admiración al pueblo de México, que es gente muy noble y muy buena, me contestó de esta manera:

> No estoy de acuerdo. El mexicano es por lo general ignorante, violento, tonto, fanático, corrupto, ladrón, sexista, caprichoso, temperamental, alcohólico, arbitrario, golpea a sus hijos y a las mujeres, idolatra el ruido, tira basura, nunca ha respetado el derecho ajeno, se pasa los altos, evade impuestos, compra y vende piratería, zarandea a los peatones, no duda a la hora de hacer transas, desprecia a la ley, no sabe aritmética elemental ni tirar pénaltis. Lo mismo puede decirse de la clase baja. Tenerle amor y admiración a eso es masoquismo o demagogia.

Hasta señoras no tan *fifís* me han gritado *naco* o *indio pata rajada*. Por cierto, según Carlos Monsiváis, naco se usaba desde la época colonial para referirse en forma despectiva a quien se consideraba de origen indígena por la vinculación a la cultura totonaca. Estas expresiones, y algunas peores, han salido a relucir al calor del enojo y el desfiguro de los reaccionarios en su lucha contra la transformación. Considero que ha sido para bien que emerjan estas ideas, definiciones o creencias que se mantenían encubiertas, soterradas, porque la simulación ayudaba a mediatizar y a inhibir el proceso de cambio de mentalidad y de liberación.

El 1.º de julio celebramos el quinto aniversario del triunfo en la elección presidencial. Allí estuvieron presentes, Adán Augusto López, Claudia Sheinbaum Pardo, Gerardo Fernández Noroña, Manuel Velasco Coello, Marcelo Ebrard Casaubón y Ricardo Monreal Ávila, los aspirantes a sucederme en la dirección del movimiento de transformación. Ese día quedó de manifiesto que estaban actuando con urbanidad política: ninguno llevó porra y se tomaron foto juntos. No los presentamos para evitar aplausos o abucheos. No hubo nota para nuestros opositores y voceros. Esa tarde habló la recién llegada secretaria de Gobernación, Luisa María Alcalde Luján, quien recordó cómo siendo muy joven participó, junto con muchos otros chamacos y chamacas de entonces, en la constitución de Morena y ahora se sentían, con razón, como los herederos del cambio generacional. También habló la maestra Delfina Gómez Álvarez, gobernadora electa del Estado de México, una mujer llena de convicciones y bondad, una bendición para el noble y luchón pueblo del estado más poblado y con más pobres en nuestro país.

Con el Zócalo lleno, luego de informar sobre avances, sostuve en el mensaje final que como es natural, el proceso de transformación del país ha creado una oposición conservadora, obcecada en regresar por sus fueros. Sus jefes no conciben ni aceptan que ahora se gobierne para todas y todos y no solo en beneficio de una minoría. En su demagogia y en su retórica siguen hablando en nombre de la democracia, pero actúan como una oligarquía; defienden el antiguo régimen de corrupción y privilegios de manera descarada y hasta ridícula. Nos hacen recordar la época de Antonio López de Santa Anna, «Su Alteza Serenísima». Se han constituido en una especie de supremo poder conservador con Claudio X. González hijo como gerente. A él lo apoyan los traficantes de influencia y políticos corruptos del más alto nivel del antiguo régimen y a él obedecen los encargados de los partidos, muchos abogados marrulleros del Poder Judicial, intelectuales acomodaticios y periodistas alquilados o vendidos.

Aunque a todos ellos los une el clasismo y el racismo, eso mismo los obnubila, les impide aceptar y ver que entre todos los que enarbolamos la bandera del Humanismo Mexicano poco a poco promovimos un cambio de mentalidad que se consolidó con los hechos en un gobierno guiado por ideales y principios, honesto y promotor de la justicia social. En vez de entender esta nueva realidad, de aceptar que el pueblo de México se ha empoderado y no quiere seguir siendo vasallo de nadie, los reaccionarios de nuestro tiempo cada vez enseñan más el cobre. Ofenden la inteligencia de la gente, insultan, actúan con prepotencia y creen que con campañas de mentiras y calumnias van a reconquistar el Gobierno. Qué fácil sería que ofrecieran disculpas por todas sus fechorías y se comprometieran sinceramente a cambiar, a no discriminar, a no humillar, a no engañar ni robar a nadie.

No es en tono de sentencia, advertencia ni mucho menos de amenaza, pero desde el Zócalo —la principal plaza pública de México— les mandé el mensaje de que poco lograrán si no abandonan su egoísmo y aprenden a respetar y amar a sus semejantes. No llegarán lejos si no comprenden e internalizan que el dinero y lo material es efímero; que la felicidad verdadera está asociada a la bondad y a la fraternidad. Mientras ellos no acepten y practiquen estos preceptos y nosotros los mantengamos y los reafirmemos, nada ni nadie podrá vencernos. Antes se imponían con trampas o con el uso de la fuerza y del dinero, pero eso ya no funciona. Tampoco les sirve apostar a la propaganda tendenciosa y ramplona. Pueden los medios de manipulación, que no de información, mentir minuto a minuto, pero sus efectos no hacen mella en quienes han decidido ser dueños de su propio destino y son muy conscientes y politizados, porque así es ahora el pueblo de México.

Por nuestra parte, no debemos apartarnos de nuestros ideales y principios ni olvidar nunca dos frases pronunciadas por Benito Juárez y por Ricardo Flores Magón que son la esencia misma de nuestro quehacer político: «con el pueblo, todo; sin el pueblo, nada», y «solo el pueblo puede salvar al pueblo». Por eso, lo más humano y eficaz es mirar siempre, atender siempre y caminar siempre acompañados de la gente, porque en ella está la bondad y la lealtad verdadera. Y como para remachar y no dejar ninguna duda, en mi discurso, terminé arengando de esta manera:

—Si nos preguntamos quién es nuestro mejor aliado, ¿qué contestamos?
—El pueblo.
—¿Por quién estamos aquí?
—Por el pueblo.
—¿A quién hay que servir primero?
—Al pueblo.
—¿Con quién transformar?
—Con el pueblo.
—¿En quién confiar?
—En el pueblo.
—¿Quién nos protege?
—El pueblo.
—¿Qué somos?
—Pueblo.
—¡No se oye!
—Pueblo
—Muchas veces
—Pueblo, pueblo, pueblo.
—¡Más fuerte!
—¡Pueblo!
—¡Que viva la Cuarta Transformación!
—¡Viva México!
—¡Viva México!
—¡Viva México!

Al día siguiente, como lo había prometido, di a conocer en la mañanera, que el supremo poder conservador, a través de Claudio X. González, decidió apoyar a Xóchitl Gálvez, una mujer que ha trabajado con ellos en puestos de diversa naturaleza: con Fox sirvió como coordinadora de los pueblos indígenas y con Peña Nieto gobernó en la entonces delegación Miguel Hidalgo de la Ciudad de México, donde viven los más ricos del país. Pero, además, como nació en un pueblo de Hidalgo, pensaron que su origen sería útil para ofrecer una supuesta imagen popular, cuando en realidad es ladina e igual de clasista y racista que los conservadores de mayor rango o nivel en la escala económica, social y política del país. Obviamente, la gente no se deja engañar, no se traga ese anzuelo, como ya se ve, aunque la oligarquía y los medios de manipulación se empeñen en inflarla, el globo no ha levantado ni levantará, porque en estos nuevos tiempos de transformación el pueblo no permite que alcen el vuelo los falsarios, los oportunistas y los corruptos.

El 1.º de septiembre rendí mi quinto informe desde Campeche. Allí destaqué la importancia que hemos dado al sureste como recompensa por lo mucho que aportó al desarrollo nacional y lo poco que le destinaba la federación en inversión pública y programas para el bienestar. Por décadas, el sureste padeció la paradoja de ser una región rica, con pueblo pobre; la Hacienda pública del país recibía la mayor parte de los ingresos de la extracción del petróleo de Veracruz, Chiapas, Tabasco y Campeche, así como de la actividad turística de Cancún, Quintana Roo; pero con excepción del norte de este estado, durante todo el periodo neoliberal el crecimiento económico del sureste fue de 0% anual. Ahora es distinto, por ejemplo, en el primer semestre de 2023, el norte creció 2.8% y el sureste, 5.6%, exactamente el doble.

Ese mismo día del informe me subí en Campeche al Tren Maya para hacer una supervisión en varias estaciones y otras instalaciones ferroviarias; el recorrido incluyó Hecelchakán, Mérida, Chichen Itzá y Cancún; invité a Carlos Slim, Joao Pereira, Manuel Muñozcano, José Miguel Bejos, Bernardo Gómez y Alfonso de Angoitia, dueños de las empresas constructoras que, junto con los ingenieros militares, construyen esta que es la obra más grande en todo sentido —en lo económico, ecológico, turístico y cultural— que se haya realizado en los últimos años en el mundo. También agradezco a Daniel Chávez, un empresario con dimensión social que sin buscar ningún beneficio personal y de manera honoraria, me ha ayudado muchísimo para la supervisión técnica en la construcción del Tren Maya. Ahí les va un resumen de la numeraria de esta obra: se movieron 6 026 358 metros cúbicos de balasto, desde la región de los Tuxtlas de Veracruz hasta Tabasco, Chiapas y la península de Yucatán; se colocaron 3 730 349 durmientes; se realizaron 155 159 soldaduras eléctricas y aluminotérmicas; se ejecutaron 428 178 994 metros cúbicos de cortes y terraplenes; se instalaron 2 329 kilómetros de vías troncales, laderos y estaciones; se confinaron 5 936 kilómetros de vías; se consumieron 516 923 toneladas de acero de refuerzo y estructural; 2 048 246 metros cúbicos de concreto estructural; se terminaron 1 210 pasos vehiculares, peatonales y de fauna; se construyeron 1 026 kilómetros de caminos de servicio; se llevaron a cabo 7 699 obras de drenaje, 43 puentes, 95 kilómetros de viaductos; se instalaron 2 952 kilómetros de fibra óptica; al igual que 23 889 postes de catenaria; se crearon 245 830 empleos directos; se usaron 16 840 máquinas para construcción, 448 especializadas en la instalación de vías. Se construyeron 30 subestaciones eléctricas. Se sembraron 31 291 árboles a la orilla de la vía; se reforestaron en toda la ruta del Tren Maya 400 000 hectáreas del programa Sembrando Vida; se crearon ocho áreas naturales protegidas y se cuidan 18 ya existentes. Se cuenta con 1 281 000 hectáreas conservadas voluntariamente por ejidos. Se restauraron 29 zonas arqueológicas de la cultura maya; se construyeron cuatro museos y 36 Centros de Atención a Visitantes; se edificaron seis hoteles; el Parque del Jaguar y el de Nuevo Uxmal, entre muchas otras acciones.

• • •

El 6 de septiembre se dio a conocer el resultado de las cinco encuestas que se levantaron para decidir quién me relevaría en la dirección del movimiento de transformación. La gente apoyó a Claudia Sheinbaum Pardo:

Coordinador/a de Defensa de la Transformación. Preferencia					
Aspirante	CEES	Heliga	Buendía	De las Heras	Mercaei
Marcelo Ebrard Casaubón	25.6%	25.0%	26.1%	26.4%	25.9%
Adán Augusto López Hernández	10.0%	12.2%	11.1%	10.9%	11.7%
Ricardo Monreal Ávila	6.5%	5.7%	5.9%	5.4%	5.8%
Gerardo Fernández Noroña	12.2%	9.9%	11.7%	9.3%	10.0%
Claudia Sheinbaum Pardo	39.4%	40.5%	36.6%	41.1%	39.3%
Manuel Velasco Coello	6.3%	6.7%	8.6%	6.9%	7.3%

Al día siguiente por la noche le entregué el bastón de mando, en el mismo lugar, en el restaurante El Mayor, situado frente al Templo Mayor, en el centro de la Ciudad de México. Con Claudia se garantiza la continuidad de nuestro movimiento de transformación; la conozco desde hace 23 años, siempre hemos trabajado juntos y es una mujer preparada, con convicciones y, sobre todo, honesta. Recuerdo que cuando triunfé en el año 2000 para ser jefe de Gobierno de la Ciudad de México decidí cumplir el compromiso de integrar mi gabinete con el mayor número posible de mujeres, porque mantengo la convicción, y lo he probado a través del tiempo, que son, en su gran mayoría, más capaces, responsables, trabajadoras, decididas e incorruptibles, en suma, excelentes en el servicio público.

Así fue como le pregunté a Pepe Barberán, un hombre de ciencia y de profundas convicciones humanitarias, si conocía a alguien —de preferencia mujer— que nos ayudara como secretaria del Medio Ambiente y que supiera, sobre todo, cómo enfrentar el grave problema de entonces de la contaminación del aire en la Ciudad de México. Pepe me dijo que recomendaba a Claudia, pero que no sabía si aceptaría porque se desempeñaba como académica en el Instituto de Ingeniería de la UNAM. Hablé con ella en el Sanborns de Insurgentes, en San Ángel, y se comprometió a ayudarnos. Desde entonces, su contribución en el Gobierno fue fundamental: se logró que, durante todo mi mandato como jefe de Gobierno, solo se padecieran en la ciudad dos días de contingencia ambiental. Puso en marcha el primer Metrobús de Insurgentes; me ayudó en la rehabilitación del Zoológico de Chapultepec y el de San Juan de Aragón, con una visión de protección a los animales; fue la creadora de la campaña para separar en casa la basura orgánica del resto y le encargué la supervisión en la construcción de los primeros segundos pisos en la Ciudad de México. Cuando el desafuero, Claudia luchó con nosotros para evitar que se impusiera el autoritarismo; luego participó en la defensa del petróleo organizando a las «Adelitas»; fue fundadora de Morena; siempre iba a cualquier estado o región a donde se le comisionara para ayudar a candidatos de nuestro movimiento; fue jefa delegacional[183] de Tlalpan por voluntad del pueblo y también jefa de Gobierno en la Ciudad de México. Sobre esto último tengo una anécdota que les cuento: en 2018, yo quería que fuera la jefa de la campaña presidencial, porque además de ayudarme en eso, pensaba que íbamos a ganar y sería la primera mujer secretaria de Gobernación. Lo comenté con ella, pero desde que se lo dije, en vez de alegrarse se puso triste; le pregunté qué pensaba y me contestó que ella quería contender al interior de Morena por la candidatura para jefa de Gobierno; le respondí que lo sopesara, porque Ricardo Monreal estaba bien posicionado y podía ganarle la encuesta. Al final, como es un poco terca o, para decirlo con elegancia, perseverante, como ya saben quién, decidió participar en la contienda interna y la ganó, al igual que la elección constitucional para jefa de Gobierno. Sostengo que actuó bien en este encargo; baste decir que su gobierno ha sido el que más ha disminuido la delincuencia en los últimos treinta años en la Ciudad de México. Además, es sensible, incapaz de cometer una injusticia y, sobre todo, repito, es honesta. En fin, estoy contento, no solo porque es muy probable que el pueblo decida a favor de que continúe la Cuarta Transformación, sino, sobre todo, porque no habrá desviaciones y se mantendrá el compromiso de atender con prioridad a los más necesitados y bajo los principios rectores de no mentir, no robar y no traicionar al pueblo.

•••

Del 8 al 11 de septiembre llevé a cabo una gira por América del Sur; visitamos Colombia y Chile; me acompañó Alicia Bárcena Ibarra, secretaria de Relaciones Exteriores; el general Luis Cresencio Sandoval González, secretario de la Defensa Nacional; y el almirante José Rafael Ojeda Durán, secretario de Marina. En Colombia nos encontramos con el presidente Gustavo Petro, buen gobernante, capaz de enfrentar el grave problema del tráfico de drogas, el predominio de una oligarquía ultraconservadora y la violencia que todavía se padece por los métodos absurdos que aplicaron los anteriores gobiernos, los cuales acataron las recomendaciones del extranjero, que básicamente consistían en el uso de la fuerza para enfrentar problemas de origen social derivados de la pobreza y la desigualdad. A pesar del enorme desafío que significa transformar Colombia y el escaso tiempo de su mandato, Petro es la esperanza para ese pueblo literalmente hermano; esto último lo sostengo porque es de dominio público que los intelectuales de izquierda colombianos se creían franceses y los oligarcas presumían ser como ingleses, pero el pueblo de ese país siempre se ha sentido mexicano. Por eso, en mi intervención ante la prensa conté:

> Sólida y antigua es la hermandad entre nuestros pueblos y muchas las coincidencias políticas de ambas naciones en distintos momentos de nuestra historia.
>
> Por ejemplo, el único presidente indígena que ha tenido Colombia, el general progresista José María Dionisio Melo y Ortiz, derrocado y perseguido por los conservadores, encontró refugio y combatió en Chiapas, en México, en el Ejército de Ángel Albino Corso, representante fiel de las ideas reformistas y libertarias del mejor presidente que hemos tenido en nuestro país, Benito Juárez García, un indígena zapoteco que fue considerado en ese tiempo como el Benemérito de las Américas.
>
> Es importante recordar que luego de proclamarse las Leyes de Reforma y de que el movimiento liberal, encabezado por Juárez, derrotara al conservadurismo, este agrupamiento reaccionario acudió a Europa para traer a Maximiliano de Habsburgo y establecer un imperio con el apoyo de Napoleón III, quien envió 30 000 soldados para invadirnos. Juárez resistió y en esos momentos difíciles, el 2 de mayo de 1865, el Congreso de Colombia por decreto dispuso que «el retrato de este eminente hombre de Estado sea conservado en la Biblioteca Nacional, como homenaje por su constancia en defender la libertad e independencia de México».
>
> Más tarde ocurrió un hecho histórico poco conocido, pero de gran relevancia en cuanto a la amistad y el patriotismo que une a México y a Colombia. En 1894 con-

vivían en Costa Rica revolucionarios de varios países de América Latina y el Caribe y entre ellos destacaban los cubanos y los colombianos: allí estaban Antonio Maceo, precursor junto a José Martí de la independencia de Cuba, y ahí residían también revolucionarios liberales colombianos como el general Abelino Rosas; su hombre de confianza, el periodista y escritor, Francisco Pereyra Castro, así como el célebre general Rafael Uribe Uribe, también amigo de Maceo, y quien habría de inspirar a Gabriel García Márquez para darle vida al coronel Aureliano Buendía en su célebre novela *Cien años de soledad*.

En Costa Rica también estaba asilado un revolucionario mexicano, Catarino Garza Rodríguez, el cual tuvo la osadía de organizar una guerrilla en Texas y llamar al pueblo de México a derrocar al dictador Porfirio Díaz 18 años antes de que lo hiciera Francisco I. Madero, nuestro Apóstol de la Democracia. Catarino tenía dos opciones: unirse a los cubanos que en ese tiempo se embarcaron para lograr la independencia de una de las dos únicas colonias que la monarquía española conservaba en este continente, o colaborar con los liberales colombianos en el derrocamiento del gobierno conservador de este país. En ambos casos, como él mismo decía, se trataba de ayudarlos para que luego lo ayudarán a él en su lucha contra Porfirio Díaz, a quien llamaba «el zar de México».

En una carta a su esposa, Catarino escribía: «quizá me sea necesario ayudar a otros pueblos primero, para que después me ayuden a mí». Con este ideal de revolucionario internacionalista, en marzo de 1895, Catarino, encabezando a 30 guerrilleros, salió de Puerto Limón, Costa Rica, para desembarcar en Bocas del Toro, del entonces departamento colombiano de Panamá. El objetivo era la toma del cuartel de Bocas del Toro, pero en los primeros combates el revolucionario mexicano perdió la vida y ahí quedó enterrado en una fosa común, junto con Pereyra y otros combatientes.

Así como nosotros estamos ahora ayudando a encontrar en la Trinitaria Chiapas, los restos del general Melo para que sean devueltos a Colombia, en Panamá existe un equipo de expertos haciendo otro tanto para que podamos repatriar los restos de Catarino.

En nuestro interés de conocer más sobre este guerrillero internacionalista, nos ayudó mucho el testimonio del comandante colombiano Donaldo Velasco, encargado, en ese entonces, del regimiento militar de Bocas del Toro y Colón, y quien tuvo el acierto de publicar un folleto al año siguiente de los hechos en el que narró con buena prosa lo sucedido durante el malogrado desembarco. A pesar de su conservadurismo, Velasco dejó de manifiesto su profunda admiración por Catarino Garza, al sostener: «No era en mi concepto el bandido vulgar que retratan los norteamericanos... aún después de muerto inspiraba respeto».

En un recuento somero y en homenaje a estos hombres de ideales revolucionarios, el mismo año que murieron Catarino y Pereyra, dejó de existir José Martí; a

Maceo lo asesinaron en 1896; a Rosas, en 1901. Poco después, en México, ofrecieron su vida por la justicia y la democracia, Francisco I. Madero, Emiliano Zapata, Francisco Villa y Ricardo Flores Magón.

También en nuestro país, en 1929, fue asesinado el líder cubano independentista Julio Antonio Mella. En 1934, en Managua, fue traicionado y ultimado Augusto César Sandino, el «general de hombres libres»; en 1948, hicieron lo mismo en Bogotá con el político liberal colombiano, Jorge Eliécer Gaitán; en tiempos más cercanos fueron víctimas del conservadurismo y de la arrogancia hegemónica el insigne guerrillero, Ernesto Che Guevara (1967) y el más demócrata de los políticos latinoamericanos, Salvador Allende (1973), así como muchos héroes anónimos olvidados, pero benditos; y otros que seguirán surgiendo porque la lucha por la dignidad y la libertad de los pueblos es una historia sin fin.

Amigo, hermano y compañero presidente, Gustavo Petro:

Como usted y otros colombianos saben, nuestros pueblos siempre se unirán en la búsqueda de la libertad, la justicia, la democracia y la soberanía. Tuve la fortuna de conocer y ser amigo del Cervantes de nuestra América, Gabriel García Márquez, quien decidió tener como segunda patria a nuestro país. Este hombre inteligente, respetuoso y humanista, siempre llevaba a Colombia prendida en el corazón y, al mismo tiempo, defendía sin titubeos el derecho inalienable y sagrado de la soberanía de los pueblos de nuestra América. A diferencia de otros que optaron por la indefinición y el coqueteo con la oligarquía y los poderes hegemónicos, el Gabo prefirió ponerse cera en los oídos para no escuchar el canto de las sirenas.

Yo vengo a Colombia, ahora, presidente Petro, a decirle lo evidente: que usted puede contar con nosotros, que conocemos su trayectoria como luchador social, que admiramos su honestidad y su patriotismo. Celebramos que Colombia y su pueblo estén viviendo un momento estelar en su fecunda historia.

Lo de Chile fue muy emotivo. El 11 de septiembre se conmemoraron los cincuenta años del golpe militar contra el gobierno democrático del presidente Salvador Allende. Un día antes, acompañado de Beatriz, asistimos a una recepción en el Palacio de la Moneda que nos ofreció el presidente Gabriel Boric; allí recordé que la traición de Augusto Pinochet fue algo abominable, una mancha que no se borra ni con toda el agua de los océanos. Además, el efecto devastador del golpe de Estado de 1973 no se limitó a Chile, pues la dictadura instaurada con esa bárbara interrupción de la democracia ofreció a este país como laboratorio inicial del neoliberalismo, un dogma económico depredador y generador de desigualdad que después se extendió a Gran Bretaña, Estados Unidos, y de allí, a buena parte del mundo, incluido, desde luego, México, en donde tuvo efectos particularmente devastadores, como ya lo he comentado.

Terminé afirmando que celebrábamos que Chile fuera dejando atrás el horror del individualismo de la política neoliberal. Sostuve que el presidente Boric es heredero del pensamiento del libertador Bernardo O'Higgins y de los ideales del presidente Salvador Allende, apóstol chileno de la democracia; que representa también a un pueblo que vio nacer a dos de los mejores poetas del mundo, la excepcional Gabriela Mistral y el inolvidable Pablo Neruda, ambos vinculados estrechamente a México, al igual que el propio Allende y que miles de chilenos que encontraron refugio y solidaridad en nuestra patria, que ha sido, es y seguirá siendo también la patria de los chilenos.

Más tarde fuimos con el presidente Boric a la emblemática embajada de México en Santiago, donde se refugiaron muchos chilenos que eran perseguidos por militares de Augusto Pinochet para asesinarlos; allí nos encontramos con la familia del presidente Allende; recordamos al valeroso, humanista y solidario embajador de México en Chile, Gonzalo Martínez Corbalá. Se condecoró a Isabel Allende con el Águila Azteca y se entregó una reposición del collar que el Gobierno de México otorgó al presidente Allende en su visita a nuestro país. Al tomar la palabra, exalté la gran amistad que se alcanzó durante el exilio entre mexicanos y chilenos. En esa ocasión recordé a mi maestro chileno de la Facultad de Ciencias Políticas, Carlos Morales; cómo olvidar que cuando trabajé de director del Instituto Nacional Indigenista en las comunidades chontales de Tabasco, me acompañaron Héctor Luis Morales, especialista en organización social, pionero en la defensa del medio ambiente, y todavía no salgo de mi asombro cuando Jaime Suárez Bastidas, quien fue secretario del presidente Allende, en una de las largas pláticas que sosteníamos en la Ciudad de México me recordó por primera vez la frase de Juárez, según la cual: «el triunfo de la reacción es moralmente imposible». Podría contar muchas anécdotas —les expresé— pero quiero terminar de manera sencilla. Solo recordándoles lo que ustedes ya saben y han vivido: que México al igual que Chile, es su patria.

• • •

Luego de la ceremonia del 11 de septiembre en la plaza frente a La Moneda, regresamos a México. El 13 de septiembre asistimos a la ceremonia en honor de los Niños Héroes que ofrendaron sus vidas defendiendo a la patria durante la invasión estadounidense en 1847, cuando se tramó el gran zarpazo para arrebatarnos más de la mitad de nuestro territorio. Ese mismo día, por la tarde, acompañado del general secretario de la Defensa, acudimos a Nuevo León para inaugurar la primera etapa del acueducto el Cuchillo II y llevar agua a Monterrey desde la presa ubicada en el municipio de China, de ese mismo estado. Con esta obra hidráulica aumentó el abasto de agua a la zona conurbada de Monterrey en 1 000 litros por segundo, en diciembre se ha llegado a 5 000 litros por segundo, con lo cual se remediará el problema de la escasez de agua en los próximos seis años. Sobre esta acción conviene comentar la actitud ruin de los editores del periódico *El Norte*, que son los mismos que los del *Reforma*, voceros ambos del bloque conservador y especialistas en golpear a sus opositores y manipular a sus lectores: al día siguiente, estos inmundos pasquines que se han encargado, por décadas, de engañar a la gente —sobre todo, de las clases medias y altas— sostuvieron a ocho columnas que habíamos ido a simular, porque la tubería no estaba conectada, terminada; algo que de inmediato fue desmentido y se aclaró por completo cuando se terminaron de llenar los noventa kilómetros de tubería y el agua comenzó a llegar a Monterrey. Sin embargo, estos exponentes del hampa del periodismo al servicio de potentados corruptos aplican la máxima de que «la calumnia cuando no mancha tizna». Unos meses atrás habían pronosticado, también a ocho columnas, que nos íbamos a quedar sin luz en el verano y de igual forma habían titulado, de manera sensacionalista, que se había producido un derrame de petróleo en un ducto en las costas de Tabasco cuya mancha abarcaba 1 000 kilómetros cuadrados;[184] baste decir que si hubiera sido cierto tal disparate, equivaldría a teñir de negro dos kilómetros mar adentro de toda la costa de Campeche o echar al agua un 1 500 000 barriles de petróleo, equivalentes a 80% de la producción diaria nacional.

El 15 de septiembre por la mañana, inauguramos la primera etapa del Tren Interurbano, que comprende veinte kilómetros y cuatro estaciones de Jilotepec a Lerma, Estado de México, en compañía del todavía gobernador constitucional Alfredo del Mazo Maza y la gobernadora electa, la maestra Delfina Gómez Álvarez. En honor al cura Hidalgo y porque el ferrocarril pasa por el histórico y célebre cerro de las Cruces, a este tren se le bautizó con el nombre de «El Insurgente».

Por la noche de ese día memorable participamos en la gran fiesta cívica y patriótica del Grito. El Zócalo se llenó como nunca y la gente me acompañó con euforia cuando arengué con la bandera en una mano y la soga de la histórica campana de Dolores en la otra:

> MEXICANAS, MEXICANOS
> ¡VIVA LA INDEPENDENCIA!
> ¡VIVA MIGUEL HIDALGO Y COSTILLA!
> ¡VIVA JOSEFA ORTIZ DE DOMÍNGUEZ!
> ¡VIVA IGNACIO ALLENDE!
> ¡VIVA LEONA VICARIO!

¡VIVA JOSE MARÍA MORELOS Y PAVÓN!
¡VIVA VICENTE GUERRERO!
¡VIVAN LOS HÉROES ANÓNIMOS!
¡VIVA LA LIBERTAD!
¡VIVA LA IGUALDAD!
¡VIVA LA JUSTICIA!
¡VIVA LA DEMOCRACIA!
¡VIVA NUESTRA SOBERANÍA!
¡VIVA LA FRATERNIDAD UNIVERSAL!
MEXICANAS, MEXICANOS
¡MUERA LA CORRUPCIÓN!
¡MUERA LA AVARICIA!
¡MUERA EL RACISMO!
¡QUE MUERA LA DISCRIMINACIÓN!
¡QUE VIVA EL AMOR!
¡VIVAN NUESTROS HERMANOS MIGRANTES!
¡VIVAN LOS PUEBLOS INDÍGENAS!
¡VIVA LA GRANDEZA CULTURAL DE MÉXICO!
¡VIVA MÉXICO!
¡VIVA MÉXICO!
¡VIVA MÉXICO!

Al día siguiente se llevó a cabo el Desfile Cívico Militar del 16 de septiembre; también fue muy emocionante porque se dedicó a celebrar, además de la Independencia, los doscientos años de la fundación del Heroico Colegio Militar; además del desfile, hubo una salva de fusilería con 1 548 cadetes; también me gustó el momento en que volaron dos halcones desde el edificio del antiguo ayuntamiento y se posaron en los brazos de dos cadetes y segundos después ocurrió lo más espectacular, cuando un águila real de copete rojo, hizo lo mismo volando cien metros para colocarse en el brazo del cadete del centro de la escolta.

Sin nada sustancial que criticar en esa ocasión, nuestros adversarios nos cuestionaron porque desfiló, al igual que representantes militares de otras naciones, una comisión de soldados rusos. Aclaro que siempre se invita a los países que deseen participar; y que como es de conocimiento de propios y extraños, en el conflicto bélico entre Rusia y Ucrania nosotros ejercemos nuestro principio de neutralidad y estamos a favor de resolver controversias y la irracionalidad de las guerras por la vía pacífica.

El domingo 17 de septiembre nos subimos al Tren del Istmo de Tehuantepec; iniciamos el viaje en el puerto de Salina Cruz, Oaxaca, en el Pacífico, y llegamos a Coatzacoalcos, Veracruz, en el Golfo de México. En esta franja estratégica que une mares del mundo en poca distancia la gente de los pueblos salía a saludarnos llena de alegría porque estamos recuperando la casi perdida tradición de los trenes de pasajeros que en esa región del país data de 130 años, pues en 2023 se cumplieron 150 años de la inauguración del tren de pasajeros de la Ciudad de México al puerto de Veracruz; toda una historia llena de recuerdos y nostalgia que estamos rescatando.

• • •

El 26 de septiembre se cumplieron nueve años de la desaparición en Iguala, Guerrero de 43 jóvenes estudiantes de la Normal Rural «Raúl Isidro Burgos», de Ayotzinapa; desde antes de llegar al Gobierno hice el compromiso de investigar lo realmente sucedido, identificar a los participantes, castigar a los responsables y, lo más importante, encontrar a los jóvenes. El asunto se complicó más de la cuenta, porque cuando sucedieron estos lamentables hechos las autoridades de entonces, en vez de ir al fondo, conocer la verdad y castigar a los autores materiales e intelectuales de lo sucedido, como estaban implicadas autoridades municipales, funcionarios estatales, policías municipales y algunos miembros del Ejército, se les hizo fácil responsabilizar únicamente a los integrantes de la delincuencia organizada y a funcionarios menores, probar con tortura la culpabilidad de presuntos involucrados y fabricar la llamada verdad histórica, que era en esencia un relato fantasioso y simplista según el cual la organización criminal Guerreros Unidos había secuestrado a los estudiantes y esa misma noche, o en la madrugada del día siguiente, los había quemado en un basurero del municipio de Cocula, Guerrero.

Obviamente, esta versión resultó increíble para todos y los abogados y asesores de los padres y madres de los desaparecidos la combatieron con suficientes pruebas hasta que quedó totalmente desacreditada. Ello generó una secuela de complicaciones: alteración de la realidad, libertad a torturados —aun cuando algunos eran responsables de haber participado en la desaparición de los jóvenes—; así como el acuerdo en esos tiempos entre los implicados, de un llamado pacto del silencio para no hablar sobre el tema ni proporcionar información de lo sucedido, mediante amenazas u ofrecimientos de libertad, impunidad o protección para ellos y sus familias.

Cuando llegamos al Gobierno, se creó una comisión que, a la par de una fiscalía especial dirigida por Omar Gómez Trejo, empezó a reconstruir los hechos, indagar con los detenidos y otros testigos e iniciar la búsqueda de los muchachos; transcurrieron varios meses y como apenas se había identificado mediante pruebas de ADN a dos de los estudiantes, con restos encontrados en sitios a 1 000 metros de distancia del basurero de Cocula, desde principios de 2022 empecé a solicitarle a Alejandro Encinas, entonces subsecretario de Derechos Humanos en la Secretaría de Gobernación, que se apuraran en los interrogatorios y en la búsqueda y que se elaborara, con la información obtenida hasta entonces, una primera versión que ayudara a esclarecer lo realmente sucedido. Debía demostrarse con pruebas la culpabilidad de posibles responsables que por encubrimiento o impunidad no habían sido imputados por la desaparición de los jóvenes la noche del 26 de septiembre de 2014, y en los días posteriores; además no se estaba actuando contra los que habían participado en el montaje que llevó a fabricar delitos con tortura y a querer dar carpetazo al asunto con la llamada verdad histórica.

En estas circunstancias, en el mes de agosto de 2022, Alejandro Encinas me presentó un documento titulado «Primer Informe de la Presidencia de la Comisión para la Verdad y Acceso a la Justicia del Caso Ayotzinapa» con dos anexos de sustento a la relatoría principal. Una vez que leí el reporte me pareció creíble; invité al Fiscal General de la República, Alejandro Gertz Manero; al presidente de la Suprema Corte de Justicia, Arturo Zaldívar, a una reunión junto con Alejandro y con Adán Augusto López, entonces secretario de Gobernación, para pedirle al Fiscal General que si consideraban suficientes las pruebas presentadas en ese informe, se procediera a elaborar la documentación respectiva para solicitar al juez las órdenes de aprehensión de 41 personas señaladas como presuntos responsables en el caso Ayotzinapa. Es importante destacar que en esa lista aparecía el exprocurador General, Jesús Murillo Karam y cinco elementos del Ejército, entre otros servidores públicos y miembros de la delincuencia. Sin embargo, cuando el fiscal comenzó el proceso para solicitar las órdenes de aprehensión, se produjo una rebelión al interior de la Fiscalía General y de la propia Fiscalía Especializada, pues todo apunta a que la red de complicidades para encubrir la verdad de los hechos y proteger a los responsables estaba incrustada hasta el centro de mando de dichas instituciones. Ello se hizo evidente cuando empezaron a renunciar ministerios públicos y otros funcionarios, y hasta se inconformaron abogados y asesores de los padres y madres de los muchachos. Ante esta reacción sorpresiva e inesperada, al menos para mí, surgió la hipótesis de que con la decisión tomada estábamos alterando una confabulación que tenía muy campante al exprocurador y a otros exfuncionarios. El conflicto llegó a tanto que renunció el fiscal especial y Alejandro Gertz Manero terminó elaborando con unos ayudantes de confianza las solicitudes de órdenes de aprehensión.

Conviene agregar que, pensando que no íbamos a proceder para no tocar a los militares, se buscó reventar la instrucción incluyendo a más militares que finalmente también fueron detenidos, aun cuando en esa ocasión no estaban señalados en el reporte de Alejandro Encinas y no se tenían pruebas suficientes contra ellos.

Pienso que estos funcionarios no me creyeron cuando en más de una ocasión repetí que no habría impunidad para nadie y que si miembros del Ejército habían participado de una u otra forma tenían que ser llamados a rendir cuentas, pues además de que se trataba de hacer justicia. Había sido un error garrafal permitir manchar y socavar la fortaleza de una institución tan importante para el pueblo de México, el Estado y la nación, solo por encubrir la mala conducta de un grupo de uniformados que actuaban con deslealtad y podían resultar culpables de cometer algún crimen o delito.

Una vez solicitadas las órdenes de aprehensión, le instruí al general Luis Cresencio Sandoval González que evitara, mediante medidas disciplinarias la fuga de los elementos de las Fuerzas Armadas y fue así que se detuvo a 34 personas, civiles y militares, incluidos un general del Ejército y el exprocurador de la República, quien, dicho sea de paso, se había responsabilizado públicamente de todo el proceso de investigación iniciado por el Gobierno federal en 2014 junto con Tomás Zerón, prófugo en Israel y acusado de encabezar actos de tortura cuando se desempeñaba como jefe de Investigación Criminal de la PGR. Añado que como México no tiene tratado de extradición con Israel, los trámites que hemos hecho al Gobierno de ese país, incluidas cartas que he enviado a dos primeros ministros, no han tenido éxito hasta ahora porque al parecer empresas de ese país que venden equipos de seguridad están protegiendo a su antiguo cliente y socios.

Subrayo dos hechos que me han producido muchas sospechas: el primero tiene que ver con la extraña actitud de quien actuaba como fiscal especial del caso Ayotzinapa y de algunos de los integrantes del equipo de asesores internacionales, mejor conocido como GIEI, al igual que de organizaciones de defensa de derechos humanos de corte conservador y religioso vinculadas al senador filopanista Emilio Álvarez Icaza, exsecretario ejecutivo de la Comisión Interamericana de Derechos Humanos de la OEA, un organismo que prácticamente está al servicio del Departamento de Estado de Estados Unidos. ¿Por qué mi desconfianza? Primero, porque yo no sabía que el exfiscal de este caso había trabajado en dicho organismo de derechos humanos de la OEA y su comportamiento de no aceptar tramitar las órdenes de aprehensión, en particular, la del exprocurador del gobierno de Peña, es cuando menos una contradicción, pues tanto él como el grupo de asesores habían combatido la llamada verdad histórica, pero al mismo tiempo se protegía a quien se había autoinculpado, expresando que él, Jesús Murillo Karam, era, junto con Tomás Zerón el responsable del Gobierno federal para la investigación del caso Ayotzinapa.

Cuando se realizaron las detenciones del exprocurador y de otros servidores públicos, todo este grupo, incluidos los abogados de los padres y madres de los jóvenes, en vez de reconocerlo como un avance estaban inexplicablemente molestos, al grado que cuando nos reunimos con los asesores extranjeros del GIEI y les pregunté por qué no estaban de acuerdo con lo ejecutado, una señora de dicha comisión me respondió que el procedimiento legal había estado mal y precipitado y que teníamos que esperar noventa días para hacer las cosas bien. En ese momento le dije que, si dejábamos pasar todo ese tiempo, no habríamos podido detener a nadie. Poco después esta especialista y otros renunciaron a continuar participando.

Es importante dar a conocer que en mayo de 2018 el Tribunal del Poder Judicial de la Federación emitió una sentencia que estableció las bases para la liberación de 62 detenidos con el argumento de que fueron torturados. Y en efecto, algunos de ellos fueron torturados, pero es un hecho que en su mayoría los absueltos estuvieron involucrados en la desaparición de los jóvenes de Ayotzinapa. Esta sentencia se concibió y elaboró con informes y argumentos de organismos internacionales —en particular, del Grupo Interdisciplinario de Expertos Independientes, GIEI, de la Comisión Interamericana de Derechos Humanos y la oficina del Alto Comisionado de las Naciones Unidas para los Derechos Humanos en México— y es conocido que inclusive participaron integrantes del Centro de Derechos Humanos Agustín Pro.

La historia inicia cuando uno de los detenidos, Miguel Ángel Landa Bahena, recurre a un amparo argumentando que había sido torturado y los magistrados del Tribunal ordenan llevar a cabo el llamado protocolo de Estambul, otorgando diez días de plazo al ministerio público para presentar resultados, advirtiéndole que de no entregarse en ese tiempo las pruebas se consideraría en automático que hubo tortura al momento de recabar las declaraciones de los detenidos. Esto resulta muy sospechoso porque esos estudios por lo general exigen análisis médicos y psicológicos que pueden llevar meses en ejecutarse. Además, aunque el ministerio público pidió ampliación del plazo, le fue negado, lo cual llevó a que se otorgara al solicitante la protección de la justicia, así como a todos los que alegaban tortura. Primero soltaron a 14 personas y después al resto. Esa resolución fue utilizada por abogados de otros detenidos que ya no se dejaban practicar los estudios y entonces quedaban en libertad por presumirse que los habían torturado.

La magnitud de los efectos de esa sentencia son tan graves como la impunidad que generó la denominada verdad histórica, pues desde el poder judicial se arropó a quienes habían participado en la desaparición de los jóvenes aunque, en efecto, hubo excepciones; sin embargo, esta decisión a rajatabla, supuestamente histórica y en pretendida defensa de los derechos humanos de los torturados y probables responsables, ignoró y olvidó a las víctimas, a sus padres y madres que los buscaban y que siguen pidiendo justicia. En otras palabras, el Tribunal del Poder

Judicial de la Federación, con la excusa de proteger los derechos humanos de todos los supuestos torturados, optó por concederles libertad y con ello generar impunidad, incluyendo a quienes sí fueron culpables de la desaparición de los jóvenes de Ayotzinapa.

Me ha sorprendido aún más el saber que uno de los abogados del Tribunal y proyectista de esa sentencia, fue alumno de quien en ese entonces era el director del Centro de Derechos Humanos Agustín Pro, organización que al mismo tiempo representa a algunos de los padres de los jóvenes desaparecidos. Esta persona, de nombre Mario Patrón, es actualmente rector de la Universidad Iberoamericana de Puebla y pertenece al grupo de supuestos defensores de derechos humanos vinculados a Emilio Álvarez Icaza, quienes a su vez son opositores nuestros y militan en el bloque de los conservadores del país. Añado que cuando se publicó la sentencia en cuestión, el Centro de Derechos Humanos Agustín Pro y otras organizaciones similares, dieron a conocer en sus órganos de difusión que se trataba de algo verdaderamente histórico y con apego a la ley y a la justicia.

Pero, independientemente de estos hechos —ya se esclarecerá por qué estas personas actuaron de esa manera en el caso de Ayotzinapa—, de lo que no tengo duda es de que algunos de los que fueron liberados por esta omisión o intencionado error participaron en la desaparición de los jóvenes, pues han declarado como testigos protegidos aceptando su responsabilidad. En fin, todo un enredo derivado de lo que no puede ser considerado sino como una confabulación o, cuando menos, una irresponsabilidad criminal.

El 20 de septiembre de 2023 me reuní en Palacio con los padres y madres de los jóvenes desaparecidos de Ayotzinapa, así como con sus asesores y abogados; en esa ocasión me presentaron un escrito solicitándome que el Ejército entregara una información que supuestamente ocultaba porque en los últimos tiempos este lamentable caso se ha utilizado por nuestros adversarios del país y del extranjero en contra nuestra. La consigna ha sido obstaculizar la investigación para no llegar al fondo, seguir sosteniendo que fue el Estado, el Ejército y que nosotros, como somos iguales a los políticos corruptos de antes, también estamos fabricando otra verdad histórica para proteger a los verdaderos responsables.

Luego de esta reunión, como me comprometí, el día 25 de septiembre, les contesté por escrito su petición a cada uno de los padres y madres con los anexos correspondientes; sin embargo, era tanta la cerrazón y posiblemente el interés de sus asesores y abogados de que no se hiciera pública la información que se negaron a recibir mi escrito y los anexos. De todas formas, el expediente se subió a la página del Gobierno, con el siguiente texto:

Ciudad de México, 25 de septiembre de 2023

Padres y Madres de los 43
Normalistas de Ayotzinapa
Presentes

De conformidad con la reunión que sostuvimos con ustedes, madres y padres de familia de los jóvenes desaparecidos de la Normal de Ayotzinapa con la presencia de sus abogados y asesores, y en respuesta a su solicitud del día 20 de septiembre, les comunico lo siguiente:

1. Hoy se les entregará un informe que pedí al general Luis Cresencio Sandoval González, secretario de la Defensa Nacional, sobre los documentos que ustedes están solicitando. En dicho informe se explica cuántas fojas y expedientes han sido entregados; asimismo, se reitera el compromiso de continuar la búsqueda de otros escritos para no dejar ninguna duda sobre el manejo transparente y el recto proceder de esta institución del Estado mexicano.
2. Hoy también se les entregarán todas las grabaciones proporcionadas por el Gobierno de Estados Unidos, vinculadas directa o indirectamente con el caso de los jóvenes desaparecidos de Ayotzinapa.
3. Considero de especial interés el que ustedes conozcan la primera versión o relatoría que hemos elaborado de manera conjunta en el Gobierno que represento para ir formulando una idea que, complementada y sustentada con pruebas, nos lleve a un mayor acercamiento a lo que realmente sucedió la noche del día 26 de septiembre de 2014 y los días posteriores, por supuesto, dicha versión se aleja de la llamada verdad histórica.
4. Reitero el compromiso de seguir conduciendo los trabajos de investigación hasta encontrar a los jóvenes desaparecidos, para lo cual seguiremos trabajando en coordinación con la Fiscalía Especial y la Fiscalía General de la República.

Por último, les manifiesto que mantengo convicciones y principios, que es lo que estimo más importante en mi vida y nunca jamás traicionaré la confianza de ustedes y del pueblo de México.

A pesar de estos inesperados tropiezos y desencuentros, hemos intensificado las labores de investigación con la participación de Luisa María Alcalde, secretaria de Gobernación, y de Rosa Icela Rodríguez, secretaria de Seguridad y Protección

Ciudadana; además, cada 15 días me reúno con ellas y con el general Luis Sandoval González, el almirante Ojeda Durán, Félix Arturo Medina Padilla, sustituto de Alejandro Encinas en la subsecretaría de Derechos Humanos, Población y Migración, y con Rosendo Gómez Piedra, fiscal especial. Revisamos avances en interrogatorios de detenidos, testigos protegidos y liberados y constatamos resultados de la búsqueda de los muchachos. Es un caso complejo, pero no dejaré pendiente el compromiso de aclarar lo sucedido y, sobre todo, conocer el paradero de los jóvenes.

En este drama hay mucha crueldad y no debemos dejar de lado el pensamiento y el modo en que siempre han usado la violencia los caciques y mandones de Guerrero para deshacerse de sus adversarios políticos o de quienes consideran enemigos, y para ello es útil revisar diversos antecedentes históricos sobre la manera de pensar y de actuar de algunos gobernantes de esa entidad. Una de las pocas manchas de Francisco I. Madero, el Apóstol de la Democracia, es que en los momentos de más tensión por levantamientos armados y por la tremenda campaña de los periódicos del antiguo régimen porfirista en su contra llegó a negar su propia creencia de que los conflictos sociales no se podían arreglar solo por medio de las armas.

El 31 de octubre de 1911 había declarado en Chihuahua que «el general Porfirio Díaz, para oprimir al país, se había apoyado en las bayonetas, y que él, Madero, para regenerarlo y elevar la dignidad del ciudadano, se apoyaría principalmente en los maestros de escuela, en quienes ve desde ahora sus más importantes colaboradores. Explica que al Ejército lo considera una institución que tiene por objeto conservar el orden y defender el honor y la integridad nacional, pero nunca lo empleará como un instrumento de opresión ni lo utilizará para fines personales».[185] Sin embargo, al quedarse prácticamente solo buscó sostenerse con apoyo de militares y caciques del antiguo régimen, lo que a la postre le resultó fatal. En estas circunstancias, en Guerrero fue asesinado arteramente el dirigente opositor Salustio Carrasco Núñez. Su fusilamiento se llevó a cabo en las afueras de Iguala y su cuerpo quedó abandonado frente al panteón. «Las cavidades de los ojos las tenía vacías... porque en ellos se le dio el tiro de gracia».[186] En una carta enviada a Madero, el 17 de febrero de 1912, el general Ambrosio Figueroa confiesa su crimen con singular cinismo. Empieza diciéndole que había ordenado «la ejecución de un tinterillo llamado Salustio Carrasco Núñez, el día 14 de los corrientes»[187] y explica su felonía con cínico y cruel relato:

> Dicho individuo ciertamente no había tomado las armas en contra del Gobierno: pero, eso sí, predicaba de un modo desembozado la rebelión diaria y públicamente; decía que el gobierno actual era un gobierno ilegítimo y otras necedades por el estilo; que Zapata triunfaría y entonces se implantaría un gobierno sólido y duradero; era,

en fin, un hombre altamente nocivo tanto por sus doctrinas anarquistas que mucho influían en el ánimo de los incautos, como porque se había convertido en deturpador terrible del actual gobierno y en agente secreto del zapatismo al que buscaba diariamente adeptos. Quizá en el procedimiento contra el expresado haya habido alguna irregularidad, o no se llenaron debidamente los requisitos que establece la ley sobre suspensión de garantías; pero yo estoy resuelto a hacer la paz en este estado a costa de sangre y de cuanto sea necesario, pues conceptúo que ajustándonos por completo a procedimientos rutinarios, muchos de los culpables, si se quiere los más peligrosos, podrían fácilmente escapar al castigo que justamente merecen y de esta manera nunca terminaremos. He querido poner todo lo anterior en el superior conocimiento de Ud. a fin de que no se vaya a tratar de sorprenderlo, lo mismo que para que usted, con su poderosa influencia, si fuere necesario, haga cesar el escándalo que tiende a ser muy grande, por la ejecución a que me he referido y a la que quizá no tarde tengan que seguir otras de no menos significación, pues estoy sobre la pista de una conspiración que parece se tramaba en esta, teniendo por jefe al expresado Carrasco.[188]

La actitud de Madero frente a este caso es por entero reprobable y contraria a sus convicciones humanitarias: el 19 de febrero recibió una comisión que reclama justicia y les ofrece investigar los hechos, pero juzga por adelantado al señalarles que «los periodistas de oposición, que en su mayor parte son porfiristas, y que recibieron dinero del general Díaz, ahora están en contra de mí, porque yo no les he querido dar; son los que han provocado con sus informaciones esta anarquía y los lamentables acontecimientos que se han registrado en el sur de Chihuahua, Durango, Coahuila, Guerrero y Morelos. Son más culpables los periodistas que se escudan tras de su pluma para atacar a mi gobierno, que los pobres jornaleros que van a combatir; y a mí me informaron que de aquellos hombres —de los periodistas— fue el señor Carrasco».[189] El 24 de febrero le escribió al gobernador de Guerrero, pero solo para lamentar que el fusilamiento «no haya cumplido con todos los requisitos legales», al mismo tiempo que lo justifica, pues «comprende» su actuación y le informa que fueron a verlo un grupo de guerrerenses y que procurará arreglar el asunto de «modo conveniente».[190]

Este encubrimiento, a todas luces cuestionable, es de los pocos actos de incongruencia de Madero. Sin restarle responsabilidad, debe tomarse en cuenta que ya vivía asediado y sometido a fuertes presiones. Pero, sobre todo, se encontraba prácticamente solo, dependiendo de militares y caciques que poco o nada le ayudaban. Es probable que no hubiera deseado contar con los servicios de los Figueroa en Guerrero o de Huerta a escala nacional, pero no tenía otra opción. En el terreno militar tenía de su lado a muy pocos hombres, como el general Felipe Ángeles, y en el plano político predominaban los oportunistas, proclives a traicionar en cualquier momento; por desgracia, no había muchos personajes con ideales y principios.

La angustia que Madero experimentaba en esos días fue descrita por el periodista estadounidense Edward I. Bell, quien lo entrevistó el 4 de febrero de 1912 y notó que «su edad aparente había aumentado en una docena de años [...]. Revelaba falta de sueño y estaba sumamente nervioso». Verdaderamente desesperado, hace una confesión desgarradora: «Yo no quiero matar a mi gente para volverla buena... ¿Cree acaso el Gobierno de usted que no me he dedicado a pensar en la situación de México, o que planes tan grandes como los míos han de realizarse por obra de magia en un solo día? Yo no pido a ningún hombre ni a ningún gobierno nada más que una oportunidad razonable. ¿Por qué se hace este esfuerzo hostil obligándome a violar mis promesas de no derramar sangre? ¿Qué influencia trabaja secretamente para realizar tamaña injusticia? De seguro que nada ganarán los Estados Unidos haciendo de mí un tirano y un loco».[191]

Un año antes de estos hechos, Ambrosio Figueroa se había desempeñado como gobernador interino de Morelos, en donde reprimió a los zapatistas; en cuanto a sus herederos, los Figueroa padre e hijo que gobernaron en tiempos recientes en Guerrero, mantenían el mismo criterio de «hacer la paz en este estado a costa de sangre».[192] Aquí recuerdo algo que me contó Arturo Núñez Jiménez, quien se desempeñó como subsecretario de Gobernación cuando era presidente Ernesto Zedillo y el titular del ramo era Emilio Chuayffet. Según Arturo, en 1995, días después de la matanza de 17 campesinos y 14 heridos por parte de la policía del estado de Guerrero en el vado de Aguas Blancas, en Coyuca de Benítez, Chuayffet le pidió que hablara con el entonces gobernador Rubén Figueroa hijo, a quien le expresó que el presidente estaba preocupado por lo sucedido. Figueroa le contestó: «¿querían que los recibiera con un ramo de flores?».

Por otra parte, 16 meses antes de la desaparición de los jóvenes de Ayotzinapa, en Iguala, un dirigente de nuestro movimiento, Arturo Hernández Cardona, fue asesinado junto a siete personas más, y todos ellos fueron enterrados de forma clandestina; sobre estos hechos se resolvió judicialmente que los criminales habían sido integrantes de la banda de los Guerreros Unidos y que la autoría intelectual recayó en el presidente municipal, José Luis Abarca Velázquez, quien fue condenado a 92 años y seis meses de prisión. Poco después fue implicado en el caso de la desaparición de los jóvenes de Ayotzinapa; sin embargo, permanece en la cárcel por el asesinato de Hernández Cardona, dirigente de la Unidad Popular de Iguala, pues un juez federal lo exoneró de los cargos con relación a los jóvenes de Ayotzinapa. Conocí al finado Arturo Hernández Cardona; era un luchador social radical, por lo cual no era bien visto por algunos y con esa mentalidad autoritaria de antaño se le consideraba un hombre conflictivo; lo cual, desde luego, no justificaba de ninguna manera que lo asesinaran; pero recurro a este ejemplo, porque un grupo o sector de la población de Guerrero veía con ese desprecio a los estudiantes en la Normal de Ayotzinapa.

Más que vínculos con la delincuencia organizada, los normalistas, como la mayoría de los jóvenes que provienen de comunidades marginadas, son rebeldes con causa; la prueba es que los lamentables hechos de la noche del 26 de septiembre comienzan con la decisión de conseguir autobuses para viajar a la Ciudad de México y participar en el aniversario de la represión estudiantil del 2 de octubre de 1968.

De todo ello extraigo la hipótesis de que aunque hay responsabilidad en las altas autoridades civiles y militares del Gobierno federal por permitir el contubernio entre autoridades locales y la delincuencia organizada, también pudo existir omisión o confabulación de algunos militares y hubo sin duda fabricación de delitos y ocultamiento de los hechos en los días posteriores, cuando se pretendió dar el carpetazo con la llamada verdad histórica; considero que la desaparición y crimen de Iguala no fue ordenado por el presidente, ni por el secretario de la Defensa, ni por ninguna autoridad federal de alto rango, sino que esta tragedia criminal e injustificable es producto fundamentalmente de la asociación delictuosa entre autoridades locales y la delincuencia de la región, en un ambiente de autoritarismo irracional y extremo, pensando que podía darse un escarmiento a los jóvenes de Ayotzinapa sin que pasara nada.

Termino dando a conocer fragmentos de cuatro documentos que, aunque horrorizan, pueden ayudar a entender las dimensiones de esta tragedia; uno es la transcripción de una supuesta llamada entre criminales que entregó la Secretaría de la Defensa a la Fiscalía Especial, cuya grabación no se ha podido obtener, no por ocultamiento, sino porque no se ha encontrado; el texto es el siguiente:

Conversación de interés (mensajes de texto) entre Francisco Salgado Valladares, 2.º comandante de la Policía Municipal de Iguala, Gro., y gente de confianza de Felipe Flores Vázquez, director de Seguridad Pública de Iguala, Gro., con Gilberto «n» (a) «Gil», jefe regional de los «Guerreros unidos» en Iguala, Huitzuco, Tepecuacuilco, Cocula, Zacoyuca, Buenavista, Taxco, Teloloapan, Apaxtla de Castrejón y Cuetzalan del Progreso, Gro.

IGNACIO: SEGÚN SON AYOZINAPOS PERO ANDA ENCAPUCHADOS Y ARMADOS.
IGNACIO: YA TENEMOS VARIOS DETENIDOS.
GIL: PASEME UNOS POR EL CAMINO A PUEBLO VIEJO YO LOS RECIBO.

GIL: VERGA SUELTELOS TENGO UNAS CAMAS PARA ATERRIZRLOSPASEME LOS DETENIDOS.
IGNACIO: OK YA LOS SUELTO.
IGNACIO: OK SON 21 PERSONAS E EL AUTOBUS Q VA A SALIR.
IGNACIO: YA LO SUELTO PONGANSE PILAS LOS DE LAS CAMAS.
IGNACIO: YA SE ESTANSOTANDO LOS DEL AUTOIUSPAQ LOS REVIENTEN USTEDES.
IGNACIO: VIEJO TENGO 17 EN LA CUEVA.
GIL: SI ENTREGAME TODOS LOS DETENIDOS.
IGNACIO: MANDA GENTE SUFICIENTE ALA BRECHA DE LOBOS VAN 17 DETENIDOS.
IGNACIO: Y AQUI TENEMOS A 17 TODAVIA.
IGNACIO: EN LA CUEVA.
IGNACIO: ESTOS TAMBIEN LOS QUIERES Y DECIMOS Q NO ISIMOS DETENCIONES.
IGNACIO: DILE AL GORDO K LOS PAREN VIENEN MAS AUTOBUSES.
IGNACIO: NO TENGO NINGUN DETENIDO TODOS LOS PAQUETES SE ENTREGARON VIEJO.
GIL: OK DIGALES QUE NO AGARRO NADA.
IGNACIO: SI ASI MERO LE DIJE AL SECRE Q NO SE ISO NINGUNA DETENCIÓN.

La segunda transcripción es la siguiente:

Conversación de interés (mensajes de texto) entre Alejandro Palacios (a) «Cholo Palacios» y Ramon «n», posible policía del municipio de Tepecoacuilco, Gro.

CHOLO: NDAAKABAN DE ENKONTRAR UNA FOSA KLANDESTINA EN EL PUEBLO VIEJOO
RAMON: ALGUN 28 AGRIO LA BOCA
CHOLO: KEBUENO VIEJO YA SUPISTE YA LEENKONTRARON A GIL TODAS SUS FOSAS VIEJOO
RAMON: SI ESO ESTOY VIENDO
RAMON: PERO NO CREES QUE HAY ALGUN ARREGLO
RAMON: Y AYER TE COMENTE QUE LE PEDIANLINEA A GIL
RAMON: QUERIAN QUE LES SOLTARAN A UNQUE SEA 10 COMO ESTUBIERAN PARA CALMAR UN POCO
RAMON: EL ENCARGADO QUE LLEGO DE LA MINISTERIAL

RAMON:	MAÑANA TE LLEVO UN HUESPED
RAMON:	GIL
RAMON:	PADONDE TU ESTAS
CHOLO:	ANOCHE YEGE A LAS 4DELAMANANA DE AHUELIKAN A TETELIYA
CHOLO:	DONDE LO TIENESS
RAMON:	EN UNA CUEVA
RAMON:	PERO SI HAY UNA CUEVA POR AQUÍ
RAMON:	PUES ESTAN REVENTANDO TODAS LAS CAZUELAS
RAMON:	SE PONCHO FEO LA PONPI
CHOLO:	EL OSO NO CONTESTA
RAMON:	YA NO A DE ANDAR POR AQUÍ. YA AN DE ESTAR EN EL DEFECTUOSO
CHOLO:	IRA LA KASAKE REVENTARON ERADE GIL AYI DE DONDE SE YEVARON LAS ARMS Y LA KAMIONETA
RAMON:	SE LLEVARON SOLO A LA POMPI
CHOLO:	KON EL TENIAN VIEJO PARA SABER TODO EL PEDO ESKETAMBIEN ESTA AYI ESA NOCHE DEL CHILANGO Y VIO TODOS LOSKEESTABAMOS

Los otros dos documentos consisten en una declaración del testigo con identidad reservada llamado «Neto», acompañada de una inspección ministerial realizada por la Unidad Especial de Investigación y Litigación para el caso Ayotzinapa.

En un fragmento del primero se lee:

Aproximadamente entre las nueve u once de la noche, «El Pato» recibió una instrucción por parte de «El Negro» de recaudar bolsas, cloro, fabulosos y todo lo que se utiliza para limpieza, por lo que comenzamos a juntar en distintas tienditas ya que nos indicaron que no fuéramos a una tienda específica para no levantar sospechas; posteriormente siendo aproximadamente entre las tres o cinco de la mañana del veintisiete de septiembre de dos mil catorce, «El Pato» y yo partimos de Cocula hacia Iguala a bordo de la camioneta Caravan verde, antes de llegar, hicimos una parada en un motel, donde el pato ingresó y yo me quede afuera, entro y salió muy rápido, desconozco que actividad realizó. Ya estando en Iguala, llegamos a una bodega en el lugar conocido como «El Coyote», esta no se encuentra sobre la carretera si no hay que meterse veredas, aquí es donde vemos al «El Negro» sin observar cuantas personas estaban ahí, solo me percate que había por lo menos unas cinco camionetas, de las que recuerdo era una Suburban blanca, una Ram negra, una estaquita blanca de redilas, las demás cerradas; en este lugar «El Pato» ingresa junto con «El Negro» yo me quede a fuera, porque como he dicho mi nivel eran muy bajo y no quería involucrarme más allá, por lo que desconozco que actividades se estaban haciendo en dicha bodega, en esta bodega era donde nos entregaban la droga para que se repartiera y se llevaban a cabo reuniones del grupo... como lo indique, llegamos a un bodega que se encuentra en el punto conocido como «El Coyote», ahí es donde escuche que «El Negro» le decía a «El Pato» y al «Barney» que llevaran bultos, que estaban conformados por bolsas de plástico negras resistentes, de las que se utilizan para la basura, como de un metro de ancho y uno de alto, desconociendo cuantos paquetes fueron pero fueron más de diez bolsas, y las comenzamos a subir a las camionetas, a la Caravan, verde, estaquita blanca y a la Suburban blanca, de ahí las tres camionetas fuimos a la funeraria de nombre Uriustegui, que está ubicada en la colonia Ruffo Figueroa, en este lugar «El Pato» comenzó a bajar las bolsas y también las demás personas que iban a bordo de la camioneta Ram negra y la Suburban blanca entre ellos eran «El Bimbo», «El Pollo» y «El Chango», en la funeraria comenzamos a pilar las bolsas en un espacio de aproximadamente dos metros por dos metros, sin recordar cuantas bolsas fueron las que apilaron, fue cuando me di cuenta que lo que tenían las bolsas eran cuerpos destazados por que se comenzaron a romper y comenzó a salir sangre de ellas. Posteriormente, «El Pato» vía radio le dijo a «El Negro» que se estaban tardando en quemarse los cuerpos, y el «El Negro» le dijo a «El Pato» que nos fuéramos al crematorio del horno verde del que en este momento no recuerdo la ubicación pero como lo he manifestado puedo llevar a esta autoridad ministerial a su ubicación exacta, tampoco recuerdo las características de este lugar; quiero manifestar que cuando estaba hablando «El Negro» con «El Pato», vía radio se escuchaban gritos de personas por el mismo radio ya que «El Negro» se encontraba en la bodega que está en «El Coyote», también estando en la funeraria Uriustegui, se percibía olor de cuerpos quemándose y comenzaba a salir humo de una chimenea. Cuando nos dirigimos al crematorio de «Los Verdes» iba la camioneta Caravan verde en la que iba «El Pato» y la Suburban blanca trasladamos también bolsas de plástico, sin recordar en este momento cuantas eran, quedándose únicamente la camioneta estaquita blanca que ya he manifestado en el crematorio Uriustegui. Al llegar a la funeraria de «Los Verdes», mandan al Barney a que fuera por productos para limpiar la sangre y se comenzó a limpiar, no me percate si ahí había personas, aquí estuvimos aproximadamente veinte o treinta minutos, en lo que bajamos las bolsas. También se comenzó a limpiar la otra funeraria llamada Uriostegui. Quiero manifestar que al regresar a la funeraria Uriustegui, me percate que no se alcanzó a cremar todos los cuerpos, por lo que pienso que se metieron los cuerpos en fosas. Terminando de limpiar, sin recordar la hora exacta, regresamos en la Suburban blanca y la Caravan verde, «El Chango», «El Pollo» y «El Pato» iban en la Suburban blanca, a la bodega que está en «El Coyote», donde le quitamos la tapicería a las camionetas, lo que se ocupó para limpiar las funerarias y las dejamos, «El Negro» dijo que las iban a quemar. Posteriormente, se dio la instrucción que nos retiráramos a nuestras casas. De ahí por el miedo que me dio por los hechos y a las actividades que se realizaron esa noche, decidí no hablar nada de lo sucedido por el miedo a que me fuera a pasar algo.

Asimismo, en el acta de Inspección Ministerial y Fe de Inmuebles, realizada el 25 de febrero de 2021, tres días después de la declaración anterior llevada a cabo por el testigo «Neto», se sostiene:

> constituidos en la caseta de cobro No. 3 «Iguala» del municipio de Iguala de la Independencia, Guerrero a bordo de un vehículo automotor marca Mitxubishi *[sic]*, modelo L200, año 2020, tipo camioneta Pick up, se inicia el recorrido con el testigo a una velocidad aproximada de entre 30 y 50 kilómetros por hora, incorporarse a la carretera Chilpancingo, Iguala, al ingresar a la ciudad de Iguala de la Independencia, se procedió a tomar el periférico, hasta incorporarnos a la carretera Iguala-Teloloapan; posteriormente se arribó hacia la carretera a Cocula, siguiendo por la avenida General Vicente Guerrero en dicho municipio misma que crea la diversa de nombre Independencia, en la que el testigo refiere que en la calle Miguel Hidalgo se doblara hacia la izquierda, justamente donde se encuentra el kiosco del municipio vialidad que se tomó por aproximadamente 3 minutos, y justo donde se forma lo que se conoce comúnmente como «Y» que forma la calle Miguel Hidalgo y otra la cual no fue posible obtener el nombre, pero consiste en un camino de terracería, justo en la unión de estas, el testigo con identidad reservada «NETO» señala un inmueble que consta de un piso; color rojo; zaguán negro rectangular, apreciando el personal actuante que es de aproximadamente dos metros y medio de altura por dos de ancho; así mismo tiene una estructura metálica de color negro que soporta un tejaban de al parecer materia de lámina de acero. De igual manera, el personal actuante advierte que del costado derecho del inmueble, se encuentra un acceso de color negro de aproximadamente dos metros de altura por metro y medio de ancho, el cual se encuentra en la parte media de dicho costado; se encuentran distribuidas dos ventanas, forma al parecer cuadrada; así mismo se observa prominencias de lo que sería la loza, es decir, sobresalen a los muros laterales del inmueble. En el cual en uso de la voz el testigo con identidad reservada «NETO», manifiesta: Aquí es donde conectaba con «El Pato», se almacenaban y distribuía droga, quien supervisaba todo el movimiento ahí era «El Pato», y aquí se dejaba la mercancía que recogíamos de las bodegas que están en el lugar que referí como «El Coyote», que entregaba la persona que referí como «El Negro», le decíamos «El Callejón». Antes era de color rosa como lo dije en mi declaración y el acceso que está al frente, no se encontraba y la parte de atrás estaba en obra negra. Cabe hacer mención que la toma de datos y de fotografías fue

realizada por el suscrito en un tiempo aproximado de 1 a 3 minutos, ya que como se advierte, arribó una persona a bordo de una motoneta, misma que al notar la presencia del personal ministerial, se estacionó delante del vehículo ocupado por el personal actuante e ingresó al domicilio; situación por la cual a efecto de no poner en riesgo la integridad física y emocional del testigo con identidad reservada, se decidió retirarse del lugar.

Continuando con la presente diligencia, el personal actuante procedió a trasladarse por la misma vía de acceso, es decir, por la calle Miguel Hidalgo del municipio de Cocula en el estado de Guerrero, para arribar de nueve [sic] cuenta a la carretera A Cocula, para posteriormente llegar a la carretera Iguala-Teloloapan, realizando un trayecto de aproximadamente 10 minutos, sobre la carretera Iguala-Teloloapan, dirección hacia Iguala, el testigo con identidad reservada refiere al personal actuante que gire hacia el lado derecho, ingresando a un camino de terracería de difícil acceso, continuando por este camino aproximadamente por 5 minutos, el ateste identifica una finca, dentro de ella se encuentran varias edificaciones, que asemejan a lo que comúnmente se conoce como graneros; misma que cuenta con una [sic] acceso constituido por una reja de material de herrería de color verde claro, de aproximadamente diez metros de largo por dos metros de alto; de igual manera, dicha finca se encuentra delimitada por alambre, sostenido por pilares de cemento distribuidas en la periferia del inmueble; dentro de esta el testigo con identidad reservada identifica una diversa construcción que se procede a marcar como punto NUMERO 2 y consta de una construcción de aproximadamente de diez a doce metros de alto por lo que al parecer es de cincuenta metros de largo; en su parte superior cuenta con una estructura metálica que soporta lámina de acero en forma triangular como domo; en uno de sus costados el personal actuante advierte un acceso, al parecer zaguán construido con material de lámina de color verde escarlata; de forma rectangular, en sus constados [sic] dicho acceso cuenta con trabes constituidas de lo que puede ser piedra volcánica; de al parecer ocho metros de altura por seis de largo; así mismo dicha construcción se advierte que sus muros se conforman por material de piedra volcánica al notarse los que pudiese ser las incrustaciones de esta, adheridas con lo que se infiere es cemento para la construcción. De igual manera en los muros se aprecia lo que pudiese ser respiraderos del interior, tratándose se [sic] espacios en forma de cuadrado distribuidos de manera uniforme en los muros de la construcción. Como punto de referencia, a un costado de la finca existe un campo de futbol de terracería. Así mismos, en su interior, se observó a diversas personas con instrumentos de trabajo y vehículos destinados para la siembra de maíz. Razón por la cual, el personal ministerial realiza la toma de datos y capturas fotográficas en un tiempo de aproximadamente 1 a 3 minutos. El testigo con identidad reservada «NETO», manifiesta: En la bodega que he señalado dentro de la finca, es donde recibía la mercancía la droga por parte de «El Negro», pues ahí se almacenaba. El día de los hechos aquí fue donde «El Negro» nos entregó los paquetes de bolsas de plástico negras, las cuales llevamos al crematorio Uriostegui y al horno «Verde» por instrucciones de «El Negro». Cuando llegamos, por el acceso de esa bodega fue por donde nos entregaron los paquetes y había cinco camionetas como lo dije en mi declaración. Una vez realizado lo anterior, el personal ministerial procede a preguntar a personas que transitaban, cuál era el nombre de la calle indicando que se llamaba Lázaro Hernández en la colonia «Loma de los Coyotes» en Iguala de la Independencia, Guerrero.

Prosiguiendo con la presente diligencia, el personal actuante se dirige por la carretera Iguala-Teloloapán por un tiempo aproximado de cinco minutos, hasta arribar a la vía Periférico-Sur, en la colonia Ruffo Figueroa, en el municipio de Iguala, donde el testigo con identidad reservada señala un inmueble que se encuentra del lado izquierdo del personal actuante, mismo que se procede a marcar como número PUNTO 3, el cual consta de una construcción de dos pisos, es decir, planta baja y planta alta, el cual se advierte que en su parte inferior es de color blanco, cuenta con un tajeban *[sic]* de material de herrería del mismo color que sostiene láminas de al parecer de acero; cuenta con cinco accesos, tres de ellos de forma rectangular, de dimensiones de aproximadamente tres metros de altura y dos metro y medio de ancho; así mismo dos consistes *[sic]* en una puerta de herrería de color blanco, de aproximadamente dos metros de alto por uno y medio de ancho; de los tres accesos grandes; dos de ellos se encuentran abiertos, siendo estos los que van de derecha a izquierda según la posición del personal actuante. Así mismo, de los tres accesos de mayores dimensiones, el segundo, es decir el de en medio cuenta con una puerta conformada por vidrio traslucido, con material de aluminio, mismos que en su parte superior, se aprecia la leyenda rotulada en letras blancas con fondo azul «Funerales Uriostegui» y se advierten, objetos de los considerados féretros. En la segunda planta de dicho inmueble, se advierte que es de color verde claro y cuenta con tres ventanales compuesto por material de aluminio, color blanco y vidrio traslucido. Manifestando el testigo: Aquí fue donde se trajeron los paquetes que nos fueron entregados en la bodega de «Loma del Coyote» por parte de «El Negro». En el acceso de en medio, fue donde se entró para irlos apilando y al darnos cuenta que ya no entraban, «El Negro» indicó que los lleváramos a «El horno verde». También es aquí donde escuche por radio que en donde se encontraba «El Negro» en la bodega de «Loma de Coyote» se escuchaban gritos de personas. Se hace constar que al realizar la toma de datos y capturas fotográficas, arribo al lugar en el que se encontraba el personal actuante una camioneta de lo que al parecer se trata de elementos de la Policía Estatal, con quienes nos identificamos planamente *[sic]* como personal ministerial adscrito a la Fiscalía General de la República y quienes comenzaron a llamar por teléfono; razón por la cual, para evitar poner en riesgo la integridad del testigo, se continuó con el recorrido al siguiente punto.

Continuando con la presente diligencia, el personal actuante se trasladó por la avenida periférico sur por indicaciones del testigo con identidad reservada «NETO», hasta incorporamos a la carretera número 95, transitando por esta vía aproximadamente por un tiempo de diez a quince minutos, en la colonia Rancho del Cura, en Iguala de la Independencia, Guerrero. el testigo señala un inmueble del lado izquierdo del personal actuante, mismos que se procede a marcar como PUNTO NÚMERO 4, mismos que consta de un inmueble al parecer un giro comercial de funerarias, del cual se advierte tres accesos, siendo estos de izquierda a derecha según la posición del personal ministerial, el primero de ellos una reja de material de herrería, de aproximadamente cuatro metros de largo por tres y medio de alto, misma que se encuentra sostenida por dos pilares de material de concreto y en su parte superior cuenta con una marquesina de los que al parecer es de materia de teja de barro. El acceso continuo es de aproximadamente tres metros de alto por tres de ancho, mismo que cuenta con una estructura a forma de puerta de cancel de aluminio con vidrio traslucido, donde se advierte que en su parte interna cuenta con lo que parecer féretros de ataúd. El tercero de sus accesos, cuenta de igual manera tres metros de alto por tres de ancho, mismo que cuenta con una estructura a forma de puerta de cancel de aluminio con vidrio traslucido, donde se advierte que en su parte interna cuenta con lo que parecer féretros de ataúd. Así mismo, en la parte superior de la construcción se aprecia que cuenta con marquesinas elaboradas con material de al parecer teja de barro. Es de mencionarse que en los marcos del segundo y tercer accesos referidos, cuentan con un acabo [sic] en forma de marco que continua por la parte media de los muros. Se aprecia una lona de vinil de color blanca rotulada con letras negras que indica «SEMEFO» y en letras más pequeñas «SERVICIO MEDICO FORENSE» con diversos números telefónicos. Como punto de referencia, al costado izquierdo de acuerdo a la posición del personal actuante, se encuentra al Servicio Médico Forense de Iguala de la Independencia, Guerrero. En este punto el testigo con identidad reservada «NETO», manifestó: Aquí trajimos más paquetes de los que nos fueron entregados por «El Negro», entramos por la puerta de la reja, hay como una bajada, metimos la camioneta a la mitad de la bajada y de ahí comenzamos a bajar los cuerpos, adentro hay como una explanada, aquí es donde me dicen que vaya por material para limpiar.

Termino reiterando que vamos a seguir la investigación y que antes de concluir mi mandato espero ofrecer mejores resultados; hasta este momento están detenidas 125 personas, entre ellos un ex Procurador General de la República, un extitular de la Unidad Especializada en Materia de Delitos contra el Secuestro de la PGR y dos generales del Ejército, y otros civiles y militares. Últimamente se han realizado más de 1 000 jornadas de trabajo en campo que han resultado en la localización de fragmentos óseos y posterior identificación genética de tres de los estudiantes desaparecidos.

La búsqueda de los cuarenta jóvenes restantes continúa, al día de hoy, llevamos 145 exploraciones en minas abandonadas, fondos de ríos, barrancas, basureros, campos de cultivo, zanjas; se esculcan sitios por todos lados. En su momento daremos a conocer un reporte general amplio y con apego a la verdad, aunque desde ahora expreso que sea cual sea nuestro último informe, nunca cerraremos, por consigna política, este vergonzoso y lamentable caso y siempre será un expediente abierto.

•••

A principios de octubre se intensificó como pocas veces la guerra en la franja de Gaza, en el territorio palestino. Un grupo armado denominado Hamás lanzó cohetes al territorio de Israel causando como setecientos muertos, muchos heridos y secuestró alrededor de doscientas personas. La respuesta del Gobierno de Israel fue más que destructiva; no han dejado de bombardear Gaza y han causado la muerte de más de 20 000 personas. El domingo 8 de octubre, al día siguiente del inicio de las hostilidades, la Secretaría de Relaciones Exteriores de nuestro país, como lo hicieron la mayoría de los Gobiernos del mundo, condenó el acto terrorista de Hamás, pero al día siguiente, el lunes 9 de octubre, cuando me preguntaron en la conferencia de prensa mi opinión, sostuve que nos mantendríamos neutrales, sin condenar a nadie, buscando siempre evitar la guerra y apostar por la paz. Ante esta respuesta, algunos, incluso simpatizantes nuestros, expresaron su desconcierto. Por su parte, la embajadora de Israel, Einat Kranz Neiger, sostuvo de manera ligera y superficial que no condenar a Hamás era estar a favor del terrorismo; sin embargo, fue pasando el tiempo y ha sido tan fuerte la represalia de Israel, que propios y extraños han comprendido lo humano y eficaz de nuestra postura, apegada al principio constitucional de buscar siempre la solución pacífica de las controversias y nunca aceptar la irracionalidad de la guerra.

•••

El domingo 22 de octubre celebramos en la majestuosa y mística zona arqueológica de Palenque, Chiapas, un encuentro para atender el fenómeno migratorio que denominamos: Por una Vecindad Fraterna y con Bienestar. Los resultados fueron excepcionales. Están a disposición de todos en las redes sociales las participaciones de los presidentes, vicepresidentes, ministros, cancilleres y representantes de los Gobiernos invitados. Resumo lo que considero fundamental y que expresé en una carta que envié al presidente Joseph Biden:

Ciudad de México, 24 de octubre de 2023

Joseph Biden
Presidente de los Estados Unidos de América
Presente

Presidente Biden, estimado amigo:
Espero que cuando reciba esta carta, usted, Jill y su familia se encuentren gozando de buena salud y alegría.

Como seguramente es de su conocimiento, el fin de semana nos reunimos en Palenque, Chiapas, la presidenta Xiomara Castro, de Honduras, el presidente Miguel Díaz-Canel, de Cuba; el presidente Gustavo Petro, de Colombia; el presidente Nicolás Maduro, de Venezuela; el primer ministro de Haití, Ariel Henry; el vicepresidente de El Salvador, Félix Ulloa; la vicepresidenta de Costa Rica, Mary Munive; el viceprimer ministro de Belice, Cordel Hyde; la ministra de Relaciones Exteriores de Panamá, Janaina Tewaney y el representante de Guatemala, Cristian Espinosa.

En este encuentro que denominamos *Por una Vecindad Fraterna y con Bienestar*, que puede consultar en esta liga:

https://www.youtube.com/watch?v=9jKYCH21Fd0&t=8s

y cuyo tema principal fue la migración, hubo planteamientos muy profundos en lo humano y social, inclusive, conmovedores, porque quienes pasan por el estrecho del Darién, son víctimas de las más atroces violaciones a sus derechos humanos.

En esencia, todos coincidimos en que la migración se origina por la pobreza y por la falta de oportunidades de empleo, buenos salarios y bienestar, males causados a su vez por la falta de recursos de los Gobiernos para garantizar el desarrollo de los pueblos de América Latina y el Caribe, así como por las dificultades adicionales que producen el bloqueo económico de Estados Unidos a Cuba y las sanciones impuestas a Venezuela, que bajo cualquier justificación política o ideológica, afectan fundamentalmente a los pueblos de esos dos países. Más aún, la política es un imperativo ético y con apego a este principio, ningún país democrático debe someter a otro pueblo por la fuerza o condenarlo a vivir en la miseria ni obligarlo a emigrar de su tierra o a llevarlo al extremo de derrotar por hambre a las autoridades de sus naciones soberanas.

Es por ello que, con la sinceridad que caracteriza nuestra relación de amistad, me atrevo a expresarle lo que a nuestro juicio ayudaría a evitar una crisis humanitaria mayor, sobre todo en tiempos cercanos a las elecciones en Estados Unidos, pues, como es sabido, el fenómeno de la migración es utilizado de manera irresponsable y con fines electorales por partidos y candidatos, como lo ha venido haciendo el gobernador de Texas, el señor Greg Abbott, quien realiza envíos masivos de migrantes a ciudades principalmente gobernadas por ciudadanos afroamericanos y del Partido Demócrata.

La propuesta que le hago de manera respetuosa es que tome la decisión, de acuerdo con sus facultades, de poner en práctica una especie de tregua, dejando sin efecto, cuando menos, hasta pasando la elección presidencial en Estados Unidos, todas las medidas de bloqueo a Cuba y las sanciones impuestas a Venezuela. Esto implica establecer formalmente, lo más pronto posible, un diálogo abierto y bilateral con los Gobiernos de estos países.

Al mismo tiempo le reitero la propuesta que le he formulado en ocasiones anteriores y que hoy considero más urgente que nunca de llevar a cabo un programa de cooperación económica y de bienestar en apoyo a los pueblos de América Latina y el Caribe, algo parecido a lo que fue la Alianza para el Progreso que impulsó el presidente John F. Kennedy, para atacar las causas de la emigración hacia Estados Unidos y reducir en forma considerable el número de personas que acuden a su país en busca de una vida mejor.

Estoy consciente, presidente Biden, de que a primera vista esta respetuosa recomendación podría considerarse antipolítica, pues será utilizada en su contra y de su partido por sus opositores; sin embargo, creo que se trata de un asunto esencialmente de responsabilidad y humanismo, y estoy seguro de que en el terreno político, contrario a lo que pueda suponerse, la mayor parte de la sociedad de Estados Unidos no vería mal este acuerdo entre los pueblos y países de nuestro continente. Además, es momento de actuar sin titubeos y posicionarnos como pensamos y realmente somos.

Asimismo, es necesario sopesar el hecho de que cada día llegan a la frontera sur de México para atravesar el país y tratar de cruzar hacia Estados Unidos alrededor de 6 727 migrantes, de los cuales 86% (5810), corresponden a las siguientes nacionalidades: 1764 venezolanos (26.2%); 1623 hondureños (24.1%); 1035 guatemaltecos (15.4%); 607 ecuatorianos (9.0%); 206 salvadoreños (3.1%); 203 colombianos (3.0%); 156 nicaragüenses (2.3%); 107 cubanos (1.6%), 101 haitianos (1.5%) y 5 beliceños (0.1%) y 3 son costarricenses o panameños (0.05%).

También le expongo que, si usted no considera conveniente llevar a cabo nuestra propuesta, mi gobierno seguirá ayudando, en la medida de sus posibilidades, a estos países hermanos y, al mismo tiempo, mantendrá inalterable la relación de cooperación con usted y con su administración.

Como lo he expresado en otras ocasiones, a usted le tenemos confianza y lo consideramos un hombre de fe y buen gobernante.

Le envío un cordial saludo.

• • •

Unas horas después de que impactara el huracán Otis en Acapulco, Guerrero, salimos en caravana equipos encabezados por el secretario de la Defensa, el de Marina, la secretaria de Seguridad Pública, el secretario de Comunicaciones y la coordinadora nacional de Protección Civil, entre otros, para fortalecer las acciones que ya se habían iniciado con el propósito de auxiliar a la población ante este desastre. Nos trasladamos por carretera porque el mal tiempo no permitía hacerlo por avión o helicóptero. Además, los aeropuertos se dañaron. La autopista había quedado interrumpida por derrumbes, por lo que hicimos nueve horas para llegar. Fue impactante constatar la devastación. De inmediato iniciamos un censo de casas, comercios y hoteles afectados; se inició el levantamiento de postes de luz, el tendido de líneas, la puesta de transformadores y, en poco tiempo, seis días, los trabajadores de la Comisión Federal de Electricidad, que son únicos en el mundo, sobre todo, actuando en este tipo de emergencias lograron restablecer el servicio. Lo mismo se logró con el funcionamiento de los sistemas de internet. Las pérdidas humanas que son las que más duelen fueron 52, en tanto que 32 personas siguen desaparecidas. Pero estamos hablando del huracán más fuerte de categoría 5 que haya afectado a México desde 1955, cuando el huracán Janet entró por Chetumal, Quintana Roo, arrasó con todas las viviendas, que en su mayoría eran de madera, y causó más de 700 decesos.

Estamos ayudando a todos con vivienda, paquetes de electrodomésticos, recursos por sus cosechas perdidas y apoyos con créditos a la palabra a pequeños talleres y comercios; inclusive se aplicó un programa de descuento en el pago de impuestos y reducción de intereses para créditos destinados al turismo, al comercio y otras actividades productivas, de acuerdo con el siguiente plan que se presentó seis días después del huracán, en conferencia de prensa:

1. Apoyar con todo lo necesario a los familiares de quienes perdieron la vida por el huracán e intensificar la búsqueda de los desaparecidos, acompañando siempre a sus seres queridos.

2. Adelantar dos meses, desde el lunes próximo, el pago de todos los Programas para el Bienestar: pensión a adultos mayores, a personas con discapacidad, becas, apoyo a productores, pescadores, jóvenes y otros.

3. Incorporar a 10 000 jóvenes más al programa Jóvenes Construyendo el Futuro para realizar labores de limpieza, construcción, pintura y otras actividades. Recibirán el equivalente a un salario mínimo. A partir de hoy comienza la contratación.

4. Aumentará al doble el número de becas para estudiantes de nivel básico, es decir, pasarán de 45 000 a 90 000.

5. Se establecerán seis meses de prórroga en el pago de Infonavit, Fovissste e imss.

6. No se pagará el servicio de luz de noviembre de 2023 a febrero de 2024.

7. Se entregará una canasta básica de 24 productos alimenticios por semana para alrededor de 250 000 familias damnificadas; este apoyo implica distribuir 3 000 000 de canastas básicas durante tres meses.

8. Se otorgarán a partir de esta semana a todos los hogares, 8 000 pesos para limpieza y pintura, y a las viviendas afectadas, desde 35 000 hasta 60 000 pesos, según sus afectaciones y con apego al censo que se está realizando.

9. Todas las familias damnificadas recibirán un paquete de enseres domésticos, que consiste en una cama, una estufa, un refrigerador, un ventilador y una vajilla.

10. Se otorgarán 20 000 Créditos a la Palabra de 25 000 pesos sin intereses, pagaderos en tres años con seis meses de gracia, en beneficio de pequeños comerciantes, dueños de talleres, fondas y otros prestadores de servicios.

11. El Gobierno federal destinará del presupuesto público de este año 10 000 millones de pesos para el abastecimiento y mejoramiento de las líneas de distribución de agua, drenaje, arreglo de calles, alumbrado público, hospitales, escuelas, los dos aeropuertos y otros servicios.

12. No se cobrarán impuestos desde octubre de 2023 hasta febrero de 2024 en Acapulco ni en Coyuca de Benítez; estarán exentos el Impuesto al Valor Agregado (iva), el Impuesto sobre la Renta (isr) y otros.

13. Se establecerá en cada colonia de más de 1 000 viviendas, un cuartel de la Guardia Nacional con 250 elementos en cada uno para garantizar la paz y la tranquilidad de todos los ciudadanos y evitar el robo en vivienda, establecimientos comerciales, gasolineras; en el transporte de mercancías y en la distribución de gas, para lograr lo más pronto posible la normalidad en la convivencia pacífica y la vida pública.

14. Nacional Financiera otorgará créditos sin intereses para pequeñas y medianas empresas.

15. La Secretaría de Hacienda apoyará a través del pago de la mitad de los intereses de los créditos que otorgue la Banca Comercial a los 377 hoteles de Acapulco.

16. La Secretaría de Infraestructura, Comunicaciones y Transportes destinará 218 millones de pesos de su presupuesto actual para rehabilitar la autopista Acapulco-Chilpancingo, así como la carretera federal, los dos libramientos que conectan la Costa Grande con la Costa Chica de Guerrero, puentes y otras obras viales.

17. Toda la obra de reconstrucción de Acapulco y Coyuca de Benítez será coordinada por Luisa María Alcalde Luján, secretaria de Gobernación, y Evelyn Salgado Pineda, gobernadora constitucional de Guerrero.

Nuestro especial reconocimiento a los trabajadores y directivos de la Comisión Federal de Electricidad por su eficaz trabajo sin precedente en casos como este en el mundo, pues en una semana han logrado restituir prácticamente todo el servicio de energía eléctrica en Acapulco y Coyuca de Benítez.

De igual manera destacamos el trabajo de 19 000 soldados, marinos y elementos de la Guardia Nacional, responsables de aplicar los planes de auxilio a la población y llevar a cabo labores de limpieza, levantamiento de árboles, abasto de despensas, agua, atención médica, traslado de enfermos y seguridad pública.

En especial, nuestro reconocimiento al pueblo de Acapulco y de Coyuca de Benítez que, a pesar de sus afectaciones y tristezas, no han perdido la fe; siguen luchando por la vida y juntos lograremos pronto, muy pronto, volver a poner en pie al bello y nostálgico puerto de Acapulco.

Palacio Nacional, 1 de noviembre de 2023

Hasta el día de hoy, 31 de diciembre, en Acapulco y Coyuca de Benítez, se han realizado las siguientes acciones. Horas después del huracán se evacuó a 4 275 personas a través de aerolíneas comerciales, la gran mayoría de ellos turistas nacionales y extranjeros; el mismo día del huracán se instaló el centro de mando en la 12va. Zona naval de Acapulco, en donde todos los días se llevan a cabo reuniones interinstitucionales; trabajan en las tareas de reconstrucción y apoyo a la población afectada 31 215 servidores públicos, con 28 aeronaves, 1 512 vehículos terrestres, 579 equipos de maquinaria pesada, así como 8 332 elementos de la Secretaría de Marina, 6 500 elementos de la Secretaría de Defensa Nacional y 10 000 de la Guardia Nacional; se consiguieron 27 terrenos para la construcción de cuarteles e instalaciones y unidades habitacionales para mantener permanentemente a 10 000 elementos de la Guardia Nacional; durante los primeros días de este fenómeno natural el Gobierno del estado instaló 13 refugios temporales, albergando a 1 815 personas. Actualmente no hay esta necesidad; se instalaron sesenta cocinas y comedores comunitarios, los cuales han otorgado 2 033 080 raciones de comida a la población afectada; con promotores o servidores de la nación de Guerrero y otros estados, la Secretaría de Bienestar elaboró un censo, casa por casa, que abarcó a 322 129 viviendas y locales comerciales. El 29 de noviembre se entregaron 8 000 pesos para labores de limpieza en cada hogar y el 31 de diciembre se terminó la distribución de apoyos, 45 000 pesos en promedio, para la reconstrucción de 274 502 viviendas y 47 627 negocios; se han entregado apoyos de 7 500 pesos a 17 594 productores, así como a 7 975 pescadores; se han limpiado 531 kilómetros lineales de calles y avenidas principales, y recolectado un total de 297 930 toneladas de basura; hasta el día 1.º de enero de 2024 se han distribuido 1 465 967 despensas y 550 627 canastas de 24 productos básicos; se han otorgado 72 116 paquetes de enseres domésticos (refrigerador, estufa, licuadora, batería de cocina, colchón matrimonial y ventilador), y a más tardar en marzo de 2024, todas las viviendas afectadas contarán con estos muebles y electrodomésticos; se reabrieron todas las gasolineras, las sucursales bancarias y las tiendas de autoservicio; funciona a 100% el sistema de agua potable, la energía eléctrica y el alumbrado público; están prestando servicio 119 unidades de primer nivel de salud, seis hospitales de tercer nivel de especialidades y 61 Unidades Médicas Móviles; está reestablecido el sistema de comunicación terrestre y funcionan los dos aeropuertos de Acapulco; se encuentran operando 275 escuelas y 1 097 están en reparación; ya abrieron 127 hoteles (45.3% de 280 que hay en Acapulco) con 4 534 habitaciones (23% de un total de 19 600 cuartos); por medio de la Secretaría de Hacienda el Gobierno de México puso en marcha un plan para otorgar créditos con bajos intereses a hoteleros, restauranteros y otros prestadores de servicios. Asimismo, con el apoyo del sector empresarial se están promoviendo eventos como el Abierto Mexicano de Tenis en febrero y marzo, y el Tianguis Turístico de Acapulco a celebrarse en abril del 2024. De igual forma, la Asociación de Bancos de México decidió celebrar su convención anual en este legendario puerto; además de los programas de Bienestar que se aplican en Coyuca de Benítez y Acapulco, se decidió ampliar el alcance de varios de ellos, por ejemplo, se contrataron para distintas labores a 6 559 muchachas y muchachos para el programa Jóvenes Construyendo el Futuro; se amplió el número de becas a 40 000 para nivel básico; a través del ISSSTE se ha beneficiado a 4 667 servidores públicos con préstamos que suman 285 millones de pesos. Asimismo, el Infonavit ha otorgado 3 501 créditos a trabajadores con una inversión de 525 millones de pesos; se inició la rehabilitación de espacios públicos como es el caso de la recuperación del parque Papagayo; y se entregaron, a través del Tianguis de Bienestar, 200 373 apoyos en especie (ropa, calzado, utensilios de cocina y telas, entre otros artículos nuevos) a 16 417 familias afectadas por el huracán, durante el periodo del 28 de noviembre al 8 de diciembre de 2023.

A unas horas de terminar este libro, recibí en Palenque, Chiapas, la noticia de que una multitud de acapulqueños y visitantes celebraron con alegría la llegada del Año Nuevo. El huracán causó desgracias, pero la gente de esta majestuosa bahía está bendita.

• • •

El miércoles 15 de noviembre, luego de la conferencia mañanera, me reuní con todos los obispos de México; les expuse lo que estamos haciendo y seguramente les aclaré algunas dudas, pues no es fácil sortear la tormenta de mentiras y calumnias difundidas por los medios de manipulación que, lamentablemente, son casi todos. Me ayudan mucho mi admiración por el papa Francisco y la buena relación que mantengo con monseñor Rogelio Cabrera, presidente de la Conferencia del Episcopado Mexicano, un hombre respetuoso y de buen corazón. Ese mismo día por la tarde participé en una reunión de evaluación en Acapulco para constatar los avances en la reconstrucción de ese puerto y de Coyuca de Benítez. De Acapulco salimos hacia San Francisco, California, para participar en el Foro de Cooperación Económica Asia-Pacífico; me acompañaron: Rosa Icela Rodríguez, Raquel Buenrostro Sánchez, el general Luis Cresencio Sandoval González, el almirante José Rafael Ojeda Durán y Daniel Asaf Manjarrez, secretarios de Seguridad, Economía, Defensa, Marina y coordinador de Ayudantía. Allá nos esperaba Alicia Bárcena Ibarra, secretaria de Relaciones Exteriores y como podrán imaginar, el servicio secreto del Gobierno de Estados Unidos de América.

Además de participar en reuniones bilaterales con los presidentes de China y Estados Unidos, y con el primer ministro de Canadá y sus respectivas delegaciones, intervine en las dos sesiones en las que participaron más de veinte jefes de Estado y de Gobierno; en una dije que celebraba el encuentro que el día anterior habían sostenido el presidente Xi Jinping y el presidente Joe Biden; el mensaje de ese diálogo dejaba de manifiesto la opción por la política —que entre otras cosas, se inventó para evitar la confrontación y la guerra— así como el interés por el comercio y el progreso con justicia, y no apostar por la hegemonía y la carrera armamentista. También sostuve que en México habíamos iniciado una nueva etapa en política económica, que buscábamos no solo el crecimiento sino el desarrollo; que estábamos a favor de un Estado con dimensión social, con distribución del ingreso, y que no debíamos dejar de combatir la monstruosa desigualdad que se padece en el mundo, donde unos pocos acumulan toda la riqueza material de la tierra mientras 1 000 000 000 de seres humanos sobreviven con menos de un dólar diario. Además, sostuve que es la corrupción política y el dominio de las oligarquías lo que produce esa vergonzosa pobreza, así como la migración, la contaminación, la violencia y otros males.

En mi otra intervención conté que, desde hace cinco siglos, poco después de la invasión europea al continente americano, el rey de España, Carlos V, empezó a contemplar la posibilidad de unir con un canal en las regiones más estrechas de nuestro continente el Océano Pacífico con el Atlántico. Durante mucho tiempo se exploró esta posibilidad, pensando en reducir tiempos en la navegación y promover el comercio. Desde el principio fueron tres los pasos o franjas más viables para unir a los dos más grandes mares del mundo: Nicaragua; Panamá y el Istmo de Tehuantepec, en México. Entre los estudiosos de este histórico proyecto destaca el viajero y científico alemán, Alejandro de Humboldt, quien analizó nueve posibilidades para unir los océanos y también coincidió que los lugares más factibles eran Nicaragua, Panamá y el Istmo de Tehuantepec.

Esta visionaria empresa llamó la atención de reyes y de personajes tan relevantes como Napoleón, incluyendo a tres de nuestros gigantes americanos: Simón Bolívar, Benito Juárez y Abraham Lincoln. Finalmente, como sabemos, se construyó el Canal de Panamá, con toda una cauda de muertos por pandemias y con una estrategia hegemónica, nada respetuosa de la soberanía del país naciente. No obstante, desde su inauguración en 1914, esa grandiosa obra volvió a demostrar que la imaginación, el talento y la perseverancia en la búsqueda de nuevas vías de comunicación y comercio han sido siempre un factor de prosperidad y hermandad entre los pueblos del mundo.

En el caso del también fascinante proyecto del cruce por el Istmo de Tehuantepec, en 1907, unos años antes de que pasara el primer barco por el Canal de Panamá, Porfirio Díaz, el hombre fuerte de ese entonces en México, había construido con su amigo y contratista preferido, el empresario inglés, Dickinson Pearson, los puertos de Salina Cruz en el Pacífico y el de Coatzacoalcos en el golfo de México, así como un tren que unió los dos océanos en un recorrido terrestre de solo 304 kilómetros. Sin embargo, en aquellos tiempos, la relación económica de México era más intensa con Europa y Estados Unidos que con Asia y el proyecto de los puertos y del tren del Istmo no tuvo el éxito deseado.

Ahora es distinto. Los puertos mexicanos del Pacífico tienen más movimiento que los del Atlántico; de ahí la importancia de haber retomado el antiguo proyecto del Istmo, modernizando sus puertos y reconstruyendo su vía férrea para trenes de pasajeros y de carga de contenedores que en seis horas transportarán mercancías de océano a océano y comunicarán en poco tiempo la costa este de Estados Unidos con los países de Asia, pasando por nuestro territorio, en cuya región estamos promoviendo diez polos de desarrollo para crear empleos y bienestar a los pueblos del sureste de México y Centroamérica.

Por cierto, en uno de estos polos, una empresa y un fondo de inversión de Dinamarca está contemplando crear un complejo para producir hidrógeno verde que permita la movilidad marítima sin el uso de combustibles fósiles.

En fin, pronto, de manera integral, este proyecto estará al servicio de todos los pueblos del mundo, en especial de Asia y América.

•••

El 20 de noviembre conmemoramos con un desfile cívico militar el inicio de la Revolución Mexicana. Ninguna fecha histórica de esa dimensión ha pasado inadvertida durante nuestro gobierno. Ese día recordé que un hombre honesto, Francisco I. Madero, con ideales libertarios, llamó al pueblo de México a tomar las armas para derrocar a la dictadura porfirista. Desde su entrada triunfal a la Ciudad de México, el 1.º de junio de 1911, hasta su cobarde asesinato en la madrugada del 23 de febrero de 1913, el presidente Madero padeció un angustioso viacrucis; el Apóstol de nuestra democracia ha sido quizá, el político más atacado y traicionado por hacer el bien en toda nuestra historia, al grado que José Vasconcelos llegó a decir que México no se merecía a Madero. Pero su sacrificio y el de 1 000 000 de mexicanos no fue en vano. Gracias a la Revolución que se desató con más fuerza y profundidad luego de su asesinato, se aprobó la Constitución de 1917, que fue sin duda la más avanzada del mundo en cuanto a justicia social.

Por eso la fecha es histórica y fundacional en varios sentidos. Entre otros logros de la Revolución destaca la creación de las Fuerzas Armadas. No se debe olvidar que el actual Ejército nació al llamado del gobernador de Coahuila, Venustiano Carranza para desconocer y combatir a Victoriano Huerta, luego del golpe de Estado contra Madero, y que ese origen popular que siempre han mantenido tanto la Secretaría de la Defensa como la Secretaría de Marina las hace instituciones diferentes de otras corporaciones castrenses del mundo, caracterizadas más por su elitismo y por ser ajenas a las causas populares. Por eso no debe extrañarnos que ahora, en esta nueva revolución pacífica, pero profunda y humanista que estamos llevando a cabo entre todos, todas y desde abajo, nos estén ayudando tanto nuestras Fuerzas Armadas. El general Sandoval González dio a conocer en esa ceremonia lo aportado por el Ejército en bien de nuestro pueblo, múltiples obras, muchas acciones en todo el país en beneficio de los mexicanos, y otro tanto hizo el almirante Ojeda Durán con respecto a la Armada de México; por eso es motivo de orgullo poder conmemorar un aniversario más de la Revolución de 1910, demostrando con hechos que el pueblo de México tiene de su lado al gobierno democrático, al Ejército, a la Fuerza Aérea, a la Armada y a la Guardia Nacional para vivir con paz y bienestar.

También sostuve que se escogió ese día para publicar el decreto que establece el regreso del servicio de trenes modernos de pasajeros con la utilización de 17 484 kilómetros de vías férreas e instalaciones que fueron concesionadas para servicio de carga y que ahora se van a utilizar también para servicio de trenes de pasajeros, lo cual incluye la operación en una primera etapa de las rutas México-Veracruz-Coatzacoalcos; Aeropuerto Felipe Ángeles-Pachuca; México-Querétaro-León-Aguascalientes; la ruta Manzanillo-Colima- Guadalajara -Irapuato; la ruta México-San Luis Potosí-Monterrey-Nuevo Laredo; México-Querétaro-Guadalajara-Tepic-Mazatlán y Nogales, así como, Aguascalientes-Chihuahua-Ciudad Juárez, considerando también las estaciones que se encontraban en operación antes de 1995, cuando se suspendió el servicio de pasajeros.

Esta decisión la tomamos porque los viajes en tren serán más económicos, cómodos, menos contaminantes, pues pueden electrificarse las vías. Es un transporte público más seguro y se incrementará la movilidad de la población desde las principales ciudades de México hasta la frontera norte.

En el decreto expliqué:

que fue realmente una desgracia que el presidente Ernesto Zedillo Ponce de León, continuador de la política salinista, haya privatizado los ferrocarriles en México, pues el 2 de marzo de 1995, se publicó en el Diario Oficial de la Federación la reforma al cuarto párrafo del artículo 28 constitucional. Dicha reforma sustituyó el régimen de participación exclusiva del Estado en los ferrocarriles a fin de permitir la participación de privados mediante el otorgamiento de concesiones. En consecuencia, el 12 de mayo del mismo año se promulgó la Ley Reglamentaria del Servicio Ferroviario la cual permitió al ejecutivo otorgar el 84.5% de las vías principales existentes a manos de privados;

Que a finales de los noventa, el Gobierno federal, por conducto de la entonces Secretaría de Comunicaciones y Transportes, otorgó en concesión las vías troncales que corren al norte del país y las vías cortas del sureste, manteniendo bajo su control, únicamente, el ferrocarril del Istmo de Tehuantepec. Es decir, se entregaron en esencia a dos empresas con distintas denominaciones, 17 484 kilómetros de vía y se canceló el servicio de trenes de pasajeros;

[Sin embargo], pensando que el Estado nunca haría uso de sus atribuciones de promover el desarrollo y cumplir su responsabilidad social, se dejó en los títulos de concesión vigente una cláusula que establece:

1.4. Límites de los derechos de la concesión.
[…]
[…]
La Secretaría podrá otorgar concesiones a terceras personas o derechos a otros concesionarios para que, dentro de la Vía Férrea señalada en el numeral 1.2.1, estos presten servicio público de transporte ferroviario, en los términos siguientes:

1.4.2.1. Tratándose del servicio de pasajeros, en cualquier tiempo...
3.1. Concesiones a terceros.
[…]
El Concesionario estará obligado a otorgar los derechos de paso o derechos de arrastre a las personas a quienes, de conformidad con lo dispuesto en este numeral, la Secretaría otorgue concesión, en los términos señalados en el siguiente numeral.

Lo anterior, en el entendido de que el Concesionario estará obligado a proporcionar todas las facilidades que se requieran para que el servicio de transporte de pasajeros se ajuste a los itinerarios correspondientes.

[No obstante, en el mismo decreto se consideró pertinente definir que] los concesionarios del servicio público de transporte ferroviario de carga serán los primeros en ser invitados para presentar los proyectos para la implementación del servicio ferroviario de pasajeros, dentro de sus vías generales de comunicación ferroviaria que les fueron otorgadas en concesión. Los interesados deberán presentar sus propuestas ante la Secretaría de Infraestructura, Comunicaciones y Transportes a más tardar el 15 de enero de 2024.

En caso de que los concesionarios del servicio público de transporte ferroviario de carga no presenten propuestas viables en inversión, tiempo de construcción, modernización de vías para otorgar el servicio de pasajeros o no manifiesten su interés y aceptación en el plazo establecido en la cláusula anterior, el Gobierno federal, a través de la Secretaría de Infraestructura, Comunicaciones y Transportes, podrá otorgar títulos de asignación a la Secretaría de la Defensa Nacional o a la Secretaría de Marina, que ya operan el Tren Maya y el Tren del Istmo de Tehuantepec, o en su caso, a particulares que presenten propuestas y estén interesados en prestar el servicio de transporte ferroviario de pasajeros en términos de lo dispuesto por la Ley Reglamentaria de los Servicios Ferroviarios y su Reglamento.

En fin, la decisión definitoria sobre este asunto de interés nacional la tomaremos antes de terminar mi mandato.

• • •

El 1.º de diciembre cumplimos cinco largos años de gobierno. La simbólica celebración significó confirmar, en la práctica, que es posible el progreso con justicia. Ese día inauguramos el bello aeropuerto internacional de Tulum, enclavado en la selva y casi a la orilla del mar Caribe y, al mismo tiempo, en común acuerdo con los empresarios y los trabajadores, se logró incrementar el salario mínimo en 20%, tanto en la Zona Libre de la Frontera Norte (ZLFN), como en el resto del país. Con este incremento se cumple el compromiso de aumentar el salario mínimo al doble a nivel nacional y al triple en la ZLFN en términos reales. A nivel nacional el salario mínimo pasó de 88 pesos diarios en 2018 (2 687 pesos mensuales) a 249 pesos diarios en 2024 (7 572 pesos mensuales). Mientras que en la ZLFN, en el mismo periodo, el salario pasó también de 88 pesos diarios a 375 pesos diarios (11 403 pesos mensuales).

Diciembre fue el mes de inauguraciones: el 15 comenzó a operar el Tren Maya de Campeche a Cancún; el 16 se inició la operación a toda su capacidad, 5 000 litros por segundo, el Acueducto El Cuchillo II, para abastecer de agua a Monterrey y la zona conurbada; el 18 de diciembre inauguramos la presa de Santa María, en el Rosario, Sinaloa; el 21, la primera etapa del Acueducto Agua Saludable para la Laguna, incluida una bocatoma, planta de bombeo, tanques de almacenaje, una planta potabilizadora y alrededor de 62.9 kilómetros de ductos en beneficio de tres de los nueve municipios que comprende todo el programa, cinco de Durango y cuatro de Coahuila; ello significa resolver el grave problema de la extracción de agua, contaminada con arsénico, de pozos profundos. El 22 inauguramos el tren de pasajeros del Istmo, de Salina Cruz a Coatzacoalcos, de océano a océano; el 26 volvió a volar Mexicana, emblema rescatado de la corrupción del neoliberalismo, ahora asociada con los aeropuertos y el Tren Maya, manejados por el complejo de empresas públicas operado por la Secretaría de la Defensa Nacional denominada Olmeca, Maya, Mexica; el 29 de diciembre inauguramos en Huehuetoca, Estado de México, la Megafarmacia de la cual se distribuirán todos los medicamentos necesarios a cualquier parte del país; el 31 de diciembre abordé el Tren Maya para inaugurar el tramo Cancún-Palenque y comenzar el año nuevo en este místico lugar, donde viviré desde que haga entrega de la Banda Presidencial, a finales de septiembre de 2024.

•••

El 2 de enero tengo que enviar a la editorial Planeta el original de este último libro que escribo sobre mi actividad política. Antes de concluir, dos reflexiones finales, una íntima confesión y un poema. Primero, dejo el cargo y me retiro de la vida política tranquilo y satisfecho porque considero que ayudé, junto con muchos hombres y mujeres, a iniciar una etapa nueva en la vida pública de México; se sentaron las bases y se avanzó mucho en llevar a la práctica los postulados de la nueva política denominada Humanismo Mexicano: el trabajo, la creatividad, la honestidad y la grandeza cultural de nuestro pueblo; en especial, se reconoció a los de abajo, a los del México profundo, que permanecían olvidados y humillados; se dejó de manifiesto que el modelo neoliberal o neoporfirista, solo beneficia a una minoría y es completamente inviable para conseguir la felicidad de las mayorías; se pudo demostrar que es posible fortalecer económicamente al país sin corrupción, derroche, deuda, altos impuestos, devaluaciones y, al mismo tiempo, distribuir el ingreso nacional con justicia para no marginar a nadie, sacar de la pobreza a muchos y reducir la desigualdad social. También estoy sereno y contento porque Claudia Sheinbaum, quien me ha sustituido en la dirección del movimiento de transformación, representa una auténtica garantía de que tendremos un porvenir de más justicia y más honestidad en nuestro México lindo y querido.

• • •

La última reflexión es que les doy las GRACIAS a muchos, a millones, mujeres y hombres, de antes y de ahora, precursores, conocidos y anónimos, pero siempre fieles y generosos, que me dieron su confianza en mi larga travesía para ayudar con mi imaginación, ideales y trabajo en la transformación de México, en bien de nuestra generación y, sobre todo, de los que vendrán después de nosotros. Ofrezco a mis adversarios sinceras disculpas; nunca pensé en hacerle daño a ninguna persona y me retiro sin odiar a nadie. Espero que comprendan que, si me expresé con dureza y radicalismo, lo hice siempre con el fin de alcanzar la bella utopía, el sublime ideal del amor al prójimo. A finales de septiembre me jubilaré y no volveré a participar en nada público. Si hice bien o no, la historia lo dirá. Me despido con este hermoso poema de Amado Nervo, titulado:

En Paz

Muy cerca de mi ocaso, yo te bendigo, vida,
porque nunca me diste ni esperanza fallida,
ni trabajos injustos, ni pena inmerecida;
Porque veo al final de mi rudo camino
que yo fui el arquitecto de mi propio destino;
que si extraje las mieles o la hiel de las cosas,
fue porque en ellas puse hiel o mieles sabrosas:
cuando planté rosales coseché siempre rosas.
… Cierto, a mis lozanías va a seguir el invierno:
¡mas tú no me dijiste que mayo fuese eterno!
Hallé sin duda largas las noches de mis penas;
mas no me prometiste tan solo noches buenas;
y en cambio tuve algunas santamente serenas…
Amé, fui amado, el sol acarició mi faz.
¡Vida, nada me debes! ¡Vida, estamos en paz!

NOTAS

[1] Carlos Pellicer, *El canto del Usumacinta (al Doctor Atl)*, Obras, Poesía, FCE, México, 1986, p. 393.

[2] Carlos Pellicer, *El canto del Usumacinta (al Doctor Atl)*, Obras, Poesía, FCE, México, 1986, p. 3.

[3] Andrés Iduarte, *Un niño en la Revolución Mexicana*, Gobierno del Estado de Tabasco, Villahermosa, 1993, p. 19.

[4] Carta de Carlos Pellicer dirigida a José Ángel Ceniceros, secretario de Educación Pública, febrero de 1955.

[5] Carlos Pellicer, *Obras (1956)*, edición Luis Mario Schneider, Letras Mexicanas, FCE, México, 1981, p. 506.

[6] Irena Majchrzak, *Cartas a Salomón (Reflexiones acerca de la educación indígena), Posdata desde Tabasco (seis años después)*, Gobierno del Estado de Tabasco, Villahermosa, Tabasco, 1988, p. 78.

[7] James R. Fortson, *Los idealistas nunca mueren del todo. Última entrevista que concedió el Lic. Carlos Madrazo*, octubre de 1972.

[8] Manuel Gil y Sáenz, *Compendio histórico, geográfico y estadístico del estado de Tabasco*, México, Consejo Editorial de Gobierno de Tabasco, 1979, p. x.

[9] Ryszard Kapuściński, *Los cínicos no sirven para este oficio (sobre el buen periodismo)*, Anagrama, Barcelona, España, 2002, p. 36.

[10] Subcomandante insurgente Marcos, *La (imposible) ¿geometría? del Poder en México*, La Jornada, Sección Política, 5 de junio de 2005.

[11] Melchor Ocampo, *Obras completas. Tomo II. Escritos políticos*, prólogo por Ángel Pola, Alicante: Biblioteca Virtual Miguel de Cervantes, 2017, edición digital a partir de México, F. Vázquez, Editor, 1901, p. 500 (p. 373 en texto).

[12] Melchor Ocampo, *Obras completas. Tomo II. Escritos políticos*, prólogo por Ángel Pola, Alicante: Biblioteca Virtual Miguel de Cervantes, 2017, edición digital a partir de México, F. Vázquez, Editor, 1901, p. 212 (p. 85 en texto).

[13] Elizabeth Velasco C., *La SSP ha entregado más de $4 millones a México Unido contra la Delincuencia*, 14 de enero de 2009 [https://www.jornada.com.mx/2009/01/14/index.php?section=politica&article=011n1pol].

[14] Salvador Díaz Mirón, *A Gloria*, poema, 1881.

[15] Rubén Darío en «La Calumnia», poema de su libro *Poemas de Juventud (1881-1885)*, publicado en 1901.

[16] Rafael Ruiz Harrel, *El secuestro de William Jenkins*, México, Planeta, 1992. p. 272.

[17] *Punto de Partida*, Televisa, 4 de junio de 2006.

[18] La Jornada, «Artistas crean megagrabado en apoyo al recuento total de votos», 13 de agosto de 2006 [https://www.jornada.com.mx/2006/08/13/index.php?section=cultura&article=a02n1cul].

[19] Carlos Pascual, Cable **240473**, 17 de diciembre de 2019.

[20] Solón Arguëllo, *Antología Poética* (Edición, introducción y recopilación de Beatriz Gutiérrez Müller), Instituto de Ciencias Sociales y Humanidades «Alfonso Vélez Pliego», Benemérita Universidad Autónoma de Puebla y Ediciones del Lirio, S. A. de C. V., México, 2017 (el poema publicado en *La Época*, México, 1912).

[21] Archivo de don Francisco I. Madero. Epistolario, tomo II, (noviembre de 1909-1910), Instituto Nacional de Estudios Históricos de las Revoluciones de México, México, 2021, pp. 1815-1818.

[22] Declaración de Emilio Ricardo Lozoya Austin ante la Fiscalía General de la República, 11 de agosto de 2023.

[23] Carlos Pellicer, «Romance de Pativilca» en *Obras, Poesía* (edición: Luis Mario Schneider), FCE, México, 1986, p. 89.

[24] Mariano Azuela, *Los de Abajo*, FCE, colección «21 para el 21», México, 2020, p. 123.

[25] Octavio Rodríguez Araujo, «Si Morena deviene partido», *La Jornada* «Opinión», 20 de septiembre de 2012.

[26] José Martí. «Oscar Wilde», en Oscar Wilde, *La decadencia de la mentira. La importancia de no hacer nada,* trad. de Miguel Guerra Mondragón, Madrid, Ed. América, s. a., pp. 7-25.

[27] Bernal Díaz del Castillo, *Historia verdadera de la Conquista de la Nueva España*, ed. Carmelo Sáenz de Santamaría, Madrid/México, Alianza/Patria, 1991, p. 304.

[28] «Informe del estado en que Diego Carrillo de Mendoza y Pimentel, Marqués de Gelves, halló los reinos de la Nueva España. 1628», en *Los virreyes españoles en América durante el gobierno de la Casa de Austria*, ed. Lewis Hanke, Madrid, Biblioteca de Autores Españoles/Atlas, Vol. III, 1977, pp. 113-160.

[29] *Historia de la Ciudad de México*, ed. Fernando Benítez, Tomo V, México, Salvat, 1982-1985, p. 31.

[30] Paco Ignacio Taibo II, *Patria III (1864-1867). La Caída del Imperio*, Planeta, 2017, p. 326.

[31] *Historia Moderna de México, El Porfiriato, Vida Política Interior, Parte Primera*, ed. Daniel Cosío Villegas, México, Editorial Hermes, 1970, p. 713.

[32] Francisco Bulnes, *El verdadero Díaz y la Revolución*, México, Conaculta, 2013, p. 205.

[33] Roger D. Hansen, *La política del desarrollo mexicano*, México, Siglo XXI Editores, 2007, p. 165.

[34] John W. F. Dulles, *Ayer en México. Una crónica de la revolución (1919-1936)*, México, FCE, 1977, p. 11.

[35] Roger D. Hansen, *op. cit.*

[36] Daniel Cosío Villegas, *La crisis de México*, 1947, Cuadernos Americanos, año VI, vol. XXXII, pp. 43-44.

[37] *La crisis de México*, 1947, *op. cit.*, p. 24.

[38] Emilio Portes Gill, *La crisis política de la Revolución y la próxima elección presidencial,* México: Botas, 1957.

[39] *Ibidem*, p. 91.

[40] Jesús Silva Herzog, *Imagen y obra escogida, El petróleo y la Revolución*, México, UNAM, 1989, p. 82.

[41] Lorenzo Meyer, *La expropiación petrolera y los británicos. Un final largamente anunciado*, México, Colmex, 1988, p. 41.

[42] León Tolstoi, *El Reino de Dios está en vosotros,* Editorial Kairós, México, 2010, p. 158.

[43] Jacques Rogozinski, *La privatización de empresas paraestatales, una visión de la modernización de México*, FCE, México, 1993, pp. 44-47.

[44] *Historia de la Ciudad de México*, ed. Fernando Benítez, Tomo V, México, Salvat, 1982-1985, p. 27.

[45] *Historia de la Ciudad de México, op. cit.*, p. 28.

[46] *Historia moderna de México, El Porfiriato, La Vida Política Interior, Parte Segunda…, op. cit,* p. 180.

[47] Para Coneval en México 61 millones de personas tienen ingresos inferiores a una canasta de bienes, cuyo valor equivalente es la «línea de bienestar». De ellos, 52 millones son identificados como pobres multidimensionales (con al menos una carencia entre las dimensiones de educación, salud, alimentación, seguridad social, calidad de espacios de la vivienda o servicios básicos de la vivienda).

⁴⁸ No obstante, 47% del total poblacional tiene ingresos por debajo de la línea de pobreza, y poco más de 40% es pobre multidimensional. En la metodología de Coneval, la pobreza entre población indígena asciende a 75% en cualquiera de sus acepciones.

⁴⁹ Denuncia de Emilio Ricardo Lozoya Austin al Dr. Alejandro Gertz Manero, Fiscal General de la República, 11 de agosto de 2020.

⁵⁰ Denuncia de Emilio Ricardo Lozoya Austin al Dr. Alejandro Gertz Manero, Fiscal General de la República, 11 de agosto de 2020, pp. 19-20.

⁵¹ José Agustín, *Tragicomedia mexicana 1. La vida en México de 1940 a 1970*, México, Penguin Random House Grupo Editorial, Debolsillo, 2019, p. 23.

⁵² Fragmento del discurso del Cierre de Campaña de Andrés Manuel López Obrador, Estadio Azteca, México, 27 de junio de 2018.

⁵³ Discurso pronunciado en el Hotel Hilton, Ciudad de México, 2 julio de 2018.

⁵⁴ Junta Organizadora del Partido Liberal Mexicano, *Programa del Partido Liberal y Manifiesto a la Nación*, redactado y publicado en San Luis Misuri, Estados Unidos de América, 25 de febrero de 1906.

⁵⁵ John Kenneth Galbraith, *Una sociedad mejor*, Editorial Crítica, México, pp. 42-43.

⁵⁶ José Martí, *Nuestra América*, México, UNAM, Coordinación de Humanidades, Centro de Estudios Latinoamericanos, Facultad de Filosofía y Letras, Unión de Universidades de América Latina, 1978, p. 10.

⁵⁷ *En España lo mejor es el pueblo*. Antonio Machado, Poética Digital. Revista de poesía en la red, Arena Futura, S. L., España, 4 de marzo de 2014, o Antonio Machado, «Carta al escritor ruso David Vigodsky», publicación en Hora de España, núm. IV, España, abril de 1937.

⁵⁸ John Kenneth Turner, *México Bárbaro*, Ediciones Gernika, México, 2006, p. 97.

⁵⁹ José C. Valadés, *La Revolución y los Revolucionarios, Tomo I, Parte Uno, La Crisis del Porfirismo (Artículos, Entrevistas y Reportajes)*, Instituto Nacional de Estudios Históricos de las Revoluciones de México, México, 2006, pp. 111 a 143.

⁶⁰ Daniel Cosío Villegas, *Historia Moderna de México, El Porfiriato, La Vida Social*, Editorial Hermes, México, 1957, p. 254.

⁶¹ Daniel Cosío Villegas, *Historia Moderna de México, El Porfiriato, La Vida Interior, Parte Segunda*, Editorial Hermes, México, 1970, p. 358.

⁶² *Idem*, pp. 360-361.

⁶³ *Idem*, p. 368.

⁶⁴ *Informe del Ciudadano General Porfirio Díaz, Presidente de los Estados Unidos Mexicanos (Informe 1 diciembre 1900 a 30 de noviembre de 1904)*, Imprenta del Gobierno en el Exarzobispado, México, 1904, pp. 31-32.

⁶⁵ *Informe del Ciudadano General Porfirio Díaz, Presidente de los Estados Unidos Mexicanos (Informe 1 diciembre 1900 a 30 de noviembre de 1904)*, Imprenta del Gobierno en el Exarzobispado, México, 1904, p. 212.

⁶⁶ *Historia Moderna de México. El Porfiriato, La Vida Social...*, op. cit, p. 257.

⁶⁷ *Idem*, p. 263.

⁶⁸ *La Revolución Mexicana, Crónicas, documentos, planes y testimonios*, México, UNAM, 2003, pp. 137-138.

⁶⁹ Alfonso Taracena, *La verdadera Revolución mexicana (1912-1914)*, Editorial Porrúa, tercera edición, México, 2008, p. 94-95.

⁷⁰ *Alfonso Taracena, La verdadera Revolución mexicana (1912-1914)*, Editorial Porrúa, tercera edición, México, 2008, p. 9.

⁷¹ Manuel Gil y Sáenz, *Compendio Histórico, Geográfico y Estadístico del Estado de Tabasco*, Consejo Editorial del Gobierno del Estado de Tabasco, 1979, p. 215.

⁷² José C. Valadés, *La Revolución y los revolucionarios*, t. I., Instituto Nacional de Estudios Históricos de las Revoluciones de México, 2006, p. 184.

⁷³ Libro de los Libros de Chilam Balam, (Traducción de sus textos paralelos por Alfredo Barrera Vásquez y Silvia Rendón, basada en el estudio, cotejo y reconstrucción, hechos por el primero, con introducciones y notas), FCE, 1984, p. 69.

⁷⁴ *Idem*, p. 55.

⁷⁵ *Idem*, pp. 58-59.

⁷⁶ Razón duodécima del «Tratado sobre las Encomiendas» en Las Casas, Doctrina, p. 71.

⁷⁷ *Idem*, razón trece, p. 72.

⁷⁸ *Idem*, decimocuarta, p. 73.

⁷⁹ *Idem*, decimooctava, p. 76.

⁸⁰ Manuel Mestre Ghigliazza, *Documentos y datos para la historia de Tabasco, ts. I y II, siglos XVI y XVII*, p. 75.

⁸¹ Recopilación de Leyes y Decretos del Estado de Tabasco, desde 1824 hasta 1850, Consejo Editorial del Gobierno del Estado de Tabasco, 1979, p. 18.

⁸² Recopilación de Leyes y Decretos del Estado de Tabasco, desde 1824 hasta 1850, Consejo Editorial del Gobierno del Estado de Tabasco, 1979, p. 46.

⁸³ *Idem*, p. 305.

⁸⁴ Ley Agraria 1864.

⁸⁵ Daniel Cosío Villegas, *Historia Moderna de México. El Porfiriato, La Vida Social*, México, Editorial Hermes, 1957, p. 223.

⁸⁶ Arcadio Zentella Priego, *Perico* (novela escrita en 1880), Villahermosa, Tabasco, Editorial del Gobierno del Estado, 1976, p. 35.

⁸⁷ John Kenneth Turner, *México Bárbaro*, México, Ediciones Gernika, 2006, pp.18-19.

⁸⁸ Abraham Bandala, *Memoria presentada al Congreso por el gobernador constitucional de Tabasco, del cuatrienio 1895-1898*, Editorial Gobierno de Tabasco, San Juan Bautista, 1898.

⁸⁹ José Domingo Ramírez Garrido, *La esclavitud en Tabasco 1915*.

⁹⁰ José Coffin, *El general Gutiérrez*, Consejo Editorial del Gobierno de Tabasco, 1980, p. 13.

⁹¹ Secretaría de Economía, Dirección General de Estadística, *Estadísticas sociales del Porfiriato (1877-1910)*, Talleres Gráficos de la Nación, México, 1956, p. 8.

⁹² *Historia Moderna de México, El Porfiriato, La Vida Política Interior, Parte Segunda ..., op. cit.*, p. 678.

⁹³ Antonio Soto y Gama, *La revolución agraria del sur y Emiliano Zapata su caudillo*, Ediciones El Caballito, 1976, p. 64.

⁹⁴ *Historia Moderna de México. El Porfiriato, La Vida Social..., op. cit.*, p. 223.

⁹⁵ *México Bárbaro..., op. cit.*, p. 259.

⁹⁶ *La Verdadera Revolución Mexicana (1901-1911)..., op. cit.*, p. 332.

⁹⁷ *El Libro de los Libros de Chilam Balam*, Traducción de sus textos paralelos por Alfredo Barrera Vázquez y Silvia Rendón, FCE, México, 1948, p. 56.

⁹⁸ Arqueología Mexicana, *Cuauhtémoc, Sol que desciende*, (https://arqueologiamexicana.mx/mexico-antiguo/cuauhtemoc-sol-que-desciende-1520-1521).

⁹⁹ Eduardo Galeana, *Las Venas Abiertas*, Siglo XXI Editores, 2003, pp. 35-37.

¹⁰⁰ Checar cita del documento de Conservaduría.

¹⁰¹ José Herrera Peña, *Hidalgo a la Luz de sus Escritos: Estudio preliminar, cuerpo documental y bibliografía*, Universidad Michoacana de San Nicolás de Hidalgo, Morelia, Michoacán, 2003, p. 34.

¹⁰² Paco Ignacio Taibo II, *El cura Hidalgo y sus Amigos*, Editorial Planeta, 2011, p.77.

¹⁰³ *Hidalgo a la Luz de sus Escritos: Estudio preliminar, cuerpo documental..., op. cit.*, p. 82.

104 Rolando Guillermo Keller Torres, *Hidalgo: Vida y Juicio,* Selector, México, 2010.
105 Paco Ignacio Taibo II, *El cura Hidalgo y sus Amigos,* Editorial Planeta, 2011, *op. cit.*, p. 101.
106 Carlos Pellicer, *Tempestad y Calma en Honor a Morelos* en *Obras* (poesía), FCE, 1986, p. 381.
107 José María Morelos y Pavón, *Sentimientos de la Nación,* Chilpancingo, Guerrero, 14 de septiembre de 1813.
108 Rafael de Zayas Enríquez, *Benito Juárez. Su vida y obra* (archivo de la Universidad Autónoma de Nuevo León), Tipografía de la viuda de Francisco Díaz de León, 1906, p. 53.
109 *Idem*, p. 54.
110 Andrés Henestrosa, *Benito Juárez, Flor y Látigo* (Edición corregida y anotada por Héctor Cuauhtémoc Hernández Silva), Secretaría de Cultura del Gobierno del Distrito Federal, 2006, p. 38.
111 *Idem*, p. 68.
112 *Idem*, p. 50.
113 *Idem*, p. 61.
114 *Idem*, p. 66.
115 George Delamare, *La Tragedia Mejicana,* Ediciones Mané, Barcelona, España, 1964, p. 42 (imprenta de Bernabé Clarasó Seguí).
116 *Idem.*
117 *Idem.*
118 Fernando del Paso, *Noticias del Imperio,* FCE, México, 2012, p. 150.
119 Justo Sierra, *Juárez: Su obra y su tiempo,* Edición Conmemorativa, UNAM, México, 2006, p. 177.
120 *Benito Juárez, Flor y Látigo…, op. cit.,* p. 32.
121 *Idem*, p. 37.
122 *Idem*, p. 50.
123 *Idem*, p. 51.
124 Ignacio Zaragoza, Telegrama, Puebla, Puebla, mayo 5 de 1862.
125 George Delamare, *La Tragedia Mejicana,* Ediciones Mané, Barcelona, España, 1964, p. 126 (imprenta de Bernabé Clarasó Seguí).
126 Carta de Víctor Hugo a Benito Juárez García, Hauteville House, 20 de junio de 1867.
127 Fernando Benítez, *Lázaro Cárdenas y la Revolución Mexicana, I. El Porfirismo,* FCE, México, 1977, pp. 96-97.
128 *Lázaro Cárdenas y la Revolución Mexicana, I. El Porfirismo…, op.cit.,* p. 97.
129 *Idem*, pp. 97-98.
130 Friedrich Katz, *De Díaz a Madero,* Ediciones Era, México, 2004, pp. 65-66.
131 *Hacia el México Moderno: Porfirio Díaz…, op. cit.,* p. 238.
132 *Historia Moderna de México, El Porfiriato, La Vida Política Interior, Parte Segunda…, op. cit.,* p. 874.
133 *Historia Moderna de México, El Porfiriato, La Vida Política Interior, Parte Segunda…, op. cit.,* pp. 874-875.
134 *Historia Moderna de México, El Porfiriato, La Vida Política Interior, Parte Segunda…, op. cit.,* p. 879.
135 *Idem*, p. 891.
136 *De Díaz a Madero…, op. cit.,* p. 68.
137 Secretaría de Hacienda y Crédito Público, *Epistolario 1910, Archivo de Don Francisco I. Madero,* Tomo I, México, 1966, pp. 122-123.
138 *Historia Moderna de México, El Porfiriato, La Vida Política Interior, Parte Segunda…, op. cit.,* pp. 891-892.
139 *Idem*, p. 893.
140 Katz, Friedrich, *De Díaz a Madero,* Ediciones Era, 2004, p. 7.

[141] *Historia Moderna de México, El Porfiriato, La Vida Política Interior, Parte Segunda...*, op. cit., p. 894.
[142] *Idem*, p. 894.
[143] *Idem*, p. 895.
[144] *Breve historia de la Revolución mexicana, Los Antecedentes y la Etapa Maderista...*, op. cit., p. 194-195.
[145] *Historia Moderna de México, El Porfiriato, La Vida Política Interior, Parte Segunda...*, op. cit., p. 901.
[146] *Breve historia de la Revolución mexicana, Los Antecedentes y la Etapa Maderista...*, op. cit., p. 206.
[147] *Idem*, p. 208.
[148] Universidad Nacional Autónoma de México, *La Revolución Mexicana, crónicas, documentos, planes y testimonios*, México, 2003, p. 119.
[149] *Idem*, Introducción, Javier García Diego. p. XXXIX.
[150] *La verdadera Revolución mexicana (1912-1914)...*, op. cit., p. 127.
[151] *La verdadera Revolución mexicana (1901-1911)...*, op. cit., p. 365.
[152] *Obras Políticas del Lic. Blas Urrea...*, op. . 204-205.
[153] *La verdadera revolución mexicana (1901-1911)...*, op. cit., p. 358.
[154] *Idem*, p. 360.
[155] *Idem*, p. 377.
[156] *Idem*, p. 397.
[157] *Idem*, p. 402.
[158] *Idem*, p. 413.
[159] *Idem*, p. 419.
[160] *Idem*, p. 421.
[161] *Idem*, p. 422.
[162] *Idem*, p. 422.
[163] *Idem*, p. 423.
[164] *La Revolución y Los Revolucionarios, Tomo I, Parte Uno, La Crisis del Porfirismo (artículos, entrevistas y reportajes)...*, op. cit., p. 185.
[165] *La verdadera Revolución mexicana (1912-1914)...*, op. cit., p. 113.
[166] *La verdadera Revolución mexicana (1912-1914)...*, op. cit., p. 216.
[167] *Idem*, p. 217.
[168] *Los últimos días del Presidente Madero...*, op. cit., p. 280.
[169] *La verdadera Revolución mexicana (1912-1914)...*, op. cit., p. 87 (Nota 57, Neo, p. 342-343).
[170] *Idem*, p. 165 (Nota 58, Neo, p. 342-343).
[171] Rogelio Fernández Güell, *Episodios de la Revolución Mexicana*, Instituto de Ciencias Sociales y Humanidades «Alfonso Vélez Pliego», Edición y estudio preliminar de Beatriz Gutiérrez Müller, Benemérita Universidad Autónoma de Puebla, Puebla, México, 2017, pp. 223 y 224.
[172] Friedrich Katz, *Pancho Villa*, Ediciones Era, México, 1998, p. 274-275.
[173] *Idem*, p. 275.
[174] *Idem*.
[175] *Idem*, p. 276.
[176] *Idem*, p. 277.
[177] Raúl Herrera Márquez, *La sangre al río, la pugna ignorada entre Maclovio Herrera y Francisco Villa*, Tiempo de Memoria, Tusquets Editores, México, 2014, pp. 371-372.
[178] *Idem*, pp. 11-13.
[179] Pedro Salmerón, discurso Aniversario Luctuoso de Francisco Villa, Las Coyotadas, Durango, 20 de julio de 2023.

[180] Adolfo Gilly, *El Cardenismo, una utopía mexicana*, Era, México, 2013.

[181] Josephus Daniels, *Diplomático en mangas de camisa*, México, Talleres Gráficos de la Nación, 1949, p. 286.

[182] A 50 años, Lázaro Cárdenas (en Lázaro Cárdenas, Apuntes, Tomo I. 1935), Instituto Nacional de Estudios Históricos de las Revoluciones de México, México, 2020, p. 125ab.

[183] Cuando ella fue elegida (2015), todavía se les llamaba Delegaciones a las ahora Alcaldías.

[184] Reforma: https://www.reforma.com/minimizan-en-pemex-impacto-ambiental-por-derrame-petrolero/ar2642626

[185] Alfonso Taracena, *La verdadera Revolución mexicana (1901-1911)*, prólogo de José Vasconcelos, Editorial Porrúa, México, 2005, p. 415.

[186] Alfonso Taracena, *La verdadera Revolución mexicana (1912-1914)*, Editorial Porrúa, México, 2008, p. 33

[187] *Idem*, p. 32.

[188] *Idem*, pp. 32-33.

[189] *Idem*, p. 34.

[190] *Idem*, pp. 38-39.

[191] *Idem*, pp. 25-26.

[192] *Idem*, pp. 33.